기독교문서선교회 (Christian Literature Center: 약칭 CLC)는 1941년 영국 콜체스터에서 켄 아담스에 의해 시작되었으며 국제 본부는 미국 필라델피아에 있습니다.
국제 CLC는 59개 나라에서 180개의 본부를 두고, 약 650여 명의 선교사들이 이동 도서차량 40대를 이용하여 문서 보급에 힘쓰고 있으며 이메일 주문을 통해 130여 국으로 책을 공급하고 있습니다. 한국 CLC는 청교도적 복음주의 신학과 신앙 서적을 출판하는 문서선교기관으로서, 한 영혼이라도 구원되길 소망하면서 주님이 오시는 그날까지 최선을 다할 것입니다.

추천사 1

서 정 운 박사
장로회신학대학교 명예총장

    위대한 선교의 세기라 불린 19세기를 지나 새 세기를 맞으면서 세계 교회는 20세기가 기독교의 세기가 되리라 전망했습니다. 그런 희망으로 「기독교 세기」(The Christian Century)라는 잡지도 시작했습니다. 그러나 그 같은 기대는 실현되지 않았고 21세기 초반을 지나고 있는 지금의 세계 교회와 선교운동은 오히려 그 기운이 쇠하는 감이 있습니다.

    다양한 이유가 이런 현실의 배경을 설명할 수 있지만 그중에 매우 중요한 원인이 이슬람의 확산입니다. 이런 추세가 지속되면 21세기 말에는 무슬림의 수가 기독교인의 수를 능가할 수 있습니다. 그러므로 우리는 이슬람을 바로 알고 적절한 대응을 해야 합니다.

    이번에 우리 교계의 탁월한 이슬람 연구가인 공일주, 정승현 그리고 현한나 박사의 수고로 본서가 번역 출판되었습니다. 본서는 이슬람의 본질(교리, 이슬람법, 사상 등)을 명료하게 설명한 명저입니다. 이슬람권 현장을 경험하며 연구하는 학자들인 세 분의 노고에 감사합니다. 우리 교계와 선교에 큰 유익이 되리라 확신하며 이 귀한 책을 많은 분이 읽도록 추천합니다.

추천사 2

강 석 형 박사
은현교회 담임목사

 수년 전부터 이슬람과 무슬림에 관한 다양한 책이 출판되면서 이해도가 높아지기 시작한 것은 다행스러운 일이다. 그런데 이슬람과 무슬림에 대한 다양한 책이 출판되면서 이번에는 용어와 단어의 뜻이 통일되지 않아서 혼선이 빚어지기도 했다.
 이번에 출간된 『무슬림들의 신앙과 실천』은 이러한 혼란이 정리되는 것 같아서 기쁘다. 무엇보다 이슬람의 역사와 정체성에 대한 연구와 이슬람의 비전에 대한 내용은 전 세계로 점점 확산하고 있는 이슬람이란 무엇이고, 무슬림이 실천하고 주장하는 것은 무엇인지 살필 수 있어서 도움이 된다. 이 책을 번역한 세 명의 박사들은 모두 오랫동안 이슬람에 대해 다양한 방법으로 연구해 오신 분들이고, 또한 이슬람 국가에서 교수로 다양한 경험을 하신 분들이다. 이분들이 이 책을 한국 상황에 맞게 번역해서, 이전의 이슬람을 소개한 다른 책들과는 달리 용어들이 아주 잘 정리되어서 이슬람과 무슬림을 이해하는 데 도움을 준다.
 서구 기독교의 퇴조로 볼 때 얼마 있지 않아 무슬림이 기독교인 수를 능가할 때가 올 것이다. 이미 아랍 국가뿐만 아니라 전 세계 어느 나라를 가더라도 무슬림들을 만날 수 있다. 신학생과 목회자 그리고 선교사 혹은 선교사 지망생은 본서를 통해 이슬람과 무슬림에 대한 이해가 깊어지고 넓어지기를 원하는 마음에 이 책을 추천한다.

추천사 3

김 수 완 박사
한국외국어대학교 교수

    종교는 무엇이며 어떻게 파악할 수 있는가? 중세 교부철학자 아우구스티누스(Augustinus)는 "종교는 우리를 전능하고 유일한 신이라는 근원으로 다시 묶어 준다"(*religat nos religio uni omnipotenti Deo*)라고 정의했다. 종교에 관한 서구 중심적 연구에서는 이슬람은 변방의 소외된 주제였다.

    종교는 세속적인 것과 무관한 모습이어야 한다는 계몽주의 사상가들에 의해 현대 서구 사회의 종교는 세속과 분리되었다. 그러나 이슬람은 인간의 삶과 역사 안에서 신의 존재를 찾는다. 이슬람 경전인 꾸란은 무슬림들에게 역사적인 사명을 부여한다. 이슬람은 신앙 공동체로서 신의 뜻대로 살아가는 것이 무슬림의 의무다. 따라서 무슬림에게 믿음의 궁극적인 목표와 가치는 신앙 안에서의 삶이다.

    『무슬림들의 신앙과 실천』은 두 명의 걸출한 이슬람 전문가들에 의해 25년 이상 각고의 연구를 통해 탄생한 역작이다. 이슬람에 대한 사회학적, 법학적, 신학적, 역사학적 변양을 함께 모아 하나의 공통분모인 무슬림의 정체성을 도출하고 있다.

    이슬람 전문서가 여전히 일천한 국내 상황에서 금번 역서의 출간은 이슬람에 대한 다양한 요소를 전체적으로, 동시에 구체적으로 망라하여 이슬람에 대한 보다 입체적인 이해를 가능하게 한다. 특히, 무슬림들과 함께 현지에서 생활하며 이슬람을 직접 경험한 공일주, 정승현, 현한나, 세 공역자들의 전문성이 돋보이는 한국어 번역은 난해하고 소외되었던 이슬람과 무슬림에 대한 독자들의 심도 있는 이해를 도와줄 것이다. 마지막으로 본서가 예수님의 사랑과 말씀을 전하는 통로가 되기를 기대한다.

추천사 4

김아영 박사
횃불트리니티신학대학원대학교 교수

 The Satanic Verses(『사탄의 구절들』)의 저자인 살만 루시디(Salman Rushdie)가 뉴욕에서 공격을 당한 사건을 지켜보며 본인은 공격자인 하디 마따르(Hadi Matar)의 나이에 놀라지 않을 수 없었습니다. 스물네 살로 루시디의 책이 출판된 1988년 9월에는 태어나지도 않았을 뿐더러 후일 그는 이 책을 겨우 두 페이지만 읽었다고 고백했습니다. 이것은 그의 행위가 스스로의 숙고 끝에 이루어진 선택이 아니라는 것을 의미합니다. 존 에스포지토(John Esposito)는 기독교-이슬람 관계에 있어서 어려움을 만들어 내는 가장 큰 이유는 양 종교의 구성원들이 상대 종교에 대해 가지고 있는 이해와 판단이 실제적인 것에 기인하지 않고 오랜 세월 전승되어 온 판에 박힌 생각에 근거하기 때문이라고 일갈했는데, 마따르의 행위도, 우리 곁에 와 있는 무슬림들을 배척하는 행위도 모두 그와 같은 판에 박힌 생각과 학습에 기인합니다.

 이러한 상황을 지켜보며 본서가 번역 출간된 것은 참으로 감사한 일입니다. 기독교-이슬람 관계를 어렵게 하고 이슬람 현장을 무기력하게 하는 몰이해와 오해를 바로잡아 줄 저서이기 때문입니다. 무엇보다 이 일에 함께한 번역자들이 각기 다른 지역에서 무슬림들과 함께 살았고 그 이후 현재까지 이슬람과 무슬림 연구에 헌신해 오고 있는 학자들이기에 더욱 믿음이 갑니다. 본서가 중요한 지식을 전달하고 동기를 부여하는 귀한 일에 사용될 것으로 확신하면서 기쁨과 감사로 추천합니다.

추천사 5

변창욱 박사
장로회신학대학교 교수

7세기 이슬람 발흥부터 21세기의 주요 이슈에 이르기까지 무함마드와 꾸란으로 대변되는 이슬람의 다양한 주제를 다루는 『무슬림들의 신앙과 실천』은 이슬람 입문서로서 유용한 책이다. 이슬람 교리(운명론, 자유 의지), 이슬람 치하의 기독교 변증, 꾸란의 이싸, 무함마드 생애, 하디스, 지하드, 예루살렘 바위의 돔, 이슬람 정복 이후 교회의 모스크 개조, 수피즘, 꾸란 주석, 무슬림과 근대성, 이슬람의 쇠퇴, 이슬람과 테러리즘, 이슬람의 다섯 기둥, 이슬람 페미니즘 그리고 이슬라모포비아(Islamophobia)에 이르기까지 이슬람 이해에 필수적인 주요 내용을 정리하고 있다.

까다로운 이슬람의 용어와 꾸란의 본문을 이론과 실제가 균형을 이룬 번역자들의 노력을 통해 발간된 본서는 누구나 이슬람에 대한 이론적 기초를 탄탄히 다질 수 있고, 더 깊이 알고 싶은 주제를 탐구해 나갈 수 있도록 안내할 것이다. 또한, 객관적 사실에 기초하기보다는 이슬람에 대한 편견과 혐오에 사로잡혀 있는 이들은 이슬람 역사와 사상을 차분하게 이해시켜 주는 본서를 통해, 균형 잡힌 이슬람 시각을 갖게 될 것이라 판단하며 널리 일독을 권한다.

추천사 6

서 원 모 박사
장로회신학대학교 교수

『무슬림들의 신앙과 실천』이 한국에 번역되어 소개되는 것은 매우 반가운 일이다. 이 번역본의 원본인 *Muslims: Their Religious Beliefs and Practices*는 1990년대부터 출판되어 계속 종합되고 확대되고 개정되었는데, 가장 최근에 출판된 제5판(2019년)을 번역한 것도 한국인 독자들을 위해선 큰 행운이다.

본서는 여섯 부로 나누어 이슬람의 역사와 신학을 객관적으로 서술한다. 본서는 제1부와 제2부에서 꾸란과 무함마드는 물론 정치적 행동과 이론, 신학, 법, 종교의식을 통해 고전적 이슬람 정체성의 형성을 개관한다. 제3부에서는 다른 대안적 흐름이라고 볼 수 있는 시아파와 수피 수행을 언급하고 제4부에서는 중세 이슬람의 지적 유산과 비전을 제시한다. 제5부와 제6부에서는 근대 이후의 이슬람과 근대성의 문제를 다루는데, 특히 여성의 문제를 자세히 다룬 것이 눈에 띈다.

번역자들은 모두 무슬림들과 함께 생활하면서 이슬람을 경험하고 이슬람 세계와 종교 행위에 대한 직접적인 이해를 지니고 있다. 더욱이 역자들은 이슬람 전문 용어나 주요 용어 문제를 깊이 고민하고 여섯 가지 원칙에 따라 번역을 시도했다. 성경의 인물은 한글 성경의 표기대로, 꾸란의 인물은 꾸란의 표기와 발음에 따라 표기하고, 한글 꾸란을 사용하기보다 꾸란을 직접 번역하고, 동일한 단어라도 문맥에 따라 달리 번역하고, 특히 수피즘과 시아파에서 개념어를 주의 깊게 구분한 것은 번역자들의 세심한 노력을 보여 준다. 그런 의미에서 본서는 이슬람의 신앙과 종교의식, 신학과 법과 근대 이슬람의 여러 분파 등 방대한 주제에 대해 통일된 용어와 표현을 제공함으로써 국내에서의 이슬람에 대한 학문적이고 실천적인 논의에 큰 도움을 주리라고 생각한다.

본서에 기초하여 이슬람 세계와 무슬림에 대한 막연한 공포와 편견이 사라지고 우리의 실천이 변화될 수 있으면 좋겠다. 또한, 본서에서 자극을 받아 더 많은 이슬람 관련 서적이 소개되고, 한국 학자들의 이슬람 연구도 진척되길 소망한다. 이렇게 본서가 일으킬 변화를 생각할 때, 본서가 우리나라에서 이슬람 연구의 커다란 물줄기를 길어 내는 마중물이 될 것이라고 확신한다.

무슬림들의 신앙과 실천

Muslims: Their Religious Beliefs and Practices
Written by Teresa Bernheimer and Andrew Rippin
Translated by Il Joo Kong, Seung hyun Chung, Han na Hyun

Copyright ⓒ2018 by Teresa Bernheimer and Andrew Rippin
Originally published in English under the title
Muslims: Their Religious Beliefs and Practices 5th edition
Authorised translation from the English language edition published
by Routledge, a member of the Taylor & Francis Group.
All Rights Reserved.

Korean Edition Copyright ⓒ 2022 by Christian Literature Center, Seoul, Korea.

무슬림들의 신앙과 실천

2022년 11월 10일 초판 발행

지 은 이 | 앤드류 리핀 · 테레사 베른하이머
옮 긴 이 | 공일주 · 정승현 · 현한나

편　　집 | 한명복
디 자 인 | 박성숙 서민정
펴 낸 곳 | (사)기독교문서선교회
등　　록 | 제16-25호(1980.1.18.)
주　　소 | 서울특별시 동대문구 천호대로71길 39
전　　화 | 02-586-8761~3(본사) 031-942-8761(영업부)
팩　　스 | 02-523-0131(본사) 031-942-8763(영업부)
이 메 일 | clckor@gmail.com
홈페이지 | www.clcbook.com
송금계좌 | 기업은행 073-000308-04-020 (사)기독교문서선교회
일련번호 | 2022-111

SBN 978-89-341-2494-8 (93230)

이 한국어판 저작권은 Taylor & Francis Group과(와) 독점 계약한 (사)기독교문서선교회가 소유합니다.
다. 신저작권법에 의하여 한국 내에서 보호를 받는 저작물이므로 무단 전재와 무단 복제를 금합니다.

이슬람 연구 시리즈 32

Muslims
Their Religious Beliefs and Practices

무슬림들의 신앙과 실천

앤드류 리핀 · 테레사 베른하이머 지음
공일주 · 정승현 · 현한나 옮김

CLC

목차

추천사 1 서정운 박사 | 장로회신학대학교 명예총장   1
추천사 2 강석형 박사 | 은현교회 담임목사   2
추천사 3 김수완 박사 | 한국외국어대학교 교수   3
추천사 4 김아영 박사 | 횃불트리니티신학대학원대학교 교수   5
추천사 5 변창욱 박사 | 장로회신학대학교 교수   6
추천사 6 서원모 박사 | 장로회신학대학교 교수   7

그림 목록   14
무슬림들의 신앙과 실천   15
종교의 신앙과 실천 총서   17
제5판의 서언   19
역자 서문   21

서론   25

제1부 고전 이슬람의 형성 요인   31

제1장 이슬람 이전 역사   33
제2장 꾸란   52
제3장 무함마드   85

제2부 이슬람 정체성의 출현   108

제4장 정치적 행동과 이론   111
제5장 신학적 담론   131
제6장 법의 발전   154
제7장 종교의식의 수행   176

제3부 고전 이슬람 정체성의 대안적 비전   199

제8장 시아파   201
제9장 수피 수행   223

제4부 이슬람 정체성의 강화   243

제10장 지적 문화   245
제11장 이슬람의 중세기 비전   260

제5부 이슬람의 근대적 비전   282

제12장 근대성의 형성   284
제13장 무함마드와 근대성   319
제14장 꾸란과 근대성   363
제15장 정체성의 이슈: 종교의식과 정치   402

제6부 이슬람의 새로운 비전   438

제16장 여성, 지성 그리고 도전들   439
제17장 21세기 무슬림의 인식   476

용어 해설   498
색인   508

그림 목록

그림 1.1	고대 근동의 지도, 600년경	34
그림 1.2	유향나무	50
그림 2.1	꾸란 사본	83
그림 3.1	무함마드에 대한 자료와 무덤	87
그림 4.1	예루살렘의 바위의 돔	121
그림 4.2	(a) 아랍-사산왕조의 화폐, 은 드라흠	127
	(b) 압드 알말리크의 화폐, 금 디나르	127
그림 5.1	아테네 입법가의 가르침	133
그림 6.1	푸주한의 가게	174
그림 7.1	성 소피아	184
그림 7.2	메카순례 지도	192
그림 7.3	다마스쿠스의 루까이야 사당의 순례	194
그림 8.1	아슈라 기념일	209
그림 9.1	루미의 무덤	241
그림 10.1	코끼리 시계	247
그림 11.1	모리타니아 신끼뜨의 도서관에서 발견된 꾸란 텍스트	261
그림 11.2	쌀라흐 알딘 동상	268
그림 12.1	오늘날 튀르키예의 상징	292
그림 12.2	21세기 이슬람 세계 지도	312
그림 13.1	무함마드 페이스북 항의	321
그림 13.2	이란 영화를 선전하는 간판	361
그림 14.1	근대 꾸란 서체	365
그림 14.2	말리의 꾸란 학교	381
그림 16.1	프랑스 무슬림 여성	455
그림 17.1	뉴욕 무슬림 지도자들	494

무슬림들의 신앙과 실천

『무슬림들의 신앙과 실천』은 이슬람 역사와 사상의 개관을 형성기부터 현대에 이르기까지 보여 준다. 본서는 이슬람―특별히 꾸란과 무함마드의 이해―을 형성하게 한 독특한 요인들을 검토하고, 이 요인들이 오늘에 이르기까지 이슬람의 길에 영향을 미치는 상호 작용의 방식을 추적한다. 최근의 학문적 논의와 근래에 이슬람 세계에서 있었던 사건들에 관한 핵심 자료들을 종합하여 앤드류 리핀(Andrew Rippin)과 테레사 베른하이머(Teresa Bernheimer)는 시아파와 수피즘에서 발견되는 이슬람의 대안적인 비전을 포함하여, 간결하고 도전적이며 신선한 방식으로 이슬람을 소개한다. 제4판을 개정하고 확대한 제5판은 전체적으로 업데이트되었고 새롭게 용어 설명을 위해 부록을 추가했다.

상세한 설명과 새롭게 수반되는 웹사이트와 더불어, 『무슬림들의 신앙과 실천』은 꾸란에서부터 이슬람 페미니즘까지 핵심적인 이슈들–정체성의 문제, 이슬람 포비아 그리고 이슬람의 근대적 비전을 탐구하려는 학생들에게 이상적인 개론서이다.

리핀은 캐나다 빅토리아대학교(University of Victoria)의 역사학 교수였고 인문학부 학장을 역임했으며, 꾸란에 관한 주요한 학자 중 한 명이었다. 그는 이슬람 고전을 포함하여 이슬람과 꾸란에 관한 여러 권의 책을 저술하고 편집했는데, 그 가운데는 Routledge에서 모두 발행한 *Classical Islam: A Sourcebook of Religious Literature*와 *The Islamic World*가 있다. 그는 꾸란 연구를 위해 오늘날 가장 중요한 국제 네트워크인 IQSA(International Qur'anic Studies Association)의 창립 회장을 역임했다. 그는 2016년 작고했다.

베른하이머는 뮌헨대학교(Ludwig-Maximilians-Universität)의 교수(Gerda Henkel Fellow)이고 초기 이슬람 시대의 종교적 극단주의를 연구하고 있다. 2009년부터 2017년까지 런던대학교(University of London)의 SOAS에서 초기 이슬람 역사를 가르쳤다. 그녀는 Routledge에서 출판한 *Early Islamic History*(Taima Bayhoum-Daou와 함께 편집한 이슬람 연구의 핵심적인 개념들)를 포함하여 초기 이슬람에 관한 많은 논문과 책을 출간했다.

종교의 신앙과 실천 총서

    이 시리즈는 읽기 쉬운 형식으로 종교에 관해 선구적이면서 학술적으로 소개한다. 그것은 사회적, 문화적 그리고 역사적 배경에서 종교의 신앙과 실천과 연관되어 있다. 저자는 다양한 배경으로부터 서로 다른 관점을 가지고 종교의 신앙과 실천에 관해 연구한다.

    일부 저자들은 주로 역사, 가르침, 관습 그리고 종교의식의 실천에 관한 질문에 중점을 둔다. 다른 저자들은 특정 지역의 상황 가운데서, 종교 간의 상호 관계, 종교와 예술의 상호 작용, 종교와 사회 조직, 정치 문제에 대한 종교의 관여 그리고 고대 문화의 경우 고고학적 증거의 해석에 관해 숙고한다. 이런 방식으로 이 시리즈는 종교 연구의 다학제적인(multi-disciplinary) 경향을 이끌어 낸다. 이는 종교, 철학, 사회과학 그리고 역사를 연구하는 학생과 이에 관심 있는 지성인을 위한 것이다.

총서 편집장:
John Hinnells and the late Ninian Smart

The Jains
Their Religious Beliefs and Practices
Paul Dundas

Theravada Buddhism
A Social History from Ancient Benares to Modern Colombo
Richard F. Gombrich

Mahayana Buddhism
The Doctrinal Foundations
Paul Williams

Hindus
Their Religious Beliefs and Practices
Julius Lipner

Muslims
Their Religious Beliefs and Practices, fifth edition
(『무슬림들의 신앙과 실천』, 제5판)
Andrew Rippin and Teresa Bernheimer

제5판의 서언

　이 저작은 원래 '고전 시대'(1990)와 '근대 시대'(1993) 두 권으로 출간되었다. 2012년 리핀은 제4판에서 이를 한 권으로 출간하면서 대폭 수정했다. 그는 본서를 업데이트하고 제6부 이슬람의 새로운 비전에 두 개의 새로운 장을 추가했다. 제5판의 요청은 본서가 교과서로서의 지속적인 성공과 이슬람 세계에 대한 일반인들의 관심이 증가함을 증명한다. 2016년 말에 작고한 리핀과 수정 부분에 대해 논의를 할 수 없었던 것은 매우 안타깝지만, 제5판을 준비하게 된 것은 큰 특권이다. 그는 탁월한 동료이자 선생이었고 꾸란 연구에 있어서 훌륭한 선구자였기 때문에 그의 부재는 현장에서 매우 실제적으로 느껴진다.

　제5판은 2012년 이후 등장한 출판물들과 새로운 통찰력을 반영하여 제4판을 업데이트했고, 이슬람 연구에 있어서 역사적이고 현대적인 최근의 주요 동향을 반영했다. 리핀이 제4판 서문에서 말했듯이, "모든 성공적인 사회 시스템과 마찬가지로, 이슬람은 역동적이고 변화하는 실체이며, 시대와 함께 움직이면서도, 현재까지의 역사적인 진로에 의해 강하게 영향을 받는다." 과거의 이슬람이 오늘날 끼친 강력한 영향력 가운데 한 예는 이슬람 국가 조직(ISIS/Da'esh)의 지도자 아부 바크르 알바그다디(Abu Bakr al-Baghdadi)가 2014년 6월에 '칼리파제'(caliphate)를 선포한 것이다.

　칼리파제는 632년 예언자 무함마드가 사망한 후 시작된 최초의 이슬람 통치 제도이다. 2018년 초반 몇 주간 이슬람 국가 조직(ISIS)이 패배했다는 소식이 전해지는 동안, '칼리파제'를 세운 것은 현대 이슈에 대한 과거의 영향력을 반영할 뿐만 아니라, 오늘날 세계에서 무슬림과 비무슬림 모두가 이슬람에 대해 다시 생각하도록 했다. 이러한 이슈를 마지막 장에서 다루었다. 짧은 부록이 책 전체에 추가되고 웹사이트와 용어 해설도 업데이트되어, 점점 더 많은 디지털 자료와 현재 온라인에서 벌어지는 이슬람과 관련된 많은 토론을 포함시켰다.

 제5판을 위해 도서를 추천하고 수정을 제안해 주었던 Omar Anchassi, Mushegh Ashatryan, Karen Bauer, Najam Haider, Konrad Hirschler, István Kristó-Nagy 그리고 Yossi Rappoport에게 특별한 감사를 전한다.

역자 서문

　본서는 2019년에 출간된 앤드류 리핀(Andrew Rippin)과 테레사 베른하이머(Teresa Bernheimer)의 *Muslims: Their Religious Beliefs and Practices* 제5판을 번역한 것이다. 『무슬림들의 신앙과 실천』은 이슬람과 무슬림의 핵심적인 17가지 주제들을 객관적이고 일목요연하게 정리하고 해설하여, 독자들로 하여금 이슬람을 균형 있게 이해하도록 돕는다. 최근 한국에 이슬람과 무슬림에 대한 번역서들이 많이 출간되는 것은 반가운 일이지만 번역서들에서 사용된 이슬람 전문 용어나 주요 용어가 통일되지 못하고 있음을 볼 수 있다. 이에 본서의 번역자들은 가독성을 높이면서도 원문 텍스트에 충실하기 위해 다음과 같이 여섯 가지 원칙을 가지고 번역했다.

　첫째, 성경과 꾸란의 고유 명사는 구별하여 성경의 인물은 한글 성경대로 기록하고, 꾸란의 인물은 꾸란의 표기와 발음에 따랐다. 예를 들면 성경의 God은 하나님으로, 꾸란의 Allah는 알라로, 일반적인 의미의 God은 신으로 표기했다. 그리고 성경의 Abraham은 아브라함으로, 꾸란의 Ibrahim은 이브라힘으로 표기했다.
　이것은 지난 몇 년간 꾸란과 성경의 예언자들을 비교, 연구하는 학자들이 '각 인물의 정체성을 그대로 독자에게 전달하기 위한 목적에서' 이러한 표기 방식을 선호하는 것에 따른 것이다. 꾸란과 성경의 인물을 비교, 연구할 때 지시하는 대상은 동일할지 몰라도 내용과 개념이 다르다는 연구 결과에 따라 꾸란의 인물은 아랍어 표기대로 적고 성경의 인물은 한글 성경에 따라 표기했다.

둘째, 꾸란의 한글 번역이 아랍어 꾸란의 의미와 다른 경우가 종종 있어서, 그 경우에는 번역자가 아랍어 꾸란에서 직접 번역하는 방식을 선택했다. 꾸란의 의미 번역은 꾸란의 해석 원리를 기반으로 하여 꾸란을 해석한 다음에 한국인 독자가 이해할 수 있는 일상어로 번역했다.

셋째, 동일한 단어라도 문맥에 따라 서로 다른 번역어를 사용하기도 했다. 예를 들면, tradition을 문맥에 따라 '전통', '전승' 혹은 '하디스'로 번역했다. 또한, traditionist는 아랍어로 무핫디스에 해당할 경우 '하디스학 연구자'로 번역했고, 전통 유지를 옹호하는 의미로 traditionalist는 '전통주의자'로 번역하되, 하디스와 직접적인 논의 과정에서는 전승주의자로 번역했다.

넷째, 영미권에서 사용한 이슬람 용어의 개념이 이슬람 학계의 통상적인 개념과 다를 경우 후자를 우선했다.[1]

다섯째, 수피즘에 대한 용어들을 주의해서 번역했고 개념의 차이점을 구분했다. 저자가 수피즘을 신비주의라고 하고 영적 금욕주의라는 용어를 사용했는데, 이런 뜻풀이는 원저자의 책 그대로 번역했다. 그러나 아랍 수피학자들은 자신들의 수피즘을 신비주의라고 규정하지 않는다. 특히, 이슬람과 꾸란에서는 루흐(rūḥ)란 단어를 혼(nafs)으로 인식하므로 아랍 기독교인들의 '영'(rūḥ)이란 개념과 다르다. 이슬람과 꾸란에서 루흐는 알라의 피조물이다. 기독교에서 성령은 하나님의 영인데 무슬림 아랍어의 루흐에는 이런 개념이 없다.

---

[1] 예를 들면 타즈디드(tajdīd)는 원래의 특성과 구별된 성질을 보존하고 시대의 문제들과 새로 부각되는 이슈들에 대하여 이슬람적인 답변을 주는 것을 가리킨다. 원서에서 타즈디드를 revivalism으로 기록했는데, 이를 부흥주의로 번역하면 타즈디드가 갖는 고유한 의미를 전달할 수 없어서 '다시 새롭게 한다'는 개념에 가까운 갱신을 선택했다. 또한, 원서에서 이쓸라흐(iṣlāḥ)를 reconstruction으로 했으나, 아랍어 이쓸라흐는 더 나은 쪽으로 변화 즉 이슬람의 핵심적인 출처인 꾸란과 순나로 되돌아감으로써 이슬람의 사상을 새롭게 하는 것이므로 '개혁'으로 번역했다.

시아파의 왈리와 수피즘의 왈리에서 단어는 서로 동일한데 그 개념이 다르기 때문에 이 책의 번역 과정에서 서로 구분했다.[2]

이슬람의 piety는 경건이라고 번역하지 않고 타끄와(taqwā)라는 아랍어 단어를 그대로 사용했다. 타끄와는 경건이 아니고 두려움을 당하는 것으로부터 인간의 혼을 보호해 주는 것, 해를 당하는 것으로부터 보호함 그리고 법적 의미에서는 비난받을 죄악으로부터 혼을 보호하고 금지된 것을 버리는 것을 가리킨다.

Jinn은 현대 아랍 무슬림들에게 악령으로 이해되지만 아랍어 원래 발음을 그대로 옮겨두었다. 진(Jinn)은 꾸란에서 인간의 눈에 보이지 않는 숨어 있는 피조물이라고 하고, 진은 불로 창조되었다고 한다. 꾸란에서 진은 선행을 하는 진과 선행을 하지 않는 진으로 나뉘고, 후자 속에는 사탄(샤이딴)이 있다.

여섯째, 원서의 일러두기에서 아랍어 표기 방식을 언급하지 않았으나, 번역자들은 번역서에서 한국어 발음으로 표기하고 아랍어 발음의 정확한 전사를 위하여 아래와 같은 아랍어의 한글/로마자 표기 방식을 따랐다.

ر	ذ	د	خ	ح	ج	ث	ت	ب	ا
r ㄹ	dh ㄷ	d ㄷ	kh ㅋ	ḥ ㅎ	j ㅈ	th ㅅ	t ㅌ	b ㅂ	ʼ ㅇ

ف	غ	ع	ظ	ط	ض	ص	ش	س	ز
f ㅍ	gh ㄱ	ʻ ㅇ	ẓ ㅈ	ṭ ㄸ	ḍ ㄷ	ṣ ㅆ	sh ㅅ	s ㅅ	z ㅈ

ي	و	ه	ن	م	ل	ك	ق		
y	w	h ㅎ	n ㄴ	m ㅁ	l ㄹ	k ㅋ	q ㄲ	정관사는 '알 al-'로 통일하고 장모음은 ā, ū, ī로 표기함	

---

[2] 서구 학계에서는 수피즘의 왈리를 성인(saint)으로 번역하지만, 아랍에서는 왈리를 "신에게 특이하게 가까운 자"라는 말로 풀이한다. 시아파의 왈리는 "대리인"(guardian)이란 말로 번역해 두었다.

이러한 표기 원칙에 따르지 않은 두 단어는 이싸와 무싸이다. 이싸는 로마자 표기가 'Īsā이고 무싸는 로마자 표기가 Mūsā인데, 만일 이 둘을 '이사' 또는 '무사'라고 적고 그대로 아랍인에게 말하면 아랍인들은 못 알아듣는다. 원래 아랍어 발음이 '이싸 또는 무싸'이기 때문이다. 따라서 이 책에서는 이싸와 무싸로 표기했다.

로마자 표기에서는 자음 상단에 거꾸로 된 쉼표가 아랍어 자음 (ع)을 전사한 것인데 대부분 한국인 이슬람 저작에서는 이를 생략해 버렸다. 그러나 위 자음은 인두음이므로 다와를 다아와로, 카바는 카아바로 표기하여 실제 아랍어 발음에 가깝게 표기했다. 아랍어 정관사 /al-/은 그 뒤에 오는 자음이 월문자이면 /l/로 발음하고, 그 뒤에 오는 자음이 해문자이면 /al-/에서 /l/은 그 해문자로 바꾸어 발음한다.

예를 들면 알누르 /al-nūr/는 안누르 /an-nūr/로 발음한다. 그러나 아랍어 단어 원형을 밝혀 적으면 항상 /al-/이므로 따라서 이 책에서는 해문자에 따라 바뀌는 변이 형태가 아닌 대표 형태 /al-/을 모든 정관사 표기에 동일하게 사용하여 낱말의 원형을 밝혀 적었다. 그리고 아랍어 고유명사나 인명은 저자의 표기가 아랍어 원래 발음과 다를 경우 아랍어 원음을 살려서 전사했다.[3]

일곱째, 저자들이 쌀라트(ṣalāt)와 자카트(zakāt)로 표기하여 번역자도 그것을 한글 그대로 음역했으나, 현대 아랍어 발음에서는 ṣalāh(쌀라)와 zakāh(자카)임을 밝혀 둔다.

이런 역자들의 노력으로 독자들이 본서를 이해하는 데 도움이 되기를 기대한다.

2022년 8월 31일
공일주, 정승현, 현한나

---

3 예를 들어, 저자는 이븐 압드 알와합이라고 했으나 아랍인들은 무함마드 이븐 압드 알와합이라고 하므로 역서에서는 후자를 택했다.

서론

    본서의 초판 작업을 시작한 지 거의 25년이 지났다. 그 사이 이슬람 분야에서 학문적인 저술은 빠른 속도로 진행되었다. 이 분야의 모든 측면—원문 연구, 지식의 새로운 통합 그리고 이슬람에 대한 일반적인 소개—에서 저서들과 논문들이 급증했다. 이슬람에 대해 더 많이 알아야 한다는 인식이 널리 퍼져 있다는 것은 그리 놀라운 일이 아니다. 2001년 9월 11일 뉴욕의 세계무역센터 폭파와 매우 상징적으로 뒤이은 [그리고 선행되었던] 파괴적인 사건들의 여파로 "이슬람이 잘못 이해될 수 있다"는 표현이 그 어느 때보다도 적절한 것 같다. 이러한 사건이 무슬림들에게 미치는 영향은 여러 가지 면에서 주목할 만하다.

    무슬림들은 미국이 옹호하는 '테러와의 전쟁'의 영향과 무슬림 세계 국가들의 문제에 미국이 관심을 가지고 지속적인 개입한다는 것을 이라크 침공과 아프가니스탄 전쟁을 정점으로 분명히 느꼈다. 그러나 무슬림들은 이슬람의 기치 아래 정치적인 혁명을 위해 투쟁하는 사람들의 행동을 통해, 자신들의 종교적 가치가 자신들의 공동체 안에서부터 감시와 공격을 받는 상황에 놓여 있다는 것도 발견했다. 대다수의 무슬림은 종교적인 행동을 구실로 행해지는 모든 폭력적인 행위로부터 자신들을 분리시키기 원하지만, 이슬람의 가치에 대한 확신을 유지하기 위해서 노력한다. 자신들의 종교가 특히 미디어에서 계속해서 비판적인 관심의 초점이 될 때 그들은 점점 더 이러한 균형을 유지하기가 어렵다.

    그러므로 이런 상황 가운데에서 무슬림과 비무슬림은 모두 이슬람에 대해 더 많은 지식을 갈급해 한다. 모든 입문서 저자는 올바른 이해를 위해 필요한 자료들을 어떻게 제공할 수 있을지 고민한다. 과거에도 그랬듯이 오늘날에도 단순화하거나 혹은 이슬람에 '호의적인' 것처럼 보이기 위해, 어려운 질문들을 회피하는 글을 쓰고 싶은 유혹이 있다. 이것은 대중 매체에 퍼져 있는 이슬람에 대한 부정적인 요소들을 감안할 때, 이에 대한 반박이 필요하다고 보는 것이다. 저자의 견해에 의하면, 이러한 접근은 학문적으로 만족스럽지 못할 뿐만 아니라 논쟁적이고 분열적이다.

'반(反)이슬람적'으로 보이지 않게 하거나 혹은 주제를 '쉽게' 만들기 위해 학술적 분석을 피하는 것은, 분명히 학문적인 책임도 없고 이슬람에 대한 존중도 없는 것이다. 저자에게 이것은 단지 인문학적이고 사회-과학적인 연구가 제공할 수 있는 분석에 해당하는 것이다. 학문적인 검토를 진행하면서, 우리는 이슬람이 실제로 연구할 만한 가치가 있는 주제이고, 엄격하게 접근하지 않는다면 연구는 근본적으로 거부되어야 한다고 생각한다.

그러나 일부 저자들은 이슬람에 관한 비평적 글쓰기에는 노력이 부족하면서, 전반적으로 이슬람 연구를 비난하는 것에 노력을 기울이고 있다. 그들은 이슬람에 대한 학문적인 저자들에게 '정치적인 시정' 혹은 '자기 검열'을 제시한다. 그리고 그들은 가장 요란한 논쟁가 중 한 사람처럼, 학문적인 책임에 태만한 사람들이 '딤미튜드'(dhimmitude)[1] 혹은 이슬람에 대한 복종 상태에서 살고 있다고 비판한다. 그러한 비난은 과도하고 근거 없다. 이슬람에 대해 진지한 저자들 앞에 놓인 임무는 정직함과 확고한 종교적 가치의 민감함 사이에 균형을 잡는 것이다. 우리는 각자 자신의 방향을 정하고 자신의 개인적인 성향에 가장 잘 반응하는 방식으로 저술 프로젝트를 진행한다.

최근 몇 년 동안, 이슬람에 대한 학문적인 분석은 분명히 방법론적인 관점을 확장시켰다. 특히, 역사적 출처의 문헌적 특성을 고려하려는 접근 방

---

[1] 딤미튜드는 1983년 바트 예올(Bat Ye'or)이 만든 용어로서 아랍어 딤미(dhimmi)에서 온 단어이다. 딤미는 이슬람 땅에 살면서 재산과 성적 명예와 종교를 보호받는 계약을 했던 유대인과 나싸라(이싸를 믿는 자)들이다. 바트 예올의 딤미튜드는 이슬람 통치하에 예속된 나싸라와 유대인의 법적 사회적 조건을 가리킨다(역자 주).

식에서 중요한 움직임이 있었다. 이러한 노력은 문헌의 본문이 수반하고 있는 이념적인 측면을 인식하게 되었다. 핵심은 이슬람의 이해를 규정하고 합법화하려는 문헌들에 대해 비판적인 평가들이 시도되었다는 점이다. 즉, 특정 그룹의 사람들이 통치권을 정당화하기 위해 이슬람의 규범적 체계와 행위를 용이하게, 안정적으로 그리고 '상식적인' 방식으로 활용했다는 것이다. 물론 이슬람이란 단어의 일반적인 의미는 '종교'이다. 그러나 우리가 구할 수 있는 문헌들 안에 전해진 교리와 실천을 채택한 체계는, 많은 경우 그 사회의 이념적인 중요성을 반영하고 있음을 볼 수 있다. 이것은 근대와 마찬가지로 고전 시대에서도 변하지 않는 사실이다.

확실히, 이러한 연구 방식에 기초한 이슬람의 역사적 기술은 특히 무슬림 삶의 가장 초창기에 대해 정확히 무엇을 알 수 있는지에 관해 많은 모호함을 남긴다. 이것은 역사의 원(原)자료를 신학적/이념적으로 다시 읽는 특성 때문이다. 결과적으로, 본서를 통해 알 수 있고, 탐구되고 강조되는 것은 무슬림들이 어떻게 9세기 초(이슬람 문헌이 완전히 이용 가능하게 된)부터 오늘에 이르기까지 이슬람의 역사를 바라보고, 그 이해한 것을 규범적 이슬람의 다양한 표현으로 발전시키느냐 하는 것이다. 본서의 범위와 길이를 감안할 때, 대부분의 경우 이슈들에 관해 원하는 만큼 충분히 증명하기보다는 개략적으로 살펴보는 것만이 가능했다.

일부 이슬람학 전문가(Islamicists)는 본서에서 중요한 자료들과 그것들의 함의에 관한 결정적인 논쟁의 많은 세부 사항을 지나쳤다거나, 혹은 저자가 지난 수십 년 동안 대두된 새로운 논쟁을 무시했다고 충분히 느낄 수 있을 것이다. 그러나 본서와 같이 일반적인 입문서를 작성하려는 시도는, 마치 큰 붓으로 그림을 그리는 것과 같다. 그리고 본서는—적어도 몇몇 곳에서—이슬람의 출현, 발전 그리고 미래 방향에 대한 일반적인 견해에 대해 수정된 시각을 제시한다. 본서는 여전히 학생들로 하여금 역사를 복합적으로 이해하도록 안목을 갖게 하는데 가치 있고 유익할 것으로 보인다. 본서에 기록된 학문적인 주장의 일부는 지난 20년 동안 학계 내에서 많은 논쟁을 불러일으켰지만, 저자가 초판에서부터 이슬람의 형성, 발전 그리고 진술에 대해 분명히 하려고 시도한 것을 변경할 이유를 찾지 못했다. 비록 기본적인 아이디어를 뒷받침하는 세부 사항들을 표현하는 방식은 재구성하고, 정제하며, 완화하지만 말이다.

본서는 '이슬람의 역사' 전체에 대한 정보를 제공하지 않는 것을 분명히 하고자 한다. 또한, 본서는 이슬람이 세계의 여러 다른 지역으로 확장된 것을 연구 대상으로 삼지도 않는다. 종교로써 이슬람이 출현하는 데 중요한 역할을 한 지적 투쟁은 아라비아-페르시아 제국(Arabo-Persian Empire)의 이슬람 '심장부'에서 일어난 것으로 간주되므로, 본서의 첫 부분에서는 그 부분에 대해 주목하고자 한다.

근대 시대를 다룰 때, 인도 아대륙(Indian subcontinent), 동남아시아, 북미 그리고 유럽에서부터의 인물과 아이디어를 다루지만, 이슬람 세계의 중동 지역도 주된 관심사이다. 비록 현대 이슬람 국가들이 지적, 정치적 그리고 경제적 영역에서 아랍 세계의 리더십을 주시하는 것은 인정하지만, 근대 세계에서 이슬람은 아랍 지역만을 의미하지 않는다. 또한, 아랍 세계는 무슬림 세계가 열망할 수 있는 모든 결속력에 대한 많은 도전의 근원을 제공한다. 더욱이 아랍어가 이슬람 논의의 공용어이자 고전 이슬람 비전(일부 현대의 대표자들이 긍정적인 방식과 부정적인 방식으로 자주 언급하는)의 진술을 위한 도구이기에, 현대 세계에서 이슬람의 지적 비전을 이해하는 데 아랍 세계를 확실히 강조해야 한다고 주장한다.

이슬람 형성기부터 오늘에 이르기까지, 본서의 초점은 다른 모든 민족처럼 (역사에 영향을 주는 것뿐만 아니라) 역사 가운데 이동하고 영향을 받으며 존재하는 (비록 언어로만 역사를 되짚는 것이 어렵지만) 이슬람 민족이다. 그러기에 이슬람에 대한 연구는 하나의 독립적인 것이기보다는 시간이 지남에 따라 변화하고, 역사적 상황에 따라 움직이며, 때로는 매우 모호한 이유들로 인해 다양한 것이다. 종교로서 이슬람은 사람들이 믿고, 역사적 발전의 의식을 만드는 현상이기도 하다. 그러나 무슬림이 과거 종교에 대해 가졌던 이러한 의식은 시간이 흐르면서 상황의 필요에 따라 다양해졌다. 그러한 정황을 이해시키는 것이 본서의 과제이다.

더 나아가서 이슬람의 출현과 역사가 보여 주는 핵심은 '정체성'의 개념이다. 즉, 이것은 일상생활에 필요한 안정성을 제공하기 위해 종교가 개인적이고 사회적 차원에서 기능하는 방식이다. 세상에 대해서 그리고 개인 간의 관계에 이해를 창출하고 발전시키는 데 이슬람의 역할은 중요했고 계속 중요하다. 그러나 이것 역시 변하지 않는 체계가 아니고, 세상의 현실과 긴장에 대응하여 점진적이고 미묘하게 변화한다. 이슬람 정체성의 역할과 이 역할이 상황의 필요에 응답하고 계속해서 응답하는 방식을 보여 주는 것도 본서의 과제이다. 미래를 내다보면서, 본서는 제6부에서 부상하고 있는 이슬람의 다양한 면과 오늘날 무슬림들이 직면하고 있는 많은 도전에 관해 숙고한다.

근대(modern) 이슬람에 관해 저술하는 것은 특별한 문제들을 제기하고, 무슬림들이 거주하는 세계 여러 지역에서 일어나고 있는 혼란은 이 어려움을 가중시킨다. 매우 유동적인 상황 가운데 진행되고 일을 합의하고자 할 때, 저자는 근대의 논쟁들에 관해 글을 쓰면서, 흔히 과거 역사의 연구는 상대적으로 안정적이기를 갈망한다. 그러나 현대(contemporary)의 다양한 종교적 입장에 의해 부여된 과거의 가치는 역사의 익명성 보장을 어렵게 한다. 현대의 종교적 감수성이 역사 연구 자체를 위험에 빠뜨리는 이유를 이해하는 것은, 본서에 대한 완성도를 높이게 한다. 과거 이슬람의 발현을 반영하는 것은, 특별히 이슬람의 '현재'(present) 역사가 점차 확장됨에 따라, 현재를 반영하는 것으로 보완될 수 있다.

본서에서 다루어야 할 내용은 상당히 복잡하지만, 기본 이슬람의 개념은 간단하다. 이슬람은 무슬림으로 알려진 사람들의 종교이고, 신이 내려준 종교이다. 그 신은 아랍어로 알라라고 하는데 유대인과 나싸라(이싸를 믿는 자들)에게도 경전을 내려 주었다. 그는 7세기 초 무함마드 븐 압둘라를 통해 아라비아반도의 히자즈 주민에게 그의 종교를 전했다. 22년에 걸쳐 꾸란이라는 성구가 알라에 의해 무함마드에게 내려왔다. 신약성경과 비슷한 분량의 이 책은 유대인과 나싸라와 더불어 다신론자들에게 알라가 마지막으로 계시한 종교에 대해 그들의 헌신을 선언하고 실천할 것을 요구한다.

잔나(극락)는 부름에 귀 기울이는 사람을 기다린다. 이를 무시한 자에게는 불타는 지옥의 저주가 기다리고 있다. 분명히 이것은 큰 틀에서 유대-기독교 전통과 무관하지 않은 메시지이고, 동시에 전 세계가 결국 이슬람에 대해 어떤 방식으로든지 응답하도록 하는 메시지이다. 이 종교를 알라에게서 내려받았던 무함마드는 메시지의 의미를 완벽하게 이해한 것으로 간주된다. 따라서 그가 그의 삶에서 행한 모든 것은 그의 추종자들이 모방할 가치가 있으며, 인류에 대한 알라의 뜻을 완벽하게 표현한 것이 된다. 이 이슬람의 길을 추종하는 (혹은 무슬림이라는 단어가 어근 의미에서 암시하듯이, '복종하는') 사람들은 움마(umma)를 형성한다. 이것은 종교적으로 공동의 유대감을 갖는 무슬림들 공동체로서 상징적으로 신의 하나됨(타우히드, the unity of the Divine)이라는 이슬람의 중심 개념을 반영한다.

제1부

고전 이슬람의 형성 요인

주요 연대기

570	무함마드의 전승된 생일
622	무함마드의 메디나로 이주(히즈라)
632	무함마드 사망
634	첫 칼리프 아부 바크르 사망
644	두 번째 칼리프, 우마르 사망
656	세 번째 칼리프, 우스만 사망
661	순니파의 네 번째 칼리프, 시아파의 첫 이맘, 알리의 사망
661-750	우마이야왕조
750	압바시야왕조 시작
767	전기 작가 이븐 이스학 사망
819	역사가 이븐 알칼비 사망
823	역사가 알와끼디 사망
824	꾸란 해석자 아부 우바이다 사망
830	기독교 논증가 알킨디
833	역사가 이븐 히샴의 사망
845	역사가 이븐 사아드 사망
870	하디스 수집가 알부카리의 사망
875	하디스 수집가 무슬림 이븐 알핫자즈 사망
887	하디스 수집가 이븐 마자의 사망
889	하디스 수집가 아부 다우드 사망
892	하디스 수집가 알티르미디 사망
915	하디스 수집가 알나사이의 사망
923	꾸란 주석가, 역사가 알따바리 사망
996	문법학자, 신학자 알룸마니의 사망
1111	신학자/ 수피 알가잘리의 사망

제1장

이슬람 이전 역사

랍비계 유대교와 기독교가 제도권으로서 종교를 확고히 하는 과정에 있을 때, 이슬람 발생의 기원은 그 즈음인 7세기 아라비아로 추적해 볼 수 있다. 이슬람은 무함마드(Muhammad)라는 예언자와 꾸란(Qur'an)이라고 하는 경전을 중심으로 비옥한 초승달과 이집트 그리고 북아프리카와 페르시아에서 처음으로 아랍 제국을 통합하는 데 기여한 이데올로기가 되었다. 그렇게 하여 고대 페르시아의 신앙인 조로아스터교뿐만 아니라 여러 형태로 오래도록 그 지역에 넓게 퍼져 있던 유대교와 기독교 지역을 대체해 나가기 시작했다. 이러한 변화는 세계사의 전개에 커다란 영향을 미칠 결과를 가져왔음을 의미한다. 아라비아 사회는 더 큰 근동이란 틀에 통합되었고 근동 사람들은 새로운 정치적, 종교적 정체성에 상호 통합되는 결과를 야기하게 된다.

1. 이슬람의 기초

이슬람의 기초를 이해하기 위해서는 이 종교가 등장하게 된 역사적, 사회적, 정치적, 경제적 맥락에 대한 지식이 필요하다. 일반적으로 이슬람의 태동을 7세기의 종교적 발생으로 바라보는 것도 어느 정도의 타당성이 있다. 그러나 이슬람의 역사적 맥락에 대한 이러한 접근 방식은 초기 이슬람의 기원을 마치 한 고정된 종교적 발생에 시초를 두는 것으로 이해할 수

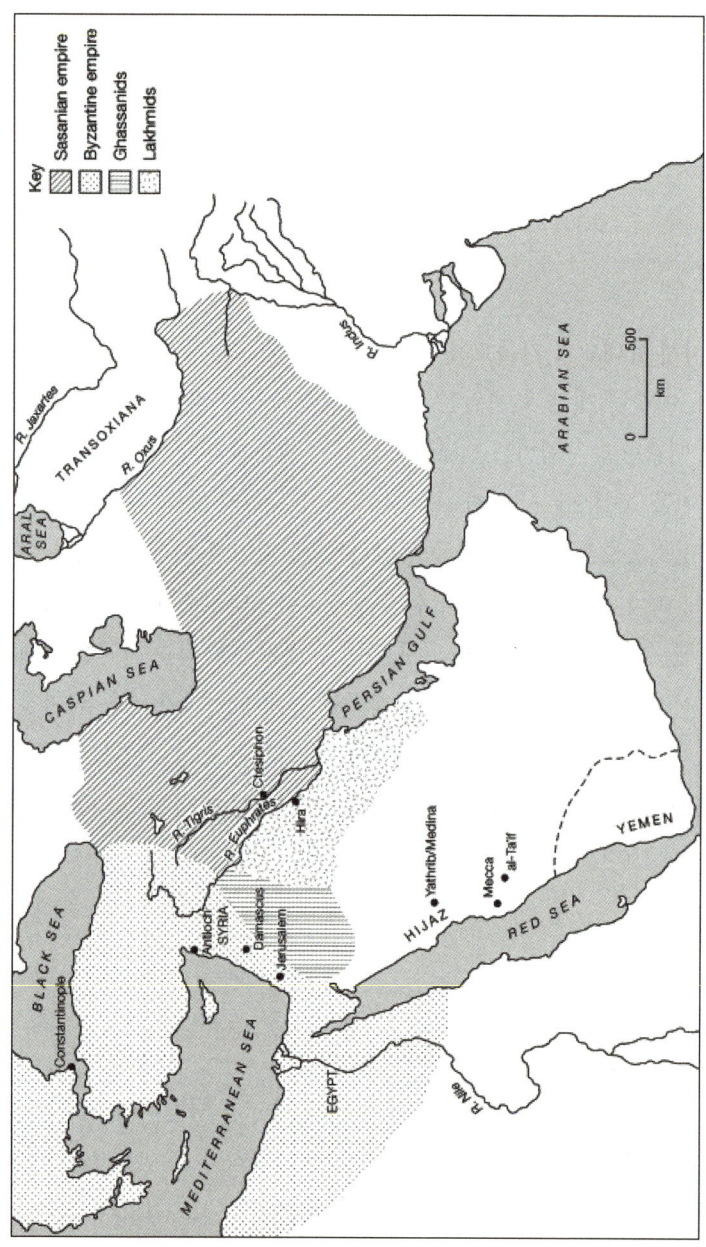

[그림 1.1] 고대 근동의 지도, 600년경

있기 때문에 타당성이 약하다. 사실 더 나은 이슬람의 시작에 대한 모델은 이 종교가 약 2세기에 걸쳐 점차적으로 정체성을 형성해 나갔으며, 종교적 권위의 근원이 되는 것들(역자 주: 꾸란을 비롯해서)이 점차적으로 등장하는 것으로 이해하는 것이 바람직하다. 확실히 이슬람 이데올로기의 발전에 있어서 근접한 환경과의 상호적인 관계성은 복잡하고도 서로 밀접하게 엮여 있다. 따라서 6-8세기 근동 지역의 정치적, 종교적 상황을 스케치하는 것은 이슬람의 시작에 대해 초점을 두고 살피는 데 도움이 될 수 있다 (그림 1.1 참조).

그러나 이러한 지식 제공의 목적은 (이슬람에 대한 많은 초기 연구가 보여 주는 것처럼) 이슬람 이전 시대 환경이 '무함마드에게 미친 영향'을 찾는 취지에서 시작하기보다는 오히려 이슬람이 궁극적으로 오늘날의 이슬람으로 완전한 종교로서 한 형태로 발전되기까지의 그 사회적 맥락을 스케치해 보기 위한 시도이다. 처음 접하게 되면 뜻밖이겠지만 우리가 이슬람이라고 정의내리는 종교로서의 이슬람은 아라비아 중심과는 역사적 시작에 있어서 밀접한 연관성을 가졌다고 말하기는 어렵다. 오늘날의 이슬람은 오히려 아라비아라는 상황 밖에서 형성된 발전의 시기를 가졌고, 종교로 발전될 수 있었던 원동력은 아라비아의 히자즈(Ḥijāz, 역자 주: 메카와 메디나를 중심으로 하는 지역)와 연관되어 있지만 아라비아의 좁은 고립된 공간에서 종교가 형성되었다기보다는 오히려 넓게 퍼진 근동 지역의 영향력 안에서 이슬람이 발전되었다고 보는 것이 더 바람직하다.

2. 이슬람 이전의 근동 지역

아랍이 7세기 근동 지역으로 정복 물결을 일으키기 이전, 수 세기 동안 역사적 중심지로 관심이 집중된 지역들이 있었다. 비잔틴 기독교는 홍해 일대에 약간의 영향을 미쳤고, 때때로 아비시니아(Abyssinia)의 단성론자

기독교인(Monophysite Christians)들과 동맹을 맺었다. 메소포타미아의 크테시폰(Ctesiphon)에 수도를 두고 있는 조로아스터교의 페르시아인들은 때때로 아라비아의 동쪽과 남쪽 해안을 따라 예멘까지 영향을 미쳤다. 그리고 6세기의 힘야르(Himyar) 왕조에서 마지막으로 나타난 유동적 재산을 가진 남부 아라비아왕국은 아랍인이 부상할 때 거의 모든 활력을 잃고 있었다. 아라비아반도는 수 천년 동안 역세권을 정착시키려 했으나 당시 세계가 무시할 수 없는 힘을 가지고 있지는 않았다. 아라비아반도는 다양한 부족이 외부 왕국의 수중에서 빠져나와 궁극적으로 초기 통치자들을 복속시킬 만한 확장된 세력을 만드는 길만이 유일하게 남아 있었다.

527년 유스티니아누스(Justinian) 1세는 콘스탄티노플에서 비잔틴 제국의 왕좌에 올랐다. 그는 기울어 가는 로마 제국의 후손들과 단결을 통해 영토를 회복하기로 결심했고, 그중 게르만 부족, 특히 반달족과 고트족에게 잃어버린 서부 지역을 되찾고자 했다. 그는 이탈리아, 북아프리카 및 스페인 일부의 재정복을 성공적으로 이끌었지만 565년 사망 이후 지속적인 지역 봉기가 일어나 이러한 정복 업적의 대부분이 무효화되고 만다. 페르시아인들은 이후의 불안정한 상황을 이용하여 비잔티움의 서쪽 국경에서 군사를 두어 정복 전쟁을 착수했다. 그러나 무거운 세금은 새로 확장된 이 지역의 가장자리를 불안정하게 만들었다.

610년에 콘스탄티노플을 차지하여 우위를 독점한 비잔틴의 지도자 헤라클리우스(Heraclius)는 641년 사망까지 페르시아인이 613년에 안디옥을, 614년에 예루살렘을 점령한 다음 619년에 이집트로 행진하는 것을 목격해야 했다. 626년에 페르시아인들이 무질서해지고 과도하게 영토 확장을 시도하면서 비잔틴을 향해 마지막 총격을 해 오기 전 헤라클리우스는 반격을 시작했고 628년 크테시폰까지 페르시아 영토를 성공적으로 침공했고 629년 예루살렘을 되찾았으며 페르시아 제국의 퇴각을 강요해 쿠스로 2세(역자 주: 마지막 페르시아 왕조)는 처형당했다. 과신한 비잔틴인들은 긴장을 풀었다가 아랍 정복의 희생양이 되었으며, 심장부와 같은 다마스쿠스를 635년 처음 점령당하게 된다.

3. 아라비아반도의 상황

아라비아의 관점에서 볼 때, 정치적 상황은 두 가지 추가 요인에 의해 더욱 혼란스럽고 더 불안정해졌는데 하나는 아랍인과 당시의 두 주요 세계 강대국 간의 상호 작용이며, 다른 하나는 경쟁 대상인 유대인과 기독교의 다양한 종파와 함께 소수의 조로아스터교도들과의 관계에서 야기된 것이다. 비잔틴과 페르시아의 국가 체제 아래 속국으로 존재하는 두 국경 지역 아래 위치한 아라비아의 유목민은 사막 지역 경계에 갇혀 제국에 큰 위험을 초래하지 않았다. 아라비아 북동부의 페르시아인 지역인 히라(Hira: 라큼 조[Lakhmids]라고도 함)와 북서부 비잔틴 하의 갓산왕조(Ghassanids)는 각각의 군주에게 군대를 제공했다.

6세기에는 이 지역에 정착한 유목민 부족이 거주했으며 특히 기독교의 영향권에 속했다. 그러나 이 지역 아랍인들은 당시 세계 강대국에 거의 실질적인 영향을 미치지 못했으며 6세기 말에 갓산 왕조 아래 독립되지 못한 상태였으며, 라큼 조는 페르시아에 더욱더 복종적인 관계를 강요당했다. 전반적으로 속국체제는 아랍 정복 당시 수 세기 동안 운영되어 왔지만, 이 시기에는 점점 더 불안정해지고 있었다.

아라비아 남부에서 부족 간 전쟁은 예멘지역의 막강했던 국가들 중 마지막 힘야르왕국을 종식시켰다. 이 지역이 점차 쇠퇴한 이유 중 하나는 기독교가 이교도 세계를 점령하고 로마 경제가 약화되면서 4세기에 향료 무역의 중요성이 감소했기 때문이다. 고대(적어도 기원전 7세기 이후)부터 세계의 주요 향료의 원천이었던 남부 아라비아는 그리스-로마 종교 축제와 의료 목적으로 사용된 이 재료의 생산과 거래에 많은 경제 기반을 두었다. 세계 상황의 변화와 함께 따라서 경제는 큰 타격을 입었다. 일부 학자는

300년경에 아라비아 전역이 가뭄에 시달리면서 지역 경제의 전통적인 농업 기반이 무너졌다고 주장했으나 이에 대한 증거가 강력하지는 않다.

4. 아라비아반도의 종교

남부 아라비아의 정주하는 생활 방식은 고대 근동의 다양한 종교 체계에 깊이 관여하는 사회를 만들어 냈다. 이 종교 체계가 실제로 어떻게 생겨났는지에 대한 정보는 없지만 이 지역에서 발견된 비문에서 나온 증거는 이 지역 종교 체계가 발전된 단계를 반영한다. 분명히 이 지역은 지중해와 메소포타미아 세계와 밀접하게 연결되어 있다. 4세기까지 모든 증거는 북부 셈족 성격을 가진 다신교 종교의 자취들을 보여 준다. 판테온에서 가장 두드러진 남성 신인 아스타르(그는 항상 신들의 이름 가운데 처음 언급됨)를 숭배하는 것은 북부의 이슈타르 제례와 주로 관련이 있는데 그들의 여신은 금성 별자리에 나타나는 것으로 믿어졌다. 아스타르(Athtar)는 좋은 농작물과 많은 자녀, 전쟁에서 성공하는 것과 같은 많은 축복을 수여하는 신이다. 지역과 역사 시대에 따라 정체성이 다른 많은 저명한 신이 있었는데 이러한 신을 명확하고 뚜렷하게 구별하는 것은 비문에 적힌 자료의 복잡성을 감안할 때 매우 어렵긴 하지만 몇 가지 관찰은 가능하다.

달의 신은 알마까(Almaqah), 암므(Amm), 씬(Sīn), 왓드(Wadd) (후자의 이름은 꾸란 71:23에 나옴)로 다양하게 알려졌으며 태양의 여신은 샴스(Shams)로 알려졌다. 이 신들과 다른 몇몇 신은 부족 집단의 수호신들이었다. 또한, 가문과 가문의 신도 존재했으며 이들은 종종 단순히 "여러 많은 신 가운데 한 신 일라흐('Ih)"로 묘사되었다. 각각의 지위가 다른 신은 다른 영역을 다스리는 것으로 간주되었는데 다스리는 수준과 힘의 권력 관계로 나누어 볼 때, 개인적 수준에서, 다음은 마을 수준 영역에서, 다음은 부족의 땅 그리고 세계를 통제하는 것으로 믿었다. 여러 사원의 고고학적 유물 증거에 따르면, 희생은 종교적 숭배의 중요한 부분이었다. 돌 제단과 피의 제물로서 드리는 향 제사는 희생제를 드리는 사람에게 보상을 가져다주는 데 중요한 역할을 한다고 믿어졌다. 이 모든 종교적 활동은 사원 내에서 이루어졌고, 그 제례의 목적은 이 다양한 신이 부여할 수 있는 혜택을 획득하기 위해 드리는 것으로 간주되었다. 비문에 의해 입증된 다른 특징으로는 순례 활동, 제례적인 식사 의식 및 개인 순결의 기준 등이 있다.

4세기 혹은 5세기에 시작된 남부 아라비아의 비문은 '천지의 주인'으로 자주 자격을 갖춘 "자비로운 라흐마난(Raḥmanan)"의 일신교 숭배에 대해 기록을 보여 준다. 비문에는 초기 다신교 숭배가 계속되었다는 증거는 거의 발견되지 않는다 (비문은 반드시 사회의 엘리트 계층 및 공식적인 부분을 반영하기 때문에 일반 대중 또한 다신론적 신앙을 빨리 포기했는지 여부는 명확하지 않다.) 분명히, 약 380년에 힘야르왕국의 부상은 이러한 변화를 보여 주며, 아마도 다양한 남부 아라비아 부족의 통합 결과로 이를 달성하기 위해 발생했다고 보여 진다. 일부 학자들은 이를 자연스럽고 독립적인 발전 과정(일반적으로 종교적 진화론에 근거해)으로 보고 싶어 하나, 유일신론으로 발전된 원동력은 당대 사회에서의 유대인의 영향으로 인한 것으로 간주된다. 일부 학자는 또한 이러한 발전을 이교도에 맞선 일신론자로 특징되는 하니프(ḥanīf)라는 꾸란에 등장한 개념과도 연결해 보고 있다. 이것이 사람들 사이에서 일어난 운동이라는 관점에서 역사적 현실을 언급한 것인지 아니면 특정 사람들의 도덕적 자질을 언급하는지는 의문의 여지가 있다. 토착 아랍인 중에 이슬람 이전의 유일신론의 존재를 논란의 여지없이 뒷받침하는 독립적 증거는 발견되지 않는다. "하늘에 계신 자비로운[Raḥmanan]"이라는 문구와 "하늘과 땅에 속한 신"이란 비문에서 발견되는 신을 지칭하는 복수형 사용은 일신론 비문에서 발견되듯 (히브리어 엘로힘elōhīm에서와 같은) 유대교가 이 숭배의 형성에 가장 큰 영향을 미쳤다는 것을 암시하고 있다. 이 일신론적 경향의 종교적 특성에 대해서는 알려진 바가 제한되어 이런 문제를 확실히 해결해 줄 추가적 정보는 없다. 그러나 유대교는 아라비아 남부 지역에 미치는 비잔틴의 영향력에 대항하는 도구로서 페르시아인에 의해 지원되었을 가능성이 있다.

유대교는 일신교 숭배 기간에 존재했으며 아마도 이보다 약간 시대가 앞서기도 한 것으로 알려져 있다. 4세기 말에 입증된 남부 아라비아에 유대인의 존재에 대한 명확한 증거가 있다. '이스라엘 공동체'와 '유대인 영주들'에 대한 언급이 남아 있다. 예멘에서 유대인들의 존재는 20세기 중반까지 남아 있었고, 대부분의 유대인은 새로 형성된 이스라엘 국가로 떠났다(역자 주: 1948년). 한편 기독교는 6세기 이전에는 남부 아라비아에서 증거가 없었으며, 당시에는 나즈란(Najran) 마을을 중심으로 한 공동체에 있었던 것으로 보인다. 아비시니아(Abyssinia, 역자 주: 지금의 에티오피아)에서 퍼진 것으로 생각된다.

6세기 초에 유대인 통치자인 유수프 아스아르(Yūsuf Asʿar)가 기독교인을 박해했다는 기록이 있는데 이는 아마도 기독교 공동체에 대한 비잔틴의 영향에 대한 두려움 때문이었을 것으로 보인다. 아비시니아 군대에 의한 6세기 보복은 유대교의 종말을 기록하려던 것으로 보이는데 통치자들이 "하나님과 그의 메시아와 성령"에 대한 믿음을 말한 후 비문에 권력자들 이름을 표기하고 있다. 비록 비잔틴 관점에서 아비시니아에 퍼진 기독교는 이단적인 단성론의 확산이었음에도 불구하고 이 지역의 페르시아 영향력에 대한 경계로 비잔틴에 의해 단성론자들이 지지되었다는 것은 의심할 여지가 없다.

6세기 말에 페르시아인들은 비잔틴인과 아비시니아인 모두에게 이단시되는 또 다른 기독교적 변형인 네스토리아 기독교를 장려하기 시작했고 예멘인들이 아비시니아의 군주를 제거하도록 힘을 보탰다. 남예멘은 당시 여러 외국 세력의 영향력 아래 매우 분열되고 파괴되었던 터라 제국과 같은 큰 힘이 없어 아랍인들에 의해 쉽게 정복당할 수 있었다.

5. 중부 아라비아의 중요성

　중부 아라비아 지역은 이 역사적 기간 동안 광활한 미지의 영토로 남아 있으며, 사막의 자연 장벽을 제외하고는 고대 세계에서 비중 있는 역할이 없었다. 초기 무슬림 문학 텍스트를 연구하는 학자들이 이 주제와 관련하여 광범위한 작업을 했음에도 불구하고 (고고학적 발굴은 중요한 종교 지역에서만 제한적으로 관련되고) 남부 아라비아와 비옥한 초승달 지역 간의 교역의 중심지로서 이 지역이 경제적으로 풍요롭고 폭발적으로 일어나는 무역 중심지 역할을 했는지에 대한 증거는 사실상 존재하지 않는다. 자료가 제공하는 이 지역의 종교적 특성은 일반적으로 셈족 종교와 공통된 기본 특징을 가진 다신교 체계를 지닌 것으로 증명된다. 여기에는 별의 숭배(역자 주: 메소포타미아 지역의 여신 개념)와 관련된 신에 대한 숭배와 바위, 나무 등에 거주하는 영혼에 대한 신념이 포함된다.

　성지로서의 메카의 역할은 상당히 분명하지만, 신성시되는 지역 특성은 아랍 원주민들이 유대인들의 종교적 전통을 따른 자취가 남은 것으로 본 후기 역사가들의 데이터에 대한 주관적 해석 때문에 명확하지가 못하다.

　전반적으로 이러한 상황을 고려할 때 역사적 회고에서 명확한 바는, 정치적으로 근동 지역은 아랍 정복 당시에 불안정했으며 확실히 새로운 정치 권력 구성의 출현을 허용할 수 있는 상태에 있었다는 것과 아랍인과 세계 전체 사이에서 일어난 권력 다툼으로 부족들은 제국의 외교 정책에 의해 조종되어야 했지만 아랍 지역 주민들에게는 남쪽과 북쪽의 큰 제국들의 권력 변화는 특별한 의미가 없었다. 고대 제국과 그들의 종교 사이는 긴밀한 연관성이 있었다. 이 말은 예전 정권과 관련되지 않은 별도로 분리된 새로운 종교의 시작이 우위적 위치를 차지할 수 있었음을 의미한다.

6. 이슬람 이전 시대의 무슬림 정체성

그러나 역사적인 자료들이 제시하는 것보다 이슬람 이전 시대는 훨씬 더 중요한 의미가 있다. 이슬람 정체성 측면에서 이슬람 이전 시대는 이슬람 정신에 대한 역사적, 이데올로기적, 윤리적 대응점으로서 가장 두드러지게 작용한다. 따라서 무슬림 저술가들이 매우 관심을 갖는 시대이며, 그 시대를 묘사하는 자료를 풍부하게 제공했다. 따라서 이슬람 종교의 기초를 이해하려는 관점에서 이슬람의 전 시대에 대한 이해는 매우 중요하고 중요한 역할을 한다.

그러나 이 무슬림 관점에 대한 인식은 그 시대 자체의 역사를 재구성하는 것과는 구별되어야 한다. 여기서 중요한 것은 과거를 이해하는 역할과 이해의 주체가 되는 권위와 해석의 종류이다. 과거에 대한 무슬림 저술에서 구현된 이 과정은 인류에게도 공통적인 과정이다. '전통'이라는 개념으로 구체화된 과거의 재현이 선택적으로 형성되고 새롭고 적절한 맥락으로 재구성되는 것이다.

7. 자힐리야(Jāhiliyya)의 개념

이슬람 이전 시대는 이슬람의 시대정신과 대조되는 시대로, 자힐리야라는 용어로 구체화된다. 이 단어는 꾸란에서 개념 자체와 관련하여 네 번, 사람들과 관련하여서는 열 번 사용되며 같은 의미의 단어와 관련된 언어 파생어에서도 사용된다. 이 용어는 '이슬람'의 반대로서 꾸란의 본문에서 사용되는 것처럼 보인다. 자힐리야와 관련된 사람들은 '신에 대해 무지한' 사람들이라는 점에서, 적어도 이것은 대부분의 이슬람 주석가가 꾸란의 말을 수용하는 것을 의미한다. 예를 들어, 꾸란은 다음과 같이 말한다.

> 알라는 그를 믿지 않는 사람들의 마음속에 무지의 날들의 격노로 채웠다. 알라는 그의 메신저들과 믿는 자들에게 그의 평정을 내려 주었다. 알라는 타끄와의 말로 그들을 구속했다. 그들에게는 더 적당하고 적합하다(꾸란 48:26).

이 구절에 포함된 "알라를 두려워함"(타끄와, taqwā)이라는 단어에 포함된 이슬람의 종교적 성취는 이전에 있었던 것과 비교해야만 판단이 가능하다. 무엇보다 중요한 것은, 이슬람의 이러한 성취를 입증하려는 시도는 궁극적으로 이슬람 시대 자체가 가진 종교적 지위를 확증하기 위한 시도와 연관된다. 이슬람이 자힐리야(역자 주: 무지의 시대) 사회에서 "알라를 두려워하는" 사회로 변화시키는 과정에서 성취한 것은 사실 이슬람 종교의 본질을 드러낸다.

자힐리야(Jāhiliyya)와 이슬람을 분리하여 설명하려는 명백한 시도로 인해 이슬람 이전 시대를 구분하여 증명하려고 고안된 많은 양의 자료가 등장했다. 물론 이 모든 자료의 출발점은 이슬람 입장에서 비롯되었다. 곧 이슬람 가치에 대한 대비되는 점을 찾기 위해 필요한 것만 본문들에 제시되어 있다. 어떤 의미에서 이슬람 편에서는 이슬람 이전 사회, 정치 및 종교에 대한 객관적이고 냉정한 표현을 제공하려고 시도하지 않았다. (선택적이고 편견에 치우친 사료를 갖고 일부 이슬람 학자들은 자힐리야 시대를 재조명해 보기 위해 학술적 노력을 기울였다.)

8. 과거와 이슬람의 불연속

이슬람의 등장으로 생겨난 과거와 다른 삶의 방식은 음식에 대한 규범을 접근해 보면 가장 쉽게 설명할 수 있다. 법적 문제에서 이슬람의 혜택을 입증하려는 시도들은 상당히 뚜렷한데 이는 무슬림의 일상생활에 매우 직접적으로 영향력을 미치기 때문이다. 꾸란 2:168은 다음과 같이 말한다.

사람들아! 땅에 있는 허용되고 좋은 것 중에서 먹어라. 사탄의 발자국을 따르지 마라. 그는 너희들에게 분명한 적이다.

꾸란의 해석을 다루고 구절 계시의 '문맥'에 대한 일화를 제공하는 여러 출처에서 공통된 부분은 다음과 같다. "이 구절은 농산물 재배와 가축 방목을 사끼프(Thaqīf), 쿠자아(Khuzāʻa) 및 아미르 이븐 싸아싸아(ʻĀmir ibn Ṣaʻṣaʻa) 등 아랍 부족들에게 계시한 구절이다. 또한, 그들은 바히라(baḥīra), 사이바(sāʼiba), 와씰라(waṣīla) 및 하미(ḥāmī) 낙타를 금지했다"(와히디 Wāḥidī 1969: 43-44). 이 구절은 꾸란이 계시되기 전의 여러 사람들의 모습을 그린 것들 중의 하나이다. 이 구절에서는 이슬람 세대에 허용되었던 여러 음식이 요점은 아니다. 물론 이 사건이 '정말로 일어난' 것이 아니라는 것을 증명하는 것은 불가능하지만 여기서 흥미로운 것은 이슬람 맥락에서 일화가 어떻게 작동하는가이다. 왜냐하면, 그러한 구술적 기능이 무슬림 저술가들이 그러한 이야기를 전달한 주된 이유인 것처럼 보이기 때문이다.

일화의 목적은 이슬람의 성취에 대한 척도를 제공하고 이전에 존재했던 것과 명확하게 이슬람을 구별하는 것이다. 사실, 후대 무슬림들이 이슬람 이전 시대의 '사실'을 알지 못했지만 오히려 이슬람을 역사에 더 확고히 고정하여 강화하려고 일화들이 등장했음을 개별 사례에서 입증하는 것이 가능하다. 쉽게 찾을 수 있는 이 현상의 명쾌한 사례가 많이 있다.

예를 들어, 꾸란의 2:158에 관하여, "싸파와 마르와(Safā and Marwa)는 알라가 명한 의례들 중 하나이다. 그 집을 순례하는 자나 소순례를 하는 자가 이 둘 사이를 도는 것은 잘못된 행동이 아니다." 싸파와 마르와 언덕에 관한 이슬람 이전의 관습에 대해 이야기하는 일화가 반복되지만 그들은 이슬람 이전 아랍인들이 두 언덕 사이를 달렸는지에 대해 불분명하다. 한 일화는 다음과 같다.

싸파에는 이사프(Isāf)라는 남자의 이미지가 있었고 마르와(Marwa)에는 나일라(Nā'ila)라는 여자의 이미지가 있었다. 책의 사람들[유대인과 나싸라인들]은 이 두 사람이 [메카의] 카아바에서 간음했다고 주장했기 때문에 알라는 그들을 돌로 바꾸어 다른 사람들에게 경고의 역할을 하기 위해 그들을 싸파와 마르와에 두셨다. … 자힐리야의 사람들은 우상을 둘러싼 후 [순례 의식 중에] 우상을 쓰다듬었다. 이슬람이 들어오면서 우상이 무너졌을 때 무슬림들은 우상들과의 [그들의 연관성] 때문에 언덕 사이의 순환 하는 것을 싫어했다. 그래서 알라는 이 구절을 내려 주었다(Wāḥidī 1969: 42).

이 구절에 대한 또 다른 설명은 아래 진술들에서 찾을 수 있다. 우르와 이븐 알주바이르(Urwa ibn al-Zubayr)는 아이샤(A'isha)에게 말했다.

나는 싸파와 마르와 사이를 달리지 않는 사람에게 잘못이 있다고 보지 않으며, 그 사이를 달리지 않아도 걱정하지 않을 것이다.

아이샤가 답했다.

내 누이의 아들아, 너는 틀렸다! 무함마드는 그들 사이를 달렸고 무슬림들도 그랬다. 오히려 무살랄(Mushallal)산에 있는 우상인 마나트에게 희생을 바치며 싸파와 마르와를 달리지 않은 것은 이교도들이었다. 그리고 네가 말한 대로라면 알라가 '두 사이를 달리지 않는 사람에게는 잘못이 없다'는 구절을 내렸다(Qurṭubī 1967: II, 178).

이러한 일화에서 설명하는 것은 정보에 대한 양면성이다. 이슬람 이전 아랍인들은 두 언덕 사이를 달리거나 하지 않았다. 두 근거 자료는 분명히 그들 사이를 달리는 무슬림들에게 정당성을 제공하고 (결국 나중에 이슬람법학자들의 핵심적인 문제임) 동시에 두 자료 모두 이슬람 이전 시대와 대조를 이룬다. 이 대비는 긍정적 혹은 부정적으로 볼 수 있다. 과거와 다르거나 동일하다. 이와 유사한 현상은 많은 이슬람의 법적 논의에서 볼 수 있다. 예를 들어 이슬람 이전 아랍인들이 먹지 않기 때문에 무슬림에게 금지된 음식에 관한 것이다. 과거 시대에 대해 평가를 긍정적으로 한 것이다.

9. 이브라힘 신화의 역할

일반적으로 우리가 역사 연구의 근대적 원리를 의미한다면 이슬람 이전의 자료는 '역사적' 이유를 염두에 두고 기록되었다고 말할 수 없다. 오히려 아라비아의 맥락에서 꾸란을 이해하고 이슬람을 전체적으로 평가하는 데 필요한 정보를 제공하기 위해 기록이 전승되고 기록되었다. 이것은 819년에 사망한 히샴 이븐 알칼비(Hishām ibn al-Kalbī)가 쓴 *The Book of Idols*라는 제목의 매우 인기 있는 작품에서 볼 수 있다.

이 본문은 특히 꾸란에 인용된 다양한 이슬람 이전의 신들에 대한 시적 표현들을 모아 두었다. 다시 강조하지만 이 시의 기원은 분명히 무함마드 이전의 역사적 시기에 있지 않다는 점에 유의해야 한다. 그것은 확실히 비이슬람적인 종교이며 (그러나 역사적으로 반드시 이슬람 이전의 것은 아니다.) 그것은 적어도 무함마드 이후에도 초기 종교 정서의 흔적이 여전히 남아 있을 가능성을 시사한다.

특히, 흥미로운 것은 이슬람 선사 시대에 대한 명확한 신학적 이해를 제공하는 이븐 알칼비(Ibn al-Kalbī) 책에 나오는 시작 부분이다. 이 예는 이러한 작업의 접근 방식을 잘 보여 주듯이 역사는 이슬람의 눈을 통해 (실제로 예상할 수 있듯이) 제시되고 이슬람 원칙에 따라 전달되며 이슬람 이전의 이교도 시대의 부패와 부도덕에 대한 암묵적인 비난을 다시 언급하는 내용을 포함한다.

이브라힘의 아들 이스마일이 메카에 정착했을 때 그에게 많은 후손이 태어나서 사람들이 너무 많아 붐비게 되었다. 그들은 원래의 원주민인 아말렉인들을 쫓아내었다. 나중에 메카는 너무 혼잡해져 그들 사이에 경쟁과 분쟁이 발생하여 서로 싸우게 되었고 결과적으로 그들은 생계를 위해 땅 전체에 퍼져 나갔다. ··· 메카에 대한 숭배와 사랑의 표시로 사람들은 성지에서 나온 돌을 모두 지니고서 그곳을 떠났다. 그들이 정착한 곳마다 그들은 카아바에서 했던 것처럼 돌을 세우고 돌을 돌며 축복을 구하고 카아바(Ka'ba)에 대한 그들의 애착을 확인했다. 그들은 이러한 관습에도 불구하고 카아바와 메카에 대한 숭배를 계속했고, 이브라힘과 이스마일로부터 물려받은 전통에 따라 순례와 소순례[우므라]를 계속 이행했다. 시간이 지나면서 그들은 그들이 좋아하는 것을 무엇이든 숭배했다. 그들은 고대 선조들의 믿음을 잊고 이브라힘과 이스마일의 종교를 다른 것으로 바꿨다. 그들은 우상을 숭배하고 그들 시대 이전의 이방의 관습으로 돌아갔다. 노아 시대 사람들이 숭배한 이미지를 발견한 후 그들은 그들의 숭배를 따라 했다. 이러한 믿음의 관습 중에는 이브라힘과 이스마일 시대부터 내려온 것들도 있다고 믿어졌다. 일부 (메카에서) 사원의 숭배와 순례, 소순례, 아라파트 입성, 무즈달리파(Muzdalifa)의 의식, 희생 제사, 순례나 소순례 기간 동안 공식적 의식 절차들을 말한다(Ibn al-Kalb 1941: 3-4).

이러한 구절에 따라 독자들이 해결하고자 하는 문제는 다음과 같다. 무슬림들은 메카순례와 관련된 의식이 이슬람 이전 의식의 연속이라는 것을 알고 있다. 그러한 의식에는 이교도적 의미가 있었다.

알라가 그러한 활동을 어떻게 합법화할 수 있는가? 그 대답은 이브라힘과 이스마일의 인물에서 찾을 수 있는데, 메카에 살면서 그곳에서 순례 의식(암묵적으로 무슬림이 지금까지 행한 것과 같은 의식)을 수행한 후 활동의 유산을 남겼지만 그 의미는 (행동 자체는 아니지만) 그 지역 이교도 주민들 사이에서 잊혀졌다. 이러한 이브라힘의 배경이 자힐리야와 이슬람 사이의 긍정적 연결을 위해 호소력을 갖도록 이슬람 이전 시대에 대한 무슬림 이해를 위한 일반화된 증거로 볼 수 있을 만큼 대중적으로 받아들여지고 있다. 이브라힘은 무함마드가 부흥해야할 활동을 실천한 '최초의 무슬림'으로 기억된다. 중간 세기의 사람들은 알라가 이브라힘을 통해 당신의 창조물에 주신 참 종교를 왜곡한 사람들로 받아들여진다.

10. 이슬람 이전 역사의 중요성

이슬람 이전 시대의 역사는 이슬람의 출현을 이해하는 데 관심을 가진 역사가들과 더불어 자신들의 종교 문화적 유산의 관계를 이해하려는 무슬림 공동체에 중요한 개념임을 알 수 있다. 후자의 경우, 곧 무슬림 공동체가 전 역사를 이해하는 데 있어서 과거에서 신앙을 분리한 이슬람의 성취에 대한 평가는 두 가지 방식으로 나뉜다. 전 역사와의 급진적 분리였거나 혹은 가치 있는(신성하게 승인된) 요소들의 연속으로 이해된다. 전자의 경우, 무슬림 신앙 평가 틀 내에서 보존된 자료를 의존할 때 이슬람의 부상에 대한 평가를 내리는 데 여전히 어려움이 있기에, '이슬람 이전 시대 역사'에 대한 우리의 지식은 후대 무슬림들이 제공한 출처를 통해 신학적 영감을 주는 이슬람 이전 시대로 이해되어 남아 있다.

그러나 지난 수십 년 동안 이슬람의 역사적 연구에서 주요 패러다임 변화가 있었다. 이슬람은 이제 후기 고대 맥락에서 등장한 이브라힘의 종교로서 이해되고 있다. 이러한 관점의 확대는 이슬람이 유대교, 조로아스터교, 기독교, 불교 및 다양한 이교도 전통과 같은 여러 종교 전통과 공유한 지리적 및 지적 공간을 강조한다. 후기 고대의 이러한 종교적 전통은 어떻게 서로 관련이 있었을까? 최근 학계와 공동체 간의 분열을 해소하는 데 일부 진전이 있었지만, 서로 다른 종교 공동체 간의 의사소통 및 상호 작용 메커니즘에 대한 우리의 이해는 아직 초보적이다.

웹(Peter Webb)의 "아랍인을 떠올리며"(Imagining the Arabs)와 같은 연구는 사회학 및 인류학과 같은 다른 분야의 이론을 초기 아랍어 텍스트 읽기에 적용한다. 위 연구의 경우, 웹은 초기 무슬림이 아랍 정체성을 얼마만큼 형성했었는지에 문제를 제기하여 연구한다. 분명히 이것은 향후 수십 년 동안 주요 연구 분야가 될 것이며 이제 동전이나 파피루스 및 기타 다큐멘터리 출처와 같은 동시대의 실질적 증거에도 많은 중점을 두고 있다.

부록: 고대 세계의 유향

기독교 복음서에서 아기 예수는 멀리서 왕들에 의해 "금, 유향, 몰약"의 선물을 받았다(마 2:11). 이것은 왕에게 적합한 선물, 부와 지위의 상징이었다. 유향과 몰약은 아라비아의 남단과 아프리카의 뿔에 있는 홍해에서 유래했기 때문에 고대 세계에서 이국적인 물건으로 간주되었다. 수 세기 동안 이러한 상품은 아라비아반도를 가로 질러 육로와 바다를 통해 비잔티움과 근동 시장으로 운송되었다. 이 시기에 아라비아에 대한 지식은 일반적으로 이러한 무역 활동에서 비롯되었다. 기원전 5세기에 헤로도투스(Herodotus)는 아라비아가 유향, 몰약, 계수나무, 계피를 생산한 유일한 나라라고 보고했다.

유향은 보스웰리아 나무속에서 나온다. 나무를 깊이 절개하고 나무껍질을 약간 제거하면 나무의 고무 수지가 스며 나와 공기 중에 단단해진다(그림 1.2). 약 3개월 후 덩어리를 수확하여 저장하면 더 건조해진다. 그런 다음 그 재료를 향으로 태울 수 있는데 다른 향기로운 물질과 혼합되어 향수, 연고, 의약품 및 오일을 만든다. 유향 무역은 기원전 700년에 시작되었다. 이 물질은 고대 이집트인, 바빌로니아인, 페르시아인이 성전에서 신에게 바치는 제물로 사용했다. 그리스인과 로마인은 가정에서 여러 방법으로 그것을 사용했다. 계피와 계수나무와 같은 다른 향신료와 결합하여 옷, 머리카락, 수염

냄새를 기분 좋게 만드는 데 사용되었다. 길거리의 시체와 쓰레기 타는 냄새를 줄이고 방충제로 사용되기도 했다. 두통 완화, 출산 통증, 관절의 뻣뻣함, 궤양 및 농양을 포함한 많은 의학적 목적으로도 효능이 있음이 보고되었다. 1세기에 대 플리니우스(Pliny the Elder)는 유향이 독당근 중독의 해독제로도 사용되었다고 보고했다. 또한, 벌레 물림에 대한 해독제로 여겨져 코피, 기침 및 메스꺼움, 따끔거림, 귀 통증을 예방하는 데 사용되었다. 성경은 다음과 같은 여러 상황에서 유향을 사용한다고 말한다.

[그림 1.2] **유향 나무** 한 남자가 오만의 유향 나무껍질을 잘라 수액이 표면으로 흐르도록 하고 있다[출처: image BROKER/Alamy].

거룩한 성소(출 30:34, 레 2장 및 다른 본문들)와 향료(아 4:14)의 제물로 기록되었고, 불타는 향은 신성한 이름을 상징하며(아 3:6; 말 1:11), 기도의 상징(시 141:2; 눅 1:10; 계 5:8; 8:3)으로도 사용되었다. 향료는 기독교 교회가 증가함에 따라 3-4세기에 이르면서 중요성이 감소하기 시작했다. 향료의 사용은 기독교가 아닌 종교적 맥락에서 '과도히' 사용된다는 견해로 인해 그 당시 더 제한되었다. 또한, 그 기간 동안 로마의 경제 및 정치 문제로 인해 부유한 사람들조차도 그러한 귀중한 물질 사용이 어려웠다.

크론(Patricia Crone)의 *Meccan Trade and the Rise of Islam* (Princeton: Princeton University Press, 1987) I부에서도 아라비아 맥락에서 고전적인 향신료 무역 내용이 다뤄진다. 그녀가 수집한 에세이 *The Ancient Near East and Varieties of Godlessness*, Leiden: Brill, 2016에서도 이슬람의 근동 지역 유산과 관련된 다양한 문제를 탐구한다. 향 무역의 중요성과 감소에 대해서는 영(Gary K. Young)의 *Rome's Eastern Trade: International Commerce and Imperial Policy, 31 BC-AD 305*, London : Routledge, 2001의 3장을 참조할 수 있다.

추천 도서

Bernheimer, Teresa and Silverstein, Adam (eds.) (2012) *Late Antiquity, Eastern Perspectives. Studies on the Persian World from the Sasanians to Early Islam*, Oxford: Oxbow Books.

Crone, Patricia (1987) *Meccan Trade and the Rise of Islam*, Princeton: Princeton University Press.

Fowden, Garth (1993) *Empire to Commonwealth: Consequences of Monotheism in Late Antiquity*, Princeton: Princeton University Press.

Hawting, Gerald (1999) *The Idea of Idolatry and the Emergence of Islam: From Polemic to History*, Cambridge: Cambridge University Press.

Hoyland, Robert G. (2001) *Arabia and the Arabs from the Bronze Age to the Coming of Islam*, London: Routledge.

Peters, F. E. (ed.) (1999) *Arabs and Arabia on the Eve of Isla*m, Aldershot, UK: Ashgate/Variorum.

Sijpesteijn, Petra (2013) *Shaping a Muslim State: The World of a Mid-Eighth-Century Egyptian Official*, Oxford: Oxford University Press.

Webb, Peter (2016) *Imagining the Arabs: Arab Identity and the Rise of Islam*, Edinburgh: Edinburgh University Press.

제2장

꾸란

종교로서의 이슬람은 그 경전인 꾸란에 초점을 맞추고 있다. 아랍어로 쓰인 꾸란은 청중과 독자에게 호소력을 주는 책이다. 오늘날 우리가 알고 있는 책이란 관점에서 꾸란을 설명하는 것은 상대적으로 쉽다고 할 수 있다. 심지어 꾸란의 내용을 조직신학적 입장에서 인식하려고 시도하지 않는 한 손쉽게 요약될 수도 있다.

그러나 꾸란이 텍스트로 어떻게, 언제 생겨났는 지, 왜 그것이 지금과 같이 형성되었는지 설명하는 것은 훨씬 더 어렵다. 따라서 쉬운 작업부터 시작한 다음 나중에 더 어려운 설명을 시도하도록 하겠다.

1. 책으로서의 꾸란

꾸란은 가장 긴 장(2장의 경우 아랍어 텍스트로 약 22페이지)에서 가장 짧은 것(수라 108의 경우 한 줄)까지 대체적으로(역자 주: 예외가 있으므로) 긴 장에서 짧은 장의 순서로 배열되어 모두 114개의 장으로 구성되어 있다. 이 순서의 원칙에 대한 주요 예외는 "개경 장"라고 불리는 첫 번째 장인 알파티하(al-fātiḥa)이다. 제1장은 본래 기도문이라서 무슬림의 기도에 사용된다. 각 장은 구절 곧 아야(āya, verse)로 이뤄져 총 구절은 6,204에서 6,236 사이에 달하며 다양한 계산 방식에 따라 전체 구절 수가 다르다.

이러한 구절 구분은 항상 텍스트의 의미에 따른 것은 아니지만 텍스를 몇 부로 구분하고(역자 주: 꾸란 마지막 114장에서부터 78장까지의 37개 장은 대체적으로 길이가 짧고 이슬람 포교에 적합하다고 하고 이 모두를 '주즈으 암마'라고 부름) 각 구절은 거의 대부분 각운(구절마다 마지막 단어의 어말)이 같다. 29개의 수라는 아랍어 알파벳 문자로 시작하는데, 일부는 단일 문자 까프(Q—qāf, sūra 50과 N—nūn, sūra 68) 혹은 최대 5개의 문자로 시작된다. 이와 같은 불가사의한 문자들의 중요성은 과거의 무슬림과 현대의 학자들 모두에게 정확히 알려지지는 않았다. 또한, 수라 9장을 제외하고 각 장 앞에 바스말라가 있다. 바스말라는 "자비롭고 자애로운 알라의 이름으로"(꾸란 27:30에 나오듯이 술라이만이 시바의 여왕에게 보내는 편지의 시작 부분에도 나오는 구절)의 약어이다.

오늘날 일반적으로 볼 수 있는 꾸란 텍스트는 표준 표기법에 따라 아랍어 자음과 모음이 표기돼 있고 꾸란 낭송과 절 구분과 관련된 다양한 표기를 볼 수 있다. 그러나 8세기와 9세기에 기록된 꾸란의 초기 사본은 모음 표기가 없이 오직 자음으로만 되어 있다. 그런데 이때의 사본은 오늘날 우리가 알고 있는 텍스트와 다르게 자음의 구별점과 모음 표기가 전혀 없다.

꾸란을 읽으면 법, 이전의 예언자, 최종 심판이라는 세 가지 주요 주제에 대해 집중되어 있음을 알게 된다. 이 세가지 결합은 아랍의 토착적인 전통의 한 부분으로 보이는데 사실 성경을 아는 독자에게는 '기이한 합성'이란 말이 더 적합할 것이다.

2. 중심 주제로서 알라

모든 꾸란을 지배하고 주제의 모든 발전에 대한 기준점은 아랍어 '알라'이다. 전능하고 전지하며 자비하신 알라가 그의 피조물들의 유익을 위해 세상을 존재하게 했고, 과거에 그의 피조물들에게 메시지를 보내 그들에게 가장 적합한 생활 방식으로 그들을 인도했다. 알라는 이슬람에서 완전하고 완성된 율법대로 살도록 무슬림에게 율법을 보냈으며, 그들의 행위에 따라 반드시 심판을 받을 때 알라에게 알려진 시간에 세상의 종말을 가져올 것이다. 이러한 기본적 메시지는 유대-기독교 전통에서도 친숙하다. 꾸란은 20:7-8에서 이렇게 선언한다.

> 네[역자 주: 무함마드]가 큰 소리로 말하면 그가 [너의] 비밀과 비밀보다 더 숨겨진 것도 그가 알고 계신다. 알라 이 외에는 다른 신이 없다! 그는 가장 아름다운 이름들을 갖고 있다.

알라가 유일하게 존재하는 신이라는 단일성에 대한 이러한 강조로 인해 유대교와 기독교 전통 모두를 반대하면서 다신교 우상 숭배자들에 대해서도 반대하는 입장을 제시한다. 유대인과 기독교인에 대해 꾸란 9:30-31은 다음과 같이 말한다.

> 유대인들은, "우자이르[Ezra]는 신의 아들이다"라고 말하고, 나싸라[역자 주: 이싸를 따르는 자들, 흔히 기독교인들이라고 하는데 나사렛 사람들이란 말에서 나옴]는 "알마시흐는 신의 아들이다"라고 말한다. 이것은 그들의 입으로 그들이 말한 것이고 이것은 그들 이전의 카피르[역자 주: 알라를 믿지 않는자]들이 말했던 것과 유사하다. 알라가 그들과 싸워 주기를 바란다. 어떻게 그들이 진리를 막았는가! 그들은 학자들과 수도사들을 주로 삼았으며, 그들은 오직 한 분의 신을 예배하라고 명령을 받았으나 알라와 마르얌의 아들 이싸 알마시흐(al-Masīḥ)를 주로 함께 택했다. 알라는 알라와 동등한 자보다 위에 있으므로 그는 찬미를 받는다.

유대인들에 따르면 에스라가 하나님의 아들이라는 비난에 대한 정확한 근거는 분명하지 않지만, 죽을 수밖에 없는 인간과 알라가 동등하다고 연계시킨 내용은 아주 분명하다. 예수에 관해, 꾸란 전체에 걸쳐 그가 신의 아들이란 신분에 대하여 명백한 비난이 있으며, 그가 알마씨흐라고 꾸란에 기록되었고 이는 곧 그의 이름으로만 제시되었을 뿐이고 알마시흐의 기능이나 지위는 언급되어 있지 않다. 다신 숭배에 대해 꾸란 6:100-102는 다음과 같이 말한다.

> 그들은 알라가 창조한 진(jinn)을 알라와의 파트너[역자 주: 동등한 자]로 세웠다. 그들은 아무런 지식 없이 알라가 아들들과 딸들을 갖고 있다고 했다. 그들이 묘사하는 것보다 알라가 더 높으시니 알라를 찬미한다. 그는 하늘과 땅의 창조자이다. 그는 배우자가 없는데 어떻게 아들을 낳을 수 있으며 그가 모든 것을 창조했고 알라는 모든 것을 알고 있다. 그는 알라, 곧 너의 신[역자 주: 랍브는 주인이란 뜻인데 여기서는 신으로 번역한다]이다. 만물의 창조주이신 그분 외에는 신이 없다. 그러므로 그는 모든 것을 담당하므로 그를 예배하라.

진(jinn) 혹은 『아라비안 나이트』의 "지니"(Genies)에 대한 언급은 여기에서 그들이 어떤 종류의 신적 능력을 가지고 있는 것으로 간주되는 것에 반대하는 방식으로 꾸란에 기록되어 있지만(분명히 다신론자들이 생각한 것처럼) 그들의 존재는 상당히 당연하게 받아들여졌다. 천사와 인류와 함께 진은 창조(역자 주: 피조물)의 일부로 보이지만 다른 차원으로 존재한다. 흙으로 인류를 창조하는 것(꾸란 15:26; 55:14)과 불에서 진을 창조한 것과 대조가 된다(꾸란 15:27; 55:15). 천사들이 빛으로부터 창조되었다는 믿음은 이슬람에서 강력한 전통이지만 실제로 꾸란에서는 언급되지는 않는다.

전반적으로, 창조의 각 부분은 신과의 관계에서 고유한 영역과 고유한 의무를 가지고 있다. 사탄(아랍어로 샤이딴[Shayṭān]과 이블리스[Iblīs]로 알려짐)은 때로는 진의 일종으로 묘사된다. 그의 많은 역할 중 샤이딴은 꾸란의 7:20 및 20:120에서 에덴동산에서 아담과 이브를 유혹하는 자이며, 꾸란 114:4-5에서는 인간의 마음에 틈탈 길을 찾는 사악한 속삭임으로도 묘사된다. 일반적으로 샤이딴은 사람들을 알라로부터 멀어지게 하는 행동과 관련된 여러 구체적이고 일반적인 죄에 대한 책임이 있는 것으로 간주된다. 샤이딴의 인격화된 실체(혹은 "악마"의 집합, 단어의 복수형 샤야띤)로 제시된 악의 세력은 항상 인간 속으로 들어가려고 한다. 꾸란을 통해 전달된 샤이딴의 강한 고집 앞에 인간 개개인의 무력함은 "와스와스"(waswas)라는 단어로 설명된다. "와스와스"(속삭임)라는 단어는 속삭이는 소리의 반복이 있다는 뜻이며 샤이딴이 한두 번 부르는 것이 아니라 계속 반복적으로 유혹함을 표현한다. 그러나 샤이딴은 알라와의 경쟁자는 아니다. 그는 분명 인간에게 유혹에 대한 경험을 반영해 주는 역할을 하려고 창조된 존재일 뿐이다.

3. 과거의 예언자들

꾸란에서 알라의 모습은 분명히 과거의 예언자들과 소통한 것과 같은 신의 모습이다. 꾸란 20:9-14는 다음과 같이 말한다.

> 무싸의 이야기를 당신은 들어보았는가? 그가 불을 보고 그의 가족에게 말했다. "기다려라 내가 불을 보았다. 내가 거기서 불타는 횃불을 너희들에게 가져다주거나 그것으로 인해 인도함을 발견하기를 바란다." 그가 불에 이르자 들려오는 말은 "무싸야, 나는 너의 신이다! 신을 벗으라. 너는 신성한 계곡, 뚜와(Tuwā)에 있다. 내가 너를 택했으니 내가 너에게 내려 준 와히[역자 주: 알라가 지브릴 천사를 통하여 무함마드에게 내려 준 메시지]를 들어라. 나는 알라이다! 나 외에는 신이 없다. 그러므로 나를 예배하고 나를 기억하는 기도를 드려라.

이 구절은 이전 계시에 대한 꾸란의 접근 방식을 잘 보여 준다. 이야기 자체는 히브리어 성경(출애굽기 3장)에서 온 것이지만, 꾸란에 제시된 것은 유대-기독교에 매우 필수적인 것으로 보이는 광범위한 이야기 요소들을 잘라내 버렸다. 대조적으로, 꾸란은 단순히 이야기의 요약을 제시하고 이슬람 메시지에 중요한 부분만 두고 종교적 도덕적 요점에 집중한다. 이 이야기의 경우에는 분명히 알라의 단일성이 강조되지만, 신앙의 필수 요소인 기도 방식과 알라에 대한 순종의 가르침도 강조된다. 이러한 구절을 일관된 전체 내러티브의 관점에서 완전히 이해하려면, 꾸란 내 설명을 성경 전통이란 틀에 비추어 보는 것이 종종 필요하다. 이슬람 메시지의 원래 맥락을 생각할 때 중부 아라비아를 떠나 훨씬 더 넓은 영역을 염두해야 할 필요성이 있다.

무함마드 이외의 28명의 예언자들은 꾸란에서 알라에 대한 참된 순종의 방법에 대한 메시지를 전하도록 알라가 위임하거나 선택한 것으로 명시된다. 제한된 수의 라술(메신저)들만이 해당 지역 사회에 전달할 수 있는 경전을 받았다. 이들 메신저들 중에는 이브라힘, 무싸(역자 주: 모세), 다우드, 이싸가 구체적으로 언급된다. 모든 메신저가 성경의 전통에서 온 것은 아니며 (혹은 적어도 과거의 인물과의 동일성은 명확하지 않다.) 후드(Hūd), 쌀리흐(Ṣāliḥ), 슈아입(Shuʿayb, 역자 주: 이드로) 및 루끄만(Luqmān)은 일반적으로 이전에 특정 아라비아 상황에서 등장한 예언자이다. 둘까르나인(Dhū'l-Qarnayn)의 이름을 둘러싼 전설에 따르면 알렉산더 대왕이라고도 한다. "지역의 군주"(꾸란 21:85 및 38:48에 언급됨)인 둘키플(Dhū'l-Kifl)은 매우 불확실하지만 열왕기상, 에스겔 혹은 엘리야, 성경 오바댜서에 나온다고 하지만 역사적 관점에서 정확히 밝혀지지 않았다.

이 예언자들의 이야기는 일반적인 이슬람 메시지를 반영하기 위해 자주 등장하는 구절에서 언급되고 있다. 예언자는 알라에 의해 위임을 받고, 예언자는 그의 백성과 맞서고, 백성은 그를 거부하고, 그 결과 백성은 멸망하며, 예언자와 그의 메시지에 충실한 사람은 알라의 자비로 구원받는다. "후드"(Hūd)라는 제목의 11번째 수라는 이러한 이야기와 관련되는 것으로서 상당히 전형적이다. 여기서 우리는 누흐, 후드(Hūd), 쌀리흐(Ṣāliḥ), 이브라힘, 루뜨, 슈아입(Shuʿayb), 무싸에 대한 이야기를 구조적으로, 심지어 어떤 경우에는 표현이 항상 유사한 내러티브로써 결합되어 있음을 발견한다. 도덕적인 메시지는 항상 동일하다. 알라는 카피르(역자 주: 알라를 믿지 않는 자)를 이기고 그의 메시지는 항상 세상에 어떤 형태로든 남는다는 결말이다. 몇몇 다른 예언자는 그들의 이야기를 보다 광범위한 형태로 들려준다. 수라(sūra) 12장에 기록된 유수프의 이야기와 꾸란의 다른 구절에서 발견된 가장 응집력 있는 이야기 중 하나는 확장된 방식으로 제시되며 일부는 성경에 없는 이야기를 추가했다. 이 같은 추가는 꾸란이 성경 이야기를 다시 반복하기보다 7세기 근동 환경에서 예언자 이야기를 대중적인 형태로 들려주기 위해 재구성했다는 것을 의미한다. 꾸란에 나오는 이런 이야기는 예를 들어 유대인의 탈무드 혹은 미드라쉬와 같은 책에서도 때때로 발견된다. 따라서 꾸란을 이해하기 위해 읽어야 하는 영역은 성경 본문의 틀보다 훨씬 더 많다. 오히려 유대교와 기독교의 전통과 그 지역의 다른 모든 신앙과 민속이 꾸란에 함께 반영되어 있어 시대 이해에 필요한 배경 지식이 요구된다.

아브라함 아들의 희생에 관한 창세기 22장의 유명한 이야기도 꾸란에서 다시 언급되지만, 아들은 이름으로 식별되지 않으며 그의 정체성은 한동안 이슬람에서 큰 논쟁의 대상이 되었다. 꾸란 구절의 문맥은 이스마일이 희생된 사람임을 암시하는 것 같다. 왜냐하면, 꾸란(수라 37:102-109)에 있는 희생에 대한 논의 구절은 112절에서 다음과 같이 계속된다.

> 그리고 우리는 선행을 하는 예언자 이스학의 기쁜 소식을 그에게 전해 주었다.

이 구절은 완전히 별개의 성격임을 암시한다. 희생자로서 이스마일을 주장하는 식의 꾸란 읽기는 후기 이슬람의 이데올로기를 주장하려고 유대인들이 이삭을 통한 조상들의 유산을 잘 반영하기 위해 기록을 바꿨다고 한 내용을 보면 잘 알 수 있다. 유대인들은 이스마일을 통해 아랍인의 지위와 그들의 혈통을 강화하지 않았다. (족보 또한 꾸란 어느 곳에도 반영되지 않지만, 성경에는 족보들의 기록이 있다.) 그런데도 이 이야기는 꾸란이 성경 이야기에 접근하였다는 또 다른 예를 제공한다. 꾸란 37:102-109는 다음과 같이 말한다.

그리고 [아들]이 그와 함께 일할 수 있는 나이에 이르렀을 때 그는 말했다. "내 아들아, 나는 꿈에서 내가 너를 희생하는 것을 보았다. 어떻게 생각하느냐?" 그는 "아버지여, 명령을 받은 대로 하십시오. 당신은 인내하는 저를 발견하게 될 것입니다. 이브라힘이 이 [역자 주: 알라의 뜻]에 복종했을 때 그[역자 주: 이브라힘]는 아들의 이마를 아래로 내렸다. 우리[역자 주: 알라]는 그의 이름을 불렀다. "이브라힘아! 너는 환상에서 본 대로 순종했다. 따라서 우리는 선행을 한 자에게 보상한다. 이것은 명백한 시험이다." 우리는 큰 희생 제물을 통해 그를 속량하고 후대 사람들에게 이브라힘을 칭찬하게 하고 이브라힘에게 아무런 해악이 없기를 기원한다.

여기에 몇 줄로 요약된 성경의 한 장면은 극적인 영향과 어린 이삭이 운명을 알지 못한 채 희생 제물로 길을 떠나는 과정에서 서술적 긴장감을 사용하여 잘 서술한 것으로 전해진다. 그러나 꾸란은 드라마적 요소를 제거하지만 이브라힘과 그의 아들 모두가 갖는 최고의 믿음에 관한 메시지는 살린다. 성경에서 이삭의 신실한 태도는 또한 유대인과 기독교계의 전통을 발전시키는 데 강조되며, 아브라함의 아들은 기꺼이 희생하는 예수의 전형이 된다. 그런데 꾸란 이야기에서 중요한 점은 이브라힘과 그의 아들이 아랍어 아슬라마(aslama)에서 보듯이 "무슬림이 되었다"는 점이다 (역자 주: 꾸란은 성경 이야기를 빌려 와 아브라함과 그의 아들이 무슬림이 되었다고 주장한다). 특히, 이 이야기는 무슬림 방식의 이해와 무슬림식의 통찰력을 보여 준다.

4. 이싸

이싸에 관한 꾸란의 이야기에서도 이와 유사한 관찰을 할 수 있는데 하나의 응집된 내러티브가 아니라 꾸란 전체에 흩어져 있으며, 영지주의자, 단성론자들, 네스토리아와 같은 기독교의 다양한 성향을 반영하는 것으로 보여지는 그림을 제시한다. 마르얌(꾸란 19:16-34)에게서 태어난 이싸는 요람에서 첫 번째 기적을 말한다. 지상에서의 그의 임무는 "명확한 증거" 혹은 "설명"(꾸란 2:253 및 다른 곳)을 제공하는 것이며, 그의 임무는 꾸란 3:49에서와 같이 기적에 의해 강조되었다. 치유, 비밀을 앎, 새를 창조함-그가 생명을 직접 불어넣은 흙으로, 후자는 도마복음서 곧 기독교 외경에서 알려진 이야기이다.

꾸란(4:157-158)에서 언급된 이싸가 십자가에 못 박히지 않았다는 것은 기독교 교파 간의 논란을 반영할 수 있다는 관점에서 가장 큰 관심을 불러 일으켰다.

> [유대인들은] 우리가 알마시흐 이싸 븐 마르얌을 죽였다고 그들이 말하는데 우리는 그를 죽이지 않았고 십자가에 못 박지 않았으며 다만 그렇게 그들에게 보였을 뿐이다. … 알라는 그를 자신에게로 들어 올리셨다.

이싸가 십자가에서 사실 "죽지 않았다"는 꾸란의 주장은 이싸의 본성에 대한 기독교 이단의 토론을 반영한 것이다. 그러나 다시 한번, 꾸란은 다양한 의문점에 대해 종합적 의견을 반영하는 것처럼 보이는데 한편으로는 이싸의 진정한 신성에 대한 주장을 뒷받침하고 그의 죽음의 실재를 부정하는 반면 다른 한편으로는 이싸가 인간일 뿐, 신적 존재란 사실을 부인한다.

5. 심판 날의 메시지

모든 예언자 그리고 꾸란에 이름이 나와 있지 않지만 각 민족에게 보내졌다는 많은 인물(꾸란 10:47은 "모든 민족에게는 메신저가 있다"라고 말하고 있다)이 있고, 회개하지 않고 또 알라의 율법을 따르지 않은 사람들에게 심판이 있다는 동일한 메시지를 가지고 왔다. 꾸란 19:59-61은 다음과 같이 말한다.

> 그러나 기도를 소홀히 하고 욕정을 좇았던 후예들이 있었으니 그들은 회개하고 믿고 선을 행하는 사람을 제외하고는 손해를 당할 것이다. 회개하여 믿음을 갖고 선을 행하는 자들은 극락에 들어갈 것이며 [보상의] 어떤 것도 거부되지 않을 것이다. 알라가 그의 종들에게 약속한 잔나[역자 주: 극락]가 있다.

메시지는 간단하다. 모든 사람은 정해진 시간에 죽고, 알라만이 아는 시점에서 부활이 일어나고, 그 시점에서 각 사람은 지상에서 행한 행위에 따라 심판을 받는다.

> 죽음의 고통은 확실히 올 것이다. 이것은 네가 피하고 싶어 했던 순간이다. 나팔이 울릴 것이다. 바로 그날이 처벌을 받는 날이다!

꾸란 50:19-20은 계시록에 기록된 요한의 환상에서 친숙한 많은 요소 중 하나인 종말론적 나팔을 언급한다. 심판 장면은 그래픽처럼 생생히 그려져 있다. 꾸란 83장에는 각 사람을 위해 자신의 선악 상태를 증언하는 행위가 기록된 장부가 나온다. 저울의 이미지와 행위의 무게도 사용된다. 또한, 꾸란 21:47에서 마지막 심판은 개인의 궁극적인 운명, 즉 약속된 동산에서의 극락의 행복이거나 지옥의 타오르는 고통을 결정한다. 이 두 장소는 꾸란에서 꽤 자주 생생한 표현으로 묘사된다.

예를 들어 수라 55장에서는 "불꽃과 불의 화염"(35절)과 지옥의 "용광로 속 목욕"이 "극락의 두 정원(동산)"에 있는 "모든 종류의 열매, 흐르는 샘"과는 대조되며, 선행을 행한 자에게만 특별한 보상이 있는 극락이다. 개인의 운명은 알라의 손에 있는 것으로 묘사되며 또한 창조주 알라는 세상을 온전히 다스릴 수 있지만 인류는 자신의 행동에 대한 책임을 받아들여야 한다.

그러한 진술이 만들어 내는 긴장감은 이슬람에서 신학적 판단의 주요 주제를 만들어 낸다. 그렇기 때문에 꾸란은 미래 극락에 들어갈 희망이 있다면 각 개인이 알라와 그의 경전에 정해 준 율법을 따를 것으로 기대한다. 사람들은 죄를 지을 수 있으며, 그것은 알라의 길에서 벗어나는 "과실"로 정의된다. 세상에서 악이 존재할 수 있다는 그 잠재성을 설명하기 위하여 앞에서 사탄의 존재를 소개한 것이다.

6. 극락으로 가는 길

꾸란 4:136은 다음과 같이 선언한다.

> 믿는 자들아! 알라와 그의 메신저 그리고 그가 이전에 보낸 책과 그의 메신저에게 보낸 책을 믿으라. 알라와 그의 천사들, 그의 책들, 그의 사자[메신저]들과 마지막 날을 믿지 않는 사람들은 분명히 길을 잃었다.

극락에서 최종 보상을 거두는 데 필수적인 것으로 간주되는 모든 요소를 모아둔 교리적 진술이 나타나 있다. 진리와 경전의 내용을 믿어야 한다. 그리고 말을 행동으로 옮겨 실천하지 않는다면 그것에 대한 믿음의 증거는 무엇인가?

이전에 인용된 꾸란 19:60은 "회개하고 믿고 선한 행동을 하는 모든 사람에게" 보상이 있다는 것을 강조한다. 알라의 율법을 지키는 것, 즉 "선한 행동을 하는 것"은 무슬림이 구원을 얻기 위한 전제 조건이다. 꾸란에서 선포된 법은 지속적인 돼지고기 금지 및 절차에 따른 도축(예로 꾸란의 2:173; 5:1-3)에 있어서 유대 법을 연상시킨다. 특히, 여성에 관한 순결 부분의 규정(꾸란 2:222, 정결 의식에 있어서 꾸란 4:43; 5:6), 결혼 규정에 대한 강조(예: 꾸란 4:23), 이혼(예 :꾸란 4:19-22) 그리고 상속(예: 꾸란 4:6-12)에 대한 부분이다. 신앙의 적절한 실천으로 율법의 역할에 대한 입장에서 이슬람은 기독교와 다르다. 그러나 이슬람은 무슬림들이 적절하고 완전한 삶을 살기 위한 지침을 제공하기 위하여 신앙의 적절한 이행으로서의 율법의 역할 그리고 알라가 인류에게 선물로서의 율법의 역할에 대하여 유대교와 입장을 같이 한다.

또한, 꾸란에는 이슬람을 대표할 수 있는 종교의식이 나타나 있는데 자주 정교하지 않는 표현으로 언급되었다. 메카순례(예: 꾸란 2:196-200), 금식의 달(예: 꾸란 2:183-187), 기도 의식(예: 꾸란 2:142-152, 238-239), 자선(예: 꾸란 9:53-60)은 모두 다양한 각도에서 다뤄진다. 꾸란 내에서 이러한 활동에 대한 일부 설명이 다소 모호하지만 제7장과 제15장에서 더 자세히 다룬다. 이러한 법은 무슬림 생활의 필수 부분으로 여겨지고 있다.

금지(하람, ḥarām)와 허용(할랄, ḥalāl)의 이분법은 꾸란에 스며들어 이슬람 윤리의 기초적인 요소를 제공한다. 이를 통해 꾸란에 대한 윤리적 세계관이 작동해 신성 모독이나 인간 존재에 대한 알라의 뜻, 극락에 갈 자격이 있다고 판단할 수 있는 도덕적 범주에 대한 이해와 통찰력을 제공한다.

하람이라는 단어는 더 넓은 의미에서 많은 종교 세계관에 알려진 "금기"라는 의미를 갖는다. 그리고 하람과 동일한 어근에서 파생된 낱말들은 다른 개념을 만들어 낸다. 꾸란 28:57 및 29:67에서 안전한 성소(ḥaram amīn), 꾸란 27:91에서 신성한 영토라는 의미로 사용된다. 신성한 모스크(al-masjid al-ḥarām)라는 말이 15회에 걸쳐 메카의 카아바(Kaʿba)로 이해되었다(예를 들어, 꾸란 2:144-150). 이 신성한 장소의 정결에 대한 개념은 꾸란 9:28에서 알-마스지드 알-하람이란 말로써 분명해진다.

> 우상 숭배자들은 참으로 부정한 나자스(najas)이다. 그러므로 올해 이후에 그들이 카아바가 있는 마스지드 근처에 오지 않도록 하시오.

허락이 없이 들어갈 수 없는 장소의 안전에 대한 관념도 강하고 그것의 불가침성과 관련이 있다(꾸란 2:191; 28:57; 29:67; 48:27 참조). 특정 시간에 대해서는 또한 "금지된 달/월"(알 샤흐르 알하람, al-shahr al-ḥarām)이라는 개념이 다음 꾸란 구절에서 나타나는데(5:2, 97; 9:5, 36-37) 후자의 구절은 특히 더 주목할 만하다.

> 연기된 달[달력 계산의 관행을 언급]은 불신앙이 증가하여 카피르[역자 주:알라를 안 믿는 자]들이 길을 잃는다. 어떤 해에는 그들이 허용하고[yuḥillūna] 알라가 금지한[ḥar-rama] 달의 수만 맞추려고 다른 해에 그것을 허용한다.

마지막으로 메카순례(ḥajj)를 수행하는 무슬림들은 사냥을 피하는 데 중점을 두고 이흐람(iḥrām; 순례에 들어간다는 의향. 꾸란 5:95) 과정을 통해 금해야 할 것을 지킨 상태 곧 후룸(ḥurum)에 들어간다.

따라서 이 모든 구절에서 하람(ḥarām)은 알라와 직접적으로 연결되거나 알라가 인류에게 지시하거나 지목한 것을 의미한다. 이 명령에 순종하는 것이 믿는 자라는 표시이다. 더욱이, 하람인 것들은 적어도 물리적인 의미에서 불순물이 없다. 하람은 안전하고 불가침이며, 그것을 믿는 자가 고의적으로 위반했거나 죄를 지은 카피르가 다른 수단을 사용하여 위반하면 배상을 해야 할 것이다.

하람(ḥarām)이 영어 사전에서 "신성시함"을 의미한다고 하여 어느 때나 장소와 시간을 피해야 한다는 것을 의미하지는 않는다. 그러나 다른 구절에는 금지된 문제에 대한 명확한 증거가 있으므로 하람이란 단어가 표시가 된 경우에는 금지라는 의미를 갖는다.

음식에 관한 법은 꾸란 6:119에서처럼 "왜 알라의 이름으로 도축한 가축을 먹지 않는가? 그가 구별하여 네가 절대적으로 필요한 경우를 제외하고 너에게 금지한 것[ḥarrama ʿalaykum]을 상세히 설명해 주었다." 도축 방법에 따라 도축되지 않은 고기는 알라의 뜻에 어긋나게 도축한 것이므로 하람으로 선언된다. 돼지고기는 하람으로 선언된다. 왜냐하면 그것은 "가증한" 일 곧 리즈스(rijs)이기 때문이다. 썩은 고기를 먹거나 피를 먹거나 도살된 동물을 알라 아닌 다른 신에게 바치는 것은 부적절한 것(또한 꾸란 5:3에서도)이며 꾸란 2:172-173과 5:3에서 하람으로 선언된다. 부정한 물건들도 마찬가지이다(꾸란 7:157).

정리하면, 하람은 항상 알라만이 하람이라고 선언할 수 있다. 하람인 것은 단순히 알라의 뜻에 어긋나는 것으로 보이거나, 알라로부터 멀어진 것, 혹은 이교도 시행의 죄와 관련된 것이다. 반면에 할랄(ḥalāl)이라는 단어는 하람이 가진 두 의미와 반대 의미를 가지는데 할랄은 하람의 "금지"와는 반대로 "허용"뿐만 아니라 "신성을 더럽히다"("신성하게 하다"라는 의미에 반대)라는 의미를 갖는다. "신성하게 하다"라는 의미의 하람과 마찬가지로, 할랄은 그 반대를 별개로 표시하는 알라와의 특별한 관계를 제안할 수 있다. 그러나 이 단어의 주된 의미는 어떤 것의 합법적 성격을 주장하는 것이다. 즉, 부정적 입장으로 표현할 때 "금지"라는 의미는 하람에 해당된다.

할랄(Halāl)은 여성, 결혼 및 이혼과 관련하여 "불법"을 의미하는 부정적 표현으로 꾸란에서 7가지 사례에서 법적 범주로 사용된다. 그 예로는 꾸란 2:230, "그가 그와 이혼하고 나서 그녀가 다른 남자와 결혼할 때까지 그에게 합법적이지 않다"에서와 같이 일시적이라는 의미에서 행동이나 상황의 일반적인 허용과 충돌하는 특정 상황으로 보인다. 할랄은 꾸란 5:5, "성서(역자 주: 경전)의 백성들의 음식은 당신에게 허용된다"에서와 같이 허용되는 것 가운데 특히 음식의 종류를 구별한다. 할랄은 또한 "신성하게 하다"라는 의미의 하람과 반대되는 의미로 사용된다. 이러한 경우 할랄이라는 단어를 이해하는 한 가지 방법은 "종교 의례를 기피하려는 것을 중단하는 것"을 의미한다.

할랄은 꾸란 5:2에서 순례자로서 성지로 떠나는 것(즉, 이흐람[iḥrām]은 이전에 허용된 것을 금지하는 것)을 나타내는데 사용되며, 같은 구절에서 순례자들은 "알라의 종교적 의례나 신성한 달을 위반하지 말 것"이라고 명령한다. 위에서 언급했듯이 신성한 달이 변경될 수 있다는 생각은 꾸란 9:37에서 비판을 받는다. 하람이라고 생각했던 달을 할랄로 만드는 것을 금지한다고 선언한 구절인데 신성불가침(전투가 일어나서는 안 됨)에서 침해될 수 있는 것으로 만드는 것을 가리킨다.

"금지"와 "허용"이라는 용어에 반영된 이러한 기본적인 도덕적 태도의 대부분은 일반적으로 근동 종교와 특히 성경에서 발견되는 것과 일치한다. 그러한 유사점은 때때로 더 나아가 성경의 "십계명"과 꾸란 17:22-39와 부합하는 것으로 생각해 볼 수 있다. 하나의 신에 대한 믿음, 부모에 대한 존경심, 간음하지 않는 것 등 분명히 많은 계명의 도덕적 목표는 비슷하다.

그러나 이야기 구조의 관점에서 볼 때 꾸란의 율법 부분의 내용이 성경에 있는 것과 같은 방식으로 분명히 제시되지 않는다. 어떤 의미에서 이 구절은 텍스트의 중추적이거나 초점이 아니며 무슬림 전통에서 무함마드의 직분과 상황을 중심으로 묘사되어 있지도 않다. 따라서 이 구절은 모세와 성경과 관련된 "십계명"에 대한 전통적인 이해와 유사하지는 않다. 꾸란의 율법은 나머지 알라의 메시지로 통합적인 요인이다. 율법에 대한 자세한 규정들은 꾸란 4:23의 예가 보여 주듯 성경에서와 같이 여러 곳에서 매우 구체적인 내용들이 담겨 있다.

> 너희들에게 너희들의 어머니들, 딸들, 자매들, 고모들과 이모들, 형제자매의 딸들, 너희들에게 젖을 먹인 어머니들과 그 젖을 먹은 자매들, 너희 부인들의 어머니들과 너희들이 딸처럼 길렀던 소녀들의 어머니들과 네가 성관계를 했다면 그 소녀들[역자 주: 의붓딸]과의 혼인이 금지되어 있다. 그러나 당신이 그들과 첫날밤을 치르지 않았다면 당신에게 잘못이 없다. 네 슬하에서 태어난 네 아들들의 배우자와의 혼인도 금한다. 네가 이전에 배우자로 삼았던 자들을 제외하고 두 자매와 한꺼번에 결혼하는 것도 안된다. 알라는 모든 것을 용서하시고 항상 자비롭다.

꾸란은 또한 이전 공동체에 주어진 율법에 대해서 언급한다. 무싸의 타우라와 이싸의 인질은 모두 이전 계시로 꾸란에서 인용된다. 꾸란은 두 계시들을 확증하기도 하며, 그들 사이의 차이점들에 대해서도 말한다. "[그들에게] 분명한 증거와 책들로 그리고 그들에게 내려 보낸 것을 사람들에게 네가 설명할 수 있도록 그리고 그들이 묵상할 수 있도록 우리가 알디크르<꾸란> 너에게 내려 주었다"(꾸란 16:44).

그러나 꾸란은 무슬림의 이해에 따르면 오류를 바로잡는 기능이 있다. 왜냐하면, 인간은 이전 계시를 잘못 해석하고 조작하여 알라의 말씀에 인간의 생각들을 주입했기 때문이다(꾸란 5:48 참조). 무슬림들은 꾸란이 이전 계시들을 정확히 하여 알라의 뜻에 대한 명확하고 완전한 버전을 제공한다고 믿는다.

7. 꾸란의 성격

앞서 설명한 것과 같이 꾸란의 내용에 대한 요약은 필연적으로 불완전하지만 책 자체의 구성에 대한 중요한 점이 있다. 처음 꾸란을 읽는 독자들에게는 명백하게 무작위적인 등장인물들과 함께 겉으로 언뜻 보면 일관되지 못한 구성으로 보인다. 이 독특한 구성은 여러 가지 다른 주제와 생각의 연결이 분명히 합성되어 수라의 내용들에 반영되었음을 보여 준다. 예를 들어, 꾸란에서 가장 긴 수라 2장은 주제별 형태를 갖는다.

구절들	주제들
1-29	믿음과 불신앙
30-39	창조, 아담, 샤이딴
40-86	성경의 역사 — 모세(역자 주: 꾸란에서는 무싸)
87-103	성경의 역사 — 유대인, 예수(역자 주: 꾸란에서는 이싸 알마시흐), 모세
104-121	논쟁점 — 무슬림, 유대인, 기독교
122-141	성경의 역사 — 아브라함(역자 주: 꾸란에서는 이브라힘)

142-167	이슬람의 정체성(기도 방향, 기도 자체, 메카순례)
168-203	법적 문제(음식, 유언, 금식, 메카순례 등)
204-214	구원 역사
215-242	법적 문제(지하드, 결혼, 이혼 등)
243-253	구원 역사
254-260	(혼합)
261-283	법적 문제(자선, 고리대금)
284-286	신앙

이러한 식으로 간단히 수라를 요약한 것이 주제 구조의 복잡성을 다 설명하지는 못하지만, 이러한 자료는 생각을 자극하는 역할을 한다. 꾸란은 각 장 안에서 한 주제에서 다음 주제로 건너뛰기도 하며, 중복이 되거나 문법이나 신학적 부분에서 명백한 불일치를 보이는데 이것을 어떻게 받아들여야 할까? 이러한 명백한 표면적 불일치점들에도 불구하고 일부 학자들은 문학적 패턴과 이해 가능한 내부적 발전 단계가 여전히 수라(각 장들)의 구조에 반영되어 있음을 지적하면서 구성에 있어서 어느 정도 구조적 일관성이 발견된다고 한다.

그러나 원자료에 대해 비평가들은 꾸란이란 책은 서두르게 편집한 경향성이 확연하고, 피상적 내용에 대한 관심을 갖고 편집한 것으로 본다. 편집자는 경전이 변화될 수 없는 확정된 텍스트를 확립하는 일에만 관여했다. 이러한 관점에서 보면 확정된 텍스트가 출현한 역사적 강조점은 법과 신학 문제에서 절대 권위의 지위로 꾸란이 부상했기 때문이다(하디스나 칼리프들 혹은 이성에 의한 권위가 세워졌던 시대와 반대의 경우이다. 이는 4장 설명에서 볼 수 있다). 다양한 요소를 하나의 전체 속으로 경전화하여 확정된 꾸란 텍스트가 만들어진 것은 무슬림 공동체의 법적 및 신학적 권위의 출처가 되는 것과 동시에 이뤄졌던 것으로 보인다.

8. 텍스트 수집에 대한 무슬림의 설명

물론 무슬림 공동체 자체는 꾸란이 이렇게 구성되었는지에 대한 설명을 하고 있지만, 전해져 오는 이야기의 여러 버전 가운데 설명의 모순적인 성격은 많은 학자에게 그 동기에 대해 중대한 의구심을 불러일으켜 왔다. 일반적으로 무함마드 자신은 본문 수집에서 아무런 역할도 하지 않았다.

무함마드의 사촌이고 사위이며 나중에 시아파의 첫 이맘이 되는 알리가 꾸란 전체 텍스트를 검토한 것에 대한 이야기를 전해 주는 기록을 발견할 수 있다. 무함마드의 동료였던 자이드 이븐 사비트(Zayd ibn Thābit)는 일반적으로 초기 경전에 모음을 부기하는 일에 많은 기여를 했던 것으로 알려져 있고 텍스트의 부분들이 무함마드의 아내 중 한 명인 하프싸(Ḥafṣa)에게 맡겨졌다고 한다.

무함마드가 죽은 후 제국의 세 번째 통치자인 우스만의 지시에 따라 "우리가 지금 가지고 있는 본문"(무슬림의 주장에 따르면)의 주요 수집이 이루어졌다고 한다. "야자나무 잎이나 평평한 돌이나 사람의 마음에" 기록된 텍스트를 바탕으로 전체 텍스트(무슬림들은 구전된 부분이 글로 완전 복구된 것으로 간주함)가 작성되어 초기 제국의 주요 중심지에 배포되었다. 따라서 무함마드가 죽은 지 30년 사이에 꾸란의 확정된 형태로 존재했다는 것으로 이해된다. 무슬림에게 본문의 형태는 '천상의 모경'의 이미지였으며 꾸란 구조와 내용이 알라가 원하는 것과 일치했다고 믿었다. 아랍어 문자의 자음만을 초기 형태로 표시한 이 자음 중심의 텍스트에서 꾸란의 최종 텍스트는 다음의 2세기에 걸치면서 발전되어 언어와 문자의 모든 미묘한 부분들이 글자 안에 포함되게 되었다. 무슬림의 관점에서 가장 중요한 것은 구전 전승에 꾸란이 무함마드에게 내려온 당시부터 본문 전체를 보존하고 있다는 것이며, 이는 글자로 기록된 형식은 본문을 암기하기 위한 기억 장치로만 사용된다는 점이다. 어떤 의미에서 무슬림 전통 내에서 꾸란을 다루는 두 가지 방법론을 말한다면, 무함마드로부터 유래한 구술 전승과 또 다른 하나는 칼리프 우스만 때 집대성한 기록된 전승이다.

9. 꾸란 사본의 증거

1972년 예멘의 사나(역자 주: 싼아)의 대 모스크를 보수하는 과정에서 꾸란 고대 필사본이 발견되었다. 1979년 독일 학자팀은 약 12,000개의 양피지와 종이 조각을 연구하기 시작했고, 그중 일부(22개의 조각 묶음)는 주로 초기 아랍어를 사용해 히자즈(Ḥijāzī) 글자체로 알려진 8세기로 거슬러 올라간다. 이 발견은 많은 학계와 대중의 관심을 불러일으켰다. 꾸란 본문의 초기 사본의 존재는 그 구성에 대한 몇 가지 수수께끼를 답하는 데 도움이 될 수 있다. 그러나 지금까지는 그렇지 못했고, 잠정적인 결론들만 내렸었다. 최근에 사나(Sana'a; 예멘 지명) 사본 중 하나에 대한 첫 번째 상세한 연구는 아스마 힐랄리(Asma Hilali)에 의해 출판되었으며, 그녀가 연구한 꾸란의 조각에는 텍스트를 한 번 쓰고 난 뒤 다시 그 위에 써서, 두 개의 층을 이루고 있었는데(학계에 필사본으로 알려짐) 위에 베껴 쓴 필사본은 예전을 위한 목적에서가 아니라 교육 목적으로 쓰여졌다.

확실히, 꾸란의 초기 원본의 존재는 그 텍스트가 (혹은 적어도 그것의 상당 부분) 8세기까지 일종의 수집된 형태로 존재했음을 나타낸다. 물론 그것은 무슬림 공동체 내에서 본문 자체가 초기에 가졌던 위상에 대해서는 우리에게 아무런 설명을 주지는 않는다. 몇 개의 사본에서 볼 수 있는 수라(장) 순서의 불일치는 텍스트의 전체 형식에 약간 변동이 있음을 나타낸다.

그러나 더 흥미로운 점은 작은 부분일 수도 있지만 다양한 읽기(역자 주: 끼리아트)가 원본 텍스트에 포함되어 있다는 사실 때문에 일부 학자는 기록된 전통은 구전 전통과 병행될 수 있다는 주장에 역사적 신빙성이 없다고 지적한다. 나중에 글 형식의 텍스트로 추가된 부분들은 해석적 성격을 나타낸 상세한 주석이다. 따라서 현재 꾸란의 텍스트는 무슬림들이 주장하듯 구전 텍스트의 병렬적 전수라기보다는 원시 기록 형태의 텍스트에 대한 후대 무슬림들의 생각이 반영되어 기록된 것으로 보여진다.

초기 원자료에서 이러한 증거들을 찾는다면, 당시 원본에 기록된 방식 때문에 발음이 잘못 표기된 사례들의 가능성도 찾을 수도 있는데 이것은 확고한 구전 전승이 없었고 또 원본을 오해한 결과로써 잘못 발음되었을 가능성이 높다. 예를 들면, 이브라힘(Ibrāhīm)이라는 이름의 경우는 히브리어로 아브라함(Abrāhām)이 더 가까운 발음이며, 샤이딴(Shayṭān) 또한 사탄(Sāṭān)이라고 읽으면 히브리어 원어에 더 가깝고 더 쉽고 더 잘 이해된다. 이 두 단어의 발전된 읽기는 이 단어 중간에 있는 장모음 /a:/에 대한 초기본의 오해에서 비롯된 것이다.

이와 다르지만 다소 복잡한 예는 꾸란 구절 전달에 부정확성의 예시를 보여 준다. 수라 21장의 마지막 구절(112)의 시작을 보라.

> 그가(무함마드가) 말했다(qāla). 나의 주! 진리로 심판해 주시오. 우리 주, 가장 자비로운 분.

이 본문에서 "나의 주"와 "우리 주"를 고려해 볼 때, "그가 말씀하셨다"에서 주어는 알라가 아니라 애초에 무함마드로 이해된다. 그러한 구절은 일반적으로 명령형 "말하라"(qul)로 시작하는 꾸란 구절들에서 찾아볼 수 있다. 그러나 지금 논의하고 있는 꾸란의 본문에서 "그가 말했다"로 번역된 단어에는 장모음 "ā" 표시가 없기 때문에 qul(말하라)이라고 읽을 가능성이 훨씬 더 높다. qāla(그가 말했다)라는 단어는 꾸란 전체 본문에서 단 두 번만 사용된다.

초기 사나(Sana'a) 사본에 따라 qāla라는 단어에 긴 "a"가 없다는 것은 초기 원본 전체의 특성을 드러내는 표시로도 읽을 수 있다. 그러나 이 특정 구절을 "그가 말했다"로 읽어야 하는 이유가 있을까? 꾸란의 나머지 본문과 평행하고 그 자체의 문맥에 맞도록 하기 위해서는 오히려 "말하라"

(Say!)라고 읽는 게 낫다. 텍스트를 편집하는 과정에서 이 단어가 발견된 대부분의 구절이 "말하라!"로 이해되고 있다. 해석과 쓰기 모두에서 "말하라!" 할 때는 (장모음 "ā"가 없음), 마치 장모음 "ā"가 있는 것처럼 읽는 꾸란의 21장 두 구절을 제외하고는, 모두 긴 모음 없이 읽혔다. 이것은 "말하라!"라는 '일관된' 읽기를 유지할 수 있는 구전 전승이 없었고 누군가가 글로 된 텍스트에 근거하여 작업을 했기 때문에 생길 수 있는 일이다.

그러므로 사본 전승이 꾸란 본문의 초기 역사에 대한 우리의 이해에 중대한 영향을 미칠 수 있다고 말하는 것이 타당하다. 그러나 이러한 사본에 대한 연구는 아직 초기 단계에 있으며 이러한 텍스트의 영향은 여전히 학자들을 서로 동요하게 만들었다. 꾸란 본문의 역사에 대한 이 비판적 연구는 무슬림들 사이에서 논란이 되고 있고 많은 선동적인 언론의 관심을 끌었지만, 그 주제에 대한 관심은 본질적으로 학자들 간의 학문적인 연구로 남아 있다. 요점은 분명히 무슬림이 가지고 있는 꾸란을 대체하는 것이 아니라 초기 무슬림 사회에서 그 텍스트가 어떻게 전달되었는지에 대한 역사를 더 잘 이해하는 것이다.

10. 꾸란의 권위

꾸란의 수집에 관한 이야기의 중요성이나 가치를 찾는다면 여전히 학자들 사이에서 논쟁 중이지만, 그 토론의 결론이 무엇이든 간에 한 가지는 분명하게 남아 있다. 꾸란은 확고하게 확립된 종교로 세워지기 위해 이슬람이 출현한 초기부터 존재하며 무엇이 '이슬람적인가'를 정의 내리기 위해 항상 참고될 자료가 필요했다는 것이다. 꾸란은 이슬람이란 정체성을 내릴 수 있게 하는 역할을 한다. 무슬림 공동체의 출현은 법과 신학에 관한 결정을 내리는 권위 있는 텍스트로서의 꾸란의 출현과 밀접한 관련이 있다.

연구 조사에 의하면 꾸란이라는 경전의 지위와 권위에 대한 논의는 이미 이슬람 초기 때, 특히 근동의 다양한 종교 공동체 안에서 그리고 새롭게 부상하는 이슬람 공동체 자체 내에서 논의되었다는 사실이다. 꾸란이 이슬람에서 권위 있는 자료로 등장하게 된 과정은 이슬람 초기 역사에서 공동체의 출현과 함께 된 것이며, 이슬람의 초기에 법률 및 종교 간 논쟁에 대해 꾸란이 다양한 해석을 한 내용을 기반으로 우리는 추적해 볼 수 있다. 우리가 지금 알고 있는 꾸란 본문이 경전으로 여겨져 문자 그대로 알라의 말씀으로 이해되고, 기적의 표시이자, 모방할 수 없는 것으로 무슬림들에게 취급되는 것은 문맹이었던 예언자가 그 공동체 내에서 권위를 갖게 된 역사와 밀접한 연관성을 가지며, 텍스트에 반영된 바와 같이 2-3세기에 걸친 격렬한 논쟁 끝에 나온 결과이다.

꾸란 권위가 갖는 지위를 지지하는 것은 제도화된 이슬람이 법과 신학의 주요 원천으로서 꾸란을 제시했기 때문이며, 이에 직접적으로 많은 신학적 교리가 연결되어 있기 때문이다. 이 교리들은 텍스트의 구성과 관련된 이슈를 바라보게 하는 궁극적인 결과를 갖고 있고 이 책의 형태를 신적인 일하심의 증거로서 보게 한다. 그러나 초기 논증적 텍스트는 많은 논점을 보여 주고 있고, 꾸란을 다루는 초기 이슬람 주석들은 텍스트의 형식을 신적 권위의 증거로 연결 짓는 논점이 완전히 발달된 형태를 갖는 데 적어도 300년이 걸렸다.

11. 이슬람 증거로서 꾸란

초기에 무슬림들은 비옥한 초승달 지역, 특히 이라크에서 기독교의 신학적 공격에 맞서 초기 종교를 방어해야 했던 것으로 보인다. 다음과 같은 무슬림들의 주장이 형성되었는데, 먼저 기적은 예언자의 지위를 증명하고, 꾸란은 무함마드의 기적이다. 둘째는 무함마드는 참 예언자이며 이슬람은 알라가 내려 준 종교이다. 토론에 참여한 무슬림 참여자는 첫 번째 전제에 동의한 것으로 보인다. 무슬림들은 자신들의 종교를 증명해야 했고 기독교인들에게 반증해야 했던 것은 두 번째 전제에 대한 타당성이다.

결론적으로 이슬람의 진리는 신뢰성이 떨어졌고 신뢰성을 입증할 방법을 찾아야 했다. 시간이 지남에 따라 이 주장은 꾸란의 '모방 불가능성'을 꾸란 자체로부터 증명하는 데 관심을 갖게 되었고, 그 구절이 제기되기 이전에 그 주장의 요구가 분명했는지 그 여부는 명확하지 않다. '모방 불가능성을 도전하는 구절'(challenge verses)로 알려진 꾸란과 '비슷한' 텍스트를 만들어 보라고 하지만 인간에게는 불가능한 것으로 여겨진다.

> 그것과 똑같은 수라[꾸란의 한 장(chapter)을 가리킴]를 가져와 보라. 그리고 너희들이 진실을 말한다면 알라 없이도 너희들이 할 수 있다고 하는 자를 불러오라(꾸란 10:38).
> 그러면 그와 똑같은 위조된 10개의 수라를 가져와 보라!(꾸란 11:13).

알라는 꾸란을 무함마드에게 주었으며, 그것의 신적 기원 때문에 사실상 "같은" 텍스트를 만들 수는 없다. 텍스트의 모방 불가능성에 대한 주장은 꾸란이 신적인 저자를 증명하고 그것을 기적이라고 하고 무함마드의 역할과 이슬람의 진실성을 이야기하기 위함이다.

무함마드 사후 약 150년에서 200년 사이에 당시 논증적인 텍스트는 이러한 우려에 대해 명확하게 공식화된 무슬림의 답변이 없었음을 나타낸다. 경전의 고정된 텍스트인 꾸란이 여전히 공동체 내에서 그 권위에 대한 지지를 찾는 과정 중에 있었음을 말해 준다. 참으로, 모방 불가능성이란 교리의 완전한 선언으로 이런 도전에 일관되게 대응하기까지는 적어도 100년이 더 걸렸다. 830년경에 글을 남긴 기독교인 알킨디는 다음과 같이 요구하는 글을 썼다.

> 당신의 주인 무함마드가 그의 사명에 대해 증명하고 그가 신적 명령에 의

해 살육과 강간을 한 것을 입증하기 위해, 그가 행한 놀라운 일에 대한 어
떠한 증거나 징표가 있다면 보여 주시오(Kindī 1887: 64, text modified).

이슬람에 대한 기독교 논쟁의 핵심 요소 중 하나인 무함마드의 종교가 칼에 의해 전파되었다는 별개의 사실은 여기서 기적의 증거를 요구하는 것과 연관된다. 꾸란이 그 증거라는 무슬림의 반응을 예상하면서 알킨디는 다음과 같이 계속 말한다.

이 모든 [꾸란이 생겨난 과정]의 결과는 경전들을 읽고서 당신이 꾸란에서 여러 역사를 뒤섞어 놓은 것은 너의 전매 특허였고 많은 다른 손을 거쳐서 주장이 되어 손들이 그 일을 하고 있었고 그들이 좋아하거나 싫어하는 것을 추가하거나 잘라내서 모순을 만들어 냈다. 그러한 것이 지금 하늘에서 내려진 계시라고 취급할 수 있는 건가?(Kindī 1887: 77-78, text modified)

꾸란의 이러한 문학적인 표현에 대해 알킨디는 무슬림에게 꾸란이 신이 내려 준 것은 아니라는 증거로 사용하고 있다.

12. 모방 불가능성의 교리

이러한 꾸란과 무함마드에 대한 발언에 대해 무슬림의 반응은 10세기 말까지 신학자이자 문법학자인 알룸마니(al-Rummānī. 사망 996년)의 능력으로도 완전한 문학적 설명을 이뤄내지 못했다. 그는 간결과 같은 꾸란의 문학적 특질에 주로 근거하여 이으자즈(i'jāz), 곧 "모방 불가능성"을 주장했다. 그는 인기 있는 아랍 속담을 인용하면서 그 의미가 꾸란식 진술에 가깝다고 주장했는데 꾸란은 동일한 감정을 더 적은 수의 단어로 표현해낸다고 언급했다. 더욱이, 초기 이슬람 역사의 논증가들에게는 꾸란 안에 오류가 있다는

말이(인간에 의해 만들어지고 기적적이지 않은 지위를 가진) 알룸마니에게는 긍정적인 요소가 되었다. 예를 들어 텍스트에서 단어의 누락은 서두르거나 부주의한 글의 증거라기보다는 긍정적인 수사적 장치로 간주되었다. 이러한 종류의 논쟁의 대부분은 수사학적인 잠재력이 가득한 아랍어의 특징에 대한 이해와 연결되었고 꾸란이 이를 최대한 이용했다.

꾸란은 그 자체 진술에 따르면(꾸란 12:2; 26:192-195) 꾸란은 알라에 의해 "명확한 아랍어로" 내려왔다고 보았고, 논쟁이 이루어지면 그 언어의 모든 특징이 관여되어야 했다. 이러한 종류의 주장은 꾸란의 수사학적 성취가 실제로 평가될 수 있는 동시대의 세속적 문학이 없기 때문에 서로 대조되어 평가될 수 없다. 이러한 주장은 독단적인 주장으로 남아 있으며, 본문이 가진 권위를 증명하는 데 필수적일 수 있지만, 이슬람 내에서만 (다른 많은 종교적 주장과 마찬가지로) 타당한 주장이다.

13. 꾸란의 해석

사실, 무슬림들은 알룸마니 이전에 문학적 자료에 나온 대로 2세기 동안 꾸란에 대해 약간 다른 접근을 해 왔던 것으로 보인다. 그들은 텍스트의 복잡성을 방어하는 데 신경을 쓰기보다는 텍스트 자체의 특성을 분류하고 텍스트를 이해하는 실제적인 작업에 더 관심을 기울인 것으로 보인다. 따라서 보다 일반적인 해석 문제와 꾸란의 의미를 분명하게 표현함으로써 권위를 강화하는 것이 훨씬 더 큰 관심사였다.

꾸란의 텍스트는 많은 모호함이나 정확한 판독이 불확실한 어려운 단어, 텍스트 분할의 문제 및 명백하게 양립되지 않는 진술을 보여 준다. 꾸란 텍스트가 권위적 지위를 가지게 되면서 혹은 꾸란이 무슬림 공동체의 권위로 등장하게 되면서 정확한 이해를 자극할 수 있는, 타프시르(tafsīr)로 알려진 해석의 학문 좀 더 일반적인 의미에서는 울룸 알-꾸란('ulūm al-

Qurʾān)이라고 불리는 '꾸란학'으로 알려진 해석학이 등장했다.

근본적으로, 타프시르(역자 주: 해석) 작업은 아랍어 경전의 해석을 제공하고 여러 가지 특징으로 정의된다. 그것은 처음부터 끝까지 꾸란 전체 맥락 안에서 분할된 텍스트의 해석을 단어들과 문맥, 구절로 나누어 제공한다. 타프시르 곧 꾸란에 대한 해석 작업들은 예외가 있기는 하지만 대부분의 이러한 패턴에 따른다. 초기 저술들은 해석의 특정 성향에 초점을 맞추는 경향이 있었다. 어떤 사람들은 꾸란의 "이야기"(내러티브) 측면을 추구하며 텍스트를 재미있게 하거나 교화시키는 일로 발전시키며 호기심 많고 사색적인 사고로 꾸란의 텍스트를 접근하는 독자의 필요에 관심을 기울였다.

따라서 꾸란의 여러 구절이 갖는 역사적 배경(나중에 아스밥 알누줄[asbāb al-nuzūl: 꾸란이 내려온 원인들]과 문장에서 암시된 사람, 장소, 사물을 밝히는 것[나중에 taʿyīn al-mubham]으로 알려진)이 해석에서 중요한 사항이 되었다.

다른 타프시르의 작업은 텍스트의 법적("할라키") 측면을 추구하여, 초기 공동체가 꾸란의 텍스트를 참조하여 법적 관행을 시행하도록 돕는 기능에 초점을 맞추고 있으며, 때로 텍스트 하나하나에 맞추기보다는 꾸란을 주제별로 조직하여 활용을 돕는다. 그러나 다른 저술은 사전학과 관련된 이슈 즉, 좀 더 좁혀서 말하면 '자음 간의 구별점' 등을 포함하는 당대 텍스트 문제에 대해 연구하기도 한다. 또 다른 해석적 성향으로는 문학적 인물과 표현에 초점을 맞춘 마자즈 알 꾸란(Majāz al-Qurʾān)이라고 불리는 아부 우바이다(Abū Ubayda, 824년에 사망)의 책을 볼 수 있다.

그것은 꾸란에 있는 '문제 있는' 구절들의 목록과 그 설명을 제시한다. 생략으로 인한 누락, 문법적 수의 불일치(예: 단수 주어가 있는 복수 동사), 명사의 성별 처리에 있어서의 변이형과 같은 항목이 모두 기록된다. 꾸란의 난제로 생각되는 것들은 텍스트 자체의 어휘와 텍스트의 문체적 특징 및 다양한 읽기를 다루는 책들에서 발견된다. 모방 불가능성의 출현으로 이러한 종류의 요인에 대한 태도가 바뀌었다. 9세기 꾸란 해석에 관한 더 중요한 책이 등장했으며, 그들은 당시의 이해와 조건에 비추어 본문을 명확히 하는 것을 목표로 했다. 이것은 무슬림 공동체의 성숙과 꾸란에 대한 의견이 통합되었을 뿐만 아니라 실질적인 압력의 결과였다.

이슬람 공동체가 확장됨에 따라 아랍어를 몰랐고 경전적 전통에 완전히 익숙하지 않은 많은 사람을 포함시켰기 때문에 꾸란 텍스트에 대한 기초가 부족했던 것으로 보인다. 꾸란에 대한 포괄적인 해석을 제공하는 방대한 양의 책들 중에서 첫 번째 랜드마크가 된 저술은 923년에 사망한 알따바리(Abū Jaʿfar al-Ṭabarī)의 책이었다. 각 구절별 분석은 모든 해석적 성향(시아파와 같은 종파적 해석은 제외)에 대한 자세한 논의를 제공한다. 모든 아이디어는 텍스트 이해와 관련하여 최고의 정보를 가지고 있는 것으로 전해진 무함마드의 가장 가까운 동료(역자 주: 무함마드를 실제로 만난 무슬림)들과 타비인(역자 주: 무함마드의 동료를 만난 무슬림)으로부터 얻은 의견이 전수되어 문서화되었다. 또한, 신학적 관점과 함께 문법이 꾸란의 정확한 주해를 할 수 있는 주요 도구가 되었다는 것도 분명하다.

문법은 타프시르의 전체 학문 내에서 학자의 지위와 권위를 주장하는 역할을 했고, 아랍어 구문의 세부 사항을 알아내는 능력이 텍스트의 의미가 어떻게 파생될 수 있는지에 대한 논쟁의 초점이 되었다. 신학은 일반적으로 문법적 혹은 법적 논점의 하위 분야에 속하고 있어서 상대적으로 역할이 작다.

간략한 인용으로 알따바리의 텍스트의 복잡성을 다 제시할 수 없는데 다음의 짧은 구절은 무함마드의 동료들로부터 가져온 자료가 그의 이론적 추론을 통해 제시했던 근거를 보여 준다. 물론 여기서는 그가 끊임없이 주석한 내용을 다 언급할 수는 없지만 이 자료는 많은 후대 토론과 꾸란 해석의 다양성에 기초가 된다. 꾸란 3:7을 다루는 맥락에서, "너에게 그 책을 내려 주신 분은 바로 그분이며, 거기에 그 책의 바탕이 되는 명확한(무흐카마트) 구절들이 있고 또 난해한(무타샤비하트) 구절들이 있다"라는 것에 대해 알따바리는 다음과 같이 설명한다.

그런 다음 알라는 명확한 구절들을 "책의 어머니"라고 설명했다. 책임과 벌금 및 기타 피조물에게 필요한 종교적 법률을 포함하여 종교의 모든 의무를 포함하는 책의 원천이다. 또한, 이 세상과 미래에 할당된 책임도 포함된다. 이것들은 책의 주요 부분이고 꾸란의 사람들이 필요가 있을 때 피난처이기 때문에 "책의 어머니"라고 불린다. 무언가의 주요 부분을 모아서 부를 때 "어머니"라고 부르는 것이 아랍인들의 관행이다. 그래서 그들의 전투 집단에 모인 사람들의 깃발을 "어머니"라고도 명명했다. 또한, 마을이나 지역의 대부분의 문제를 처리한 지도자를 "어머니"라고 불렀다. … "책의 어머니"는 단수이다. "그들은 책의 어머니들이다"처럼 복수형을 붙이지 않았다. 그러나 앞의 예문에서 "그들"이 사용되는 이유는 "명확한 구절들"의 모두가 "책의 어머니"라는 뜻이지만 각각의 구절이 "책의 어머니"는 아니기 때문이다. 만약 "명확한 구절들"이 곧 "책의 어머니들"이라는 의미이면 의심의 여지가 없을 것이다. 왜냐하면, "그 구절들이 책의 어머니들이다"라고 말했을 것이기 때문이다. 이처럼 "그들"의 문법적 보어(보충해 주는 말)가 되는 "어머니"를 단수 의미로 해석한 "그들은 책의 어머니이다"와 유사한 구절은 꾸란의 23:50에도 나온다. "우리는 마르얌의 아들과 그의 어머니를 표식으로 삼았다."

여기서 의미는 "우리가 둘을 함께 하나의 표식으로 삼았기 때문에" "두 표식"이라고 말하지 않았다. 인류에게 단 한 번의 경고를 했기 때문에 그 의미는 단수이다. 그들 각자가 독립적으로 인류에게 경고를 하려는 의도가 있었다면, "우리는 마르얌의 아들과 그의 어머니를 두 가지 표식으로 삼았다"라고 말했을 것이기 때문이다. 이 표식은 마르얌이 남자 없이 아이를 낳았고 그녀의 아들이 아기 때 요람에서 말했다는 것이다. 따라서 각 사건에는 사람들을 위한 표식이 있다(Ṭabarī 1971: VI, 170-171).

꾸란 텍스트의 자료들을 역사화하는 것은 많은 주석서를 쓸 때 또 다른 중요한 요인이 되었다. "예언자의 이야기"로 알려진 키싸쓰 알안비야

(qiṣṣaṣ al-anbiyā': 예언자들의 이야기) 자료에서 과거의 예언자들(주로 성경적)의 이야기와 꾸란 본문의 통합, 그리고 이븐 이스학(Ibn Isḥāq, 767년 사망)의 시라(Sīra: 무함마드 생애) 중에 무함마드의 삶의 이야기를 통합하는 것이 역사화 작업이었다. 텍스트의 통합은 꾸란에 대한 신학적 사실을 증명하거나 역사상 불투명한 텍스트의 해석을 위한 맥락을 제공하기 위해 계획되었다. 그 결과 무슬림 공동체가 형성되던 시대에 중점을 둔 사람들의 존재에 근거해 꾸란이란 텍스트가 만들어졌다.

14. 신앙의 대상으로서의 꾸란

무슬림 공동체에게 꾸란은 이슬람 신앙의 중심인 무함마드에게 내려 준 알라의 말씀이다. 그 믿음의 상징으로서, 이 책은 위에서 언급했던 논쟁적 토론보다 개개인의 신자들에게 훨씬 더 중요하게 여겨졌다. 어찌되었든 무슬림들에게는 그들의 경전의 지위에 대해서는 의심할 여지가 없다. 매 순간 그들의 믿음은 그들에게 책의 진실성을 확신시켜 준다. 책 내용과는 별개로 책 자체의 본문에 대한 큰 믿음이 생겨났기에 책으로서 경전에 부여된 명예와 중요성을 반영한다.

무함마드가 사망한 지 200년 이내에 꾸란의 개별 장에 대한 중요성을 언급하는 전통이 생겨났다. 첫 번째 장인 수라 알파티하(sūrat al-fātiḥa)는 기도 의식의 필수적인 요소이고, 모든 수라(장) 중에서 가장 중요한 장으로 간주되며 전갈에 물릴때 1장을 암송하면 치료에 효과적이라고 믿는다. 예를 들면, 수라 113과 114장은 질병 치료에 효과적인 것으로 간주된다. 특히, 개별 장으로서 둘째 장의 마지막 두 구절을 낭송하면 밤 동안 사탄으로부터 보호를 받는다고 생각한다. 수라 18, 48 혹은 112장을 암송하면 또 다른 이점이 있다.

이러한 관행의 결과는 '꾸란의 특이성'(khawāṣṣ al-Qur'ān)으로 알려진 책과 관련된 복잡한 의학적 신앙을 가져오게 했다. 대부분의 민간 신앙과 마찬가지로 이러한 관행의 역사는 잘 알려져 있지는 않지만, 기독교인들이 십자가를 착용하거나 유대인들이 다윗의 별을 지니는 방식처럼 꾸란의 작은 사본 혹은 알라라는 이름을 부적으로 사용하는 것이 현대적인 관행이다. 이는 초기 이슬람 시대로 거슬러 올라가려는 유산을 담고 있다. 꾸란은 이슬람의 핵심 상징이자 그 핵심적인 근원이며, 기독교에서 예수의 경우처럼 개인을 움직이고 동기를 부여하는 그 힘과 효과가 꾸란과 연결되어 꾸란은 무슬림들에게 결코 과소평가된 적이 없다.

부록: 꾸란의 초기 사본

1990년대 초부터 대중 매체는 꾸란의 초기 필사본의 존재에 주목해 왔다. 이 보도의 대부분은 정확성을 희생시키면서 공익이나 흥분을 불러일으키기 위한 접근 방식을 취하여 무슬림의 종교적 우려와 음모 이론을 야기해 왔다. 이로써 학술적 중요성을 가진 꾸란 텍스트를 보완해 내는 데 진전이 없는 이유를 야기한 것이다. 한편, 학자들은 연구 가능한 사본에 대한 자세한 분석을 수행하고 일반적으로 통일된 텍스트 간의 미묘한 차이점을 이해하려고 노력하고 있다.

파리의 국립박물관에 보관된 한 사본 아라베(Arabe 문서 328)는 여러 세대에 걸쳐 학자들에게 잘 알려져 왔으며 오랫동안 오늘날 우리가 소유하고 있는 가장 오래된 꾸란 사본 중 하나로 간주되어 왔다. 그 사본(보통 Hijāzī라고 함)과 이를 해독해 내는 것을 집중적으로 연구했다. 이 꾸란 사본을 분석하는 문제는 프랑스 국립중앙도서관이 19세기 종이 조각들 중에서 산 성분으로 인해 원본 양피지가 손상돼 지워진 부분들을 제거하고 원고를 완전히 복원하기로 결정한 2006년까지 완전히 해결되지 않았다.

이것은 또한 학자들이 현재 유럽 전역에 흩어져 있는 동일한 원래 사본의 일부 장들을 통해 다양한 조각과 텍스트를 면밀하게 조사할 기회도 제공했다. 원래 카이로에 있는 아므르(Amr)의 고대 모스크에서 나온 사본의 일부는 19세기 초반에 유럽으로 옮겨졌다. 분할된 부분은 파리뿐만 아니라 상트페테르부르크에서도 볼 수 있으며 바티칸 도서관 및 런던의 이슬람 예술의 칼릴리 컬렉션에도 종이들이 있다. 비교적 양호한 상태의 총 98개의 종이들이 수라 2-72장까지를 (상당수가 연속성이 중단되었지만) 포함하고 있으며 전체 경전 본문의 약 45퍼센트를 차지한다.

데로슈(François Déroche)는 위의 꾸란 초기 사본에 대한 상세한 연구를 책임 수행했는데 자신의 작업에 대해 광범위하게 서로 다른 접근 방식을 택하여 총 5명의 필사자가 단일 텍스트를 작성하는 데 관여했다고 말했다. 그는 이 사본은 수라의 구절 수를 세는 데 있어 최종 결정이 이루어지기 전, 곧 다양한 꾸란 읽기가 표준으로 형성되기 전의 기간에서 비롯된 것으로 본다. 그는 사본의 원본 제작은 7세기 3분기 정도로 날짜를 거슬러 올라갈 수 있다고 보았고, 필사자 간의 불일치가 본질적으로 해석하기 어려운 모본(복사본이 근거하는)에서 복사한 결과라고 설명했다.

사본은 텍스트를 정경화하기 위해 나중에 사용자들이 제공한 수정의 여부를 감안할 때 히즈라의 3세기 곧 (9세기)경에 분명히 사용되었을 것이란 증거를 제공한다. 꾸란 텍스트의 기록된 책의 전승 과정에 대한 전반적인 역사는 아직 학자들에 의해 결론나지 않았으며 사본의 증거를 고려할 때 전반적인 역사는 지금까지 일반적으로 가정했던 것보다 더 복잡한 양상을 나타낸다(그림 2.1).

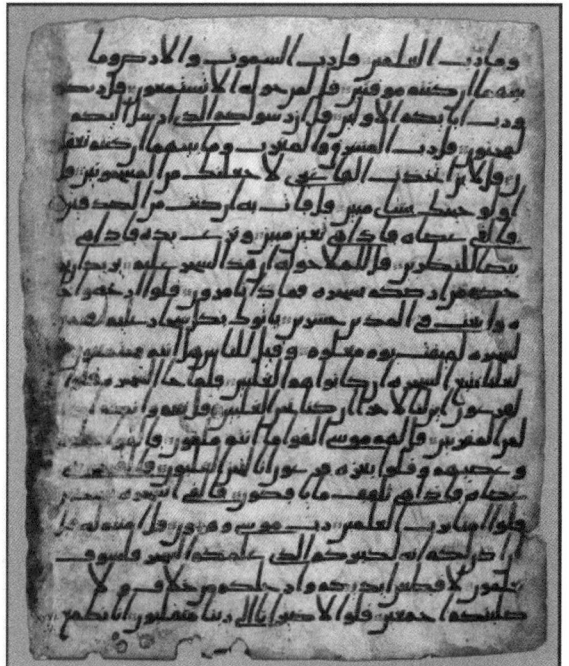

[그림 2.1] 꾸란 사본 양피지 사본(Paris Arabe 328f)의 Folio 96v, 히자즈 필사본을 사용하여 꾸란을 작성했다. 이것은 오늘날 존재하는 가장 오래된 꾸란 사본 중 하나이다. 이 본문은 수라 26:23-51을 다룬다[출처: Bibliothèque nationale de France].

꾸란 사본의 역사를 밝힌 문헌으로는 François Déroche, *La Transmission écrite du Coran dans les débuts de l'islam. Le Codex Parisino-petropolitanus*, Leiden: Brill(2009)이 있다. 꾸란 사본 중 파리(Paris)에 보관된 종이 조각에 대한 연구를 하려면 Yasin Dutton, "An Early Mushaf According to the Reading of Ibn 'Amir," *Journal of Qur'anic Studies* (2001) 3: 71-89를 보라. 또 사본의 상세한 논의를 위해서는 Alain George, *The Rise of Islamic Calligraphy*, London: Saqi Books (2010)를 보라.

추천 도서

Al-Azami, M. M. (2003) *The History of the Qur'ānic Text from Revelation to Compilation: A Comparative Study with the Old and New Testament*, Leicester: UK Islamic Academy.

Cook, Michael (2000) *The Koran: A Very Short Introduction*, Oxford: Oxford University Press.

Hilali, Asma (2017) *The Sanaa Palimpsest: The Transmission of the Qur'an in the First Centuries AH*, Oxford: Oxford University Press.

McAuliffe, Jane Dammen (ed.) (2002–2006) *Encyclopedia of the Qur'ān*, 6 vols, Leiden, The Netherlands: Brill.

McAuliffe, Jane Dammen (ed.) (2006) *The Cambridge Companion to the Qur'ān*, Cambridge: Cambridge University Press.

Rahman, Fazlur (1980[2009]) *Major Themes of the Qur'an, Minneapolis*, MN: Bibliotheca Islamica; 2nd edition, Chicago, IL: University of Chicago Press.

Rippin, Andrew (ed.) (2006) *The Blackwell Companion to the Qur'ān*, Oxford: Blackwell.

Sinai, Nicolai (2017) *The Qur'ān. A Historical-Critical Introduction*, Edinburgh: Edinburgh University Press.

제3장

무함마드

　무함마드는 이슬람의 중심인물이다. 꾸란을 내려받아 사람들에게 전해 주도록 알라가 선택한 그는 모든 무슬림에게 이상적인 인물로 받아들여졌고, 무슬림이 되는 것이 무엇을 의미하는지에 대해 완벽하게 이를 구현한 모델이다. 40세때 무함마드는 6세기 중부 아라비아에서 상당히 평범한 삶을 살았지만 누구도 예상치 못했던 그러나 지속적인 방식으로 사회를 급격하게 바꾸고자 했다.

　이슬람에 대한 현대 학자들의 의견은 일반적으로 무함마드가 존재하지 않았다는 가정은 적합하지 않다고 생각한다. 무함마드라고 하는 사람이 아랍 정복을 위한 집결점을 구체화하고 정복한 땅들이 통합된 이름으로 종교적 교리의 시작점으로 제공했다는 사실에는 전혀 의심의 여지가 없다. 적어도 응집력 있는 역사적 그림을 제공하는 측면에서 이런 사실을 부인한다고 해서 이득이 있을 수는 없다. 초기 이슬람 사회의 외부에서 제공하는 이미지는 아라비아의 예언자로 '인정된' 이미지와는 다소 상반되지만, 그의 역할을 확인해 주는 증거를 제공한다. 이러한 출처는 수적으로 제한되어 있고 현재까지도 확인하기 어렵다(사실 출처가 어떤 주장보다 훨씬 나중의 것일 경우 무슬림들이 저술가에게 영향력을 행사했다는 질문이 제기되었다). 그리고 '그들의 무관심' 혹은 '객관적인' 제시에도 의문이 있다.

　이러한 외부 출처의 자료 이외에 이슬람 공동체 내에 다양한 문서가 남아 있다. 그러나 그의 정치적 혹은 종교적 모습을 그의 후대 무슬림들의 전승에서 그에게 부과된 관점으로 이야기하면 이미지가 주관적이어서 무함마드에 대해 객관적으로 이야기 하는 것이 매우 어렵다. 무함마드 생애 전기는 이슬람에서 여러 가지 중요한 기능을 담당했고, 이슬람적인 색채를 입히는 중요한 역할을 했다. 따라서 크게 두 가지 측면을 고려해 봐야 한다. 첫째로, 무함마드 생애의 전기는 꾸란에 대한 기본 골격이 된다고 볼 수 있다. 그리고 둘째로, 무슬림 행동에서 규범의 예시인 무함마드의 순나가 이슬람의 출처로서 이해될 수 있다.

1. 무함마드의 생애에 대한 무슬림 자료

무함마드의 생애에 관한 자료는 실제로 방대한 양은 아니지만 충분히 구할 수 있다. 가장 초기의 완전한 현존 텍스트는 이븐 히샴(Ibn Hishām, 833년 사망)이 편집한 이븐 이스학의 무함마드 전기(시라, Sīra)에서 비롯된다. 이것은 알-와끼디(al-Wāqidī, 823년 사망) 및 이븐 사아드(Ibn Saʿd, 845년 사망)의 다른 초기 텍스트로 보완될 수 있다. 또한, 무슬림 전승에서 그의 싸하바로 간주되는 무함마드의 가장 가까운 동료들이 전하는 무함마드와 그의 삶에 대한 일화를 모아 놓은 후기의 하디스 수집본도 유용하다. 개괄적인 면에서 이러한 모든 출처는 동일한 이야기를 나타내지만 연대기 및 세부 사항은 항상 문제를 일으킨다.

무함마드의 생애 동안 일어난 사건에 대한 설명은 자료를 의미 있게 해석하는 방법에 대해서 이슬람 학자들 사이에 수많은 자료와 불일치가 있음에도 불구하고 기준에 부합된 것으로 여긴다. 대부분의 기록은 이븐 이스학(Ibn Isḥāq)의 텍스트로 돌아가며, 다른 다양한 출처로 보완하기도 한다. 정보를 알아내려는 일부 학자의 대담한 시도에도 불구하고 꾸란은 무함마드와 관련하여 매우 모호한 측면들이 많음을 입증한다. 꾸란 3:144, 33:40, 47:2 그리고 48:29에서 무함마드의 이름은 네 번 언급된다.

[그림 3.1] 무함마드에 대한 자료와 무덤 Dalā'il al-khayrāt wa-shawāriq al-anwār fī dhikr al-salāt ʿalā'l-nabī al-mukhtār ("The Guide to Blessingsand Shining Lights Regarding Prayers on the Chosen Prophet"), by Abu-ʿAbd Allāh Muhammad b. Sulaymān al-Jazūlī(d. 870/1465)는 이슬람 문학에서 기도에 대한 가장 유명한 책들 가운데 하나이다. 이 책은 무함마드를 찬양하는 기도와 그의 무덤에 대한 묘사, 그의 이름들에 대한 목록을 기록한다. 이러한 폴리오 형태 문서(16b and 17a from the Arabic MSS suppl. 616, copy dated 1793)는 텍스트에서 흔히 볼 수 있는 두 견본을 제시하는데 하나는 카아바를 다른 하나는 무함마드의 무덤을 제시한다(ʿUmar, and Abū Bakr in the Medina Mosque)[출처: Beinecke Rare Book & Manuscript Library, Yale University].

그러나 이븐 이스학의 시라 기록에 대한 사전 지식이 없다면, 꾸란의 자료는 무함마드의 존재와 그의 예언적 역할에 대한 서술 외에는 그 이상의 데이터를 제공하지 않는다. 더구나 많은 곳에서 시라는 꾸란에서 생략되거나 암시적 부분의 텍스트를 설명하고, 말이 되도록, 명확하게 하려고 해석적 측면에서 접근했다는 위험성을 가지고 있다. 전기에 대한 자료의 부재는 꾸란에서 전반적인 맥락을 제공하지 않는다는 꾸란의 일반적 성격을 나타내 준다. 꾸란은 단순히 몇 가지 이름을 인용할 뿐 아라비아 상황에 관한 데이터를 추출하는 데 필요한 명확한 단서를 제공하지 않는다. 그러므로 이슬람에서 무함마드 시라의 역할 중 하나는 꾸란의 일부 내용을 위한 상황적 틀을 제공하는 것으로 이해되어야 한다. 이 시라의 세부 사항은 모호하고 모순되는 경우가 많지만, 기본적인 신학적 요점은 전체 전기 이야기를 뒷받침한다. 알라는 22년 동안 아랍 부족으로 살던 평범한 사람 무함마드에게 꾸란을 내려 주었다. 그 결과 전기에 나온 전체적인 설명은 꾸란의 상황에 따른 해석을 위한 이런 노력에 의해 윤색되었다.

2. 출처들에 나타난 무함마드의 생애

무함마드는 570년경에 태어났다고 한다. 남부 아라비아의 아브라하(Abraha)라는 통치자가 히자즈(Ḥijāz) 지역의 무함마드의 고향으로 "코끼리 원정대"의 탐험을 간 같은 해에 무함마드가 태어났다고 전승에 기록되었기 때문에 570년은 고정된 연도이다. 코끼리 원정대의 날짜가 570년이라는 증거는 남부 아라비아에서 발견된 비문 자료에 의해 그 신뢰성이 줄어들어 540년대 말에 있었을 가능성이 높다. 무슬림 사회의 맥락에서 날짜의 중요성은 무함마드가 꾸란을 내려받기 시작했을 때 그의 나이를 그때로부터 40세로 설정하는 데 기여한다는 것이다. 숫자 40은 근동 지역에서 일반적인 영적 중요성을 나타낸다.

무함마드는 꾸라이쉬 부족의 바누 하쉼(Banū Hāshim) 가문에서 태어났다. 그의 가족은 당시 사회에서 저명했지만 지배적이지는 않았다. 그는 어린 나이에 고아가 되었고 낙타 대상 무역에 재정적으로 관여한 여성인 카디자(Khadīja)와 결혼할 때까지 어려운 삶을 살았다. 무함마드는 무역에 직접 관여했던 것으로 생각된다. 40세에 그는 당시의 종교적 관습을 따라 메카 근처의 언덕에서 홀로 수련을 가졌다고 한다. 그때 천사 지브릴이 알라의 예언자 중 한 사람으로서 사명을 알리기 위해 그에게 왔다. 이 사건에 관해서는 전통적으로 수라 96장에 포함된 꾸란 구절이 연결되어 있다.

> 응혈로부터 인간을 창조한 너의 신의 이름으로 읽으라! 당신의 신은 가장 관대하시며, 펜으로 가르쳤고, 인간이 모르는 것을 그에게 가르쳤다.

이런 부름에 대해 무함마드가 스스로를 의심하는 이야기는 예언자의 지위와 관련이 있지만, 결국 무함마드는 신의 명령을 따르고 꾸란의 메시지를 전했다. 그는 아내 카디자와 그의 사촌이자 나중에 그의 사위가 되었으며 이슬람의 4번째 칼리프가 되어 후에 시아운동의 창시자가 된 알리와 함께 사회의 하부 계층 구성원 가운데 일부를 개종시켰을 것으로 보이나 그 외에는 거의 성공을 하지 못했다. 무함마드는 다신교 사회인 메카에서 불평등과 위선에 대한 그의 공격을 강화함에 따라 주민들은 그의 존재에 대해 더욱 분개했다. 이러한 분노의 원인은 그가 메카 사회의 기존 관습에 대한 공격 특히 그 당시 아라비아에서 인정받던 종교적 장소인 카아바를 그가 공격했던 탓이라고 추정된다. 따라서 새로운 종교를 따른 신자들에 대한 박해가 상당히 증가했다고 전해지며, 전승에 의하면 아비시니아(역자 주: 에티오피아)로 이주한 신자들은 기독교인들 사이에서 망명할 장소를 찾거나 새 종교운동에 동정심을 가졌던 기독교인들 사이에 더 많은 개종자를 만들려고 시도했다고 한다. 한편 무함마드는 아라비아에서 새로운 살 곳을 찾기 위해 노력했고, 야스립(나중에 메디나 곧 예언자의 도시[madina al-nabi]라고 불리게 됨)에 초대되기 전에 이웃 마을이며, 메카에서 북동쪽으로 약 350킬로미터 떨어진 곳에 있는 알따이프(al-Tāʾif)를 시도해 보았다. 유대인 공동체 곧 이 '경전의 백성' 사이에서 무함마드는 메시지에 대한 동정적 반응을 할 것을 예상했고, 야스립이란 유대인들의 장소로 초대를 받아 가게 되었다.

야스립으로 이동은 히즈라(hijra, "이주" 혹은 "도망")라고 하며, 그것이 일어난 연도(622)는 무슬림 달력에 있어서 원년이 된다. 꾸란에는 분명하게 언급되어 있지 않지만 이 사건은 이슬람 공동체가 생겨난 시기와는 상관 없이 히즈라 달력에서 공동체의 출발점으로 간주된다(이 '공동체'라는 개념

곧 움마는 이슬람이란 정체성에 핵심으로 정의된다). 7세기의 동전이나 문서에 히즈라 달력을 언급한 사례는 없는 것 같다. 오히려 부정확한 연대를 사용하거나 아랍인의 통치 시기로서 622년을 원년으로 사용하기 시작했다. 히즈라를 이슬람력의 원년으로 삼은 것은 국가적 종교로서의 이슬람의 부상과 관련이 있는 것처럼 보인다. 이 내용은 제4장에서 더 다루도록 한다.

야스립 혹은 메디나에서 무함마드는 강력한 종교적, 정치적 지도자로 등장하여, 그의 권위가 궁극적으로 신으로부터 나온다고 말한 이른바 메디나법에 따라 메디나 공동체를 이끌었다. 무슬림 공동체 생활의 이상적인 종교-정치적 측면이 여기서 구체화되었다. 이 '메디나법'에서 통제되는 것은 메디나 연합 세력 내의 여러 부족의 정치, 시민적 관계였으며, 모든 분쟁은 무함마드에게 중재 요청을 하도록 되어 있었다. "입법"은 다음과 같이 명시되고 있다.

> 이 문서의 사람들 사이에서 문제를 일으킬 수 있는 논쟁이나 논쟁이 발생할 때마다, 그것은 알라와 알라의 메신저인 무함마드에게 회부되어야 한다. 알라는 이 문서에 있는 내용을 충실하게 지키는 보증인이 된다 (Ibn Hishām 1955: I, 504).

메디나 주민들이 이슬람으로 실제 개종한 것은 즉각 일어난 것이 아니었다. 그곳에 살고 있는 유대인 공동체는 배반 혐의를 받고 결국 모두 제거되거나 공격을 당했다. 메디나에서 무함마드의 전략은 특히 유대인들이 자신이 예상했던 메시지에 대한 준비된 청중이 아니라는 사실을 깨닫고 메카로 돌아오는 것으로 바뀌었다. 이런 목표는 메카의 무역을 줄이려는 시도를 통해 추구되었는데, 잘되고 있던 사업들의 불안정한 여건을 조성하려고 급시에 낙타 대상(caravan)에 대한 무작위 공격을 하기도 하고, 습격에서 탈취한 전리품을 메디나인들의 손에서 빼앗아 아랍 부족들이 보기에 권력과 명성을 얻도록 하였다. 이 습격 중 가장 잘 알려진 것이 바드르 전투이다. 이것은 624년에 벌어졌고, 메카 부족 대상(caravan)에 대한 공격으로 시작되어 메카의 꾸라이쉬 부족과의 전투로 번졌다. 이 전투에서 무함마드와 그의 추종자들에게 큰 승리를 제공했으며, 이는 무함마드의 메카 전략에 대한 승리이자 무슬림들에게 신적 기쁨의 사건으로 해석된다. 625년에 꾸라이쉬 부족의 공격으로 우후드 전투에서 무함마드의 추종자들은 오히려 패배했고, 627년에는 메카 군대가 참호 전투에서 메디나를 포위했다.

그러나 메디나는 이들의 맹공격을 견딜 수 있었고 메카인들은 40일 후에 철수해야 했다. 이 성공에 이어 무함마드가 이끄는 군대는 메카에 대한 침투를 하게 되는데 전투가 아니라 후다이비야(Ḥudaybiyya) 조약으로 끝을 맺는다. 조건은 메디나인들이 순례를 수행하기 위해 다음 해에 메카에 들어갈 수 있도록 허용하는 것이었다. 그 조약은 지켜졌다. 그 무렵 아라비아에서는 메디나 공동체의 힘이 더 커졌고, 다음 해 630년 무함마드는 메카를 공격하고 점령할 수 있었으며 메카인들은 거의 저항하지 않았다. 무함마드는 생애의 마지막 2년을 메디나에서 보냈으며 동맹을 통해 아라비아에서 그의 입지를 공고히 했다. 그 결과 적어도 아라비아의 유목민 베두인 중에서 이슬람으로 명목상 개종한 사람들이 생겨났다.

3. 무함마드 전기에서 발견되는 미해결된 문제

이것은 우리에게 전해 내려오는 내러티브식 출처에 제시된 무함마드의 생애에 대한 기본적인 설명이다. 그러나 많은 측면에서 특히 정확한 연대 측정 문제에 논란의 여지가 있으며, 여기에 제시된 "무함마드의 생애"에 대한 요약 자체가 어렵고 또 풀리지 않는 문제들로 가득 차 있다. 시간이 지남에 따라 '개선'하려는 나중 출처들의 경향(예: 나중 출처가 이전 출처에서 모호한 부분의 특정 데이터를 뒷받침할 수 있도록 한 것)에 따라 대부분 자료가 꾸란의 불명확한 구절을 해석하려는 명백한 의도에서 쓰여졌다.

이븐 이스학의 시라와 같은 텍스트는 오늘날 널리 알려진 역사 전기보다 문학적 측면에서 훨씬 더 복잡함을 보여 준다. 본질적으로 이러한 텍스트에는 재담꾼의 창의적인 스토리텔링이 담겨서 정교하며, 즐겨 들을 수 있고, 내용을 더 향상시킬 수 있는 그의 재능이 담겨 있어 높이 평가를 받았다. 그러나 전체 구조의 기본 틀은 해석 과정을 통해 모호한 문헌들이 명확해질 수 있도록 꾸란의 내용을 위한 맥락을 제공하려는 시도였다.

4. 무함마드 전기의 신화적 차원

무함마드 생애와 관련된 또 다른 요인은 세부 사항에 대한 논쟁점의 내용들을 무시하고 무함마드의 생애를 설명하는 것이 신뢰도를 제한하여 자료에 대한 질을 떨어뜨리는 것이다. 무함마드의 종교적 중요성 때문에 종교적으로 영감을 받은 소설적인 내용을 마치 역사적 '사실'이라고 부를 수 있는 것과 구별하는 것이 실제로 가능하지 않다. 이븐 이스학과 같은 작품의 전체 구조는 많은 요소가 한 학자의 "신화적 토포이(topoi, 역자 주: 문학의 전통적 주제)"라 불리는 즉 기본적 종교적 내러티브와 주제별 규칙에 따라 구성되었기 때문이다(Wansbrough 1978: 32).

그러한 토포이는 근동 지역 전역에서 종교인의 문학적 삶을 구축하는 데 사용되었다. 또한, 시라의 텍스트는 목록, 문서, 족보, 연대기, 시 및 산문으로 구성된다. 전체적으로 무함마드와 무슬림 공동체 모습을 원래의 형태로 그려내는 효과를 보기 위한 것이다. 이것은 등장하는 그림과 그 그림을 구성하고자 한 숨은 동기가 규범적인 곧 종교적 목적을 가진 것임을 의미한다. 이는 이슬람 공동체가 어떤 모습이어야 하는지, 신화적인 용어들로 묘사된 창시자 무함마드의 시대를 거슬러 올라가 저자가 이를 어떻게 묘사해 내야 하는지 목적과 동기를 갖고 내용을 요약한다. 그 의도는 이슬람 종교를 무함마드 시대부터 개념적으로 식별할 수 있는 것으로 묘사하는 것이다.

무함마드의 그러한 그림을 제작한 이유 중 하나는 유대교나 기독교와 명확히 구별되는 이슬람식 표현을 만들기 위함이었다. 종교 공동체를 위한 정체성을 만들어 내는 종교 창시자의 역할은 세 종교의 유일신적 전통에서 분명하며, 종교 간 경쟁에서 무함마드는 꾸란과 전기들(시라)을 통해 자신의 위치를 확립하게 된다(구술과 글로 기록된 토라가 유대교에서 모세에게 계시된 것처럼 꾸란은 무함마드에게 내려 준 책). 이븐 이스학의 시라와 같은 책을 통해 발견하게 되는 주 관심사는 메신저의 손으로부터 주어진 것들을 사람들이 경전으로 받아들이는가 혹은 거부하는가 하는 것이다. 무함마드는 경전의 문제보다 그가 예언자라는 것을 받아들이는 데 있어서 그의 권위가 위태롭다. 따라서 무함마드와 꾸란의 내용을 연결하는 작업이 필수적이었다.

5. 무함마드란 인물의 중요성

무함마드에 대해 정교하고 상세한 묘사들이 무함마드 전기에 등장한 또 다른 이유는 이슬람 자체에 중요하고 복합적이기 때문이다. 사실, 무함마드의 생애의 사건이 얼마나 흥미롭든 간에, 그 인물이 무슬림에게 얼마나 중요한가와 그 내러티브의 실제적 사실은 역사적 내러티브를 거짓으로 만들지 않아야 한다. 오히려 그의 삶에 대한 일화 및 아하디스(aḥādīth, 역자 주: 아하디스는 하디스의 복수형이고 하디스는 무함마드의 말, 행동, 동의한 것을 가리킴)와 그 행동이 나타내는 것의 일반화된 관점이 무슬림 공동체와 주로 관련되어 있다. 이것은 모든 무슬림이 모방하려고 시도하는 무함마드의 생애가 제공하는 모범(역자 주: 사람들이 따라야 할 행동이나 방식)으로서 순나라고 한다. 물론 두 가지 측면(역사적 측면과 일화적 측면)은 서로 얽혀 있으며 역사가들은 구별할 수 없다.

그 결과로서 이것은 "역사적 무함마드"를 재구성하는 데 몇 가지 문제들을 야기했다. 이븐 이스학의 책에서 발견된 내용에 따르면, 하디스 책들에 모아진 것은 무슬림 공동체의 첫 세대로부터 하디스 책들을 수집하는 사람들에게 전수된 것이었다. 하디스의 전언을 전달하는 고리(isnād)는 거꾸로 거슬러 올라가는 전달자의 이름을 기록하고 마튼(matn)으로 알려진 "본문"은 그 아래에 기록한다. 그 예는 다음과 같다.

> 우바이드 알라('Ubayd Allāh)는 샤이반(Shaybān)에 의거하고, 야흐야(Yaḥyā)에 의거하고, 무함마드 이븐 압드 알라흐만(Muḥammad ibn 'Abd al-Raḥmān)과 바누 주흐라(Banū Zuhra)의 의뢰인에 의거하고, 압드 알라 이븐 우마르('Abd Allāh ibn 'Umar)에 의거하고, 아부 살라마(Abū Salama)에 의거하여 이스학이 나에게 다음과 같이 말했다.
> 알라의 메신저가 나에게 말했다. "한 달 안에 모든 꾸란을 암송하시오." 나는 "하지만 나는 그 이상(그보다 더 짧은 기간에)을 할 수 있다!"라고 말했다. (무함마드)는 "그럼 7일 안에 암송하되 그보다 더 짧은 시간에는 하지 마시오"라고 말했다(Bukhārī 1984 : VI, 517-518, 전승번호 574).

시리즈로 된 하디스 책의 본문을 구성하는 위와 같은 전언은 전언의 전달자에 따라 배열하거나 법적 주제에 따라 배열한다. 법적 주제에 따른 후자의 구성 방식은 가장 성공적인 것으로 입증되었는데, 대부분의 무슬림이 가장 중요하게 여기는 것으로 받아들인 여섯 개의 하디스에 채택된 원칙이기도 하다. 이 책들은 온전한 하디스 내용들로 간주되는 자료들을 모은 것이다. (따라서 이 자료들은 이슬람법의 이론적 출처 역할을 한다.) 이들 하디스 책들은 각각 알부카리(al-Bukhārī, 870년 사망), 무슬림 이븐 알핫자즈(ibn al-Ḥajjāj, 875년 사망), 이븐 마자(Ibn Māja, 887년 사망), 아부 다우드(Abū Dāwūd, 889년 사망), 알티르미디(al-Tirmidhī, 892년 사망)와 알나사이

(al-Nasāʾī, 915년 사망)에 의해 편집되었다.

이 책들에 있는 모든 하디스는 무함마드가 말하고 행한 것과 그가 암묵적으로 승인하거나 비승인한 것들을 다루고 있다. 그들은 편집 당시에 일어났던 법적 논의를 따라서 주제별로 이러한 전승들을 분류했다. 예를 들어, 알부카리(Al-Bukhārī)는 부제목이 있는 총 93개의 장을 가지고 있지만 일부 장에서는 실제로 부제목 아래에 하디스(ḥadīth)의 전언이 없다. 이것은 알부카리가 미리 배열한 구성으로 작업을 하고 있었고 논의 중이었던 문제들을 문서화하려고 시도하고 있었다는 것이 분명하다.

그의 책 구성은 '법'에 대한 좁은 정의를 뛰어 넘어 다양한 측면을 포괄하는 무슬림 생활의 관심사를 반영한다. 알부카리를 다시 예로 들자면, 그의 책은 '신학적' 주제로 간주될 수 있는 와히(역자 주: 알라가 지브릴을 통해 무함마드에게 내려 준 메시지), 신앙 및 지식으로 시작된다. 그런 다음 기도의 다양한 측면(4-23장), 자선, 메카순례, 금식(24-32장)을 다룬다. "다섯 기둥"이라는 개념에 포함되어 있는 이슬람의 중심적인 상징이 포함되어 있다(이 책의 7장 참조). 그 후에 이 책은 33-53장에서 사람들 사이의 상호 작용(상업에 관한 내용을 특별히 강조함)을 다루고 있으며, 예언자들과 꾸란의 장점과 같은 종교적 개념으로 돌아간다. 결혼과 이혼 내용이 다음으로 다뤄지고, 의학과 예절, 배교와 꿈의 내용에 이르기까지 다양한 주제로 이어진다. 이 책은 "신의 단일성"으로 마무리되면서 여러 주제의 시리즈가 문을 닫는다. 따라서 무함마드는 하디스의 분류에 반영된 바와 같이 무슬림 생활의 모든 측면에서 개인과 대인 관계 모두와 관련이 있다고 생각된다.

6. 하디스의 전언들의 문제

전언자의 연결 고리인 이스나드(isnād)가 하디스 텍스트의 진위성을 보증하는 역할을 한다. 그러나 무슬림에 따르면, 많은 부분의 이스나드 곧 전승자에 대한 연결 고리는 이슬람 초기에 거짓되게 속인 경우가 많다. 따라서 무슬림들은 전승 고리의 이름들 순서에서 발견되는 개별 전언자들의 삶과 성격을 다루는 기준을 사용하여 이스나드들을 평가하는 여러 방법을 창안했다. 세대에서 세대로 전언의 텍스트를 전달하는 증거에서 완전한 이스나드를 문서화했다. 하디스의 전언들이 물리적으로 전달될 수 있도록 평생동안 보여 준 높은 도덕성을 가진 사람들의 이름을 인용하는 것은 전언자들의 연결 고리를 평가하는 데 있어서 매우 중요한 요인이었다. 놀랍지 않게도 그런 방법은 부적절한 이스나드 조작과 덜 부적절한 이스나드를 구별할 수 있었다.

하디스 전언들을 조작하려는 경향은 법적 문제를 해결하기 위해 하디스의 내용 자체를 정당화할 근거로 사용하는 전언과 전언들의 거짓 전수를 경고하는 다른 전언들까지 포함시켰다. 이러한 모든 하디스 전언 중 가장 유명한 것은 다음과 같다.

> 아부 바크르 이븐 아비 샤이바(Abū Bakr ibn abī Shayba)가 우리에게 말하기를 알라의 메신저 무함마드가 행한 설교를 들은 알리의 말을 들은 리비이 이븐 히라쉬의 말에 의거하고 만쑤르에 의거하여, 슈으바가 무함마드 이븐 자아파르에게 말한 것을 무함마드 이븐 알무싼나와 이븐밧샤르가 슈으바에게 말하였고 슈으바의 말에 의거하여 군다르가 아부 바크르 이븐 아비 샤이바에게 말한 것을 우리에게 말했다. 알라의 메신저는 이렇게 설교했다. "나에 대해 거짓으로 전하지 말라. 나에 대해 거짓말을 하는 사람은 지옥 불에 들어갈 것이다"(무슬림 1955-1956: I, 9, 전승번호 1).

신뢰할 수 없는 하디스 내용들이 광범위하게 퍼지는 유행을 막으려했던 세력들은 이러한 관행을 중단하기 위해 그들이 비난하려고 했던 바로 그 관행을 사용한 것처럼 보인다.

하디스 전언들을 편집한 하디스 모음집에서 발견한 사례들은 무함마드 이후 세대들이 공동체의 관심에 따라 모은 것으로 보이지만 사실은 무함마드가 행한 예언과 골격을 같이 하고 있다. 다음은 신학자들이 이슬람 시대부터 수 세기 동안 논의한 바 있는 자유 의지와 예정론의 이슈를 제기한 사례이다.

> 우마르가 말했다고 한 그의 아버지의 말에 의거한 살림 이븐 압드 알라에게서 들은 아씸 이븐 우바이드 알라에 의거한 슈으바가 압드 알라흐만 이븐 마흐디에게 말한 것을 분다르가 듣고 우리에게 말했다. "알라의 메시지(역자 주: 무함마드)! 어떻게 생각합니까? 우리가 하는 일은 우리 자신이 만든 일입니까, 아니면 알라께서 미리 정하신 일입니까?" (무함마드)가 다음과 같이 말했다. "그것들은 실제로 미리 정해져 있다. 이븐 알캇땁(Ibn al-Khaṭṭāb)이여! 모든 것이 쉬운 것이다[꾸란 80:20 참조]. 행복의 사람들에 속한 사람은 누구나 행복으로 인도하는 일을 하고, 비참한 사람들 무리에 속한 사람은 누구나 불행으로 가는 일을 한다"(Tirmidhī 1987 : IV, 387-388, 전승번호 2135).

여기서 무함마드는 운명론의 교리를 지지하는 신학 사조의 대변인으로 인용되었다. 그런 식으로 후대 사람들은 무함마드를 그들의 증거로 인용함으로써 그들의 입장의 정당성을 주장하려고 했다. 반대 입장을 지지하는 하디스 전언들도 찾을 수 있다.

그것은 또한 근대 연구자들이 이스나드는 "더 과거로 돌아가 인용하는" 경향을 가지고 있다는 것을 발견했다. 예를 들어 특정 초기 텍스트에서 어떤 진술들은 우마위야(Umayyad)왕조의 칼리프에 기인하는 것으로 발견되거나 특정 법적 진술의 경우와 같이 어디에도 기인되지 않는 진술이다. 이 밖에도 동일한 진술이 문서화된 이스나드(isnāds)와 함께 하디스 전언의 형식으로 발견되고 무함마드 혹은 그의 동료 중 한 명에게로 전언자들을 통해 거슬러 올라간다. 이 중에는 무함마드로부터 주어진 전승임을 증명하기 위해 텍스트에서 언급된 주장을 근거로 하는 것이 적절할 때가 있다.

그러나 전달 계보를 찾아가지 않는 진술도 보인다. 이런 사실로부터 도출된 결론은 이때까지도 이스나드가 완전히 발달된 것이 아니었고 일부 하디스 작가들은 전언의 출처를 확립할 필요가 없다고 생각했다. 주어진 진술의 중요성이 완전히 확립되었을 때만 이스나드가 무함마드를 포함하도록 "더 과거로 거슬러" 올라가 이슬람 예언자에 의거한 견해라는 것을 밝혔다.

7. 무함마드의 권위

이슬람의 정교화 과정에서 무슬림들이 무함마드의 말에 의거하는 것이 중요하다는 것 때문에 하디스 전언 과정에서 조작이 있었다는 말이 생겨났다. 무함마드의 본(example)은 무슬림 행동의 개별 사항을 입증해 주는 법적 근거가 되었다. 이 책 6장에서 볼 수 있듯이, 무함마드의 순나(무함마드의 말과 행동과 그가 묵인한 것)는 무슬림 공동체에 일체감과 출처로서 소개되기를 바라기 때문에 꾸란에 이어 두 번째 법의 출처(원천)가 되었다. 이것 때문에 무함마드의 이름과 권위는 법적 지위를 입증하는 데 사용되었다. 무슬림 집단이 옳고 적절한 법적 관행이라고 느꼈고 동시에 무함마드의 순나로 느껴졌다.

근대 학자들의 연구에서 많이 논의되고 있는 중요한 질문은 언제부터 무함마드가 이슬람 공동체에서 권위의 원천으로 등장했는가 하는 것이다. 확실히 초기 무슬림 공동체에서 무함마드의 권위와 그 지위는 분명하지 않다. 그를 라술 알라 즉 "알라의 메신저"라고 지칭한 주화는 이슬람력에서 60-70년대에만 나타나기 시작했으며, 그것이 반드시 그의 권위를 연상시키는 것으로 받아들여질 필요는 없다. 오히려 이슬람의 표징으로서 그 자신의 상징적 가치는 무슬림이 조회해 볼 인물로 간주되었다. 이는 칼리프가 동시에 살아 있는 공동체에서 자신을 칼리파 알라(khalīfat Allāh)로서 또한 권위를 선언했기 때문이다(이 책 제4장에서 다시 논의). 법적 관행의 기초로서 지역적 관습의 개념이 꾸란 다음으로 권위가 있는 무함마드의 순나가 지역 관습을 대신할 때 법에 대한 맥락에서 이같은 질문이 제기된다.

분명히, 공동체의 행동과 신념에 대한 법적 근거로서 무함마드의 지위는 오늘날 우리가 이용할 수 있는 시라(전기) 자료에 영향을 주었다. 자료의 대부분은 평범한 한 사람으로서의 무함마드에 대한 것보다 후기 무슬림 공동체 내에서 발전하여 정교하게 다듬어진 내용들에 대해 더 많은 것을 알려 준다. 따라서 모든 자료는 역사가에게 큰 가치가 있지만, 모든 기억에 근거해 재현된 내용이나 일화에 포함된 이데올로기적 가치를 경계해야 하고 분별 있고 비판적인 눈으로 자료를 다뤄야 한다.

8. 무함마드의 중요성

요컨대 무함마드의 생애는 다양한 출처를 바탕으로 이야기될 수 있으나 그 세부 사항은 토론이 필요할 수 있다. 꾸란의 근거로서 무함마드의 가치를 검토할 수 있다. 공동체에서 권위자로서의 무함마드의 역할 발전을 분석하고 증거를 인용할 수 있다. 그러나 그러한 모든 논의는 무슬림들이 가진 무함마드의 중요성에 대한 무슬림 감정의 본질을 놓친다.

무슬림들은 알라의 존재를 부인하거나 알라를 모독하는 사람들은 잘못 인도받고 있다고 생각할 수 있다. 그와 같은 논의는 무함마드에 대한 논의와 같은 정도로 무슬림의 감정을 상하게 하지 않는다. 무함마드가 악하다고 주장하거나 그를 공격하는 사람들은 이슬람을 모욕하는 것으로 간주된다. 이것은 사실 놀라운 일이 아니다. 중세 시대에 기독교인들이 이슬람에 대해 제기한 혐의는 항상 무함마드와 그의 지하드, 일부다처제에 대한 허용, 무함마드 자신이 행한 결혼 횟수에 초점이 맞추어졌다. 그러므로 무함마드에 대한 '모욕'은 어떤 식으로든 항상 그 시대의 무함마드에 대한 이미지를 재현하고 있으며 그러한 혐의가 다른 말로 표현되더라도 다시 한 번 의혹이 제기되고 있었다.

더 나아가서 무함마드를 '공격'하는 것을 개별 무슬림들은 그들의 삶의 방식을 공격하는 것으로 받아들인다. 그들의 삶의 방식은 이슬람 종교 창시자의 모범을 따르는 것으로 이해되기 때문이다. 무슬림들은 어찌되었든 무함마드의 삶의 한 측면을 폄하한다고 생각되면, 함축적으로 이는 적어도 모든 무슬림의 삶의 방식에 대한 공격의 논리로 받아들인다.

무함마드는 순나의 전체 개념의 바탕에 암시된 대로 '완벽한 사람'이다. 그는 가장 자유롭고, 최고이며 용감했다. 무엇보다도 무함마드는 실수를 저지르는 것을 피하는 것 즉, 이쓰마('işma)로 자신의 삶을 살았던 것으로 간주된다. 그러한 교리로 인해 무함마드가 한 모든 일은 알라의 뜻의 완전한 구현으로 간주된다. 그의 삶의 어느 시점에서도 알라의 뜻을 어기는 것은 없었을 것이다. 그는 심지어 꾸란 자체(한 전언에 따르면 "그는 이 세상을 걸었던 꾸란이었다")로 묘사되기도 했기 때문에 꾸란을 그가 완전하게 구현한 것으로 받아들인다. 이슬람에서는 교리적으로 무함마드를 이슬람에서 확고하게 완벽한 모델로서 확립하기까지는 수 세기가 걸렸다. 이것은 매우 기본적인 종교적 문제에서도 무함마드가 실수를 할 수 있다는 것을 보여 주는 초기에 나타난 자료가 위 내용을 입증한다. 이 교리가 중요해진 것은 꾸란의 '모방 불가능성'인 이으자즈(i'jāz)의 의미와 나란히 살펴보아야 할 필요가 있다. 무함마드의 무오류성은 순나의 개념뿐만 아니라 꾸란의 내용도 완벽하다는 것을 주장하게 해서 꾸란이 완벽하지 못하다는 약점을 보완할 수 있기 때문이다.

무함마드가 잘못을 피하였다는 개념의 교리로 인해 온갖 종류의 '환상적인' 묘사를 하면서 무함마드는 이슬람 예언자의 신화적인 이미지로 만들어졌다. '완벽한 사람'으로서 모델이 나타나자 그의 신체적 묘사에 대한 세부 사항까지 기록되었다.

[무함마드의 머리카락은] 곧거나 짧지도 거친 모양도 아니었고 어깨에 닿을 만큼이었다. 무함마드는 네 개의 땋은 머리카락들을 가졌는데 두 개는 각 귀의 두 개 사이에 노출되었다. 흰 머리카락의 수는 17개를 넘지 않았다. 그의 눈은 매우 넓고 검었다. 그의 코는 구부러져 있었다. 그는 넓은 가슴을 가지고, 그의 배꼽과 가슴 윗부분 사이에 털 하나가 있었다. 그의 배는 세 번 접혔다(Ghazālī 1965: II, 381).

이와 같은 설명은 무슬림 텍스트에 풍부할 정도로 표현되지는 않았지만 무함마드에 대한 헌신의 한 단면을 보여 준다. 그가 평범한 사람처럼 묘사되고 초월적 모습으로는 묘사되지 않았지만, 무함마드란 사람에 대한 대중들의 추측이나 그에 대한 충심을 나타내는 이미지가 그려졌다.

9. 무함마드의 밤 여행

무함마드의 묘사에 대한 이 정교함에서 더 두드러진 것은 그의 밤 여행 즉 이스라(isrāʾ)와 무함마드가 하늘로 올라감(미으라즈, miʿrāj)에 대한 이야기이다. 그 이야기 내용은 그 자체로도 좋을 뿐만 아니라 수많은 예술적 노력의 대상이 되었다. 이 이야기는 또한 무슬림 신앙심에서 예루살렘의 중요성에 대한 무슬림의 동의된 내용을 제공한다(이곳은 무함마드가 하늘로 올라간 곳이다). 그가 하늘로 올라간 것에 대한 은유적 차원에서는 알라의 환상으로 이끄는 내적 여정으로 해석되며 이는 무슬림의 종교적 수행의 모델로 승화된다. 극락과 지옥의 본질과 그곳에 들어가기 위한 조건들에 대한 이야기로서 무슬림들은 이를 그대로 믿는다.

무슬림에 대한 요구 사항으로 하루에 다섯 번 기도를 해야 하는 규정도 무함마드에 대한 내러티브에서 그 근거를 찾는다. 따라서 이 이야기는 다양한 수준에서 영향을 주지만 대중적인 상상력의 도피처 수단은 아니다.

꾸란 17:1은 밤 여행(이스라)에 대한 내용이다.

> 우리는 그에게 우리의 표식의 일부를 보여 주기 위해, 밤에 그의 순종하는 자를 알마스지드 알하람[역자 주: 메카 대사원]에서 우리가 축복한 다른 가장 먼 모스크[알마스지드 알악싸]로 데려다 주신 그분께 찬미한다. 그는 모든 것을 듣고 모든 것을 본다.

이 이야기는 날개 달린 말 부라끄를 타고 예루살렘으로 여행한 무함마드의 이야기를 들려준다. 그리고 거기서부터 하늘의 일곱 단계를 거쳐 올라가면서 과거의 위대한 예언자들을 만난다. 그가 만나는 이들은 아담, 요한/야흐야, 예수/이싸, 요셉/유수프, 에녹/이드리스, 아론/하룬, 모세/무싸, 아브라함/이브라힘이다. 그는 또한 지옥의 다양한 면을 보았다. 마지막으로 알라의 환상이 허락되고 그의 추종자들을 위해 하루에 50번의 기도 명령을 받는다. 창세기 18장의 소돔과 고모라 기록을 연상시키는 이야기에서 무함마드는 모세의 주장에 따라(역자 주: 성경에서는 아브라함이 소돔과 고모라 땅을 위해 간구한다) 더 낮은 요구 사항을 흥정하기 위해 알라에게 돌아갔다.

최종 결과는 매일 다섯 번의 기도이다. 무함마드는 메카로 돌아와 그의 모험에 대해 이야기한다. 그가 부라끄를 타고 돌아올 때 그가 본 대상(caravan)이 고향에 임박한 것을 알고 그의 이야기의 진실성을 증명할 수 있다고 생각한다. 자신의 사명에 대한 증거라고 생각하여 이야기는 흥분되는 절정에 다다른다. 예루살렘으로의 여정에 대한 증거가 무엇인지 물었을 때 무함마드는 다음과 같이 대답했다.

> 그는 어떤 계곡에서 대상을 지나쳤고 그가 타고 있던 동물이 그들을 겁먹게 했고 낙타가 달아났다. [그는 말했다.] "알샴스(al-Shams)로 가는 길에 그들이 어디에 있는지 보여 주었다. 나는 다른 대상이 지나가는 다자난(Ḍajanān)에 이를 때까지 그 일을 계속했다. 사람들은 자고 있었고 그들은 무언가로

덮인 물 한 병을 가지고 있었다. 나는 그것을 발견하고 물을 마시고 내가 뚜껑을 교체했다. 이것의 증거는 그들의 대상이 이제 알바이다(al-Baydā')에서부터 알탄임(al-Tanʿīm)으로 접근해 가는 것이다. 두 자루를 실은 어두운 색의 낙타가 이끌고 있는데 자루 하나는 검은색이고 다른 하나는 다채로운 색이었다." 사람들은 서둘러 통과해 갔고 이는 무함마드가 말한 대로였다(Ibn Hishām 1955: I, 402-403).

밤의 여정과 하늘로 올라간 것에 대한 전체 이야기의 기본 내용은 이븐 이스학의 시라에서 찾을 수 있으며 오늘날까지 계속해서 정교해지고 있다. 그러한 기적적인 이야기는 무함마드의 대중적인 삶의 기록(예를 들어 이싸의 이야기와 비교)에서 풍부하지 않지만 무함마드의 지위를 보장하고 대중적인 믿음의 초점을 제공하는 데 중요한 역할을 하는 경향이 있다. 인기 있는 이야기의 다른 사례는 자주 무함마드의 탄생과 젊은 시절과 관련이 있다. 매우 인기 있는 것은 그의 마음을 정화하기 위해 그를 방문한 천사들의 이야기이다.

이 이야기는 많은 번역에 존재한다. 한 버전은 흰 옷을 입은 두 남자가 유아 무함마드를 붙잡고 가슴을 열고 심장을 제거한다고 말한 다음 그들이 메카의 카아바 옆에 있는 잠잠(Zamzam)의 우물에서 정수된 물로 황금 대야에서 그의 가슴을 씻는다. 이러한 유형의 이야기와 이와 유사한 많은 다른 이야기는 예언자적 자격과 입문에 관한 유대인과 기독교식의 다채로운 모방들을 보여 준다. 이야기는 종종 주제별 차용을 하기도 하고, 꾸란의 진술을 중심으로 한 일화를 결합하여 하늘로의 여행 이야기를 묘사하고 있다.

10. 중재자로서의 무함마드

매우 중요한 인기 있는 무함마드의 또 다른 면은 심판의 날에 공동체 구성원을 대신하는 중재자로서 역할이다. 꾸란(이 점에서 개인의 책임을 강조함) 내에서 명백한 지지를 찾지는 못했지만, 무함마드는 일반적으로 그의 사람을 대신하여 알라 앞에서 옹호자 역할을 할 것이라고 믿는다. 이런 종류의 생각은 기독교에서와 같이 다른 사람을 대신하여 고통을 받음으로써 예언자를 통한 구속의 개념으로 발전되지 않았지만, 고전적인 이슬람의 전통에서 그의 역할은 심판의 날에 중재자 역할을 할 것으로 믿어진다.

유명한 수피 신학자인 알가잘리(al-Ghazālī, 1111년 사망)에 기인한 텍스트는 내세 장면에서 무함마드가 다음과 같이 말한다.

> 내가 마땅하다! 나는 알라께서 원하시고 택하신 모든 사람을 위해 허락하시는 한 [중재할] 마땅한 사람이다.

알라는 그에게 이렇게 말씀했다.

> 오 무함마드여, 머리를 들어 말하라. 너는 듣게 될 것이다. 중재를 구하라. 그러면 허락될 것이다(Smith 1979: 59, 60).

다시 한번 언급하지만 무함마드의 대중적인 이미지는 그가 꾸란을 내려받는 자보다는 훨씬 더 중요한 사람으로서 공동체의 구원에서 매우 중요한 역할을 한다. 이슬람은 두 가지 권위의 원천인 꾸란과 무함마드를 중심으로 전개되며, 이 둘은 이슬람 이전 시대 아라비아 공동체에서 확고하게 자리를 잡아 갔다.

부록: 무함마드의 초상화

2005년 9월 30일 덴마크 신문 「질랜드-포스턴」(Jyllands-Posten)은 현대 정치 및 국가적 이슈에서 무함마드를 묘사한 12개의 시사(정치) 만화를 출판했다. 무슬림 세계의 많은 곳에서 분노가 표현되었다. 이것은 표현의 형태에 있어 무함마드의 묘사에 대한 무슬림 태도에 대한 엄청난 공개 토론을 불러일으켰다. 이러한 논의는 종종 만화 자체의 불쾌한 성격에 대한 요점을 놓치고 무슬림의 파괴적 태도와 무슬림이 중세 시대에 제작한 잘 알려진 무함마드 초상화의 존재 사이에 명백한 모순으로 보이는 것에 초점을 맞추는 경향이 있었다. 그 초상화를 보면 이미지에 대한 태도가 역사를 통틀어 이슬람 세계에서 얼마나 복잡한지 알 수 있으며, 이러한 많은 문제와 마찬가지로 이 문제에 대한 한 가지 '이슬람적인' 입장이 없다는 것을 알 수 있다. 특정 지역의 요구에 부응했던 이해는 표준과 기대치를 설정하는 데 중요한 역할을 한다.

무슬림의 우상 파괴의 역사는 다음과 같은 것을 생각나게 한다. 이슬람을 기독교와 함께 보았을 때 이슬람이 구별된 표시로 드러난 특징은 이슬람 제국의 개화 당시 정치적 및 이데올로기적 상황을 반영하고 있었다. 이것은 무슬림들이 다른 종교와 구별된 공식적인 시각적 상징을 가질 수 있는 방법을 찾으려는 시도로써 긍정적으로 아주 잘 표현한다. 눈에 보이는 글자는 중세 시대의 많은 동전에 표시된 것처럼 통치자의 권력을 대표할 정도로 이슬람의 상징주의를 취했다. 그러나 형상적 재현은 확실히 초기 동전에 존재했으나 이후에는 알려지지 않았다. 그러나 특히 초기 이슬람 건축 기념물인 바위의 돔(Dome of the Rock)과 다마스쿠스 모스크의 모자이크에는 동물이나 인간을 대표하는 것이 포함되어 있지 않다.

이슬람에서 형상적 재현을 만드는 것이 금지된다는 생각은 하디스 진술에 의해 뒷받침된다. 무슬림 이븐 알핫자즈(muslim ibn al-Hajjāj)의 싸히흐(Sahih, 『옷과 장식에 관한 책』에서)에 기록된 진술의 일부는 다음과 같다.

한 사람이 이븐 압바스(Ibn ʿAbbās)에게 와서 말했다.

"나는 그림을 그리는 사람입니다. 그림에 대한 종교적 평가를 해 주시오."

이븐 압바스가 그에게 "나에게 가까이 오시오"라고 말했다. 그는 그의 머리에 손을 얹고 "내가 알라의 메신저(무함마드)에게서 들은 것을 네게 이야기할 것이다. '그림을 그리는 모든 화가는 지옥 불 속에 있을 것이다. 그가 그린 모든 그림에 숨을 불어넣고 지옥에서 그를 처벌할 것이다!'"

이븐 압바스가 말했다.

"만약 네가 꼭 그렇게 해야 한다면 나무와 생명이 없는 것들의 그림을 그려라."

무함마드를 그린 초상화는 1200년경에 나타나기 시작했고 16세기까지 계속해서 보편화되었다. 그림은 특히 예언자들의 삶을 다루고 무함마드 자신의 전기에 나타난다. 가장 유명한 버전은 무함마드의 밤 여행과 하늘로 올라가는 장면을 보여 주는 것이다. 많은 초상화에서 무함마드는 그를 둘러싼 불타는 후광이 있으며 그의 얼굴은 종종 베일로 가려진다. 이런 사실에서 아주 분명한 것은 예언자 무함마드의 초상화가 수 세기 동안 제작되었으며 현대 시대까지 계속 제작되었다는 것이다. 오늘날에도 이것들은 종종 어린이 책뿐 아니라 이슬람 신앙을 위한 상품으로 생산된다.

이슬람 및 비이슬람 출처에서 예언자 무함마드의 초상화에 대해서는 이제 Christiane Gruber and Avinoam Shalem (2014) *The Image of the Prophet between Ideal and Ideology*, Berlin: De Gruyte를 참조하라. 이슬람 우상 파괴에 대해서는 Oleg Grabar (1973) *The Formation of Islamic Art*, New Haven, CT: Yale University Press의 4장과 형상의 재현을 포함하여 일반적으로 이슬람 예술에 대한 아이디어의 도발적이고 명확한 설명을 참고하려면 Oliver Leaman (2004) *Islamic Aesthetics: An Introduction*, Edinburgh: Edinburgh University Press를 살펴보라.

추천 도서

Brockopp, Jonathan E. (ed.) (2010) *The Cambridge Companion to Muhammad*, Cambridge: Cambridge University Press.

Brown, Jonathan (2011) *Muhammad: A Very Short Introduction*, Oxford: Oxford University Press.

Cook, Michael (1983) *Muhammad*, Oxford: Oxford University Press.

Khalidi, Tarif(2009) *Images of Muhammad: Narratives of the Prophet in Islam Across the Centuries*, New York: Doubleday.

Rubin, Uri (1995) *The Eye of the Beholder: The Life of Muhammad as Viewed by the Early Muslims: A Textual Analysis*, Princeton: Darwin Press.

Schimmel, Annemarie (1985) *And Muhammad Is His Messenger: The Veneration of the Prophet in Islamic Piety*, Chapel Hill: University of North Carolina Press.

제2부

이슬람 정체성의 출현

주요 연대기

632	무함마드의 사망
632-634	첫 번째 칼리프, 아부 바크르 통치와 사망
634-644	두 번째 칼리프, 우마르 통치와 사망
644-656	세 번째 칼리프, 우스만 통치와 사망
656-661	순니파의 네 번째 칼리프, 시아파의 첫 이맘, 알리의 통치와 사망
661-750	우마이야왕조
680	알리의 아들, 후사인(후세인)의 사망
685-705	칼리프 압드 알말리크의 통치
691	바위의 돔 건축
728	작가 알하산 알바쓰리 사망
750	압바시야왕조 시작
767	법학자 아부 하니파 사망
	전기 작가 이븐 이스학 사망
795	법학자 말리크 이븐 아나스 사망
798	법학자 아부 유수프 사망
805	법학자 알샤이바니 사망
813-833	칼리프 알마으문 통치
820	법학자 알샤피이 사망
838	꾸란 해석자 아부 우바이드 사망
855	법학자 아흐마드 이븐 한발 사망
870	하디스 수집가 알부카리의 사망
875	하디스 수집가 무슬림 이븐 알핫자즈 사망
884	법학자 다우드 이븐 칼라프 사망, 자히리 파의 창시자

912	무으타질라 신학자 알카이야뜨 사망
935	신학자 알아쉬아리 사망
944	신학자 알마투리디 사망
945	부와이흐왕조가 바그다드를 점령
1025	무으타질라 신학자 압드 알잡바르 사망
1037	법학자, 신학자 알바그다드 사망
1055	셀주끄왕조 발흥
1065	자히리파의 법학자, 신학자 이븐 하즘 사망
1096	법학자 알사라크시 사망
1142	신학자 알나사피 사망
1197	법학자 알마르가나니 사망
1258	몽골이 바그다드를 점령
1453	튀르키예인들이 콘스탄티노플/이스탄불을 점령

제4장

정치적 행동과 이론

현대 그리스와 시리안(syriac, 역자 주: 기독교인이 사용한 아람어 방언) 저술가들의 의도치 않은 증언에 의해 자주 확인되는, 많은 무슬림 자료는 아랍인들이 635년 다마스쿠스에 공격을 시작으로(637년에 점령), 637년 크테시폰(Ctesiphon) 그리고 638년 예루살렘 점령과 더불어 7세기에 아라비아반도에서 등장했다는 것을 분명히 보여 준다.

제1장에서 살펴본 바와 같이, 이 지역은 근동의 정치적 상황에 의한 침략에 대비했었다. 역사가들 사이에서 중요한 논의는 종교가 이러한 전쟁의 동기였다는 것으로 발전되었다. 종교가 모든 현상의 토대를 제공한다는 일반적인 의미는 상식적으로 반드시 고고학의 데이터나 혹은 역사적 텍스트에 의해 뒷받침되어야 하는 것은 아니다. 이슬람의 경우에는 적어도 그 구조와 개념이 완전히 확립되어, 신학적으로 과거에 일어났던 역사에 대해 다시 읽고 비평적으로 평가하기 전까지는 말이다. 확실해 보이는 것은 근동에서 아랍이 통치했던 처음 한 세기 동안에는 권력을 가진 사람들과 권력을 위해 투쟁하는 사람들 모두가 종교를 이념적으로 사용했다는 점이다. 그것은 이 이념에 의해서 공동체의 권위가 확립되었다는 것을 의미한다.

그러므로 재차 강조하면, 초기 이슬람에 관해 논할 때 신중해야 한다. '이슬람'은 종교가 시작되었을 때와 이슬람이 3세기가 지난 후 고정된 종교 체계가 분명히 등장했을 때의 차이를 설명해야 한다(심지어 규범적인 정통파의 형태는 적어도 한 세기 이상 그 이후에 형성되었다). 일부 학자는 이 아랍인들의 초기 종교를 "하갈리즘"(Hagarism)으로 지칭해야 한다고 제안했는데, 하갈리즘은 일부 그리스와 시리안의 자료에서 '무슬림'에 관해 이야기할 때 사용한 이름에서 기인한다.

다른 사람들은 "무함마드교"(Muhammadanism) 혹은 심지어 "아랍 단일신교"와 같은 용어를 제안했다. 일반적으로 이 지역에서 종교의 역할과 형태를 초기와 그 이후로 구분하는 가장 중요한 증거 중 일부는, 정복된 영토의 초기 통치자들의 정치적 행동이다. 그들은 특별히 통치를 통해 종교적 이념과 상징주의에 영향을 끼쳤다.

1. 아랍 정복과 제국의 역사

아부 바크르(Abū Bakr)는 632년에 무함마드가 사망했을 때 "칼리프"(khalīfa)의 위치에서 공동체의 통치를 계승했다. 전승들에 따르면, 그는 연장자들에 의해 통치에 가장 적합한 인물로 선택되었다. 우리에게 가능한 최신 자료에 의하면, 당시 아랍인들은 아라비아 이외의 영토를 지배하지 않았다. 633년 아부 바크르의 통치하에 있을 때 이라크(히라[Hira]의 도시)에서 초창기 승리들이 이뤄졌다. 634년에는 두 번째 칼리프인 우마르 이븐 알캇땁('Umar ibn al-Khattāb)의 즉위와 더불어 시리아의 정복이 시작되었다. 시리아는 점차 아랍의 손에 넘어갔고, 636년 야르묵 전투(Battle of Yarmuk)에서 비잔틴 군대에 결정적인 패배를 입혔다. 마침내 638년에 이르러, 다마스쿠스, 안디옥, 예루살렘 그리고 시리아 전역이 아랍의 지배를 받게 되었다.

한편 이라크도 크테시폰(Ctesiphon, Madā'in)의 정복과 637년 사산왕조(Sassanian) 군대의 패배로 무너지고, 뒤이어 638년에 이라크에 요새 도시인 바쓰라(Basra)와 쿠파(Kufa)가 세워졌다. 641년에 사산왕조가 거의 기울었을 때, 니하반드 전투(Battle of Nihavand) 이후 거의 모든 페르시아가 아랍인들에게 개방되었다.

  이집트 정복은 639년에 시작되어 642년에 완료되었다. 우마르가 사망한 644년, 세 번째 칼리프인 우스만 이븐 압판(Uthmān ibn ʿAffān)이 점령했다. 그의 시대에 군대는 서쪽 영토를 얻었고 647년에 로마의 카르타고(Carthage) 지역까지 진출하게 됐지만, 그 지역은 이전의 사산이나 비잔틴 영토보다 정복하기가 훨씬 더 어려웠다. 키프로스(Cyprus)는 649년에 점령되었고 그 직후 로즈(Rhodes)와 크레타(Crete)섬이 점령되면서, 지중해의 일부 섬이 이 시기에 아랍의 지배를 받게 되었다. 이러한 정복은 아랍의 해상 병력이 등장하면서 이루어졌는데, 이것은 처음에 우월했던 비잔틴 해군에 맞서 방어할 수단을 제공했던 것이다.

  우스만은 656년 불만을 품었던 이집트 출신의 부족민 집단에 의해 암살당했다고 알려져 있고, 그를 이어 무함마드의 사촌이자 사위인 알리 이븐 아비 딸립(ʿAlī ibn abī Ṭālib)이 통치했다. 그러나 알리의 지위는 무함마드의 과부 중 한 명인 아이샤(Āʾisha)와 무함마드의 열렬한 추종자들의 일원인 딸하(Ṭalha)와 알주바이르(al-Zubayr)로 구성된 그룹에 의해 도전받았다. "낙타 전투"(Battle of the Camel)는 이 봉기의 결과로 일어났고, 딸하와 알주바이르를 죽이고 아이샤의 영향력에서 벗어나는 결과를 도출했다. 알리는 우스만의 친척인 무아위야(Muʿāwiya)가 반란을 일으키기 전까지 효과적으로 책임을 감당했다. 부족의 충성심과 정치적이고 현실적인 문제로 인해 아랍인 집단들 간의 경쟁도 부분적인 원인으로 보이지만, 권력과 권위가 이 내전의 원인이었던 것은 분명했다.

  알리와 무아위야는 씹핀 전투(Battle of Ṣiffīn)에서 만났는데, 충돌의 승패가 갈리지 않았고 결국 중재를 받았다. 이 문제를 이런 방식으로 결정하는 것은 알리의 권력을 분명히 약화시켰는데, 통치자인 그의 권위에 대항하는 도전을 합법적으로 정당화했기 때문이다. 대략적으로 660년 무렵에 무아위야는 고향인 시리아를 완전히 장악했다. 661년 알리는 반란군에 의해 살해되었고, 무아위야가 알리의 권력 기반인 쿠파를 장악하면서 확고한 지도자로 부상하게 되었다. 그렇게 해서 750년까지 지속된 우마이야왕조(Umayyad dynasty)가 형성되었다. 모든 사람이 무아위야 아래에 집결한 것은 분명 아니었다.

시아파(Shī'a) 혹은 알리의 '당'(party)으로 명명된 알리의 지지자들은 새 지도자의 통제를 벗어나 잔존했다. 전체 과정이 어떤 식으로든 부조리라고 생각한 다른 사람들은 양측에 모두 반대 선언을 하고 공동체로부터 '탈퇴'(gone out)했고, 이들은 카와리즈파(Khawārij)로 알려지게 되었다. 이들의 입장은 5장에서 논의할 신학적 이슈에 대한 논쟁에서 중요한 역할을 한다. 카와리즈파와 같은 사람들을 이슬람 종교의 최초의 전수자로서 보려는 충동이 있다. 이렇게 하여 그들의 당대 정치 권력에 대한 거부는 종교적이고도 정치적인 의미로 볼 수 있다. 그러나 오늘날 이러한 방식으로 역사를 읽는 것은 여전히 사변적인 것이다.

한편, 팽창주의자들의 전쟁은 계속되었다. 661년에 군대는 이미 아프가니스탄에 도착하여 인더스(Indus)강과 신드(Sind)주까지 인도로 진출할 수 있는 토대를 마련했다. 우마이야왕조 통치자들의 승계에 따라, 군대는 중앙아시아로 들어갔고, 674년에 부하라(Bukhara) 그리고 676년에는 사마르칸트(Samarqand)가 습격당했고, 711년이 되어서 이 지역은 완전히 평정되었다. 670년 이후로 콘스탄티노플(Constantinople)은 산발적으로 포위되었지만, 실제로 1453년 오스만 제국의 통치 전까지는 점령되지 않았다. 아나톨리아(Anatolia)와 아르메니아(Armenia)의 동부 지역은 7세기 말에 무너졌다. 이와 같이, 서부 지역의 정복도 계속되었고, 670년에 설립된 현재 튀니지의 까이라완(Kairouan)도 점령되었다. 카르타고는 마침내 693년 아랍의 손에 넘어갔다. 그곳에서 군대는 대서양쪽으로 진출하여 710년 스페인으로 건너갔고, 712년 톨레도(Toledo)를 점령했다. 남프랑스는 725년에 침공되었지만, 과도하게 확장된 군대는 732년 투르 전투(Battle of Tours)에서 패배 후 유럽으로의 추가 침공을 멈췄다.

무아위야는 661년부터 680년까지 통치했고, 그가 죽었을 때, 예정된 대로 제국의 통치는 그의 아들 야지드(Yazīd)에게 넘어갔다. 이 권력 이양은 문제를 일으켰다. 권력을 갖자마자 거의 곧바로, 야지드는 알리의 아들 중 이븐 알리 후세인(Husayn ibn ʿAlī)에 의한 반란에 직면했다. 후세인의 행동은 비록 후대의 시아파에서 대단한 신화적 힘을 가졌지만, 그의 노력은 아쉽게도 성공하지 못했다.

더 심각하고 지속적인 도전은 무함마드가 속했던 꾸라이쉬(Quraysh) 부족의 일원이자 메디나의 거주자였던 압드 알라 이븐 알주바이르(ʿAbd Allāh ibn al-Zubayr)에게로부터 나왔다. 자신의 고향에서 권력을 집결했던 이븐 알주바이르는 680년 야지드의 메디나인 통치자부터 공격을 받았지만, 야지드가 683년에 사망했을 때 그가 권력을 얻었던 메카로 피신할 수 있었다. 이븐 알주바이르의 반란은 계속되었고, 특정 기간에는 아랍 제국 내에서 가장 중요한 지도자에 이르렀다. 그러나 우마이야 가문 안에서 압드 알말리크(ʿAbd al-Malik, 685-705)의 강력한 세력이 다시 출현했고, 그 후에 그는 패배했다. 덧붙여 알말리크와 그의 아들 알왈리드(al-Walīd, 705-715)의 통치하에 동부와 서부에서 정복의 마지막 상승세가 이루어졌다. 이러한 사건의 의미를 깨닫는 것이 중요하다. 우마이야왕조가 이슬람 제국을 일관되게 연합하여 통치한 왕조라는 견해는 그릇된 것이다. 많은 경우에 중대한 분열과 성공적인 독립 선언이 있었다.

744년에 우마이야왕조는 다시 도전을 받았고, 강력한 통치자 마르완 2세(Marwan II, 744-750)에도 불구하고 분명히 시아파에서 영감을 받은 반란이 호라산(Khurasan)의 동부 지역에서 촉발되었다. 이것은 결국 750년 내전과 압바시야왕조의 부상으로 이어졌다. 시아파는 새로운 통치자들에 의해 신속하게 부인되었지만, 지배 왕조의 변화는 국가의 실제적인 정치 구조를 넘어서는 지대한 결과를 가져왔다. 사회 체계 내에서 권력을 굳건히 잡았던 '보수파'(old guard)는 부분적으로 제거되고, 새롭고 강력한 부르주아 계급과 종교적으로 헌신된 학자들이 등장하면서, 제국의 사회-경제적 구조 조정이 이루어졌다. 제국의 수도가 시리아에서 바그다드로 옮겨졌고, 이 조치는 여러 지역에서 통치와 권력의 분열이 일어나는 구실을 제공했다.

제국의 서부 지역을 감안할 때, 칼리프의 권자가 동부로 이동한 것은 중앙 정부가 제국의 더 멀리 떨어진 부분에 대해서 관심 부족을 실례로 보여 주는 것이다. 우마이야왕조의 후손인 압드 알라흐만('Abd al-Raḥmān)은 756년 스페인의 독립된 통치자가 되었다. 비슷한 독립운동이 8세기 후반과 9세기 후반에 북아프리카에 영향을 주었다. 마찬가지로, 9세기에 동부, 특히 호라산과 트란스옥시아나(Transoxiana) 지역에서 분리된 왕조가 등장했다. 결국, 부와이흐(Buwayhid)왕조가 945년 바그다드에서 정치 세력을 장악했고, 칼리프를 군사 통치자의 꼭두각시로서 영향력이 거의 없는 사람으로 만들어 버렸다. 1258년 몽골의 정복은 압바시야왕조 칼리프 명성의 잔재마저도 종말을 맞이하게 했다.

이것이 이슬람 초기의 정치적인 사건들이었다. 정복의 전반적인 연대기 순서에 대해 본질적인 의구심을 품을 이유는 없어 보인다. 그러나 핵심은 이 기간 동안 이슬람의 고전적 형태와 특성이 점진적으로 등장하는 것을 볼 수 있다는 것이다. 그렇다면 이 모든 정치적인 행동 중 이슬람의 역할은 무엇이었나? 종교적인 이유로 인해 전쟁이 시작되었는가? 어느 정도까지 이것이 이슬람 자체의 구조를 형성했는가? 고전적인 형태의 이슬람을 설명하는 데 있어서 정치의 역할은 무엇이었나? 지역 사회의 지도자로서 칼리프의 위치는 무엇이었으며, 그는 지역 사회를 통치할 때 어떻게 이슬람 사상을 사용했는가?

2. 지하드(jihād)의 개념

유럽-미국인의 마음속에 여전히 강하게 남아 있는 중심 이미지는 무함마드 시대 이후에 무력으로 많은 나라에 이슬람을 전파했던 무슬림 지하드이다. 초기 팽창주의 정복의 종교적 본질은 최근 수십 년 동안 상당한 논쟁을 불러일으켜 왔다. 중세 무슬림 저술가들은 그 시대의 역사를 기록하면서 이슬람의 확산 뒤에 있는 신의 손길을 분명히 보았고, 지하드의 단어와 그 의미가 말하듯이, 이것은 신의 방식에서 '투쟁'이었고 칭송을 받을 만한 특성이었다. 이러한 종교적 동기의 역투사(back-projection)는 역사적으로 초기 시대의 특징을 재건하는 것을 어렵게 만든다.

중세의 관점은 세계가 "이슬람의 집"(dār al-Islām)과 "전쟁의 집"(dār al-ḥarb)의 두 무대로 나뉘어져 있다고 생각했다. 카피르를 대항한 무장 투쟁의 필요성은 꾸란 22:39에서 명확히 기록되어 있다.

> 불공정한[부당한] 일을 당한 자가 싸우는 것은 허용되었다. 알라는 그들을 도울 능력이 있다.

이것이 방어적 투쟁인지 공격적 투쟁인지는 거의 문제가 되지 않는데, 왜냐하면 이슬람에 대한 사람들의 저항은 종종 이슬람에 대한 공격과 동일하게 여겨졌기 때문이다. 그러므로 지하드의 최종 목표는 세계가 이슬람의 지배하에 있는 것이고, 이것이 바로 의미상 평화로운 세계인 것이다.

지하드의 기본 개념은 통일된 무슬림 공동체인 움마(umma)인데, 이것은 이슬람을 확장할 공동의 의무를 가진다. 이것은 칼리프의 지도력 혹은 위임하에 이루어졌다. 팽창주의 전쟁은 임무를 맡은 사람들, 혹은 집단으로서 이에 참여하기로 선택한 사람들의 책임이었다. 그러나 이슬람을 방어하는 것은 이를 할 수 있는 모든 사람에게 주어진 의무였다. 팽창주의 전쟁은 먼저 비무슬림들이 이슬람에 가담하도록 요청하면서 시작되었다. 당연히 그 요청에 대한 저항이 있었고, 전쟁은 정당화되었다. 지하드의 사상을 기반으로 하는 이러한 하나의 통일된 공동체의 개념은 매우 중요한데, 이것은 지하드가 발달함에 따라 교리의 정치적 중요성(종교적인 것과는 반대되는)을 강조하기 때문이다. 지하드를 요구하는 칼리프도 자신의 입장에서 자신의 정당성을 주장했다. (중세와 근대 시대에, 칼리프의 부재 시 지하드에 대한 요청은 진정한 무슬림 정체성의 주장으로 작용한다.)

초기 전쟁들이 모두 팽창주의적인 것은 아니었는데, 이 사실은 초기 무슬림들이 다루어야했던 전쟁에 대한 도덕적 이슈를 만들었다. 이 새로운 제국의 일부라고 스스로를 생각한 그룹들 사이에서 하릅(ḥarb), '전쟁'(war)을 용어상으로 구분하는 것을 요구했다. 푸투흐(futūḥ) 즉, '정복'(openings)은 문자 그대로 (알라를) 믿지 않는 자들을 향한 전쟁이었고, 반면 피탄(fitan) 즉 '도덕적 혼란'(moral disruptions)은 무슬림들 사이의 전쟁이었다. 오직 전자만이 지하드가 될 수 있다.

역사적 기록의 복합성과 후대 무슬림 지하드 이론의 복잡함이나 지하드를 다룰 때 기본적인 모든 비판적 어투는 이슬람이 발흥했을 때 당시 종교적이고 정치적 상황의 본질에 대해 보다 명확한 관점을 제공하기 위해서는 다른 정보가 필요함을 의미한다.

3. 바위의 돔과 그 의미

우마이야왕조의 칼리프 압드 알말리크 통치 기간에, 중대한 사건이 일어났는데, 그것은 예루살렘에 바위의 돔(Dome of the Rock)이 세워진 것이다. 이것은 현존하는 이슬람 건축의 가장 오래된 건물이며, 건물 내부에 아치형의 팔각형 열주(列柱) 양쪽에 중요한 비문이 있기 때문에 상당히 정확한 시기를 파악할 수 있다. 비문은 압바시야왕조의 칼리프 알마으문(al-Ma'mūn, 813-833 통치)에 의해 변경되었다. 그는 831년경에 몇몇 곳에 수리를 명령했는데 그것은 초기 우마이야왕조의 업적에 관한 흔적을 없애려는 일반적인 정책을 따랐던 것으로 보인다. 중요한 원본 정보는 여전히 비문에 남아 있는데, 이것은 분명히 그것을 변경했던 사람들의 '부주의'로 인한 것이다.

열주의 바깥쪽 열의 남면 동쪽 끝에 있는 비문의 마지막 부분에는 다음과 같이 기록되어 있다.

> 알라의 종 압둘라, 신자들의 지휘관, 이맘 알마으문은 이슬람력 72년[691년]에 이 돔을 세웠다. 알라여 그를 받아 주시길.

비문에 칼리프의 이름을 새길 때는 모자이크의 음영을 다르게 했을 뿐 아니라 이름도 빽빽한 글자들로 기록했다. 그러나 가장 중요한 사실은, 다른 모든 출처에서 알 수 있듯이, 위의 연도는 (그리고 나머지 비문과 같은 음영의 모자이크로 기록된 날짜는) 바위의 돔을 건설하고 685년에서 705년까지 통치했던 알말리크의 재임 시기였다. 북문과 동문의 구리 비문에서도 유사한 변형이 목격되고, 문자 자체의 모양에 대한 증거에 의하면, 이 또한 알말리크 시대에 기록된 것으로 알려져 있다.

4. 바위의 돔이 세워진 이유는 무엇인가?

후대에 무슬림 역사가들은 압드 알말리크가 바위의 돔을 세운 몇 가지 이유를 제시한다. 앞서 언급했듯이, 이븐 알주바이르(Ibn al-Zubayr)의 반란 동안 메카의 지배권은 반군 지도자에게 넘어갔다. 자신의 권위와 독립을 주장하기 위해, 압드 알말리크는 전통에 따른 순례의 장소로써 바위의 돔을 세웠다. 이 이유는 바위의 돔의 독특한 (이슬람 내에서) 건축 양식을 설명하는데, 그것은 모스크도 아니고 카아바(Ka'ba)를 모방한 것도 아니기 때문이다.

그러나 분명히 이 장소는 순례 형태의 활동, 특히 둘레 길은 열주 통로 내에서 이루어지도록 설계되었다. 근대 역사가들은 이러한 해석에 반대하며, 어떤 칼리프도 순례지로 메카를 대체하려고 시도하지 않음을 제시한다. 왜냐하면, 이것은 결과적으로 그 사람이 '이슬람' 국가의 통치자로서의 합법성을 완전히 거부할 가능성이 있기 때문이다. 그러나 이러한 반대는 메카로의 순례가 이미 초기 이슬람의 핵심적인 상징이었다는 가정에 근거하고 있다. 압드 알말리크 시대에 순례 활동이 정치적 상징으로 사용되고 있었고, 순례지는 이븐 알주바이르 통치 아래 메카와 압드 알말리크 통치 아래의 예루살렘에 있었으며, 이 장소들은 서로 경쟁하면서 거의 동시에 등장했다고 생각해 볼 수 있을 것이다.

바위의 돔(그림 4.1)의 존재를 설명하기 위한 또 다른 고전적인 제안은, 3장과 연관되어 있듯이, 무함마드의 '하늘로 올라감'(미으라즈, miʻrāj)을 기념하기 위해 지어진 성소라는 것이다. 무함마드가 하늘로 올라간 바위는 기념적인 돔(Dome)으로 덮여 있다. 그러나 건물에서 발견된 압드 알말리크의 열주 비문의 어떠한 부분도 이 여정에 대해 언급하지 않았기 때문에, 그러한 해석은 분명히 후대의 것이다. 비문에서 그리고 꾸란에서 발견되는 텍스트의 어떤 부분도 이 신화에 대해 언급조차 하지 않고 있다.

또한, 미으라즈와 관련된 핵심 본문인 꾸란 17:1에 대한 초기 무슬림의 해석은 이 구절에 언급된 알악싸사원(al-masjid al-aqṣā)의 식별에 관해 모호하다는 점을 주목할 만하다. 이 용어에 대한 한 가지 해석은 이 용어가 신적 하람(ḥaram)의 경계에 있는 메카 근처의 마을을 지칭한다는 것이다 (al-masjid al-ḥarām은 어떤 건물이 아니라 메카의 마을 자체를 가리킨다). 또 다른 의견으로는 알악싸사원이 천상에 위치하고 있다는 것이다.

마지막으로, 이 용어는 예루살렘에 있는 성전산(Temple Mount) 전체, 혹은 심지어 예루살렘 전체를 가리키는 것으로 간주된다. 이 용어와 무슬림 건물의 연관성은 매우 후대에 이루어졌고, 돔의 플랫폼 남쪽 끝에 위치한 소위 우마르의 모스크(Mosque of Umar)와 더불어, 알악싸사원(현재 일반적으로 말하는 바와 같이)으로 처음 인정된 것은 11세기에 이르러서이다.

[그림 4.1] 예루살렘의 바위의 돔 가장 오래 보존된 이슬람 건축물 중 하나인 예루살렘의 바위의 돔. 건축물과 그것의 모자이크와 역사적 맥락에서의 비문에 대한 탁월한 논의를 위해서는 Marchus Milwright, *The Dome of the Rock and its Ummayyad Mosaic Inscriptions* (Edinburgh: Edinburgh University Press, 2016)을 보라[출처: Jozef sedmak/Alamy Images].

 마지막으로, 다양한 무슬림 역사가들의 문서는 바위의 돔이 예루살렘에 있는 기독교성묘교회(Church of the Holy Sepulcher)의 아름다움과 필적하기 위해 지어졌다고 한다. 이것은 이슬람 역사 전반에 걸쳐 반향을 불러일으킨 이야기다. 예를 들면, 17세기 초 술탄 아흐메트 1세(Sultan Ahmet I)와 의뢰를 받은 메흐메트 아가(Mehmet Aga)는 537년 이스탄불에 세워진 유스티니아누스(Justinian)의 기독교 교회인 하기아 소피아(Haghia Sophia)의 웅장함과 경쟁하기 위해 바로 맞은편에 블루모스크(Blue Mosque, Sultan Ahmet Camii)를 세웠다.

5. 바위의 돔에 대한 해석

바위의 돔에 대한 후대의 설명은 실제적으로 건물의 건축 형태와 비문의 내용을 전반적으로 해석하면서 역사적으로 의미 있는 요소들을 포함시킬 수 있다. 건물을 세운 자의 욕망은 경쟁심뿐만 아니라 다른 모든 건물을 무색하게 하고, 무엇보다 가장 중요한 것은 땅과 경쟁 종교에 대한 정복자의 승리를 상징하는 것이다. 바위의 돔은 초기 이슬람의 출현을 구체화하고 발흥하는 실체를 강조한다. 그것은 아랍 통치자들이 종교를 이용하여 궁극적으로 자신을 선전하는 작품인 것이다. 그렇기 때문에 건물은 이슬람의 부상을 이해하는 데 매우 중요하다. 그런데도 예루살렘에 있는 특정 바위 위에 돔이 세워져야 하는 이유에 대해서는 여전히 불분명하다. 사실은 초기부터 무슬림들이 기독교의 프로젝트를 완성했다는 주장이 가능하지만, 되풀이하자면 이러한 견해에 대한 충분한 증거는 없는 것 같다.

열주에 새겨진 비문의 증거는 아랍의 정치적 선전의 중요한 측면을 암시한다(바위 주위를 도는 사람들은 특히 안쪽 표면에 새겨 있는 것을 보고 아마 읽을 수도 있을 것이다). 열주의 바깥 면에는 오늘날 꾸란에서 발견되는 일련의 구절들이 포함되어 있다. 이 구절들은 다섯 그룹의 짧은 구절들로 구성되어 있으며, 각 구절은 알라의 단일성과 절대적으로 막강한 힘을 강조하고 있는데 그에게는 자손이 없었으며, 무함마드가 그의 메신저라고 적혀 있다. 열주의 안쪽을 향하고 있는 텍스트는 알라의 단일성과 무함마드의 위치를 선언하고 "책의 사람들"에게 보내는 구절들로 계속된다. 종교에서는 실수가 없다고 훈계하고, 삼위일체를 거짓이라고 선언하며, 그로부터 온 루흐로서 이싸에 대해 첨삭된 견해를 말하고 있다. 그중에 한 구절은 "셋에 대해 말하지 말라"(Do not speak of three [gods])고 경고한다. 내부 텍스트에서 논쟁적인 측면이 특히 두드러진다. 무슬림 교리의 발전에 관한 중요한 증거도 보인다. 여기에 이슬람의 핵심적인 신념의 모습을 보여 주는 증거가 있다. 이싸의 비메시아적이고 비신성한 위치, 다수의 예언자 도입,

무함마드가 계시(역자 주: 와히)를 받음, 이슬람이라는 이름으로 종교 자체를 지정해서 정한 것이다.

  건물의 건축 스타일 또한 이슬람의 부상을 이해하는 데 중요하다. 장식들에 많은 사산왕조 문명의 특성이 포함되어 있다고 제시되어 왔지만, 바위의 돔 자체는 분명히 시리아 기독교 교회들을 모델로 따르고 있다. 비잔틴 건축 양식의 최종 업적으로 보일 수 있다. 분명히 건물의 유일한 아랍 요소는 비문의 서체이다. 바위의 돔은 성묘교회와 512년에 세워진 보스라(Bosra, 시리아 남부)의 대성당을 포함한, 비잔틴의 여러 초기 건물들과 밀접한 관련이 있다. 가장 중요한 유사점은 건물 자체의 기하학적 구조로 확장된다. 비잔틴 건축의 명확한 전통을 사용함으로써, 바위의 돔은 피정복자들에게 새로운 통치자의 권위에 대한 흔적을 제공할 수 있었다. 건물 주위를 돌던 일은 기독교인들이 성묘교회의 원형 홀에 있는 예수의 무덤을 돌았던 것으로 보인다는 점에 주목해야 한다. 그러므로 초기에 이 건물과 연관된 모든 예식은 권위의 주장을 강화시켰을 가능성이 높다.

  또한, 바위의 돔 내부의 압드 알말리크의 비문은 신자들에게 신앙의 인도를 제공하고 기독교와 이슬람의 근본적인 차이를 보여 주는 것을 목적으로 한다. 즉, 그 사원은 기독교와 비교하여 이슬람 실체의 출현에 대한 상징이자 수단으로 지어졌다. 이것은 의심의 여지없이 기독교 교회의 아름다움을 능가하기 위한 수단으로 지어진 화려한 건물이지만, 기독교 건축물을 모델로 완성되었다. 그것은 승리의 정치적 상징으로 예루살렘에 자리 잡았고, 그것이 건축되었다는 사실 자체가 상징적이다. 그 건물 구조는 모두에게 표현적이고 의미 있는 형태로 이슬람 정체성의 점진적인 출현을 보여 주는 역할을 했다.

  실제로 비문 중 한 구절은 이슬람을 "알라와 함께 한 종교"(the religion with Allah)라고 언급하고 있다(꾸란 3:19 비교). 따라서 이 시점부터 권력자들은 자신들의 종교 '이슬람'을 분명하게 주장하고 있다. 북쪽 문에 있는 구리 비문은 또한 알라를 믿는 자들(those who believe in Allah)로 소개하고,

알라가 무함마드에게 내려 준 것과 알라가 보낸 모든 예언자 사이에는 차이가 없음을 언급한다(꾸란 2:136, 혹은 3:84 비교).

더불어, 비문은 초기 이슬람의 신학적인 자기-정의(self-definition)의 방향성을 드러낸다. 기독교에 주안점을 두는 것은, 특히 예수의 교리와 삼위일체 개념에 대한 비난에 비추어 볼 때, 기독교 신앙을 이슬람으로 대체하는 것을 암시하는 것일 수 있다. 바위 위에 돔을 세웠다는 것[1]과 다윗 왕과 유대인 성전 간의 연결은 유대교의 약속의 성취와 그 섭리의 취소(나스크)를 모두 암시하기 위함일 수 있다. 이슬람은 종교적이고도 정치적인 방식으로 다윗의 유산을 대체한다는 것이다.

6. 칼리프와 그의 권위

그러므로 바위의 돔은 새로운 통치 권력을 선언하고 새로운 종교인 이슬람을 옹호하려는 압드 알말리크 측의 의도적인 시도를 나타낸다. 제국의 새로운 백성들 사이에서뿐만 아니라 아랍 공동체 구성원들 사이에서, 자신의 권위를 확립한 것이 매우 개인적인 사안이라는 점은 초창기의 칼리프가 지닌 자아 개념에 의해 입증되는 것 같다. 따라서 바위의 돔이 칼리프 권위의 상징을 제공했다면, 지위에 대한 실제적인 생각은 칼리프 권위의 원천을 제공했다.

고전 이슬람은 학문적인 엘리트와 궁극적으로 주장하게 될 전체 공동체와 함께하면서 종교적인 권위를 드러냈다. 그러나 이러한 상황은 조금씩 변동이 있었다는 증거들이 제기되었다. 칼리파 알라(khalīfat Allāh, 알라의 칼리프), "알라의 대표자(혹은 대리인)"라는 호칭으로 언급된, 칼리프는 초

---

[1] 역자 주, "내가 이 반석 위에 내 교회를 세우리니 음부의 권세가 이기지 못하리라"(마 16:18b)와 비교.

기에 종교적 그리고 정치적 권력을 결합한 것으로 보였는데, 그 당시 권력 구조의 사실상의 변화를 인지하면서 (후대의 칼리프 이론에 반영된 바와 같이) 이슬람력 3세기에 이르러 권력의 종교적 차원이 제거되었다. 이러한 권력 개편은, 칼리프들이 스스로의 입장을 옹호하고 권위를 확고하게 하는 특정한 종교적 사고 체계를 명백히 강요하면서 수반된 갈등 이후, 학자들에 의해 이루어진 것으로 간주된다. 이것은 독자적인 권위를 옹호한 학자들의 노력과 이익에 반하는 것이었다.

초기 칼리프의 이러한 지위에 대한 증거는 바위의 돔을 세운 압드 알말리크 통치 때의 주화에서 가장 중요한 증거인 칼리파 알라(khalīfat Allāh, 알라를 대신하는 자)라는 호칭의 사용에서 비롯된다. 이 호칭은 후대의 압바시야왕조에서 "칼리파 라술 알라"(khalīfat rasūl Allāh, 알라의 메신저)와 함께 사용되었는데, 이러한 사실은 종종 역사가들이 이 두 호칭이 직접적으로 동일한 것이라고 믿게 (오도)했다.

최근의 일부 학자는 초기 칼리프가 스스로를 시아파들이 자신들의 정치적인 종교 지도자인 이맘(Imām)을 묘사한 방식과 매우 유사하게 보았다고 제안했다(이 내용은 제8장에서 논의될 것이다). 칼리프에 대한 순종은 구원에 필요한 것으로 간주되었는데, 왜냐하면 칼리프의 권위는 알라로부터 직접 나왔기 때문이었다. 그러므로 이슬람 초기 시대의 개인에게는 누구에게 충성할 것인지에 대한 선택이 종교적인 것이었는데, 이것은 구원과 연관되어 있었기 때문이었다. 적어도 그 주장은 권력자들이 제안했던 것처럼 보인다.

신성하게 부여된 권위에 동반되는 스트레스와 더불어, 칼리프는 판사 역할을 하여 신성한 율법을 만들고 어려운 율법 항목에 대한 결정의 기준점 역할을 했다. 칼리프의 통치는 꾸란과 순나(sunna)에 기초한 것이라는 주장이 만들어졌는데, 여기서 관습은 무함마드의 개인에게서 구체화된 과거의 고정된 것이 아니고 해당 지역에서 발견되는 관습과 칼리프의 (초인적인) 통찰에 의한 것이다.

7. '종교 재판'과 엘리트 학자들의 등장

9세기 초의 미흐나(miḥna), 혹은 '종교 재판'(inquisition) 제도는 이러한 유형의 개념을 의도치 않게 중단시켰다. 비록 근원적인 긴장은 종종 그 모습을 드러내는 이슬람 역사의 특징으로 남아 있지만 말이다. '종교 재판'에서 구체화된 종교적 교리에 대해 칼리프의 통제를 확고히 하려는 시도의 최종 결과는 종교적 권위를 가진 독립적인 학자 집단의 출현이었다(아흐마드 이븐 한발[Aḥmad ibn Ḥanbal, 855년 사망]의 모습에서 상징됨). 학자들 안에서는, 그것이 존재한다고 생각되는 정도까지, 종교적 권위가 확보되었다. 압바시야왕조의 칼리프 알마으문(al-Maʾmūn, 813-833 통치)하에, 지역 사회의 종교와 관련된 여러 영역에서 칼리프의 힘을 주장하려는 다양한 시도들이 있었다. 의미심장하게도 알마으문은 829년부터 모든 정부 관리와 종교 지도자들이 '창작된(created) 꾸란' 교리를 믿어야 한다고 선언했다.

833년에 '종교 재판'인 미흐나가 시작되어 칼리프의 교리에 동의한 사람들만 공직에 근무할 수 있게 되었다. 아흐마드 이븐 한발을 포함하여 동의를 거부한 사람들은 그들의 지위에서 해임되고 투옥되었다. 이러한 관행은 알무으타씸(al-Muʿtaṣim, 833-842년 통치)과 알와시끄(al-Wāthiq, 842-847년 통치)의 기간에도 계속되었다. 알무타왁킬(Al-Mutawakkil, 847-861년 통치)은 849년에 이러한 행위를 종식시켰지만 그때는 이미 늦었다.

알마으문과 그의 후계자들이 강요했던 실제 교리의 중요성은 강요했던 행위만큼 그것을 이해하는 것은 중요하지 않았다. 이때까지 이슬람을 선언하고 대표하는 칼리프의 권위는 전혀 문제되지 않고 받아들여진 것으로 보인다. 즉, 우마이야왕조와 초기 압바시야왕조의 통치자들에게 이슬람은 지배 권력의 손에 있는 상당히 이데올로기적인 도구였다. 이슬람의 정통적인 입장을 강행하려고 시도하는 알마으문의 행동은 역효과를 냈고, 엘리트 학자들의 권위를 선호하고 칼리프의 권위를 거부한 사람들의 중요성을 증가시켰다. 학자들의 권위는 꾸란과 무함마드의 순나에 대한 그들의 전달과 해석에 있었다. 오늘날 우리가 알고 있는 고전 이슬람이 존재하기 시작한 것이 바로 이 시점부터이다. 문헌의 출처에서 나타나 있듯이, 사실상 모든 것이 이 기간 이후에 생겨났으며, 이슬람에 대한 학문적 고려, 개념 그리고 해석을 반영한다.

이러한 권력 구조 변화의 최종적 의미는 이슬람의 종교와 정치가 혼란스러워졌다는 것이다. 이것은 칼리프의 후기 이론에 반영되는데, 두 영역이 서로 보완적이지만, 실제로는 별개라는 사실을 인식한 것이다. 칼리프 제도는 무슬림 법의 조례를 유지하고 보완하는 책임을 갖는 것이 특징이었다. 그 외에도 군사와 종교의 영역에서 모두 칼리프에 오른 사람과 현행 통치 체제 간의 관계는 열려 있다. 이것은 이슬람 제국의 실제적인 현실이 이론에 수용될 수 있었고 그래서 정당화되었다.

부록: 이슬람의 주화를 통한 역사 해독

[그림 4.2 (a)] 아랍-사산왕조의 화폐, 은 드라흠   [그림 4.2 (b)] 압드 알말리크의 화폐, 금 디나르

그림 4.2 (a) 카와리즈파(Khawārij)의 지도자 까따리 븐 알푸자아(Qaṭarī b. al-Fuja'a)의 실버 드라흠(drahm)으로 75 AH(694-695년) 파르스(Fars)의 비샤푸르(Bīshāpūr)에서 주조. 우마이야왕조의 칼리프 압드 알말리크가 화폐 개혁을 이루기 전에, 이슬람 동전은 그 지역의 이슬람 이전 시대의 동전 이미지를 유지하는 경향이 있었는데, 때로는 약간의 변화도 있었다. 이

동전은 첫눈에 이슬람 이전의 전형적인 사산왕조 동전처럼 보이고 중기 페르시아의 연대와 비문을 여전히 볼 수 있다. 그러나 그것은 또한 이슬람의 새로운 명칭인 '신자들의 지휘관'(중기 페르시아)과 아랍어 비문을 덧붙인다. 이 경우는 유명한 카와리즈파의 슬로건이다(오직 알라의 심판만이 있을 뿐이다).

그림 4.2 (b) 압드 알말리크의 통치 기간에 다마스쿠스에서 82 AH(701-702년)에 주조된 금 데나리온. 이 칼리프의 화폐 개혁 이후 대부분의 이슬람 동전은 단순히 명각(銘刻)되었다. 샤하다(shahāda) 외에도, 비문은 보통 꾸란에 관한 것이었다. 꾸란 9:33("모든 종교 위에 있다는 것을 보여 주기 위하여, 안내와 진리의 종교와 함께 메신저를 보낸 분은 그분이다")과 112:1-3("말하라, 그는 한 분이신 알라이고 알라는 영원하고 그는 낳지도 않고 낳음을 받지 않았다")을 포함한다. 이것은 수 세기 동안 많은 이슬람 통치자의 표준으로 남아 있었다[출처: (a) Image © Ashmolean Museum, University of Oxford, accession number HCR10180. (b) Image © Ashmolean Museum, University of Oxford, accession number HCR10010].

금, 은 그리고 구리 주화는 역사적 정보의 매우 귀중한 출처이며, 날짜, 이름 그리고 기호를 제공함으로 문헌의 출처와 함께 '확실한' 증거를 제공할 수 있다(그림 4.2). 이것은 적어도 그 당시의 상황이 어떠했는지를 보여 준다. 사실, 동전은 명확한 출처와는 거리가 멀고, 연대순으로 넣기가 좌절감을 느낄 정도로 어려우며, 동전의 해석에 관해서는 상당한 학문적 이견이 존재한다. 동시에, 주화는 역사적인 사건들에 관해 최대한 드러낼 수 있는 잠재력을 가지고 있다.

초기 이슬람 시대부터 내려오는 화폐는 여러 가지 상세하고 전문적인 연구를 위한 주제였다. 칼리프 압드 알말리크(685-705년 통치)가 시행한, 이슬람 제국의 통일된 화폐의 탄생은 기존의 사산왕조와 비잔틴 제국의 디자인이 사용되었던 시대보다 앞선 것이었다. 동전을 역사적인 순서대로 분류하기 위해 많은 학문적 노력이 있어 왔다. 두 종류의 동전 모두 보여 주는 것은 제국 초기에 확고한 아랍 통치의 점진적인 시행이다. 물론 이것은 중요한 역사적 관찰이며, 주화를 기반으로 가능한 것이다.

아랍-사산의 주화는 이라크 남부와 이란의 조폐국에서 유래된 것으로 보인다. 학자들은 그것들을 세 단계로 나눴다. 651년부터 661년까지의 가장 초기의 주화는 사산왕조 통치자—야즈다기르드(Yazdagird) 혹은 쿠스라우(Khusraw)—의 이름이 새겨져 있고 사산왕조 달력에 따라 날짜가 적혀 있다. 그러나 주화들은 아랍의 존재를 보여 주는데, 어떤 때는 간단한 아랍어 표시를 하고, 어떤 경우에는 '알라의 이름으로'를 아랍어로 표기한다. 661년부터 671년까지 아랍 총독의 이름과 이슬람 달력의 날짜가 발견되기 시작했지만 일관성이 없고 해석 또한 어렵다. 왜냐하면, 동전에 사용된 날짜의 범위는 사산왕조 통치자의 통치 연도나 혹은 히즈리(이슬람력)로 해석될 수 있기 때문이다. 동전 자체에는 (당시) 사용 중이었던 달력이 기록되어 있지 않다. 세 번째 기간인 671년부터 704년에는 모든 동전에 총독이나 칼리프의 이름이 있고, 이슬람력을 포함하며 점점 더 광범위한 아랍어 글들이 나타난다. 그러나 모든 동전에 표시되어 있는 것은 사산왕조의 상징이었는데, 뒷면에는 불 제단, 별과 초승달 그리고 두 명의 서 있는 인물이 있고, 앞면에는 왕의 머리가 포함되어 있다.

아랍-비잔틴이라고 불리는 주화는 시리아 지역에서 나왔으며 마찬가지로 학자들에 의해 세 단계로 나뉘었다. 이 동전들에 대해 큰 문제는 날짜가 없다는 것이다. 유사-비잔틴(Pseudo-Byzantine)이라고 불리는 첫 번째 시리즈는 650년대 후반부터 670년대까지 나왔으며 7세기 비잔틴 동전의 느슨한 사본으로 구성되어 있다. 670년부터 690년까지 우마이야 "제국 이미지" 시리즈는 헬라어와/혹은 아랍어로 쓰인 동전을 포함하고 있으며 비잔틴 국왕의 상징을 계속 사용하고 있다. 690년대부터의 마지막 시리즈는 "위대한 칼리프"(Standing Caliph)로 불리는데, 동전에 인물이 등장하고, 아랍의 전설들 그리고 보통 압드 알말리크의 이름이 기록되어 있다.

Stephen Album and Tony Goodwin (2002) *Sylloge of Islamic Coins in the Ashmolean. Volume 1; The Pre-Reform Coinage of the Early Islamic Period*, Oxford: Ashmolean Museum은 초기 주화에 대한 표준 작업이다. 여러 온라인 사이트에서 주화에 대한 자료를 제공한다. 훌륭한 설명들이 다음의 사이트에 있다.
www.grifterrec.com/coins/islam/arab_sas/arabsasanian.html
www.grifterrec.com/coins/islam/arab_byz/arabbyzantine.html

추천 도서

Crone, Patricia (2004) *God's Rule: Government and Islam—Six Centuries of Medieval Islamic Political Thought*, New York: Columbia University Press.

Crone, Patricia and Hinds, Martin (1986) *God's Caliph: Religious Authority in the First Centuries of Islam*, Cambridge: Cambridge University Press.

Firestone, Reuven (1999) *Jihād: The Origins of Holy War in Islam*, New York: Oxford University Press.

George, Alain and Marsham, Andrew (eds.) (2018) *Power, Patronage, and Memory in Early Islam*, Oxford: Oxford University Press.

Madelung, Wilferd (1997) *The Succession to Muḥammad: A Study of the Early Caliphate*, Cambridge: Cambridge University Press.

Robinson, Chase (2005) *ʿAbd al-Malik*, Oxford: Oneworld.

Zaman, Muhammad Qasim (1997) *Religion and Politics under the Early ʿAbbasids: The Emergence of the Proto-Sunnī Elite*, Leiden, The Netherlands: Brill.

제5장

신학적 담론

　신학적으로나 정치적으로, 이슬람이 무엇을 가리키는지를 정의하는 칼리프와 학식 있는 계층의 역할은 이슬람 제국 자체의 발전을 이해하는 데 중심 주제가 된다. 그러나 이슬람 초창기에 진행된 논쟁의 내면과 이면에는 실제적인 학설이 있는데, 그것은 신학적인 용어에서 이슬람 자체-정의(self-definition)의 핵심 요소로 등장했다. 확실히 이슬람 형성에 대한 이해의 다른 관점은 근대 학자들 사이에서 신학적으로 많은 지적 노력이 개입되지 않았다. 아이러니하게도, 그 결과물은 매우 모호하다. 이것은 아마도 다시금 후기 출처 자료의 풍부함, 제공된 데이터를 해석하는 다양한 방법 그리고 초기 시대까지 명확히 추적할 수 있는 충분한 분량의 텍스트 부재로 인한 것일 것이다. 상대적으로 초기 연구물들이 일부 존재하지만, 그것을 결합하여 만들어 내는 그림은 여전히 일치하지 않는다.

　신학적 저술은 종교적인 자체-정의를 시도한 최종 결과이다. 그것은 특정 교리의 측면에서 어떤 그룹의 사람들이 믿는 것을 밝히려고 시도한다. 근동 지역의 환경 내에서 유대교, 기독교 그리고 이슬람 간에 공통점과 차이점을 정의하는 다양한 요인이 등장했다. 초기 이슬람의 신학적 저술은 이슬람이 다른 종교와 동의하는 부분과 상이한 부분을 정의하고자 했다. 그 연구물은 명시적인 방식이 아니었고, 종교를 서로 비교하지 않았다. 그 노력은 일반적인 종교의 환경 내에서 미리 정해진 주제 아래에서 수행되었으며, 그 후 각 종교의 관점으로 진술되었다.

1. 이슬람 신학 정체성 출현

이슬람 신학의 기본적인 출처는 꾸란과 순나 안에서 그 표현이 발견되고, 이븐 이스학(Ibn Isḥāq, 767년 사망)의 시라(Sīra; 전기)와 같은 저서에서 어느 정도 정교하게 된다. 이러한 맥락에서, 이 표현은 물론 신학적이지 않고, 오히려 이슬람이 상징하는 것의 요약으로써 구별되어 온 단순한 신조 형식이다. 이 설익은 자료를 이슬람 신앙의 성숙한 형태로 만드는 데는 수 세기에 걸치는 학문적 성찰이 필요했다. 유일신, 천사들, 모든 예언자와 그들의 문서들, 최후의 심판일 그리고 인류를 위한 신의 명령에 대한 신앙은 흔히 모든 무슬림을 위한 믿음의 핵심 요소로 간주된다. 그러나 이 간략한 요점들은 이슬람이 형성되었던 세기의 매우 기본적인 신학적 문제에 관해, 광범위한 성찰과 토론 후에야 등장했다.

2. 무슬림의 정의(definition)

이용 가능한 출처에서, 주요 관심사였고 발전된 신학적 저술을 자극했을 것으로 보이는 하나의 주요 질문이 등장한다. 그것은 누가 무슬림이고 누가 무슬림이 아닌지를 결정하는 문제였다. 이 논쟁의 기원에 관해 우리에게 추가적인 정보를 제공하는 후대의 이슬람 자료는, 그것이 초기 무슬림 공동체의 상황에서 처음 발생한 것이라고 묘사한다. 이것은 이슬람의 기원을 가능한 한 오래전으로 놓으려는 출처의 일반적인 경향과 일맥상통한다(그림 5.1). 아랍을 통치했던 그룹들 안에서 승계에 대한 논쟁은 후대 무슬림들에 의해 정치적 용어뿐만 아니라 신학적 용어로도 읽히고 이해된 것으로 보인다. 핵심은 무함마드 사후에 아랍의 네 번째 지도자였던 알리가 암살된 전임자 우스만의 죽음에 대해 복수할 책임이 있는지의 여부였다.

[그림 5.1] 아테네 입법가의 가르침 11세기 이집트 역사가 "알무밧시르(al-Mubashshir)의 현명한 말의 선택과 훌륭한 조언들"(Kitāb mukhtār al-ḥikam wa-maḥāsin al-kalim) 작품에 대한 이스탄불의 톱카피(Topkapi) 궁전 박물관에 보관된 13세기 필사본 중 고전 아테네 정치가, 입법가, 시인 솔론(기원전 638-558년경)의 삽화[출처: Topkapi Palace Museum, Istanbul, Turkey/Bridgeman Images].

무아위야가 이끄는 우스만의 무리는 친족의 주장을 옹호했는데, 알리가 이 의무를 따르지 않았기 때문에 통치할 정당한 권리를 상실했다고 말했다. 내전이 발발한 후에 결국 무아위야와 우마이야왕조가 차지했다. 오늘날의 관점에서 볼 때 기본적인 역사-정치적 사건에 대해 논쟁할 이유는 거의 없는 것 같다. 그러나 무슬림의 신학적 자료는 이 사건에서 훨씬 더 많은 것을 보고, 종교의 자체-정의 문제를 논의하기 위한 패러다임으로 간주한다. 신학적 자료는, 실제로 1세기 후에 일어난, 신학적 논쟁의 토의를 위해 이 초기 사건들을 활용한다.

역사적 관점에서 볼 때, 우스만과 알리에 관한 문제를 결정하기 위해 군사력을 사용했던 것은 확실히 이 시기에 많은 문제가 있었고, 실제로는 우스만의 죽음에 관한 의문보다 훨씬 더 많은 이슈가 연루되어 있음에 주목할 필요가 있다. 이 역사적 사건을 후대에 해석하면서, 타끄와(역자 주: 두려움)의 개념과 '부당한' 통치자의 '정당한'(즉, 도덕적) 암살이 중요한 원리가 된다.

자료에서 다양한 그룹을 묘사하는 것이 등장하는데, 각각은 종종 '알리'와 '우스만'의 시대로 거슬러 올라가며, 각각의 그룹은 신흥 무슬림 공동체 내에서 구성원 자격의 정의를 세우는 것에 대한 자신의 입장을 취한다. 이 문제에 관심을 갖는 이유는 실제적이고 법적인 성격이 있었고, 덧붙여서 근동 환경에서 유대인과 기독교인의 논쟁적 담론의 결과이기 때문이다.

3. 카와리즈파(The Khawārij)

카와리즈파(Khawārij) 혹은 카리즈파(Kharijites)는 엄격한 행동주의 입장을 취했다. 이슬람의 지침을 온전히 지키지 못하는 모든 사람은 카피르(unbeliever)이다. 따라서 실족할 수 있는 사람은 모든 카피르를 향한 이슬람 지하드의 표적이 된다. 공동체의 멤버십은 최소한 그러한 공격으로부터 보호되었다. 원래 이 그룹은 공동체에서 권위의 원천에 대해 더욱더 기본적인 토론에 참여했을 것이다. 그들의 슬로건은 "오직 신만이 심판한다"(lā ḥukma illā li-llāhi)라고 말하는데, 이것은 그들이 꾸란에 있는 표현을 통해 오직 신이 인류를 위한 구속력 있는 법을 만들었음을 제시한다. 그러므로 적어도 부분적으로 카와리즈파는, 공동체에서 순나의 개념을 권위의 단일 원천을 삼으려고 시도했던 사람들을 거부했던, 경전주의파(scripturalist)로 묘사될 수 있다.

카와리즈파에게 순나는 신적 계시의 일부가 아니였으므로 이슬람법의 틀 안에서 특별한 지위를 갖지 않았다. 사실 그것은 칼리프 스스로의 권위와 같이 꾸란과는 관련이 없는 인간의 노력의 일부였다. 그렇다면 카와리즈파는 이슬람이 등장하는 상황에서 강한 종교심을 가진(pietistic) 집단으로 인정되어야 할 것이고, 칼리프와 그의 순나에서 주장된 권력과 권위에는 대립했다. 그러나 나중에 카와리즈파와 다른 그룹과 논쟁의 일부가 하디스(ḥadīth, 무함마드의 순나) 기록에서 발견되었는데, 예를 들어 간통과 같은 특정 행위는 '신자'(believer)의 요건에서 제하는 것으로 간주되었다.

카와리즈파의 입장은 초기 무슬림 공동체를 분열시키는 것으로 판명되었지만, 그런데도 그 운동의 유산과 신학적이고 도덕적인 입장은 오늘날까지 남아 있다. 이슬람 역사의 전반적인 맥락에서 볼 때, 카와리즈파는 여러 면에서 주변부의 집단이다. 그룹으로서 그들의 중요성은 사라졌다. 그러나 그들의 사상에 나타난 성향은 항상 이슬람에 긴장감을 불러일으켰다. 이슬람에 충성하는지를 판단하기 위해 그들이 요구하는 것은—다양한 강도(intensity)와 명확한 신학적 동기—공동체의 일치를 끊임없이 위협했다. 그러나 그러한 위협은 단일 이슬람 규범의 엄격한 실행으로만 공동체의 일치가 가능하다고 요구하는 것이었다. 이슬람에 대한 이러한 접근 방식은 공동체가 강조될 때 두드러졌다. 역사를 통틀어, 무슬림 공동체의 보존에 대해 외부로부터 위협이 있을 때, 보다 면밀히 정의된 이슬람 개념을 생각하게 하고, 동료 무슬림들이 그들의 이슬람 관행을 받아들이도록 더욱 큰 결단을 요구하는 자극을 제공했다.

4. 무르지아파 (The Murjiʾa)

무르지아파는 보수적인 입장을 취하며, 현상 유지를 했다. 그들은 이슬람의 외적인 규칙을 따르지 않는 것처럼 보이는 사람들도 여전히 무슬림으로 받아들여져야 한다고 주장했다. 오직 신만이 그들의 종교 상태를 진정으로 알고 있다. 이슬람에 대한 내적인 동의와 함께 신앙 고백이 공동체 구성원임을 확인하는 데 필요한 전부였다. 믿음(īmān)은 "마음과 말에 있다." 이 입장은 알리와 우스만에 관한 질문에 암시된 신학적 정체성의 상징으로 시작된다. 이 두 사람이 죄를 지었는가? 그들의 암살이 정당화되었는가?

무르지아파는 출처에서 이러한 질문에 대한 판단은 신에게 남겨 두어야 한다고 설명했다. 신학적 위치에서, 이것은 모든 인간의 행위로 구성된 '행위들'(works)이 믿음의 일부가 아니라는 입장을 취한다. 즉, 한 사람이 (신앙 고백의 단일 '행위'를 통해) 이슬람 안에서 신앙 고백을 하면, 그 사람은 무슬림이다. 이슬람 행위의 실제적인 수행은 공동체 구성원의 기준이 아니다. 이것은 꾸란에서 신이 믿음을 고백한 사람들을 '신자들'(believers)로 불렀다는 개념으로, 무르지아파의 관점에서 지지되었다. 아부 하니파(Abū Ḥanīfa, 767년 사망)에 따르면, 선행은 주로 사후에 보상될 것이다.

> 모든 법에서 신에게 순종하는 사람은 잔나(극락)에 속한 사람이다. 믿음과 행위를 모두 떠나는 사람은 지옥의 사람으로서, 카피르(infidel)이다. 그러나 신자이지만 율법을 어긴 사람은 믿는 죄인이며, 신은 그가 원하는 대로 그 사람에게 행할 것이다. 그가 원하면 그 사람을 처벌할 수도, 용서할 수도 있다(Abū Ḥanīfa, "Epistle to ʿUthmān al-Battī," Williams 번역 1963: 164).

오늘에 이르러, 경건한 행위에서 드러나는 신앙의 진보는 실제로 개인적인 신념의 확대일 뿐이라고 흔히 논의되었다. 따라서 무르지아파의 전체 교리는 이슬람으로 회심의 용이성이라는 측면에서 실제적인 결과를 가져왔다. 이는 특히 중앙아시아의 튀르키예인들 사이에서 확산된 경우에서 볼 수 있는데, 이들은 아부 하니파의 법적 가르침을 따랐던 알마투리디(al-Māturīdī)의 11세기 후기 신학파 안에 있었다.

아부 하니파는 일반적으로 무르지아파 입장의 주요 초기 진술자로 묘사된다. 확실히 그의 이름은 세부적으로 무르지아파에서 나온 것으로 보이는 문서와 관련이 있다. 그러한 문서 중 하나는 알피끄흐 알아크바르(al-Fiqh al-Akbar)이고, 다른 하나는 우스만 알밧티(ʿUthmān al-Battī)에게 보낸 '리살라'(Risāla, 서한)이다. 이 문서들과 같은 학파의 다른 문서는, 무르지아파에 따라 신앙의 정의에 대해 관용을 제시하면서, 무슬림 공동체의 일치를 중심 관심사로 유지하는 듯하다.

5. 전승주의자(Traditionalists)

일반적으로 전승주의자('전승주의자'라는 이름은 이성의 능력보다 우선적으로 하디스 자료를 사용하는 것을 의미)라고 불리는 그룹은 스스로를 "순나의 사람들"(ahl al-sunna)로 부르는데, 일반적으로 초창기에 아흐마드 이븐 한발(Aḥmad ibn Ḥanbal, 855년 사망)이라는 인물과 관련이 있다. 이 그룹의 입장은 신앙 문제에 대해 또 다른 입장을 나타내며 본질적으로 '무슬림이 되는'(being Muslim) 단계가 있다고 주장한다. 비록 어떤 이가 여전히 신자이면서도 죄를 지을 수는 있지만, 행위는 공동체에서 자신의 지위에 영향을 미친다. 그러므로 '신앙의 단계'라고 할 수 있는 것이 있다. 이 입장은 이븐 한발과 아부 우바이드(Abū ʿUbayd, 838년 사망)의 글에서 드러나며, 하디스에도 구체화되어 있다. 그것은 알아쉬아리(al-Ashʿarī)의 후기 신학파 입장이 되며 따라서 이슬람의 대다수의 방식이 된다. 이븐 한발은 그의 입장을 다음과 같이 요약했다. 믿음은 구두 동의, 행동과 의도 그리고 순나에 대한 충성으로 구성된다. 신앙은 증가하기도 하고 감소하기도 한다(Cragg and Speight 1980: 119에서 번역된 이븐 한발의 신조).

아부 우바이드는 넓은 지적 관심을 가진 학자였다. 그는 "매우 중요한 선구적 연구에 공헌했고, 모든 분야에서 박식함을 보이면서 동시대 학자들의 찬사를 받는 성취 수준에 도달했다"(Burton 1987: 46). 그는 믿음이 신학적으로 의지, 신앙 고백 그리고 행위를 모두 결합하여 신에게 복종하는 것이라고 주장했다. 그러한 신앙은 기본적인 신앙 고백에서부터 시작하여 다양한 단계가 있다. 첫 발걸음을 내디딘 사람을 무슬림으로 부를 수 있지만 (따라서 실제적으로 이 교리는 무르지아파와 같은 결과를 가져온다), 신앙의 완전성은 행위를 통해 도달해야 한다. 한 사람을 자신의 신앙 고백에 근거하여 신자라고 부를 수는 있지만, 이슬람 종교 제도의 요구 사항에 부합하는 정도에 따라 신자 사이에 등급이 있다. 그러므로 중대한 죄를 지은 무슬림은 여전히 신자라고 불리지만 죄를 범하지 않은 사람만큼 좋은 신자는 아니다. 그러한 사람은 그 용어의 엄밀한 의미에서 신자가 아니다.

6. 까다리야파(The Qadariyya)

네 번째로 다룰 입장은 까다리야파로 알려진 사람들이다(예: 알하산 알바쓰리[al-Hasan al-Baṣrī], 728년 사망). 여기서 무르지아파와 마찬가지로 이슬람을 믿는다고 공언하는 사람은 공동체의 일원으로 간주되지만, 이슬람의 요구 사항을 따르지 않는 것으로 보이는 사람은 신자도, 불신자도 아닌, 그 중간 어디에 있는 위선자로 간주된다. 용어의 실제적인 마지막은 다시금 무르지아파와 동일하지만, 사실 신자가 이슬람에 충성하는 상태에 관해서는 의견을 가질 수 있다고 주장했다. 그러나 이 입장은 전승주의자처럼 신앙의 단계를 구별하지는 않는다.

7. 자유 의지와 운명론의 문제

까다리야파는 또 다른 신학적 논쟁에 핵심적으로 관여했는데, 이것이 일반적으로 그들의 이름을 규정한 것으로 이해된다. 까다리야파(The Qadariyya)는 신에 의해 세상에서 일어나는 사건의 운명인 까다르(qadar) 문제를 논의한 사람들이다. 이들은 인간의 자유 의지 입장을 고수했고, 흔히 당시의 정치 세력과 밀접하게 연관되어 있다고 말하는 사람들과 대립했다. 즉, 까다리야파는 신학적 그룹에서 혁명파에 더 가까웠다. 그들의 자유 의지에 대한 옹호는, 종종 신에 의해 임명된 것으로 가장하여 정치적이고 신학적인 권위를 모두 전용한 (따라서 이 기능을 수행할 운명이었던), 우마이야왕조 칼리프들의 통치에 반대하여 새로운 정치 질서를 선동하는 사람들과 연결되었다. 까다리야파의 주장에 따르면, 개인이 자신의 행동에 대해 책임이 있다면 정부도 마찬가지로 그러한 것이다. 무르지아파는 흔히 지배 세력을 가장 지지하는 사람들로 묘사되었는데, 그것은 개인의 관심사로서 신앙 교리가 소작농이든지 혹은 통치자든지 사람들의 신앙 상태를 (실제 신앙 고백을 넘어서는) 판단하지 않았기 때문이다.

알하산 알바쓰리의 리살라(Risāla, 종종 '서한'으로 번역됨)는 문서의 처음 시기와 가장 초기 텍스트 중 하나로서의 위상에 모두 의문이 제기되었지만, 자유 의지에 대한 논의와 관련된 초기 문서 중 하나로 간주된다. 알하산은 리살라에서 꾸란에 근거하여 개인의 자유 의지 입장을 주장한다. (그의 반대자들이 제안한 것처럼) 꾸란에서 운명론이 지지되어야 한다는 모든 제안은 꾸란 본문을 다른 진술에 비추어 해석함으로 반박되어야 한다.

이런 면에서 가장 분명하게 보여 주는 꾸란 13:27의 "알라가 원하는 자를 길을 잃게 하고"(개인의 운명이 오직 신의 손에 달려 있고 그것에 대해 할 수 있는 일이 없다는 것을 암시함)는 꾸란 14:27의 "알라는 (불신으로) 정도를 벗어난 자를 길을 잃게 하고"와 같은 다른 구절에 비추어 해석되어야 한다. 이 구절은 신이 사람들의 '운명'을 정하기 전에 그들이 이미 잘못된 길을 가고 있다고 기록되어 있다(그들은 이미 그들의 자유 의지로 행한 일로 인해 '잘못 행하는 자'이다). 이것은 이슬람에서 자유 의지를 주장하는 모든 사람의 표준적인 해석 도구가 되었다. 좀 더 긍정적인 각도에서, 꾸란 51:56의 "내가 진과 인간이 오직 나만을 예배하도록 창조했다"는 모든 사람이 반드시 신을 예배할 자유가 있다는 것을 의미한다. 왜냐하면 신은 사람에게 무엇인가 하도록 명령하지 않았고 그래서 무엇을 하지 못하도록 막지도 않았기 때문이다.

8. 무으타질라파(The Mu'tazila)와 이성의 역할

까다리야파의 정치적인 저항 정파로부터 무으타질라파로 알려진 그룹이 나온 것으로 보인다. 그러나 가장 중요한 점은 무으타질라파가 일반적으로 이슬람의 신학적 추론 기술의 완성을 칼람(kalām, 변증)의 형태로 인정한다는 것이다. 그것은 반론과 응답이 "만약 그들이 … 라고 말한다면, 이렇게 말할 수 있다"의 형태로 제시되는 변증법적 토론 방식이다. 이러한 논의 스타일은 무으타질라파에서나 심지어 이슬람 자체 내에서도 유래되지 않았지만, 이것은 무으타질라파가 신의 정의(justice)와 단일성이라는 이중 원칙에 기초해서 자신의 입장을 주장했음을 의미한다.

이 출발점에서 시작하여, 모든 의미는 논증에서 이성의 사용을 기반으로 하여 체계적으로 배치되었다. 꾸란은 그 논의에서 자리를 잡았지만, 무으타질라파가 만들었던 주장의 진실성에 대한 증거로 그렇게 많이 활용되지는 않았다. (기독교 학자들을 통해 이해되고 전달된) 헬라 철학 체계의 기본적인 가정들은 전반적인 입장의 필수적인 부분을 형성했다. 전통적인 출처뿐만 아니라, 이성은 인간에게 신뢰할 수 있는 지식의 출처로 사용될 수 있다고 주장되었다. 무으타질라파는 이슬람의 종교적 토론에 헬라의 추론과 논증 방식을 처음으로 도입했으며, 무슬림 신학의 본질을 영구히 변화시켰다.

헬라 철학의 학습은 무슬림들 사이에서 그 자체로 하나의 분야로 남아 있고(10장에서 다룰 예정), 알킨디(al-Kindī, 870년 사망), 알파라비(al-Farābī, 950년 사망) 그리고 이븐 시나(Ibn Sīnā, 1037년 사망)와 같은 사람들에 의해 발전되었다. 이 주제(아랍어로 팔사파[falsafa, 철학]로 알려짐)는 많은 전승주의자의 분노를 불러일으켰고, 그것을 도구로 유리하게 사용했던 무으타질라파를 제외하고는 대부분의 경우 학문으로서 칼람(변증) 경쟁자로 남아 있다.

9. 알라의 정의(justice)

헬라적 논리에 의해 신성에 요구되는, 신의 정의(justice)에 대한 개념은 신의 본성과 인간과의 관계에 대한 광범위한 논의를 이끌었다. 무으타질라파에게 '정의'는 '선'과 같았기 때문에 신이 부당하거나 악할 것이라고는 생각할 수 없었다. 신이 사후에 참된 신자들에게 보상하고 믿지 않는 죄인들을 벌할 것이라는 이슬람의 기본 원칙은 이와 관련이 있다. 신은 이 형벌이나 보상을 평가하는 일에 공정해야 하므로, 인간은 선이나 악의 편에서 행할 공정한 기회를 가져야 한다. 그러므로 재해석을 통해, 꾸란에서 모두 운명론의 의미는 제거해야 한다. 완전한 텍스트가 보존되어 있는 무으타질라파의 초기 저자인 알카이야뜨(al-Khayyāt, 912년 사망)는 예를 들어, '마음을 봉인하는'(sealing hearts) 신의 꾸란적인 개념에 대해 다음과 같이 말한다.

> ['봉인'의 개념]은 신이 사람들에게 명령한 일들을 하지 못하도록 막는 것이 아니다―신은 그것을 넘어선다!―이것은 오히려 이름, 심판 그리고 [행동에 관한] 고백을 의미한다. 신이 [꾸란 4:155에서] "그들의 불신 때문에…"라고 말한 것을 알지 못하는가? 그러므로 신은 그들의 불신 때문에 그들의 마음을 봉인했다(al-Khayyāt 1957: 89).

신이 인류에게 부여한 행동하는 능력은 어떤 행동을 취할지 결정할 수 있는 능력을 수반한다. 따라서 개인은 자신의 운명에 대해 전적으로 책임져야 한다. 악행은 개인의 행동에서 비롯되어야 하고 신과는 아무런 관련이 없어야 한다. 이는 운명론의 교리가 만들어 낸 과제로 보인다. 그러나 자연에서는―어린 아기의 사망, 자연 재해로 인한 죽음 등―부당한 행위가 일어나는 것과 같다. 무으타질라파의 멤버들은 이러한 신학적 문제를 다양한 방식으로 대면했다. 예를 들어, 어떤 이는 신이 그러한 일이 일어나지 않는 완전한 세상을 창조하실 수 있었지만 그렇게 하지 않기로 결정했다고 말했다. 무으타질라파에게는 이 모든 것이 신의 정의에 대한 교리의 필연적인 결과이다.

10. 창작된 꾸란

무으타질라파는 압바시야왕조의 칼리프 알마으문(al-Ma'mūn, 813-33년 통치)에 의해 정치적 지원을 받았으며, 제4장에서 논의된 바와 같이, 당시 주요 인물들의 교리를 조사하는 미흐나(miḥna)로 봉사했다. 여기서 이븐 한발은 무으타질라파의 교리에 저항하는 역할을 한 것으로 보인다. 이때 중요한 문제는 꾸란이 신의 말씀이었다는 개념에서 나왔다. 결과적인 논의는 꾸란이 어떤 '시기에'(in time) 창작되었는 지 혹은 영원부터 존재했는지에 관한 것이었다.

중요한 이 논쟁은 '선재하는 토라'(pre-existent Torah)와 "태초에 하나님과 함께 계셨던" 로고스로서의 예수에 대한 사상에서 볼 수 있듯이, 유대-기독교 세계에서는 새로운 것이 아니었다. 무으타질라파는 인간의 자유 의지에 대한 이해의 일환으로 창작된 꾸란의 개념을 옹호했으며, 종종 아부 라합(Abū Lahab)과 그의 존재가 꾸란 111장에서 지옥으로 선고받은 것을 지적했다. 그들은 꾸란이 계시 당시에 창작된 것이 틀림없다고 주장했는데, 그렇지 않으면 아부 라합의 운명은 영원히 확정되었고 그의 운명을 결정할 자유가 제거되었을 것이기 때문이다.

이 문제는 또한 신이 말을 한다는 것과 실제적으로 연관되었다. 어떤 이는 신이 말하는 기관을 사용해서 사람이 말하는 것처럼 이야기한다고 받아들였는데, 이러한 관점은 신의 '타자성'(otherness)에 대해 부정적 영향을 미치므로 거부되었다. 이븐 한발과 같은 전승주의자에게는 신이 이야기하는 실제임에 틀림없는데, 왜냐하면 꾸란에 기록되어 있기 때문이다. 초기에는 이 부분이 신의 스피치의 실제에 대한 논쟁의 전개에 결정적인 역할을 한 것으로 보였는데, 후기에는 이 논쟁이 미흐나에서 이슈였던 것처럼 꾸란의 출현 '시기에'(in time) 관한 것의 하나로 바뀌었다.

11. 알라의 단일성

창작된 꾸란에 대한 논쟁은 무으타질라파 사상의 다른 중요한 부분인 신의 단일성 개념인 타우히드(tawhīd)와 관련이 있다. 기독교와 마니교에 대한 논쟁은 이 교리에 대해 강조하는 무으타질리파의 사상에 기인한 듯하다. 그리고 이 다른 두 종교의 주역들이 헬라의 이성적인 방식을 사용하는 것은 논쟁 가운데서 합리주의가 이슬람에 도입된 것도 설명할 수 있다. 비록 기독교 삼위일체가 훨씬 더 중요한 논의 주제였겠지만, 알카이야뜨(al-Khayyāṭ)의 연구는 마니교의 급진적인 이원론에 의해 제기된 실제적인 위협을 보여 준다.

무으타질라파의 대부분이 채택한 입장은 신은 부정적으로만 묘사될 수 있다는 것이다. 신에게 긍정적인 속성을 부여하려는 어떠한 시도도 신의 단일성에 지장을 주는 것으로 보였는데, 이러한 시도는 신의 영원한 측면들이 나뉠 수 있기 때문이다. 신은 '알고 있다'(knowing)라고 말하는 것이 신에 대해 가장 긍정적으로 할 수 있는 말이겠지만, 이것은 신의 속성에 제한되지 않고, 본질적으로 신에 의해 그리고 신을 통해 발생한다. 다시금, 기독교인이 성부 하나님과의 관계 안에서 예수의 본질에 관해 논하는 것과 위의 논의들의 유사점을 고려해야 한다.

신의 단일성에 대한 이 입장의 함의는, 특히 꾸란에 묘사되어 있는 신인동형론(anthropomorphization)을 거부하는 것이었다. 신이 실제로 "얼굴"(꾸란 2:272; 6:52 등)을 가지고 있거나 혹은 "보좌에 앉아"(꾸란 2:255 등) 있다는 원뜻은 거부되고, 무으타질라파는 비유적으로 받아들였다. 신에게 인간의 형태로 언급한 것을 일반적인 의미로 적용할 수는 없다. 알카이야뜨에 의하면, 신의 '얼굴'은 그의 '본질'로 이해되어야 한다. 그러므로 미흐나(miḥna) 기간에 꾸란의 위치에 대한 논의는 자유 의지에만 국한되지 않았다. 적어도 무으타질라파에게 있어서, 교리의 두 가지 주요 측면인 단일성과 정의(justice)는 창작된 꾸란의 개념 안에서 요약되었다. 영원한 꾸란은 신과 별개로 존재하는 신의 (화자적) 특성을 암시하는데("[하늘의 모경, heavenly tablet]"의 개념으로), 이것은 사건들의 운명론을 시사할 뿐만 아니라, 신의 단일성에 지장을 준다.

12. 무으타질라파의 쇠락

무으타질라파에게 이성의 역할은 다음과 같다. 이성적인 사람이라면 누구나 삶의 행위의 주요 원칙—선과 악의 원칙—을 발견할 수 있는 것으로 보았다. 계시는 이성을 보완하기 위해서만 필요한데, 특별히 이슬람의 종교의식법(ritual law)과 같은 경우에 그렇다. 예를 들어, 중세 최후의 무으타질라파 사상가 중 한 사람인 압드 알잡바르('Abd al-Jabbār, 1025년 사망)는 경전이 관습을 뒷받침하지 않는다면, 이슬람에서 육식을 허용하지 않을 것이라고 말한다. 이성이 법의 모든 것을 기술하는 것은 아니므로, 경전은 필요한 추가적인 조언들을 제공해야 한다. 계시는 또한 내세의 약속과 위협을 강조함으로써 사람들에게 동기를 부여한다. 무으타질라파는 인간에게 어떤 인도함이 필요하다는 것과 인간이 '자연적 상태'에서는 이성의 명령을 따르지 않을 것을 알고 있었다.

이성의 역할에 대한 이러한 견해는 무으타질라파의 궁극적인 운명이라는 점에서 중요한데, 이것은 이슬람의 법학자만이 단독으로 모든 무슬림 교리의 올바른 해석을 소유한다고 구체적인 주장을 하지 않았음을 암시한다. 무으타질라파에게, 모든 인간은 이론적으로 신이 부여한 지성으로 인해 신앙과 법에 대해 올바른 결정을 내릴 수 있다. 따라서 이러한 입장에는 반-법률주의적인 입장이 내포되어 있는데, 이는 그들의 궁극적인 몰락의 원인 중 하나였다. 법의 해석을 제공하는 일을 맡은 학계 엘리트들의 동요는 궁극적으로 정치적 행동을 불러왔다. 1017년과 1041년에 칼리프 알까디르(al-Qādir)는 무으타질라파의 입장을 거부하는 신앙 고백을 요구했다. 이것이 결국 (적어도 근대주의 모습으로 최근에 다시 등장하기까지) 무으타질라파의 운동을 멈췄다.

그러나 11세기에 바그다드의 통치자였던 부와이흐왕조(Buwayhids)는 시아파로 알려진 네 번째 칼리프 알리의 남은 자들을 정치적으로 지지하고 있었다. 이 압력에 대항하여 일치된 전선을 세웠던 당시 (순니파로 알려진) 무슬림 다수의 열망이 아마도 무으타질라파를 상대로 마지막 조치를 감행한 이유 중 하나였을 것이다. 다수의 열망대로 무으타질라파는 마지막 조치의 상대가 되었을 것이다. (이미 이 시대에 무으타질라파의 신학이 시아파에 영향을 미쳤었고, 아마도 이러한 이유로 인해 무으타질라파는 순니파에 의한 위협을 감지했을 것이다.) 따라서 무으타질라파의 궁극적인 몰락은 분명히 그들의 교리만큼이나 당시 정치적 상황의 결과였다. 그러나 그것이 후대의 전개에서 보듯이, 이성이 신학적 사고에 있어서 그 중요성을 잃었다는 의미는 아니었다.

13. 알아쉬아리(Al-Ashʿarī)

아불 하산 알아쉬아리(Abūʾl-Ḥasan al-Ashʿarī, 935년 사망)는 10세기에 무으타질라파의 계열에서 벗어나 전승주의자의 경전주의와 무으타질라파의 대담한 합리주의 사이의 중간으로 특징지워질 수 있는 신학적 입장을 드러냈다. 이것은 이슬람 신학의 가장 중요한 성명으로서 지속되는 입장이었다. 예를 들어, 알아쉬아리는 그의 저서 『알이바나』(al-Ibāna)에서, 특별히 "신은 권위를 계시하지도 않았고 증거도 보이지 않았다는 관점으로 꾸란을 해석하는" 무으타질라파의 일원으로 규정되는 상대방에게 제기할 질문을 설정하면서 칼람 스타일의 논증을 사용한다(Ashʿarī 1940: 47). 그는 자신이 제기한 질문에 대해 다음과 같이 대답한다.

> 그들이 '예'라고 말한다면 … 이 뒤따르게 된다. 혹은 '아니오'라고 말한다면 … 이 뒤따르게 된다. 이것은 무으타질라파의 주장을 논리적인 모순에 이르게 하거나 혹은 양대 이슬람 권위 출처인 꾸란과 하디스와 모순이 되도록 하는 것이다.

알아쉬아리의 방법은 그의 논리적 주장을 구체화하기 위해 꾸란과 하디스를 광범위하게 사용했다. 그는 운명론의 위치를 전적으로 지지했는데, 꾸란에서 신은 전능하고 전지한 것으로 분명히 묘사되어 있기 때문이다. 자유 의지의 입장을 받아들인다면, 신은 사람이 하는 일을 알지도 못하고 이를 통제하지도 말아야 하는데 이것은 문제이다. 알아쉬아리에게 신은 사람이 행동하는 순간에 행동할 수 있는 능력을 창조하지만(실제로 창조할 능력이 있는 유일한 실체는 신이다), 개인은 자신이 하는 모든 일에 대한 책임이 있다. 이러한 책임을 일컬어 카스브(kasb, 획득[acquisition])라고 한다. 즉, 사람이 자신의 행동의 결과를 '획득하는' 것으로, 아마도 근대 용어로는 '양심'(conscience)의 작용과 유사하다고 생각할 수 있다. 알아쉬아리는 "인간의 어떠한 행동도 신의 뜻이 아니고는 일어날 수 없다. 왜냐하면, 신의 뜻하는 바에 영향을 미치는 부주의와 태만 혹은 약함과 부적절함은 신과는 연관이 없기 때문이다"(Ashʿarī 1940: 103)라고 말했다.

알아쉬아리에게는 신의 속성이 실재하는데, 그 이유는 꾸란이 그것을 분명하게 명시하고 있기 때문이다. 그러므로 신의 손과 얼굴에 대해 말하는 것은 의미가 있어야 한다. 탈-신인동형론은 알아쉬아리가 비난한 무으타질라파 사상의 핵심 요소 중 하나였다. 왜냐하면, 그는 그것을 꾸란 텍스트의 의미에 대한 이성주의자의 과도하고 의도적인 무지의 상징으로 보았기 때문이다. 그럼에도 그는 신의 속성에 대해 말하는 것이 신의 무한성과 관련해서 문제가 될 것임을 이성이 암시하고 있음을 부인하지 않았다. 그의 해결책은 속성의 실체를 말하지만, 이것은 인간의 그것과는 다르다는 것이다. 신은 손을 가지고 있지만, 우리는 단지 그것을 어떻게 이해하는지 알지 못하는 것뿐이다. "어떻게를 묻지 마라"(bilā kayf)라는 구절은 아쉬아리 신학의 핵심 용어가 되었고, 이성이 꾸란이나 하디스와 충돌할 때마다 사용되었다.

알아쉬아리는 꾸란을 신의 영원하고, 창작되지 않은 이야기로 보았다. 꾸란은 신의 이야기이기 때문에 그러므로 그의 성품의 속성이 드러나야 한다. 그 속성들(가장 중요한 것은 알고, 강하고, 살아 있고, 듣고, 보고, 말하고, 의지가 있다)이 모두 알아쉬아리에 의해 견고하게 확인되었다. 그는 신이 이런 속성을 실재 속에 가지고 있지 않다면, 어찌됐건 부족한 것이고, 물론 그럴 수 없다고 주장했던 사람이다. 예를 들어, 알아쉬아리는 다음과 같이 설명한다.

> 만일 모르는 채로 어떤 이가 살아 있다면, 지식과는 어떤 면에서 대치되는 이를테면, 무지, 의심 혹은 다른 결함으로 제한받을 것이다. ⋯ 그러나 만일 그가 지식과 상반되는 어떤 자격이 있었다면, 그분은 결코 알 수 없었을 것이다. 지식의 상반되는 것이 영원한 것이었다면 그것이 멈추는 것은 불가능했을 것이기 때문이다. 그리고 그것을 멈추는 것이 불가능했다면, 신이 지혜의 일을 하신 것은 불가능했을 것이다. 신이 활동을 했고, 그 활동들은 신이 알고 있다는 것을 증명한 이상, 신은 항상 알고 있었다는 것은 사실이고 확실하다. 왜냐하면, 신은 어떤 지식과도 반대되는 것으로 제한되는 것이 불가능하기 때문이다(Ashʿarī 1953: English 14, Arabic 11).

14. 알마투리디 (Al-Māturīdī)

아부 만쑤르 알마투리디(Abū Manṣūr al-Māturīdī, 944년 사망)는 순니 이슬람의 출현에 중요한 영향을 끼쳤던 10세기 신학자 중 한 명이었다. 트란스옥시아나(Transoxiana)에 살면서, 그는 무으타질라파의 교리를 공격하고 그의 신학 체계의 기초를 세웠다. 알아쉬아리와 마찬가지로 알마투리디도 전승주의와 합리주의 사이의 중도 노선을 따랐다. 신앙이 두드러진 문헌 자료를 보았지만 인간의 마음이 활동할 수 있는 공간도 확인하면서 이슬람을 꾸준히 발전시켰다.

알마투리디와 그의 학파로부터는 불과 몇 권의 책만 전해 내려왔지만, 가장 중요한 책 중 하나인 타우히드의 책(Kitāb al-Tawḥīd)은 아랍어로 볼 수 있다. 이 책은 다른 사람의 가르침을 무조건 따르는 것은 타당하지 않다고 선언함으로써 시작된다. 신은 모든 사람이 이성을 갖고, 그 선물을 사용하도록 인류에게 지능을 주었다. 물론 이것은 무으타질라파와 공통된 교리이다. 권위 있는 출처 혹은 예언자에게서 과거의 의식과 전승이 이루어지는 것처럼, 이성은 지식으로 안내한다. 이성은 반드시 지식의 다른 출처에 의해 제공되는 정보를 판단하기 위해 사용되어야 한다. 이성은 또한 예언자들이 보내지기 전에 신에 대해 알도록 했는데, 이 입장은 알아쉬아리와는 반대되는 것이었다. 알아쉬아리는 예언자가 필수적이므로, 신의 메신저가 도달하지 못한 사람들에게는 신앙이 없었다고 주장했다.

이어서 알마투리디의 연구에는 세상의 일시성, 신의 필요성과 영존 그리고 세상의 창조자에 대한 논의가 뒤따른다. 이 모든 것을 합리적인 증거를 들며 보여 주었다. 마찬가지로, 그에 따르면 입증되며, 꾸란의 본문에서 다루고 있는 신의 속성의 문제는 반드시 믿어야 한다. 예를 들어, 우리가 비록 '어떻게' 신이 그의 보좌에 앉아 있는지 알 수 없음에도 말이다. 이것은 이러한 문제를 해석하려는 경향이 알아위아리보다 더 폭넓다는 것을 의미한다. 비록 신이 사실상 유일한 창조자이고 그는 그의 피조물이 행동하도록 하지만, 알마투리디는 인류의 자유 의지에 대한 생각을 지지한다. 개인이 자신의 행동을 '획득'한다는 알아쉬아리와 동일한 개념을 사용하면서, 알마투리디는 이러한 획득의 행위는 그에 선행하는 선택이나 의도와 관련이 있다고 제안한다. 이것은 행동하는 당시에 행동할 수 있는 능력을 동시에 소유한다는 알아쉬아리의 획득과 구별된다. 신에 의해 미리 정해진, 악한 행동은 그러한 행위를 하려는 개인의 선택과 의도의 결과로서 행위이다.

알마투리디는 신앙 문제에 관해 무르지아파 입장의 상속자이자 영속자였다. 신앙이 있거나 혹은 없는 단 두 가지 상태만 존재한다. 신앙의 본질은 개인의 마음속에 있는 믿음에 있지만, 이슬람 안에서는 이것의 어떤 실질적인 결과가 있어야 한다.

알마투리디가 죽은 후 한 세기 동안, 그의 가르침은 아쉬아리파 반대자들의 관심을 끌지 못한 채 150년 동안 그다지 중요하지 않았던 것 같다. 이러한 방치의 이유는 분명히 알마투리디가 사마르칸트(Samarqand)에 거주하고 있었고, 그로 인해 이슬람의 지적 활동의 중심부에서 멀리 떨어져 있었기 때문이다. 그의 교리는 그 지역에 있는 공동체의 관심사로 남아 있었던 것으로 보이고, 외부적으로 교리의 발전에 주목할 만한 것은 거의 없었다. 알마투리디의 입장은 일반적으로 그의 시대에 이미 사마르칸트로 퍼진 아부 하니파의 입장에서 파생된 것으로 보인다. 하나피(Hanafi) 법학파의 시조로서 아부 하니파(더 자세한 내용은 6장)의 입장은 이미 하나피 법학파가 지배적이었던 사마르칸트 외곽 지역에서, 알마투리디의 추종자들이 그들의 신학적 입장을 수용하도록 논쟁하는 것을 허용했다. 그들은 이전의 두 서약 사이의 관계에 근거하여 이것을 주장했다.

학파의 확산과 궁극적인 성공은 이 하나피-마투리디의 신념을 통해 중앙아시아의 튀르키예인들이 이슬람으로 회심으로 나타났다. 하나피 법적 요건에 통합된 자유주의의 신학적 함의—모든 종교적 의무가 무시되더라도 개인에게 신앙이 존재할 수 있다—가 이 유목민의 점진적인 회심을 허용한 것으로 생각된다. 11세기 셀주크 시대부터 시작된 튀르키예인의 확장과 함께, 이슬람 공동체의 다른 그룹들은 마투리디 학파의 아이디어를 고수하게 되었다.

후기 마투리디 법학파의 신학적 위치는 예를 들어 알나사피(al-Nasafī, 1142년 사망)의 아끼다('aqīda, 교리)에서 표현된다. 이는 이슬람 세계를 통해 대중적이 되었으며, 많은 주석과 역작이 나왔는데, 심지어 알아쉬아리 학파의 추종자도 참여했다. 교리의 형태는 논쟁의 고전적인 순서였던 것을 보여 준다. 이것은 지식의 원천을 열거하는 것에서 시작하여, 신에 대한 논의와 신의 속성과 본성, 신앙 그리고 메신저를 통한 신과의 의사소통을 통해 세상에서 삶에 대한 논의로 결론짓는다. 따라서 전체적인 신학적 입장은 하나의 응집력을 주장하면서, 사물을 어떻게 알고 있는지에 대한 단순한 관찰에서, 무슬림의 삶의 방식이 참되고 신성한 것이라는 강력한 함축으로 독자들을 이끌고 있다.

15. 신학적 저술의 역할

신학적 저술은 이슬람에서 인문학이 되었지만, 6장에서 보듯이 법적 토론이 있었던 공동체에서는 주목받지 못했다. 이것은 분명히 신학적 연구가 무슬림 생활의 실제적인 측면보다 이론에 더 많이 전념했기 때문이다. 이슬람은 대부분 행위를 통해 신의 부르심에 응답한다는 개념에 근거하고 있다. 따라서 대다수의 무슬림에게 가장 중요하고 관련성 있는 학문은 인간 사상의 영역을 다루는 신학보다는, 인간의 행동을 안내하는 이슬람법이었다. 신학은 한편으로는 이슬람 간에 차이점을 진술하기 위해서, 다른 한편으로는 유대교, 기독교 그리고 다른 다수의 '하등' 종교와 구별하기 위한 지적 기반을 제공했다. 그러므로 그것은 종교적 삶의 방식을 인도할 수 있는 독립적이고 개인적인 존재 양식으로서 이슬람의 형성에 결정적인 요소였다. 신학적 교리는 또한 무슬림의 일상을 통제하는 법적 교리의 지향하는 바를 뒷받침했고, 따라서 신학과 법은 항상 단일한 실체로 간주되었다.

부록: 초기 기독교 신학자들과 이슬람

이슬람 제국의 초기 몇 세기 동안 기독교인들은 근동 지역 인구의 상당 부분을 차지했다. 아랍 통치하에서 아랍어는 곧 인구의 상당수에게 공통어가 되었지만, 시리얀(Syriac, 기독교인이 사용한 아람어)은 많은 기독교인에게 예전(liturgical) 언어로 남아 있다.

아랍어로 저술한 3명의 기독교 신학자들은 9세기 초부터 문헌에 중요한 유산을 남겼는데, 이슬람에 반대하고 기독교를 옹호하는 것을 기술했다. 그들은 모두 비슷한 방식으로 주제에 접근했지만, 각각 다른 기독교 근동 그룹에서 나왔다. 그들의 작품은 '변증적'(apologetic)이라 불리는데, 특히 무함마드의 삶의 이야기에서 이 측면이 드러났고, 꾸란과 후대 무슬림에 의해 제기된 기독교 교리에 대한 특정한 공격에 맞서 기독교를 옹호한다는 의미이다. 이러한 기독교 논쟁의 근본적인 목적은 기독교의 교리를 아랍어로 표현하는 것을 발전시켜서, 기독교인이 이슬람의 도전에 효과적으로 대처할 수 있도록 하는 것이었다. 그들은 목회적이고 실제적인 사용을 위해 기독교 사상을 적절하게 전달할 어휘를 신중하게 진술하고 정의함으로써 이를 수행했다.

테오도르 아부 꾸라(Theodore Abū Qurra)는 약 755년에서 830년 사이에 살았으며 말키파(Melkite) 기독교인이었다. 하빕 이븐 키드마 아부 라이따(Habīb ibn Khidma Abū Rāʾita)는 9세기 초에 아부 꾸라와 동시대에 살았던 논쟁적인 파트너였다. 그는 야곱파(Jacobite) 기독교인이었고 아마도 850년경에 사망했을 것이다. 암마르 알바쓰리(ʿAmmār al-Baṣrī)는 네스토리아 기독교인이었고 아마도 845년경에 사망했을 것이다.

이 저자들이 기독교의 입장에서 갖는 미묘한 차이는 그들의 변증적인 텍스트에서 논쟁의 대상이 아니었다. 그들은 기독교만이 참된 종교라고 주장하기 위해 협력했다. 그들은 삼위일체의 본질과 예수 안에서 하나님의 성육신에 관한 꾸란의 주장에 반대해야 했었다. 논쟁은 성경에 근거하여 제기되었지만, 유대인과 기독교인의 성경은 정확하게 전달되지 않았고 변질될 수 있기 때문에 신뢰할 수 없다는 무슬림의 비판에 부딪혔다. 그로 인해, 이성적 주장이 그들 반박의 주요 근거가 되었다. 삼위일체를 옹호하기 위해, 기독교 저자들은 무슬림이 이해하는 것처럼 하나님의 속성의 본질에 호소했다. 즉, 존재하심, 살아계심 그리고 말씀하심의 신성한 속성이 세 가지 핵심 요소이며, 이것들은 유일하신 하나님의 성부, 성자 그리고 성령과 동일시된다고 주장했다.

기독교 저자들은 예언자로서 무함마드의 지위에 맞서 싸워 기독교를 참 종교로 옹호했다. 그들은 예수와 그분의 사도들과 제자들의 삶과 비교했을 때, 무함마드의 삶에서 증명된 기적이 없다는 것을 지적했다. 그들은 또한 기독교의 긍정적인 속성과 비교할 수 있는 이슬람의 부정적 속성을 고려한 목록을 고안했으며, 이는 기독교가 참 종교라는 주장을 뒷받침했다. 그들은 사람들이 이슬람에 들어오도록 강요당하거나 혹은 뇌물을 받았다고 주장했고, 혹은 편협함, 개인적 선호, 부족의 결탁, 아니면 이슬람의 음란한 법과 관행의 속성으로 인해 개종했다고 논증했다. 반면에 기독교인은 박해에도 불구하고 기독교인이 되었는데, 왜냐하면 이성적인 생각을 가진 사람들에게는, 기독교가 분명히 이해할 수 있는 주장으로 진리에 가장 가까운 것으로 보일 수 있기 때문이다. 하나님의 존재에 대한 생각은 이성을 통해 알 수 있으므로—모든 종교와 철학자는 하나님이 오직 한 분이라는 데 동의하기 때문에—이어서 그들은 이성을 통해 참 예언과 거짓 예언 그리고 참 종교와 거짓 종교를 모두 분별할 수 있어야 한다고 주장했다.

기독교 아랍어 신학 텍스트의 자세한 적용은 Sidney H. Griffith (2002)의 *The Beginnings of Christian Theology in Arabic: Muslim–Christian Encounters in the Early Islamic Period*, Aldershot, UK: Ashgate/Variorum에서 찾을 수 있고, 더 일반적인 의미는 Sidney H. Griffith (2008), *The Church in the Shadow of the Mosque: Christians and Muslims in the World of Islam*, Princeton: Princeton University Press의 4장에서 볼 수 있다.

추천 도서

Martin, Richard, Woodward, Mark and Atmaja, Dwi Surya (1997) *Defenders of Reason in Islam: Muʿtazilism from Medieval School to Modern Symbol*, Oxford: Oneworld.

Schmidke, Sabine (ed.) (2016) *Oxford Handbook of Islamic Theology*, Oxford: Oxford University Press.

van Ess, Josef (2006) *The Flowering of Muslim Theology*, Cambridge, MA: Harvard University Press.

Watt W. Montgomery (1973) *The Formative Period of Islamic Thought*, Edinburgh: Edinburgh University Press.

Wensinck A. J. (1932) *The Muslim Creed: Its Genesis and Historical Development*, Cambridge: Cambridge University Press.

Winter, Tim (ed.) (2008) *The Cambridge Companion to Classical Islamic Theology*, Cambridge: Cambridge University Press.

제6장

법의 발전

　순니 이슬람(8장에서 다룰 시아 이슬람과 비교할 때)은 신학적 의무가 아니고 신학적 관점에 근거한 수행(practice)에 의해 정의된다. 무함마드의 순나나 수행을 진실하게 이행하면서, 공동체의 동의에 의해 인증된 네 개의 법학파 중 하나를 따르면 순니 이슬람의 일원이 된다. 무슬림 개인으로서 자체-정의의 핵심 요소가 되고 전체로서 공동체의 정체성을 통제하는 원칙으로 발전된 것이, 법에 대한 개별 신자의 관점이다. 이런 의미에서, 법은 일반적으로 영어 단어에서 인식되는 것보다 훨씬 더 광범위한 개념이다. 여기에는 법적 의미에서 행동의 세부 사항뿐만 아니라, 심지어 '예절'이라고도 할 수 있는 사소한 문제와 더불어 예배와 종교의식(ritual)과 관련된 문제도 포함된다. 더 나아가, 율법 전체는 전통적으로 역사나 변화에 종속되지 않는 '신의 계시된 뜻'으로 간주된다.
　제5장에서 논의된 바와 같이, 이슬람의 충성을 정의하는 율법의 역할은 이슬람 신학파가 법학파의 부수적인 형태로써 법학자들의 전적인 지원을 받았다는 사실에 의해 확인된다. 이것은 인간 생활에서 사변적 이성과 전승의 역할에 대해 신학적 그룹이 보여 주는 입장과 관련하여 일어났다. 그러므로 신학은 규율로서 율법의 중요성에 종속될 뿐만 아니라 전체 법적인 틀에 통합된다. 모든 법이 신으로부터 기인하기에, 법은 사실상 신학 그 자체이다. 왜냐하면, 두 주제 모두 신과의 관계에서 인간 행동에 대해 고찰하기 때문이다. 이슬람적인 삶의 수행 측면 때문에, 무슬림은 신학과는 다르게 법에 관한 연구를 필요로 한다.

1. 순나의 사상

순니 이슬람에서 율법의 초점은 순나, 즉 하디스에서 구체화되고 무함마드의 추종자들이 세대를 통해 현재까지 충실하게 전달한 무함마드의 실행 개념이다. 순나는 무슬림 개인에게, 신의 뜻의 완전한 구체화였고 어떤 면에서 살아 있는 꾸란이었던 무함마드의 선례(precedent)를 모방하는, 완전한 삶의 방식에 대한 설명을 제시한다. 하디스 자료들은 순나의 소재(素材)이고, 정당한 수행의 세부 사항을 밝히기 위해 율법학자가 반드시 그 중에서 선별해야 한다. 샤리아는 무슬림에게 '삶의 방식'으로 무슬림 법학자가 특정한 법의 원리인 우술 알피끄흐(uṣūl al-fiqh)에 기초하여 개발했다.

이슬람법의 역사는 순나의 사상이 항상 이러한 방식으로 인식되지 않았고, 실제로 순나가 항상 공동체 구성원을 위한 권위 있는 법원으로 간주되지도 않았음을 보여 준다. 이슬람법 개념이 나타나기 전까지 이러한 입장은 많은 시간과 논쟁을 필요로 했다. 알샤피이(Muhammad ibn Idrīs al-Shāfiʻī, 820년 사망)는 이슬람의 전반적인 법 이론의 이런 측면을 발전시키는 데 많은 공헌을 했다.

그러나 그 변화를 고려할 때, 이슬람법 개념은 무슬림 공동체에 정체성을 제공하는 이념과 상징 체계의 등장에 한 부분이었음을 기억해야 한다. 실질적인 용어로 보면, 이슬람법의 많은 부분이 유대적 배경과 유대교의 일반적 관심사를 반영하는 것으로 볼 수 있다. 동시에, 이슬람법의 일부는 정복된 땅에서 발견된 법과 실천의 채택과 더불어 실용적인 방식으로 발전된 것으로 보인다. 이것은 특히 이슬람 환경에서 채택된 로마법의 원칙 가운데에서 분명하다. 유대와 로마의 경향은 종종 합쳐졌고, 뚜렷한 무슬림 법이 등장함에 따라 재구성되었다. 이 과정은 제1장에서 제시된 바와 같이, 자힐리야(jāhiliyya)의 역사적 상황에서 출현한 것으로 보이는 무슬림에 의해 재구성된 많은 법적 원리로 조성되었다.

초기 공동체에서, 법은 위로부터 일치를 강요하는 도구로 이용되었고 그 법의 필요를 정당화하기 위한 권위의 수단으로도 사용되었다. 정복 후 초기에는 칼리프들이 공동체의 법적 문제에 대해 권위자인 것처럼 보였다. 그리고 예언자의 순나의 개념으로 선언된, 무함마드의 권위에 대해 일치된 생각이 실제로 등장하기까지는 시간이 걸렸다.

순나(sunna)라는 단어가 초기 문서에서 사용된 경우, 무함마드의 순나가 아니라 칼리프의 순나 그리고/혹은 특정 지역의 순나를 의미하며, 종종 표준이 되는 이상적인 행동과 결합된다. 즉, 아랍의 영토가 확장되었고 이슬람이 그 지역의 상징이 되면서, 법은 '이슬람'의 일반적인 테두리하에 불균형하게 발전했다. 각 지역은 실용적인 양식으로, 그 지역의 수행에 기반을 둔 법을 발전시켰다. 이것은 칼리프가 자신의 영역을 통일하려는 중앙 집중식 노력에 어느 정도 보완되었던 것으로 보인다.

2. 법학파의 출현

실용적이고 권위 있는 방식으로 법을 발전시킨 초기 단계부터, 다양한 '학파'(schools)인 마다힙(madhāhib, 단수는 마드합 madhhab)이 등장했는데, 개별적인 법적 추론에서 공통된 입장을 나누는 사람들이 함께 모였다. 학파는 학생들에게 법을 가르친 선생의 이름을 중심으로 형성되었지만, 그 사람이 실제로 '학파'를 시작하려고 했는지는 의문이다. 학파 자체는 규칙 고수 혹은 순응을 요구하지 않았으며 (지금도 그렇다), 마드합이라는 용어가 특정한 교육 활동을 의미하지도 않았다. 학파가 공유하는 것은 어떤 식으로든지 학파의 최초 설립자와 그의 추종자들과 연결된 특정 법 원칙에 대한 공통된 관심사였다.

이 학파들은 법학 연구에 참여한 사람들의 경건한 동기와 노력, 아울러서 칼리프의 손에서 권위를 빼앗고자 하는 학자 엘리트 계급의 출현을 통해 등장했다는 것은 분명하다. 무슬림이 가능한 한 완전하게 신의 뜻을 성취하고 있음을 확신하기 위해서는 법의 모든 세부 사항이 설명될 필요가 있었다. 이를 위해서 법의 모든 측면이 발견되어야 했다. 무슬림 사회에서 경험하지 못했던 새로운 상황이 발생하면, 그러한 상황에서 신의 뜻을 발견하는 것이 법학자의 책임이었다. 개별적인 법학자가 질서 있는 무슬림의 방식으로 이러한 종류의 결정을 내릴 수 있도록 법의 원리(uṣūl al-fiqh)와 규칙이 결국 제정되었다.

법학파는 처음부터 법의 지리적 다양성을 반영하는 지역의 중심지로 등장했다. 바쓰라(Basra), 쿠파(Kufa), 메디나(Medina), 다마스쿠스(Damascus)는 주요 지역으로 구별되어, 고유한 전통을 발전시키고 다른 사람들에게 영향을 주었다. 바쓰라에서 유일하게 남아 있는 중요한 분파는 카와리즈파와 종속 관계인 이바디파(Ibaḍī)였다. 쿠파에는 아부 하니파(Abū Ḥanīfa, 767년 사망)의 이름을 딴 하나피파가 등장했지만, 바그다드의 아부 유수프(Abū Yūsuf, 798년 사망)와 알샤이바니(al-Shaybānī, 805년 사망) 그리고 열두 이맘파(Imāmīs), 자이디파(Zaydīs)와 이스마일파(Ismāʿīlīs)를 포함하는 다양한 시아파 그룹들이 발전했다. 알아우자이(al-Awzāʿī, 774년 사망)는 비록 오래 가지는 못했지만 시리아의 한 법학파와 관련이 있었다. 메디나는 말리크 이븐 아나스(Mālik ibn Anas, 795년 사망)를 배출했고, 최소한 알샤피이(al-Shāfiʿī, 822년 사망)에게 추진력을 제공했다. 한발리파(Ḥanābila)로 알려진 후기 그룹은 이븐 한발(Ibn Ḥanbal, 855년 사망)의 가르침에서 발전되었고 메디나의 관행에 상당히 의존했다.

이 그룹들의 차이점이 과장되어서는 안된다. 법학파 간의 주된 대조는 이라크의 초기 그룹(유대인 법과 밀접한 접촉을 한 것으로 보임)과 메디나 그룹(이라크 그룹보다 더 '자유로운' 태도를 가짐)의 차이로 도식화할 수 있고, 후대의 법학파들은 메디나의 입장을 따른다. 중요한 문제는 일반적으로 원칙이나 방법에 대한 논쟁보다 관습적인 수행과 지역적 조건을 다루는 문제였다.

법학파가 초반에 법의 핵심 부분을 자체적인 수행에 따라 발전시키면서,

법학파 간의 이러한 종류의 차이점은 실제로 시간이 지남에 따라 증가했다. 각 법학파는, 자신의 순나인, 독자적인 수행을 발전시켰고, 시간이 흐르면서 개별적인 수행에 권위를 추구했는데, 처음에는 과거의 저명한 법학자, 다음은 무함마드의 동료 그리고 마지막에는 무함마드까지 거슬러 올라갔다.

권위의 이러한 '과거로의 증대' 경향은 이미 제3장에서 이스나드(isnāds)의 발전에 대해 다루었다. 이것은 동일한 현상이지만 더 크고 이론적인 규모이다. 그 최종 결과는 무함마드의 순나의 등장이었다. 이 발전의 궁극적인 동기는 무슬림 삶의 양대 원천인 꾸란과 순나의 관점에서, 모든 이질적인 요소를 인정하지 않고 모든 법을 정당화함으로써 철두철미하게 이슬람의 법 구조를 만드는 것이었다.

3. 알샤피이(al-Shāfiʻī)의 역할

무함마드의 순나가 모든 무슬림을 위한 권위 있는 법의 원천이 된 방법은 알샤피이의 인격과 업적을 통해 볼 수 있다. 여차여차한 항목들이 무함마드의 순나라고 단순히 말하는 것은 법학자에게 충분하지 않다는 전승주의자들(Traditionalists)의 주장은 알샤피이의 노력을 자극했다. 전승주의자는 알샤피이가 주장을 정당화하기 위해 독자적인 추론을 사용한 것으로 느꼈다. 전승주의자에게 모든 진술을 일일이 증명할 필요가 있었다. 여기에서 이스나드(하디스의 전달자를 추적하는)와 함께 하디스의 역할이 시작되었다. 종교의 모든 문제에서 이성의 사용을 옹호한 무으타질라파운동에서 가장 분명하게 입증된 것처럼, 증명하려는 경향은 많은 반대를 일으켰다. 이 시점까지 등장했던 법학파는 대부분의 경우 전승주의자들이 자신의 법적 전통을 옹호하는 경우에만 그들의 주장과 요구를 받아들였다. 법의 수행이 무함마드의 전통과 동의된다고 여겨지면, 모든 것은 좋고 훌륭한 것이다. 이 시점에서 하디스와 일치하도록 법을 변경하는 것에 대한 지원은 없었다.

알샤피이는 법의 추론을 위한 절차를 개발하여 혼란스러운 것처럼 보이는 것을 체계화했다. 그의 이전과 동시대에 있던 다른 법학자인, 아부 하니파, 아부 유수프 그리고 알샤이바니와 같은 사람들도 이 과정에 참여했지만, 근대 학술적 연구(특히, 샤흐트[Joseph Schacht]의 연구)는 알샤피이가 우리가 알고 있는 이슬람법 시스템의 출현에 중추적인 인물이라는 것을 보여 준다. 알샤피이는 법을 공식화할 때 임의적 혹은 개인적 추론 없이 체계적인 추론의 사용을 요구했고, 따라서 그는 이전보다 이론적 차원에서 훨씬 더 응집력 있는 시스템을 만들었다. 그는 무함마드의 권위 있는 순나는 오직 무함마드 자신에게서 전승된 전통에서만 발견되는 순나라고 주장했다. 무함마드의 동료의 전언을 받아들이는 것으로는 불충분했다.

알샤피이가 말했듯이, "예언자의 법 제정은 [꾸란]의 분명한 절차와 같은 방식으로 알라에게서 오는 것으로 받아들여진다. 왜냐하면, 알라는 예언자가 의무에 순종하도록 만들었기 때문이다"(al-Shāfiʿī, Kitāb al-Umm, Schacht 1950: 16에서 인용). 더욱이 꾸란은 순나와 모순될 수 없었다. 순나는 오직 꾸란을 설명할 수만 있었다. 법의 원천에 위계가 있어야 했다. 나스크(naskh)의 조정된 개념인 '폐기 혹은 취소'(abrogation)는 법적 출처들(sources) 간에 그리고 안에서(between and within) 명백한 모순 사례를 처리하기 위해 구현되었다. 무슬림들의 공동체는 그들이 특정 수행에 동의한다면 결코 순나와 모순되지 않는다고 말할 수 있다.

> 우리는 대중의 권위를 따르기 때문에 그들의 결정을 받아들인다. 예언자의 순나가 있는 곳에는, 비록 어떤 이는 예외이지만, 그들의 온몸이 그것에 대해 무지할 수 없다는 것을 알고 있다. 그들의 온몸이 예언자의 순나와 과오를 거스르는 것에 동의할 수 없다는 것을 알고 있다. 나는 믿는다 (Shāfiʿī 1983: 204).

이것은 무함마드의 하디스 자료 전파를 보장하기 위해서는 사실이어야 한다. 따라서 하디스의 책들이 이러한 법적 출처의 필요성을 강조했던 알샤피이 시대 이후에 모두 편찬되었다는 사실은 놀라운 일이 아니다.

4. 법학파의 발전

오늘날까지 존립하는 주요 법학파는 알샤피이 시대와 그 이후에 발전되었다. 그 과정은 지역적인 수행을 학파로 바꾸는 것이 아니고, 스승의 교리와 그 가르침이 대표하는 전통을 옹호하는 것이었다. 쿠파에서는 하나피 법학파가 가장 중요해졌고 바쓰라 도시의 시스템이 도입되었는데, 이 법학파에는 유명한 문하생 알샤이바니(그의 글은 아부 하나피에 기인했고 그래서 이 법학파의 문학 전통을 만들었다)와 아부 유수프가 있었다. 마찬가지로, 이집트와 메카에 이어 메디나에서, 말리크는 북아프리카에서 주요 발전을 이루었던 말리크 학파의 핵심이 되었다. 그는 법적 전통에 대한 최초의 기록서 중 하나인, 알무왓따(al-Muwaṭṭaʾ)와 관련 있었다. 말리크가 저술한 책은 주어진 주제에 관해 매우 제한된 수의 전승을 제공했고, 메디나의 지배적인 법률 시스템에 비추어 해석하려고 했다. 이 후자의 원칙은 전통 자체가 아니고 책 전반을 통제하는 요소이다.

알샤피이 법학파는 개별적으로 알샤피이를 중심으로 모였다. 그는 스스로를 메디나 학파의 일원이라고 생각했지만 결국 그 지역의 전통을 따르지 않았다. 그의 노력은 메디나의 실용적인 접근 방식과 입장을 무함마드의 순나를 고수하려는 전승주의자의 요구와 결합하는 방향으로 향했다. 카이로는 알샤피이가 그의 생애의 마지막 부분을 보냈던 곳으로 그의 법학파 발전의 중심이 되었다. 이 법학파는 9세기에 샤리아 즉 이슬람법을 개발하기 위한 노력을 계속한 세 가지 주요 그룹 중 하나로 부상했고, 결국 법의 원리(uṣūl al-fiqh)를 도출했다.

5. 법의 원리(Principles of jurisprudence)

　법의 체계화된 이론의 등장이 곧바로 법학파의 발전이 되는 것은 아니었다. 법학파의 초기 대표자들의 업적에서는 법을 다루는 데 어느 정도의 무질서함이 나타나고, 개별 사례에서 추론의 완전한 근거를 거의 제시하지 않는다. 문제점들은 11세기에 이르러 하나피 법학파의 알사라크시(al-Sarakhsī, 1096년 사망)의 저서와 같은 작업에서, 용어의 정의와 초기 결정의 재구성이 이루어지면서 명확해졌다. 이것은 이전 작업에 대한 단순한 반복 혹은 논평이 아니었고, 피끄흐(fiqh) 과정의 전체적인 구조를 창의적으로 재작업한 것이다. 문헌 이면의 근본적인 추진력은 신학적인 것이었고, 이슬람법의 완전성을 입증하고자 하는 욕구였다. 이러한 작업은 법의 원천을 바탕으로 모든 법적 질문에 답할 수 있는 것이 사실임을 입증하는 데 전념했다. 이를 위해, 인간 상호 작용에서 발생할 가능성이 가장 먼 사건을 다루어, 법(혹은 법학자의 기술)이 모든 잠재적 가능성을 다룰 수 있음을 분명하게 보여 준다.

　알샤피이의 작업에 궁극적인 기초를 두고 있는 순니 이슬람의 발전된 법리에 따르면, 법을 도출할 수 있는 네 가지 출처가 있다. 꾸란, 무함마드의 순나, 공동체 그리고/혹은 학자의 합의(이즈마아, ijmā'), 유추(끼야스 qiyās)이다. 처음 두 가지는 끼야스가 작용하도록 하는 물리적 기반을 제공한다. 대부분의 법은 꾸란과 순나가 세부적인 법 조항에 대해 매우 제한적이기 때문에 사실 끼야스에 의해 만들어졌다.

　일반적으로 개별 법학자는 먼저 이전 법학자의 저작물을 샅샅이 찾아서 고려 중인 사안과 동일한 다른 사건이나 혹은 유사한 사실이 있는 사건을 찾아야 했다. 만약 찾지 못하면, 그는 전례 없는 사례를 위해 꾸란, 순나, 혹은 이즈마아에 의해 제공된 절대적인 법에서 발견되는 법률 정보를 출발점으로 끼야스를 사용했다.

　끼야스는 문서화된 경우와 새로운 상황 사이에서 공동의 기초인 일라

(하디스의 결함, 'illa)를 찾는 것에 기초하여 작업한다. 그 과정은 법학자의 추론 능력에 달려 있고, 그의 작업의 결과는 그의 판단을 뒷받침하는지 여부에 관계없이 의견의 합의인 이즈마아에 달려 있다. 결정이 일반적인 지지를 받으면 그것은 취소할 수 없는 법률이 되고, 앞으로 끼야스에 의한 추론의 기준이 될 수 있다.

이즈마아(합의)의 운영은 법원의 발전에 있어서 중요한 문제였는데, 법학자들이 증명하기 위해 노력한 것은 사실 꾸란과 순나에 의해 입증된 합법적인 과정이었다. 이런 방식으로만 법을 제정할 권리를 위임받은 법학자(아마도 유대인과 기독교인과의 논쟁적인 토론에서 비롯된 비난)와 무슬림 체계 내에서 합법적으로 일했던 사람을 구별할 수 있다고 주장되었다. 이즈마아는 판결을 확인하는 기능을 한다. 이론적으로 이것은 주어진 판결 당시에 일어날 수 있지만, 실제로는 선례를 참고할 때 발생했다. 만약 다음 세대까지 이의를 제기하는 목소리가 들리지 않았다면, 이즈마아가 판결을 확정했다고 볼 수 있다.

이즈마아는 흔히 전체 법체계의 가장 중요한 요소로 간주된다. 왜냐하면 이즈마아의 행위를 통해 모든 원칙이 공식화되기 때문이다. 특히, 개별적인 하디스 자료와 심지어 모든 무슬림이 동의하는 유일한 권위의 꾸란도 그렇다. 이것은 사안을 규명하도록 하는 중앙 집권적 권위가 (순니 이슬람에) 없다는 사실을 강조한다. 그러나 무슬림 이론가들은 이 과정을 다른 방식으로 보았는데, 그들은 하디스와 꾸란을 수단으로 여전히 이즈마아 개념의 타당성을 확인할 필요가 있었기 때문이다. 그들에게 두 개의 경전 출처는 합의 자체가 아니라 관습적인 사용법과 기적적인 본질에 의해 증명되었으므로, 순환적인 추론은 개입되지 않았다.

6. 법학파 간의 관계

개인적인 추론을 완전히 거부할 것을 요구했던 전승주의 학파는 법의 원리 사이의 관계를 해결하는데 있어서 알샤피이의 타협에 대해 완전히 만족하지 못했다. 한발리 학파의 시조인 이븐 한발(855년 사망)은 개인적인 추론보다 하디스를 고수하는 원칙에 대한 그의 생각을 구조화했다. 그는 전승에 대한 개요서인 무스나드(Musnad)에서 이러한 태도를 드러냈다. 일화는 이븐 한발이 무함마드가 그렇게 했다거나 승인했다는 전통을 찾을 수 없기 때문에 절대로 수박을 먹지 않았다는 것과 관련이 있다. 그러나 수 세기에 걸쳐, 이 학파조차도 이슬람의 법리 정통 구조 안으로 받아들여졌을 때, 다른 학파들이 선언한대로 법의 원리(uṣūl al-fiqh)를 받아들이는 입장에 이르렀고 따라서 추론과 합의를 수용했다.

또 다른 법학파는 9세기에 다우드 이븐 칼라프(Dāwūd ibn Khalaf, 884년 사망)에 의해 설립된 자히리(Ẓāhirī) 그룹으로 알려져 있다. 꾸란과 예언자 하디스의 자히르(Ẓāhir) 즉, 유추와 견해를 거부하고 오직 텍스트만을 법적 출처로 취하는 일에 충실할 것을 주장하면서, 이 학파는 끼야스(유추)의 적용에 사용된 체계적인 추론의 모든 측면을 거부했다. 이로 인해 이 학파는 다른 법학파와 비교하여 독특한 조합의 입장을 가졌는데, 어떤 경우에는 자유로워 보였고—왜냐하면 법의 글귀만을 따랐고 다른 학파에서는 유사하다고 간주되는 여러 영역으로 확장하지 않았기 때문—다른 경우는 매우 엄격했다. 이븐 하즘(Ibn Ḥazm, 1065년 사망)은 이 학파의 최고의 지성으로 남아 있고, 그의 시대 이후에는 사실 영향력을 많이 상실했다.

10세기 말에 네 개의 법학파—하나피, 말리키, 샤피이, 한발리—이후에는 더 이상 법학파가 등장하지 않을 정도로 그들의 입장은 굳건하게 되었다. 이것은 더 이상의 법적 판결이 내려지지 않았다는 의미가 아니고, 법학파가 옹호하는 원칙과 그들이 발전시켜 온 법적인 입장에 관해 모두 추가적인 논의가 이 시점에서 수행되어야 했음을 의미한다.

무슬림은 학파들이 법의 관점에서 어디까지 동의하지 않는지에 관해서는 거의 관심이 없다. 왜냐하면, 상황에 정확하게 맞게 다뤄진 무함마드에 속한 전승(비록 정통 하디스의 모음집에서는 찾을 수 없지만)이 있기 때문이다.

> 공동체의 의견 차이는 신성한 자비의 표시이다(Fiqh Akbar I, Wensinck 1932: 112-113에서 번역됨).

법학파 간에 상호 인정하는 태도가 보편적이었고, 법 문제에 있어서 정통성은 법의 뿌리를 받아들일 경우에만 인정된다. 이것은 끼야스를 거부한 자히리 학파가 제외되었음을 의미한다. 법학파 간에 의견 차이가 있는 경우, 각각의 의견은 신의 뜻에 대해 동일하게 개연적인 표현이라고 받아들여져야 한다. 식품법처럼 기본적인 문제에서, 어떤 동물이 허용되는지 혹은 불허되는지 여부에 대한 선언에는 차이가 있을 수 있다.

> 알샤피이의 추종자들은 수생 동물에 대해 동의하지 않는다. 일부는 물고기가 허용되지만 개구리는 금지되어 있다고 주장한다. 다른 이는 동물이 물고기이거나 혹은 선한 신앙에서 의식을 치르고(ritually) 도살된 동물의 형태라면, 그 동물이 의식을 치르고 도살되지는 않았고 바다에서 나온 것이라면 먹을 수 있다고 말한다. 그러나 그것이 선한 신앙으로 먹는 것이 허용되지 않는 형태라면, 그것을 먹는 것이 금지된다. 이것이 아부 사우르(Abū Thawr)의 판단이다. 다른 사람은 바다의 모든 것이 물고기에 관한 법에 의해 판단되어야 하지만, 예언자가 죽이는 것을 금지했기에 개구리는 예외이다. 이것이 알리 이븐 카이란('Alī ibn Khayrān)의 판단이다.
> 말리크와 라비아(Rabī'a)는 심지어 거북이를 포함하여 모든 수생 동물을 허용한다고 선언한다. 이것은 "바다에는 신께서 당신을 위해 도살할 동물 외에는 아무것도 없다"라고 말한 아부 바크르의 자료에 의해 제안된다.
> 아부 하니파는 수생 동물 중에서 물고기의 형태가 아닌 모든 것을 금지한다

(Baghdādī 1987: 104–105).

따라서 하나피 법학파는 수생 동물이 물고기의 형태를 가진 경우에만 먹을 수 있도록 허용하고, 말리키 법학파는 모든 수생 동물이 허용되는 것으로 간주한다. 두 입장은 모든 무슬림에게 동일하게 유효하고 동일하게 '정통'으로 간주된다.

7. 법과 도덕

법학자는 주어진 법적 사건을 검토한 후, 최종적인 행위가 행동의 다섯 범주―의무(와집, wājib), 권장(만둡, mandūb), 무방(무바흐, mubāḥ), 기피(마크루흐, makrūh) 혹은 금지(하람, ḥarām)―의 한 측면에 속하는지 여부를 선언할 수 있다. 특별히, 제2장에서 논의된 바와 같이 꾸란의 자료에 비추어 볼 때, 할랄(ḥalāl)은 윤리적 행동의 용어로 선호되지 않았다. 일반적으로 [항상 그런 것은 아니지만] 할랄은 실체의 질에 한정되고 행위에 반영되지는 않는다. 법 이론이 발전함에 따라 모든 것이 특정하게 금지되지 않으면 할랄로 간주되었지만(그 의미에서 하람의 반대임), 윤리적 시스템이 발전하면서 무바흐(무방)가 가장 일반적으로 사용되는 용어가 되었다. 할랄이라는 용어는 특별히 음식의 규제에 적용됐을 때, '무방'이라는 의미를 갖게 되었고, 이는 의례적으로 도살된 음식과 같이 무슬림이 먹을 수 있는 모든 품목을 지칭한다(유대 용어로 "코셔"[Kosher]가 사용되는 방식과 기능적으로 유사하다).

매우 넓은 의미에서 말하자면, 의무적인 행동(와집)의 수행은 향후 관련자에게 보상이 주어지고, 행동을 생략하면 처벌을 받게 된다. 권장된 행위(만둡)에 대해서는 보상이 주어지지만 태만에 대한 처벌은 없다. 금지된 행동(하람)을 저지르면 처벌받지만 이를 피한 것에 대한 보상을 가져오고,

기피된 행위(마크루흐)를 피하면 보상이 주어지지만 이를 범해도 처벌이 가해지지는 않는다. 대부분의 행동은 '무방'(무바흐) 범주에 속하며, 그 결과는 내세에 느껴지지 않을 것이다. 이러한 범주의 적용에는 무수한 세부적인 요소들의 차이가 있지만, 원칙적으로 그것들은 의례적인지, 도덕적인지, 혹은 법률적인지 고려해서 적용한다. 모든 활동은 동일한 방식으로 고려되고 이 모든 것은 이슬람하에 있다. 그러나 불허한다고 선언된 행위조차도 법적 구속력 있는 결과를 초래할 수 있는 것이 이 법의 특성이다. 그 예로, 결혼은 여러 가지 방법으로 해결될 수 있다.

하나피 법학자 알마르가나니(al-Marghanānī, 1197년 사망)에 따르면, 이혼의 가장 칭찬받을 만한 방법은 "부인이 월경을 하지 않는 동안, 남편은 한 번의 결정으로 아내와 별거하는 것"이고 그 후 석 달 동안 그녀를 떠나 있는 것이다. 이것은 이혼을 한 번만 표명했기 때문에, 3개월의 기간이 끝나기 전에 취소할 수 있어서 가장 좋다. 3개월의 기간 동안 매월 정기적으로 별거를 반복하는 것은 실로 '칭찬할 만하다.' 그러나 "변칙적인 이혼은 남편이 한 번의 진술로 세 번의 이혼을 하거나, 혹은 3개월 동안 세 번 (임의로) 아내와 별거하는 것이다." 이것은 '비승인'으로 선언되지만, 무엇보다 중요한 것은 그 결혼이 실제로는 종료된 것으로 간주된다는 것이다 (Marghinānī 1975: 226-229).

그래서 비록 모두 무슬림 시스템에서 전체의 일부이지만, 법과 도덕으로 간주될 수 있는 것 사이에 분리가 있다. 왜냐하면, 모든 법은 궁극적으로 개인이 내세에 잔나(극락)로 들어가도록 하는 목적을 가지고 있기 때문이다. 동시에 (역사상 한 시점에서 무으타질라파가 옹호했던) 선과 악의 이분법이 아니고, 다섯 가지 도덕적 범주의 행동이 채택된 것은 이슬람법이 현실적 성격을 보여 준다. 법은 모든 무슬림이 그들 행동의 모든 면에서 성자가 되는 것은 아니지만, 법이 제공할 수 있는 완전성을 추구할 필요가 있다는 것을 깨닫게 한다.

이 시스템의 근본은 법의 윤리적 성격에 대한 확실한 장악이다. 일반적인 무슬림의 이해 안에서, 법은 알라의 뜻에 따라 선과 악을 결정하는 방식으로, 신에 의해 결정되었다. 신과 그의 뜻은 어떤 식으로든 제한될 수 없기 때문에 이성은 도덕성을 결정할 수 없다. 동시에 신의 뜻은 독단적이지 않다. 그것은 목적이 있는 것으로 여겨진다. 이 때문에, 법은 특정 상황에 적용되는 꾸란과 순나의 문자적 서술에만 국한되지 않는다. 오히려 사람이 한 상황을 근거로 비슷한 상황으로 추론하는 것이 합리적이다. 왜냐하면, 신의 뜻은 목적이 있고 따라서 어느 정도 예측 가능한 것으로 이해되기 때문이다. 더 나아가, 윤리적 행동의 범위를 설정하는 출처에서 발견된 법들은 본질적으로 구체적이기 때문에, 그것들은 추가 지침이 추론될 수 있는 윤리적 원칙으로 진술되지 않는다.

그러나 무슬림 법학자들은 이슬람법의 틀 안에 있는 것으로 간주되는 세 가지 일반적인 원칙—필요성(다루라, ḍarūra), 공공 이익(마쓸라하, maṣlaḥa) 그리고 유추보다 더 강한 증거를 선호(이스티흐싼, istiḥsān)—을 결정했다. 이 세 가지는 "신이 내려 준 명령을 절대적으로 고수함으로 위협을 받을 수 있는 선(善)을 장려하거나 혹은 그러한 고수로 인해 발생할 수 있는 악을 방지하기 위해 작동된다"(Brown 1999: 191). 하지만 세 가지 원칙 모두 실로 다양한 상황에서 법이 경전의 의미에서 벗어나는 것을 막기 위해, 고전적인 법리적 사고에서 매우 신중하게 적용되었다.

"옳은 것을 명하고 잘못을 금하는" 구절에서 드러난 무슬림 도덕성의 공적 역할은, 한때 공동체 내의 초기 분쟁으로 유발된 주제였지만, 거의 피할 수 없었다. 그러나 그 이행의 역사와 정확한 범위는 주어진 상황의 실용성을 반영하여 변형을 보여 준다. 문제는 개별적인 무슬림과 무슬림 국가가 과연 어디까지 동료 무슬림의 행동을 감시하고 바로잡을 책임이 있는가 하는 점이었다.

예를 들어, 아부 바크르 알칼랄(Abū Bakr al-Khallāl, 923년 사망)은 잘못된 것을 금지하는 주제에 관해 이븐 한발의 어록을 모았다. 그의 자료는 꾸란과 도덕적 책임과 관련된 무함마드의 진술이 어떻게 실행되었는지에 대한 온전한 초기 문서를 제공한다. 분석에 따르면 이 교리는 당시의 정치 세력으로부터 거리를 유지하고, 칼리프에 대한 요구도 없으며, 기대도 없는, 어떠한 분파와도 연관이 없었다. 개인을 다루는 경우에, 그 접근 방식은 성급하지 않았다. 도덕적인 근거가 필요할 때 다른 사람과 대화했고, 자신을 위험에 빠뜨리지 않는 경우에만 행동했다. 그렇지 않으면 '마음으로' 옳은 명령을 내리고 잘못된 것을 금하는 의무를 수행하는 것으로 항상 충분했다.

그러나 10세기에 활동가인 한발리의 입장이 나타났는데, 이는 분명히 법학파의 인기가 높아지고 칼리프의 권력이 약화된 결과에서였다. 이 입장의 이론은 아부 야알라 이븐 알파라(Abū Yaʻlā ibn al-Farrāʼ, 1066년 사망)와 압드 알까디르 알질라니(Abd al-Qādir al-Jīlānī, 1166년 사망)의 저작에서 발견된다. 이 저자들은 약간의 체계적인 형태로 잘못된 것을 금지하는 조건과 의무를 제시했다. 그들은 법 지식의 필요성, 법 위반 사실에 대한 지식 그리고 행위의 지속성을 강조하면서, 잘못을 금지하는 것이 오히려 더 큰 악을 초래해서는 안 되고, 지속 가능성이 있어야 하며, 계속 진행하더라도 개인적인 위험은 반드시 없어야 한다고 말했다.

이븐 타이미야(Ibn Taymiyya, 1328년 사망)와 더불어, 한발리는 협력한 국가와 함께 새로운 절정에 이르렀는데, 그 국가는 잘못을 금하려는 그의 광범위한 시도를 지지했다. 이 주제를 다룬 자신의 저서에서, 이븐 타이미야는 주어진 상황에서 행동의 필요성을 평가할 때, 비용과 이익의 균형을 존중한다고 신중하게 말했다. 그는 또한 행동을 수행할 의무는 우선적으로 권한을 가진 사람들에게 있다고 주장했다. 이것이 국가 권력의 목적이고, 행정가들은 그 의무를 성공적으로 수행할 수 있는 힘을 가진 사람들이다 (이븐 한발이 국가에 관여하지 않는 것과는 정반대의 입장이다).

8. 판사의 역할

무슬림 공동체의 법 집행은 우마이야왕조하에서 처음으로 제도적으로 발전했지만, 압바시야왕조하에서 영속적인 형태에 도달했다. 샤리아를 관리하기 위해 국가에서 까디(qādī,)로 알려진 판사가 임명되었다. 주심 판사 역시 통치 당국에 의해 임명되었으며, 통치자 자신뿐만 아니라 모든 판사는 모든 법적 문제에 대해 그에게 판결을 맡겼다. 그는 칼리프에게 모든 판사 임명을 추천하는 사람이 되었고, 통치자의 주요 법률 고문이 되었다. 모든 판사(주심 판사 포함)가 국가에 의해 임명되었다는 사실은 종종 갈등을 초래했다. 비록 이론적으로는 판사가 임명되면 그는 지배 당국으로부터 독립해야 했지만, 실제로는 고위 공무원에 대해 판결하는 것은 매우 어려운 일이었다.

판사가 되는 자격 중 하나는 분명히 이슬람법에 대한 완전한 지식이었다. 다른 요구 사항은 건강한 시각과 청각을 소유한 자, 자유인(즉, 노예 신분이 아님), 정직함 그리고 무슬림이어야 했다. 그러한 학자는 흔히 이슬람의 가장 열렬한 지지자였으며, 그들은 종종 국가의 활동이 전적으로 '이슬람적'이지 않다고 보았다. 그러나 그들에게 일자리를 준 사람들을 비판하는 능력은 미약했다. 이로 인해 통치의 정당성에 대한 많은 토론이 이루어졌고, 불의한 통치자를 따라야 하는 필요성과 반란의 권리에 대해 이슬람에서 많은 논쟁이 있었다. 판사의 지위와 그 직위에 대한 임명의 정당성은 그(혹은 그녀)를 임명한 지배권의 성향에 영향받지 않았다. (어떤 견해에 의하면, 여자는 판사가 될 수 있었지만, 핫드[ḥadd]—꾸란에 특별히 규정된 처벌로서 간음, 절도, 무장 강도, 음주, 부정직에 대한 거짓 비난 그리고 배교 등—의 부과에 대해 판결할 권리가 없었다.) 그러나 주요 법학자의 다수는 까디로서의 지위를 받아들이는 것이 불가능하다는 것을 알았고 그렇게 하기를 거부했다. 그들의 원칙은, 항상 당시의 통치자가 이슬람에 대한 책임을 이행하지 않았기 때문에, 그러한 사람의 사법적 임명을 받는 것은 도덕적으로 비난받을 일로 판단했다.

9. 법의 집행

판사는 판결을 실행하는 국가의 권한에 의존했다. 예컨대 이는 사법 제도에 있어서 핵심이다. 법학자에 의해 법이 구조화되었고 본질적으로 국가에 대한 범죄가 없었음에도 불구하고—범죄는 타인 혹은 신에 대해 이루어졌다—규정된 벌금, 특히 꾸란에서 발견된 핫드(형벌) 벌금은 어떤 식으로든지 부과해야 했다. 결국, 이러한 사건을 처리하기 위해 경찰력이 고안되었다. 판사들은 이슬람법의 조건으로 인해 더 방해를 받았는데, 이는 그들이 잘못을 찾아내거나 심문을 수행할 수 없었고 그들에게 제출된 증거만을 받을 수 있도록 허용되었기 때문이다. 이 법은 허물없는 증인이 항상 진실을 말하고, 모든 정직한 사람으로부터 결백의 맹세가 항상 나올 것이라는 개념에 근거하여 세워졌다.

법학자들은 스스로를 "이슬람의 실무에 대한 권위적인 감독이기보다는 이슬람의 양심에 대한 신앙의 고문 역할"이라고 생각했다(Coulson 1964: 126). 이로 인해, 정의(justice)의 직접적인 행정의 책임을 맡는 정치 세력이 필연적이 되었다. 결과적으로, 다양한 상황을 처리하기 위해 여러 기관이 추가로 등장했다. 지역 사회의 법무관 중에는 "불만 조사원"(naẓar fi'l-maẓālim)이 있었다. 이것은 원래 오심에 관한 혐의를 공청하기 위해 고안된 사무소였고, 따라서 판사들을 견제하는 역할을 했다. 부당한 세금을 다루는 것과 까디의 결정을 집행하는 것과 같은 부가적인 문제도 그 범위 내에 있었다. 나중에, 그 사무소는 특히 소송 문제에서 사법 시스템과 병행하는 것으로 등장했다. 이것은 까디가 누리지 못한 권력을 가진 마잘림(maẓālim) 법원의 결과였다. 그것은 증거를 재확인하고 조사하며, 폭력 행위를 억제하고, 구속력 있는 중재에 사람들을 회부할 권리였다.

일반적으로 이슬람의 도덕성을 장려하는 책임을 맡은 "품행과 물가 감독관"(무흐타시브[muḥtasib], 히스바[ḥisba]의 직책을 맡는 자)도 임명되어 일반 공익에서의 기소 가능성을 제공했다. 이 사무소의 특정 업무에는 시장에서 무게 저울을 속이는 행위와 사기나 미지불 부채가 의심되는 상업 거래와 관련된 문제가 포함되었다. 다시 한번, 판사의 역할은 어느 정도 중복되었다.

10. 이슬람법의 특성

전반적으로, 무슬림 법은 '이상적인' 시스템으로 인식되는데, 세상의 부패한 손아귀에서 변질되고 악화될 것이다. 이 입장은 실제적인 이유로 인해 어느 정도 완화되지만, 적어도 처음에는, 법이 선례에서 나오는 체계라기보다는 이론적인 발전과 법학자의 진술이었기 때문에 더욱 그렇다. 법의 이론적 특성은 실제적인 측면에서 긴장 속에 존재하는 것으로 가장 잘 설명될 수 있다. 이슬람법은 종교적 성격을 띠고 있으며, 신에 의한 징벌의 위협만을 지니고 있다. 예를 들어, 기도에 관한 이슬람의 법을 따르지 않아도 실정법의 처벌을 받지 않는다. 예외는 기도의 의무적인 성격을 거부하는 사람의 경우인데, 이는 이슬람 자체를 거부했다는 증거가 될 것이다.

법은 또한 매우 유연한데, 어떠한 법도 강요나 필요에 의해 위반될 수 있을 정도이다. 그러한 조건에서, 이전에 금지된 것으로 간주되었던 특정 행위는 유효하게 된다. 예를 들어, 다른 음식을 구할 수 없을 때 돼지고기를 먹는다거나 혹은 마실 물이 없는 상황에서 와인을 마실 수 있다. 이러한 유연성의 방식은 이슬람법이 이슬람 학습의 중심부에서 멀리 떨어진 영토로 점차적으로 퍼져 나가면서, 지역 관습에 적응하고 이슬람 근본을 통합하면서 신앙의 견고한 토대를 구축할 수 있게 했다.

이슬람법의 특징에 대한 마지막 함의 중 하나는 무슬림이 통제하는 영토 내에 살고 있는 유대교와 기독교 공동체의 처우에 주목하는 것이다. 이슬람법에서 아홀 알딤마(ahl al-dhimma) 혹은 딤미(dhimmīs)로 알려진 이 그룹은 이슬람법의 특정 조항의 적용을 받지 않는데 정확히 그들은 무슬림들이 아니었기 때문이었다. 대신 이들 공동체는 그들만의 법과 원칙에 따라 자치권을 가질 수 있었지만, 공공 권리에 대한 특정한 제한과 특별 인두세 납부 의무 요건이 있었고 무슬림보다 낮은 수준의 시민으로 간주되었다. 이 세금에 대한 납세로 생명, 재산 그리고 종교의 안전이 보장되었지만, 새로운 종교 건축물을 세우거나 혹은 종교를 공개적으로 드러낼 수 없었다. 실제로 이러한 공동체에 대한 관용은 당시의 정치적이고 사회적인 압력에 따라 무슬림 세계에서 바뀌었지만, 그 이론은 적어도 이슬람법의 성격과 통합적인 종교적 성격을 반영했다.

부록: 무슬림 식단과 요리

음식법은 꾸란과 순나에 명시되어 있고, 무슬림 생활의 특징인 문화적 식단의 기초가 된다. 무슬림 세계 전역에서 다양한 요리 스타일을 보는 것처럼, 특정한 '이슬람 요리'와 같은 것은 없다. 민족주의는 종종 독특한 요리를 통해 표현된다. 그러나 무슬림 식단에는 이슬람 정체성을 보여 주는 특정한 표식이 있다. 아랍 세계의 중세 요리책에서 분명하게 알 수 있듯이, 음식은 항상 무슬림 생활의 가장 큰 즐거움 중 하나로 간주되어 왔다.

돼지고기, 개고기, 피 그리고 알코올의 금지와 더불어 규정된 동물 도축 수행은 무슬림이 소비하는 음식의 주요 특징이다. 돼지고기 금지는 동물 자체의 불결함과 난잡함으로부터 고기를 통해 감염되는 질병의 위험성에 이르기까지 타당한 이유를 드러내는 고대 중동의 관습으로 보인다. 이러한 해석은 유대교와 기독교인의 논의에서 오랜 유산을 가지고 있고 많은 무슬림 문서에서도 채택되었다. 그러나 식단에서 돼지고기가 금기인 사실이 일반적으로 이슬람 정체성의 특정한 표식을 의미하지는 않는다. 이에 대한 예외는 중국의 일부 지역의 특정한 문화적 상황에서 볼 수 있다.

중국에서는 돼지고기가 일반적으로 소비되는데, 이곳에서 무슬림은 지역 사회 구성원으로 그들의 이웃들에 의해 돼지고기를 먹지 않는 것으로 식별된다.

무슬림의 종교의식적인 도살 행위는 무슬림 세계에서 표준이고 단지 사냥의 경우에만 다르다. 예를 들어, 동물이 끼블라(무슬림이 기도하는 방향)를 향해야 하고, 신의 이름이 불리며, 목이 깨끗하게 절단되어야 한다. 낙타 뼈가 발견된 고고학적 발굴에서, 무슬림 도살 과정의 증거가 발견된다. 이것은 적어도 낙타가 발견된 지역에서는 무슬림들이 존재했다는 증거이다. 이슬람 이전 시대에는 낙타가 희생 제물로 분명히 사용되었던 아라비아 밖에서 낙타를 소비했다는 증거가 거의 없다. 따라서 아라비아 밖에서 낙타를 먹는 것은 무슬림의 존재를 표시하는 것으로 보이며, 낙타 뼈에 남는 독특한 표식에 의해 입증되는 도살 행위에 의해 이것이 확인된다. 일부 비무슬림 공동체는 낙타를 먹지 않는 관습을 채택했는데, 이는 무슬림과 그들의 낙타고기를 먹는 관습의 강한 연관성으로 인해 그리고 한때 무슬림이 지배하던 곳에서 계속되는 문화적 분노감 때문이었다. 무슬림은 이와 비슷한 일을 힌두교의 표식으로 인도의 소를 고려하며 행했다. 무슬림 통치하에 사는 힌두교도들이 이슬람에 '더 가깝게' 다가오도록 쇠고기를 소비하도록 장려받았던 때가 있었다.

음식과 성별은 서로 얽혀 있으며, 일부 측면은 이슬람의 사회적 전제를 반영할 수 있다. 음식 준비는 세계 여러 지역에서 여성의 일과 관련이 있으므로, 음식 공급을 제한하거나 제대로 준비되지 않은 식사를 제공함으로써, 음식은 여성에게 힘을 표현하는 영역이 된다. 동시에, 남성은 식사에 필요한 자재와 식재료를 제공할 의무가 있다. 물론 이것은 무슬림만의 문제는 아니지만, 여성이 이혼을 요청할 수 있는 근거 중 하나가 남편이 자신을 제대로 부양하지 못하기 때문이라는 점을 감안할 때, 이러한 문제는 이혼과 같은 문제와 교차한다.

[그림 6.1] 푸주한의 가게 수피 시인 사나이(Ḥakīm Sanāī, 1131년 사망)의 삽화로 정육점 밖에 신발을 놓고 간다. 이것은 보들리언(Bodleian) 도서관에서 술탄 후세인 미르자(Sulṭān Ḥusayn Mīrzā, 1469–1506년)에게 헌정된 1552년의 원고 Majālis al-ʿushshāq("연인들의 집회")에서 발췌했다. 이는 유명한 남자, 특히 수피의 전기를 제공한다[출처: Bodleian Library, University of Oxford, MS. Ouseley Add. 24, fol. 44v].

A. J. Arberry, Charles Perry and Maxime Rodinson (2001) *Medieval Arab Cookery*, Totnes, Devon: Prospect Books는 이슬람 식단에 대한 유용한 통찰력을 제공하는 아랍 요리의 여러 측면에 대한 에세이 모음이다. Timothy Insoll (1999) *The Archeology of Islam*, Oxford: Blackwell, 4장은 음식과 관련된 증거를 평가하는 방법을 결정하는 데 도움이 된다(그림 6.1).

추천 도서

El-Shamsy, Ahmed (2013) *The Canonization of Islamic Law: A Social and Intellectual History*, New York: Cambridge University Press.

Hallaq, Wael B. (ed.) (2004) *The Formation of Islamic Law*, Aldershot, UK: Ashgate/ Variorum.

Katz, Marion Holmes (2002) *Body of Text: The Emergence of the Sunnī Law of Ritual Purity*, Albany, NY: State University of New York Press.

Melchert, Christopher (1997) *The Formation of the Sunni Schools of Law, 9th and 10th Centuries C.E.*, Leiden, The Netherlands: Brill.

Schacht, Joseph (1950) *The Origins of Muhammadan Jurisprudence*, Oxford: Clarendon Press.

Vikør, Knut S. (2005) *Between God and Sultan: A History of Islamic Law*, Oxford: Oxford University Press.

제7장

종교의식의 수행

외부에서 어떤 종교의 실체를 관찰하는 사람에게 종교의식은 그 신앙을 믿는 신자들의 성격과 존재를 가장 분명하게 보여 주는 표시이다. 종교의식 행위와 이에 수반되는 건물, 의복, 각종 도구는 종교의 상징을 제공하고 그 종교를 믿는 신자들에게 그들의 정체성을 표현하는 양식이 된다. 이러한 종교의식의 상징은 또한 통치자를 위한 정치적 기능도 분명히 수행한다. 먼저 통치자 자신이 그 상징에 내재된 가치에 대해 헌신을 선언하는 방법으로, 그리고 그의 배후에 있는 백성을 하나의 공통된 상징의 표현 안에서 통합하는 방식이다.

고전 이슬람의 경우 '다섯 기둥'(Five Pillars)이라는 개념은 종교의식 행위를 통해 제정된 현시 법(revealed law)의 전형을 나타낸다. 다섯 가지 행위—신앙 고백(샤하다, shahāda), 기도(쌀라트, ṣalāt), 자선(자카트, zakāt), 금식(싸움, ṣawm) 그리고 메카순례(핫즈, ḥajj)—는 대인 관계를 위한 일반적인 윤리와 규칙과는 별개로 각 개인이 감당해야 하는 의무이다. 그것들은 이슬람 신앙 체계의 필수적이고, 적어도 10세기 이후 신앙의 신학적 진술에 대한 의미의 한 부분이다. 이것은 알바그다디(al-Baghdādī, 1037년 사망)의 저술을 통해 설명되었는데, 그의 종교의 원리/키탑 우쑬 알딘(Kitāb Uṣūl al-Dīn)은 좀 더 공식적인 법적 구조와 엮여 있는 신학적 문제를 포함한다.

'다섯 기둥'이 이슬람 종교의식의 중심이라는 개념은 거의 확실하게 이슬람의 두 번째 세기에 나타났다. 알부카리(al-Bukhārī, 870년 사망)와 무슬림 이븐 알핫자즈(Muslim ibn al-Ḥajjāj, 875년 사망)의 하디스 모음집에는 초기에 무함마드가 "이슬람은 다섯 가지 원칙에 기초하고 있다"라고 다섯이라는 말을 제시한 전언이 포함되어 있다. 이 전언에서는 '기둥'이라는 용어가 사용되지 않았지만(이 용어는 10세기 주화에 나타남), 특정 종교의식 행위는 분명히 구별되었다. 심지어 하디스 모음집보다 더 일찍, 알샤피이는 그의 저서 리살라(Risāla)에서 신앙의 중심 요소 중 기도, 자선, 금식 그리고 메카순례를 구별했다. 그에게 이러한 요소가 이슬람을 실제적으로 정의하지는 않았지만, 그 중요성은 인지하고 있었다.

말리크 이븐 아나스(Mālik ibn Anas, 795년 사망)의 『무왓따』(Muwaṭṭa')라는 책에서 유사한 기록이 있는데, 네 가지 종교의식이 두드러지게 정립되었다. 그러나 그러한 제시는 말리크 자신보다 더 발전된 사고방식을 반영하는 이후 편집자들의 작품일 수도 있다. 마찬가지로 이슬람 초기부터 '다섯 기둥'의 개별적인 요소가 새신자에게 부과된 적이 없다는 것도 명백하다. 각 종교의식에는 그 자체의 역사와 의미가 있으며, 이 두 가지 측면 모두는 종종 재구성하기가 매우 어렵다. 어떤 종교의식도 꾸란에서 완전히 표현된 요구 사항은 없다.

예를 들어 네게브(Negev) 사막 지역에서와 같이, 아랍 정복 초기 단계의 고고학적 유물은 이 시기에 제례 혹은 종교의식의 상징에 관해 명확한 증거를 제공하지 않는다. 이 장소에서 발견되는 비문들은 다양한 종교적 기원(祈願)을 사용하여 종교적 이념을 드러나게 하고, 예배 장소의 출현도 보여 준다. 그러나 다양한 이교도와 기독교 (그리고 아마도 유대교)의 예배 관습과 더불어 이루어졌다는 정보 외에는 이 예배의 성격에 대한 단서가 남아 있지 않다.

1. 무슬림 신앙 고백

신앙 고백(샤하다, shahāda)은 "알라 외에 다른 신은 없다"와 "무함마드는 알라의 메신저이다"의 두 구절을 반복하는 것으로 구성된다. 이 구절은 이슬람으로의 회심을 고백하기 위해 암송된다. 이 고백은 정치적인 위치에 실질적인 영향을 미치므로 무슬림 공동체의 멤버십 특권을 부여한다. 이 구절은 아랍어로 낭독되어야 하고 정직한 의도를 가진 공표이어야 한다. 따라서 알바그다디(1928: 186)는 샤하다를 공표하는 사람이 "진실한 진술"을 알아야 하고, "이해력과 진심어린 성실함"으로 반복해야 한다고 말한다. 샤하다는 무슬림 기도인 쌀라트(ṣalāt)의 일부로서 반복되며, 따라서 단순히 일생에 단 한 번의 공표라기보다는 자주 반복되는 종교의식이라는 느낌을 더 많이 가진다.

샤하다의 공표뿐만 아니라 모든 종교의식 행위의 시작 부분에 나오는 니야(niyya), '의향' 선언은 무슬림 율법에서 특히 중요하다. 종교적 헌신의 첫 번째 단계로서, 의향에 대한 진술은 그 행위가 신의 뜻과 일치한다고 선언하는 것으로 간주된다. 종교의식의 과정에서 신중한 행동으로서, 의향은 헌신적인 행위에서 마음과 몸을 일치시켜, 개인을 위한 포용적인 기능을 만들어 낸다. 본질적으로, '의향'은 헌신적인 행위—신을 위한 행위—를 평범한 행위와 구별하는 역할을 하며, 샤하다의 진술을 낭독하는 것과 단지 종교의식으로 부르는 것과의 차이이다.

꾸란에서 샤하다에 대한 두 가지 기본 진술이 발견되지만, 그것들은 하나의 진술로 합치지 않았고, 꾸란에서 무슬림이 누구인지에 대한 일종의 개념 정의(definition)로 제안된 것이 아니다. 그것은 종교의식에서 사용하는 개념이다. 꾸란 47:19에서 "알라 외에 다른 신은 없다"라는 구절과 이것의 변형이 꾸란에 자주 나온다. 꾸란 48:29에서 "무함마드는 알라의 메신저이다"를 찾을 수 있다. 그러나 그 의미는 절대로 반복되는 후렴구가 아니고 주장의 한 부분이다.

무슬림 정체성의 핵심으로 이 고백이 등장한 것은 무슬림의 첫 번째 세기의 주화와 바위의 돔의 비문, 그리고 하디스 문헌에서이다. 이슬람 달력 80년에 나온 주화에는 "오직 알라 외에 다른 신은 없다"와 같은 구절이 포함되어 있다. 이는 꾸란 5:73과 유사한 구절을 연상시키는 진술이다. 그러나 분명히 샤하다의 전반부에 와히드(wāḥid), "오직"(alone)이라는 단어가 추가된 점이 그 차이점이다. "무함마드는 알라의 메신저이다"라는 표현도 이슬람력 77년과 78년(기원후 696-698년)의 동전에서부터 시작된 것으로 보인다. 그 진술에 "알라는 그를 안내와 진리의 종교와 더불어 보냈고, 알라는 모든 종교를 이길 수 있다"가 추가되었다.

이러한 기원은 이 시점부터 많은 주화에서 지속되며 표준 화폐에 사용되는 문구가 된다. 예상했던 것과는 다르게, 샤하다를 정확하게 기록하지 않은 규격의 동전이 계속 사용된 것은 역사의 우연인 것처럼 보인다. 이것은 샤하다가 충분히 공식화에 도달하기 전에 주화가 도입되었기 때문에 일어났을 가능성이 있다. 따라서 샤하다의 문구 자체는 종교적으로 중요한 어휘가 되었지만, 이러한 초기 주화가 발행될 당시에는 모든 무슬림의 정체성을 확인하는 종교의식의 문구가 아직 등장하지 않았음이 분명하다. 그러나 그것은 주화에 문구가 등장하기 전에 역사적으로나 어법적으로 짧은 단계였던 것으로 보인다.

압드 알말리크(Abd al-Malik)의 바위의 돔 비문에도 주화에서와 마찬가지로 동일한 해석이 적용된다. 알라와 무함마드를 언급하는 두 구절이 비문에서 발견되지만, 문서 안에서 별도의 요소로 서로 결합되거나 분리되지 않는다. 그 예로, 남쪽 열주 바깥쪽에는 "오직 알라 외에 다른 신은 없다. 그와 동등한 자는 없다"에 뒤이어 "무함마드는 알라의 메신저이다"의 글귀가 뒤따른다. 북쪽 문 너머에는 "무함마드는 알라의 종이며, 알라가 보낸 메신저에게 보호와 진리의 종교가 함께한다…"라고 기록되어 있는데, 이것은 압드 말리크 이후 우마이야왕조 시대의 주화와 동일하다. 나중에 이슬람 종교의식에 사용된 공식 표현에 대한 강조의 부족은 다시금 주목할 만하고, 이 무슬림 정체성의 요소가 점진적으로 발전하는 것이 드러나는 것은 중요하다.

앞서 언급했듯이, '다섯 기둥'이라는 개념은 무슬림 이븐 알핫자즈의 하디스 모음집에 열거되어 있지만, 이러한 보고서 중 일부는 샤하다 문제의 불안정성을 나타낸다. 모든 보고서는 어떤 식으로든지 신앙을 고백하는 것이 무함마드가 규정한 '다섯' 요소의 처음 부분임을 확인하지만, 이것은 여러 방식으로 표현된다. 예를 들어, 이 고백은 소위, "알라의 단일성을 선언함"이라고 한다. 더욱이 무슬림 이븐 알핫자즈의 모음집에서 볼 수 있는 샤하다의 실제 형태는 구체적인 신앙 고백이다. 즉, 샤하다라는 말로 시작하는데 그 뜻은 "신앙 고백은…"이라고 한다. 사실 그 고백은 종교의식 기도의 일부이다(따라서 전통 자체도 "기도 안에서의 신앙 고백"과 관련된 장에 포함된다). 무슬림 이븐 알핫자즈가 제시한 자료가 비결합적인 표현을 제공하는 사실은 두 가지를 암시한다. '다섯 기둥' 개념의 한 부분으로서 샤하다의 분리는 적어도 무함마드 이후 2세기가 지난 후에 일어났고, 그것은 또한 상당히 늦게 최종적인 형태로 공식화되었다.

2. 이슬람의 기도

기도(쌀라트, ṣalāt)는 꾸란에서 수없이 언급된다. 정규적인 기도 시간이라는 개념이 어떤 경우에는 규정되어 있지만, 꾸란의 본문은 하루에 다섯 번 기도하는 고전적인 이슬람 관습을 미묘한 해석으로 뒷받침한다. 쌀라트와 관련된 의례의 다양한 요소가 꾸란에 규정되어 있다. 여기에는 서 있기, 절하기, 바닥에 엎드리기, 끼블라(qibla, 이 단어 자체는 주로 꾸란 2:142-145에서 7번 사용됨)로 알려진 정해진 방향으로 향함 그리고 기도 전에 세정의 실시가 포함되어 있다(꾸란 5:6). 전체 공동체를 위한 금요일 (정오) 기도 꾸란 62:9에 지정되어 있다. 기도 가운데 꾸란의 암송도 종종 본문

자체에 의해 뒷받침되는 것으로 보인다(꾸란 17:78, 여기서는 "새벽에 읽기"를 언급).

그러나 이러한 요소 중 어느 것도 오직 본문만으로 실제적인 종교의식을 재구성할 수 있도록 체계적이거나 상세한 방식으로 제시되지는 않는다. 오히려 대부분은 매우 일반적인 방식으로 제시된다(예를 들어, 꾸란 25:63-64, "자비로운 자의 종은 … 알라에게 엎드리거나 서서 밤을 보내는 자들이다"). 무슬림들은 후대에야 이 구절들을 각각의 방식으로 그리고 많은 강조점에 따라 발전된 정교한 종교의식으로 고정했다.

하디스 자료 모음집이 등장할 무렵, 여전히 세부적인 부분에 완전한 일치가 이루어진 것은 아니었지만, 기도의 종교의식은 분명해졌다. 차이점은 이슬람의 모든 종교의식과 마찬가지로 다양한 법학파의 전통에서 나타나기 때문에, 이슬람 내에서 '기도'의 단일 그림을 제시하는 것은 불가능하다. 그러나 기본 요소는 모든 학파에 공통적으로 정리될 수 있다.

다섯 번의 기도 시간(미까트, miqāt)은 새벽, 정오, 오후 중간, 일몰 그리고 저녁으로 정해졌다. 그러나 이 시간이 결정되는 정확한 방법은 다양하다. 그것은 또한 분명히 개인이 주어진 순간에 세계 어디에 있는지에 달려 있으므로, 이론적으로 무슬림은 항상 전 세계에서 기도하고 있다. 기도에 대한 외침(아단, adhān)은 각 모스크(masjid, 문자 그대로 "부복의 장소"[엎드리는 곳], 그러나 꾸란에서는 "성소"[sanctuary]를 의미함)에 무엣진(muezzin, 무앗딘 muʾadhdhin)이 있다고 한다. 그러나 금요일 정오 기도를 제외하고는 기도를 위해 그곳에 갈 필요가 없다. 누구든지 깨끗한 장소에서 홀로 혹은 다른 사람들과 함께 기도할 수 있기 때문이다. 개인의 정결 상태에 따라 작은 세정(우두, wuḍūʾ) 혹은 큰 세정(구슬, ghusl) 이후에는, 일련의 암송과 신체의 움직임이 단계적으로 수행되며, 그중 상당수는 법학파에 따라 다른 전통적인 요소에 의해 보완될 수 있다.

기도는 메카의 카아바(Kaʿba)를 향하며, 수라 1장을 특별히 강조하면서 꾸란의 부분을 낭송하면서 이루어진다. 예배자는 서 있는 자세에서 시작하여 절하고, 절반쯤 앉고, 완전히 엎드리는 자세로 움직인다. 이 종교의식의 전체 순서는 아침에 두 번, 일몰에 세 번 그리고 정오, 오후와 저녁 기도에 네 번 반복된다.

무슬림 전통에 따르면, 이 다섯 번의 기도 시간은 무함마드가 하늘로 여행을 하는 동안 지시한 결과이다. 분명히 꾸란의 본문만을 근거로 하면 다섯 번의 기도를 찾기 어렵고, 우리에게 가능한 증거로는 다섯 번이라는 것이 언제 혹은 왜 결정되었는지 알 수 없다. '다섯'이라는 숫자가 유대교의 세 번의 매일 기도와 시리아 기독교 수도원의 7단계 사이의 중간에 해당하는 것으로 유대교와 기독교의 중간에 있었지만 분명하게 구별되는 자체-정의를 형성하려는 의식적인 시도로서, 무슬림 종교의식의 정교함과 일치한다.

'다섯'이라는 숫자는 중동 문학에서 종종 한 그룹의 절반―'열'의 절반―을 상징하는 것으로 사용되고, 꾸란에서 '다섯'의 사용은 거대한 숫자의 표현에 한정된다(꾸란 3:125에서 언급된 5,000 천사의 강림; 꾸란 70:4에서 하루는 50,000년). 그리고 '다섯'은 단순하게 상당히 많은 양을 전달하는 것처럼 보인다. 종교의식 사안에 '다섯'을 붙이는 것(매일 '다섯 번'의 기도뿐만 아니라 '다섯 개'의 종교의식 기둥과 신조의 '다섯' 기둥)은 분명히 나중에 발전한 것으로서, 현재 꾸란에 존재하는 어떤 상징적 혹은 문자적 의미에 의존하지 않는다.

3. 금요 정오 기도

매일 기도는 어디에서나 할 수 있고, 혼자서 할 수 있지만(다른 사람들과 함께하는 것이 더욱 칭찬할 만하지만), 금요 정오 기도는 큰 자미으(jāmi', '회중적인' 모스크)에서 열린다. 일반적으로 이 건물은 정부 자금으로 지원된다. 반대로 무슬림 세계에서 발견되는 작은 모스크는 민간 자금으로 지어져서 지정된 그룹의 사람들이 금요 기도 이외의 다른 모든 시간에 기도를 위해 사용된다.

금요 정오 기도는 항상 기도 인도자인 이맘(imām, 이맘은 단순히 화합을 위해 무슬림 그룹이 함께 기도할 때 항상 참석할 수 있다)에 의해 인도될 것이고, 설교는 카띱(khaṭīb, 이맘과 동일한 사람일 수 있음)이 한다. 알바그다디(1928: 190)에 따르면, 금요 정오 기도의 참석은 "여성, 노예, 병자, 여행자, 병자를 돌보는 자, 억압을 피해 도망치는 자"를 제외하고, 법적 권리를 지닌 모든 무슬림에게 의무적으로 공표되었다.

4. 기도의 기능

의무적이지 않지만 여전히 종교의식적인 쌀라트 유형의 보조적인 기도도 이슬람에 규정되어 있다. 밤에 행해지는 위트르(witr) 기도는 특별히 눈에 띄며 여기에 라크아(rakʿa)라는 부분이 추가될 수 있다. 다섯 번의 매일 기도에도 어떤 부분을 추가할 수 있다. 또한, 꾸란 암송에 초점을 맞춘 위르드(wird)라는 종교의식 개인기도가 있다. 또 다른 기도로는 종교의식적이지 않지만, 알라에게 드리는 두아(간구, duʿā)이다.

그러므로 기도는 매일 다섯 번의 기도에만 국한되지 않고, 무슬림 안에서 개별적으로 필요와 욕구가 생기면 다른 때에도 행해질 수 있다. 따라서 이슬람에서 하나의 현상으로서 기도는 단순히 하루와 한 주의 일정한 시간에 공동체를 하나로 모으는 기능만은 아니다. 그것은 무슬림 사회에 하루의 조직화된 시간을 제공하는 것만도 아니고, 단순히 전 세계에 이슬람의 존재를 지속적으로 상기시키는 방법도 아니다. 물론 기도는 이 모든 것을 포함하지만, 기도는 또한 신과의 개인적인 소통으로 여겨진다. 전적으로 언어로서 신에 대해 감사와 예배를 표현할 기회를 제공한다.

5. 모스크

기도의 종교의식에 실제로 필요한 것은 아니지만, 모스크는 세계의 특정 장소에서 무슬림의 물리적 실체를 나타내는 중심 요소이며, 개별 신자의 정체성의 원천, 무슬림 공동체의 상징이며 중심이 되었다. 모스크와 연결된 무슬림 정체성의 신체적인 표현은 핵심 요소로 구별될 수 있고, 따라서 모스크는 아마 무슬림이 무슬림으로서 자기-정의와 자기-이해에 필수적인 상징으로 진술될 것이다. 교회가 모스크로 변한 현상은 그러한 요소에 대한 흥미로운 예를 제공한다.

이러한 전환을 알 수 있는 가장 명백한 예는 이스탄불에서 발견된다. 이스탄불에서는 후기(튀르키예의 콘스탄티노플 정복이 1453년이었으므로, 이러한 모든 예는 반드시 그 이후)부터 이 전환이 시작되었는데, 고전적인 무슬림의 자기-이해를 충분히 대표하는 특징들을 포함한다(그림 7.1).

[그림 7.1] 성 소피아 532년에서 537년 사이에 비잔틴 황제 유스티니아누스(Justinian)에 의해 교회로 건설된 하기아 소피아(Haghia Sophia). 내부 모자이크 위에 명백한 기독교 상징물(종, 제단 등)을 제거하면서, 1453년에 아야 소피야(Aya sofya) 모스크로 개조되었으며, 150년에 걸쳐 4개의 미나렛을 추가했다. 이 건물은 1934년에 박물관으로 바뀌었다.

비록 1980년대에 너무 커졌고 버려진 상태였으며 1964-1965년에 부분적으로 완성된 복원의 영향으로 피해가 있었지만, 이스탄불에 소재하는 마이렐라이온(Myrelaion)교회와 보드룸 카미(Bodrum Camii) 혹은 마시흐 알리 파샤(Mesih Ali Paşa) 모스크가 그 좋은 예이다. 약 922년에 지어진 이 교회 건물은 그 자체로 매력적인데, 그 건축 설계와 건물 아래에 지하실이 있기 때문이다. 15세기 후반 혹은 16세기 초에 교회는 모스크로 개조되었다. 개조의 가장 명백한 증거는 남서쪽 구석에 지어진 미나렛(minaret)의 존재이다. 무슬림 건축물의 한 형태로서 미나렛의 역사는 흥미롭다. 이곳은 기도를 부르는 장소로서 실제적인 기능을 제공하지만, 동시에 종종 건축물의 기원이라고 제안된다. 그러나 그 형태는 이전 건물에서부터 인수된 것으로 보인다.

미나렛의 초기 예는 706년에서 715년 사이에 건설된 다마스쿠스의 알 왈리드(al-Walīd) 모스크에서 발견되었다. 이 모스크는 로마 신전의 기초해서 지어졌으며 세 개의 원래 있었던 모퉁이 탑을 미나렛으로 통합했다(바위의 돔에는 미나렛이 없다는 점에 유의해야 한다). 초기 미나렛의 일반화된 상징은 이해하기 어렵지 않다. 거주민을 압도하는 탑은 정복자의 기둥이었다. 그러나 초기 기능에 상관없이 고전 이슬람에서 미나렛은 교회를 모스크로 전환하는 과정에서 설명한 것처럼, 이슬람 신앙과 예배 장소의 중심 상징이 되었던 것이 분명하다. (그러나 건물에 미나렛이 없어도 모스크가 될 수 있다는 점에 유의해야 한다.)

마이렐라이온(Myrelaion)에서는 교회가 모스크로 기능하기 위한 다른 주요 건축적인 개조가 필요하지 않았다. 꾸란 읽기를 위한 충분한 빛을 확보하기 위해 지상층에 작은 창문이 설치된 것으로 보인다. 다른 변경 사항은 모두 내부적인 것이며 비품과 관련이 있다. 기도하는 방향을 표시하는 미흐랍(miḥrāb), 즉 벽감(niche, 壁龕)이 제공되었다. 이 지표는 개조된 건물에 필수적인 기능인 것처럼 보이지만, 목적에 맞게 지어진 모스크는 어쨌든 적절하게 정렬되어 있어서 이러한 경우 중복된 것처럼 보인다. 그러나 벽감은 모든 모스크에서 발견된다. 예를 들어, 로마 신전의 영예로운 이미지의 존재를 위해 지정된 장소인, 고대 종교 건물의 디자인에서 이 특징이 모방되었을 수도 있다.

설교자(카띱, khaṭīb)의 설교(쿠뜨바, khuṭba)에는 설교단(민바르, minbar)이 필요했다. 성별을 구분하기 위해 여성 전용 좌석을 설치해야 했다. 이 모든 항목은 이전 교회의 구조 안에서 메카를 향하는 무슬림 방향으로 정렬되어야 했다. 이맘과 무엣진을 위해 보조 방이 만들어진 것으로 보이고, 늦게 도착하는 사람들을 위해 만들어진 현관이 있다. 원래 건물 단지 안에서 수조는 필수적으로 흐르는 물을 제공했을 것이지만, 세정을 위한 장소에 대한 증거는 존재하지 않는다.

이러한 개조 패턴은 이스탄불과 이슬람 세계의 다른 지역에서 많이 목격될 수 있다. 이스탄불은 유스티니아누스를 위해 527년에 지어진 성세르기오스와 바코스교회(church of Saints Sergius and Bacchus)에서 그 예를 더욱 생생하게 볼 수 있는데, 네 개의 미나렛을 가진 하기아 소피아보다 더 오래 된 것들이다. 일부 교회는 더 문제가 있었는데, 모스크로 성공적으로 사용하기 위해서는 완전한 방향 전환이 필요했다. 현재는 코카 무스타파 파샤 모스크(Koca Mustafa Paşa Camii)로 알려져 있지만, 원래는 크리세이(Krisei)에 소재하는 성앤드류교회(Church of St. Andrew)였을 것으로 생각되는 경우가 그렇다.

6. 무슬림 자선

마치 종교의 두바퀴처럼, 기도와 같이 자선의 의무인 자카트(zakāt, 이 용어는 싸다까[ṣadaqa]와 종종 비슷하게 사용되지만 싸다까는 "자유 의사에 따라 내는 희사금"을 의미할 수도 있음)는 꾸란에서 신자들에게 나누어 주도록 권고한다(꾸란 3:92에는 "네가 좋아하는 것을 바칠 때까지는 알라의 호의[알라가 주는 혜택]

를 얻지 못할 것이다"라고 기록되어 있다). 그러나 실제로 무엇을 언제 줄 것인지에 대한 세부 사항은 거의 나타나지 않는다. 꾸란은 2:219에서 얼마나 줄 것인지를 알고자 하는 질문에 "당신이 할 수 있는 한 많이!"라는 말로 답한다. 꾸란 9:60이 이 문제에 대한 모든 법적 논의의 잣대가 되면서, 구호품 수령자에 대한 명확한 진술이 있다.

> 싸다까는 가난한 자, 궁핍으로 부족함을 느끼는 자, 자카트를 모으는 자, 마음이 새로운 신앙에 만족한 자, 노예, 지불 불능의 빚진 자, 알라의 대의를 위하여 싸우는 자 그리고 궁핍한 여행자에게 주어진다. 이것은 알라가 제정한 의무이고 알라는 모든 것을 알고 지혜롭다.

꾸란 전체에서 일반적으로 강조되는 부분은 가난한 사람, 고아, 과부를 돕는 데 있고, 그러한 모든 지불은 자선을 베푸는 자에게 주의를 끌지 않고 신중하게 이루어져야 한다고 제안된다. 부과된 자선의 의무는 자신이 소유한 돈이나 농산물에서 나와야 한다.

기부와 지불의 정확한 시스템을 발전시키는 것은 후대 세기의 법학자들에게 달려 있었다. 이 발전은 하디스의 책에서 볼 수 있으며, 자선 기관은 법학자들이 미묘한 세부 사항과 이론적 고려 사항을 해결할 수 있는 무한한 기회를 제공했다.

초기 하디스 보고서에서는 자카트로 정확히 얼마를 주어야 하며, 어떤 종류의 물건으로 지불해야 하는지에 대해 상세하게 기록되어 있지는 않아 보인다. 그러한 보고서는 단순히 '부'를 소유하는 것이 금지되어 있으므로 초과하는 모든 소유물은 버려야 한다고 말한다. 그러나 발전된 법학파 내에서 학파마다 세부 사항에서 차이가 있었지만, 상당히 정확하게 요약할 수 있는 전체적인 규칙이 생겼다. 밭에서 거둬들이는 농작물, 포도, 대추는 각 작물에 대해 10퍼센트로 규정된 양만큼 자카트를 적용하고, 수확기에 지불한다. 방목하는 낙타, 황소, 그리고 기타 작은 가축들도 적용이 되며, 특정하게 규정된 양을 초과하는 부분을 지불한다. 금, 은, 물품 중 매년 보유한 금액의 2.5퍼센트도 지불해야 한다. 자선금은 수령인에게 직접 지불할 수 있지만, 자선의 의무는 분배를 담당하는 당국에 지불하는 것이 선호된다(이것은 꾸란이 자카트를 받을 자격이 있는 그룹 중 모금에 관여하는 사람들을 언급한다는 사실에 의해 지지받는 것으로 보인다).

실제로 자카트는 특히 일반 과세가 높은 시기에는 모금하기 어려웠다. 그러나 무슬림 역사 가운데 여러 시기에 걸쳐, 정부들은 경건한 학자들의 영감을 받았고, 유일하게 합법적인 조세 형태로 자카트 모금 시스템을 공표하고자 했다. 그러나 징수된 금액은 흔히 충분치 않은 것으로 판명되었고, 결국 전통적인 자카트 법에서 다루지 않았지만 정부에서 더 많은 수익을 낼 수 있는 품목에 대해 다른 형태의 세금으로 전환이 발생했다(예: 수입 관세의 부과).

자카트는 시간이 지남에 따라 사회적이고 정치적인 현실에 적응하고 또한 그것에 의해 조정되는 데 대단한 유연성을 보여 주었다. 예를 들어, 세금이 자발적인 것인지 아니면 국가(state)에 대한 필수 기부금인지의 차이는 종종 해당 국가의 번영을 가져오는가의 측면에서 당시의 조건을 반영했다. 또한, 11세기경부터 이슬람 통치가 부흥하면서 핵심적 특징으로 자카트의 부과가 나타났다.

세금의 '올바른'(proper) 즉, 합법적인 이행은 개혁가들에 의해 촉구되었고, 이슬람의 이념적 주장을 강화하기 위해 역사의 여러 시점에서 통치자들에 의해 시작되었다. 예를 들어, 이집트를 중심으로 한 아이읍왕조(Ayyubid Dynasty) 시대에 통치자였던 알말리크 알카밀(al-Malik al-Kāmil, 1238년 사망)은 자카트 용어로 자발적인 세금 납부라는 이슬람의 이상을 호소했지만, 중앙 정부의 수익 손실로 인한 영향으로 프로그램은 급속히 붕괴되었다.

7. 무슬림 금식

이슬람력의 아홉 번째 달인 라마단(Ramaḍān) 달에 무슬림은 싸움(ṣawm) 혹은 씨얌(ṣiyām)이라고 불리는 금식을 하게 된다. 음력으로 이 달의 30일 동안 일출부터 일몰 직후까지 성인은 모든 음식과 음료의 섭취, 의도적인 구토 그리고 성관계 혹은 의도적인 욕망의 결과로 귀결되는 누정(漏精)까지 삼가라는 명령을 받았다(이 규정은 가능한 몸속에 어떠한 물질도 들어가는 것을 금하는 규정). 월경, 출산 후 출혈, 불건전한 정신 그리고 취함은 모두 금식을 무효화한다. 금식을 위반할 경우 어떻게 해야 하는지와 일반적으로 한 달 동안 허용되는 행동 유형을 포함하여 수많은 법적인 요건이 금식과 연관되어 있다. 다양한 법학파는 많은 상황으로부터 발생하는 여러 함축적인 의미들을 해석한다. 음력을 따르기 때문에, 금식은 계절에 따라 움직이며 매년 양력을 약 11일 앞당긴다.

라마단의 월 동안에, 꾸란 전체를 읽는 것은 특별한 공적(功績)으로 간주된다. 용이하게 꾸란 본문을 매일 읽도록 30개의 동일한 부분으로 나뉜다. 금식의 월이 종료되면, 이드 알피뜨르('īd al-fiṭr) 명절이 열린다. 이것은 1년 중 무슬림의 핵심 축제이다. 그날은 전체 공동체를 위한 특별한 대중 기도가 펼쳐지고, 그 뒤를 이어 축하, 방문 그리고 선물의 기부(자카트 알피뜨르로 명명)를 특별한 특징으로 하는 성대한 축제가 열린다.

꾸란에는 라마단의 금식에 대한 몇 가지 매우 상세한 설명이 포함되어 있는데, 이는 이슬람 초기 시대에 존재한 수행으로, 종교의 상징으로 인식되거나, 적어도 이슬람이 유대교와 기독교에 비교될 수 있음을 보여 준다. 꾸란 2:183에서 "믿는 자들아! 너희들이 뭇타낀(god fearing)이 되도록 너희들보다 먼저 있었던 사람들에게 법적으로 규정한 것처럼 금식이 법적으로 규정되었다"라고 선언한다. 따라서 비록 달력의 모습과 기간이 달라서 구분되지만, 이슬람은 유대교와 기독교의 그것과 비견하는 수행을 가지고 있었다.

이러한 날이 라마단 달이고 그달에 꾸란이 안내자로서 사람들에게 내려왔다. 그 안에는 옳은 것이 그른 것과 구분이 되는 것과 안내가 분명하게 들어 있다. 그달이 되어 [고국에] 있는 사람은 누구나 금식을 한다(꾸란 2:185a).

이것은 초기 종교로부터 채택했고 적용했지만, 월과 연관되어 있는 꾸란의 계시와 더불어 이슬람의 풍미와 신화적 의미를 갖는 종교의식의 사례이다.

하디스 자료에는 무함마드가 유대인의 속죄일(Yom Kippur)을 도입한 '초기' 금식에 연관된 이야기가 많다. 하루, 24시간 금식으로 제안된 자료는 초기에 다른 금식이 있었다는 것을 암시하는 꾸란 어구에 대한 설명으로 보인다(즉, 위에 인용된 꾸란 2:183). 따라서 자료의 역사적 가치는 확실히 의심스럽다. 그러나 가장 주목할 만한 것은 이러한 자료가 라마단의 중요성을 제공한다는 해석이다. 한 달간의 금식은 금식 제도의 진정한 이슬람 버전으로 이해되어야 한다.

8. 라마단 이외 시간의 금식

이슬람에서 금식은 라마단이 아닌 때에 더 자주 행해진다. 꾸란 2:196에서 금식은 특정 조건하에서 메카에 갈 수 없는 사람들을 위해 순례를 대신한다. 꾸란 4:92에서 금식은 실수로 신자를 죽인 것에 대한 벌충이다. 꾸란 5:89에서는 맹세를 어기는 일에 대해 금식이 규정되어 있다. 꾸란 5:95에서 금식은 메카순례(ḥajj)에서 동물을 죽이는 것에 대한 형벌이다. 꾸란 58:4에서는 이혼을 철회하기 위해 금식할 수 있다.

이러한 각 상황에서 금식은 도덕적 혹은 종교의식의 오류를 수정하는 방법으로 대체되거나 혹은 다른 가능성으로 간주된다. 이 모든 것은 일반적인 활동으로서 금식이 이슬람 내에서 특정한 벌충 효과를 갖는 것으로 이해된다는 것을 보여 준다. 이 벌충은 라마단 한 달 동안 행하는 금식과 더불어 때때로 적어도 제한적인 방식의 금식에도 적용될 수 있다고 생각되었다.

9. 무슬림의 메카순례

메카와 그 주변 지역을 순례하는 것은 최대 7일 동안 지속되는 연례 종교의식으로, 그 기간에는 육체적으로 그 도시에 올 수 있는 모든 사람에게 매우 자세한 일련의 행사들이 포함되어 있다(그림 7.2). 그해의 마지막 달인 둘 힛자(Dhū'l-Ḥijja)의 상반기에, 메카순례자는 활동을 위해 종교의식의 신성함이 요구된다. 메카순례에 앞서 종교의식의 정화가 수행되는데, 카아바를 순회하고 카아바(오늘날은 지붕이 덮인 아케이드로 메카 모스크의 중앙에 있다) 근처의 두 언덕인 알싸파(al-Ṣafā)와 알마르와(al-Marwa) 사이를 걷는다. 두 활동은 모두 일곱 번 수행되며 기도와 탄원이 교차된다. 둘 힛자 7일째 되는 날에 순례자들은 카아바 주변의 모스크에서 기도 예배에 참여한다. 다음날 아침 순례가 시작되고, 이후 3일 동안 다음과 같은 활동이 진행된다.

순례자들은 메카 근처 외곽의 미나(Minā)에 모여 그곳에서 밤을 지낸다. 다음날 아침, 그들은 동쪽으로 15킬로미터 떨어진 아라파트(ʿArafāt)로 출발하여 자비의 산(Mount of Mercy)과 그 주변에 모인다. 그리고 그곳에서 기도 의식을 행하고 해가 최고점에서 질 때까지 '서 있는'(the standing) 의식이 거행된다. 그날 저녁, 순례자들은 밤을 지냈던 미나로 반쯤 돌아온 지점의 무즈달리파(Muzdalifa)로 돌아간다.

다음날, 미나로 가는 여행은 일곱 개의 조약돌이 던져지는 큰 돌기둥(jamrat al-ʿaqaba)으로 향한다. 그 기둥은 사탄을 상징한다고 한다. 그 후에는 양, 염소, 낙타를 도살하는 종교의식과 식사, "희생 제물의 명절"(메카에서든 아니든 모든 무슬림에 의해 행해지며 이슬람의 제2의 주요 축제로 여겨진다)이 이어진다. 메카로 돌아오면 순례자들은 카아바를 순회하고 싸파와 마르와 사이를 활기차게 걷는다(메카순례 이전에 이러한 행동이 완료되지 않았다면). 이 날에 남자는 머리를 삭발하고 여자는 머리카락을 자르는 상징으로, 의식의 순결 상태를 보존한다. 미나에서 3일간의 기념 행사는 일반적으로 대부분의 순례자가 따르며, 사탄의 세 기둥에 더 많은 돌을 던진 다음, 카아바를 다시 한번 돈다. 순례자들이 귀국하기 전에 흔히 메디나도 방문한다.

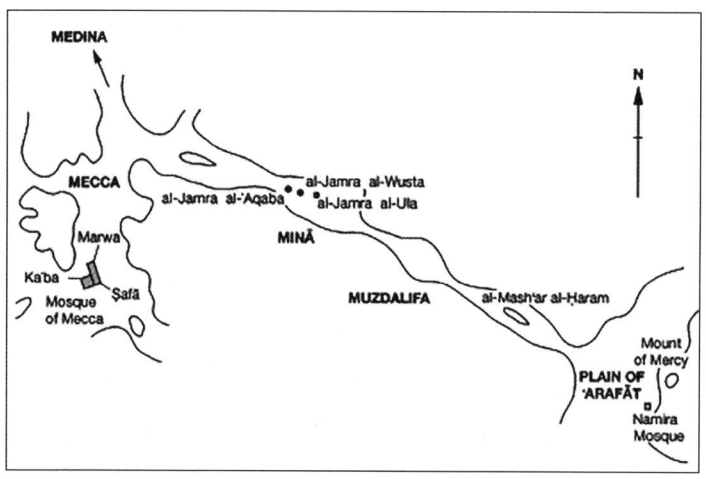

[그림 7.2] 메카순례 지도 메카순례 지도. 최근의 훌륭한 연구에 대해서는, 아르자나(Sophia Rose Arjana)의 *Pilgrimage in Islam: Traditional and Modern Practices* (Oxford: One Word Publications, 2015)를 보라.

이 종교의식에 대한 꾸란의 주요 내용은 2:196-200과 5:95-97에 있다. 참가자들이 지켜야 하는 일부 법적 규정과 마찬가지로 종교의식의 다양한 부분이 자세히 설명되어 있다. 그러나 완전하고 일관된 설명은 제공되지 않는다. 수 차례 언급되는 부분은 순례의 일부 요소와 이브라힘과 이스마일의 활동 간의 관계이다. 꾸란은 2:127에서 "이브라힘과 이스마일이 집 (카아바라고 이해되는)의 기초를 놓았다"라고 언급하고, 그들은 이후 순례자들이 하는 여러 활동도 했다고 말한다. 순회를 하고 싸파와 마르와 사이를 달리고, 양을 희생하고, 사탄을 돌로 쳤다.

역사적으로, 이슬람 순례는 메카에 엄청난 명성을 부여했다. 그러나 4장에서 이미 언급했듯이, 비록 바위의 돔은 매년 메카를 방문하는 수많은 순례자를 용이하게 하는 목적으로 건설되지 않았음이 분명하지만, 예루살렘이 대안적인 순례 목적지였을 때가 있었다. 분명히 바위의 돔의 비문은 사람들에게 순례를 하도록 권유하지 않는다. 그러나 그 비문은 사원 내에서 순회 의례를 수행하는 동안 아마 읽혀졌을 것이다.

10. 다른 종교의식 활동

무슬림의 정체성이 종교의식을 통해 표현되는 정도는 '다섯 기둥'의 중요성에도 불구하고, 그것에만 국한되지는 않다. 무함마드의 탄생을 축하하는 마울리드(mawlid) 축제(약 13세기까지 이슬람 수행에서 완전히 확립되지 않음)와 비공식적인 두아(du'ā) 기도는 무슬림들이 신앙 표현에서 중요하다고 간주하는 두 가지 추가적인 종교의식 활동이다. 성자와 성녀의 무덤 방문 또한 대중적인 활동인데, 특히 이슬람의 신비적인 측면에 깊은 영향을 받은 지역에서 그렇다(그림 7.3). 그러한 방문은 일반적으로 고인의 덕을 구하거나 용서를 구하는 기회로 사용된다. 남자 혹은 여자 성자는 신과 더불어 개별 신자를 중재하는 능력이 있다고 믿어졌다.

[그림 7.3] 다마스쿠스의 루까이야 사당의 순례   다마스쿠스에 있는 사이이다 루까이야 (Sayyida Ruqayya) 사당의 순례자. 루까이야는 680년 카르발라에서 우마이야왕조에 의해 살해된 것으로 유명한 예언자 손자의 딸이었다(제8장 참조). 역사적으로 루까이야에 대해서는 거의 알려진 것이 없지만, 이 사당(shrine)은 예언자 가족의 축복을 구하기 위해 방문했던 중세 시대부터 알려져 있다. 오늘날 이것은 우마이야 모스크 근처에 있는 대규모 현대 모스크 단지이다. 이란-시리아의 공동 지원으로 지어졌고, 많은 순례자는 이란의 시아파이다.
사당의 역사를 위해서는 Stephennie Mulder (2014) *The Shrines of the 'Alids in Medieval Syria: Sunnis, Shi 'is and the Architecture of Coexistence* (Edinburgh: Edinburgh University Press)와 Nadia von Maltzahn (2013) *The Syria-Iran Axis: Cultural Diplomacy and International Relations in the Middle East* (London: I. B. Tauris)를 보라[출처: Paul Gapper Alamy].

11. 무슬림 종교의식의 해석

무슬림의 종교의식 전체를 고려할 때, 가장 주의를 끄는 것은 활동의 종교의식을 강조하는 것이다. 모든 행사는 완전히 계획되고 공식화된다. 아마도 그 이상으로 모든 종교의식에서 신화적인 요소의 일반적인 결핍을 관찰할 수 있을 것이다. 많은 고전적인 이슬람 사상가와 근대 이슬람 학자에 공통적으로, 종교의식에 참여하는 유일한 의미는 개인의 경건함과 알라의 명령에 대한 복종의 표현이고, 이슬람 공동체 내에서 그 사람의 멤버십 자격을 나타내는 것이라고 한다.

"반-성례주의"(anti-sacramentalism)라고 불리는 용어는 종교의식이 "기념적"(commemorative)이라는 것을 매우 직접적으로 경험하지만 동시에 "반신화적"(amythical)이라는 느낌이 있다(Graham 1983: 69). 즉, 이러한 종교의식 중 많은 행위는 무함마드 혹은 이브라힘의 과거 행적을 기억하면서 이루어지지만, 그러한 행위가 신화가 되어서 신자가 어떤 의미에서든지 과거의 사람이 되지는 않는다. 마찬가지로, 메카순례에서 동물의 희생 제물과 대부분의 경우 라마단 금식은 신자들에게 특별한 영향을 줄 것으로 생각하는 상징의 성격을 띠지 않고, 오히려 개인이 순종 의식 가운데 실천하는 행동이 되는 것이다.

종합적으로, 종교의식은 다른 종교와 구별하여 이슬람의 특징을 전적으로 드러낸다. 이것은 종교의식의 구성 요소에서 독특하고자 하는 의도적인 결정을 통해 이루어졌다. 구별되는 정의(definition)를 만드는 과정은 종교의식의 수행을 발전시키면서 수행되었다. 그것은 이슬람의 '독특성'(uniqueness)을 만드는데 유대-기독교 환경 안에서 전체적인 패턴을 받아들이지 않는 비체계적인 방식으로 진행되었다. 이슬람은 종교의식의 구성에서 유대교와 기독교와 구별되었고, 거부했으며, 아니면 적어도 이 앞선 두 종교의 핵심적인 종교의식 활동을 크게 수정했다. 이런 식으로, 차이점을 통해 '독특성'을 만들어 냈지만, 화합의 관점이나 혹은 비교로는 체계화할 수 없는 '독특성'이 남아 있다.

부록: 메카순례 여행

메카순례를 종교의식의 의무로 강력하게 강조하는 것은 여행 자체가 종교 활동으로 간주되는 결과를 낳았다. 이 전체적인 그림에 추가되는 다양한 요소가 있다. 여행에 대한 강조점 중 일부는 무함마드가 메카에서 메디나로의 이주했던 히즈라(메카에서 메디나로 이주)의 예언적 개념에서 유래한다. 그러므로 한 사람의 신앙이 번성하고 무슬림 공동체를 건설하기 위해 어딘가로 가는 것은 이 모델을 통해 특별한 승인을 얻는다.

여행에 가장 강력한 동기를 부여한 것은 '지식을 구하는 일'이었다. 무함마드의 하디스에 "심지어 중국까지 가서도 지식을 추구하시오. 이러한 추구는 모든 무슬림의 신성한 의무이기 때문입니다"라고 기록되어 있다(하지만 이 하디스는 여섯 경전 모음집에는 없다). 무함마드의 다음 말들이 또한 인용되었다. "지식을 구하는 것은 모든 무슬림의 의무이다"(알티르미디[al-Tirmidhi]에서 찾을 수 있음), "성스러운 지식을 구하기 위해 집을 떠나는 사람은 그가 다시 집으로 돌아올 때까지 알라의 길에 있는 것이다"(이것 또한 알티르미디에서 발견됨).

아랍어로 지식을 구하는 여행(리흘라 딸랍 알일므, riḥlat ṭalab al-ʿilm)로 알려진, 지식을 찾는 여정은 11세기에 교육 기관(마드라사, madrasa)이 등장하면서 특별한 중요성과 종교적 의미를 얻었다. 여러 아이디어에 의해 동기 부여가 되었다.

첫째, 지식의 상실이 동기가 되어, 지식 보존의 필요성이 이슬람 시대 초기에 대두되었다. 이것은 사람들이 꾸란에 실제로 있는 것을 잊어버리기 전에, 꾸란을 한 권의 표준이 되는 책으로 집대성할 필요성에 대한 이야기에서 알 수 있다.

둘째, 특히 아랍 사회에서 특화된 족보에 대한 강한 의식은 지식을 전수할 권한이 있는 사람과의 만남을 통한 지식의 전승에서 드러났다. 따라서 지식 자체가 계보적인 구조로 들어갔다. 그러므로 지식 손실에 대한 두려움에 대한 대응으로 여행이 필요했고, 타당성을 보장하기 위한 수단으로 여행은 필수적이었다.

여행은 제국이 무슬림으로 통일되는 수단이었다. 여행 이면의 종교적인 자극은 사람들이 먼 곳—9세기와 10세기의 바그다드, 10세기와 11세기의 카이로, 11세기와 12세기의 니샤푸르(Nishapur)—을 저명한 학자들과 함께 공부할 곳으로 보게 됨을 의미했다. 이것은 물론 지식을 전파하는 것 이상이었는데, 이러한 여행이 무역과 연계되고 제국 전역에 상품과 혁신의 확산을 촉진했다는 면에서 그렇다. 이것은 특별히 대부분의 사람이 여행에 대한 욕구가 강하기는 하지만, 어느 시점에는 집으로 돌아가고 싶은 마음이 깊었기 때문이었다.

위대한 여행가들, 특히 스페인에서 온 사람들(가장 유명한 예는 14세기 초의 이븐 바뚜따[Ibn Baṭṭūṭa]일 것이다)에 대한 많이 이야기 있는데, 전 세계를 여행하고 그렇게 함으로써 그들 자신의 조국에 대해 진정한 감사함을 얻었다. 결과적으로, 메카순례의 종교적 중요성의 확장은 일반적으로 순례를 완수하기 위해서는 상당한 어려움을 겪으면서 장거리를 여행해야 한다는 사실 때문에 권장되었을 것이다.

여행에 대한 귀중한 통찰력은 Sam Gellens (1990) "The Search for Knowledge in Medieval Muslim Societies: A Comparative Approach," in Dale F. Eickelman and James P. Piscatori (eds), *Muslim Travellers: Pilgrimage, Migration, and the Religious Imagination*, London: Routledge, 50–65과 Hourari Touati (2010) *Islam and Travel in the Middle Ages*, trans. Lydia G. Cochrane, Chicago: University of Chicago Press에서 찾아볼 수 있다.

추천 도서

Arjana, Sophia Rose (2015) *Pilgrimage in Islam. Traditional and Modern Practices*, Oxford: One Word Publications.

Halevi, Leor (2007) *Muhammad's Grave: Death Rites and the Making of Islamic Society*, New York: Columbia University Press.

Hawting, Gerald (ed.) (2006) *The Development of Islamic Ritual*, Aldershot, UK: Ashgate/Variorum.

Katz, Marion Homes (2007) *The Birth of the Prophet Muḥammad: Devotional Piety in Sunni Islam*, London: Routledge.

Padwick, Constance E. (1996) *Muslim Devotions: A Study of Prayer-Manuals in Common Use*, Oxford: Oneworld (originally published 1961).

von Grunebaum, Gustave E. (1951) *Muhammadan Festivals*, New York: Henry Schuman.

제3부

고전 이슬람 정체성의 대안적 비전

주요 연대기

632	무함마드의 사망
661	순니파의 네 번째 칼리프, 시아파의 첫 이맘, 알리의 사망
661–750	우마이야왕조
680	알리의 아들, 후사인(후세인)의 사망
685–705	칼리프 압드 알말리크의 통치
691	바위의 돔 건축
728	작가 알하산 알바쓰리 사망
750	압바시야왕조 시작
767	법학자 아부 하니파 사망
	전기 작가 이븐 이스학 사망
855	법학자 아흐마드 이븐 한발 사망
857	수피 알무하시비 사망
874	소잠적시기 12번째 이맘 무함마드 알마흐디
875	수피 알바스따미 사망
910	수피 알주나이드 사망
922	수피 알할라즈 사망
941	대잠적시기 12번째 이맘 무함마드 알마흐디
945	부와이흐왕조가 바그다드를 점령
988	수피 알사라즈 사망
991	신학자 이븐 바바와이흐 사망
1022	신학자 쉐이크 알무피드 사망
1044	신학자 알샤리프 알무르타다 사망
1067	하디스학 연구자 알뚜시 사망
1072	수피 알꾸샤이리 사망
1111	신학자 수피 알가잘리 사망
1166	수피 알질라니 사망
1240	수피 이븐 아라비 사망
1328	순니 신학자, 법학자 이븐 타이미야 사망
1501	이란에서 사파위왕조 통치

제8장

시아파

이슬람은 대부분의 고전 시대에 종교적 표현에 있어서 현저하게 통일되어 있었다. 분열이라고 하면 제5장과 제6장에서 이미 논의된 법학파와 신학파 사이의 틈과 알리의 시아파에서 나타났다. 이슬람에 대한 진정한 의미의 '대안적 비전'(alternative vision)을 만들어 낸 것은 후자가 유일하다. 물론, 이런 명명법은 실제적으로 그들의 법학파와 신학파 관행에 있어서, 시아파보다는 순니파로 정의된 무슬림들에게서 더 많고 (항상 그러했다는) 통계적인 현실을 반영한다.

이러한 차이를 개인 차원의 '선택'으로 접근하는 무슬림들은 거의 없을 것이다. 오히려 시아파와 순니파의 존재 속에서, 우리는 이슬람에 대한 상이한 진술들과 세계에서 이슬람의 적법한 본성에 대해 이질적인(각 공동체의 관점에서 볼 때는 규범적인) 주장들을 초래했던, 무슬림의 내부적인 논쟁의 결과를 직면하게 된다. 시아파는 매우 중요한 무슬림 이론, 교리 그리고 수행에서 실제로 몇 가지 상이한 교리를 고수한다는 면에서, 이슬람의 대안적 비전을 대표한다고 주장할 수 있다.

이슬람 안에서 많은 무슬림 저자가 분파주의 성향에 관해 자세하게 기록했는데, 이것은 이전의 진술과 모순되는 것으로 보인다. 알바그다디(al-Baghdādī, 1037년 사망)와 알샤흐라스타니(al-Shahrastānī, 1153년 사망)의 유명한 저술은 이슬람 공동체에서 분열된 73개의 '분파/그룹' 목록을 제공한다. 알나우바크티(al-Nawbakhtī, 912년과 922년 사이에 사망)와 같은 시아파 저자들도 비슷한 일을 했다. 그러나 이 저술들은 일반적으로 이슬람 정체성 표현의 진정한 변형으로 간주되기보다는 무슬림 신학의 특정 지점에서 변형된 문서화를 반영한다. 문헌들은 고전 이슬람 시대에 일반적이었던 모든 종류의 사안을 분류하려는 경향의 단면을 보여 준다.

무함마드 전승에 대한 해석에 따르면 그의 공동체가 73개(혹은 72개나 71개)로 나뉜다고 했다. 이 전승에 대한 결론적인 중요한 진술은 의미심장하다. 이 그룹 중 오직 하나만이 실제로 내세에 구원될 것이다. 이러한 문헌의 저자들은 여러 그룹을 열거하는 동시에 구원받을 그룹에 대한 명확한 정의를 제공한다. 물론, 그 그룹은 저자 자신이 충성하는 그룹과 동일하다. 어떤 경우에는 이 문헌들에서 정치적 반역자들이 신학적 근거로 이단자로 만들어지면서, 가장 초기부터 존재했던 정의된 '이슬람'의 전통적인 설명을 다시금 보강했다고 추측된다. 분류 체계에 따라 세분화된 여러 그룹 중, 이 '이단 학자들'이 자세히 설명하는 그룹이 알리의 시아파였다. 재차 말하자면, 이러한 그룹 중 얼마나 많은 그룹이 명확하게 확인된 단위의 실체로 존재했는지 의문의 여지가 있고, 실제로 상당한 기간 동안 살아남은 그룹은 거의 없다. 그러나 몇 개의 주요 그룹이 있었다.

1. 시아파 기원에 대한 이해

신학의 등장에 대한 논의에서 언급했듯이, 시아파는 그 뿌리를 알리 이븐 아비 딸립(Alī ibn abī Ṭālib)과 초기 칼리프 시대로 거슬러 올라가 설명한다. 시아파 혹은 알리의 '당'은 무아위야와의 내전에서 초기 공동체를 통치할 자신의 권리를 지킨 사람들로 구성되었다. 그들은 무함마드의 진술과 알리와 무함마드와의 관계(사촌이자 사위)를 근거로, 알리가 통치하는 것이 정당하다고 선포했다. 많은 것이 순니파와 시아파 모두에 의해 받아들여진 무함마드의 전승들로부터 만들어졌으며, 여기서 알리는 무함마드와 특별한 관계를 가지고 있는 것으로 명시되었다.

그러한 중심 사례 중 하나는 가디르 쿰(Ghadīr Khumm)으로 알려진 곳에서 비롯된 것이었는데, 그곳은 무함마드가 632년 메카로의 마지막 순례에서 돌아왔을 때 그의 순례 여정을 멈춘 곳이다. 그곳에서 무함마드는 "알리는 자신이 좋아하는 신봉자며, 그 누구보다 자신에게 가까운 사람"이라고 지명한 것으로 기록되어 있다. 일반적인 정서를 반영하는 또 다른 예는 알티르미디(al-Tirmidhī, 892년 사망, 공인된 하디스 중 하나의 저자)에 의해 보고되었다. "예언자는 알리에 대해 불평한 사람에게 대답했다. 알라와 그의 예언자를 사랑하고, 결과적으로 알라와 그의 예언자에게 사랑받는 사람에 대해 어떻게 생각하는가?", "알라의 예언자에게 가장 사랑받는 여성은 파띠마(Fāṭima, 알리의 아내이며 무함마드의 딸)이고, 가장 사랑받는 남성은 알리"라고 전해졌다(al-Tirmidhī, Momen 1985: 15에서 인용).

이러한 전승은 "무함마드를 직접 만났던 무슬림들의 공적들(merits of the companions)"에 대한 일반적인 토론 범주에 속하는 경향이 있는데, 이것은 이슬람의 초기 신봉자들에 의해 존중되는 모든 하디스 문헌에서 발견된다. 이런 방식으로 '창시자'이고 후에 하디스 전달자로서의 권위가 강화되었고, 이것이 초기 기록들의 기능이었을 것이다. 한 개인으로 알리가 시아파에 의해 자신의 모습이 강화되었을 때, 비로소 그러한 기록이 더 큰 의미를 갖게 되었다. 그러나 이것은 알리의 지위를 강화하는 전승이 이미 초기 공동체에서 활발하게 된 이후에 상당 부분 일어났다. 무함마드 가문에서 알리의 위치는 왜 초기 자료들에서 그를 특별히 저명한 사람으로 여기는지 이유를 설명하기에 충분할 것이다.

그러나 시아파의 관점에서 볼 때, 전체적인 논쟁에서 더 위태로운 것들이 많아졌다. 예를 들면, 초기 공동체 규칙의 본질은 무엇이었는가? 지도자는 종교와 정치적 권위를 결합한 사람이었는가? 혹은 무함마드의 죽음으로 무슬림 각 개인에게 종교적 권위가 넘겨졌는가? 알리가 그의 종교적인 중요성에 대한 초기의 신앙 때문에 지지를 받았는지(이는 그가 종교 문제에 대한 권위를 가지고 있음을 시사하는데, 이것은 후대에 시아파 사이에서 완전히 발전되었다), 아니면 종교적 의의로 물든 순전히 정치적인 책략이었는지의 여부에 대해서는 학자들 사이에서 여전히 논쟁의 문제로 남아 있다.

그러나 신학의 경우와 마찬가지로, 학자들 간의 이러한 논쟁은 그러한 자료가 편찬된 이념적 관점을 이해하기보다는, 흔히 무슬림의 설명을 액면 그대로 받아들이고 그 내용의 다양한 세부적인 측면에 대해서는 논쟁하는 경향이 있다. 이슬람 기원에 대한 합법적이고 상세한 시각을 입증하려는 충동은 우리가 그러한 문제에 대해 구할 수 있는 모든 출처에 포함되어 있다.

2. 시아파와 꾸란

시아파의 입장에서 가장 중요한 것은 그들의 기원에 관하여 순니파와 나란히 사실상 그대로 꾸란의 텍스트를 일반적으로 받아들이는 것이다. 시아파 공동체 내에서 확실히 꾸란의 텍스트의 정확성에 대해 논쟁하는 경향이 있어 왔고, 심지어 텍스트에 대한 수정을 제안하는 경향도 있었다. 우스만에 의해 공표된 버전에 대해 시아파는 추가, 누락, 변경 그리고 수정을 언급했는데, 이런 논쟁은 상대적으로 억제되어 왔다. 꾸란 텍스트에 대해 심사숙고된 수정의 대부분은 합법적으로 (순니파의 관점에서) '상이한 독경법' 범위 내에서 나타난다.

이것의 예는 꾸란 3:110에서 찾을 수 있다.

> 너희들은 인류에게 보내진 가장 좋은 공동체이다.

시아파는 여기서 '공동체'를 움마(umma)로 읽지 않고, 아임마('aʾimmah)로 읽어서 그것을 시아파 공동체의 지도자인 이맘들(Imāms)을 언급하는 것으로 받아들였다. 이것이 의미하는 바는 순니파와 시아파 사이의 구별이 꾸란의 확립된 텍스트가 공표된 후에야 일어났다는 것이다. 왜냐하면, 이러한 모든 논쟁은 고정되고 널리 알려진 꾸란의 텍스트에 의존하기 때문이다.

순니파와 시아파의 역사적 발전에 대한 이러한 견해는 앞서 제4장에서 언급한 이슬람의 등장과 칼리프의 권위에 대한 설명과 일치한다. 시아파 관점의 완전히 변형된 꾸란 텍스트는 전체적으로 이슬람의 부상에 관한 증거를 제시하기보다는 시아파의 초기 설립을 암시했을 것이다. 또한, 그것은 초기에 꾸란의 '고정된' 텍스트를 제안했을 수도 있는데, 이에 시아파는 자신들만의 설명으로 응답했다. 그러나 시아파는 자체적으로 꾸란이 없기 때문에, 이슬람에 대한 두 가지 해석으로 시아파와 순니파 공동체가 늦게 확립되었고, 그 분열 이전에 완전히 확정된 꾸란 텍스트를 확인하는 것은 역사적으로 가능하다.

3. 시아파와 하디스

시아파의 부상을 이해하는 또 다른 중요한 요소는 시아파가 뚜렷하게 구별되는 하디스 자료를 가지고 있다는 것이다. 그것의 대부분은 시아파 공동체의 초기 지도자들을 통해 거슬러 올라가거나 혹은 최소한 순니파 공동체의 버전과 다른 변형을 포함한다. 이 자료는 서면 형태로 9세기에 등장하기 시작했다. 일반적으로 이슬람에서 하디스의 기능을 고려할 때, 별도 자료의 존재는 순니파와 시아파 공동체를 분리시키는 분쟁의 중심 문제가, 공동체 전체에서 그리고 각 그룹 안에서, 궁극적인 권위였음을 보여 준다. 초기의 연합된 공동체에서, 칼리프는 앞서 제4장에서 논의한 것처럼 완전한 권한을 가진 것으로 보인다. 8세기에 학문적으로 교육받은 계급이 부상하면서 권위에 대한 논쟁은 더욱 뚜렷해졌다. 문서화된 권위의 고정된 출처를 신뢰하는 순니파 공동체가 생겨났고, 시아파 그룹은 개인에게 부여된 권위를 계속 유지하면서 떠나게 되었다.

4. 시아파 이맘의 권위

권위의 발전에 대한 이러한 이해는 시아파에서 가장 두드러지고 뚜렷한 요소가 무엇인지, 바로 그것이 이맘이라는 인물임을 이해하게 한다. 무함마드에 의해 지정된 알리는 시아파의 첫 번째 이맘이었다. 이것은 일시적인 권력으로서가 아니라 영적 지위가 지정된 것으로 여겨졌다. 따라서 나중에 이맘들이 공동체 내에서 권력을 장악하지 못해도 그들의 추종자들에게 특별한 문제가 되지 않는다. 이맘의 기능은 신성한 법률을 설명하고 명확하게 함으로써 추종자들을 인도하고, 그 신자들을 이슬람의 내적인 길로 인도하는 것이었다. 이것은 그가 '영감'(ilhām, inspiration)에 의해 신과 긴밀하게 연결되어 있고 이것은 경전이 생겨난 방식인 '와히'(wahy)와는 구별되었다. 시아파에서 지식은 지명된 사람에 의해 그에게 전해진다고 믿었다.

신의 자비와 공의는 세상에 이맘이 없는 때가 결코 있을 수 없다는 것을 나타낸다. 왜냐하면 만약 그랬다면, 사람들은 '인도함'을 받지 못할 것이고 신의 창조에 대한 신의 시혜(beneficence)에 대한 '증거'도 없었을 것이다. 따라서 이맘은 '증거'(ḥujja, proof)와 '인도자'(hādī, guide)로 불린다. 이맘이 될 사람들은 창조부터 신에 의해 정해졌고, 심지어 신비적인 해석에 따르면, 그들은 태고에 빛의 형태로 이미 존재했다고 간주되었다. 그러므로 이러한 생각의 결과로 그들은 죄가 없고 모든 창조물 중에서 최고로 여겨진다. 이맘의 실제 존재는 인류에 대한 신의 시혜의 일부로 받아들여져야 한다. 왜냐하면, 그는 세상에 확실한 지침을 제공하고 분쟁 문제에 대한 명확한 답변을 제공함으로써 신의 창조물의 구원을 용이하게 한다.

시아파에서 가장 두드러진 분파는 "열두 이맘파"(아랍어로 Ithnā ashariyya)

혹은 보다 일반적으로 이맘파(Imāmīs)로 알려져 있는데, 이는 이슬람의 형성기에 직권에 있었던 열두 사람을 인정한다. 이들은 전임자에 의해 지명되었고, 그들의 출생은 일반적으로 다양한 기적의 징후를 동반하는 것으로 묘사되어 이 지명을 확증한다. 이 계열의 명확한 윤곽은 어느 시점까지는 소급하면 거의 나타나고, 심지어 불분명한 이맘의 정체도 공동체의 구성원이 말하는 10세기 중반 시아파의 출처에 의해 입증되었다. 권위 계보의 역추적이(하디스의 전달 계보[이스나드]처럼) 실제로 필요했던 것은 공동체 내에서 권위의 필요성이 대두되었을 때이다. 12명의 이맘의 입증된 계보는 다음과 같다.

알리(ʿAlī ibn abī Ṭālib, 661년 사망)

그의 아들, 하산(Ḥasan, 669년 사망)

알리의 둘째 아들, 후세인(Ḥusayn, 680년 사망)

그의 아들, 자인 알아비딘(Zayn al-ʿĀbidīn, 712년 혹은 713년 사망)

그의 아들, 무함마드 알바끼르(Muḥammad al-Bāqir, 735년 사망)

그의 아들, 자아파르 알싸디끄(Jaʿfar al-Ṣādiq, 765년 사망)

그의 아들, 무싸 알카짐(Mūsā al-Kāẓim, 799년 사망)

그의 아들, 알리 알리다(ʿAlī al-Riḍā, 818년 사망)

그의 아들, 무함마드 알타끼 알자와드(Muḥammad al-Taqī al-Jawād, 835년 사망)

그의 아들, 알리 알하디(ʿAlī al-Hādī, 868년 사망)

그의 아들, 하산 알아스카리(Ḥasan al-ʿAskarī, 873년 혹은 874년 사망)

그의 아들, 무함마드 알마흐디(Muḥammad al-Mahdī, 868년 탄생)

5. 시아파의 형성

자아파르 알싸디끄(Jaʻfar al-Ṣādiq)는 시아파가 실제로 종교운동으로 존재하게 한 중추적인 인물로 보인다. 그 시점까지, 우리가 생각할 수 있는 최선의 가정은 정치 분야에 주요 초점을 두는 경쟁 그룹들이 이슬람 공동체에 존재했다는 것이다. 이 그룹 중 일부는 통치권이 알리로까지 거슬러 올라가는 것으로 보았다. 전체 이슬람 체제의 출현과 마찬가지로, 시아파에 나타난 특정 요소는 비록 그 출처의 기원을 최대한 초기로 거슬러 올라가기 원했지만, 발전하는 데 시간이 걸렸다.

알리의 권위에 동조하는 사람들을 반대하는 압바시야왕조 칼리프의 부상과 자아파르 알싸디끄의 연대는 동시에 일어났다. 다양한 이단적인 연구와 자아파르를 형성기의 대변자(formative spokesman)로 보는 시아파 전통에 의해 제공된 정보를 토대로, 이맘의 직분에 관한 초기 개념이 나타난 것은 6대 이맘과 그의 지명된 후계자인 무싸 알카짐에서이다. 여기서 중요한 요소 중 하나는 이맘을 지명하는 절차가 확립되었다는 것이다. 이것은 전투 과정에 의해 결정된 것이 아니었다. 따라서 시아파의 플랫폼은 세상에서 통치할 수 있는 혈통에도 불구하고, 종교심을 추구하는(quietist) 입장을 옹호할 수 있다. 이맘 지명 과정은 또한 경쟁자라고 주장하는 자들이 이맘의 지위로 올라오는 경향을 차단하는 효과를 가졌다. 또 다른 중요한 요소는 이맘이 이전 이맘에게서 심오한 지식을 수령하는 것이었다.

이러한 초기 요소와는 관계없이, 우리는 열두 이맘파 시대가 되어서야 실제적으로 시아파와 그들의 신앙에 관한 자세한 정보가 기록되어 있는 시아파의 출처를 볼 수 있다. 그리고 오늘날 우리가 알고 있는 시아파가 실제로 생겨났다는 것은 열두 이맘파 시대 이후임이 분명하다(그림 8.1).

[그림 8.1] 아슈라 기념일 바그다드의 군중이 카르발라 전투가 재연되는 것을 지켜보고 있다. 여기서 후세인(Ḥusayn)은 무릎을 꿇고 그의 이복형 압바스('Abbās)의 죽음을 애도하고 있다. 이것은 시아파의 아슈라('Āshūrā) 특징인 "조의"(ta'ziya)의 극적인 장면이다[출처: AHMAD AL-RUBAYE/AFP/Getty Images].

6. 마지막 이맘의 잠적

열두 번째 이맘은 사라졌고 그는 '소잠적'(the lesser occultation)에 들어갔으며, 세상의 시선으로부터 숨겨졌다고 한다. 그는 자신의 명령을 전달한 네 사람(아마도 처음 네 명의 칼리프와 병행하여)을 연속으로 지정했다. 이 상황은 874년부터 941년까지 지속되었다. 그 후 그는 더 이상 세상과 소통하지 않는 상태에서 '대잠적'(the greater occultation)에 들어갔다. 이러한 잠적의 개념은 역사의 특정 지점에서 끝나는 이맘들의 계열이 끝을 맺어야 하는 필연적인 결과이다. 만일 인류가 이맘 없이 존재할 수 없고 이맘의 계보는 끝이 났다면, 마지막 이맘은 죽을 수 없고 살아 있어야만 한다. 아니면, 그를 대신할 사람이 존재해야 한다. 가이바(ghayba)로 알려진 이러한 잠적은 신이 그 종료를 결정할 때까지 지속된다. 마흐디(Mahdī)의 역할

속에서 열두 번째 이맘의 귀환을 기다리고 있다. 이것은 심판의 날 직전에 일어날 것이다. 그때 마흐디는 지상에 나타나서 의인을 이끌며 악의 세력에 맞서 싸우게 할 것이다. 마지막으로 선은 악을 이기고 이맘은 평화의 시기에 세계를 다스릴 것이다.

열두 이맘이 있어야 하고, 열두 번째 이맘은 영구적으로 '사라져야' 한다는 개념이 시아파 안에서 확고하게 되기까지 시간이 걸렸다. 확실히, 열두 번째 이맘 시대에 글을 쓴 저자들은 이맘의 계보가 그를 넘어서 계속될 것이라는 예상하에 글을 쓴 것으로 보인다. 당시에는 그가 '은신해 있다'고 인정했지만, 그는 다시 한번 자신을 나타내 보일 것으로 예상되었다. 실제로, '증명'과 '인도'로서 이맘의 존재는 필수적인 것으로 여겨졌으나 이맘은 시아파가 느끼기에 지침도 없이 표류하는 순니 학파에 대한 비판의 주된 요인이었다.

그러나 다른 시아파 그룹은 이미 제한적인 이맘의 계보와 마지막 이맘은 '사라진다'는 개념으로 발전했던 것으로 보인다. 그 당시 실제로 일어나고 있었던 일은 "열두-시아파" 계보에서 일어나는 사건에 관한 설명으로 이미 열두 이맘의 아이디어를 사용하고 있었다. 시아파 저술가인 알쿨라이니(al-Kulaynī, 941년 사망) 시대에 열두 명의 이맘의 계열이 있다는 개념이 확립되었다. 하지만 세기의 나머지 기간 동안 작가들은 여전히 잠적한 이맘에 대한 개념을 설명하고 지지할 작품을 더 작성할 필요가 있음을 인지했다.

열두 명의 이맘들로만 구성된 계보가 있다는 주장은 숫자 12에 대한 꾸란의 언급에서 발견되었다(예: 1년은 12개월로 구성되어 있다는 꾸란 9:36의 구절). 시아파와 순니파 전승에서 열두 명의 후계자를 명명한 무함마드에 대해 말하고 있는데, 이것은 순니파 자료에서 열두 번째 이맘의 잠적 이전에 기록된 텍스트에서 발견된다. 그리고 아마도 이스라엘의 열두 지파와 예수님의 열두 제자에서처럼, 회복, 완성 그리고 권위를 상징하는 숫자로서 '열 둘'에 관한 개념이 나타난다.

열두 번째 이맘의 '사라짐'이라는 개념 뒤에는 정치적 이유가 있는 것으로 보이고, 그것은 시아파 계보에서 성공적인 교리가 되었다. 이맘이 육체적으로 세상에 존재하는 한, 비록 효과는 미비하지만 그는 지배 세력에 대해 위협적이었다. 시아파는 사실상 언제나 압바시야왕조의 통치하에 박해를 당했다는 것을 인지한다. 약 100년간의 압바시야왕조의 통치를 견뎌낸 후, 이맘의 세속적 실재를 제거하는 것이 이 집단의 지속적인 생존을 위한 방법이었지만, 한편으로는 포기하기를 꺼려했던 시아파의 특정 그룹 사이에서 커져 가는 물질적인 번영에 대한 욕망과 관련이 있을 것이다. 지배 세력들과의 협력은 이맘이 없으면 훨씬 쉬워졌지만, 이맘의 '잠적'을 믿는다는 것이 곧 통치자에 대한 충성심이 약해지는 것을 의미하지는 않았다. 통치자와의 협력은 권력을 가져왔고 더욱 안락한 생활을 가져다줬는데, 이는 10세기에 친-시아파인 부와이흐왕조 아래에서 일어났고 정치적인 것과 종교적 생활의 차원을 분명히 분리했다.

시아파의 따끼야(taqiyya, '종교적 위장')는 상황과 태도에 맞춰, 생명의 위협이 두려워 자신의 신앙을 감출 수 있도록 허용되었다. 또한, 순니 이슬람과 마찬가지로 학자 계급인 울라마(ulamā)의 지위와 권력이 부상하면서, 실제적인 존재가 지식 계급들과 그들의 기대와 열망에 불편함으로 판명되었던 이맘에 대해 압력이 가해졌다. 또한, 열두 이맘 시대가 되었을 때, 모든 실제적인 목적을 위해 울라마가 효과적인 권위의 지위를 차지했고, 게다가 이맘 자신은 일반적으로 대다수의 추종자와 접촉하지 못하게 되었다. 이맘이 그의 정치적 주장으로 인해 대중에게 공개되는 것은 위험했다. 잠적 이후에 지식 계급의 권위는 이맘이 전수한 전통에 대한 그들의 지식에 기반을 두고 있었다. 따라서 대략적으로 소잠적의 시기에 시아파 하디스 책이 출현한 것으로 예상된다.

7. 시아파 신학

더욱 발전된 시아파 신학의 대부분은 제5장에서 논의된 대로 무으타질라파의 신학을 따르지만 둘 사이에는 몇 가지 중요한 차이점이 있다. 어떤 의미에서 시아파는 지난 세기 동안 순니파 세계에서 대중적인 매력을 많이 잃어버린 무으타질라파 사상의 재출현을 나타낸다. 이맘직제(Imamate)의 중요성과 의미는 무으타질라파와 시아파를 분리하는 주요 요인이었다.

더 중요한 차이점은 실제로 둘 사이 입장의 결과이다. 이맘의 기능 중 하나는 내세에 그의 추종자들을 대신하여 중재하는 것이다. 이 기능은 모든 사람에게 적용되는 '형벌과 위협'에 대한 무으타질라파의 주장과 상반되며, 신의 정의(justice)에 대한 그들의 인식과 배치된다. 마찬가지로, 시아파에서는 무슬림이 믿는다고 하면서 행동으로는 죄를 짓는 위선자는 중간적인 신분을 갖는 것으로 인정하지 않았다(역자 주: 무으타질라파는 중죄를 짓고 나서 회개하지 않고 죽으면 신자도 아니고 카피르도 아닌 중간적인 신분을 갖는다고 믿는다). 그러나 이맘에 대해 충성을 선언하는 사람들은 분명히 공동체의 일원이며 그렇게 받아들여져야 한다. 이러한 요소 외에 신학적 교리는 서로 관련이 있는데, 그 예로는 유일신과 정의, 예언자의 역할과 죄가 없는 예언자들에 의한 법의 도입 그리고 마지막 때의 부활에 대한 믿음 등이다.

시아파가 항상 이러한 신학적 입장을 유지하지는 않았지만, 잠적 시기 이후에 생겨난 논쟁은 전승에 기반한 방식에서 더욱 이성적인 방식으로 분명하게 발전되는 것을 보여 주었다. 그 이전, 매우 이른 시기의 상황에 대한 정보는 불분명하지만, 적어도 그것은 신학적 교리의 더 큰 변화에 대한 증거를 제공한다. 그러나 핵심적인 사실은 10세기 이전의 시아파의 교리적 입장에 대해 우리가 전적으로 신뢰할 수 있는 자료의 출처가 없다는 것이다. 초기 교리를 받아들일 수 없었던, 후기 시아파의 손에 의해 그룹 내부에서 알려진 일부 자료가 파괴되었다. 이러한 초기 교리가 후기 교리들과 상반되는 정도는 아마도 순니파 출처, 특히 알카이야뜨(al-Khayyāṭ, 882년 기술)와 알아쉬아리(al-Ashʿarī, 912년경 기술)의 출처에 잘 나타나 있었다.

굴라트(Ghulāt, '극단적인 자들')로 불렸던 이 초기 집단의 교리에는 윤회, 신에 대한 신인동형의 개념, 인류의 악행에 대한 신의 뜻 그리고 신의 뜻이 변화하는 가능성이 포함되었다. 어떤 시점에서 일부 사람들은 이맘의 절대적인 신적 본질을 믿었는데, 왜냐하면 비록 후기 순니파 자료들은 이 교리의 축소된 부분을 반영했겠지만, 더 이상 그것을 비난하지 않았기 때문이다. 여기서 문제는 순니파 자료가 분명히 어조와 접근 방식에서 비판적이고, 굴라트와 관련된 교리의 항목은 명확하게 순니 학파에서 가장 강하게 배척한 항목이었다. 그 당시 가장 큰 시아파 학파가 이러한 교리를 갖고 있는 것으로 표현하는 것은 아마도 고의적으로 오도하려는 시도였을 것이다.

8. 이븐 바바와이흐(Ibn Bābawayh)

10세기에 부와이흐왕조가 바그다드를 점령하고, 압바시야왕조의 칼리프를 단순히 통치자의 한 지류로 만들었을 때, 시아파는 정치적 세력을 가졌고 그 신학적 입장에 대한 명확한 그림을 드러내기 시작했다. 이븐 바바와이흐(Ibn Bābawayh, 991년 사망)는 이 운동의 주요 인물 중 한 사람인 것으로 보인다. 그는 신인동형론(anthropomorphism)이라는 개념에 반하여 글을 썼다. 이는 일부 시아파가 여전히 이 교리를 고수하고 있음을 시사했다. 그리고 그는 생애 말기에, 신의 법 아래에서 인간은 어느 정도의 자유의지를 가지고 있다고 확신했던 것 같다.

> 인간의 행동에 대한 우리의 믿음은 그것이 창조되었다는 것이다. … 알라가 예지력을 가지고 있다는 의미에서 … 알라가 인류를 특정한 성향으로

만들어서 특정한 방식으로 행동하도록 강요하지 않는다는 의미에서 … 그리고 이것의 의미는 알라가 인간 존재의 … 잠재력을 항상 알고 있다는 것이다(Ibn Bābawayh 1942: 31-32).

그러나 삶의 초기 단계에서 이븐 바바와이흐는 더 확고한 운명론적 위치를 고수했다. 그의 모든 작품은 이성보다는 전승에 의존하고 칼람(kalām)의 입장에 대해서는 전면적으로 거부하는 것이 특징이다. 그는 "칼람의 당파는 멸망하고 무슬림들은 구원받을 것이다"(Ibn Bābawayh 1942: 43)라고 말한다. 이것은 무으타질라파 교리의 완전한 힘에 대응하였던 순니파 세계의 알아쉬아리 입장과 유사하다. 다른 한편, 비록 10세기 초의 작가들에게서 이성주의의 일부 경향을 주목해야 하지만, 이븐 바바와이흐는 시아파 사이에서 무으타질라파 사상의 주요 영향 이전에 위치했다.

9. 후기 신학자들

무으타질라파 신학은 알쉐이크 알무피드(al-Shaykh al-Mufīd, 1022년 사망), 알샤리프 알무르타다(al-Sharīf al-Murtaḍā, 1044년 사망), 알뚜시(al-Ṭūsī, 1067년 사망)의 연구를 통해 시아파에 들어왔다. 무으타질라파 견해의 특징이 이미 시아파에 확고하게 자리 잡았지만(어떤 사람들은 자아파르 알싸디끄[Ja'far al-Ṣādiq] 시대 이후로 말함), 이 저자들이 교리를 지지하는 데 이성의 사용을 강조했고, 그 근거를 바탕으로 종교를 옹호할 필요성을 인식하고 있었다.

알무피드는 몇몇 후기 저자보다 덜 급진적인 유형의 무으타질라파 입장을 주장한다. 그는 사람들이 스스로의 행위에서 그가 실제적인 '창작자'라는 것과 꾸란이 창작되었다고 말하는 것을 피한다. 오히려 그는 꾸란이 '시간이 지나감에 따라 생겨났고' 행동을 '초래했거나' 혹은 '일으켰다'고 말한다. 세상 속에서 신의 행위는 항상 인류에게 최선의 이득이다 (이것은 세상 속의 악에 대한 설명으로 제공됨). 전반적으로, 알무피드는 자신의 신학을 표현함에 있어서 꾸란 어법의 한계로 보이는 것을 넘어서지 않으려고 했다.

후기 저자들과 더불어 이성주의 입장은, 알무피드의 경우처럼, 권위 있는 교리를 옹호하고 강화할 수 있는 도구가 되기보다는 모든 교리의 기초가 되면서 더욱 뚜렷해졌다. 알무르타다는 그의 저작이 이후 모든 신학의 시아파 해석의 기초가 되었으며, 사실상 거의 의심의 여지가 없는 출처가 되었다는 점에서 시아파의 알아쉬아리로 생각할 수 있다.

시아파가 신학에서 이성적인 입장을 채택했던 한 가지 이유는 권위의 필요성과 관련이 있는 것으로 보인다. 이맘이 세상에 있는 동안 시아파 공동체의 권위의 근원은 분명했다. 그것은 이맘이었다. 권위의 근원이 되는 것은 바로 그의 존재 목적이었다. 시아파 관점에서, 순니파는 종교의 모든 요소에 대해 단지 추측하면서 축소되었다. 열두 번째 이맘의 잠적과 함께, 처음에는 권위가 이맘에게 질문을 하고 답변을 받을 수 있는 네 명의 대표자에게 임했다. 비록 현실이나 꿈에서, 이맘이 자격 있는 개인에게 나타나는 것은 여전히 가능하지만, 대잠적으로 인해 위와 같은 일은 더 이상 일어날 수 없었다. 이맘이 부재할 때, 권위는 지식 계급의 손에 있었다.

그러나 이것은 시아파가 확고한 근거가 없다고 비난했던 순니파 입장보다 나을 것이 없다. 무으타질라파 신학은 이성만으로 필요한 확실성을 제공할 수 있다고 제안함으로써 이 문제의 해결 방법을 제공했다. 그러므로 순니파가 사용했던 전승보다는 이성에 근거한 추론(deduction)은 이맘의 이상적인 대체물이었다. 결국, 이맘의 통치는 여하튼 이성의 법칙에만 부합했다. 시아파 사상의 계보가 발전함에 따라, 알무르타다는 이성이 먼저 이맘의 존재 필요성을 증명할 수 있다고 주장했고, 무으타질라파가 부족하다고 생각하는 시아파 사상의 핵심 요소에 대한 증거를 제공했다. 그는 이맘의 역할이 반드시 필요하고 주장했다.

> 무으타질라파의 교리와 그것과 유사한 교리에 반대하여, 이맘의 필요성을 증명하는 방법은 이성이다. 자신의 이익을 위해서는 도덕적 의무가 있는 사람들을 가깝게 하고, 해로운 것은 멀리하는 것이 필요하다(Al-Sharīf al-Murtaḍā, McDermott 1978: 385에서 인용).

10. 시아파의 법적 사고와 실천

신학에서와 마찬가지로, 법률 분야에서도 이맘파(Imāmīs)의 발전이 늦은 것은 매우 분명하다. 알쿨라이니(al-Kulaynī)의 10세기 작품인 *The Sufficient in the Knowledge of Religion*은 규정된 시아파 율법의 등장에서 핵심적인 부분에 해당한다. 이 책의 저작 과정에서 이맘이나 혹은 무함마드에게서 기인한 모든 전승(하디스)을 수집했고, 이맘들을 통해 전달되어 이 시기의 모든 논의(법적이고 신학적)의 기초가 된다. 이 책의 내용은 중요하고, 구성상 논쟁적인 요소를 담고 있다. 이 책은 분명히 세상의 이맘이 더 이상 존재하지 않는다고 주장하고 있다. 더 이상 그 권위의 근원을 이용할 수 없는 시아파는 순니파와 마찬가지로 자신의 입장을 입증하기 위해 문헌 자료로 전환해야 했다.

알쿨라이니와 같은 작품의 저술은 출처를 통제하는 지식 계급이 그들의 권위를 주장하기 시작한 시아파 출현의 단계를 보여 준다. 이런 식으로 이맘의 지위에 대한 잠재적인 소송인들(claimants)은 실질적으로 침묵을 지켰다. 알쿨라이니의 책은 네 권 중 하나이다. 다른 것은 이븐 바바와이흐와 알뚜시(에 대한 신뢰로 2권)에 의해 작성되었으며 순니파 세계에서 여섯 권의 권위 있는 하디스 모음집에 대응하는 것으로 간주된다.

세상 속에서 이맘이나 그를 대표하는 자들이 없다면, 그에게 할당된 특정 임무는 소멸되었다고 본다. 여기에는 지하드(jihād)를 이끄는 일, 전쟁의 전리품 분할, 금요 기도 인도, 사법적 결정 시행, 법적 처벌 부과 그리고 종교 세금 수령이 포함되었다. 이맘의 부재는 공동체의 지도자 부재를 가져왔고, 11세기에 알뚜시는 법학 지식이 있는 사람들인 푸까하(fuqahāʾ: 법학자들)의 손에 법적 권위가 있다는 이론을 발표했다. 그런데도 법학자의 역할은 제한적이었고 더 포괄적인 이론을 개발하는 데 수 세기가 걸렸으며, 다른 이론가가 필요했다. 푸까하가 잠적한 이맘의 모든 의무를 맡은 것은 16세기가 되어서였다. 단, 이맘 스스로가 수행할 수 있는 공격적인 지하드는 제외했다.

이맘의 권위에 대한 이 위임의 절대성은 열두 번째 이맘의 귀환에 대한 신학적 예측에 의해 완화되었다. 그러나 예상되는 이맘의 귀환에 대해 법학자들은 실질적으로 관심이 없었고, 법학자의 역할은 단지 신학적으로만 존재하는 이맘에게 물어보지 않고 법체계를 만드는 것이었다.

시아파 법학 원칙의 실제적인 이론의 발전은, 훨씬 이전의 순니파 발전과 비교했을 때, 대부분 늦게 기록되었다(14-16세기까지). 그러므로 시아파는 그들 사회의 법적 기반을 발전시키기 위해 순니파 사상에서 이미 확립된 원칙에 어느 정도 의존했다. 그 결과, 두 공동체 사이의 차이는 매우 미미하다. 이 관점에서 시아파는 네 개의 주요 순니 법학파와 병행하는 다른 법학파에 불과하다. 기도 종교의식과 라마단 금식에서 사소한 차이가 발생하지만, 이는 법학파 간의 차이로 볼 수 있는 성격을 띠고 있다. 비록 법리적인 논의에서 심각한 문제가 되지만, 금요일 정오 기도는 그 기도를 인도해야 하는 이맘의 부재로 인해 시아파에게 그리 중요하지 않다. 이맘의 무덤을 참배하는 등 다양한 관행이 따르는데, 이러한 참배는 메카순례(ḥajj)와 동등하게 광범위한 종교의식으로 수행된다.

물론 순니파와 시아파 중 어디에 속하는지 표식이 되는 몇 가지 중요한 수행의 차이점이 있다. 꾸란 4:24에 언급된 것으로 간주되는 "일시적인 결혼"(mutʻa) 현상은 어떠한 형식으로든지 결혼 기간을 정하고 결혼 계약을 무효화하는 것으로 순니파 세계에서는 특별히 금지된다. 이혼과 상속법 또한 다양하다. 가장 두드러지는 것은 시아파 역사의 어떤 시점에서 사용된 샤하다의 다른 형태이다.

"알리는 신의 왈리(walī, 대리인)임을 고백합니다"라는 문구가 두 부분으로 구성된 순니파의 샤하다에 추가되었다. 그러나 이것은 상당히 늦게 추가된 것으로, 그것의 사용을 비난하는 이븐 바바와이흐의 법과 시아파 법의 초기 텍스트에는 언급되지 않았다. 16세기에는 이것의 사용에 찬성하는 논쟁이 있었는데, 1501년에 이란의 국교로서 시아파 입장을 확립한 당시 통치자인 사파위왕조(Safavids)의 정치적 목적에 의해 촉발된 것으로 보인다. 그러나 종교의식에서의 사용을 반대하는 진술에 대한 논의는 시아파 사상에서 꽤 일찍 발견되었다. 예를 들어 알쿨라이니는 알리의 윌라야(wilāya, 역자 주: 왈리[대리인]와 연관된 용어)에 대한 신념이 시아파의 기본 교리이며, 단지 "알라 외에 다른 신은 없고 무함마드는 알라의 메신저이다"라는 믿음만으로는 구원을 보장하기에 충분하지 않다고 주장한다. 분명히, 고백의 세 번째 요소는 초기에 샤하다의 종교의식적인 반복의 일부가 아니었더라도, 개인의 믿음에 요구되었다.

또한, 이븐 바바와이흐는 알리의 어머니인 파띠마 빈트 아사드(Fāṭima bint Asad)에 대한 다음과 같은 전승을 전한다. 무함마드는 그녀의 죽음 직후에 말했다.

> 그(녀)는 주님에 의해 질문을 받았고, 그녀는 "나의 주님은 알라이다"라고 말했다. 예언자에 대한 질문을 받았을 때, 그녀는 "무함마드"라고 대답했다. 그리고 그녀는 이맘과 왈리에 대해 질문을 받았을 때 주춤하며 멈칫했다. 나는 "당신의 아들, 당신의 아들이니이다"라고 말했고, 그녀는 "나의 이맘은 나의 아들이다"라고 말했다. 그러자 그들은 [죽은 후 모든 사람에게 나타나는 두 명의 의문의 천사가] 그녀를 떠나 "우리에게는 당신을 통제할 힘이 없다"라고 말했다(Ibn Bābawayh 1942: 61).

분명히 이 진술이 처음부터 시아파 샤하다에 들어가는 것을 허용하지 않은 것은 순니파 비난의 압력이었고, 수 세기가 지나서 더 좋은 정치적 상황에서 실제로 승인되었다.

순니파 세계에서는 볼 수 없는 두드러진 기념 행사는 알리의 아들, 후세인(Ḥusayn)의 죽음을 기념하는 것이다. 이슬람력의 첫 달인 무하람 10일에 절정에 달하면서, 아슈라(ʿĀshūrā)의 날에는 우마이야왕조의 통치자 야지드(Yazīd)의 세력에 의해 야기된 후세인과 그의 추종자들의 죽음의 날을 기념한다. 이것은 680년에 일어났다. 알리의 당을 위한 순교는 후세인의 죽음을 이해하는 중요한 모티프가 되었고, 이를 기념하는 것은 시아파 종교 달력의 중심 행사가 되었다. 신성한 장소, 특히 카르발라(Karbala)의 후세인 무덤을 방문하는 것은 이 기념 행사에서 중요한 역할을 한다. 일반적으로, 시아파와 순니파 사이의 이러한 종교의식의 차이는, 특히 순니파 세계와 정치적 대립의 시기에 뚜렷한 (그리고 암묵적으로 정확한) 종교적 정체성을 제공하는 측면에서 시아파에게는 상징적인 가치가 있다.

11. 시아파 내의 변형

시아파 사이의 근본적인 개념은 각 세대에 이맘 존재의 필요성이었다는 점을 감안할 때, 역사의 여러 시점에서 경쟁자들이 나타났던 것은 놀라운 일이 아니다. 따라서 우리는 시아파 내에서 여러 가지의 출현을 볼 수 있다. 각각은 특정한 역사적 순간에 권위의 혈통의 계보에 따라 다르다. 이스마일파(Ismāʿīlīs), 자이디파(Zaydīs) 그리고 드루즈파(Druze)가 세 가지 두드러진 그룹이다. 이러한 분열 중 일부는 정치적 전략에 대한 차이에서 그 기원을 설명한다. 예를 들어, 자이디파는 우마이야왕조의 통치자들에 대항한 무장 반란에서 그들의 기원을 묘사한다. 그들은 740년에 패배하여 살해된 후세인 이븐 알리의 손자인, 자이드 이븐 알리(Zayd ibn ʿAlī)를 지지하는 그룹으로 결성되었다. 어떤 상황 중 시아파의 이러한 작은 파생 그룹은 정치적으로 불안정했지만, 역사의 상당 부분을 통해 정치적으로 침묵을 지켰으며 종말의 때를 기다리고 마흐디의 귀환을 기대했다. 이것은 역사적 상황의 정치적 현실에 직면했을 때 이맘의 잠적 교리와 일치한다. 이스마일파는 특히 많은 무슬림 수행에 대한 '내면적' 해석으로 주목받았고, 법이 육체뿐만 아니라 영혼에도 유익하다는 점을 지적한다. 그들에게 이맘이라는 인물은 모든 이슬람의 문제에 대한 권위 있는 해석을 제공하는 신과의 핵심적인 연결 고리이다.

시아파와 순니파를 분리하는 모든 핵심적인 이슈는 이맘과 그의 역할에 관한 것이다. 이에 대한 대답은 시아파에게 있어서 이맘이라는 인물을 구별하고 그의 부재의 경우 대처하는 것과 관련된 문제들 때문에 (그 생각을 고수하는 시아파의 지점에 있어서) 간단하지 않았다. 언제나 그렇듯이, 역사적 상황은 이 교리가 발전하는 방식에 영향을 주었지만, 공동체 리더십의 본질에 대한 무슬림 간의 근본적인 의견 불일치는 움마의 일치 문제에 오랫동안 지속되었고 심오한 영향을 주었음이 분명하다.

부록: 카리스마적인 이맘

시아파 교리의 기원은, 이슬람의 초기의 다른 측면들과 같이, 광범위한 학술 조사와 논쟁의 주제이다. 부상했던 한 가지 중요한 영역은 초기 이맘의 추종자들이 그들의 지도자를 어떻게 받아들였는지 하는 것이다. 그 문제는 초기 이슬람의 역사적 상황에서 전형적인 것이었다. 시아파 교리의 후기 개념과 신념으로 초기 세기를 역투사하기 위해 현재 이용 가능한 기록은 어느 정도인가?

시아파는 무함마드 사후에 공동체의 합법적인 리더십이 알리에게 발견된다는 사상을 중심으로 형성되었다. 그러나 무함마드 이후에 일어났었던 일은 논란의 대상이 되었다. 무함마드가 알리를 그의 후계자로 지정했을 때(시아파의 주장처럼), 알리의 후손도 리더십을 가질 것이라고 암시했다는 공통된 이해가 있었다. 그러나 후손을 어떻게 결정하는지와 그 사람의 자질은 어떠해야 하는지는 이 질문에 대해 학문적으로 비춰볼 때 예나 지금이나 모두 토론의 여지가 있다.

일부 학자들은 신학적 문제가 이맘의 자질에 대한 논쟁의 중심이었고 따라서 후계자를 지정하는 데에도 영향이 있다고 주장했다. 이것은 하나의 중심된 관심사를 둘러싸고 이루어진다. 이맘은 기적을 일으키는 능력과 지식을 가지고 있었는가? 아니면 그들은 꾸란과 순나에 관한 지식을 통해 종교적 리더십을 행사한 '보통' 사람이었는가? 이론의 원래 개념은 더 수수한 것으로 보고 있으며, 시간이 지남에 따라 이맘의 개념을 반신반인적 지위로 밀어붙인 극단적인 견해(굴라트[ghulāt]로 알려진)의 영향을 받게 되었다.

그러나 다른 사람들은 이 역사가 다르게 재구성되어야 할 필요가 있다고 주장했다. 그 발전은 아마도 엄선된 내부의 소수가 이맘의 진정한 본질에 연루되었던 시아파 교리의 비밀스럽고 극단주의적인 형태에서 비롯되었을 것이다. 이러한 시각의 의미는 시아파 교리의 기원이 정치적이기보다는 신학적으로 자극된 것으로 보인다는 것이다. 이러한 시아파 교리의 관점에서, 이슈는 통치하는 권력보다 오히려 밀교적인 추종자 그룹들의 존재에 관한 것이다.

이러한 역사 읽기가 많은 논쟁을 불러일으켰지만, 초기 시아파에 대한 통찰력 가운데 어떤 시각이 올바른 것인가에 대해 학자들 간에 합의가 이루어지지 않았다. 일부는 처음부터 두 가지 관점이 모두 존재했을 가능성이 충분히 있다고 주장했고, '극단적' 관점의 중요성은 후에 순니파가 시아파운동 전체를 완전히 불신하는 수단으로서 비판하면서 두드러지게 되었다.

이맘들에 대한 견해의 기원에 대한 학술적 논의의 훌륭한 개요와 전체 참고 문헌은 Robert Gleave (2009) "Recent Research into the History of Early Shiʿism," *History Compass*, 7/6: 1593–1605에서 볼 수 있다. Matthew Pierce (2016) *Twelve Infallible Men*, Cambridge, CT: Harvard University Press는 시아파의 카리스마적 이맘의 중요성을 자세히 살펴볼 수 있다.

추천 도서

Bayhom-Daou, Tamima (2005) *Shaykh Mufid*, Oxford: Oneworld.

Haider, Najam (2014) *Shīʿī Islam: An Introduction*, Cambridge: Cambridge University Press.

Halm, Heinz (1987) *Shiʿism*, 2nd edition, Edinburgh: Edinburgh University Press.

Lalani, Arzina R. (2000) *Early Shīʿī Thought: The Teachings of Imam Muḥammad al-Bāqir*, London: I. B. Tauris.

Moojan, Momen (1985) *An Introduction to Shiʿi Islam*, New Haven, CT: Yale University Press.

Pinault, David (1992) *The Shiites: Ritual and Popular Piety in a Muslim Community*, New York: St. Martin's.

제9장

수피 수행

이슬람 내부에서 신비적 측면이고 그것에 헌신한 수피들의 수피즘(타싸우우프, taṣawwuf)의 기원은 이슬람의 학문적 연구에서 자체적으로 특별한 논의를 불러왔다. 그 이유는 다시 한번 기독교인과 무슬림 사이에 있었던 중세기(와 나중에) 격론의 기억으로 돌아가는 것처럼 보이기 때문이다. 기독교인은 흔히 이슬람을 매우 육감적인 종교로 그려 왔다. 무함마드의 다중 결혼, 꾸란의 극락과 그 보상에 대한 매우 육체적이고 관능적인 묘사 그리고 이슬람의 일부다처제 허용과 지하드가 모두 이러한 종류의 특색에 포함되었다.

그러나 동시에 기독교인은 이슬람의 깊은 금욕적-신비적 경향도 잘 알고 있다. 예를 들어, 모든 수피 중 가장 유명한, 아부 하미드 알가잘리(Abū Hamīd al-Ghazālī, 1111년 사망)는 중세 서구에서 그의 철학적 형태로 특히 잘 알려지게 되었다. 이것은 또한 신비적으로 영감을 받은 다른 작가들에게도 해당된다. 이슬람 내부에서 인식된 두 가지 성격을 조화시키려고 시도하는 가운데, 이 주제에 관해 일부 초기 작가들은 이슬람 안에 신비적 경향이 내재되어 있을 수 없었고, 이것은 오히려 그들의 관점에서 볼 때 훨씬 더 고상한 기독교에서 비롯되었을 것이라고 암묵적으로 제안했다.

그렇다면 오늘날 수피즘의 기원에 대해 의문을 제기하는 것은 이슬람 종교 전체의 기원에 대한 문제보다 그 논란에 있어서 결코 작은 것이라 할 수 없다. 왜냐하면, 위의 입장과 생각이 다르더라도, 이 질문의 배후에는 중세기 격론의 기운이 숨어 있기 때문이다. 실제로 이슬람 신비주의가 외부로부터의 차용임이 시사하는 것은 이슬람의 영적(spiritual) 본성과 무슬림들 스스로의 영적(spiritual) 본성에 대해 본질적으로 부정하는 것을 의미한다.

여기서 기원에 대한 질문은 두 가지이다. 수피들이 영적 탐구의 합법화를 추구하면서 많이 주장했던 기본 요점은 가장 초기부터 이슬람이 종교로서 그 자체에 영적-금욕적 경향이 포함되어 있었는지의 여부이다. 말하자면, 이슬람은 본질적으로 신비적 방식(정의하자면, 일정 시간의 명상적, 반복적, 혹은 자기-부정적 본성의 특정한 수행으로 야기되는 신과의 친밀감 추구)이 그들의 목적으로 추구해야 할 이상적인 삶이라고 보는가? 이슬람의 관점에서, 그 생활 방식은 본질적으로 신을 기쁘게 하는가?

두 번째 이슈는 수피즘 자체의 기원에 관한 것이다. 원래 영적-금욕적 충동의 기원과 상관없이, 그것은 이슬람 내에서 발전된 수피적 요소들에 의해 사용된 수행, 열망, 그리고 표현 방식이었나? 아니면, 다른 출처로부터(그것이 기독교, 인도, 혹은 이란 등) 영향을 받고 이슬람 형태에 적용한 결과였는가?

1. 이슬람 수피즘의 근원

첫 번째 질문에 대해 답변하는 것은 물론 해석의 문제이다. '내재적인 금욕주의'(inherent asceticism)와 같은 이슈를 어떻게 판단하는가? 어떤 사람들은 기본적으로 이 세상에 대한 부정의 태도가 유대교, 기독교, 이슬람의 일부라고 말한다. 그것은 전반적으로 전통이 물질세계에 대해 불신하는 마니교의 급진적 이원론의 영향을 받았기 때문이다. 그러나 이러한 입장은 현세의 삶에서 종교의 주요 특징인 율법을 중시하는 이슬람과 유대교의 실천적인 모습과는 특별히 조화를 이루기 어렵다. 문제의 또 다른 측면은 이슬람 기원의 모든 요소 중 발견되는 공통적인 것으로, 동시대 자료의 부족이다. 일반적으로 이슬람의 시작에 관해 기록된 문서의 증거가 부족한 것과 마찬가지로, 9세기 이전의 영적-금욕적 생활 방식을 엿볼 수 있는 확실한 초기 자료는 없다.

　이 주제에 대한 무슬림의 논쟁은 꾸란과 하디스의 자료와 무함마드의 삶의 이야기인, 시라(Sīra)에 대한 인용을 중심으로 전개되는데, 이는 긍정적인 지지와 법령은 아니더라도 금욕적 이상에 대한 가능성을 나타낸다. 이러한 접근은 무슬림의 내부적 관점에서 여러 질문에 대한 답변을 찾을 수 있다. 수피들이 항상 말했듯이, 꾸란과 무함마드는 신비적 탐구를 지원한다. 신과 연관하여 일반적으로 인용되는 구절은 꾸란 2:186a에 "만일 내 예배자들이 나에 대하여 너에게 묻는다면 내가 가까이 있어, 그가 나를 부르면 부르는 자의 외침에 내가 대답할 것이라고 [그들에게 말하라]", 꾸란 50:16b에 "우리(알라)는 그에게 경동맥보다 더 가까이에 있다"라는 말이 있다.

　비록 꾸란 2:115b이 "너희들이 [너희들의 얼굴들을] 돌리는 곳마다 그곳에서 알라의 얼굴을 발견할 것이다"라고 하면서 탐구에 또 다른 차원을 추가하기는 하지만, 내면을 주목하는 것이 목표와 탐구가 된다. 초기 고행자의 방랑하는 삶의 방식은 꾸란 29:20 "말하라. [너희들은] 땅을 두루 여행해보라. 그가 피조물을 어떻게 창조했는지를 보라"에 의해 옹호되었다. 꾸란 9:123은 "믿는 자들아, 너희들 옆에 살고 있는 믿지 않는 자(쿱파르)들과 싸우라 … 알라는 뭇타낀(타끄와를 행한 자들)과 함께하신다"라고 주장하는데, 그런 자의 삶의 방식은 항상 신을 기억하려 한다고 꾸란에서 되풀이 된다(예를 들어, 꾸란 33:41, "믿는 자들아, 알라를 자주 디크르[집단으로 모여서 기도함]하라"). 꾸란 24:35는 수피를 짐작할 수 있는 모든 구절 중 가장 유명한 구절이고, 꾸란에서 이 구절의 존재는 흔히 신비한 방식의 필요성에 대한 증거라고 주장된다.

　　　알라는 하늘과 땅의 빛이다. 그의 빛은 램프가 있는 벽감처럼 보인다. 램프가 병 안에 있고 그 병은 빛나는 별과 같다. 그것은 동쪽이나 서쪽에서 온 것이 아닌 복받은 올리브 나무에서 취한 기름으로 불이 붙은 것이다. 불이 접촉하지 않아도 기름이 빛을 낸다. 빛 위의 빛이다. 알라는 그가 원하는 자에게 그의 빛으로 인도해 주신다(꾸란 24:35).

무함마드에 대해서는, 그의 전반적인 계시의 경험과 그것을 받기 위한 준비가 금욕적인 삶과 그 산물의 모델로 간주된다. 이것은 다른 꾸란 속의 인물들, 특별히 18장에서 나와 있는 무싸(Moses)와 알키드르(al-Khidr)의 경우도 마찬가지이다. 그들의 이야기는 신비적 탐구로 인해 정교해졌다. 수피가 가장 선호하는 무함마드에 대한 많은 전승은 주요 하디스 모음집에서는 찾을 수 없고, 일반적으로 수집가에 의해 부적절하다고 거부되었지만, 수피들은 자신들의 전승을 자신들만의 계보 안에서 유지했다. 무함마드의 말에서 수피의 탐구에 적용할 수 있는 많은 격언을 발견하고, 무함마드 역시 금욕적인 삶의 방식을 따르는 것으로 묘사된다.

후자의 전통은 흔히 초기 금욕운동의 지지자로 간주되고 한발리파를 시작한 이븐 한발(Ibn Ḥanbal, 855년 사망)의 *The Book of Ascetic Practices*와 같은 작품에 유입되었다. 궁핍은 특별히 무함마드가 옹호하는 이상이다. 예를 들면, 이븐 한발은 아이샤('Āʾisha)의 전승을 인용한다. 그녀는 "알라의 메신저가 그의 집에서 무엇을 했느냐"는 질문에 받았고 다음과 같이 대답했다. "그는 옷을 덧대고, 신발을 수선했으며, 그와 같은 일을 했다." 아이샤는 또한 무함마드가 죽었을 때, "그는 한 푼의 디나르(dinar), 디르함(dirham), 혹은 양이나 소를 남기지 않았으며, 어떤 것도 유산으로 남기지 않았다"라고 보고했다(Ibn Ḥanbal 1976: 3).

수피에게 더욱 생산적인 것은 무함마드의 밤 여행인 미으라즈(miʿrāj, 꾸란 17:1을 기반으로 함)의 이야기였다. 이것은 모든 신비주의자가 열망하는 최고의 신비로운 경험의 이야기로 간주된다. 그 기본적인 설명은 무함마드에 관한 모든 정통 자료에서 발견되지만, 초기 무함마드의 전기 작가인 이븐 이스학(Ibn Isḥāq)의 원본에서 시작된다. 이 사건에 대한 수피의 이해와 해석은 물론 독특하다. 수피 수행 역할을 흔히 예언자의 시작으로 강조하면서, 무함마드 이후의 모든 신비주의자는 예언자가 아니라 왈리 혹은 '신에게 가까운 자'로서, 신성한 존재와 연합하면서 여행하는 방법으로 안내한다.

흥미롭게도, 하디스의 순니파 문헌에는 눈에 띄게 반-금욕적 경향이 있는데, 특별히 기독교 수도원 제도의 거부에 초점을 맞추었다. 예를 들어, 이러한 자료는 이슬람 안에서 수피도 결혼해야 한다는 개념을 뒷받침하기 위해 자주 사용된다. 다른 자료 중에는 40일 동안의 식량 제한 거부와 빈곤에 대한 탄원(심지어 지나친 자선을 거부하는 지점까지)이 있다. 이 자료의 대부분은 반-기독교적 경향과 초기 이슬람의 금욕적 경향의 상황에 대해 무슬림이 느꼈던 갈등을 반영하는 것으로 볼 수 있다.

그러나 수피 측에서 꾸란, 시라 그리고 하디스에 대해 갖는 모든 관심은 다른 무슬림과 마찬가지로, 자신의 지위를 정당화하는 것뿐만 아니라 영감을 위해서 언제나 이슬람의 가장 중요한 자료로 돌아갔음을 단순하게 보여 준다. 그런 면에서, 그들은 가능한 한 법을 면밀하게 정의하려는 탐구에 있어서 법학자와 다르지 않다. 근대 역사가들이 이러한 유형의 자료에서 '객관적' 사실을 취하고, 초기 이슬람의 신비적 경향의 그림을 재구성하려는 시도는 시대착오적인 텍스트 읽기의 오류를 범하는 것이다. 어떤 이는 후대 사람의 눈을 통해 텍스트를 분명히 보고 있는데, 우리는 이 텍스트에 부여된 최초의 의미에 대해 아는 바가 없다.

따라서 이 논의에서 결론을 내릴 수 있는 가장 최대치는 무슬림들이 무함마드의 삶의 이야기와 꾸란 자체를 자신들의 신비적 탐구에 있어 중요한 원천으로 발견했다는 것이다. 어떤 이는 무함마드의 전기(시라)의 초기 형태도 초기 신비주의자들의 영향을 받았을 가능성을 간과하지 않기 원한다. 그러므로 하디스 문학에서도 반영된 것처럼, 전기(傳記)에는 무함마드에 의해 실천된 주흐드(zuhd) 즉, 금욕주의에 대한 그들의 관심과 갈망의 일부를 반영한다. 실제로 꾸란이 그러한 금욕적 요소를 포함할 수 있다는 생각은 가능하다. 그러나 이러한 배경을 시사하는 꾸란의 부분들이 언제 무슬림에 의해 그렇게 이해되었는지의 여부와, 그러한 꾸란의 부분들이 실제로 유래된 곳은 어딘지에 관해서는 여전히 학문이 직면해야 하는 성가신 질문들이다.

2. 수피 수행의 출처

그렇다면, 수피즘의 기원에 대한 문제의 이와 같은 첫 번째 측면에 대한 최선의 해결 방법은 이슬람에 내재한 영적(역자 주: '영적'이란 말은 기독교에서 영적이란 말과 개념상 차이가 있음) 금욕주의에 관한 질문을 따로 떼어 두는 것이다. 그리고 단순히 유대교-기독교-무슬림 전통 안에 포함된 신의 본질에 대한 이해가 잠재적으로 삶의 신비적인 방법을 받아들이게 한다고 인정하는 것이다. 그렇다면 우리가 진정 이슬람에서 수피즘이라고 부를 수 있는 것의 발전, 그것의 영향 그리고 이슬람 출현에 있어서 그것의 역할에 관한 두 번째 문제만 남게 된다.

예를 들어, 초창기에 그러한 생활 방식을 장려하는, 이븐 한발이 수피인지 아니면 단순히 금욕주의 무슬림인지 어떻게 규정할지에 관해 중요한 질문이 있었다. 그가 이 역할을 전승주의를 지지와 결합했었다는 것은 중요하다. 금욕적인 경향을 보여 주는 그의 작품 중 하나는 위에서 언급한 무함마드의 삶에 관한 전승 모음인, 키탑 알주흐드(Kitāb al-Zuhd)이다. 사실, 가장 초창기에 금욕주의에 대한 강조는 후대에 신비적 방법의 선구자로서 확신하게 자신을 구별할 수 있는 중요한 요소이다. 이러한 경향이 문서의 형태로 표현되어 발견된 것이 9세기 초반에서 중반임을 증거로 볼 수 있다. 사변적 사고와 결합하여 엄밀하고 의미 있게 수피즘이라고 부를 수 있는 진정한 신비주의 체계를 만들어 낸 것은 9세기의 후반이 되어서였다. 수피즘의 출현 시기를 정하는 것은 법학 문헌에서 확인되는데, 금욕적인 삶의 방식에 대한 경멸이 드러나고 그 범위를 제한하려는 법학자들의 시도의 결과를 분명히 볼 수 있다. 8세기 말과 9세기 초는 이 문제에 대한 가장 큰 논쟁의 시대로 보인다.

기독교가 이슬람 금욕주의의 토대에 영향을 준 것은 초기 저술에서 명확히 나타난다. 그 예로, 알무하시비(Al-Muḥāsibī, 857년 사망)는 수피의 생활 방식에 관한 다양한 어구와 칭송함에 있어 신약성경에서 많은 분량을 차용했다. 또한, 쑤프(ṣūf)라고 불리는 양모를 몸에 걸치는 관습의 의미에서 "쑤피"(Ṣūfī, "거친 모직 옷을 입는 자"를 의미)라는 용어가 만들어진 것으로 일반적으로 믿어지는데, 이는 기독교 은둔자를 모방한 것으로 알려져 있다. 이것은 빈곤의 표시이자 그 자체로서 금욕적인 수행자가 되기 위한 것이었다.

신비로운 연도(連禱, litany)의 발전은 또한 그 운동에 대해 설명해 준다. 디크르(dhikr)라고 불리는 이 수행은 "알라를 자주 되뇌이라"(꾸란 33:21)는 꾸란의 명령과 연관된다. 이 연도의 발전된 형태는 다양한 구절이 끊임없이 반복되는 것으로 구성된다. 흔히 "알라 외에 다른 신은 없다"(라 일라하 일랄라)가 반복된다. 이 수행은 사실상 모든 수피 그룹에게 몰입의 중심으로서 역할을 한다. 다시금 기독교의 예배 방식은 이 특별한 구성 요소에 어떤 자극을 주었을 것이다.

교리적으로, 초기 신비주의자들은 신에 대한 '완전한 신뢰', 타왁쿨(tawakkul)의 개념에 헌신했다고 여겨진다. 그 특징은 세상과 세상에서 일어나는 일에 대한 전적인 무관심과 개인의 필요를 공급하는 신에의 전적인 의존이다. 이러한 태도는 그러한 필요를 채워 줄 신의 능력과 자비에 대해 전적인 신뢰를 보여 주는 것으로 알려져 있다. 소유물의 완전한 결핍과 육체적 안위의 박탈이 그러한 사람의 표식이었다. 이러한 경향은 흔히 기독교의 영향을 받은 것으로 보이는데, 이는 교회의 수도원주의 경향이다.

일반적으로 이슬람 금욕주의가 출현한 것으로 보이는 지리적 맥락

(기독교 유산의 환경 안에서 바그다드와 과거 불교의 중심지였던 후라산[Khurasan])을 감안할 때, 위의 예와 같이 다양한 종교, 특별히 기독교의 요소가 존재한다는 것은 놀라운 일이 아니다. 이를 부정함으로 얻는 것은 거의 없을 것 같다. 그러나 이슬람의 금욕적인 생활 방식은 명백한 정치적 동기로 발전했다고 흔히 지적되어 왔다. 다시 한번 이슬람에서는 종교적 입장이 지배 권력에 대한 반항의 집결지로써 사용된 것으로 보인다. 전반적으로 초기의 금욕적인 성향은 종종 이슬람 형성기의 정치적 분쟁을 포기하고, 거부하는 것으로 묘사된다. 초기 신비주의자들은 지배 권력이 자신의 목적을 위해 종교를 조정하는 것에 맞서서 이슬람 정신을 고수했던 진정한 무슬림이었다. 적어도 신비주의자의 관점에서, 타와쿨에 대해 강조하는 것은 내세가 아닌 현세에서 자신의 자리를 확보하려는 다른 모든 무슬림의 노력과는 뚜렷하게 대조를 이루는 것으로 보일 것이다.

제5장에서 논의된 신학적 논쟁에서 그의 역할로 유명한 알바쓰리(al-Ḥasan al-Baṣrī, 728년 사망)는 이러한 형태의 영성(spirituality)의 중심인물 중 한 명으로 문헌에서 등장한다. 그는 이 세상에 실재하는 가치를 부정하기까지 이르렀고, 정치적 이기심의 오염이 없는 영역으로서 내세를 말하고 있다. 비록 그것이 부당한 통치자를 경건한 통치자로 대체하는 것을 의미하는 것이었을지라도, 정치 분야에 대한 혁명적 개입은 알바쓰리에 의해 인정되지 않았다. 통치자들의 느슨한 설득이 지역 사회의 모든 무슬림의 수를 늘리기 위한 노력에서 기대할 수 있는 최선이었다.

종합하면, 그러므로 수피즘의 발전에서 '외래의 영향'에 대해 분명히 주장할 수 있지만, 의심의 여지없이, 근대의 학자들은 무슬림 공동체 내부의 긴장이 초기 금욕적 경향의 출현에 결정적이었던 것으로 간주한다.

3. 수피즘의 발전

9세기에 다양한 신비주의가 급속한 진전을 보였는데, 각각은 새로운 신비주의적 관점에 특정한 요소를 가미하여 수피즘의 중심 교리를 만든 것으로 유명하다. 신플라톤주의의 영향하에, 적어도 일부 저자들에 따르면, 신의 사랑에 대한 신비적 교리, 신비적 경험에 대한 경이로운 비전, 경험의 목표로서 영지(gnosis), 신비적 오름의 이미지, 신에게의 몰입(absorption) 그리고 신비적 상태의 이론이 모두 등장하는 것으로 보인다.

알무하시비(al-Muḥāsibī)의 제자인 알주나이드(al-Junayd, 910년 사망)는 흔히 신비적인 사색의 진정한 체계를 확립하고, 그의 전임자들의 통찰력을 모으며, 차후의 모든 세대를 위한 지속적인 체계를 만든 공로를 인정받는다. 그는 파나(fanāʾ)의 교리를 정교하게 만든 것으로 알려져 있다. 이는 '자기 안에서 죽는 것', '사라지는 것'(pass away), 혹은 신에게 '몰입'(absorption)하는 것이 신비주의의 목표인데, 꾸란의 "지구상에 있는 모든 것은 사라진다. 장엄하고 존귀한 너의 주님의 얼굴을 제외하고는 아무것도 남는 게 없다"(꾸란 55:26-27)에 의해 지지된다. 신비적 탐구는 신에게로 돌아가야 할 필요성에 근거하는데, 그것은 인류가 창조되기 전의 상태이다.

바까(Baqāʾ)는 '영속'(continuance)인데, 파나 이후에 남자나 여자나 신 안에 존재할 때, 신비주의자의 존재이다. 알주나이드는 이 목표를 윤리적 이론과 결합시켰다. 즉, 몰입 상태에 도달한 신비주의자에게 사회로의 복귀를 요구했다. 이것은 "[신의] 은혜의 증거가 개인에게 분명히 되어, 개인의 성품에서 그분의 선물의 빛을 되찾게 되므로 그분에게 감사하는 공동체를 밝히고 매료시킨다"(Abdel-Kader 1976: 89). 이것은 알주나이드에게 수피가 그의 공동체 생활로 돌아가서 무슬림으로 존재하면서 모든 의무를 이행할 책임이 있음을 의미했다. 신(the divine)을 향한 개인의 몰입된 지식은 세상에서 행해지는 모든 일 가운데, 그 사람을 통해 빛을 발하는 '비밀의 보물'(secret treasure)로 남는다.

4. 알할라즈(Al-Ḥallāj)

알주나이드와 동시대의 사람이었던 알할라즈(922년 사망)는 신비적 탐구의 필요성을 동일하게 확신했지만, 개인들이 신비적 경험을 통해 그들의 신의 본성을 인식할 수 있다는 것으로 인해 신성모독으로 사형 선고를 받았다. 이 이야기는 알할라즈가 "나는 진리이다"라고 선포했던 것과 관련이 있는데, 이것은 그가 실제로 세상에서 성육신하신 신이라고 느꼈다는 의미로 받아들여졌다. 이러한 수피(또 다른 초기의 예로는 알바스따미 [al-Basṭāmī, 875년 사망]가 있다)는 알주나이드의 '도취되지 않는' 신비주의와 비교할 때 '도취한'의 용어로 표현되었다. 왜냐하면, 신비로운 경험에 너무나도 압도된 나머지, 그들에게 존재는 아무 의미가 없었다. 그들의 발언은 그들의 경험을 이해하기 위한 초점이 되었고, 그 반대도 마찬가지이다. 알주나이드 교리의 윤리적 측면은 경험에 묻혀 버렸다.

5. 후기의 발전들

이 저자들은 단지 수피즘의 전체적인 체계를 발전시키기 시작했을 뿐이었다. 이것은 이슬람에서 수피즘의 해석, 역사 그리고 의미를 형성하기 위해 다음 세기에 아부 나쓰르 알사라즈(Abū Naṣr al-Sarrāj, 988년 사망)와 같은 저자들에게 넘어갔다. 알사라즈는 무함마드와 그의 동료들의 전례에 근거하여, 수피 수행(practice)의 합법성에 대해 키탑 알루마(Kitab al-Luma)에 기록했다. 이것에서 그는 그의 시대에 존재했던 신비적 방식의 본질을 정제하기 위해 많은 확실한 자료를 결합했다. 예를 들면, 다음과 같다.

"사라지다"와 "몰입"의 의미는 … 무지가 사라지고 지식의 변치 않는 상태가 되고, 불순종이 사라지고 변치 않는 순종이 되는 것이다. 그리고 무관심이 사라지고 숭배의 상태가 되며, 일시적인 종의 행동에 대한 생각이 사라지고 영원한 신의 은총의 대한 비전이 된다(Smith가 번역한 al-Sarrāj 1950: 43).

11세기에 알꾸샤이리(al-Qushayrī, 1072년 사망)의 저술은 수피즘의 이론적 기초를 더욱 조직화했다. 1046년 글에서, 알꾸샤이리는 수피즘이 순니 이슬람과 충돌하지 않는다는 것을 보여 주는 데 관심을 기울였다. 많은 저명한 수피의 전기에 의해 일부분을 증명했다. 그는 또한 수피가 개인에게 신비적 탐구를 전달하면서 단식의 이론을 제공했고, 신이 신비주의자에게 그 탐구 동안에 베푸는 상태에 관해서 제시했다. 이러한 내용은 이전에 이미 알사라즈에 의해 자세하게 설명되었지만, 알꾸샤이르는 그 개요에 더 많은 세부적인 사항을 추가했다. 탐구를 설명하기 위해 45개의 용어가 사용된다. 이것은 '타우바'(tawba, 회개)로 시작하여, '인내'(patience), '신에 대한 지속적인 인식' 그리고 '신과 함께 만족'을 통해 신비한 길을 따르려는 의도적인 표현으로 보이며, '영지', '사랑' 그리고 '신과 함께 있기를 갈망함'으로 끝이 난다.

알가잘리는 초기의 수피 이론가들이 형성한 근거를 사용했는데, 이는 수피즘을 규범적인 순니 이슬람에 동화시키기 위해 자신의 주장을 발전시킬 때 사용했다. 1099년에서 1102년 사이에 저술한 그의 대표작 *The Revival of the Religious Sciences*는 제목에서 제시하는 것을 성취하고자 했다. 수피즘의 영감을 통해 정통 '종교 과학'의 활력을 되찾는 것이다. 그 과정에서 수피즘은 삶의 이슬람 방식의 필수적인 부분으로서 전적인 정당성을 획득하는 것으로 보일 것이다. 그의 작품은 네 부분으로 나뉜다.

첫째, '예배'(worship)는 이슬람 종교의식의 내적 의미에 집중한다.
둘째, '개인의 행위'(personal behavior)는 종교의 법에서 신비적 훈련으로 나아가는 과정을 밀접하게 연관 지어 이해한다.
셋째, '치명적인 죄'(deadly sins)는 신비적 탐구에 필요한 훈련에 대해 자세하게 설명한다.

넷째, '구원의 길'(the way to salvation)은 영적 경험의 해석에 집중한다. 개인의 삶에서의 이러한 발전은 알가잘리의 전반적인 인생관과 신비적 탐구를 반영한다.

> 만약 당신이 내 영혼을 시험하기 위한 안내의 시작이 무엇이냐고 묻는다면? 안내의 시작은 외부적 타끄와(알라를 두려워함)이고 안내의 끝은 내부적 타끄와라는 것을 안다. 오직 타끄와를 통해서만 모든 것이 성취된다. 타끄와를 행한 자만이 인도를 받는다. 타끄와는 가장 높은 신의 명령을 수행하고 그가 금한 것을 외면하는 것을 의미한다(Watt가 번역한 Al-Ghazālī 1963: 90).

6. 수피 종단

수피즘의 증가하는 지적인 지원과 조직화의 경향은 수피 종단에서 더욱 발전되었는데, 이것은 스승과 제자 사이의 관계 원칙에 기초한다. 신비주의자의 단계를 거쳐 올라간 스승의 권위는 전적으로 제자에 의해 받아들여져야 하는데, 오직 그 지도로 말미암아 신과의 연합이 가능하기 때문이다. 따리까(ṭarīqa), "길" 혹은 "여정"(나중에 "종단" 혹은 "형제애"를 의미하게 됨)은 입회자가 신비적 경험의 단계로 인도함을 받을 수 있도록, 실용적이고 조직화된 방법을 제공하는 길로서 부각되었다. 비공식적인 그룹으로 시작하여, 탁월한 스승과 교제하는 것이 따리까의 핵심이었다.

그룹들은 초기에 리바뜨(ribāṭs), 칸까(khānqāhs), 칼와(khalwas) 혹은 자위야(zāwiyas)로 알려진 주거지를 중심으로 등장했는데, 이 모두는 무슬림 세계의 특정 지역에서 '수피 은둔처'를 의미했다. 그러나 이러한 은둔처는 특별한 방식으로 조직된 것이 아니었다. 참가자들은 단순히 이러한 장소에서 다른 장소로 유랑했었다. 11세기에 제도화된 따리까운동은 이슬람

학교인 마드라사(madrasa)를 셀주끄(Seljuq)왕조가 재편성시킴으로써 증대되었고 동시에 수피 주거지에 대한 감독과 지원을 받았다.

이러한 경향은 수피즘을 정통 이슬람의 중심으로 이끌었던 알가잘리 업적의 성공으로 인해 더욱 고무되었다. 이 과정은 13세기에 수피 훈련의 특별한 센터들의 출현과 함께 최고조에 달했다. 한 사람의 활동과 삶의 방식에 초점을 맞춘 센터는 그 사람의 이름, 가르침, 실천 그리고 생활 규칙을 영속화했다. 따리까는 그 종단의 지도자인 쉐이크(shaykh)의 이스나드(isnād, 연결 계보) 혹은 실실라(silsila)를 통해 영적 후계자에게 전달되었다. 입회자는 쉐이크에 충성을 맹세했고 그로 인해 영적 계보와 연결되었다. 이러한 실실라에 통합된 것은 알주나이드와 알바스따미와 같은 과거의 유명한 수피들 때문이었다. 계보의 첫 단계는 종종 무함마드와 알리('Alī)이지만, 이것이 반드시 그룹에서 시아파 편향을 나타내는 것은 아니었다.

이러한 모든 따리까는 적어도 공식적으로는 정통 이슬람의 법과 종교의식을 구속력있는 것으로 받아들인다. 이런 방식으로 그들은 이슬람의 진정한 본질과 목적에 대해 따리까 외부에 남아 있는 사람과는 분명하게 다른 견해를 가지고 있었지만, '대안적 비전'보다는 삶의 이슬람 방식을 보완해 준다. 그러나 따리까가 다수의 대표자(즉 법률가)로부터 인정받기 위해서는 이슬람 삶의 외적인 부분에 대해 계속 주의가 필요했다.

고전 이슬람에서 주요한 따리까는 수흐라와르디야(the Suhrawardiyya), 까디리야(the Qādiriyya), 리파이야(the Rifāʻiyya), 야사위야(the Yasawiyya), 쿠브라위야(the Kubrāwiyya), 치쉬티야(the Čishtiyya), 샤딜리야(the Shādhiliyya), 바다위야(the Badawiyya), 마울라위야(the Mawlawiyya, Mevlevi), 나끄쉬반디야(the Naqshbandiyya)파이다. 이 그룹들은 자신들의 토대를 12세기와 13세기에 살았던 다양한 사람에게서 추적한다.

7. 수피 종단의 수행

까디리야파를 예로 살펴보면, 이러한 기관이 수피의 형태를 만드는 데 따리까가 어떤 역할을 했는지 알 수 있다. 쉐이크 알질라니('Abd al-Qādir al-Jīlānī)는 1077년 페르시아의 질란(Jilan)에서 태어났고, 18세에 바그다드로 갔다. 그곳에서 그는 약 50세에 한발리파에서 유명한 설교자가 되었고 1166년에 사망했다. 비록 그의 삶에 관해 풍성하게 전해지는 전설들은 그를 수피의 기적을 행하는 자로 묘사하기 원하지만, 그가 의도적으로 수피학파를 설립했다는 증거는 없다. 다음의 이야기는 알질라니의 제자에 의해 전해진다.

> 나는 아직 젊었을 때 한 번 많은 무리와 함께 쉐이크 압드 알까디르('Abd al-Qādir, 알라가 그를 기쁘게 여기기를 바라며)의 앞에 들어갔다. 나에게는 관념적 철학과 영성의 사변적 과학에 관한 질문을 다룬 책이 있었다. 우리가 그의 앞에 들어가자마자, 쉐이크는 나에게—그룹 전체 앞에서가 아니라 개인적으로—말했다. 그리고 그는 그 책을 검토하거나, 혹은 그 내용에 대해 묻기도 전에 말했다. "당신의 그 책은 나쁜 동행자입니다. 돌아가서 그것을 철저히 씻는 것이 나을 듯합니다!" 이에 대해 나는 쉐이크에게 불쾌감을 줄까 하여 그의 곁을 떠나서 책을 상자나 다른 곳에 버려두고 그 후에는 그것을 가지고 다니지 않기로 결정함으로써 그의 말에 응답했다. 나의 낮은 자아는 그것을 씻는다는 생각을 받아들일 수 없었는데, 왜냐하면 나는 그것에 지극히 빠져 있었고 그 이론과 원리 중 일부가 나의 지적 호기심을 자극했기 때문이다.
>
> 나는 이 계획을 수행하려고 일어나서 그 자리를 떠나려고 했지만, 쉐이크는 매우 놀랍게 나를 바라보고 있어서 그 자리를 떠날 수 없었다. 나는 마비된 상태에 빠진 것을 느꼈는데, 그때 그는 나에게 "당신의 그 책을 나에게 건네주시오!"라고 말했다. 그래서 나는 그 책을 열었다. 그러자 놀랍게도 그 안

에는 아무것도 없었다. 단 한 글자도 적혀 있지 않은 백지였다!

나는 그것을 쉐이크에게 건넸고, 그는 그 페이지를 훑어보더니 말했다. "이것은 알두라이스(Muḥammad Ibn al-Ḍurays)의 *The Book of the Excellent Merits of the Qurʾān*이다." 그가 그것을 다시 나에게 돌려주었을 때, 나는 그것이 정말로 멋지게 쓴 서체로 쓰인 책이라는 것을 알았다! 쉐이크는 나에게 말했다. "당신의 마음에는 없는 것을 당신의 입으로 회개할 준비가 되었는가?"

나는 말했다. "예, 오 나의 스승님." 그 뒤 그는 나에게 일어나라고 말했다. 나는 순종하며 일어났고, 철학과 영성의 원리에 대한 모든 것을 잊었다! 그것들은 마치 한 번도 나의 관심을 사로잡지 않았던 것처럼, 나의 내면에서 완전히 지워졌다(Tādifī 1998에서 약간 수정함).

실제로 수피 학파가 설립된 것은 알까디르의 두 아들로부터였는데, 1300년에 이라크와 시리아에 센터가 존재했고, 15세기에 들어서면서 대규모 확장이 이루어졌다. 알까디르 자신은 왈리로 명성을 얻었고, 그의 중보 기도의 힘에 대한 믿음은 따리까를 이슬람 세계 전체에 중요한 실재로 만들었다.

까디리야파의 수행은 그룹 자체의 신념뿐만 아니라 스승의 역할과 다양한 신비적 수행의 효과에 대한 일반적인 수피 입장을 반영한다. 입회의 절차에는 "쉐이크의 지시에 따라 순종하여 디크르를 낭송하겠다"는 약속이 포함되어 있고, 쉐이크는 입회자들을 '아들로서' 받아들인다. 디크르는 쉐이크 앞에 앉아 있는 그룹에 의해 낭송되고 수백 번 반복된다. 초신자들은 "알라 외에 다른 신은 없다"를 165회 반복하고, 상급자들은 알라와 알까디르를 찬양하는 일련의 말을 121회 반복한 다음, 수라 36장을 100회 반복, 수라 72장을 41번, 수라 110장을 121번, 수라 1장을 8번 반복하고, 수라 112장을 1회 암송하는 것으로 마무리했다. 이 모든 것은 쉐이크의 통제하에 행해지는데, 암송이 진행되면서 증가하는 속도에 맞춰, 개인 회원이 잠재적으로 그들의 영적 발전 수준에 적합한 신비적 경험을 할 때까지 이루어졌다.

8. 이븐 아라비(ibn ʿArabī)

이븐 아라비(Muḥyī'l-Dīn ibn ʿArabī)는 이슬람 수피즘 내부의 또 다른 유형의 최고 정점을 보여 준다. 1165년 스페인에서 태어난 그는 북아프리카와 중동을 여행하면서 1194년 수피즘에 입문했고 1240년 다마스쿠스에서 생을 마감했다. 그는 다작의 작가였고, *The Meccan Revelations*, 『수피 백과사전』 그리고 그의 비전을 요약한 가장 유명한 작품인 *The Bezels of Wisdom*을 저술했다. 매우 난해한 작가인, 그는 이슬람학에 대해 충분히 교육을 받았으며 방대한 양의 학식을 그의 작품 속으로 가져왔다.

그의 사고는 인간과 신 사이의 본질적인 일치를 믿는 전형적인 접신론(theosophy)을 나타낸다. 이븐 아라비는 진리를 경험하는 방법으로 영지(gnosis, maʿrifa)를 강조함으로써 사변적인 수피즘을 그 절정에 이르게 했지만, 신과 그의 창조물 간의 분리된 사실을 거부하는 일원론으로 비난받았다. 신의 초월적 교리는 흔히 무슬림 정통 신학에 필수적인 것으로 간주되는데, 그것은 세상에서 신의 성육신 가능성을 완전히 부인하는 것으로, 고대 기독교와의 논쟁의 결과인 것이다. 이론적으로, 접신론적인 수피는 우주를 지배하는 '무함마드의 현존'이라는 개념의 문제를 해결했는데, 그 존재(being)는 수피가 신비적 탐구에서 열망할 수 있는 힘이 될 수 있다.

이븐 아라비는 '존재의 하나됨'(unity of being)인 와흐다트 알우주드(waḥdat al-wujūd) 교리를 논증했는데, 이와 관련된 함의는 매우 중요해 보인다. 존재(being)와 실재(existence)는 모두 하나이며 신 안에서 결합된다. 신과 분리된 존재는 오직 신의 선한 뜻에 의해서만 존재하지만, 분리되기 전 실재는 신과 하나였다. "완전한 인간"(al-insān al-kāmil)은 신과 하나됨을 알고, 신을 사랑하며, 신에게서 사랑받는 자이다. 이븐 아라비에게 꾸란 25:53과 55:20에서 "두 바다 사이의 바르자크"라는 은유로 언급되었던, 물질적 실재(existence)와 신성한 세계 사이의 장벽과 다리인 바르자크(barzakh)의 개념은 매우 중요한데, 이는 그 속에서 인간이 중요한 역할을 하는 실재의 영역이기 때문이다. 인간이 삶과 죽음의 차이를 줄일 수 있는 능력, 혹은 심지어 필요성은 존재의 일치를 제공하지만, 신의 내재와 초월 사이의 개념적 갈등을 유지한다.

9. 수피즘의 역할

그의 사상의 복잡성에도 불구하고, 이븐 아라비의 영향력은 그 시점부터 모든 수피즘뿐만 아니라 여전히 그의 사상을 이해하려고 노력하는 현대 학계에서도 대단하다. 그러나 수피즘은 이처럼 고상한 지적 유형뿐만 아니라, 종단의 역할로 인해 대중 수준에 가깝게 되었다. 오늘날 이슬람 세계의 멀리 떨어진 많은 곳으로 이슬람을 확산시킨 것은 종단의 노력이었다. 흔히 신비로운 시가 용이한 수단이 되었고 수피의 외연으로 이슬람의 기본적인 영적 자극이 동반된다면 지역의 종교의 수행에 대해 관용적인 태도를 보였다. 수피즘 내에서의 이러한 자세는 흔히 이슬람이 세계 고등 종교와의 유대를 통해 지역 문화를 강화하는 일의 열쇠로 보인다.

더 나아가, 사회 집단에 대한, 특히 여성에 대해 권한 부여가 흔히 수피즘에 의해 촉진되었다. 특별히 규범적이고 공식적인 이슬람의 여러 측면에서 여성의 배제가 있었던 곳에서 일어났다. 또한, 수피즘은 역사를 통틀어 무슬림을 위한 일반적인 종교 부흥의 원천으로 봉사해 왔고, 기관이 자멸되는 경향이 있을 때 기관에 생명을 불어넣었다. 기존 법학파의 여러 대표들이 많은 수피 수행에 대해 깊은 의문을 품고 있었고, 역사의 특정한 시점(특히, 이븐 타이미야[Ibn Taymiyya], 1328년 사망과 함께) 이슬람의 갱신은 비주류 수피 영향력을 제거하는 것으로 이루어졌지만, 수피즘은 '신비적 탐구'의 관점에서 삶을 그려 보는 사람들을 위해 건재했다.

부록 : 루미(Rūmī)

2002년, 「타임」지는 바크스(Coleman Barks)가 쓴 25만부 이상 판매된 베스트셀러 *The Essential Rumi*(1995년 첫 출간)가 "지난 10년 동안 서구에서 출간된 가장 성공적인 시집"이라고 말했다(*Time*, October 29, 2002). 루미에 대한 이러한 찬사는 그 후 몇 년 동안 계속되었다.

일반적으로 마울라나(Mawlana, 튀르키예어로 메블라나[Mevlana]이고 의미는 "우리의 스승")로 알려진 잘랄 알딘 무함마드 알발키(Jalāl al-Dīn Muhammad al-Balkhī)는 특히 서구에서 루미(Rūmī)로 알려져 있다. 그는 타지키스탄과 아프카니스탄의 국경 근처의 발크(Balkh)에서 1207년 9월에 태어났다. 그리고 아마도 그의 가족이 징기스칸과 몽골인의 위협에서 피신하기 위해 이사했던 튀르키예의 코냐(Konya)에서 1273년 12월 17일에 사망한 것으로 보인다. 루미의 무덤(녹색사원으로 알려진)은 코냐에서 발견되며 무슬림과 다른 종교의 조사원에게 주요 순례지가 되었다.

수피로서 루미의 명성과 업적은 그의 이름을 따서 메블레비 종단(the Mevlevis), 혹은 수피의 회전 춤(Whirling Dervishes)으로 명명되었다. 왜냐하면, 그들이 신비로운 종교의식으로 수행하는 춤 때문에 그렇게 불린다. 루미는 또한 다작 작가이기도 했다. 그는 수천 행의 시와 더불어 페르시아어로 작성된 약 26,000개의 운율 2행시인 방대한 마스나위(Mathnawī)는 때때로 페르시아어로 "한 가지 각운을 가진 2행시"를 의미하는 단어의 발음에 더 가깝게 나타내기 위해 마스나비(masnavi)라고 쓰였다.

아마도 15세기 초에 루미의 마스나위는 '페르시아어 꾸란'으로 불렸을 것이다. 이것은 그 시가 최고의 문학적 가치가 있는 것으로 간주되었을 뿐만 아니라 전체적으로 꾸란의 정신과 의미에 대한 해석 혹은 현현임을 암시한다. 그것은 무슬림 배경에서 어떤 작품보다도 높은 존중을 받고 있다. 전반적으로, 루미는 이슬람과 꾸란을 그의 작품의 중심으로 만들면서 상상력이 풍부하고 재미있는 방식으로 이끄는 데 성공했다. 이러한 접근은 루미에게 이롭게 작용했다. 그는 그의 독자들에게 익숙한 언어와 상상력에서 수피즘에 대한 자신만의 메시지를 전달할 수 있었으며, 심지어 꾸란과 마스나위 모두 동일한 신성한 영감에서 유래했다는 주장을 세울 수 있었다. 시의 전체적인 메시지는 모든 참된 신자가 돌아오기를 갈망하는 신의 사랑을 두드러지게 하고, 그 사랑을 통해 개인의 헌신 속에서 모든 세속적인 관심사를 초월할 필요성을 강조하는 것이다.

[그림 9.1] **루미의 무덤** 튀르키예 코냐의 루미(녹색 무덤)는 13세기에 처음으로 만들어졌다. 오늘날 메블라나박물관(1927년 개장)의 일부이다. 박물관의 가상 여행은 아래 웹 사이트에서 가능하다[출처: http://www.3dmekanlar.com/en/mevlanamuseum.html].

루미의 시 가운데 유명한 근대판 중 일부는 이전의 학자적 해석을 기반으로 현대 시인에 의해 작성되었다. 이 과정에서, 시의 진정한 이슬람적인 측면 중 많은 부분이 대충 넘어가거나 모호해져서 시에 대한 전형적인 반응은 "노자의 『도덕경』(Tao Te Ching)의 한 구절처럼 들린다"라고 <rationalskepticism.org>의 한 해설자는 말한다. 그는 루미의 시의 이러한 현대적 표현의 의미를 지적한다. 이러한 방식은 특별히 오늘날 북미에서 매우 인기 있는 일종의 보편적인 유심론(spiritualism)을 표현하는 것이다. 그러나 심오한 이슬람의 내용이 시에 포함되어 있는데, 그것은 꾸란, 무함마드의 삶 그리고 모든 무슬림 학문적 분야에서 영감을 받은 것이다(그림 9.1).

> 루미와 꾸란에 대해 더 자세한 내용들은 Jawid Mojaddedi (2004) "Rūmī," in Andrew Rippin(ed.), *The Blackwell Companion to the Qur'ān*, Oxford: Blackwell Publishing, pp. 362-373에 있다. 모잣데디(Mojaddedi)도 마스나위(two volumes so far [2004, 2008])를 기교적이면서도 학구적인 방법으로 번역했다. The Oxford World's Classics series, *Jalal al-Din Rumi: The Masnavi*, Oxford: Oxford University Press. 다른 대중적인 번역은 다음을 보라. Amy Standen (2001) "Rumi: No. 1 in Afghanistan and the USA: Translator Coleman Barks Discusses the Bestselling Poet Who's Loved Equally among Yanks and Afghans," Salon.com, October 12, http://dir.salon.com/people/feature/2001/10/12/barks/index.html.

추천 도서

Baldick, Julian (2000) *Mystical Islam: An Introduction to Sufism*, London: I. B. Tauris.

Griffel, Frank (2010) *al-Ghazālī's Philosophical Theology*, Oxford: Oxford University Press.

Karamustafa, Ahmet T. (2007) *Sufism: The Formative Period*, Berkeley, CA: University of California Press.

Knysh, Alexander D. (2017) *Sufism: A New History of Islamic Mysticism*, Edinburgh: Edinburgh University Press.

Sells, Michael (1996) *Early Islamic Mysticism: Sufi, Qur'an, Mi'raj, Poetic and Theological Writings*, New York: Paulist Press.

Trimingham, J. Spencer (1998) *The Sufi Orders in Islam*, New York: Oxford University Press (original edition 1971).

제4부

이슬람 정체성의 강화

주요 연대기

632	무함마드의 사망
661-750	우마이야왕조
750	압바시야왕조 시작
813-833	칼리프 알마으문 통치
889	꾸란 주석가 이븐 꾸타이바 사망
925	철학자 알라지의 사망
945	부와이흐왕조 바그다드 점령
1037	철학자 이븐 시나의 사망
1111	신학자, 수피 알가잘리의 사망
1144	꾸란 주석가 알자마크샤리 사망
1187	쌀라흐 알딘이 예루살렘 재정복
1209	꾸란 주석가 파크르 알딘 알라지 사망
1272	꾸란 주석가 알꾸르뚜비 사망
1315	꾸란 주석가 알바이다위 사망
1328	순니 신학자, 법학자 이븐 타이미야 사망
1350	하디스학 연구자, 이븐 알까임 알자우지야 사망
1373	꾸란 주석가 이븐 카시르 사망
1382	역사가, 사회학자 이븐 칼둔 사망
1392	꾸란 주석가 알자르카시 사망
1459	꾸란 주석가 알마할리 사망
1501	이란에서 사파위왕조 통치
1505	꾸란 주석가 알수유띠 사망
1641	수피 철학자 물라 알싸드라 사망
1762	개혁가 샤 왈리 알라 사망
1787	개혁가 무함마드 이븐 압드 알와합 사망

제10장

지적 문화

　이슬람 형성기 연구를 위해, 우리가 가지고 있는 주요 증거는 후기 이슬람 문헌 전승에서 발견된다. 이것은 무슬림들이 그들의 역사를 통해 창의적으로 구성하고 읽은 전승이다. 이 읽기와 다시 읽기(re-reading)는 특정 시점에 끝이 나는 과정이 아니다. 실제로 이슬람(일반적으로 종교로서)의 활력은 현대 상황에 적절하도록 과거로 돌아가서 개혁하는 (다시 읽기) 방식으로 나타난다.

　앞의 장들에서 구분하고 검토한 자료에 의하면, 이슬람이 종교로서 등장하는 데 두 가지 주요 요인이 있다. 하나는 유대교와 기독교와 더불어 이슬람이 별도로 형성되는 것과 관련 있다. 다른 하나는 사회적 이슈와 이슬람 공동체 내부의 권위 체계의 출현과 관련이 있다. 이슬람 정체성의 견고화는 여러 단계에서 동시에 일어나는 역동적인 과정으로 보인다.

　정체성이나 권위에 관한 모든 논의의 기초에는 신과 무함마드 개인과 연결된 꾸란과 순나가 있다. 이것들은 신적 계시와 신의 보호로 연결되므로 무슬림 공동체 중심에서 상징적인 권위를 얻은 텍스트이다. 그런 점에서, 이 자료들은 다시 읽는 과거의 전승, 근동의 초기 종교적 제도의 전승을 따른다. 이슬람이라 불리는 새로운 전통을 확립하기 위한 기초는 그 정체성, 권위에 대한 이해 그리고 신과의 관계를 받아들이고자 하는 사람들을 위해 만들어졌다. 이것의 성취는 이슬람을 기반으로 한 진정한 문화와 문명의 출현을 가능하게 했다.

1. 이슬람 문화

이슬람이 형성되고 세계에 정체성을 가지고 등장한 것은 융화된 문화의 개화를 동반했다. 그것은 분명히 종교-법률적 패러다임에 관련된 것을 넘어서, 사회 구조의 여러 방면에 동기 부여, 지지 그리고 기초가 되는 종교의 모습이다. 이슬람의 현장에서 일어난 의학과 과학의 발전에서 그 예를 볼 수 있다(그림 10.1). 또한, 부가적인 예로, 재료 예술(material art)의 발전을 가리킬 수도 있다. 더 나아가, 이러한 성숙한 구조는 그것에 대한 도전을 견디고, 외부적인 압력의 결과가 아닌 자체적인 문화의 산물로 간주하여 이러한 도전을 통합하는 방법을 찾을 수 있게 된다. 이슬람 현장에서 철학이 이런 경우였다.

의학, 과학 그리고 철학은 공통의 엄격하고 합리적인 기반을 공유하며, 내부와 외부의 발전 모두를 반영하는 이슬람 문화 전성기에 함께한다. 기독교인과 마니교 전승의 남은 자와의 논쟁적인 대면은 무으타질라파의 내적인 무슬림 발전과 병행되었다. 철학, 의학 그리고 과학의 그리스어 텍스트는 아랍어로 번역되었다. 이는 아랍어가 이 텍스트를 소유했던 기독교 공동체에서 국제 공용어가 되었을 뿐만 아니라, 경험적 데이터를 기반으로 종교적 교리를 위한 합리적 증거를 개발하려는 무슬림에게도 호소했다. 이러한 과정을 통해, 이슬람 문명은 모든 측면에서 확고히 자리 잡을 수 있는 기초가 마련되었다.

헬라 철학이 이슬람 신학에 끼친 영향에 대해서는 이미 제5장에서 다루었다. 무슬림이 시리아와 이라크 지역에서 기독교인과 교류하면서 이슬람 신앙에 대한 체계적인 제시와 방어의 필요하게 되었다. 그러나 이 변증적인 경향은 헬라 철학적 사고의 기본적인 매력과 함께 이루어졌는데, 이는 헬라 문헌들을 연구하고 이슬람화하려는 욕망과 필요를 일으키기 위함이었다. 먼저, 번역의 과정을 통해 이러한 작품이 무슬림 세계에 통합되었다.

제4부 제10장 지적 문화 247

[그림 10.1] 코끼리 시계 14세기 문헌에 있는 알자자리(al-Jazarī, 1206년 사망)의 삽화("The Book of Knowledge of Ingenious Mechanical Devices")[출처: The Metropolitan Museum of Art/ Art Resource/Scala, Florence(Folio, A.H. 715/1315-16. Ink, colors, and gold on paper, H. 11 13/16 in. x W. 7 3/4 in. Acc.n.: 57.51.23.)].

마찬가지로 의학 분야 안에서 이러한 목적을 달성하기 위해서, 고대 그리스-로마 문헌과 지식인에 대한 연구뿐만 아니라 기존 사상들의 이슬람화 과정도 필요했다. 이것은 이슬람적이라고 부를 수 있는 의학 전통의 출현에서 볼 수 있다. 이 전통은 두 가지 요소가 결합되어 형성되었는데, 그것은 헬라의 의학 서적과 근동의 일반적인 의학적 신념과 관행이다. 의학은 이슬람 세계의 일반적인 경향에 대한 좋은 예를 제공하는데, 이는 기존 지식과 더불어 인류와 세계의 본질에 관해 무슬림 신앙의 가정(assumption)을 통합하고자 한다. 이것은 소위 '무슬림 세계'를 구성하는 문화와 문명의 개념적 실체를 만들기 위함이다.

2. 의학

이슬람이 형성될 때부터 종교에 편입된 일반적인 의학적 신념은 아랍인에게 독특한 것이 아니었다. 민간 전승과 미신은 질병에 대한 공통적인 접근법의 기초를 제공했다. 이러한 관행은 관습을 통해 전달되고 지지되었고, 그것들은 발전된 이슬람의 의학 체계를 위해 일반적으로 사용되는 용어 띱(tibb)으로 알려졌다. 치료는 의약품으로서 식물과 약초의 사용이 포함되었고, 부항과 뜸과 같은 다양한 물리적 치료법도 사용되었다. 이 근본 원리는 진(Jinn)과 흉안과 같은 악의적 능력에 대한 신념과 혼합되었고, 때로는 이에 기반을 두었다. 따라서 주술적인 치료와 예방법은 이 전통의 필수적인 부분이었다. 주문, 행운의 부적 그리고 액운을 막는 부적은 중요한 방어 도구였다. 이러한 종류의 관행에 대한 증거는 글자가 새겨진 주술의 그릇과 문자 조합으로 작동하는 부적과 같은 물건들에서 자주 발견되었다.

동시에, 공식적인 연구와 원인의 격리를 기반으로 하는 학문적인 그리스-로마 의학의 전통이 존재했다. 그것은 동방 기독교 수도원 안에서 계속되었고, 이후 이슬람 현장에서 통합되었다. 이슬람 세계에서 헬라 문헌

(그리고 그들의 기독교 시리안어 번역)에 대한 연구는 8세기에 시작되었을 가능성이 높지만, 9세기까지는 체계적이지 않았다. 물론 이것은 이슬람 문화의 교육받은 엘리트의 등장과 그 문화 자체의 결속과 번영과 동시에 일어났다. 이슬람 신학의 발전에 결정적이었던 무슬림과 기독교인의 교류는 무슬림을 협소한 의미에서 헬라 철학뿐만 아니라 실제로 그것과 분리할 수 없는 의학 전통에도 노출시켰다. 심지어 의학 문헌에서 신학적으로 추론하는 과정에 대한 구체적인 뒷받침도 볼 수 있다.

> 갈렌(Galen)은 목적에 관해 고대에 많이 사용된 논쟁을 분명한 증거로 제공했다. 예를 들어, 만약 신체의 부위들이 전체의 이익을 위해 같이 일하고 어떤 조화와 질서의 원리를 따른다면, 이것은 반드시 조화와 질서를 부여하는 자, 즉 신을 암시한다(Conrad 1995: 103).

헬라 문헌을 아랍어로 번역하는 것은 칼리프 알마으문(al-Maʾmūn, 813-833년 통치)과 더불어 열심의 단계에 접어들었고, 이성주의자 무으타질라파에 대한 그의 지지는 토론과 논쟁에 엄격한 기반을 제공하는 데 있어서 헬라 전통의 가치를 추구하도록 장려했다. 이러한 지원의 한 가지 표현이 832년 바그다드에 있는 바이트 알히크마(bayt al-ḥikma: 도서관을 의미하는 "지혜의 집")의 기초였고, 거기서 번역운동이 시작되었다. 9세기 말 무으타질라파에 대한 칼리프의 지지를 잃어 학교가 문을 닫기 전에, 수백 개의 문헌, 특별히 갈렌의 작품이 아랍어로 번역되었다. 이것이 어떤 의미에서든지 헬라 문헌에 대한 번역의 끝을 고하지는 않았다. 비록 시간이 지나면서 번역되지 않은 헬라 고전보다 무슬림 고유의 연구가 훨씬 더 가치 있게 여겨졌지만, 번역의 노력은 10세기까지 계속되었다.

따라서 갈렌의 저술은 이슬람 의학 아젠다의 주요한 요소를 확립했는데, 번역에 사용된 용어가 후대를 위한 어휘로 정립되는 것과 같았다. 번역운동은 또한 이슬람 틀 안에서 작업하고 있는 자료를 통합할 필요성을 제기했다. 이교도 신들에 대한 언급은 삭제되었고 특정 작품은 번역 작업에서 배제되었다.

이것의 마지막 징후는 10세기부터 아랍의 문학적 전통에서 등장했는데, 원작을 토대로 의학에 관해 기술한 것이다. 여기에서 흔히 철학과 관련하여 유명하게 된 사람들, 예를 들면, 알라지(Rhazes, 925년 사망)와 이븐 시나(Avicenna, 1037년)도 역시 의학 주제에 대해 글을 쓴 것으로 보인다. 최종 결과물은 다양한 조직의 패턴을 따르는 방대한 의료 정보 개요서이다.

3. 이슬람 의학의 기반

꾸란은 의학적인 문제에 대해 거의 언급이 없다. 절름발이, 시각 장애인 그리고 병자에 대한 진술은 일신교 전승에서 흔히 도덕적이고 상징적인 권고에서 그치고 만다. 꿀의 치유력에 대한 한 가지 진술(꾸란 16:69, "그들의 배에서 여러 가지 색깔의 당밀이 나오고 그것으로 사람들을 치료한다")만이 실질적인 진술이다. 그러나 꾸란이 진(jinn)과 주문의 전파지를 언급한다는 사실은 이슬람 의학의 전통이 등장하는 한 요소였다. 이러한 요소 중 일부는 논란을 일으켰다. 꾸란을 부적으로 사용하는 것은 이슬람의 요소와 민간 관행을 결합하는 가장 초기의 방법 중 하나였을 것이다. 그러한 절차에는 꾸란을 주술 그릇에 부적으로 새기고, 치료하는 물(서면 텍스트의 잉크를 씻어내어)로 사용하는 것이 포함된다.

그러나 꾸란의 지지보다 더 중요했던 것은, 다양한 활동을 지원하기 위해 무함마드의 사례를 의학에 사용한 대중적인 접근 방식의 경향이었다. 알자우지야(Ibn Qayyim al-Jawziyya, 1350년 사망)와 알수유띠(al-Suyūtī, 1505년 사망)와 같은 사람들이 중세 문헌에서 수집한 "예언자의 의학"에 헌정된 하디스 전언은, 이슬람 체제에 부적절하다고 간주되는 요소들을 억제하고, 사회에 깊이 스며든 인간 관행을 지원하려는 시도를 보여 준다. 고대의 의학 전승과 이슬람 사상 간의 격차를 해소하기 위해 초기 무슬림에 대한 기록도 다시 작성되었다. '아랍 의사'였던 알하리스 이븐 칼라다(al-Ḥārith ibn Kalada)의 일화가 전해지는데, 그는 치료에 민간 치료법을 사용함과 동시에 페르시아로부터 의학 지식을 습득했던 것으로 알려졌다. 무함마드는 질병치료에 대한 도움을 얻기 위해 아픈 사람들을 그에게 보내곤 했다. "복잡하지 않고, 상식적이며, 자급자족적" 치료법은 민간의 경향을 반영했던 반면, 알하리스가 택한 것은 이국적이고 오래된 것이었다. 이 조합은 무함마드를 통해 합법적으로 인정된 것이다.

4. 전염병

아마도 의학과 종교의 비교 논쟁이 가장 분명히 나타난 것은 학문적 연구의 초점이었던 전염병에 대한 입장에서 볼 수 있을 것이다. 전염병은 중세 역사 동안 여러 시점에서 되풀이되었던 심각한 문제였다. 초기 그리스 사상에 따르면, 전염병의 원인은 일반적으로 인체 내 네 가지 요소(불, 공기, 물, 땅)의 균형을 깨는, 나쁜 질의 공기(miasma)를 통해 퍼지는 것으로 생각되었다. 사회의 흥망성쇠를 연구한 초기 사회학자로 자주 언급되는, 역사가이자 철학자인, 이븐 칼둔(Ibn Khaldūn, 1382년 사망)은 다음과 같이 말했다.

> 왕조 후기에는 기근과 전염병이 늘어나게 된다. … 많은 전염병은 방금 언급한 대로, 심각한 기근에 그 이유가 있다. 혹은 왕조의 붕괴 결과로 야기되는 많은 혼란에 그 이유가 있다. 거기에는 많은 불안과 유혈 사태가 일어나고 전염병이 생긴다. 후자(전염병)의 주된 이유는 [너무 많은] 인구로 인한 공기[기후]의 오염 때문이다. 그것은 부패와 [공기]가 [높은 인구 밀도]에 접촉하는 나쁜 습기로부터 비롯된다. 이제, 공기는 동물에 영양분을

공급하고 지속적으로 그와 함께한다. 그것이 부패하면 그 부패함은 [영]의 기질에 영향을 미친다. 부패가 심하면 폐에 질병이 생긴 것이다. 이로 인해 특별히 폐에 영향을 미치는 전염병이 발생한다(Ibn Khaldūn, quoted in Dols 1977: 90).

점성학적 요인과 악령도 전염병 확산에 구실이 되는 것으로 생각되었다. 그러나 전염이 원인이라는 생각은 분명히 존재했지만 자주 경시되었다. 예를 들어, 시체가 전염병의 원인이 될 수 있다는 인식은 확실히 알려졌었고 실험적으로 확인되었다. 그러나 부패한 공기로 추정되는 것이 항상 전달의 매체라고 생각했다. 일반적으로 깨끗한 공기가 있는 곳으로 피신하는 것이, 거주지에 향을 피우는 것과 더불어, 가장 좋은 예방 조치라고 여겨졌다. 피를 뽑는 것이 주요 치료 방법이었다.

전염병에 대한 이러한 생각은 많은 경우 종교적인 요인에 의해 제한되고 규제되었다. 다음의 세 가지 요인으로 격리되었다.

(1) 무슬림은 전염병이 유행하는 땅으로 들어가거나 혹은 거기서 도망쳐서는 안된다.
(2) 전염병은 무슬림에게는 순교이자 신의 자비이며 카피르에게는 형벌이다.
(3) 감염(전염)은 없다.

비록 첫째 요인이 전염병의 본질에 대한 특정 의학적 태도와 이해를 암시하지만, 첫째와 둘째 요인은 함께 작용한다. 그러나 신이 내린 운명에 피할 수 없으며, 피해서도 안 되는데, 이는 불신의 표현이기 때문이다. 이슬람과 비무슬림 인구에 닥친 전염병은 세상에서 정의를 만드는 신의 수단이었다. 무슬림 인구가 고통받았을 때, 전염병은 이슬람을 위한 전쟁(지하드, jihād)에서 죽는 것처럼 극락에 도달할 수 있는 기회로 이해되어야 했다. 이러한 개념은 무함마드의 하디스에 의해 뒷받침되었다. 이슬람 사상은 전염의 개념을 받아들이지 않았는데, 그것은 신이 만물의 근원이라는 생각에서 그 근거를 발견하고, 하디스 전언에 의해 다시 한번 지지된다. 이러한 입장이 의학에 대한 무슬림들의 일반적인 태도였고, 일부 사람들은 의학적 치료는 "신의 전지 전능에 위배되는"(Rosenthal 1969: 523) 시도라고 주장했다.

5. 철학과의 연계

의학에서와 마찬가지로, 다른 과학적 노력에서도 '민속' 전통을 쫓는 사람들과 이성적 기초를 추구하는 사람들 간에 불안정한 관계가 존재했다. 음력 달의 시작으로 무언가를 결정하는 방법(특별히 라마단을 위해서 매우 중요함)과 모스크를 메카 방향으로 정렬하는 방법에 관한 절차는 천문학에 대한 철저한 접근에 의해 확립되었지만, 이슬람의 종교적 관행에는 거의 포함되지 않았다. 수학적 계산이 크게 발전했음에도 불구하고, 육안의 관찰과 근사치를 사용하는 오래된 방법은 계속 활용되었다. 근본적으로 이러한 경우와 다른 많은 곳에서의 갈등은, 의학, 과학 그리고 철학의 이성적 기초에 확실히 영향을 받았지만, 이슬람 신학의 교리는 지켜야 한다고 느꼈던 무슬림들이 철학적 과제만을 전폭적으로 지원하려는 사람들을 불신했기 때문이다. 그들의 사고에서는 철학(종종 의학도 함께)에 대한 깊이 있는 연구를 추구한 사람들이 종종 이슬람에 도전하는(때로는 정당화하는) 것으로 여겨졌다.

이런 점에서 유명한 아부 바크르 알라지(Abū Bakr al-Rāzī, 925년 사망 추정)는 서구에서 라제스(Rhazes)로 알려져 있다. 철학자로서 알라지의 기록된 유산은 상당 부분 소실되었지만(그는 의학, 논리, 철학, 신학, 자연과학, 연금술, 천문학, 수학에 관해 200여 편의 작품을 썼다고 주장), 그는 플라톤주의자였고 헬라 철학에 전적으로 영향을 받아 이슬람에 도전했던 '자유사상가'였음은 분명하다. 그는 창조자, 영혼, 물질, 공간 그리고 시간이라는 다섯 가지 원칙의 영원한 존재를 주장했다. 철학 연구를 통해, 영혼은 탄생과 갱생의 순환에서 해방될 수 있다. 이성은 인간을 인도하기에 충분하기 때문에 예언자와 계시에 대한 믿음이 필요하지 않다. 물질적 존재는 순수한 지적 존재에 대해 끊임없이 도전하는데, 영혼은 항상 자연의 즐거움에 유혹을 받는다.

알라지는 의사로서 테헤란 근처의 라이(Rayy)와 바그다드에서 병원을 지었다. 그의 현존하는 중요한 저서 중에는 천연두와 홍역에 관한 책자, 식이 요법, 위생, 해부학, 생리학 그리고 병리학에 관한 두 개의 개요서 그리고 진단, 치료 요법과 수술에 대한 일반적인 해설서가 있다. 그의 저서 『피을 하쓰바 왈 주다리』(Fī'l Ḥaṣba wa'l-Judarī)에서, 알라지는 천연두와 홍역을 구별하여 얼마간 상당한 성과를 거두었다. 그가 제공한 세세한 사항은 독단적인 가정이 아닌 관찰을 기반으로 한다.

> 천연두의 발생에는 계속되는 열, 등의 통증, 코의 가려움증과 수면에 대한 공포가 먼저 나타난다. 이것들은 좀 더 독특한 증상으로 접근할 수 있는데, 특히 열을 동반한 등의 통증이다. 환자가 온몸에 느끼는 찔리는 통증; 때때로 오고 가는 얼굴의 붓기; 양쪽 뺨에 나타나는 붉은 색을 띄는, 격렬한 발적(發赤); 충혈된 두 눈; 온몸의 무거움; 큰 불안감의 증상으로의 스트레칭과 하품; 호흡하기가 약간 어렵고 기침을 하면서 느끼는 목과 가슴의 통증; 건조한 호흡, 점성이 있는 침 그리고 쉰 목소리; 두통과 머리가 무거움; 동요, 메스꺼움 그리고 불안감; (이러한 차이와 함께 홍역은 천연두보다 마음의 동요, 메스꺼움 그리고 불안감이 더 자주 나타난다. 반면, 등의 통증은 홍역보다는 천연두의 독특한 증상이다.) 전신의 열; 장염, 두드러지게 빨갛게 되고, 특히 잇몸에서 강렬한 붉은색이 발견된다(Rāzī 1848: 34).

흔히 주목받는 알라지의 의학 시스템의 한 특징은 심리적 요인이 건강에 미치는 영향을 인지하면서 식이 요법을 통한 치료법을 강조한 것이다. 그는 치료법 시험을 위해 동물을 사용했으며 의료 목적으로 알코올의 사용을 소개했다. 알코올과 관련된 문제들은 일반적으로 의학에 대한 이슬람 종교 지도자들의 부정적인 태도와 의심을 불러일으켰다. 샤리아가 금한 물질의 사용은 그들의 관심을 끌지 않을 수 없었다.

6. 이븐 시나(Ibn Sīnā)

서구에서 아비센나(Avicenna, 1037년 사망)로 알려진 이븐 시나는 의사이며 철학자인 또 다른 자이다. 그는 250권의 책을 쓴 것으로 알려져 있는데, 의학 분야에서 가장 유명한 것은 『의학 정전』(al-Qānūn fī'l Ṭibb, The Canon of Medicine)이다. 이것은 엄격한 순서로 배열된 논문인데 자연과학 전체의 맥락에서 의학을 보는 아리스토텔레스적 원리에 기초한다. 이븐 시나이는 '이성적 과학'을 두 그룹으로 나누었다. 하나는 물리학(의학, 점성술, 지리학 포함하고), 수학 그리고 형이상학을 통해 진리를 찾는 '사변적'(speculative)인 것이다. 다른 하나는 개인 윤리, 가정 윤리 그리고 정치를 포함하는 '실용적'(practical)인 것이다. 이와 같이 철학은 인간에게 가치 있는 모든 항목을 다루었다.

신플라톤주의는 이븐 시나 철학의 근간이었지만, 그는 그것을 신비적 측면과 결합시켜 말했다.

> 플로티노스(Plotinus)와 무슬림 신플라톤주의자 모두는 계속해서 도달할 수 없는 신과 연합하려고 하거나 아니면 신의 비전에 관해 관심을 갖기보다는, 혼의 지적인 충동이 능동 지성(Active Intellect)과 접촉하거나 결합(잇티쌀, ittiṣal)을 이루거나, 혹은 역으로 플로티노스의 신적 누스(Nous of Plotinus)

와 결합하고자 한다(Fakhry 1997: 48).

혼(soul)은 신(혹은 "능동 지성"[Active Intellect])과 함께 존재하는 것을 목표로 하는데, 그것은 세상의 아름다움과 선함을 인식할 수 있게 한다. 거기에 진정한 행복과 인간 존재의 의미가 있다. 이러한 결말은 철학자나 예언자만이 도달할 수 있는 반면, 대부분의 사람은 인도함을 받기 위해 예언자의 메시지에 의존해야 하며, 고작해야 그들의 사후에 진정한 행복의 그림자만을 경험할 수 있을 것이다.

7. 철학에 대한 입장

확실히, 이 시기에 철학적 사상은 이슬람에 도전했다. 그러나 이는, 철학이 번창하지 않았거나 혹은 의학 전통에 관련된 사상이 큰 영향을 미치지 않았다는 것을 의미하지 않는다. 오히려 지적 발달과 통합의 시기 동안 대부분의 무슬림에게, 철학적 전통 안에서 전달된 이성의 역할은 신이 주신 것이므로 인간 존재의 발전에 유용한 도구로 받아들여졌다. 심지어 초창기에 학습에 대한 전통적 접근 방식과 밀접하게 연관된 사람들조차도 그 이점을 알았다. 이븐 꾸타이바(Ibn Qutayba, 889년 사망)는 다음과 같이 기록했다.

> 지식은 신자의 길 잃은 낙타이다. 그가 어디에서 그것을 가져가든지 그것은 그에게 유익하다. 다신론자에게서 들은 진리나 혹은 증오심을 품은 사람에게서 얻은 조언이라도 그것은 진리를 폄하하지 않을 것이다. 초라한 옷이 아름다운 여인을 가릴 수 없고, 조개껍질이 진주를 가릴 수 없으며, 먼지에서 순금까지, 근본을 덮을 수 없다. 누구든지 선이 그 자리에서 빼앗기는 것을 무시하는 자는 기회를 놓치고, 기회는 구름처럼 순간적이

다. … 이븐 압바스는 이렇게 말했다. "누구든지 뭔가를 들을 때마다 지혜를 얻으라. 왜냐하면, 지혜롭지 않은 사람이 지혜로운 말을 할 수 있고, 날카롭지 않은 사수가 표적을 명중시킬 수 있기 때문이다"(Ibn Qutayba, ʿUyūn al-Akhbār, Gutas가 인용, 1998: 159).

이런 입장이 이슬람 역사를 통틀어 지속되지 않았다는 것도 사실이고, 그러한 철학은 많은 사람에게 진정한 이슬람 신앙에 대한 위험으로 인식되었다. 16장에서 분명해지겠지만, 이런 입장의 영향력은 오늘날에도 여전히 감지되고 있다. 이것이 반드시 헬라 학문의 모든 측면에 적용되는 것은 아니지만, 기억하는 것은 필요하다. 비록 중세 시대에 (오늘날처럼) 아랍이나 성서에 나오는 헬라인의 선조에게 지식이 속하는 것으로 해서 이 지식을 '복구'하려는 경향이 있기는 하지만 말이다.

부록: 하쉬쉬(Hashish)

역사 속에서 암살단은 추종자들에게 하쉬쉬라는 약을 먹여서 적을 암살하도록 하는 전설로 유명하다. 이러한 개념은 십자군 기간 동안 일어났던 오해와 허황된 전개일 가능성이 있다. 그러나 중세 무슬림들이 하쉬쉬를 잘 알고 있었고, 그것의 의학적이고 과학적 특성을 연구했으며, 수 세기 동안 그것의 합법성과 연관해서 논란이 있었던 것은 사실이다.

아랍어로 하쉬쉬(ḥashīsh)라는 단어는 원래 말린 허브를 의미했지만, 인도에서 방(bhang: 간자[ganja]에 비해 식물에서 수집된 송진)으로 알려진 대마 약재에 적용되었다. 『천일야화』에는 하쉬쉬에 대한 언급이 풍부한데, 13세기경에 최종적인 문학 형식을 취했을 것으로 보인다.

1392년에 사망한 이집트 샤피이 법학자이자 학자인 아부 압드 알라 무함마드 알자르카시(Abū ʿAbd Allāh Muhammad al-Zarkashi)의 많은 법률 저서 중 하쉬쉬와 연관된 책이 있는데, *The Flowers of the Grape Trellis Concerning the Prohibition of Hashish*이다.

이 책은 하쉬쉬 소비의 신체적 위험과 물질의 도덕적 영향을 자세히 설명한다. 법률적인 관점에서, 알자르카시는 꾸란(일부 사람들은 꾸란 56:52의 작꿈[zaqqūm]나무에서 이에 대한 언급을 찾으려고 했고 혹은 심지어 내세를 묘사하는 한 부분으로서 꾸란 18:31의 "녹색 겉옷"[green garments]에 대해 언급하려고 했다)이나, 혹은 순나(가끔 회람되는 하디스 전언에 그 물질에 대한 종종 다루고 있었지만)에 그 물질에 대한 언급이 없음을 지적했다. 그러므로 유추에 근거하여 주장하기를, 알자르카시는 이 물질의 효능이 포도주와 중독과 관련된 영향과 유사하다고 생각했고, 하쉬쉬의 금지를 선언했다. 동시에 그는 어느 정도 하쉬쉬의 얼마 정도의 긍정적인(그리고 합법적인) 마취 능력을 인정했다. 대부분의 무슬림 법학자에게 그랬던 것처럼 알자르카시의 분노를 불러일으켰던 것은 향락과 쾌락을 위한 하쉬쉬의 사용이었다.

10세기에 아부 만쑤르 알하라위(Abū Manṣūr al-Harawī)는 마리화나의 제조에 대마를 사용하는 것에 대해 적었다. 또한, 그는 두통과 귀의 통증에 하쉬쉬 자체를 사용하는 데 성공했다고 기록했다. 이 의학 정보는 그리스 전통의 유산으로 인정되었다. 히포크라테스와 갈렌은 모두 약물의 성질과 사용에 관한 권위자로 인용되었다. 그것은 고체 형태(흡연이 아님)로 소비되었고, 이 물질의 법적으로 불확실한 지위는 그 사용에 있어서 민간 요법과 의학적 신념이 매우 혼합되도록 했다. 알자르카시는 이것이 급사, 정신적 혼란, 발열, 폐결핵, 부종과 여성적인 행동을 유발할 수 있다고 전했다. 그는 전반적으로 마약이 단순히 인간을 육체적, 정신적으로 파괴하는 것뿐만 아니라 종교적 책임감을 공격한다고 말했다. 동시에 그는 그것이 간질의 치료제가 될 수 있고, 위장에 가스가 고이는 것을 해소할 수 있으며, 비듬을 제거할 수 있다고 말했다. 또한, 허기를 조절하기 위해서 마취제의 한 유형으로 사용할 수도 있다.

이 주제에 대한 표준적인 작품은 다음과 같다. Franz Rosenthal (1971) *The Herb: Hashish Versus Medieval Muslim Society*, Leiden, The Netherlands: Brill and Farhad Daftary (1994) *The Assassins. Myths of the Isma'ilis*, London: I.B. Tauris.

추천 도서

Adamson, Peter (2015) *Philosophy in the Islamic World: A Very Short Introduction*, Oxford: Oxford University Press.

Adamson, Peter (2016) *A History of Philosophy Without Any Gaps: Philosophy in the Islamic World*, Oxford: Oxford University Press.

Adamson, Peter and Taylor, Richard C. (eds.) (2005) *The Cambridge Companion to Arabic Philosophy*, Cambridge: Cambridge University Press.

Dols, Michael W. (1984) *Medieval Islamic Medicine: Ibn Riḍwān&'s Treatise "On the Prevention of Bodily Ills in Egypt"* (translated with an introduction), Berkeley, CA: University of California Press.

Makdisi, George (1997) *Ibn 'Aqil: Religion and Culture in Classical Islam*, Edinburgh: Edinburgh University Press.

Portmann, Peter E. and Savage-Smith, Emilie (2007) *Medieval Islamic Medicine*, Edinburgh: Edinburgh University Press.

Shoshan, Boaz (1993) *Popular Culture in Medieval Cairo*, Cambridge: Cambridge University Press.

제11장

이슬람의 중세기 비전

초기에 이슬람 정체성의 태동과 정립이 있었음에도 불구하고, 무슬림 사상가들은 각각 그(역사상 알려진 거의 모든 이름은 남성이었다)의 당대의 필요와 조건에 반응하면서, 자신들의 신앙의 실체를 표현하는 노력을 멈추지 않았다. 13세기부터 18세기에는 텍스트 형태로 이슬람을 정제시키는 일이 계속되는 것을 보았다. 그러나 이를 위해 사용된 체계는 흔히 서로 대립되는 방식으로 다양했다. 과거의 위대한 지적인 업적에 대한 숙고와 보전을 장려하는 특별한 주석이 등장했다.

정제는 일반적인 교육 목적에 부응하여 더욱 대중화된다. 전승의 무한한 잠재력에 찬사를 보내면서 과거의 지식을 축적하여, 이전 작품을 확장하는 것이 인기를 끌었다. 특정 부분을 과장하는 것을 피해야 한다는 인식에 반응하여, 종종 전승의 축소를 수반하는 재구성도 있었다. 꾸란의 주석(타프시르, *tafsir*)과 같은 학문 분야의 저술은 이것을 실제로 보여 주는 반면, 이슬람의 타당성에 대한 지속적인 인식과 비록 다른 방식이기는 하지만, 신앙을 항상 적용하도록 유지해야 할 필요성을 강조한다(그림 11.1).

[그림 11.1] 모리타니아 신끼뜨의 도서관에서 발견된 꾸란 텍스트 모리타니아(Mauritania)의 싱게티티(Chinguetti, 아랍어로는 Shinqīṭ)의 한 도서관에서 꾸란과 하디스가 포함된 필사본과 서판이 발견되었다. 무역 중심지로 설립된 이 도시는 마그립(Maghreb)에서 메카로 가는 순례자들이 모이는 장소로 주목받았고, 그 자체로 종교적 배움과 순례의 장소로 중요해졌다[출처: Stuart Freedman/Contributor/Getty].

1. 중세기 꾸란 주석의 경향

아부 알까심 마흐무드 이븐 우마르 알자마크샤리(Abū'l-Qāsim Maḥmūd ibn ʿUmar al-Zamakhsharī, 1144년 사망)는 철학자, 신학자 그리고 꾸란 주석가였다. 알자마크샤리는 삶의 대부분을, 그의 출생지인 중앙아시아의 크와리즘(Khwarizm) 지역에서 살았지만, 부하라(Bukhara)와 바그다드에서 공부하며 두 번 메카를 방문했다. 그는 (비록 페르시아 원어민이었지만) 아랍어에 크게 감명을 받았고, 이성주의자인 무으타질라파 신학의 영향을 받았다.

알자마크샤리는 꾸란에서 가장 널리 읽히는 주석 중 하나를 썼는데, 이는 『탄질(꾸란이 내려옴)이 갖는 비밀의 실체를 밝힘』(*The Unveiler of the Reali-*

ties of the Secrets of the Revelation)이다. 비록 신학적으로 이단적인 경향이 고려되었지만, 이 작업은 수 세기 동안 무슬림 세계의 종교 교육 커리큘럼에서 필수적이었다. 그것은 많은 훌륭한 주석서에 영향을 주었는데 그중에는 간결한 문체와 난해한 구절과 논박들을 설명하려고 시도한 알라지(Fakhr al-Dīn al-Rāzī, 1209년 사망)의 주석서와 문체와 내용을 왜곡한 것을 바꾼 알바이다위(al-Baydāwī, 1315-1316년경 사망)의 주석서가 있다.

알자마크샤리는 꾸란의 각 구절을 순서대로 주석했고, 텍스트의 수사적 특성을 고려하면서 철학적, 사전적 그리고 언어적 유려함을 제공했다. 그의 텍스트는 또한 신학적 비전으로 가득한데, 이는 철저한 탈신인동형론과 인간의 자유 의지 교리 그리고 창작된 꾸란의 개념을 지지하는 특징을 가진다. 알자마크샤리는 아랍어 문법, 수사학, 사전학 그리고 비유 등 다른 여러 책도 저술했다.

알자마크샤리 저작의 중요성은 이븐 알무나이르(Ibn al-Munayyir, 1284년 사망)와 샤라프 알딘 알띠비(Sharaf al-Dīn al-Ṭībī, 1343년 사망)가 쓴 명료한 주석의 등장과 함께 사람들에게 빠르게 인식되었다. 이와 같은 특등급의 주석은 타프시르 역사상 흔하지 않지만, 양식 그 자체는 문법과 같은 다른 분야에서 일찍이 잘 알려져 있었다. 그 주석들의 존재는 학문의 본질과 당시 사회 전반 속에서 무슬림 정체성의 통합을 보여 준다.

알바이다위의 저술인 『탄질의 빛들과 타으윌의 비밀』(*The Lights of Revelation and the Secrets of Interpretation*)과 알카띱 알카루니(al-Khāṭib al-Kārūnī, 1553년 사망)의 주석은 카이로의 무슬림 종교 대학인 알아즈하르(al-Azhar)의 학업 과정에서 계속해서 중요한 자료로 사용되었다. 짧고 간결하지만 완전한 알바이다위의 주석은 순니파 교리의 본질을 보여 주고, 다른 많은 주석가의 관심을 불러일으켰다. 알바이다위는 그가 받아들일 수 없다고 생각했던 무으타질리파 교리의 요점은 피하면서도 알자마크샤리의 주석에 분명히 의존했고, 그보다 앞섰던 일반적인 주석에도 많은 빚을 졌다.

알꾸르뚜비(Muḥammad Aḥmad al-Qurṭubī, 1272년 사망)의 꾸란 주석인 『꾸

란의 법들의 개요』(The Compendium of the Rulings of the Qur'ān)는 제목대로 중세 꾸란 주석의 주요 관심사가 이슬람법의 출처로서 꾸란의 사용을 옹호하는 것이었음을 보여 준다. 그러나 알꾸르뚜비의 작품은 그것에만 국한되지 않고, 꾸란의 의미에 대한 방대한 견해의 출처를 제공하여, 많은 부분에서 원저자가 선호하는 텍스트의 의미는 두드러지지 않았다. 오히려 그의 작품의 요점은 의미의 다양함을 전달하는 해석의 잠재력을 보여 주는 듯하다. 칼더(Norman Calder)에 의하면,

> 권위 있는 내용을 인용하고 여러 해석을 제공하는 과정은 어느 정도의 충실함을 선언하는 것이다. 그것은 어떤 이의 작업 안에 있는 전승을 규정한다. 또한, 주석가의 개성이나 예술적 재능을 확립하는 수단이기도 하다. 저자에게 인용의 선택, 제시 그리고 구성은 항상 고유한 과정을 갖게 한다 (Calder 1993: 103-104).

오늘날에는 이러한 편집이 단순히 다른 사람의 아이디어를 반복하는 것으로 생각될 수 있지만, 그것은 저자의 헌신적인 작업의 결과인 창의적인 행위이다. 마지막으로, 주석 작업은 그 자체가 분명히 신학적 메시지의 한 요소이다. 하나의 공동체와 하나의 텍스트로 남아 있지만, 공동체와 텍스트는 해석의 다양성을 가질 수 있는 있음을 이 과정을 통해 확인된다.

연구와 성찰에 적합하도록 작은 단위로 전승을 정제하려는 욕구는 잘랄 알딘 알마할리(Jalāl al-Dīn al-Maḥallī, 1459년 사망)의 작업에서 볼 수 있고, 잘랄 알딘 알수유띠(Jalāl al-Dīn al-Suyūṭī, 1505년 사망)가 완성했는데, 이것은 『두 명의 잘랄의 주석』(Commentary of the Two Jalāls)으로 알려져 있다. 이 작업은 문법적 문제에 초점을 맞추고 있는데, 아랍어의 미묘함에 대한 탄탄한 훈련을 받은 사람들에게 적합한 방식으로 간결하게 설명되어 있다. 그러나 동시에 알수유띠는 『전수에 의한 해석에서 흩어진 진주들』(Scattered Pearls in the Interpretation of the Qur'ān by Tradition)이라는 또 다른 해설서를 편집

했다. 이 책은 의견의 개관을 제공하기 위해, 축약된 이스나드(isnāds)와 더불어 오래된 출처를 모은 방대한 개요서이다. 이 작품은 사실 알수유띠 작품의 전체적인 특색을 더 잘 보여 준다. 그는 많은 주제에 대한 편집을 통해서 당대의 일반적인 이해를 갖도록 분위기를 조성했던 해박한 학자였다. 그의 목표는 과거로부터 전달된 유용한 지식을 카드 파일 양식으로 정확하게 편집하는 것이었다.

알수유띠에 의해 저술된 여러 작품에서 많은 동일한 자료가 반복되고 있다. 그의 저서의 방대한 분량은 개론서에서 있는 내용을 개별 주제로 해서 별도의 작품을 만드는 경향에 의해 확장되었다. 꾸란의 '학문'에 대한 그의 고전 작품인 『꾸란학에 대한 완성』(*The Perfection Concerning the Sciences of the Qur'ān*)은 꾸란과 그 연구와 관련된 약 80개의 주제를 각각 모았다. 어디서 그 부분들이 드러났는지, 그것들은 어떻게 드러났는지, 그 안에 어떤 어려운 단어가 있는지, 그 안에 어떤 외래어가 있는지, 어떤 은유(metaphor)가 있는지 등이다. 분류 시스템 자체가 어떤 경우에는 혁신적일 수 있지만, 이러한 백과사전식 경향은 반드시 원본보다는 기능적인 지식의 범주를 제공하는 경향이 있다. 알수유띠 자신도 알자르카시(al-Zarkashī, 1392년 사망)의 저술 『꾸란학의 명증』(*The Disclosure of the Sciences of the Qur'ān*)에서 제공한 모델을 연구하면서, 이러한 방식의 전승을 기반으로 저술했다.

2. 기존 주석과 다른 경향

그러나 이러한 광범위한 백과사전식 경향은 이용 가능한 정보의 축약을 초래하는 방식 때문에 비판을 받기도 했다. 중세 시대의 이러한 경향을 보여 주는 두 이름은 이븐 타이미야와 이븐 카시르이다. 이마드 알딘 이스마일 이븐 우마르 이븐 카시르('Imād al-Dīn Ismā'īl ibn 'Umar ibn Kathīr)는 1300년 바쓰라(Basra)에서 태어났고 6세에 다마스쿠스(Damascus)로 이주하여,

그곳에서 당대에 유명한 한발리파 신학자, 법학자 그리고 개혁가인 이븐 타이미야(Taqī al-Dīn Aḥmad ibn Taymiyya, 1328년 사망)와 함께 연구했다. 이븐 카시르는 법학자이면서 하디스 교사로도 알려졌을 뿐만 아니라 다마스쿠스에서 가장 존경받는 설교자이자 강사 중 한 명으로 칭송받았다. 그는 1373년에 세상을 떠났다.

그의 주요 작품은 제목대로 『꾸란 주석서』(*Tafsīr al-Qur'ān*)인데, 손쉽게 접근할 수 있는 형태로 초기 문헌의 개요를 제공했던 것이, 후속 세대에서 많은 인기를 얻었던 요인이었다. 그는 전적으로 하디스 자료에 의존한다. 사실 이븐 카시르 시대에는 전승주의의 영향력 아래에서 이성주의가 마지막으로 쇠퇴했다. 더 이상 알따바리(al-Ṭabarī) 혹은 알자마크샤리의 작업에서 드러난, 명백한 최소한의 개인적 의견조차 꾸란을 이해하는 데 실질적인 자리를 차지하지 못했다. 이븐 카시르는 문제의 구절과 관련된 전언을 인용하면서, 하디스의 고전 서적에서 발췌한 내용을 중심으로 그의 타프시르를 자주 조직화했다. 이렇게 하면서, 타프시르의 전승은 심각하게 위축되었다. 텍스트와 더불어 대화와 토론을 가져오는 문법, 법률 그리고 신학의 지적 학문 분야는 사라지게 되었다.

이븐 카시르의 접근 방식에 이론적 기초를 제공한 사람은 이븐 타이미야였다. 그는 꾸란에 관해 설명할 때 개인이 취해야 할 단계에 대해 자신의 저술 『타프시르의 원리의 개론』(*An Introduction to the Principles of Tafsīr*)에서 주장했다.

> 만약 누군가가 "타프시르의 가장 좋은 방법은 무엇입니까?"라고 묻는다면, 그 대답은 [다음과 같다]. 가장 올바른 방법은 꾸란이 꾸란에 의해 해석되는 것이다. 한 곳에서 요약된 내용이 다른 곳에서 잘 설명될 수 있고, 한 곳에서 축약된 것은 다른 곳에서 잘 확장될 수 있다.
>
> 만약 그 [접근법이] 여러분의 노력을 좌절시킨다면, 여러분은 순나에 의해 [꾸란을 해석해야 한다]. 왜냐하면, 그것이 해설(샤르흐, sharḥ)이고 꾸란의 해

설자이기 때문이다. … 이것에 대해 신의 메신저는 말했다. "내가 꾸란과 그 것과 같은 것을 받은 것이 아니냐?" 그것과 같은 것은 순나이다. 순나 역시 꾸란처럼 와히(waḥy)로 그에게 모습을 드러냈다. 단지 꾸란은 낭송되지만 (순나는) 낭송되지 않을 뿐이다. … 이것의 목적[꾸란의 이해를 위한 접근]은 당신이 꾸란의 해석을 그 자체 내에서 탐구하고, 만약 당신이 [거기서] 찾지 못한다면 그다음에는 순나 안에서부터 찾는 것이다.

… 꾸란이나 순나에서 설명을 찾지 못할 때마다 무함마드의 동료들(싸하바, ṣaḥāba)의 이야기에서 그 문제를 자세히 살펴보아야 한다. 그들은 가장 박식한데, 이는 꾸란의 [계시에 대해] 목격했고, 그들의 구별되는 상황 그리고 온전한 이해와 믿을 만한 지식을 가지고 있기 때문이다. 이들은 특히 올바른 인도를 받은 네 명의 칼리프와 이맘을 포함하여 학자들과 쉐이크들이다.
… 꾸란이나 순나에서도 해석을 찾을 수 없고 싸하바에서도 찾을 수 없는 경우, 그 상황에서 대부분의 학식 있는 사람은 타비인들(싸하바를 만났던 무슬림들; Successors)의 진술로 간다. 여기에는 이븐 자브르(Mujāhid ibn Jabr)와 같은 사람들이 포함되는데, 그 이유는 그가 타프시르로 알려진 특징 때문이다. 이 것은 이븐 이스학(Muḥammad ibn Isḥāq)이 말한 것처럼, 이븐 쌀리흐살리(Abān ibn Ṣāliḥ)는 이븐 자브르의 권위에 대해 이렇게 말했다. "나는 이븐 압바스와 함께 꾸란을 처음부터 끝까지 세 번에 걸쳐 각 구절마다 그에게 물었다"(Ibn Taymiyya 1978: I, 76-81에서 인용).

이븐 타이미야와 이븐 카시르의 목표는 울라마의 권위 있는 주장을 통해 꾸란을 접근 가능하고 이해할 수 있도록 하는 것이었다. 불필요하고 비실용적이라고 여겨지는 고전적 주해의 요소들은 제외되었고, 그것들은 거짓이거나 심지어 이슬람 적들의 자료라고 비난했다. 이성적인 전승보다는 인간 무함마드와 그의 순나 그리고 그의 가장 가까운 추종자들이 이슬람에서 권위의 중심임을 강조했고, 이것은 살라프(salaf), "선조"라는 용어에 담겨 있다.

분명히, 이러한 모든 주석 작업의 경향과 상충된 목표는 저자들이 자신들의 저작을 위해 고려했던 서로 다른 청중에 의해 어느 정도 설명될 수 있다. 그러나 이 책들에서 전달되는, 특히 과거에 대한 사고방식에서, 이데올로기적 입장을 인식하는 것이 중요하다. 살아 있는 이슬람 전통의 중요성을 기념하기 위해 과거의 자료를 모은, 알꾸르뚜비 혹은 알수유띠의 작업의 자료 수집에 대한 과도한 관심은 이븐 카시르의 단일적인 사고방식에 상충되는 것이다. 물론 이러한 확장적이면서 동시에 축약적인 경향은 끊임없는 재해석의 움직임을 통해 스스로를 새롭게 하는 종교의 힘을 보여 준다.

부록: 살라딘(Saladin), 십자군 그리고 우사마 이븐 문끼드(Usāma B. Munqidh)

중세 이슬람의 가장 전설적인 인물 중에는 이집트와 시리아에서 아이윱왕조(Ayyubid)를 세운 살라딘이 있다(그림 11.2). 쿠르드족 출신이었던 쌀라흐 알딘(589/1193년 사망)은 6/12세기에 시리아를 통치했던 투르크메니스탄의 장기왕조(Zangids)에 의해 처음에는 평범한 사병으로 고용되었다. 살라딘은 이집트의 시아파 파띠마왕조(Fatimids)와 시리아, 팔레스타인 그리고 이라크의 여러 무슬림 통치자에 대한 군사 작전을 하던 중 강력한 군사 지도자가 되었다.

그의 가장 의미심장한 군사적 승리는 583/1187년 핫띤(Haṭṭīn, 티베리아스[Tiberias]의 서부) 전투였는데, 거기서 그는 프랑크족 십자군에 맞선 이슬람 동맹군을 이끌었다. 이 승리로 그는 1세기 이상 십자군이 점령했던 예루살렘을 탈환했다. 살라딘은 예루살렘의 탈환을 위해 이미 수십 년 전에 누르 알딘 장기(Nūr al-Dīn Zangī)가 의뢰한, 민바르(minbar, 나무로 만든 설교단)를 예루살렘으로 가져왔다. 그것은 583/1187년 알악싸(al-Aqṣā) 모스크에 설치되었다(현재 알악싸 모스크에 있는 민바르는 1969년 화재로 인한 손상 이후 최근에 복원된 것이다).

[그림 11.2] 쌀라흐 알딘 동상 다마스쿠스 요새 앞에 있는 살라딘 동상은 그의 서거 800주년을 기념하기 위해 1993년에 제막식이 있었다. 살라딘은 서구에 대항하는 무슬림의 강력한 힘의 상징이 되었고 TV시리즈와 영화를 통해서도 대중적 인기가 높다
[출처: John Warburton-Lee Photography/Alamy Images].

대부분의 전쟁처럼, 십자군 전쟁은 주로 특정한 지역적, 정치적 동기로 인해 발발했지만, 이슬람과 서구의 문헌은 모두 '신의 적들에 대항하는 성전'이라는 관점에서 이 전쟁을 논의했다. 심지어 오늘날에도 십자군 전쟁의 용어들은 '이슬람과 서구의 충돌'이라는 내러티브에서 이슬람과 서구의 지도자들에 의해 각각 계속해서 상기되고 있다. 그러나 당시 현실이 다소 달랐던 것은 분명하다. 이슬람 쪽의 출처는 프랑크족과의 대결과 관련된 풍부한 세부 정보들을 보여 준다.

한 가지 훌륭한 출처는 우사마 이븐 문끼드(Usāma B. Munqidh, 585/1188년 사망)의 자서전의 일종인 키탑 알이티바르(Kitāb al-ʿItibār, 명상의 책 혹은 예문에 의한 학습서)이다. 우사마는 지역의 저명한 가문에서 태어났고, 장기 왕조와 살라딘을 포함한 다른 군벌들에 의해 고용된 전쟁-시인이었다. 그의 책에서 무슬림과 프랑크족 간의 전투에 대한 많은 것을 읽을 수 있지만, 십자군에 대한 무슬림의 일반적인 입장이 더 많이 기록되어 있다. 그리고 12세기 시리아 사회의 삶과 이야기에 대한 통찰력도 보여 준다.

이슬람의 관점에서 본 십자군 전쟁에 대한 훌륭한 책은 Paul Cobb (2014) *The Race for Paradise: An Islamic History of the Crusades*, Oxford: Oxford University Press; Cobb also translated Usama ibn Munqidh (2008) *The Book of Contemplation: Islam and the Crusades*, London: Penguin. 유럽의 관점에서의 논의는 Christopher Tyerman (2005) *The Crusades: A Very Short Introduction*, Oxford: Oxford University Press를 보라.

3. 수피즘의 발전

역사, 신학 혹은 법학 분야의 연구는 13세기 이후 무슬림들의 지적 활동에서 동일하게 다양한 경향과 활력을 드러내었다. 이 시기에 수피즘에 대한 특별한 관심이 필요한데, 이는 16세기 이후 제도적으로 확고하게 되고 종교의식에서 새로운 노선을 따르기 시작했기 때문이다. 19세기와 20세기에 수피즘이 발전하도록 토대를 마련한 것은 이 기간 동안 수피즘 내부의 발전과 수피즘에 대한 반발 모두에서 분명히 볼 수 있다.

대부분의 수피 종단은 그들의 역사를 통해 다소 느슨하게 조직되었고, 정해진 종단 내에 개별 지부가 독립적으로 존재했다. 수피가 다른 지역에서 자신의 종단을 따르는 사람을 인식하는 것은 어려웠을 것이다. 공동의 복장 형태나 관행이 시행되지 않았다. 수피들의 공통점은 그 종단의 창시자에 대한 존중에 있었다. 심지어 쉐이크(shaykh)도 중앙의 통제 없이 지역 센터에 의해 지명되었다. 그러므로 수피 종단은 초기에 일반적인 사회 운동이라는 측면에서 특별한 의미가 없었다. 그들의 영향력은 지역적인 것이었고, 정치적인 것이 아니었다.

이것은 먼저 16세기 마울라위야(Mawlawiyya, 메블레비 종단)와 베크타시야(Bektāshiyya)가 현저했던 오스만 제국의 상황에서 변화되기 시작했는데, 사람들에게 상당한 영향을 미쳤고 그 결과 어느 정도 선에서 정부의 통제를 받았다. 이러한 조직적 운동은 18세기에 더욱 널리 퍼져 나갔다. 예를 들어, 나끄쉬반디야(Naqshbandiyya) 종단의 쉐이크 칼리드(Shaykh Khālid, 1826년 사망)는 자신의 지리적 지역 안에 통제권을 가진 100개 이상의 칼리파(khalīfas) 혹은 '대표자'의 네트워크를 만들었다. 동시에, 쉐이크의 임명에서는 왕조의 계승 개념이 더 보편화되었다.

더 나아가, 단일 수피 종단에 대한 충성을 요구하는 경향이 나타났다. 초기에는 하나 이상의 종단에 속함으로써 수피즘의 영적 이익을 더 많이 얻을 수 있다고 생각했다. 사람들이 여러 종단에서 읽는 것을 시작하는 것은 일반적이었다. 더욱이, 많은 수피 종단은 권위와 종교의식의 문제에 관해서 혼합주의적 성격을 보여 주었다 (그리고 계속해서 보여 주고 있다). 한 종단에서 명백한 주요 인물인 수피 왈리들은 다른 종단 구성원들의 주의를 끌 것이다. 일반적으로 마울라위야 종단의 회전 춤과 같이, 종교의식은 특정 종단과 연관되어 있는데, 깊은 심호흡을 하는 리파이야(Rifāʿiyya) 종단과 같이 다른 종교의식을 가진 종단에 의해 사용되었다. 그러나 18세기 이집트의 칼와티야(Khalwatiyya)는 다른 모든 종단을 떠나서 하나의 종단에만 속해야 할 필요성을 강조했다. 이런 입장은 다른 종단들, 특별히 알티자니(Aḥmad al-Tijānī, 1815년 사망)의 티자니야(Tijāniyya) 종단과 라이벌인 북아프리카의 까디리야(Qādiriyya) 종단에서 비슷한 효과를 만들어 냈다.

이러한 변화는 종교의식 활동에서도 반영되어, 개별적으로 쉐이크의 지위를 높이려는 경향이 있었다. 예를 들어, 나끄쉬반디야 종단의 쉐이크 칼리드의 중앙집권적인 리더십은 지역 지도자(이전에는 '영적 안내자'로서 관심을 받음)의 역할보다는 경건 활동에 초점을 맞추었다. 다른 변화는 단순한 조직의 조종보다는 수피즘을 대중화하고 널리 퍼뜨리려는 욕구를 더 많이 반영한다.

18세기 중국의 나끄쉬반디야 종단과 이집트의 칼와티야 종단을 포함하여, 서로 이질적이고 다른 수피 종단에서 일어난 디크르의 관행의 변화는 주목할 만하다. 디크르는 개인이 조용히, 혹은 그룹으로 큰 소리로 수행될 수 있다. 이전 절차가 더 정통적인 것으로 간주되는 경향이 있었는데, 수피즘에 대한 훌륭한 이미지를 유지하고자 하는 사람들은 전승이 유지되고 있는지를 고려했다. 왜냐하면 특별히, 디크르의 낭송은 흔히 음악과 춤을 동반했기 때문에, 보수적인 종교 지도자들에 의해 자주 비난을 받았기 때문이었다. 디크르가 낭송되면서, 보다 많은 일반인이 그 공연에 매료되어 종단의 메시지가 훨씬 더 널리 퍼졌다는 의견이 제시되었다. 이것은 또한 이 사람들의 관행이 유발한 반작용에도 불구하고, 사회에 더 큰 영향을 끼쳤음을 보여 준다.

이 모든 변화의 요소가 수피즘의 발전과 19세기와 20세기에 일반적으로 이슬람 사회에 중요한 영향을 끼쳤다는 것은 후대의 역사 관점에서 분명하다. 강력한 조직과 상당량의 대중적 매력이 결합된 수피 종단은 무시할 수 없는 힘이 되었다. 그러나 수피즘 내부의 변화는 종단에만 국한된 것이 아니고, 특정한 방식으로 수피즘의 이미지와 이론을 추가한 몇몇 주요 인물의 출현에서도 주목할 수 있다. 물라 싸드라(Mullā Ṣadrā, 1641년 사망)로 알려진 알쉬라지(Ṣadr al-Dīn al-Shīrāzī)는 아마도 가장 중요할 것이다. 물라 싸드라의 작품은 시아파 맥락에서 이븐 아라비(Ibn ʿArabī)를 계기로 발전된 수피즘 전승을 받아들이면서, 이 두 요소와 헬라 철학과의 통합을 반영한다.

4. 정화운동

수피즘에 대한 특정한 반발도 중세 시대에서 볼 수 있다. 이븐 타이미야는 그의 시대에 만연한 이슬람의 다양한 관행—특별히 과도한 금욕주의, 무덤 방문 그리고 왈리 숭배와 같은 대중적인 수피 관행과 기적을 행하는 신념—을 제거하기 위해 강력하게 논쟁했다. 비록 이븐 타이미야는 수피 종단과 개인적으로 그 뜻을 같이하여 수피즘에 반대하지는 않았지만, 그는 꾸란과 무함마드의 관행(순나)에 호소하여 이러한 특정 활동을 반대했다. 이것을 근거로 할 때 수피즘 안에서 정당화될 수 없는 것들을 모두 거부했다. 예를 들어, 음악과 노래는 이슬람적이 아닌 것으로 간주되었다. 전반적으로 수피가 제안하는 신에 대한 황홀한 경험은 무엇이 옳고 그른 것인가를 판단하는 적절한 기준이 아니었다. (이는 알가잘리가 몇 세기 전에 수피 관행을 정당화하기 위해 사용한 논쟁 중 하나이다.)

18세기에도 유사한 사상이 일어났는데, 주로 와하비야(Wahhābiyya)로 알려진 아라비아반도에서 운동이었다. 이것은 다시금 수피즘과 시아파를 반대하는 운동이다. 무함마드 이븐 압드 알와합(Muḥammad Ibn ʿAbd al-Wahhāb, 1703-1787년)이 이끌었던 이 운동은 왈리들에 대한 숭배가 그들의 권위를 맹목적으로 수용하게 만들었다고 주장했다. 이것은 거부되어야 하고, 오직 이슬람의 유일한 권위인 꾸란과 순나로 대체되어야 한다. 신비주의 신학자, 샤 왈리 알라(Shāh Walī Allāh, 1702-62년)는 인도 상황 가운데에서 유사한 경향을 보여 주었지만, 이븐 압드 알와합처럼 공격적인 대면보다는 점진적인 개혁을 더 강조했다.

이븐 압드 알와합은 카와리즈파의 도덕적 입장을 상기시키는 *The Things which Nullify Islam*이라는 책을 저술했다. 이 책은 무슬림이 믿거나 행할 수 있는 일에 대한 한계를 제시하고 공동체의 멤버십 자격을 계속 유지하게 한다. 이 책은 무함마드 이븐 압드 알와합의 가장 유명하고 상징적인 저서인 『타우히드의 책』(*The Book of Unity*)의 핵심 요소 중 많은 부분을 정제한 것으로 보인다. 나와끼드 알이슬람(Nawāqiḍ al-Islām: 이슬람을 작동하지 않게 하는 것들) 문서는 공동체 구성원을 정의하는 무슬림 논쟁의 맥락에서 볼 필요가 있고, 더불어 신학적 이슈들의 정치적 영향을 이해하려는 관점도 필요하다. 이런 논의는 시간이 흐르면서, 저자의 상황에 맞추고 그 시대의 사회적이고 정치적인 압력에 대한 인식을 반영하면서, 두드러지게 전개된다. 텍스트는 다음과 같다.

이슬람을 무력화시키는 10가지 가장 큰 문제들을 인식해야 한다.

(1) 동반자가 없는 단 한 분의 신을 예배하는데 동반자를 두는 것. 그 표시는 꾸란 4:116에 기록되어 있다. "알라는 알라와 동등한 자를 두는 자를 용서하지 않지만 그밖의 죄에 대해서는 그가 원하면 알라가 용서한다." 여기에는 신이 아닌 다른 이의 이름으로 동물을 도살하는 것이 포함된다. 예를 들어 진(jinn)이나 무덤(거기에 연결되어 있는 진)의 이름을 두고 도살하는 것이다.

(2) 자신과 신 사이에 중재자를 정해서 세우거나, 그들에게 간구하거나, 혹은 신과의 중보를 요청하는 것은 공동체의 합의에 근거한 불신앙이다.

(3) 다신론자를 카피르로 여기지 않거나, 그들의 불신에 대해 의심을 품거나, 혹은 그들의 방식으로 옳은 것을 고려하는 사람은 누구든지 합의에 근거한 불신자다.

(4) 자신이 예언자의 인도함보다 더 완벽하다고 믿는 사람, 혹은 예언자의 결정보다 자신의 결정이 더 낫다고 믿는 사람은 카피르이다. 이것은 마치 악이 예언자의 원칙을 지배하기를 선호하는 사람과 같다.

(5) 신의 메신저가 가져온 것의 어떤 부분이라도 미워하는 사람은 비록 그가 그 메시지에 따라 행동할지라도 합의에 근거한 카피르이다. "이것은 알라가 보낸 것을 그들이 미워하기 때문이고 그래서 알라가 그들의 행동을 결실이 없게 했다"(꾸란 47:9).

(6) 알라의 종교의 어떠한 부분, 어떠한 종교적 보상이나 혹은 형벌을 조롱하는 사람은 카피르이다. 그 암시는 다음과 같다. "말하라. 알라와 그의 징표와 메신저를 조롱하였느냐? 핑계대지 말라. 너희들이 믿은 다음에 믿음을 버렸다"(꾸란 9:65-66).

(7) 주술의 관행. 여기에는 예를 들어 부부간에 균열을 만들어서 남편의 아내에 대한 사랑을 증오로 바꾸거나, 혹은 주술을 사용해서 원치 않는 일을 하도록 유혹하는 등의 사례가 있다. 그런 일에 관여하거나 그런 일에 만족하는 사람은 이슬람 밖에 있는 것이다. "우리가 시험이었다. 그래서 너는 믿지 말라고 말할 때까지 이 둘 중의 어느 하나도 주술을 가르쳐 주지 않았다"(꾸란 2:102).

(8) 무슬림에 거스르는 다신교를 지원하고 돕는 일. 이것은 꾸란 5:51에 기록되어 있다. "그들과 동맹을 맺은 사람은 그들 중의 하나이고 알라는 잘못한 자를 인도하지 않는다."

(9) 무함마드를 반드시 따라야 할 필요가 없다고 믿는 사람은 카피르이고, 알키드르(al-Khiḍr)가 모세의 샤리아를 떠났던 것처럼 샤리아를 떠날 수 있다고 믿는 사람은 카피르이다.

(10) 알라의 종교로부터 완전히 떠나서, 그 교훈을 배우지 않거나 혹은 이에 따라 행동하지 않는 것. 이것은 꾸란 32:22에 기록되어 있다. "알라의 메시지들이 그에게 낭송되고 나서 그 메시지들을 외면한 사람보다 더 나쁜 사람은 누구인가?"

이러한 위반이 가벼운 농담으로 행해졌는지, 진지하게 행해졌는지 혹은 두려움에 의해 행해졌는지는 아무런 차이가 없다. 다만 [생명의 위협과 같은] 강요하에 행해지는 경우는 예외이다. 우리는 신의 진노와 엄한 처벌을 수반하는 행위에서, 신의 안으로 피하고자 한다(Ibn ʿAbd al-Wahhāb 1977: V, 212-214).

이와 같은 텍스트의 관심사는 높은 도덕적 기대감을 반영한 공동체의 명확한 묘사와 이슬람이 무엇을 의미하는지에 대한 폐쇄적인 정의이다. 이러한 글에서는 누적된 역사의 공동체 의식은 점차 사라지고, 권위주의적인 정의가 등장한다. 이것은 멤버십의 정당한 자격에 대한 결정을 내리는 중앙 당국의 지원과 통제를 요구한다. 이러한 노력은 집단의 바람직한 정신과 일치하지 않는 요소(문화적으로 조절된 요소)를 분리하고, 이러한 속성을 모두 이슬람의 순수성에 대해 '단순한'(그리고 불법적인) 문화적 침범으로 선언함으로써 일련의 기준을 설정한다. 그러나 이븐 압드 알와합의 이런 강경한 입장은, "옳은 것을 명령하고 잘못된 것을 금한다"는 초기 무슬림의 논의를 상기시키면서, 누군가를 비무슬림으로 선언하려는 의지가 분명하다.

이븐 압드 알와합과 샤 왈리 알라와 관련된 운동은 산업화된 서구의 영향이 느껴지기 전에 발전했다는 면에서, '전근대적'(pre-modern)이라고 할 수 있다. 그들을 '정화'운동으로 명명하는 것이 적절하고, 그들은 차후에 이슬람 세계에서 사회적이고 법적인 변화를 위한 씨앗을 뿌렸다. 그들은 중세 이슬람의 경직된 체계화에 대한, 특히 법학파에 의한, 불만으로 인해 생겨난 것으로 보인다. 이 운동은 또한 이슬람에서 무잣디드(mujaddid)를 고려해서, 각 시대의 필수적인 부분으로 정착된 전승을 택했다. 라흐만(Fazlur Rahman)은 이러한 전근대주의 그룹을 다음과 같은 특징이 있다고 했다.

(1) 무슬림 사회의 사회-도덕적 퇴보와 연관된 깊고 변질된 관계
(2) 원래 이슬람으로 '돌아가고' 대중적인 형태의 수피즘의 민간 형태에 의해 만들어진 미신을 버리라는 요청. 전통적인 법학파들의 고착성과 최종성에 대한 생각을 버리고, 원래 메시지의 의미를 다시 생각해보려는 개인적 노력으로 이즈티하드(ijtihād)를 수행하려는 시도
(3) 민간 종교에 의해 만들어진 섭리적인 전망의 무거운 부담과 아쉬아리 신학의 절대적인 영향에 의해 물질적으로 기여한 것을 제거하라는 요청
(4) 필요한 경우 지하드(jihād)를 통해 이 근본주의 개혁을 수행하라는 요청(Rahman 1979a: 317)

5. 무함마드의 탄생일

수피즘을 향한 이러한 입장은 또한 종교의식과 이슬람법 안에서 발전하고 있었던 견해의 일부를 반영한다. 무함마드의 출생과 관련된 축제들에서 그 예를 볼 수 있다. 일반적으로 예언자의 탄생일, 마울리드 알 나비(mawlid al-nabī)로 알려진 날을 기념하는 이면에는 공동체의 완전한 합의를 가지고 있지 않았다. 이날의 기념은 이슬람법의 고전 문헌에 기록이 없고, 순나와도 관련이 없다. 이후 세기에 법학자들이 그것에 대해 숙고했을 때, 그들은 종종 그것을 '칭찬할 만한 혁신'으로 불렀다. 역사적으로 현재의 축제는 12세기부터 유래된 것으로 생각된다. 그 시기의 역사가들은 무함마드의 탄생일로 정해진 이슬람력 3월 12일과 연관된 다양한 관행을 기록하기 시작했다. 기념 행사의 활동들은 지역의 왈리를 기리는 일반적인 이슬람 접근 방식의 특징이다.

수피즘의 마울리드(mawlids)는 신비적 헌신의 일환으로, 이슬람 역사상 가장 대중적인 왈리를 위해 열렸으며 지금도 여전히 개최되고 있다. 탄생일은 왈리와의 연결에 의해 관심을 불러일으키고, 그날의 축제와 헌신은 커다란 공로와 유익을 불러올 것으로 기대되었다. 그러한 날의 중심 행사는 행진(흔히 촛불 등으로 점화하여), 영창하기, 노래하기 그리고 이야기하기이다. 종종 어린이를 위한 행사가 조직된다. 그 기념 행사는 "우아함, 열정, 황홀함 그리고 여러 가지 면에서의 평안한 만족감"(Berger 1970: 83)을 만들어 내면서, 왈리에 대한 종교적 헌신으로 그 막을 내린다. 오늘날 이슬람 세계의 대부분 지역에서, 무함마드의 생일은 유사한 방식으로 기념된다. 각 지역마다 특별한 형태의 기념 행사가 있으며, 많은 나라에서 공식적인 공휴일이 되었다. 이날의 공식적인 특성은 수도의 주요 모스크에서 열리는 축제에 보통 참석하는 국가 원수의 존재에 의해 강화된다.

기념 행사의 특징은 흔히 마울라디야(mawladiyya)로 알려진, 무함마드를 찬양하는 시를 낭송하는 것이다. 심지어 오늘날에 낭독되는 시에서 발견되는 많은 자료는 고전적 출처에서 유래되었는데, 이것은 과거의 학습에 대한 지속적인 역할과 헌신을 강조한다. 또한, 그것은 이슬람의 신앙 관행에서 무함마드의 기적과 그의 인간적인 특성의 중요한 역할에 중점을 둔다. 더불어서, 시의 특색은 무슬림 신앙에 스며든 뚜렷한 신비적 요소를 드러낸다. 수피 영향의 예는 많은 시에 표현되어 있는, 선재하는 "무함마드의 빛"(Muhammadan light)에 관해 옹호하는 이론에서 볼 수 있다. 이것은 무함마드 개념의 기적적이면서 구원적인 본질의 요소를 통해 이 세계가 신성한 영역과 연결된다는 것이다. 전형적인 시에는 다음과 같은 대목이 포함되어 있다.

> 무함마드의 빛이 우리에게 흘러들어 왔다.
> 보름달은 황급히 자리를 떴다; 우리는 한 번도 그런 아름다움을 본 적이 없다.
> 오직 당신만이 행복의 얼굴이요
> 당신은 태양이고 보름달입니다.
> 당신은 빛 가운데 빛이시요.
> 당신은 귀한 묘약입니다.
> 내 사랑하는 무함마드여, 당신은 (우리의) 마음을 밝히십니다.
> 당신은 동과 서의 신부요
> 당신은 (신의) 굳건한 지원을 받고 영광을 받습니다.
> 당신은 두 끼블라(qibla)의 이맘이요
> 당신의 얼굴을 바라보는 이는 누구나 기뻐했습니다.
> 당신은 기품 있는 혈통에서 났으며, 당신의 배경은 비교할 수 없습니다
> (Waugh 1989: 189).

이러한 경우에 무함마드를 기념하는 시 낭송과 함께, 수피 관행의 보다 확실한 요소가 존재함을 느끼게 한다. 시 낭송 후에는 흔히 디크르의 연도

(litany)가 뒤따른다. 이것은 실제 무함마드의 탄생을 축하하는 날에 항상 그런 것은 아니지만, 결혼과 같이 무함마드의 사람이 축복을 받기 위해 기원하는 경우에는 자주 행해진다. 마울리드 시의 공연은 이 목적을 위해 고용된 예능인들의 임무가 된다. 시는 무함마드를 칭송하는 데에만 국한되지 않았지만, 그 주제는 항상 "행위를 일관적으로 다루었다"(Waugh 1989: 100).

6. 마울리드에 대한 반작용

무함마드나 특정 수피 왈리들(후대에는 흔히 다양한 이름이 언급됨)과 관련이 있는 마울리드의 전체 기념 행사는 무슬림들의 분노를 불러일으켰다. 그들은 명시적으로 꾸란의 규정이나 무함마드의 관행에 의해 뒷받침될 수 없는 이슬람의 모든 요소를 정화하고자 했다.

그러나 수피즘은 그 제도화된 형태와 이슬람 전체에서 일반적으로 느껴지는 영향이라는 양 측면에서 힘이 있다. 수피 종단과 그와 관련된 관행이 종교적 환경의 핵심적인 부분으로 남아 있고 오늘날까지 전해지고 있다. 무함마드와 신을 영화롭게 하는 이미지의 매력과 함께, 종교 생활에 대한 감정적인 측면에 대한 욕구는 이슬람에서 상당한 자리를 차지하고 있으며, 이것은 수피 전승에 의해 빈번히 제공된다. 수피 쉐이크를 중심으로 모이고 알라를 활발하게 경험하도록 특정 관행을 따르는, 수피 종단은 비록 정부나 종교 기관에 의해 항상 용납되지는 않았지만 이슬람 세계 전역에서 번성했다.

부록: 법적 문제로서의 종이

중세 말기의 이슬람법은, 특히 19세기 근대주의 무슬림들에 의해, 이슬람 사회가 발전하는 것을 막는 변치 않는 실재로 흔히 묘사되지만, 사실 이슬람법은 항상 생겨나는 새로운 도전에 적응할 수 있었다. 이슬람법이 한 번에 고정되었고 더 이상 변하지 않는다는 생각은 착오이다. 중세 시대에 이슬람법이 발전을 수용하기 위해 거쳤던 과정은 다음과 같이 다양한 예를 통해 설명될 수 있다. 담배, 마약 그리고 커피는 모두 독특한 도전을 제기했고, 확실히 논란이 있었지만 결국 문제들은 해결되었다.

도전이 되었던 사례의 한 분야는 공중 시계, 기계화된 인쇄와 종이 같은 유럽의 혁신적인 기술에서 볼 수 있다. 종이 자체는 문제가 아니었다. 종이는 아마 이미 8세기 초부터 이슬람 세계에서 알려지고 생산되었으며, 거기서 12세기 초에 유럽으로 소개되었다. 당시 유럽에서는 알안달루스(al-Andalus, 역자 주: 이슬람 치하에 있던 스페인 남부 지방)와 다른 이슬람 세계에서 수입된 종이에 공식 증서가 적혀 있었다. 그러나 14세기에 이르러, 유럽인들은 상당한 종이 산업을 창출해 냈고 지중해 주변에 그들의 제품을 수출하기 시작했다. 이라크와 같은 중동 지역에서는 종이 산업이 성공할 수 있었던 반면, 다른 지역의 제한된 시장은 유럽산 종이가 도달하여 지배하게 되었고, 곧 이것은 그 지역의 제조 산업이 사라졌음을 의미했다.

따라서 유럽산 종이와 관련하여 제기된 법적 문제는 실제로 그 제품 자체에 관한 것이 아니고 비이슬람 제품의 현지 지배에 대한 대응이었다. 이 종이를 만든 기독교인들은 돼지고기를 먹고, 포도주를 마시는 사람이었는데, 결국 그들의 젖은, 부정한 손이 종이를 만드는 동안 종이를 오염시킬 가능성이 있다고 느꼈다. 또한, 이 유럽 신문에는 기독교인 특질의 워터 마크가 있는 경우가 많았다. 파스칼의 양, 천사, 십자군 방패, 라틴이나 그리스 십자가가 모두 그곳에 있는 것으로 알려졌고, 종이 표면 아래에 숨어 있지만 강한 빛을 통해 볼 수 있었다. 무슬림 신자가 과연 그러한 종이를 어떻게 사용할 수 있겠는가? 단적인 예로, 꾸란 텍스트의 사본을 작성하는데 사용할 수 있겠는가?

15세기에 알제리 틸럼산(Tlemcen)의 법학자 이븐 마르주끄(Ibn Marzūq, 1364-1438)는 외국산 종이 사용의 합법성에 대해 판결하기를 요청받았다. 이것은 확실히 꾸란이나 순나에서 다루어지지 않았던 질문이었고, 따라서 유추에 근거하여 판결을 내려야 했다. 그 작업은 종교적인 비용 대비 실질적인 이득을 결정하는 것이었다. 이븐 마르주끄는 이것을 기독교인으로부터 의복을 구입하는 경우와 유사하다고 보았고, 그는 그것들이 본질적으로 부정하다고 여겨지지 않는다고 말했다. 무함마드는 의복의 형태로 기독교인으로부터 공물을 받았다. 그는 또한 양피지에 쓰인 기독교 책들을 전리품으로 고려했는데, 역사적 기록에 따르면, 양피지에 쓰인 책들은 전투 중에 전리품으로 취했다가 잉크를 씻어 내고 (양피지 텍스트의 일반적인 관행처럼) 재사용되었다. 이전에 이러한 경우에서 어떠한 문제도 나타나지 않았다. 그는 또한 교회가 모스크로 전환되는 현상에 대해서도 말했는데, 이것도 유사하게 문제가 없는 것으로 여겨졌다.

그러기에 그는 기독교 종이에 이슬람 텍스트를 쓰는 것이 종이 자체의 종교적 특질을 변화시킨다고 주장했다. 이것은 종이에 관한 어떠한 우려도, 특별히 워터 마크와 관련한 것도 무시할 수 있음을 의미한다. 무슬림의 글이 기독교의 상징적인 이미지의 온전함을 변화시킬 것이기 때문이다. 궁극적으로 그는 마쓸라하(maṣlaḥa, '공익')를 근거로 종이 사용의 이점이 존재할 가능성이 불결함의 위험보다 크다고 주장했다. 종이를 제조하는 지역 산업이 없다는 것은 무슬림이 사실상 유럽산 종이에 의존하고 있다는 것을 의미했다.

이븐 마르주끄의 법적인 추론을 충분히 보려면, Leor Halevi (2008) "Christian Impurity Versus Economic Necessity: A Fifteenth-Century Fatwa on European Paper," *Speculum*, 83: 917-45. 일반적으로 종이에 관해서는 Jonathan Bloom (2001)의 연

구를 보라. *Paper Before Print: The History and Impact of Paper on the Islamic World*, New Haven, CT: Yale University Press.

추천 도서

Berkey, Jonathan (1992) *The Transmission of Knowledge: A Social History of Islamic Education*, Princeton: Princeton University Press.

Berkey, Jonathan (2001) *Popular Preaching and Religious Authority in the Medieval Islamic Near East*, Seattle: University of Washington Press.

Daftary, Farhad (ed.) (2000) *Intellectual Traditions in Islam*, London: I. B. Tauris.

Keddie, Nikki R. (ed.) (1972) *Scholars, Saints and Sufis: Muslim Religious Institutions in the Middle East since 1500*, Berkeley, CA: University of California Press.

Konrad Hirschler (2013) *The Written Word in the Medieval Arabic Lands: A Social and Cultural History of Reading Practices*, Edinburgh: Edinburgh University Press.

Levtzion, Nehemia and Voll, John O. (eds.) (1987) *Eighteenth-Century Renewal and Reform in Islam, Syracuse*, NY: Syracuse University Press.

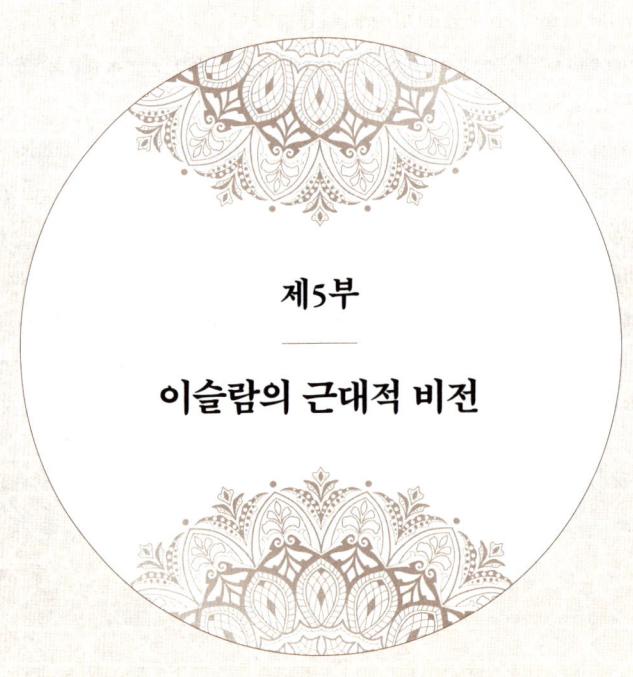

제5부

이슬람의 근대적 비전

주요 연대기

632	무함마드 사망
1798	나폴레옹 이집트에 도착
1897	개혁가 알아프가니 사망
1898	개혁가 사이드 아흐마드 칸 사망
1905	근대주의자 무함마드 압두흐 사망
1935	근대주의자 라쉬드 리다 사망
1938	근대주의자 무함마드 이끄발 사망
	튀르키예 공화국 창건자 아타튀르크 사망
1956	작가 무함마드 후세인 하이칼 사망
1966	이슬람주의자 사이드 꾸뜹 사망
1979	이슬람주의자 마우두디 사망
1985	근대주의자 굴람 아흐마드 파르베즈 사망
1988	학자 파즐룰 라흐만 사망
2006	작가 나집 마흐푸즈의 사망
2010	학자 나쓰르 아부 자이드 사망
	학자 무함마드 아르쿤 사망

제12장

근대성의 형성

1798년 나폴레옹은 외관상 프랑스 상인을 이집트의 잘못된 통치로부터 보호한다는 명목으로 이집트에 상륙했지만 인도에서 영국에 대항하는 작전 기지라는 특별한 목적으로 이집트를 사용했다. 이집트 맘루크 군대는 다른 오스만 군대보다 훨씬 근대적 군사 발전에 대한 인식이 부족했기에 나폴레옹에게 무력했다. 전반적으로 주민들은 비교적 편협한 시각을 가졌다. 프랑스인들은 근대적 병원들, 관료식 행정 부문, 과학 실험실 같은 근대적 기관들을 이집트 땅에 최대한 많이 설치했다. (그들은 무엇보다도 근대 프랑스 문명 이전에 사라진 것으로 추정되는 비기술적 기반들에 대해 과학적으로 자세히 기록을 남겼다.) 이들은 놀라워하는 지역의 지식인들에게 그들이 마련한 쇼들을 보고, 진정한 이슬람이라 주장되는 혁명의 도덕적 우월성을 받아들이도록 초청했다(Hodgson 1974: 21).

프랑스가 이집트를 점령함에 따라 중동을 비롯하여 세계의 다른 지역은 기술적으로 진보되고 확장된 유럽을 목도하게 되었다. 이것은 무슬림들에게 상당히 중요하게 영향을 주었고 이슬람이 실제 변화할 수 있을지 또는 변화해야 하는지를 논의하게 되었다. 그리고 현재의 도전에 맞서고 개인의 삶과의 연관성을 유지시키면서 어떻게 변화해야 하는지에 관심을 가졌다.

1. 근대적 이슬람 이해

　인도네시아에서 모로코에 이르기까지 격변하고 있는 근대 이슬람을 일반화하여 다양한 측면을 고려하지 않고 판단내리는 것은 위험하다. 그런 판단에는 적절하고 성급히 결론내리지 않는 관점을 유지해야 한다. 많은 관찰자가 종종 이 점을 놓치는 것처럼 보이는데 세계가 유럽의 발전을 중심으로 역사적 전개가 있었다는 것만 보는 것은 더 위험하다. 마치 나머지 세계가 유럽인들 유입 이전에는 혹은 그들과 독립적으로는 중요한 존재가 아니었다거나 현재 유럽 문명의 건설에 나머지 세계가 영향을 미치지 않고, 무관한 것처럼 보는 시각은 수정되어야 한다. 지난 5세기 동안 유럽 사회의 변화는 고대 그리스와 로마로부터 근대 사회인 프랑스와 독일까지 직접적으로 연관되어 수 세기 후 문명적 정점에 이른 것이 아니라 세계 역사 가운데 인류 역사의 상호 작용의 결과라는 점을 명심해야 한다.

　확실히 유럽 사회의 큰 변화는 1500년대 후반과 1700년대 후반 사이에 일어났다. 그것은 두 가지 중요한 변화, 즉 기술 시대를 여는 산업 혁명과 기본적인 사회적 가치를 변화시킨 프랑스 혁명이다. 이러한 변화는 처음에 일어났던 유럽뿐만 아니라 특히 유럽 식민지 확장의 부상을 통해 세계의 나머지 부분에도 영향을 미쳤다. 그러나 이 기간 동안 무슬림 세계와 다른 곳에서 일어난 모든 일이 단순히 '외부'의 변화에 대한 반응이라고 생각해서는 안된다. 무슬림 세계는 다른 세계와 상호 작용하는 유기적 성장과 변화의 길을 계속해 왔다. 변화는 매우 상호적인 것이다. 근대 이슬람 연구에서 큰 걸림돌이 되는 한 가지는 기술 시대의 변화를 통해 서구에서 나타난 발전을 분명히 표현하지 않는 (때로는 너무 노골적으로) 도덕적인 평가를 내리는 것이다. 진보의 과정에서 가장 많은 기술적 혜택을 받은 국가는 그렇지 않은 국가보다 '더 진보된' 혹은 '더 나은' 선진국으로 평가된다. 그러나 인간의 삶에 여러 가지 유용한 변화가 일어날 때 모든 변화가 다 반드시 좋은 것은 아니다. 분명히 그들 중 일부는 근대 의료 발전과 천연두 박멸과 같은 긍정적 면을 생각할 수 있지만, 한 사회와 다른 사회를 근대 발전 상태에 따라 쉽게 판단해 버리는 것은 신중한 학문적 뒷받침이나 인간 사회의 다양성에 대한 이해가 결여된 것으로 볼 수 있다.

'전통적'(traditional)이란 말과 '근대적'(modern)이란 말은 이미 가치 판단이 들어갔다는 점에서 공통점을 가지며, 여기서 전통은 비합리적이고 비과학적인 세계관을 의미하고 그것을 반대하는 모든 것은 근대적이란 측면으로 이해된다. 그러나 주의 깊게 사용해 본다면 이러한 용어를 좀 더 의미 있게 사용해 볼 수 있다. '전통적'이란 항상 해 왔던 방식으로 일을 하고 있다는 태도이며 주어진 문제에 대해 권위를 과거에서 가져오는 것을 의미한다. '근대'는 기술의 시대로 구별되며, 전통적 방식보다 반드시 더 합리적이란 보장은 없지만 권위가 대체되고 과거에 대한 다른 시각을 가진다. 문제는 이렇다 할 뚜렷한 입장이 때로는 명확하게 구분되지 않아도 두 시대를 구분해서 쓰는 것이다. 전통에서 근대로 변화하는 과정은 사실 상황적으로 훨씬 더 유동적이다. 전통 세계는 변화를 거부하거나 이에 대해 기존 개념들을 대체하는 식으로 미미하게 변해가지만 전통 세계는 확실히 변할 수밖에 없다. 근대 세계 또한 결코 과거의 권위에서 완전히 벗어날 수는 없다. 사회의 근대적 측면은 일반적으로 전통적 측면과 같이 가는 것으로 볼 수 있다.

요약컨대, 우리가 사용하는 용어들은 일반화해 갈 수는 있지만 현실 세계를 그대로 반영할 수는 없고, 이러한 용어를 반사적으로 잘 사용하면 시대에 대한 이해를 돕는다. '근대 혹은 모던'이란 용어를 가장 광범위하게 사용한다면, 근대 사회의 기술적 측면을 수용하는 것을 의미하지만, "전통적"이란 것이 근대를 거부하는 것이 아니라 사람들이 근대적인 관점으로 변화를 시도하며 사는 삶의 영역 안에서 과거에 의해 승인된 삶의 방식을 어느 일정 부분은 지속해 가는 것을 말한다.

세계사를 이해하는 방법에 있어서 딜레마는 많은 19-20세기 무슬림 대변인이 (그리고 최근까지도 극소수의 대변인들이) 유럽 우월적인(쇼비니즘의

chauvinistic) 관점을 그대로 갖고 있는 사실 때문에 혼란을 야기한다는 것이다. 사실 세계 역사의 초점은 서구에 맞춰졌고 나머지 세계들이 서구의 수준으로 진보되고 발전해야 하는 것처럼 이해된 이슬람 세계는 12세기 몽골이 부상한 이래 변하지 않았다. 무슬림들의 유럽의 관점을 받아들이는 변증적 입장의 자료들을 읽게 되면 이러한 시대적 질문에 딜레마적 관점들에 직면하게 된다. 방법론적으로 더욱 난관에 봉착하게 된다. 왜냐하면, 우리는 근대 무슬림 세계관을 이해하기를 원하지만 근대성이란 대한 주제에 접근하는 데 있어서 문화적 편견을 인식해야 한다. 그러나 이러한 편견에 대한 부분은 많은 자료를 통해 서구와 이슬람 세계가 상호 연관하거나 대응하는 관점을 통해, 수용되는 부분들을 정확히 읽어내야 한다. 사실 우리가 관심을 갖는 것은 무슬림들이 근대적 세계관을 어떻게 구축했던 방법이다.

2. 근대화 현상

무슬림 사회가 직면한 진정한 도전은 사회 제도와 사회 윤리적 차원이다. 그리고 이 위기의 진짜 본질은 과거 무슬림 사회 제도가 잘못되었거나 비합리적이었다는 사실이 아니라 이제야 수정하고 조정해야 하는 이슬람의 사회 체제란 것이 실로 전부터 존재해 왔다는 사실이다. 사실 이 이슬람 사회의 시스템은 과거에 완벽하게 합리적이었다. 과거에는 다른 어떤 사회 시스템과 마찬가지로 완벽하게 잘 작동했었다.
근대 사회 무슬림 사회의 단점은 이슬람 사회 제도의 발전 초기 수 세기에 걸쳐 이슬람이 완전히 새로운 시작인 것처럼 이미 사회 구조를 처음부터 세워 가는(ab initio) 개척 작업을 해 나가야 한다는 점이다. 이것은 이미 중세 사회 구조였으며 당대의 것이었지만 이제 무슬림들은 근본적인 재검토와 재건의 상황에 직면하면서 그들의 당면한 심각한 문제는 새로운 이슬람식의 제도를 세우기 위해서 이 구조적 재건을 얼마나 과거로 거슬러 올라가 다시 새롭게 제정해야 할 것인지 혹은 어떤 원칙과 방법에 따라 이슬람식의 사회 제도를 세워 가기 위하여 당면한 문제를 정확하게 결정하는 것을 의미한다 (Rahman 1979b: 214).

위 내용의 저자인 라흐만(Fazlur Rahman)은 근대주의자 무슬림들의 논쟁에서 특별한 입장을 밝히면서, 오늘날 이슬람의 타당성을 고려하려는 모든 사람들에게 이슬람 자체에서 해답을 찾기 위해 '근본적 재검토 및 재건'이라는 공통적 접근법을 제시한다. 이러한 질문에 대해 추천된 방식의 답변에 접근하기 전에 먼저 더 기본적인 것에 질문해 보아야 한다. "근본적 재검토 및 재건"의 상황은 왜 필요한지, 어떻게 발생했는지, 이러한 상황을 만들어 낸 근대성의 특징은 무엇인지 질문하는 것이다. 이슬람은 왜 이러한 근대화 상황에 직면해야 했는가? 또한, 이러한 근대화에 이슬람이 부딪히면서 왜 문제가 생겨나고 있는가?

3. '근대 사회'의 특징

'근대성'이란 개념을 분석하는 방법에는 여럿이 있다. 가장 단순한 수준에서 근대성은 과거를 문제 삼는 것이라고 말할 수 있다. 그리고 이것이 근대성이란 정의의 핵심이기도 하다. 전통 혹은 과거에 대해 질문하고 검토한 후에 마냥 되돌아갈 수는 없다. 과거의 사상들에 대한 (예를 들어 역사적 사실의 관점에서) 근대성의 도전이 궁극적으로 거부된다고 하더라도 다시는 예전과 같은 무게를 가질 수 없다.

근대성은 경제, 정치, 사회 조직 및 지적 담론에 대한 행동과 신념에 근본적 변화를 일으킨다. 다시 말하지만 근대성을 통해 전 세계적으로 변화가 일어났음을 주지하는 것이 중요하다. 이것은 세계의 나머지 사회에 대한 서구권의 영향력이란 문제가 아니다. 근대성은 세계적 현상이었고, 경제 영역에서 산업화와 그에 따른 환경적 측면에서 변화를 가져왔다. 경제적인 성장과 큰 자본금의 형성, 과학의 성장, 새로운 계층의 사람들과 사회적 이동성의 출현들이 바로 그것이다.

정치 분야에서도 그것은 정치 정당 (그리고 그 성장으로 인한 도덕적 진보에 대한 신념의 생성), 노동조합 및 청소년 그룹의 성장을 보였다. 사회적 차원에서 남녀 관계의 변화 (경제적 의미를 포함하여), 매스컴, 도시화, 여행 및 일반적으로 이동성 증가가 특히 두드러졌다. 지적인 영역에서도 진보적 관념의 탁월함을 인정하고, 세속적 합리적 규범의 출현을 도래했으며, 역사적 연구를 증진하면서 모든 변화적인 현상이 분명해졌다. 이 모든 것은 우리가 살고 있는 역사적 현실에 변화를 가져왔거나 혹은 그 결과로 야기된 것들이다.

4. 다섯 가지 기둥의 근대성

근대 사회의 특성을 이전 시대와 어떻게 다른지를 밝히기 위해 보다 밀접하게 정의하려는 시도가 많이 있었다. 피터 버거(Peter Berger)의 "근대성 비판에 대하여"는 이러한 모더니즘 곧 근대적 정의에 대한 고전적인 자료가 되었다. 그는 다섯 가지 '근대성의 딜레마'에 대해 진술한다.

(1) 관념적(삶이 특히 관료주의와 기술에 대결하는 방식).
(2) 미래 지향성(활동과 상상력의 주요 방향이 미래를 향하며, 삶이 시간 관리에 의해 다스려짐).
(3) 개인화(집단적 실체의 소속감에서 개인이 분리되어 소외 현상이 생성됨).
(4) 해방적 자유(운명이 아닌 선택에 의해 지배되는 것으로 간주되는 삶; "그들이 과거 삶을 영유해 온 것과는 달라짐").

(5) 세속화 (종교적 신념의 타당성 구조에 커다란 도전) (Berger 1977: 70-80).

콕스(Harvey Cox)는 이를 약간 더 긍정적인 형태로 수정했으며 적절하게 명명된 (이 맥락에서) "다섯 가지 기둥의 근대성"을 언급했다. 근대 사회의 특징은 다음과 같다.

(1) 세계 정치 체제에서 법적으로 정의된 실체로서 주권 국가의 출현, 대부분은 200년 전에 현재 모습의 국가 형태들로 나타났다.
(2) 과학 기반의 기술은 생명과 그 가능성을 위한 이미지들의 주요 원천이다.
(3) 인간의 사고와 활동을 조직하고 관리하는 방법으로서의 관료적인 합리주의가 출현했다. 그 조직 내에서만 지적 활동을 하기 때문에 사람들 간의 소외를 가져오며 무력하지거나 냉담해진다("나는 이 분야에만 일한다"는 식의 사고).
(4) 일에 동기를 부여하고 상품과 서비스를 유통하기 위한 수단으로서 이윤의 극대화를 추구한다. (따라서 두 자본주의와 사회주의 내에서) 자본주의적 생산 및 마케팅 방식을 나타낸다.
(5) 종교의 세속화 및 개인주의화로 인해 세속적 목적을 위해 영적인 것을 사용하며 정치와 경제 영역에서 종교적 측면을 제거한다(Cox 1984: 183).

세속화는 근대적 맥락을 고려할 때 더 자세한 의견이 필요하다. 이 개념은 전통적 종교 사상의 지배나 통제로부터 사회적, 문화적, 정치적 삶의 특정 영역을 해방시키는 과정으로 정의된다. 이는 근대화에 기여한 요소이며 그 결과이다. 근대 시대를 설명하는 데 사용되는 용어는 계몽적, 세속적, 합리적, 비마력화(곧 마법의 상실), 과학적인 후기 전통 시대로 설명될 수 있고, 이 용어들 모두는 세속화된 근대 경향을 나타낸다.

실제로 종교에 대한 태도는 대중적 용어를 살펴보면 많은 사람이 근대적이라고 생각하는 것의 핵심적 요인들이다. 예를 들어, 성경의 진리를 파괴하거나 예수님의 신성에 대해 거부하거나 세대에 걸쳐 가르침을 받은 많은 가치에 대한 의심을 표현한 것들이 모두 기독교 내에서 가장 명백히 드러났다. 그러나 이것들은 부정적인 요소들이며, 근대에 거의 비뚤어진 시각을 통해 사회의 문제점과 공포심을 일으키는 데 기여했다. 그러나 근대 사상의 긍정적 측면의 기여점은 진실과 타당성 문제에 대해 판단의 주체로서 자아의 철학적 원칙이 출현하게 된 것이다. 데카르트(Descartes)의 "나는 생각한다. 그러므로 나는 존재한다"라는 단언은 전통적 종교적 가치와 그들의 주장이 영원히 타당하는 주장에 반대되는 자아의 인식에 대한 기반을 지지하고 있다.

일부의 사람들은 특히 세속화의 이러한 경향과 근대성의 다른 측면들이 처음에는 유럽에서 일어났지만 나머지 세계에서도 중요한 의미를 가진다는 점을 지적하고 있다. 따라서 유럽의 종교 (기독교)는 산업화 시대의 시작부터 이 상황에 대응해야 했고, 그렇게 한 방식은 다른 종교에 대해 (적어도 어느 정도는) 패러다임이 되어 왔다. 이것은 본질적으로 사실인 것처럼 보이지만 일부 저술가들은 무슬림이 기독교 경험을 통해 배우며 다른 이들과 공존을 유지할 때에 이슬람의 전통적인 신앙의 특정한 측면 또한 포기할 준비가 되어 있어야 한다고 압박을 주기도 한다. 이슬람에 대한 이런 종류의 글은 특히 최근에 많은 비판을 받음에도 불구하고 계속되고 있다.

다른 이들은 아마도 삶에 대한 근대적 특징의 정치 지향적 (종교적이라기보다는) 경향성을 분리해 내는 작업들을 해 왔다. 식민지와 제국주의, 선교사들이나 서구 침략과 같은 다른 일련의 단어들을 근대주의 특징에서 구분하는 것이다. 이러한 작업의 중요성은 더 말할 필요가 없기도 하다. 그러나 이러한 관점은 서구와 이슬람 세계의 충돌로서 근대를 바라보는 시각을 강화한다. 또 다른 이들은 이러한 요소가 더 넓은 범주 안에 곧 전 세계적인 근대 국가들의 탄생 개념에 포함시켜 이해해야 한다고 주장하지만, 이러한 인식 또한 과소평가될 수 없다.

5. 무슬림 세계에서 근대 시대의 특징

근대성은 무슬림 세계에 어떤 영향을 미쳤는가? 근대적 상황에서 생성된 긴장감은 첫 번째로는 많은 여행자의 모습 안에서 또한 무수한 영화 및 미디어의 배경 가운데 찾아볼 수 있다. 근대와 고대의 삶의 방식이 터무니없이 대결 구조로 배치된 모습은 그림과도 같다.

[그림 12.1] 오늘날 튀르키예의 상징 튀르키예에서는 민족주의, 세계화 및 종교 유산의 상징이 결합되었다[출처: Barry Iverson/Contributor/Getty].

당나귀들이 쌩쌩 달리는 메르세데스 한가운데서 낡은 자동차와 트럭과 함께 도로 위 자리를 놓고 경쟁하고 있다. 그리고 맥도날드의 수입으로 코카콜라 글로벌 소비자 문화는 막대한 부와 극심한 빈곤 간의 긴장감을 조성하고 있으며 충족할 수 없는 소비자의 기대치를 높이고 있다. 이는 서양에 반대하는 강력한 보수적 주장을 일어나게 했는데, 서양의 가치에 호소하고 열망하는 이슬람 근대 세계는 좌절의 원인으로 이어졌기 때문이다. 그러나 무슬림 세계는 어떤 면에서는 고대 자원을 사용하여 근대 세계에 적응하고 있으며, 이는 무슬림 세계의 힘의 원천이지만 한편으로 서구 세계와의 긴장의 원천이 되고 있다. 근대화로 재료들을 활용하거나 재활용하여 (일회용 사회에 대한 암묵적 거부와 계획적인 서구의 구식화를 반대하는 것) 북미 스타일의 소비주의에 도전을 던지는 것은 고무적이기도 하다.

이슬람 세계에 대한 근대화의 영향력은 수많은 방식으로 나타난다. 일부는 쉽게 잊혀져 버릴 수도 있겠지만 이슬람 세계가 역사적으로 존재하면서 상승이나 쇠퇴의 순환 과정을 거치며 민족주의와 사회주의 사상의 도전의 영향을 받은 것, 시오니즘의 영향과 이스라엘 국가의 탄생으로 인해 기억되었던 일들, 석유로 인한 수익으로 받은 이러한 다양한 요소가 모두 근대가 이슬람에 미친 영향력들이다.

6. 상승과 하강

새롭게 부상한 유럽 세력에 맞서 과거 찬란했던 역사의 기억을 더듬어 볼 때 이슬람 세계의 발전이 무력하게 된 것을 인정하기까지는 여러 탐색과 분석 결과가 필요했다. 정복과 착취에 따라 이슬람 세계가 쇠퇴해 버린 이유는 무엇인가? 그 대답은 일반적으로 종교에 대한 특히 이슬람에 대한 계몽주의 이후의 부정적인 태도가 낳은 반응들의 결과물이다. 이슬람 세계의 모든 토론의 장에 빠지지 않고 등장하는 것이 이슬람의 실패에 대한 견해이다. 이슬람이 어떠한 연고로 버려진 취급을 당하며 신흥 세계와 근대 인간 상황에 대처할 수 없는 사상으로 취급받게 되었는가?

물론 모든 종교가 근대화로 인해 산산조각이 난 것이 사실이지만, 이슬람 초기부터 성공이라는 개념이 이슬람 이데올로기의 중심이 되었기 때문에 특히 이슬람의 실패는 크게 부각된다. 무함마드는 후대 이슬람의 패러다임에도 나타나지만 성공에 대한 이유로 그가 설교가로서 메카에서 메디나(the hijra: 이주)로 장소마저 이동한 것으로 묘사된다. 이슬람이 신에 의해 성공할 운명으로 예정되지 않았다면 당초부터 이슬람은 세상에 나오지도 않았을 것이다. 알라의 예언대로라면 인간의 고집으로도 좌절되지 않고 성공했어야 한다.

유럽의 암흑기와 같은 시기에도 이슬람의 역사를 살펴볼 때 이슬람은 황금기를 보여 주었으며, 이슬람 종교의 성공을 예감하고 이를 강화한다고 믿어져 왔다. 유럽이 식민주의 세력으로 떠오르면서 이슬람의 성공에 대한 무슬림들의 믿음이 완전 조각나게 된 것이다. 정체성의 위기는 서양의 유행에 편승하지 않고 문제의 근원을 캐내고자 하는 사람들도 직면해야 했다. 따라서 근대의 상황은 이슬람에 대한 근본적인 도전 중 하나로 인식된다. 대응할 수 없는 상황 곧 종교로서의 이슬람의 실패이기 때문이다. 그렇다면 이슬람이 세계의 정치적 우위에 있지 않을 때의 위상은 무엇인가?

이 문제에 대한 답은 다양하다. 이슬람 자체가 문명의 점진적 쇠퇴의 원인으로 간주될 수 있을지는 논쟁 주제의 일부가 될 수 있다. 근대 사회에서 이슬람 그 자체가 변화를 거듭하지 못한 연유일 수도 있고, 이슬람의 요구에 부응하지 못하고 그 결과 문명이 쇠퇴해 버린 것은 무슬림들의 문제일 수도 있다. 이 질문은 과학과 기술에 대한 토론에서 가장 자주 발생하고 있다. 일부에 따르면 서구 교육 시스템에 구체화된 과학적 사고와 함께 근대 과학 (자랑스럽게 이슬람의 중세 시대 진보에서 비롯되었다고 주장되는 경우가 많다)을 수용하지 못한 것은 이슬람 쇠퇴의 원인이다. 그러나 혹자들은 기술 자체보다 더 중요한 것이 신에 대한 믿음이라고 말하며 이 모든 주장을 거부하기도 한다.

현실에 주목해 볼 때 "오늘날 이슬람은 기념비적인 성공 스토리의 산실이며, 그 인기는 파나마에서 북경으로 넘쳐 나는 모스크에서 반영된다"(Murad 2003: 7)라고 말하는데, 이처럼 무슬림이 가진 자아 개념의 아이러니를 지적하기도 한다. 소위 이슬람의 위기는 이슬람이 비무슬림 세계에 미친 영향에 근거한 외부 인식일 뿐이며, 이슬람 자체의 가치와는 아무 관련이 없다는 주장이다. 이슬람이 세계적인 근대화 과정에 성공했는가 여부로 이슬람을 판단하는 것은 실수일 수 있다. 이슬람의 역사적 상승과 하강 곡선을 다루면서 이슬람을 문명화 과정으로 인식해서 이슬람의 신앙적 측면을 분리하는 것은 근대주의자들의 시도에 불과하다는 의견도 있다. 개개인이 종교를 채택하려는 의지를 고려해 볼 때 이슬람의 상징과 가치 체계가 세계적으로 우세한 글로벌 근대화에 맞서서 이슬람식의 저항의 원천 역할을 하고 있다는 점에서도 주목할 만하다.

7. 민족주의와 사회주의

근대의 정치적 이데올로기는 현재 쇠퇴되는 딜레마의 탈출구이자 그 자체로 매력적인 근대적 방안으로 간주되어 왔다. 특히, 20세기에 사회주의는 이슬람의 대안과 완전히 새로운 사회를 건설하는 방법으로 주목을 받았다. 그러나 그것은 평등과 사회 정의를 이룬다는 측면에서 그리고 반서구적 자본주의의 측면에서 이슬람 원칙의 진정한 구체화로 간주되었다. 무함마드는 자신의 국가에서 사회주의 원칙을 수립했으며, 이는 그러한 사회 구조가 자본주의보다 앞선다는 것을 의미한다.

유럽 국가들의 식민 지배 이후, 많은 사람이 주장하듯이 정부 체제로서의 민주주의는 그 매력과 우월성에서 도덕적 우월성을 상실했다. 그러나 유럽의 시민들이 주는 미덕은 여전히 많은 사람에게 호소력이 있다.

식민지 제국의 붕괴와 같은 보다 최근의 발전의 영향은 전체적인 상황에 더 큰 혼란을 초래했다. 이전에 많은 경우 통일된 정체성을 거의 갖지 못했던 새로운 정치 국가의 출현은 적어도 종교가 전형적으로 묘사된 것처럼 이슬람을 포함하지 않는 민족주의 및 문화적 측면에서 새로운 현상을 가져왔다. 이집트에서 파라오 시대가 남긴 유산적 가치를 향상시켜 콥트 기독교인들과 이슬람주의 성향을 통합할 수 있는 방법을 모색하려는 민족주의적 논의도 전통적, 전근대적인 가치에 대한 충성 구조와 함께 계속해서 변화에 대한 상당한 압력이 있다.

8. 시온주의와 이스라엘의 건국

많은 관찰자에 따르면 시오니즘은 이슬람 정체성을 강화시켰지만, 대부분이 그렇다 해도 이슬람 국가, 특히 아랍인들 사이의 연합 전선은 나타나지 않았다고 언급할 것이다. 많은 사람은 이스라엘의 존재가 무슬림 문명 쇠퇴의 절대적인 원인 제공을 했다고 느끼고 있다. 이스라엘이 과거 무슬림들의 잘못에 대한 처벌로 인식되든 중동 사회에 계속되는 서구 존재의 일부로 인식되든 간에, 이스라엘 국가로 인해 무슬림 세계가 받게 되는 모욕은 과소평가될 수 없다. 일부 사람은 국가로서의 이스라엘의 성공은 경제적으로나 정치적으로 서구적 방식을 채택할 필요가 있는 강력한 증거가 된다고 주장해 왔다.

그러나 대부분의 경우, 많은 사람은 이스라엘이 무슬림의 죄악된 방식과 이슬람이 정화될 필요성에 대한 상징적 역할을 한다고 생각한다. 1967년 이스라엘과 아랍 세계 사이의 전쟁은 아랍 군대의 패배 이후 무슬림 국민들의 집단 정신에 깊은 영향을 미쳤다. 근본주의 운동의 부상, 예루살렘의 상징적 역할에 대한 새로운 관심 그리고 다른 많은 요인이 이 전쟁과 관련된다. 오늘날, 이스라엘은 이슬람에 대한 공격의 선봉에 서 있는 유럽-미국 문명의 전초 기지(종종 미국 외교 정책의 도구로 간주됨)로서 이슬람 세계 전역에서 더욱 인식되고 있다.

9. 석유

석유 수입은 이스라엘의 존재로 야기된 결과와 유사한 양면성을 낳았다. 혹자의 관점에 따르면 그들은 저주이거나 축복이다. 막대한 수입의 영향은 무슬림을 이슬람에서 멀어지게 하여 사우디아라비아가 와인을 마시는 수많은 백만장자의 땅이 되어 세계에서 가장 부패하고 비이슬람 국가로 자주 묘사되는 시점에 이르게 되었다. 이들은 빈곤한 시민들이 생기지 않고 이슬람을 강화하기 위해 아무것도 하지 않았다. 이라크의 쿠웨이트 침공과 이에 대한 다양한 정당화 이유는 특히 아랍 국가 외의 무슬림들의 성명서에서 드러난 바와 같이 이러한 정서를 상당 부분 반영하고 있다.

그러나 반대로 석유 수익은 이제 전 세계의 무슬림들이 세계적으로 영향을 미칠 수 있는 위치에 있을 수 있도록 가능성을 열어 주었고, 그들에게 자신의 권리를 옹호하고 근대 세계의 맥락에서 이슬람 전파를 허용할 수 있는 가능성을 열었다는 주장도 있다. 석유 수익은 무슬림 세계가 시대 상황에서 역할을 할 수 있도록 허락한 신의 선물로 볼 수 있다. 물론 석유의 영향력은 근대 산업 기술 문명과 그것이 사회에서 개인의 경제 및 사회 생활에 미치는 영향에 대한 전체 논의의 일부에 불과하다.

이러한 양면성 너머에는 많은 현재적 논의에서 크게 드러나는 산유국의 부의 증가와 관련된 또 다른 요인들이 있다. 특히, 더 급진적인 이슬람 단체들에 의해 이러한 많은 국가를 통치하는 정권의 독재적 성격에 대한 관심이 증가하고 있다. 그러한 정권이 군대를 모으는 등 자신의 지위를 유지하기 위해 상당한 재정적 약속을 하며 정권의 권력을 유지하는 것은 석유의 부에서 비롯된다. 석유에 대한 전 세계적 의존의 맥락은 또한 그러한 정권을 지원하는 데 있어서 국제적 동맹을 가져온다. 석유의 지속적인 흐름을 보장하기 위해 산유국의 정치적 안정을 유지하는 것은 많은 국가의 전략적 이익과 관련된다. 예를 들어, 이슬람 국가들의 민주적 정부 체제로의 이동은 예상치 않은 결과에 대한 두려움을 가져오기에 국제 사회는 독재 체제 대한 실질적인 지원에 불과하다. 물론 미국이 세계 정세에 대한 관여를 더욱 확장하였기 때문에 이 상황에 대한 책임을 지면서 더 고립되게 되었다.

일부 이슬람 국가(특히 이란, 이라크, 아프가니스탄 및 사우디아라비아)의 내부 정치를 자체 재정적, 정치적으로 조작하려는 미국의 시도를 언급하는 많은 무슬림 그룹은 강력한 반미적 성향을 드러낸다. 미국은 종종 무슬림 세계에서 민주주의의 성장을 저해하는 주요 요인으로 여겨진다. 이는 그 결과가 미국 경제 성장을 제한할 가능성이 있기 때문이다. 이것은 최근에 더욱 미국의 위선으로 표현되며 민주주의가 본질적 가치로 언급되지만 미국의 행동을 통해 민주주의라는 비판이 나오면 그 비난은 권장되지 않거나 심지어 좌절되는 도덕적 어조를 띠게 된다.

더욱이 미국에 대한 비판은 민주주의뿐만 아니라 다원주의, 세속주의, 평화 등 미국과 관련된 모든 가치의 정직성에 대한 의문으로 확장된다. 미국을 폭력과 승리의 신비로 이끄는 복음주의 기독교인들이 통치하는 국가로 묘사되는 것은 이슬람 세계의 정치 체제를 통제하려는 시도가 일반적으로 이슬람의 이익에 대한 압도적인 음모로 여겨진다는 것을 강조한다. 수사적인 표현이 이런 수준에 도달하더라도 모든 것이 석유 기반의 세계 경제와 이슬람에 미치는 영향에 대한 것임을 기억해야 한다. 이것을 미국의 외교 정책에 대한 일반적인 비판과 연결시키는 것은 현재 논의들의 특징이기도 하다.

10. 기타 요인

근대 이슬람 세계의 상황을 제시하면서 시반(Emmanuel Sivan, 1985: 11)은 텔레비전(현재는 위성 방송을 통해)을 근대 침략의 가장 분명하고 노골적인 상징이자 근대성 전파에서 가장 효과적인 도구라고 말한다. 21세기의 인터넷 지배력은 인구에게 가장 광범위하게 영향력을 주었다. 느슨한 도덕성, 즉각적인 만족, 사랑과 쾌락에 중심을 둔 삶은 종교적 신념을 무시한다. 이 모든 것은 이슬람 세계를 지구촌 사회로 노출시킨 할리우드 이미지의 일부이다. 다른 점들도 제기될 수 있는데 교육은 근대 과학 세계를 이슬람과 연관시키려는 시도를 하지 않았으며, 근대 가족은 전통적인 구조 위에 강화되어 민족주의와 민족 국가 이슬람 공동체 움마의 개념보다 더 확고해졌다. 물론 사회와 그 병에 대한 이러한 분석은 결코 이슬람에만 국한되지 않는다. 자신의 문화적 형태와 사회 문화적 전제들을 통해 동일하게 이러한 정서들은 전 세계 인구의 특정 부분에 반영된다. 기어츠(Clifford Geertz)는 다음과 같이 말했다.

> [근대 사회 사람들은] 감성을 잃는다. 혹은 그들은 그것을 이데올로기적 열정으로 돌린다. 혹은 그들은 수입되어 온 신조를 채택한다. 혹은 그들은 걱정스럽게 스스로에게 원인을 돌리거나 흔들리는 전통에 더욱 강하게 집착한다. 혹은 이러한 전통을 보다 효과적인 형태로 재작업한다. 혹은 그들은 이분법적으로 과거에는 영적으로, 현재에는 육체적으로 살고자 한다. 어떤 이들은 세속 활동에서 자신의 종교성을 표현하려고 한다. 그리고 일부는 단순히 자신의 세계가 움직이고 있음을 인식하지 못하거나 알아차리면 곧 무너져 버린다(Geertz 1968: 3).

11. 근대 사회에서 이슬람의 역할

이슬람이 근대 세계에서 해야 하거나 할 수 있는 (혹은 하지 말아야 하고 할 수 없는) 역할과 관련된 다양한 토론을 이해하는 데 기본적 관점이 필요하다. 종교 특히 이슬람은 고전적으로 개인의 삶의 토대를 제공하는 요소이며 삶의 경험을 이해할 수 있는 해석의 요소를 마련했다. 그러나 그 근거를 주장하기 위한 종교의 과거 지향적 성향은 근대 시대에서 그 역할이 문제가 되었음을 의미한다. 그렇다면 이슬람이 근대 사회에서 자리를 차지하기 위해 세계에 제시하는 형식에 대한 논의가 필요하다.

이미 제안된 바와 같이, 근대 시대의 성격 중 상당 부분은 전통적인 종교 체계에 대한 세속주의적 영향이라고 할 수 있다. 이슬람에 끼친 근대화의 위협은 유대교와 기독교에 대한 위협과 동일하다. 이슬람이 근대 세계에서 실행 가능한 지 여부는 특히 이슬람이 고전적으로 (항상 이런 방식으로 역사에서 나타나는 것은 아니지만) 정치화된 종교로 인식되었기 때문이다. 근대적 맥락에서 대부분의 무슬림의 정치화는 중세 시대보다 훨씬 더 갈 길이 멀다. 비록 칼리프들이 여러 기간 동안 군사 통치자와 독립적인 학계 엘리트 앞에서 무력했더라도 중세 때는 적어도 종교-정치적 권위자로서의 칼리파의 존재는 유지되었다. 칼리프의 제도는 1924년 튀르키예 공화국의 부상과 함께 공식적으로 제거되었다. 근대 사회 일부 무슬림의 인식은 세속화가 이슬람 이론적 기반의 핵심을 공격하고 있다는 것이다 (그림 12.2).

이슬람이란 종교는 정치, 사회, 삶에서 이슬람 세계의 문명 기반이다. 근대적인 용어로는 삶이 경험되는 언어적 기초를 제공하고 사물이 인식되는 방식을 제한하며 담론의 한계를 설정한다. 이슬람이 이러한 역할을 근대 사회에서 계속할 수 있을까? 아니면 그렇게 되도록 시도해야 할까? 이것들은 일부 무슬림들이 선택하고 계속 직면하고 있는 근본적인 질문들이다. 질문을 어렵게 이끌어 가는 것 자체가 종교의 본질이다.

어떤 사람들은 신성함의 개념을 기반으로 한 권위적 태도로부터 과거에서 유래하여 현재까지 계속되는 흐름을 좇는 것이 종교의 전통적인 본질이라고 말할 것이다. 근대정신은 오늘날 존재하는 종교의 권위를 지지하기 때문에 과거에 가치를 부여한다. 그러나 근대성은 빠르고 다면적인 변화를 수반한다. 종교는 항상 변화하는 상황에 직면해야 했으며, 이를 처리할 수 있는 여러 메커니즘을 개발했다. 새로운 아이디어는 창발, 차용 혹은 획득 여부에 관계없이 여러 패러다임 방식으로 정당화된다. 변화는 과거의 합법적인 전개로 간주된다. 새로운 아이디어는 항상 과거에 존재하는 것으로 입증되었다. 새로운 아이디어는 현재까지 존재했어야 한다고 말함으로써 정당성을 입증하려 했다. 그러나 신자들은 변화를 통해 전통과 더 합법적인 연속성을 찾으려고 이런 것을 무시하거나 억제했다. 또는 문화적인 혁명을 통해서 받아들여진다.

근대 세계가 초래한 급격한 변화의 영향으로 많은 무슬림은 영원한 이슬람법인 샤리아(sharīʿah)에 대한 전통적인 개념이 심각하게 약화되는 것을 경험했다. 동시에 변화의 도전에 맞서기 위해 다양한 전략이 채택된 것도 샤리아 안에서 발견된다. 이슬람법은 과거의 위대한 법학자들에 의해 확고하게 제정되었다. 전통적 틀 안에서 해석과 수정의 여지가 있지만 권위의 본질과 근거 그리고 법의 중요성에 대한 의문은 있을 수 없다. 근대성의 특성에 비추어 오늘날 법을 평가하는 방법은 실제 큰 도전임에 틀림없다. 이것은 샤리아가 다루고 있는 주제의 범위 때문에 특히 문제가 된다. 정치 및 조세와 같은 문제는 이론적으로만 중세 이슬람의 종교적 규범의 감독 아래 남아 있는 반면, 개인 법의 영역 곧 결혼, 이혼, 상속과 같은 사항들은 여전히 종교적 영향이 크게 남아 있다.

그러나 이들 영역의 많은 부분이 근대 세계의 변화를 많이 받았고 특히 19세기 유럽의 가치들로 인해 변화에 대한 압력을 가장 많이 받는 분야들이기도 하다. 마찬가지로 문제가 되는 것은 19세기 동안 (이전은 아니더라도) 대부분의 이슬람 국가가 전통적인 샤리아를 단순히 대체한 유럽 법규들을 채택했거나 이런 법규들을 무슬림들에게 적용해 왔다는 사실이다. 이 과정은 예를 들어 여성과 가족의 권리 영역에서 개혁을 도입하는 수단을 제공했으나 그 결과 두 부류로 나뉘어서 하나는 종교가 그들의 사회에서 중요한 역할을 계속하기를 원하지만 이들은 종교가 개혁을 지지한다는 것을 증명하려고 했고 (그리고 이것은 일반적으로 모더니스트라고 불리는 사람들의 입장이 되었음) 또 다른 하나는 세속적 법규를 폐지하고 단순히 이슬람법이 그 자리를 대신하기를 요구했다(더 보수적인 입장의 특징).

이 상황에 대한 근대 무슬림의 반응은 우리가 생각하는 여러 유형을 갖고 있었다. 어떤 사람들은 오늘날 이슬람의 역할에 대한 해결책이 이슬람의 '전체주의'적 요소라고 주장했다. 따라서 이슬람은 정치에서부터 개인적인 행동과 과학적 수사에 이르기까지 삶의 모든 부분을 지배해야 한다. 그러나 이 스펙트럼의 다른 쪽은 이전 무슬림들이 이상화했던 종교와 정치가 혼합된 형태는 이슬람 근대화의 주요 걸림돌이기 때문에 근대화 자체가 바람직한 목표라고 주장했다. 종교는 개인적이고 내적인 문제, 신자와 신 사이의 문제여야 하며, 그래야만 이슬람이 오늘날 세계에서 중요한 힘을 발휘할 것이란 주장이다. 이 두 응답 사이에는 개인들에게 획일된 방식을 강요할 수 없어서 다양한 타협의 방법과 비확실성이 여전히 남아 있다. 예를 들어, 일부 무슬림은 히잡(ḥijāb)의 착용을 의무화하거나 네 명의 아내와 결혼할 수 있다고 주장한다. 그러나 꾸란이 명확하게 노예 제도를 허용 가능한 관행으로 간주함에도 불구하고, 노예 제도를 모두가 받아들일 수 있는 관행으로 간주하지 않는다. 따라서 선택은 개인이 직면하는 가장 큰 도전이자 공동체의 단결에 대한 가장 큰 위협으로 남아 있다.

12. 포스트모던 현상

그러나 외부에 있는 사람들에게는 근대와의 대결에 대한 무슬림의 논의 중 일부를 자주 다소 기이한 것으로 보았다. 논쟁은 자주 특정 인물들이 서양 사상을 대표하는 것처럼 다윈, 마르크스, 프로이트(Darwin, Marx, and Freud)의 중요성과 위험성을 중심으로 돌아가는 것처럼 보인다. 포스트모더니즘이라 불리는 특징들이 무슬림 세계에 미치는 영향에 대한 증거는 거의 없다. 확실히 급진적 마르크스 주의가 존재하며 그것은 포스트모던의 시대적 틀 안에서 나타난 현상으로 볼 수도 있다. 그러나 포스트모더니즘은 이슬람에 대한 완전한 거부를 요구하기 때문에 이슬람식 포스트모던 이데올로기라고는 할 수가 없다. 이슬람의 종교적 틀 내에서 종교의 기본 전제에 대한 포스트모던식의 질문, 즉 권위의 구조나 과거 지향성, 성공에 대한 집착은 극히 제한적일 뿐이다.

더욱이, 어떤 사람들에게는 근대 세계의 특징에 대한 위의 설명이 매우 부적절하게 느껴질 수 있다. 세계는 이미 새로운 도전의 시기에 접어 들었다. 매스컴은 독립 국가의 존재를 시대착오적으로 만들었다. 세계 공동체가 등장하고 있지만 그 성격은 극도로 불분명하다. 과학에 대한 믿음과 과학이 이룬 진보가 세상에 미친 영향에 대한 인식의 한계가 생겨났다. 생태 위기에 대한 인식은 여기에 상당 부분 기여한다. 기술의 위협에 대한 인식은 단지 무언가를 할 수 있다는 이유만으로 그것이 행해져야 하는지에 대한 의문을 제기했다. 이전의 낙관주의에도 불구하고 유전 공학에 관련된 새로운 일련의 문제를 제기하지 않고는 확실히 기아와 같은 세계의 기본적인 문제들을 해결하는 데 성공하지 못했다.

인류의 도덕적 진화에 대한 믿음(특히 민주주의에 대한 신뢰)은 아우슈비츠(Auschwitz)의 용광로에서 파괴되었다. 계속되는 인종주의의 현실과 인류 속에 숨어 있는 악의 가능성이 느껴진다. 실업, 오염, 상품의 유통 부진, 문화의 융합 측면에서 세계 산업화의 영향이 인식되었다. 페미니즘과 후진국들의 주장(자신의 가치 체계를 통해 자신의 미래를 지향하려는 관점에서)은 포스트모더니즘과 함께 등장했으며 아마도 촉발의 원인이 되었을 것이다. 이러한 문제는 포스트모던을 인식함으로써 드러나는데 살아 있는 조직들에 변화를 가져오려는 개인들의 시도가 무력해진 것이다. 하비 콕스(1984: 186-7)의 말로 바꿔 말하면, 근대주의의 문제에 대하여 "우리가 기도할 수 없다"라고 한다면 포스트모더니즘의 문제는 "우리(또는 다른 사람들)는 먹을 수 없다"라고 표현한다. 포스트모더니즘은 페미니즘, 평화와 전쟁, 신학에 대한 소수민의 표현, 정치적 입장, 경제 등 종교적 틀 내에서 말하는 입장이 오늘날의 사회적 문제들과 대립됨을 보여 준다.

포스트모던 상황이 진지하게 받아들여지는가에 대한 여부는 일반적으로 근대 사상의 경향에 있어서 차별화된 요인들 중의 하나가 된다. 근본주의는 실제 상황에 맞서지 않는 경향이 있다. 예를 들어, 노숙자들은 단순히 그런 방식으로 살기로 선택한 사람들이라고 말한다. 그러나 기독교와 유대계에서 비판 신학이 출현하면서 연민과 사려 깊음을 통해 포스트모던 상태에 맞서려는 의지로 특징지어진다.

이슬람 포스트모더니즘이 존재하는 한, 가장 큰 표현은 무슬림 국가 자체의 문화적 영역 밖에서 발견되는 것이다. 미래는 여성운동의 부상이나 무슬림 세계에서 발생하는 권력 구조를 잠재적으로 반전시키는 식의 다른 상황을 제공할 수도 있다.

부록: 이슬람 페미니즘

"이슬람 페미니즘"이라는 용어는 1990년대에 등장하여 이슬람의 주류와 성차별적 해석과 관행에 도전하려는 페미니스트 교수, 학자, 활동가들이 이끄는 운동을 설명한다. 그들은 이슬람 장학금이 가부장제에 뿌리를 두고 있으며 엘리트 남성 학자들의 작업에 의해 정의되었다고 주장하면서 이슬람에 성 평등주의적 메시지를 장려한다. 남성들의 꾸란에 대한 해석과 이슬람법과 전승/전통에 대한 그들의 설명은 엘리트 가부장적 가치를 반영하여 여성 (및 기타 소수 집단)을 외면하고 억압하며 종종 그들의 삶에 매우 실제적 영향력을 주었다. 그러나 꾸란 안의 메시지를 제대로 이해하면 평등하고 공정해야 하며 따라서 기존의 해석을 수정해야 한다. 최고의 무슬림 페미니스트 학자인 케시아 알리는 또 다른 선구자인 무슬림 페미니스트 학자 쉐이크(Shamima Shaikh)를 기리는 강연에서 다음과 같이 말했다.

> 근대 시대에 우리는 페미니스트들과 다른 개혁주의자들이 하디스로부터 비롯되고 구축되는 대부분의 지적 전통을 무시하거나 거부할 수 있는 시기에 이르렀다고 본다. 대부분의 진보적인 유대교와 기독교 학자들이 성경 본문을 다루는 방식과는 달리, 개혁주의자들이 아무리 신성한 연설을 할지라도 사실상 모든 무슬림에 의해, 혹은 적어도 공개적으로 확언된다. 여성은 남성들의 편견을 가진 해석에 대한 부분적인 교정을 제공함으로써 권위 있는 책 곧 경전에 여성으로서 참여할 필요성을 확인했다.

여러 면에서 이슬람 페미니즘은 21세기에 이슬람을 재구상하고 재구성하는 광범위한 지적 경향성을 대표다. 그러나 그것은 또한 지난 1,500년 동안 이슬람이 무엇이며 어떻게 살아야 하는지에 대한 우리의 이해를 많이 정의해 온 남성 편견을 바로잡는데도 초점을 맞추고 있다. 알리(Kecia Ali), 와두드(Amina Wadud), 지바 미르 후세이니(Ziba Mir Hosseini)와 같은 이슬람 페미니즘 문제에 대해 연구하는 일부 여성(종종 무슬림) 학자들은 오늘날 꾸란을 재정립하려는 운동의 최전선에 있다.

케시아 알리 (2014) Kecia Ali (2014) "Muslim Feminism, Islamic Law, and the Quest for Gender Justice," Inaugural Shamima Shaikh Memorial lecture, Johannesburg, September(온라인 이용 가능). 그리고 주요 이슈에 대한 훌륭한 요약은 그녀의 강연 <Muslim Scholars, Islamic Studies, and the Gendered Academy>(the International Institute of Islamic Thought, Boston, November 2017)를 참고하라. https://www.youtube.com/watch?v=ai5XF-bP3KE.

13. 근대성에 대한 이슬람 접근 방식의 분류

근대 상황에서 이슬람의 주요 쟁점은 공공 생활에서 즉 사회적, 경제적, 법적, 정치적, 지적 가운데 있는 종교의 위치와 관련이 있다. 근대성의 정의에 결정적이며 따라서 직면해야 할 문제를 만든다. 그만큼 근대 현상의 차원은 공공 생활의 모든 측면에서 일어난 변화에 초점을 맞춘다. 갈등의 초점이 이 영역에서 발견된다는 것은, 거의 완전한 정도의 보완 원칙에 의해 이슬람 자체를 개인적인 필요나 헌신의 방식으로 의심하지 않으며 신앙의 신학적 개혁에 대한 많은 시도조차 하지 않았음을 나타낸다. 따라서 근대성에 대한 무슬림의 반응을 연구하는 것은 주로 근대 생활에서 종교가 어떤 특정 위치를 차지해야 하는지에 대한 문제를 제기하는 것이지 종교의 존재에 대한 의문을 제기하는 것은 아니다. 근대 생활의 딜레마와 문제에 대한 해답을 이슬람 종교에서 발견할 수 있는가? 그렇다면 어떻게 이슬람은 이에 대한 답변을 최소한으로 줄 수 있는가?

근대 시대와 상호 작용하는 종교적 방식은 세 부분으로 나누어진다는 분석이다. 전통주의자(Traditionalist)는 때로 규범적이거나 전통을 따르는 이들이고(Normative or Orthodox) 이슬람주의자(Islamist, 때로는 근본주의자[Fundamentalist], 신규범주의자[Neo-Normativist, 혹은 갱생주의자(Revivalist]) 그리고 모더니스트(Modernist, 때로는 문화화[Acculturating] 혹은 근대화)라고 한다. 논란의 여지가 있지만 간단한 예로서 일부다처제는 이슬람의 경우에 이런 종류의 분열이 어떻게 작용하는지 설명하는 데 도움이 될 수도 있다.

전통주의 집단은 일부다처제 결혼 제도를 받아들이는 것이 특징일 수 있다. 다르게 생각하는 것은 곧 서구 표준을 받아들이는 것이라고 제안한다. 이슬람 전통은 일부다처제를 허용했고, 그것이 문화에서 상황화하는 방식이다.

근대주의 집단은 남성과 여성은 평등하고 일부일처제는 도덕적으로 좋다는 전제하에 이러한 결혼 방식을 제안할 것인데 이는 사회 복지의 개념을 지향하기 때문이다. 반면에 일부다처제는 가정생활에 잠재적으로 부정적인 영향을 미치며 꾸란이 이 입장을 지지한다고 주장한다. 이슬람주의자 집단은 꾸란에서 시작하여 꾸란이 일부일처제를 추구하지만 더 이상 관련이 없는 고대 습관들을 허용했다고 말할 것이다.

이 세 부분은 이론적 범주일 뿐이라는 것을 기억해야 한다. 사람들은 그들의 삶의 상황과 현실에서 한 가지나 혹은 다른 위치에 자신을 딱 맞게 맞출 수는 없다. 범주란 것은 경험적이며 경향을 나타내는 데 도움이 되지만 완전한 분석을 하기에는 충분하지 않다. 또한, 이러한 분류는 내부의 역사적 변화를 허용하지 않기에 명확하게 보일 수 있다. 예를 들어, 근대주의자들의 오늘날의 모습은 20세기 초 시작할 때와는 다른 얼굴이다. 이 집단의 특성은 나중에 추가할 개선 사항과 함께 본 책의 후속 부분에서 사용될 것이지만 전체적인 분석을 위한 구조를 제공하기에는 너무 단순화되고 축소되었다. 이렇게 특성화시켜 구분하는 것은 근대 이슬람에서 논의의 전반적 차원을 반영하여 보다 비판적인 분석을 위한 몇 가지 도구를 제공할 수 있도록 하는 데 의의가 있다.

14. 전통주의자 집단

위의 세 가지 주요 범주는 각각 과거의 권위에 대해 다른 태도를 보인다고 말할 수 있다. 전통주의자들은 과거의 전권을 갖고 변화가 전통에 영향을 주지 않아야 한다고 믿는다. 변화는 거부되어야 한다. 그러나 전통주의의 집단의 본질에 대한 그러한 표현은 오해의 소지가 있다. 어느 정도는 자체의 미사여구에 사로잡힌 발언이다. 결국, 이슬람은 문화적 실체로서 항상 변화에 대처할 수 있었고 변화를 다루는 구조적인 방법들을 확립해 왔다. 제도화된 사법부에 의해 새로운 상황도 적절하게 관리되었다. 확실히 이슬람의 기본 원천인 꾸란과 순나가 변하지 않는 것으로 간주되는 것은 사실이다. 그러나 일부의 제안과 달리 변화하는 상황에 대해서 이슬람이 반응하지 않은 것은 아니다. 오히려 근대 전통주의자들의 문제는 잘 확립된 삶의 패턴과 변화를 정당화할 방법을 찾는 것이 실질적인 도전 중 하나였다. 전통주의자들은 그 안에 현상을 유지하는 데 기득권이 있다고 생각될 수 있는 많은 학자('ulamā')와 신비 지향적 성향의 많은 수피(Ṣūfī) 그룹 그리고 근대 교육에 노출되지 않은 대다수의 사람에게 오는 근대적 도전을 개인적인 문제로 간주할 만큼 경험이 많지 않은 데 있다.

전통주의의 한 가지 경향은 '신-전통주의'(Neo-Traditionalism)라고 할 수 있다. 이것은 전통주의에서 다른 집단으로의 과도기적 위치로 간주된다. 그러나 이는 아마도 그것 자체의 고유한 위치를 가지고 있다. 이러한 전통주의적 입장(S. H Nasr의 저술과 아마도 이란 혁명에서의 위치)은 근대 기술의 특정 요소의 이점을 확인하고 점진적인 변화를 촉구한다. 모든 기술적 도입의 급박하게 유입하기보다 점진적인 변화를 수용하는 특징을 보인다. 단기적으로 긴급한 변화가 필요할 수 있지만 장기적으로는 이슬람이 최고 통치권을 갖고 다스릴 것이라 믿는다.

15. 이슬람주의와 갱생주의

전통주의자들과는 대조적으로 이슬람주의 집단은 통제된 방식의 변화를 원하며 따라서 과거의 권위 있는 출처를 사용하여 현재의 변화를 정당화한다. 이 집단은 이슬람에서 오랜 지적인 역사를 가지고 있으며 적어도 지지자들의 인식이 그러하다. 이븐 타이미야(Ibn Taymiyya)에서 이븐 압드 알와합(Ibn 'Abd al-Wahhāb)을 통해 이러한 갱생주의(Revivalism, 역자 주: 아랍어로는 타즈디드[Tajdid]라고 함) 경향은 이슬람에서 절대적 권위의 근원인 꾸란과 순나를 강조한다. 텍스트에 의존하는 이러한 태도는 흔히 문자주의 혹은 근본주의라고 부르는 결과를 초래하지만 동시에 텍스트로 돌아가는 바로 그 과정과 텍스트에 대한 전통적 해석을 무시하고 권위를 거부함을 통해 독립적인 해석적 추론(ijtihād)의 가능성을 열어 준다. 그러한 생각은 또한 반이성주의 특히 반철학적 경향성을 띠는 방향을 보이기도 한다. 이것은 아마도 모더니스트와 이슬람주의자의 차이점을 구별하기 위한 핵심 사항들 중 하나가 될 것이다.

이러한 사고의 경향은 이슬람주의자들이 이끄는 이슬람 갱생주의의 근대적 표현과 관련된 사람들의 글쓰기에 매우 중요하다. 아부 마우두디(Abū'l Aʿlā' al-Mawdūdi, 1903-1979)는 좋은 예가 된다. 그의 사명은 꾸란으로의 귀환과 순나를 정화하는 것으로 이를 통해 이슬람의 부활을 꿈꾸었다고 볼 수 있다. 이것은 그가 파키스탄에서 일한 이슬람의 정치적 목표였다. 이집트의 사이드 꾸뜹(1906-1966) 또한 다른 예를 제시한다. 그는 무슬림 형제단의 지적 대변인이 되었다. 그는 '순수한 이슬람'으로의 복귀를 옹호하고 이슬람을 오염시키는 것으로 인식한 서구의 물질주의로부터 돌이킬 것을 주장했다. 그는 충성은 이슬람 종교에만 있어야 하며 근대 세계 모든 병폐를 치유할 수 있는 모든 인류를 위한 완벽한 사회 시스템을 이슬람이 제공한다고 믿었다. 진정한 이슬람 국가가 수립되면 삶의 모든 측면은 적절한 위치에 놓일 것이라 믿었다. 이 두 사상가는 이후 장에서 다룰 것이다(마우두디[al- Mawdūdī]는 제13장과 제14장에서, 꾸뜹[Quṭb]은 제14장에서). 혁명적 급진 이슬람주의는 이슬람 근본주의라는 미디어에 지배적으로 비춰지며, 이슬람의 부패를 강조하여 움마 공동체 내에도 다소 다른 특징을 가진다. 진정한 이슬람은 치료제이며, 무장봉기를 통해 적용되어야 한다고 믿는다. 또한, 사물을 대조되는 면으로 이분법으로 보는 경향성을 가지는 게 특징이다. 예를 들어, 이란의 선전에서 나타난 신의 정부 대 사탄과 같은 비교법이다. 따라서 사이드 꾸뜹과 같은 사람에게는 진정한 이슬람을 제외하면 모두가 자힐리야 즉 야만적 상태에 있다고 믿는다.

이슬람운동은 때때로 '근본주의'라고 불리지만 일부 사람들은 부적절하다고 여기는 20세기 초반 기독교에서 썼던 명칭을 사용하여 '이슬람 근본주의'라고 쓰는 것이다. '근본주의'라는 단어는 미국에서 생겨났고 1920년에 근대주의와 자유주의에 맞서 싸우기 위해 모인 신학적으로 보수적인 개신교 연합에 의해 사용되었다. 이들은 그들 신앙의 위대한 근본을 고수하고 있다고 말했기 때문에 근본주의라 불리게 되었다. 개신교 근본주의자들에게 있어 핵심적인 기본은 성경의 무오성인데, 그것은 기본적인 종교적 가르침인 죄의 심각성, 구원의 필요성 그리고 예수가 구속하셨다는 생각을 옹호하는 것이다. 개인의 구원과 개인의 도덕성에 무리한 부담감을 줄 수 있다. 근본주의자들은 그들의 근본적 진리를 위해 싸울 준비가 되어 있다. 가장 좋은 예는 1920년대 진화의 가르침에 대한 법정 소송과 근대적인 도덕적 다수결의 운동에서 볼 수 있다.

이슬람 세계에서 '근본주의'라는 용어는 이슬람 국가를 부르짖고 샤리아의 엄격한 이행을 요구하는 사람들을 가리켜 (주로 서양인에 의해) 이 용어가 적용되었다. 서구식 방식과 무슬림 사회의 인식된 부패에 대한 반대는 그들에게 중요하며, 일부에 따르면 종교적 설득을 위해 근본주의자들을 통합하는 가장 중요한 요소가 되었다.

경전의 문제는 무슬림과 기독교 근본주의자들의 차이를 나타낸다. 거의 모든 무슬림은 성경에 대한 태도에서 '근본주의자'이다. 반면에 무오성(inerrancy, 예를 들어, 예수의 부활)과 밀접하게 관련되어 있는 것으로 보이는 개신교 교리들은 모든 무슬림에 의해 거부된다. 마찬가지로 무슬림 근본주의자들은 삶의 모든 영역에서 정치적 목표와 종교의 실행을 강조하지만, 기독교 근본주의자들은 어느 쪽이든 갈 수 있으며, 일부는 이슬람 표준에 따라 세속주의자가 되어 국가의 모든 측면을 종교와 분리하기를 원한다.

기독교 근본주의자와 무슬림 이슬람주의 그룹의 반대 입장은 중요하다. 그들은 둘 다 서양 근대주의에 '대항'한다. (무슬림은 또한 자신의 사회 내의 요소를 자주 공격하고 전체적인 구조 조정을 원한다.) 세계에서 신의 길을 대신하여 호전적인 요소 (비유적 혹은 문자적 의미로 취함)는 두 그룹을 통합하게 한다. 전통의 진정한 표현이라는 주장도 두드러진다. 다소 아이러니하게도 기독교인과 무슬림인 두 그룹 모두 자신의 신앙의 독특한 요소를 강조한다. 두 그룹 모두 경전을 매우 진지하게 받아들이기를 원한다(항상 문자 그대로는 아니지만 이론적으로는 더 많은 모더니스트 그룹보다 그런 식으로 지향한다). 윤리의 절대주의는 여기에서 비롯되며, 두 집단 모두 초자연적인 것을 강조하며, 세상에서 신의 뜻이 매우 직접적으로 작용하는 것을 본다.

16. 이슬람 근대주의와 그 역사

  모더니스트 집단은 변화를 수용하고 종교 자체를 변화의 대상으로 삼음으로써 근대적 상황에서 더 큰 이점을 발견할 수 있음을 확인했다. 모더니스트 입장은 종종 특정한 법적 처방과 기본적인 도덕적 교훈을 구별하는 원칙에 기반을 두고 있다. 이 운동 역시 상당한 역사를 가지고 있다. 19세기에 이집트의 자말 알딘 알아프가니(Jamāl al-Dīn al-Afghāni, 1839-1897), 무함마드 압두흐(Muḥammad ʿAbduh, 1849-1905), 이집트의 라쉬드 리다(Rashīd Riḍ, 1865-1935), 인도의 사이드 아흐마드 칸(Sayyid Aḥmad Khān, 1817-1898) 그리고 무함마드 이끄발(Muḥammad Iqbā, 1876-1938)과 같은 사람들과 함께 발전했다. 알아프가니(Al-Afghāni)는 유럽에 대항하여 이슬람을 되살리고 통합해가는 방법으로 본 범이슬람주의에 대한 그의 생각으로 유명하다. 이 아이디어는 철학과 과학을 포용하여 통합시키는 방법이었으며, 이를 통해 특정 공동체를 넘어설 수 있다고 주장했다. 그는 무함마드 압두흐에게 큰 영향을 미쳤고, 그를 통해 바람직해 보였던 서구의 특징 (특히 과학적 합리성)을 이슬람의 본질적인 진리와 결합하기 위해 더욱 노력했다. 인도의 상황은 매우 비슷했다. 아흐마드 칸(Aḥmad Khān)은 근대 지식과 이성의 사용이 이슬람에 활력을 되찾기 위해 필요한 것이라고 주장했다. 본질적으로 이것은 의식과 법의 종교로서의 이슬람과 신앙 자체의 참된 원칙을 지키면서, 종교법의 통제 아래 있어 그동안 보이지 않던 이성 혹은 과학으로서의 이슬람 사이의 분리를 해 가는 것을 의미했다.

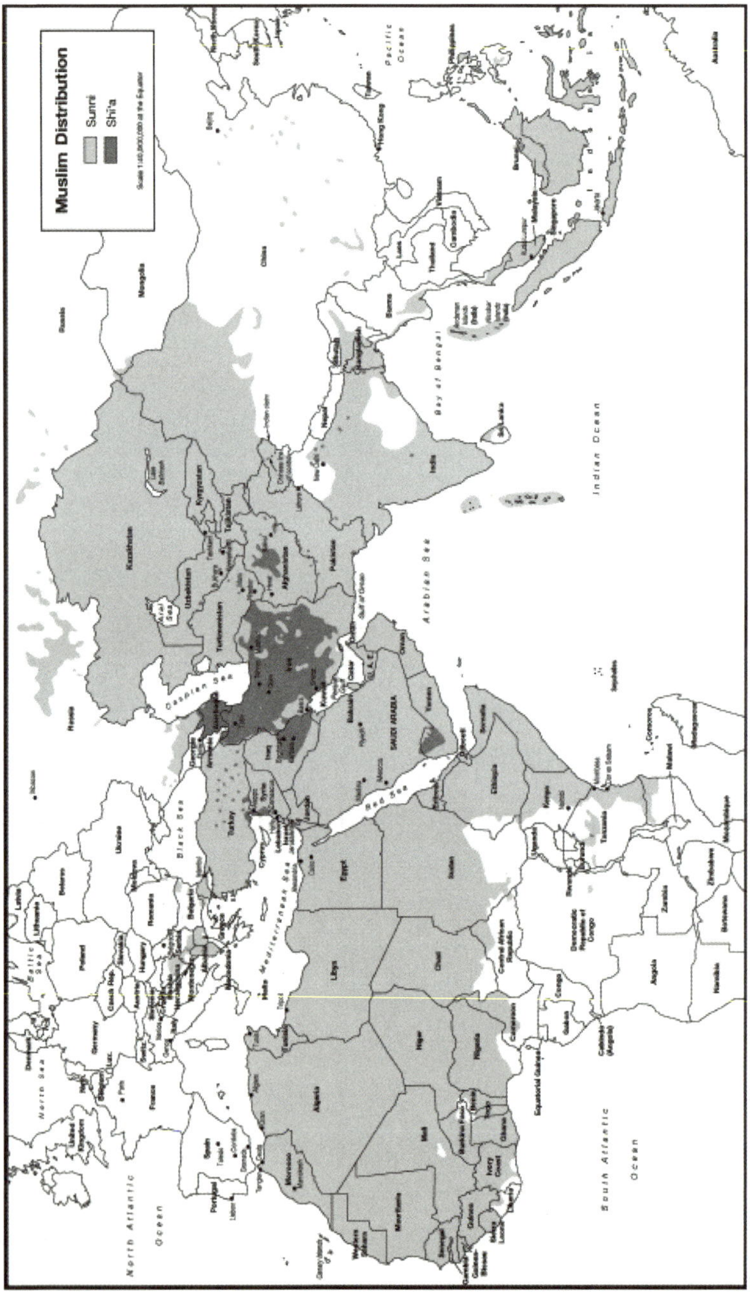

[그림 12.2] 21세기 이슬람 세계 지도

깊은 곳에서 논쟁은 계속되었으나 이슬람과 근대성 사이에 충돌은 없었다. 둘 다 다른 차원에서 기능했기 때문이다. 이슬람법은 고정된 것이 아니라 각 상황, 특히 사회적 영역에서 변화되어야 한다. 종종 신비적으로 영감을 받은 시에서 표현한 이끄발의 메시지는 이슬람의 본질로 돌아감, 곧 진정한 출처(역자 주: 꾸란)에서 찾도록 촉구했다.

이쓸라흐(iṣlāḥ, 개혁)란 표어가 이러한 그의 운동의 모토가 되었다. 이는 또한 이슬람주의자들에게도 "원래 출처(역자 주: 꾸란이나 하디스)로 돌아가라"는 소명으로 상당한 영향을 미쳤다고 볼 수 있다. 그러나 (이슬람의 문화 내에서만 자족하는 것과는 반대의 경향으로) 서구적 요소들을 이슬람 문화 형성에 어느 정도 가치를 지닌 것으로 강조하는 것이나 신과의 관계에서 개인적 신앙을 중심으로 한 종교적 정의를 보이는 경향성이나 신앙의 사회적 측면에 대한 유연성 있는 태도는 근대주의자에게서 뚜렷하게 드러나는 점이다.

근대주의의 부상에 기여한 것으로서 여러 요인이 분석될 수 있는데, 이는 근대주의를 유럽에 대한 반응으로 간단히 말하는 것이 관련된 문제를 정확하게 요약하지는 않는다는 것을 다시 한번 보여 준다. 알리 메라드(Ali Merad, 1977: 108-127)의 분석에 따르면, 전근대적 근본주의의 압력을 비롯하여, 1822년경 아랍 국가에 인쇄기가 도입된 결과 서적들의 보급이 활성화된 것, 서양 문화의 영향력, 오스만 정권(Ottoman regime)에 자유주의 혁명이 일어난 사례(예: 1839년 시민 자유 규범이 도입), '신앙 봉사에 대한 열심'에서 비춰지는 동방 기독교 교회의 구조적 개조 등이 모두 아랍 '르네상스'(nahḍah)를 자극하는 데 크게 기여한 요소들로 분석될 수 있다.

이슬람 근대주의는 이슬람이 종교뿐만 아니라 정치 생활의 기초가 되기를 원하지만, 종종 명확하고 양보 없는 서구 관념을 채택하는 것과 함께 근대적 요구에 비추어 이러한 구조를 재해석해야 할 필요성을 인식해야 함을 말한다. 이것은 일반적으로 근대 이데올로기가 이슬람의 이데올로기와 어울리는 것으로 보일 수 있도록 이슬람의 유연성에 대한 생각이 반영되어야 한다는 것이다. 일반적으로 모더니스트(예: Fazlur Rahman and Ghulām Aḥmad Parvēz, 제14장에서 논의됨)는 이슬람의 법적 근거는 꾸란과 (아마도) 순나에 기반한 독립적 판단의 근대적 사용을 위해서 남겨져야 한다고 주장한다. 이것은 과거의 구속력을 제한하여 유연성을 허용하는 방법이지만 그 법적 권위를 부정하지는 않는다. 오히려 이 입장은 과거에 대한 급진적 재해석을 가능하게 하여 민주주의, 자유, 평등, 관용, 사회 정의와 같은 근대적 이상에 비추어 과거의 원칙을 볼 수 있게 한다.

사실, 근대주의자들은 이러한 이상과 다른 이상적 접근을 이슬람이 지지하는 것으로 간주하여 이를 오늘날의 세계에서 이슬람이 구현되어야 하는 일반적 원칙으로 삼는다. 다른 예는 노동의 가치와 초과된 부의 재분배에서 볼 수 있다. 이상에 맞지 않는 문제는 미신으로 간주되며 이슬람과 일치하지 않기 때문에 제거되어야 한다. 또한, 많은 서구 사상의 기반으로 이슬람을 외치는 모더니스트의 빈번한 주장들은 주목할 만하다. 민주주의는 초기 이슬람 공동체에서 발견된다고 하며, 딤미(dhimmī: 무슬림 통치하에 사는 비무슬림들)들은 종교적 다원주의의 기초가 된다는 주장이다. 이러한 경향은 서구의 모든 것에 대한 이슬람의 우월성을 주장하는 변증론으로 이어질 수 있으며, 이는 아마도 이슬람주의에서 빈도는 적지만, 나타나고 있는 경향 가운데 하나이다. 따라서 근대주의는 꾸란과 순나에서 지지를 찾기 위해 노력하는 점에서 세속주의와 다르다. 비평가의 관점에서 이 방법을 본다면 "세속주의자들이 더 공개적으로 하는 일에 대한 겉표지"일 뿐이다(Shepard 1987: 313).

전통주의, 이슬람주의, 근대주의의 세 가지 주요 구분하여 정의 내리는 데에는 또 다른 요소가 차별화를 주거나 결정적으로 이들을 정의 내리는 데 기여한다. 이것은 곧 '이슬람 전체주의'에 대한 태도이다.

이슬람이 어느 정도까지 사회적, 정치적, 경제적 영역에서 모든 삶 전반에 관련되는 것으로 여겨지는가? 이슬람은 어느 정도까지 사회적 행동과 공공 입법의 지침으로 간주될 수 있는가? 이러한 범위는 완전한 사회 구조를 지배하는 이슬람이란 개념에서 개신교의 의미에서 즉 개인과 양심만을 위한 종교인 이슬람의 형태에 이르기까지 다양하다. 여기에서도 이슬람주의자들에게 우리가 보는 바와 같이 근대화와 서구화를 분리하는 것이 가능하다. 즉, 이슬람은 서양적이 되지 않더라도 근대화할 수 있다. 이슬람은 서양의 사상과 관련 없이도 모든 삶의 기초를 제공하는 것으로 그려질 수 있으며, 동시에 근대화를 위해 필요한 만큼의 변화를 받아들일 수도 있다.

이슬람 자체의 거부에서 오는 이슬람이 직면한 딜레마에 대한 해결책을 위한 다른 가능성들도 있다. 예를 들어 불가지론과 무신론에 대한 주장이 자체적으로 나타난다. 전자는 아마도 세속주의의 단순한 포용으로 여겨질 수도 있지만, 다른 곳과 마찬가지로 많은 무슬림 국가에서 만연하다. 어떤 사람들은 그것이 실제로 그러한 해결책이 아니라고 주장할 수 있다. 오히려 그것은 종교에 온전히 헌신하지도 완전히 떠나지도 못하는 무능력을 보여 주는 이슬람의 근본적 실패를 보여 주는 플랫폼이다. 그러나 그것은 많은 사람에게 종교 문제가 직업을 찾고 가족을 유지하는 문제만큼 삶에서 중요하지 않기에 실질적인 해결책이다. 그러나 여기서 우리의 관심은 주로 오늘날의 질문에 대한 종교에 근거한 답을 찾기 위해 적극적으로 노력하는 사람들에게 있다.

부록: 이슬람이라는 이름으로 행한 폭력이 새로운 요인이 되는가?

상승과 쇠퇴, 민족주의(nationalism)와 사회주의(socialism), 시오니즘(Zionism)과 이스라엘의 창조, 석유 문제 등은 이슬람과 무슬림 세계 국가들에 미치는 근대주의의 영향과 그 특징들로 구분되었다. 일부는 이 목록이 이제 이슬람이라는 이름으로 폭력이 증가되는 것 또한 근대주의의 새로운 요인으로 봐야 한다고 주장한다. 이러한 제안은 두 가지 관점에서 고려되어야 한다.

첫째, 이 폭력(종종 피해를 입은 사람들에 의해 "테러리즘"[terrorism]이라고도 함)은 근대적인 모습으로 사회, 정치, 기술 등 근대성의 모든 측면을 최대한 활용한다. 폭력이 이러한 근대적 요인 자체의 결과인지 여부는 확실히 고려해야 한다. 이러한 무작위적인 폭력 행위를 실행하는 핵심 동기는 공포를 유발하려는 의도이다. 우리 중 누구라도 있을 수 있는 공공 공간을 침범하여 근대 사회 및 정치 질서의 불안정성을 강조하는 것이다. 이러한 유형의 폭력 행위가 모두 종교의 이름으로 저질러지는 것은 아니지만, 많은 사람은 최소한 종교적 목적을 가진 세계관에 의해 동기를 부여받는다.

가해자에게 세계는 자신의 세계관과 자신의 공동체와 전쟁을 벌이고 있으며, 이러한 관점에서 폭력으로 세계에 대응하는 것은 정당화된다. 그들의 행위를 통해 가해자들은 그들이 세상에 영향력을 미치기를 바라는 것이다. 그런 사람은 폭력적인 세상에서 정당한 대의를 위해 스스로를 무장 세력으로 여긴다. 이 무장 세력은 사회적, 정치적 확실성이 사라진 지 오래된 세계에서 활동한다. 이러한 폭력 행위를 저지른 사람들은 "과거로의 회귀"라는 플랫폼만으로 캠페인을 벌이는 것이 아니다. 그들은 특히 통신 수단(특히 인터넷)과 그 무기에서 근대성의 모든 측면을 수용했다. 그런 의미에서 학자 로이(Olivier Roy)가 제안한 바와 같이 알카에다(al-Qaeda)와 같은 그룹은 서구 혁명 이데올로기에 가려진 이슬람에 대한 새로운 이해를 집약해서 보여 준다.

둘째, 이 폭력은 21세기 무슬림 정체성에 가장 큰 도전을 불러일으켰다. 폭력의 가해자와 종교 공동체의 대다수 사이의 긴장은 테러리즘이라고 불리는 주요 특징이다. (비전투적) 무슬림은 이슬람이라는 이름으로 폭력을 사용하는 사람들의 동기, 전술 및 세계관에 동의하지 않는다. 그러나 아이러니하게도 그와 동시에 폭력이 대중 토론의 전면에 종교를 다시 등장시켰고, 종교의 힘과 가치를 인정하도록 만든 것이다. 또한, 무장 세력에 의해 제기된 측면은 대중에 깊은 반향을 불러일으켰다. 경제적, 문화적 세계화가 억압과 기본권 침해로 이어졌다는 것과 같은 일반적인 주제이다.

그러므로 이슬람이라는 이름으로 행한 폭력은 다른 모든 무슬림이 근대 세계에서 개인이 지속적인 평화를 도모할 수 있는 적합한 방식으로 종교를 믿도록 반면교사적 역할을 했다. 그러나 그들은 무장 세력들이 주장한 대로 자신들이 이슬람적이지 않은 세속적이고 자유주의적인 가치에 희생된 희생양으로 인식하지 않는다. 무장 세력들은 이슬람 종교 자체의 내부를 향한 도전을 일으켜야 한다. 그러나 21세기 초에 이슬람이라는 이름으로 폭력이 지배적이였기 때문에 무슬림들은 다른 이들의 눈을 통해 이슬람 전체가 쇠퇴했다고 느꼈으며, 오늘날 전 세계적으로 무차별적 반무슬림적 반발을 목격하고 있기에 더욱 그러했다.

폭력과 테러리즘을 근대 세계의 세계적인 현상으로 이해하여 Mark Juergensmeye (2003) *Terror in the Mind of God: The Global Rise of Religious Violence*, 3rd edition, Berkeley: University of California Press는 세 번의 개정에 걸쳐 훌륭하게 자료를 제공했다. 또한, 꾸란에서 근대까지의 폭력과 이슬람에 관한 연구 모음은 Robert Gleave and István T Kristó-Nagy(eds.) (2016) *Violence in Islamic Thought From the Qur'an to the Mongols*, Edinburgh: Edinburgh University Press를 참고하고, 2018년에 출간된 *Violence in Islamic Thought From the Mongols to European Imperialism*, Edinburgh: Edinburgh University Press를 추천한다. 웹사이트 <jihadica.com>은 호전적인 이슬람, 즉 지하드 사상과 관련된 최신 이슈들에 대한 논평과 자료를 제공한다.

추천 도서

Ahmed, Shahab (2015) *What Is Islam? The Importance of Being Islamic*, Princeton: Princeton University Press.

Ali, Kecia (2016) *Sexual Ethics and Islam, Feminist Reflections on Qur'an, Hadith, and Jurisprudence*, Expanded and Revised Edition, London: One World Publications.

Bulliet, Richard W.(2004) *The Case for Islamo-Christian Civilization*, New York: Columbia University Press.

Haddad, Yvonne Y.(1982) *Contemporary Islam and the Challenge of History*, Albany, NY: State University of New York Press.

Samira, Haj (2009) *Reconfiguring Islamic Tradition: Reform, Rationality, and Modernity*, Stanford: Stanford University Press.

Robinson, Francis (2009) "Crisis of Authority: Crisis of Islam?" *Journal of the Royal Asiatic Society*, 3/19: 339-54.

Sajoo, Amyn B. (ed.) (2008) *Muslim Modernities: Expressions of the Civil Imagination*, London: I. B. Tauris.

제13장

무함마드와 근대성

과거에 대한 태도를 평가하는 것은 근대 사회에서 종교를 이해하는 데 매우 중요하다. 근대 상황에서 과거의 권위는 어떻게 다뤄지는가? 이슬람의 경우, 발생하는 많은 특정 문제는 하나의 주요 질문에서 비롯된다. 근대 무슬림의 관점에서 무함마드와 꾸란의 지위는 무엇인가?

무함마드를 다룰 때, 주제를 포괄적으로 수용하기 위해 고려할 수 있는 많은 접근법이 있다. 그가 생애 동안 실제로 한 일에 대한 설명들은 '순나' 안에 요약되어 있는데 권위의 원천으로서의 무함마드의 역할은 아주 중요하다.

무함마드가 근대적 맥락에서 논의되는 여러 시도도 있지만, 근대성의 영향과 이슬람에 있어서 다른 개념들을 반영한다. 순나와 그 권위에 대한 토론에서 발견되는 뚜렷한 위치와 비교해 보면 무함마드와 근대성에 대한 토론은 대부분 암묵적인 경우도 많다. 그러나 주목할 만한 점은 무함마드는 여전히 영향력 있고 근대에도 밀접한 역할을 하고 있다.

1. 무함마드 전기와 그 역할

현 세계의 모든 무슬림 모임은 무함마드를 우상화하는 데 동참하고 있다. 사실, 근대 세계의 맥락에서 그것은 무슬림이 된다는 것이 무엇을 의미하는지를 정의하는 요소 중 하나로 간주된다. 따라서 무함마드의 생애에 대한 전기를 쓰는 것은 모든 연관된 이에게 적절한 사업이 되고, 무슬림들이 근대 맥락에 대한 반응으로 무엇을 조정했는지 그 내용도 엿볼 수 있다. 전기는 그것이 쓰인 시대의 이상과 표준을 반영하는 강력한 거울이 되므로 작품이 기록하려는 사실적 구성에 더해서 저자의 근대적 상황을 반영하고 있다.

이슬람 사회에서 무함마드가 '교사와 모범'(순나의 개념에 구현된 이상)으로 역할을 하기 때문에 그의 전기적 생애 이야기는 영감을 주는 원천으로서 지속적으로 사용되었다. 근대 세계 변화의 영향을 받아 전기 작가는 근대와 어느 정도 관련이 있는 것으로 읽히도록 무함마드의 인생 이야기를 창조하는 것이 필요하게 되었다. 그것은 이슬람 공동체를 위해 작가의 이상과 열망을 반영하여 관련성을 찾으려는 시도다. 예를 들어, 이성의 사용을 장려하고, 교육을 추구하며 과학의 육성을 장려하는 것은 이슬람 세계의 병폐에 대한 치료법으로 자주 그려져 왔다. 여성들에게 사회에서 보다 적극적인 역할을 제공하는 것은 또 다른 공동의 목표가 되었다. 대부분의 개혁가에게 정당화 의식은 중요하며 이러한 근대적 변화를 추구하기 위해서 무함마드의 삶에 있어서 세세하고 실제적인 일화들이 변화를 정당화할 수 있는 근거로서 사용되는 것은 필요하며 무척 중요하다. 만약 이슬람이 인간의 삶과 관련이 있으려면, 바람직하다고 여겨지는 변화들이 그 안에 통합되어야 하고, 이슬람적인 방식으로 정당화되어야 한다. 무함마드가 정당화에 호소하는 데는 실용적인 이유도 있는데 문학, 특히 전기적 형태의 문학은 강력한 선전의 수단이 된다(그림 13.1).

더욱이 개혁가들에게 전기는 전통적인 용어로 표현된 메시지이기 때문에 개혁의 매개체가 될 수 있으며, 사회에서 보수주의 측면으로부터 공격을 받지 않는다. 19세기부터 광범위하게 비판을 받은 개혁가들은 20세기에는 자신의 생각을 가려서 할 필요성을 느끼게 되었고, 종교 당국에 허용되는 (혹은 거부하기가 어려운 형식으로) 표현하기 시작했다.

[그림 13.1] **무함마드 페이스북 항의** 파키스탄 카라치의 한 여성이 우르두어로 "우리는 무함마드의 이름을 위해 목숨을 바칠 수 있다"라고 적힌 피켓을 들고 있다. 2010년 5월 19일, 그녀는 자마아티 이슬라미(Jamāʿat-i Islāmī)가 주최한 <페이스북> 반대 시위자였는데, 이 웹사이트를 사용해 5월 20일 개최되는 "무함마드의 날"을 홍보했기 때문이다. 파키스탄에서는 이 사이트 금지를 요청했다[출처: ASIF HASSAN/AFP/Getty Images].

2. 전기의 성격

주목할 가치가 있는 모티브들이 무함마드의 근대 전기에서 여러 곳에서 반복적으로 발견된다.

(1) 이성의 역할과 계시 과정의 처리 – 초자연적 사건으로서의 계시에 대한 전통적인 견해를 이성에 비추어 유지할 수 있는가?
(2) 무함마드의 죄가 없다는 문제 – 무함마드가 전통적으로 그랬던 것처럼 평생 동안 실수를 저지른 적이 없다는 것이 정말로 의미가 있는가?
(3) 무함마드의 하늘 여행의 본질, 그의 예언자로서 초기 시기 전통 기록

에 따르면, 그가 이전 예언자들을 만나고 알라의 비전을 받기 위해 날개 달린 말을 타고 예루살렘으로 여행하고 하늘로 올라갔다고 하는데 그것은 실제 육체적 체험이었나 (전통적으로 강조되었듯이) 아니면 혼적 체험이었나?(아마도 환상을 통한)

(4) 무함마드의 삶에서 기적에 대한 전반적인 위상 - 합리적인 과학적 설명으로 설명할 수 있는가?

(5) 무함마드의 인성에 있어서 남편이자 정치가로서의 무함마드가 "지하드"를 외친 이러한 종류의 전쟁 활동이 근대적인 맥락에서 받아들여질 수 있는가?

이 주제는 크게는 두 가지의 우려를 반영하고 있는데 이는 둘 다 전기에 눈에 띄게 표시된다.

첫 번째 요점은 근대 과학적 사고의 영향과 예언과 기적 사건과 같은 현상을 이해하는 방법이다. 다른 하나는 특히 무함마드의 '부도덕'(예를 들어, 그의 결혼 횟수에 대한 우려에 반영됨)과 '전쟁 장려'(그가 아라비아의 여러 부족을 상대로 이끈 많은 전투 중 전쟁을 장려해서 하게 된 바와 같이) 혐의로 이슬람에 대한 오리엔탈리즘 시각과 기독교의 부정적인 평가가 있다.

두 번째 요점은 좀 더 복잡하다. 오리엔탈리스트들 특히 식민주의 체제 내에서 일했던 사람들은 이슬람이 근대의 이념과 진보에 반하는 것으로 자주 언급했다. 후자의 개념은 도덕성과 윤리를 포함하기 때문에 더욱 그러했다. 즉, 이슬람이 장려하는 도덕성은 근대의 정신에 부합하지 않고 무슬림이 과학과 진보를 받아들이는 것을 막을 뿐이다. 예를 들면, 무슬림 남성이 네 명의 아내를 가질 수 있다는 생각에 일부 작가들은 경악을 금치 못했다. 어떤 사람도 산업화된 노동력의 활동적인 일원이 될 수 없고 네 아내를 감당할 수 없다! 따라서 이 두 가지 주제, 근대 과학적 사고와 이슬람의 도덕적 성격의 결함은 자주 얽혀 주제로 나타난다. 따라서 무슬림의 친과학적 주장은 종종 동시에 오리엔탈리즘적인 것에 반한다고 여겨진다.

무함마드에 대한 오리엔탈리즘적 관심과 관련하여 언급하자면 무슬림이 예언자에 대한 헌신에서 가진 것에 더 나아가 '역사적 예수'를 발견하려는 기독교적 관심 또한 의심할 여지없이 무함마드 생애에 일부 반영되었다고 본다. 이싸와 무함마드 사이의 묵시적 혹은 명시적 비교에 대한 관심(기독교의 우월성의 관점을 가짐)은 분명 많은 오리엔탈리즘 작가에게 영향을 미쳤다. 출처의 역사적 신뢰성과 역사적 비판의 증가에 대한 문제는 무슬림 무함마드 전기 사업에도 큰 영향을 미쳤다. 근대 과학적 사고의 이상을 수용하고 이슬람에 대한 오리엔탈리즘적 비난을 거부하면서 역사적이며 비평적으로 글을 쓰는 방법이 생겨났다.

역사 연구의 이러한 증가는 위에서 언급한 바와 같이 근대 시대의 특징 중 하나이다(298-299쪽). 따라서 일부 근대 무슬림 작가들은 무함마드에 관한 저술에서 역사적 비평적 접근을 촉진하려 노력했다. 더 이상 과거와 같이 사건을 단순히 설명하지 않고 출처에 대한 편견이나 불확실성에 대한 분석을 적용하는 것이다. 무슬림 세계에 과학적 방법을 도입하려는 개혁가들에게 무함마드의 전기보다 더 적절한 [그러나 잠재적으로 위험한] 수단이 있을 수 있을까 의문이다.

작가들은 이 작업에서 이러한 종류의 문제를 확실히 제기는 하지만 많은 경우에 역사적 방법을 통해 전기 및 역사에 대한 작업을 한 경우는 매우 미미했다. 그러나 그렇다고 해서 역사적 비평을 시도하려 했던 관심과 영향력을 무시할 수는 없다.

3. 전기 및 역사

근대 전기의 많은 (그러나 전부는 아님) 강조점은 이븐 이스학(Ibn Isḥāq) 같은 사람들이 쓴 고전 책에서 발견되는 역사적 이야기나 무함마드의 행동에 있는 것이 아니다. 오히려 무함마드의 영적 태도, 그의 장군감과 같은 외모와 도덕성에 있다. 무함마드는 진정한 근대인으로 묘사되며, 그 생각이 완전히 이해되면 이슬람은 근대 시대와 양립할 수 있을 뿐만 아니라 그것을 완전히 구현하는 것으로 보일 수 있다. 이슬람 설립 당시의 원시 사회에 대한 신화적인 묘사를 제공하는 무함마드의 고전 전기와 마찬가지로 이슬람의 이상과 근대적 이상도 마찬가지이다. 각자는 공동체의 이상을 묘사하기 원하지만 사실 그 이상이란 것은 시간이 지남에 따라 변했다.

고전적 전기 작가 이븐 이스학에게 무함마드는 모두가 따라야 할 공동체를 이끄는 지도자로서 용감한 전투적 모습을 지닌 모범으로 표현되었다. 무함마드와 알라의 특별한 관계는 그에게 많은 아내와 결혼할 수 있는 권한을 부여함으로써 드러났다. 이것은 이븐 이스학 당시 이슬람에 대한 논쟁의 측면이었다. 그러나 근대 작가들에게는 이상과 열망이 다르며 무함마드의 삶의 사실적 현실 (이러한 고전적 출처에 기록된 바와 같이)을 서술한다고 해서 반드시 근대적 관련성이라는 원하는 목표를 달성하는 것은 아니다. 사실, 실제 살았던 사람으로서 무함마드는 많은 근대 전기에서 희미하게 그려지는 경향이 있으며, 그의 영웅적 역할 곧 비현실적이며 절대 완벽해 보이는 측면만 강조된 반면, 동시에 그의 삶의 '비이성적인' 부분은 드러나지 않는다. 이븐 이스학과 같은 고대 작가들과 달리 많은 근대 작가는 무함마드의 가장 큰 기적을 고전 내용처럼 기록하지는 않는다. 달이 갈라지거나 그가 걸을 때 종려나무가 반응했다거나 혹은 양이 말했다는 등의 기적이 아니라 그가 사회에서 성취한 도덕적, 영적 변화를 주목한다.

관심을 기울여야 할 일부 전기 내용 중에는 또 다른 측면도 있다. 무함마드의 전기에는 종종 특정 정당에 대한 지지가 드러날 정도로 작가의 사회 정치적 환경을 반영된다. 과거는 특히 민족주의자들에게 영감의 원천이 되었고, 1930년대 이집트에서는 민족주의가 만연해 있었는데, 예를 들어 내부 발전과 유럽 정치사상의 경향을 반영했다. 이슬람과 무함마드는 민족주의를 표현할 수 있는 이상적인 통로가 되었다. 이 기간 동안 이집트에서 무함마드 생애에 대한 글이 물결처럼 넘쳐 났다. 그 결과 무함마드에 의한 치유가 아랍 세계 다양한 곳에서 인기를 얻었으며, 전기 형식은 개혁의 매개체로 채택되었다. 이 전기 중 일부를 간략히 살펴보면 해당 범위 중 일부를 이해할 수 있다. 대부분의 관심은 모든 근대 전기 작가 중 가장 중요하고 가장 많이 연구된 무함마드 후세인 하이칼이란 작가의 전기 내용에 있다.

4. 무함마드 후세인 하이칼(Muḥammad Ḥusayn Haykal)

무함마드 하이칼은 1888년에 태어나 1956년에 사망했다. 그는 카이로에서 법을 공부한 후 파리의 소르본에서 더 많은 교육을 받았다. 그는 경제학과 법학 공부에서 1912년에 박사 학위를 받았다. 그는 변호사, 교육자, 정부의 일원, 소설가 그리고 가장 중요하게도 언론인으로 일했다. 그의 첫 작품인 『자이납』(Zaynab)은 파리에 있을 때 썼고 1914년에 출판되었다. 일반적으로 첫 번째 아랍어 소설로 인용된다. 그는 또한 1920년대에 주간으로 발행되는 문학을 실은 신문을 창간했으며 그의 후기 작품의 대부분이 여기에 실렸다.

하이칼은 이슬람의 합리성을 확립하고 종교 자체에 대한 모든 오리엔탈리스트의 반대와 비판을 거부하는 데 가장 관심이 많았다. 하이칼에게 이슬람은 근대적 삶과 이성적 사고와 일치했다. 사실 근대의 합리적인 표준은 본래적으로 무슬림과 그리스인, 이집트인에서부터 시작되었다고 하이칼은 다음과 같이 쓴다.

> 모세와 예수의 시대가 열리기 훨씬 전에 고대 이집트의 과학과 철학과 법률은 그리스와 로마로 넘어갔고, 그리스와 로마는 그 후 그들의 지배권을 넓혀 갔다. 그리스 철학과 문학에 담긴 그들의 고귀한 사상에 기여한 것은 이집트였다. 이렇게 새로운 합리주의적 각성은 사람들에게 기적이 전혀

논증거리가 아니라고 경고하고 확신시켰다. … 이성은 공허한 논리로 구성되지 않고, 느낌과 정신이 없는 것이 아니다. 우주의 비밀을 발견하고 우주 패턴에 대한 친밀한 지식을 얻기 위한 종합적 노력으로 이 모든 능력을 무력화시키지 않는 한, 이성은 인간 삶의 정점을 이루게 될 것이며 이것은 신의 섭리로 여겨진다. 그러므로 곧 이슬람의 예언자가 이성을 통해 인간을 진리로 이끌 수 있을 것이며 인신론적(gnoseological) 통합의 한 기적으로 그의 예언자 무함마드에게 계시된 거룩한 책이 알라에 의해 선언된 것이다(Haykal 1976: 579-580).

이 문단의 대부분은 기독교 선교사와 오리엔탈리스트의 편견에 대한 반응이며 유럽인들의 편견에서 벗어나 무함마드에 대한 과학적 탐구로 여겨진다. 하이칼은 무함마드에 대한 유럽 연구를 그의 작업의 기초로 사용한다. 왜냐하면 그는 전통적인 아랍 자료가 미신과 불가능한 이야기로 가득하다고 생각했기 때문이다. 하이칼은 오리엔탈리스트들이 이슬람의 왜곡에 일조했다고 주장하지 않는다. 왜냐하면, 비합리적인 요소는 이슬람의 고전적 출처에서 분명히 발견되기 때문이다. 그러나 하이칼이 근대 유럽-미국 전통에서 설명된 역사적-비평적 방법을 사용한다고 생각해서는 안 된다. 오히려 무함마드에 대한 그의 전기는 이슬람의 이상과 정신 그리고 사물이 어떤 방식으로든 '반드시 있었음에 틀림없다'는 가설적 원칙을 기반으로 하는 출처들에 의해서 쓰여졌기 때문이다. 일반적으로 다양한 전통의 비교를 수반하는 비판적 분석이 아니라 단순히 근대적 감성에 따라 미신적이거나 오류로 간주되는 요소를 제거하여 적절한 역사적 서술 방식을 선택했던 것이다.

특히, 하이칼은 자신의 접근 방식을 보수적 무슬림에 대한 거부라 여겼다. 무슬림을 저지하는 것은 이슬람이 아니라 종교 엘리트들이 열렬히 유지하는 전통이다. 더욱이 보수적 종교 당국이 보여 주는 태도는 오리엔탈리스트들과 기독교 선교사들에게 더 많은 비판적 요소를 제공할 뿐이다.

비우호적인 작가들이 사용하는 출처는 보수적인 요소가 지배적이며 그러한 이슬람에 대한 비평가들이 내린 결론은 하이칼이 따라야 한다고 주장했던 과학적 방법론이 아니라 비판받을 만한 출처들 자체에서 온 결과이다. 이슬람에 대해 절대적으로 신뢰할 수 있는 유일한 출처는 꾸란이다. 꾸란의 정신에 비추어 다른 출처를 해석하면 모든 오해가 풀릴 것이라는 것이 하이칼의 주장이며, 그는 꾸란이 분명히 합리성과 과학적 지혜를 찾는 메시지 전달 역할을 할 것이라 믿었고, 종교 계급이 오랜 세월에 걸쳐 메시지를 왜곡해 왔다 믿었다. 더욱이 꾸란은 사회 질서와 개인의 자유, 진정한 근대 이슬람 사회의 열쇠가 되며 하이칼의 정치적 입장을 대변하기도 한다.

　이슬람에 대해 절대적으로 신뢰할 수 있는 유일한 출처는 꾸란이다. 다른 출처를 통역하는 데 있어 꾸란의 정신에 비추어 모든 오해를 바로잡을 것이다. 꾸란의 메시지는 하이칼에게 분명히 합리성과 과학적 지혜를 찾도록 인도하는 역할로 여겨졌으나 이는 종교 계급이 시대에 걸쳐 이를 왜곡해 왔다. 게다가 하이칼은 꾸란이 사회 질서와 개인의 자유에 대한 사상들을 지지한다고 믿었고, 근대 이슬람 사회와 하이칼의 정치적 입장은 일치되었다.

5. 하이칼의 무함마드

　1935년 책으로 출판된 하이칼의 *The Life of Muḥammad*라는 작품은 광범위하게 학문적으로 분석될 뿐만 아니라 대중적인 방식으로 읽히고, 번역되고 연구되었다. 그의 무함마드 전기의 목표는 근대 과학적 이성에 입각해 작성된 완전히 근대적인 전기를 제공하는 것이다. 동시에, 그것은 비판적 전기가 아니며 비판적 입장이 없는 고전적인 자료에 대한 반복으로 대부분 구성된다. 하이칼은 1932년에 작업을 시작하여 다음 2년 동안 주기적으로 이 작품을 출간했고 적어도 열 번의 편집 과정을 거쳤고, 몇 가지 추가적 내용들도 그 과정에 넣었다.

하이칼은 모든 전기 작가가 자신의 시대 기준을 반영한다고 주장한다. 이븐 이스학을 예를 들면, 기적은 단순히 그의 시대적 상황 가운데 이해를 반영하므로 특정 사건에 대해 말할 때 그 당시 세계관에서 말해야 한다. 마찬가지로 초기 전기 작가들은 무함마드의 일부다처(부족의 동맹과 다른 요인들을 강조하고)와 같은 육체적인 경향을 돋보이게 하고 예언자의 활동 안에 있는 영적 요소들은 보지 못했다고 지적한다. 대부분의 근대 무함마드에 대한 전기와 같이 하이칼의 전기에서의 몇 가지 요점은 서양의 무함마드와 이슬람에 대한 공격의 중심적인 문제들을 반영하고 있기 때문에 매우 중요하다.

전기 작가들의 이러한 변증적 반응은 종종 그들 내용에서 가장 주목할 만한 요소이다. 하이칼은 무함마드의 도덕성에 대한 반론에 대응하기 위해 무함마드의 신뢰성에 대해 논의하며 무함마드가 죄가 없다는 무죄성 개념을 제시한다. 이중 특별한 측면은 무함마드에 의해 선언된 사탄의 구절에 관한 것이다. 무함마드가 사탄에 의해 속아서 특정 구절을 발화할 수 있다는 것은 상상할 수 없는 일이다. 또한, 작은 여신들을 알라의 중보자로 볼 수 있도록 허용함으로써(많은 고전 자료에서 전해지는 이야기) 이슬람의 유일신을 손상시켜 타협한 꾸란에 대해서(그러나 나중에 철회) 하이칼은 대변하려 했다.

무함마드의 결혼 생활은 상세히 다뤄져 있는데, 특히 정욕과 유혹의 이미지를 자이납(Zaynab)과 마리야(Māriya)에게 부과했고, 가능한 한 무함마드의 폭력 사용을 최소화시켜 전기에 기록한 것은 특히 무함마드의 전쟁 기록을 자주 인용한 오래된 문서들과 비교했을 때 두드러지는데, 그의 기록에서는 무함마드의 싸움은 종종 그의 성공적인 전략의 일부로 보이며, 신의 의지와 명령으로 인한 정당성이 있었던 것임을 강조한다. 이 모든 분야는 오리엔탈리스트에 대한 대응에 초점이 맞춰져 있으며, 하이칼은 분명히 오리엔탈리스트의 결론을 거부하고 그들의 방식에 반대하기 위해 전기를 썼다.

마지막으로, 하이칼은 민주주의가 추진되고 있던 이집트의 특정 시기부터 이야기를 수록하여 무함마드의 이상이 이집트 시대로부터 비롯되었고 따라서 합법화된 그러한 이상을 분명히 전기에 반영하려 노력했다.

> 비무슬림 주민들이 이슬람의 권력에 대해 두려워하기 시작한 반면, 무슬림들은 신앙을 위해 희생과 박해를 맛본 후 마음 깊이 우러나온 그들의 인내의 결실을 거두었고 종교적 자유를 누렸다. 그들의 평화와 자유는 이제 누구도 타인에 대한 권위를 가지고 있지 않으며, 종교에 관한 권한은 알라에게만 있고, 예배는 알라에게만 드려야 하며, 알라 앞에서 모든 인간이 절대적으로 평등하며, 그들의 일과 의도 외에는 그들을 차별화하지 않는다는 이슬람 원칙을 헌법적으로 명시했다. 극장은 준비되었고 무함마드에게 이러한 가르침과 원칙의 이상적인 본보기를 구현할 무대가 마련되어 이슬람 문명의 초석을 놓는 작업이 시작되었다(Haykal 1976: 184-185).

하이칼의 합리성 때문에 그는 무함마드의 삶의 일부를 설명하기 위해 자연적인 과정을 강조한다. 예를 들어 그는 무함마드의 천상 여행은 심리적인 환상으로 설명한다. 또한, 무함마드에 대한 이미지는 사랑과 용서, 완벽함으로 드러난다.

6. 압드 알라흐만 알샤르까위(Abdal-Raḥmān al-Sharqāwī)

알샤르까위(Al-Sharqāwī, 1920-1987)는 이집트의 소설가이자 비평가였으며 1962년에 『자유의 메신저 무함마드』라는 책을 저술했다. 그의 이전 저작은 시적인 정신세계와 그의 정치적 헌신을 드러내는 것으로 유명했다.

저자에 따르면, 그가 무함마드에 대해 다룬 것은 그들의 역사 연혁에서 내려오는 고전적 전기 내용을 대체하기 위해 계획된 것이 아니다. 그 주제에 대해서 그는 이미 "모든 것이 말해졌다"라고 한다. 오히려 사랑과 자비를 바탕으로 통일된 인류를 만들어 내는 것이 목표이고, 무슬림에게 더 나은 미래를 만드는 것이 목표인 무함마드의 이미지를 그리려 했다. 무함마드의 메시지에는 진정한 혁명을 통한 진보와 해방이라는 것이 내재되어 있었다.

알샤르까위는 비무슬림 독자들에게 긍정적 그림을 제공하기를 희망했다. 이 독자들은 이집트에 있는 많은 기독교 콥트교도를 감안할 때 잠재적으로 많고 알찬 청중들이었다. 그의 업적은, 어쩌면 더 성공적으로, 이집트의 나세르파 사회주의의 정치적 풍토와 자본주의에 대한 (곧 유럽에 대한) 반란도 반영하고 있다. 이것은 무함마드가 노동자이고 부유한 꾸라이쉬 부족과 유대인에 대항하여 낮은 계급의 사람들을 대표하여 일어섰다는 것을 묘사함으로써 전해지며, 후자는 작품 내 무함마드가 지속적으로 친구가 되려고 노력했던 부유했던 원수들을 묘사함으로 반영한다.

그러나 무함마드의 삶의 예언적이고 기적적인 요소들은 과소평가되고 있다. 그의 경험은 완전한 인간의 존재 상태에 대한 꿈으로, 부자들을 위해 모든 것이 행해졌던 이슬람 이전의 메카에서 만연했던 억압으로부터 자유로운 것으로 이상화된다. 알샤르까위의 전기는 무함마드의 삶을 통해 정당화된 근대 사회의 분명한 정치적 목적을 추구하면서 무함마드를 변증하는 것이다. 이를 통해 이집트 성직자들은 무함마드의 삶과 이슬람 전체의 전통적 종교적 가치를 다루지 못한 것에 대해 이슬람 내 반발을 일으켰다.

7. 압드 알라흐만 앗잠(ʿAbd al-Raḥmān ʿAzzām)

앗잠(1893-1976)은 1945년부터 1952년까지 아랍연맹 사무총장을 지냈다. 1938년에 그는 *The Hero of Heroes or the Most Prominent Attribute of the Prophet Muhammad*라는 제목의 아랍 작품을 썼다. 개정된 영어판은 1965년에 *The Eternal Message of Muhammad*로 출판되었다. 그 책의 형식은 주목할 만한데 무함마드의 생애 자체는 짧은 20페이지로 간략히 요약되어 있고 그 뒤를 이어 이슬람의 기본 메시지, 사회 개혁, 국가, 국제 관계, 메시지의 전파, 세계 분열의 원인 그리고 문명을 위한 정신적 보루를 다루고 있다. 책의 요점은 아래와 같이 뚜렷한 주장을 하고 있다. 무함마드는, 그의 인격과 행동을 통해, 근대 (정치) 존재의 각각의 측면에 대해 본보기가 되어 용기, 사랑, 용서의 능력 그리고 웅변적 측면 모두 강조되는 무함마드의 삶의 외교적인 본질은 오늘날 갈등 해결의 본보기가 된다는 결론을 내린다.

> 무함마드의 메시지는 그들의 근대적 맥락에서 민족주의도 인종차별주의도 인정하지 않고 있으며, 이슬람 국가란 것은 지리적 한계를 인정하지 않고 그것은 믿음과 공존한다. 인종 차별, 즉 부족에 대한, 국가나 인종, 특정 언어와 문화에 대한 광적인 애착은 이슬람 이전의 우상 숭배의 산물로서 무함마드의 메시지가 거부하는 것들이다(ʿAzzām 1965: 204-205).

8. 정치적 책략과 군사적 통찰력 또한 옹호된다

전쟁의 고유하고 명백한 악폐를 인지했던 무함마드는 그의 메시지를 통해 전쟁을 공통된 올바른 행동 수칙(adab)에서 규정하고, 침략에 대한 격퇴로 한정했으며, 신념을 위한 자유 보호와 정당하고 오래 지속되는 협정으로 전쟁을 종결하도록 제한했다. 요즘 특정한 주들은 아무런 사전 경고 없이 적을 기습하는 것을 선호한다. 공격 전사 전 주의 사항으로는 침략에 집착하는 국가가 평화에 찬성하는 척함으로써 적을 완전히 놀라게 할 수 있다. 종종 전쟁을 벌인 진정한 동기와 가식은 전투 전에 드러나지 않을 수 있다. 이슬람에 이보다 더 혐오스러운 것은 없으며, 이슬람 율법의 교리는 정신적으로나 실제적으로 이를 배척한다('Azzām 1965: 141-142).

그의 서술의 근저에는 지하드 문제에 대한 일반적인 모더니스트의 접근법이 있는데, 이 접근법은 지하드가 방어적 기준에서 근대의 도덕적 기준과 양립할 수 있는 규칙에 의해 제한되어 허용된다는 것이며, 그 자체가 다른 근대 국가의 관행보다 우월하다는 식의 표현이다. 지하드 및 그 의무와 유연한 적용에 관한 수 세기에 걸친 무슬림 논의는 아예 없고, 근대 자유주의 표준의 발동으로 대체된 식이다.

9. 나집 마흐푸즈(Najīb Maḥfūẓ)

1988년에 노벨 문학상을 받은 나집 마흐푸즈(Najīb Maḥfūẓ, 1911-2006)는 아마도 모든 근대 아랍 작가 중에서 가장 잘 알려져 있을 것이다. 그는 아랍 소설이 형성되던 초기 1939년에 그의 첫 소설을 출판했다. 그의 주요 작품들은 카이로 가족의 3대에 대한 이야기를 추적한 1956-1957년에 쓰인 *The Cairene Trilogy*를 포함하며 20세기 전반의 중산층 사람들의 일상의 변화를 소설에 담았다. 노벨상 위원회는 그의 작품들이 "풍부한 뉘앙스를 가지며, 명료하게 현실적이며, 이제는 모호성을 떠올리게 한다"는 평가를 내렸다.

마흐푸즈는 적어도 그의 글 중 일부에서 이슬람을 포함하여 전통 종교의 입장과 가치를 비판한다. 종교는 그들이 하기로 한 것을 이루지 못했다. 신은 인간의 존재와 무관하게 그 가운데 존재하지 않게 되어 근대 생활과 무관하게 되었다. 신이 보낸 예언자들은 인간의 존재에 거의 영향을 미치지 못했으며, "그들이 죽은 후에 인류의 짐에서 영원한 구원을 보장할 수 없는 한계적 상황을 지닌 인간일 뿐이다"(Cragg 1985: 159).

10. 마흐푸즈(Maḥfūz)의 무함마드

1959년 「알아흐람」(al-Ahrām) 신문에 처음 연재된 "Children of Gabalawi"는 역사를 통한 신의 전령들 그리고 세상과 그들의 상호 작용에 대한 우화이다. 비록 초기 작품에서 묘사된 그의 삶의 요소들이 까심(Qāsim)과 카이로의 거리 주변의 성격에서 분명히 구별되지만, 무함마드에 대한 그의 처사는 어떠한 방법으로도 전통적인 전기는 아니다. 전기는 "무고한 사람들을 보호하기 위해"라고 이름이 바뀌었지만 이야기 구성은 똑같다. 이 책은 114개의 섹션으로 나뉘어져 있으며 꾸란의 114개의 수라를 반영한다.

마흐푸즈의 무함마드는 현존하는 세속적, 종교적 권력에 도전하는 매우 헌신적인 사람이다. 그는 인권이 존중되고 알라의 법이 제정되는 세상을 위한 발판을 마련하는 것 이상의 목표를 가진 자경단원들을 이끌고 있다. 이것은 모세의 정복 전쟁과 예수의 평화주의의 중간쯤으로 묘사되는 방식으로 그들이 무력으로 성취하기 위해 발촉한 것이다. 무함마드의 성품은 모방되어야 할 모든 가치를 구현하고 있다고 믿으며, 이것은 그가 여성을 사랑하는 능력도 포함된다. 무함마드의 일부다처제 방식의 결혼을 변명하기 위한 근대적 변론을 필요로 하지 않는다.

그러나 마흐푸즈는 후대의 추종자들이 무함마드가 가졌던 목표를 성취하지 못한 좌절감에 관심이 있다. 이것이 이 작품의 마지막 섹션에서 탐구되며 진행되는 작업이다. 과학은 이제 예언자가 되었다. 과거의 지도자들은 전설로 여겨지게 되었다. 이야기는 마침내 가발라위 즉 신의 죽음으로 이어진다. 무함마드는 이런 방식으로, 이 책에서 언급했던 이전의 예언자들과 다를 바 없다. 아담, 모세, 예수, 그의 임무는 세상을 바로 세우기에 충분해야 했지만 그렇지 못했고 문제가 쉽게 풀리지 않았다. 무슬림은 이제 신에게 둘러싸여 있다고 주장하지만 사실 알라는 없다. 이는 신과 존재의 본질에 관해 필요하고 꿰뚫는 질문을 제기하지 못한 탓이다.

이 책은 근대 사회를 위한 전기인데, 전달 매체와 형식이란 포장 뒤에 메시지가 깊이 가려져 있다. 살만 루시디의 같은 위업의 유사점을 떠올리지 않을 수 없고, 일부 관찰자들은 이를 병행해서 비교하기로 했다. 마흐푸즈의 작품은 출판 당시 항의를 불러일으켰고 1967년 베이루트에서 출판(많은 이집트 반체제 작품 출간 장소)되기 전까지는 책 형태로 출간되지 않았다. 크래그(Kenneth Cragg)의 평가는 따라서 적절하다.

> 그것은 잊혀지지 않는 애처로운 회의주의를 담고 있어 일반 신자들에게 탐구적인 도전을 제시한다. 뛰어난 서술 기술과 문학적 기교를 갖춘 이 책은, 그들이 항상 마음과 문화에 본능적으로 가졌던 알라와 그의 예언자에 대한 추측을 버리도록 도전하며, 자신들이 익숙한 성채를 벗어났다고 생각하게끔 그들에게 문제를 제기한다. 그것은 그들에게 생각할 수도 없는 것들과 직면하게 하여 그들이 의존해 왔던 모든 것, 그 자체에 대해 문제를 제기해 볼 필요가 있을 수도 있다는 것을 암시한다(Cragg 1985: 157-158).

11. 파띠마 메르니시(Fatima Mernissi)

모로코의 사회학자이자 대학 교수인 파띠마 메르니시(1940년 출생)의 저술 *Women and Islam: An Historical and Theological Enquiry*는 무함마드에 대한 페미니스트의 전기에 가깝다. 메르니시에 따르면, 오늘날 이슬람 사회의 근본적인 문제는, 서구의 침입으로 인해 무슬림들이 직면하게 된 문제 중 하나는 여성들이 이 사회의 정식 구성원으로 취급되지 않았다는 것이다.

메르니시는 이슬람 성차별을 고립된 사회적 현상으로 보지 않고 권력과 권위의 특정 분배의 정치적 표현이자 노동의 경제적 반영으로 보고 있으며, 이것이 이슬람의 포괄적이고 일관성 있는 사회 질서를 형성하고 있다. 이 이슬람 분리가 흔들릴 때, 전통적인 사회 질서 전체의 일관성에 의문이 제기되는데, 특히 사회 개혁이 남녀 관계를 지배하는 허용 가능한 새로운 가치 체계를 구축할 수 없다면 더욱 그렇다.

메르니시에 의하면, 자신이 글을 쓰는 모로코와 같은 나라에서 여성들은 투표권을 얻었을 수도 있지만, 선출될 권리는 얻지 못한다. 남성들은 계속해서 권력을 남성의 특권으로 여기고 있으며, 여성들이 미래에 관한 결정에 참여할 필요는 없다고 생각한다. 게다가, 그들의 입장을 지지하기 위해, 이슬람 신앙의 기초에 호소한다. 최근 이슬람주의자들의 회원의 급증은 여성들의 요구를 피해 자신들의 위안을 더 종교에 호소하려는 시도들이다.

종교에 대한 이런 종류의 호소에 맞서기 위해, 메르니시는 여성 인권을 지지하는 무함마드의 이미지를 제시하기 위해 여러 출처를 찾았다. 그녀는 이슬람이란 종교는 본질적으로 남성 지향적이지만 이를 넘어서는 운동이 필요함을 언급하고 있다. 그녀는 "고대로부터 여성들이 사회에서 분리된 위치에 놓인 채 경제적 뿐 아니라 성적으로 동등한 권리를 가지려고 이슬람의 이상 사회를 그리는 것은 큰 괴리가 있지 않나"(Mernissi 1987: 9)라고 의문을 던지고 있다. 하지만 동시에 그녀는 영감을 얻고 여성들에 대한 자신의 주장의 정당성을 찾기 위해 무함마드에게 돌아간다. 이것은 아마도 이슬람 분자들(반여성주의적 움직임으로 일관되게 빛을 받는)에 맞서 싸우려는 시도일 것이다. 이는 무슬림 내부 간에 입장의 변론이다. 무함마드는 이러한 여성에게 예언자보다 현재 남성 중심의 권력 구조라는 실용주의에 더 영향을 받은 것으로 보이는 기득권에 대항하여 싸울 신에 의한 지배적 의견으로 나서는 챔피언으로 여겨진다(메르니시의 책에서 꾸란이 시사하는 함의는 다음 제14장에서 고려할 주제가 될 것이다). 자신들의 특권이 위태롭게 된다는 이유로 남성 중심적 권력의 힘을 신성한 텍스트를 통해 더 강화하려는 경향이 심해지고 있지만 오히려 무함마드가 많은 여성적 지위를 향상시키려는 의도를 가진 것에 대해서는 주의 깊은 연구가 계속 없었다.

메르니시에 의하면 무함마드의 성향에서 우리는 현 시대에 부족한 남성과 여성 사이 관계를 발견할 수 있다.

> 무함마드는 삶에서 애정과 성의 중요성을 공개적으로 인정한 국가 지도자였다. 그리고 원정 기간 동안 그의 아내들은 단지 배경 인물들이 아니라 그의 전략적 관심사를 공유했다. 그는 때때로 곤란한 협상의 결정적 요인들에 대해 그들의 충고를 참고했다(Mernissi 1991: 104).

여기서 제16장에서 자세히 살펴볼 것처럼 이슬람 국가에서 남성과 여성을 구분하는 전체 사회 제도를 의미하는 '히잡'(veiling)은 오직 그들 자신의 특권에 대한 남성의 관심 때문에 이슬람의 일부는 무함마드가 시작한 것이다. 무함마드에 대한 공격은 그의 사생활 때문에 이루어졌는데, 그의 아내들은 당시 사회의 확립된 관행과는 달리 엄청난 자유와 권위를 누렸다.

> 상처받고 쇠약해진 무함마드는 우마르의 말에 맞설 능력을 잃었고, 여성 감금에 동의했다. 그는 히잡에 동의했다. 그는 남성 우월주의 재건에 찬성했다(Mernissi 1991: 163-164).

메르니시의 눈에 비친 무함마드는 이상적인 사회를 열망했지만, 근본적인 변화를 도입했던 상황의 압박으로 인해 이러한 플랫폼은 유지될 수 없었다. 그러나 남성과 여성의 평등성과 여성의 자유는 그들 자신의 삶을 통제하고 사회의 귀중한 일부가 되는 것이었고 이것이 이슬람의 진정한 핵심이다. 아내에게 안전을 제공한다는 실용적 가치가 그의 원칙을 극복했다.

이러한 원칙은 이슬람 종교의 기초에 그대로 반영되어 있다. 단, 여성을 다룰 때는 그렇게 보일 것이다. 이슬람은 메르니시에게 있어 선과 악을 분리하는 수단으로써 지성을 사용하는 것을 의미한다. 여성의 베일은 폭력과 권력의 언어를 강요한 반면, 개인의 책임은 신이 재건하려 했던 사회의 본질에 해당되었다. 그러나 무식한 남성 권력들은 책임감 있게 임무를 행하지 못했다.

> 무함마드는 공손함에 큰 중점을 두었다. 그 자신은 매우 수줍었다. 그의 성격의 이런 측면을 증명하는 몇 구절이 있는데 … 그를 따르는 자들 중 몇몇은 그가 히잡을 도용할 수밖에 없도록 강요했다. 그는 세상에 개방된 집으로 인해 반드시 사람들이 그의 사생활을 침해할 것이라고 생각하지 않았다. 히잡은 그가 가져오고 싶었던 것과 정반대를 보여 주었다. 그것은 내부 통제의 부재를 여실히 보여 주는 것이 되었다. 그것은 사회에서 좋은 판단과 질서의 원천인 주권적 의지를 베일에 가리는 것과 같았다(Mernissi 1991: 185).

그렇다면 메르니시의 전기는 전통적인 것이 아니다. 이 책은 무함마드 삶의 많은 부분을 다루고 있지만, 그의 초점은 주변의 여성들과 그들에 대한 그의 태도에 있다. 이것은 비록 상당히 명백하긴 하지만, 하이칼(Hykal)이 무함마드의 합리성에 대해 주장하는 것과 다를 바가 없다. 즉, 이 전기의 요점은 독자들에게 더 명백하게 설명된다. 대중들의 읽고 쓰는 능력 수준이 높아지면서, 메르니시와 같은 작품들이 더 적절하고 설득력 있게 되었다는 것이 당연할 수 있다. 더 이상 자신의 생각을 이야기에 깊이 담을 필요가 없다.

12. 알리 다쉬티 ('Alī Dashtī)

물론 무함마드의 전기는 아랍인에 의해 쓰이는 것에만 국한되지 않는다. 알리 다쉬티는 고전적인 종교 교육을 받은 이란의 기자, 소설가 그리고 정치인이었다. 그는 1954년부터 1979년까지 이란 상원에서 일했다. 그의 책 *Twenty Three Years: A Study of the Prophetic Career of Mohammad*는 1974년에 익명으로 출판되었다. 그는 이란 혁명 직후 85세의 나이로 막연한 환경 속에서 사망했다.

다쉬티의 전기는 예언자의 지위에 대한 완전한 합리화를 제시하며 그 점에서 상당히 극단적인 예이다. 무함마드의 예언가로서의 경험은 그에게 말하는 그의 양심이나 내면의 마음 상태의 표현이다. 무함마드의 삶에서 어떤 초자연적인 일도 일어나지 않았다. 모든 것은 근대 심리학과 사회학으로 설명될 수 있다. 무함마드의 무과실은 받아들여지지 않았고 따라서 사탄의 구절들(*Satanic verses*)은 받아들여졌다. 꾸란(알라의 책이 아닌 무함마드의 책)은 문법적인 오류들로 가득하며, 무함마드와 같은 문맹자에게서 예상될 수 있는 바이며, 다양한 출처에서 발췌된 것으로 설명되었다.

꾸란의 기적은 그 문학적 구성이 아니라 그 결과에 있다. 그것은 유명한 페르시아 시인 하피즈(Hāfiz)의 시처럼 번역될 수가 없다. 이러한 비교는 이란인의 강조점 때문에 주목할 만하다. 다쉬티는 사실, 아랍인들이 이슬람의 문제 대부분을 책임이 있다고 비난한다. 특히, 오늘날 아랍 이슬람주의에 나타나 있다고 한다. 이슬람의 등장과 함께 "아랍인들이 갑자기 물질주의적 전망을 잃은 것이 아니며, 추상적인 표현으로 생각할 수 없는 무능력과 정신적 문제에 대한 무관심, 그리고 무례함과 완고함 이러한 것을 갑자기 잃은 것이 아니다"(Dashti 1985: 158). 이슬람은 몇 세기가 지나지 않아 이란인들이 "그들의 국가에 아무런 가치를 두지 않도록 만들고 히자즈(역자 주: 사우디아라비아의 서쪽 지역으로 메카와 제다를 포함함)가 인류에게 신의 은총의 유일한 원천이라고 믿도록 했다"(Dashti 1985: 208)라고 말했다.

다쉬티에 따르면, 믿음의 문제에서 합리성의 결여는 미신과 환상의 확산을 야기했다. 종교는 일반적으로 인간의 이성을 무디게 하는 것으로 보이지만, 이것이 그렇게 되어야 할 이유는 없다. 만약 사람들이 무함마드가 완전한 인간이라는 것을 받아들인다면, 그들은 그가 한 모든 것이 일반적인 인간의 심리적 반응과 감정에 들어맞는다고 이해할 수 있다. 무함마드의 행동은 사회 환경의 맥락에서 그리고 지역 사회에 대한 그들의 편익 측면에서 평가되어야 한다. 무함마드로부터 확고한 윤리적 기준을 기대할 수는 없다. 명백하게 비인간적인 원칙들은 어떤 정신적 혹은 도덕적 원칙과는 일관성이 없고 편의에 의해 무함마드에 의해 사용되었다. 무함마드 시대의 법은 종종 쓸모없고 근대에 무의미하며, 예를 들어 순례와 같은 일부 의례적인 관행도 마찬가지이다.

무함마드 부인과 그에 대한 다양한 꾸란의 언급에 대해 다쉬트는 "꾸란의 독자들이 모든 인류에게 영원히 유효하도록 경전과 도덕 강령을 이해하려 했다면 그 속에서 다루고 있는 사적인 문제들을 마주하게 되면서 놀라는 게 당연하다"라고 말한다. 이와 같은 급진적인 전기의 맥락에서, 무함마드는 사람으로서 그의 권위에 대한 모든 전통적인 이해와 꾸란의 권위에 대한 의문을 제기된다.

13. 전기와 개혁

무함마드 전기의 사례들과 지리적 분포는 20세기 초와 말의 근대 시기는 크게 증가했다. 예를 들어 인도의 아흐마드 칸(Ahmad Khān)과 아미르 알리(Ameer Ali) 그리고 인도네시아의 우마르 코크로아미노토(Umar Cokroaminoto) 등 아랍권 밖에서 출판된 초기 간행물들은 이러한 현상이 위에서 스케치된 것보다 훨씬 더 크다는 것을 보여 준다. 사실, 1978-1979년의 이란 혁명에서 아야톨라 호메이니(Ayatollah Khomeini)는 시아파 이맘

후세인 이븐 알리(Husayn ibn ʿAlī)의 전기와 정신을 유사하게 사용했다는 점도 지적할 수 있다.

680년에 우마이야왕조 통치자 야지드에 의해 살해된 초기 시아 공동체 지역 사회 지도자의 삶에 대한 호메이니의 호소는 생생하면서도 효과적이었다. 이 이야기는 부당한 지배자에 맞서 반항하고 공동체의 이익을 위해 자신의 목숨을 희생할 준비를 해야 할 필요성에 대해 모든 신도에게 들려주는 이야기이다. 그러한 행동은 개인 신자들에게는 공동체의 이익을 위한 구속적 행동으로 보여진다. 호메이니는 이 이야기를 넌지시 언급하고 그 자신을 이맘 후세인으로 여겨질 수 있음을 암시함으로써 성직자들이 기존 샤 정권의 권력에 직면했을 때 엄청난 역경에도 불구하고 이란에서 정치 및 사회 개혁에 대한 지지를 결집시킬 수 있었다.

이러한 후세인을 정치적 패러다임으로 사용한 것은 쉐이크 무함마드 마흐디 샴스 알딘(Shaykh Muhammad Mahdī Shams al-Dīn)에 의해서도 *The Rising of al-Husayn*이라고 불리는 책에서 문학적으로 표현되었다. 원래 이 레바논의 지도자에 의해 아랍어로 쓰인 이 책의 영어 번역본(이란 혁명의 여파로 1985년에 출판)은 이슬람에서 종교적 전기의 지속적 관련성을 잘 요약한 서문을 갖고 있다.

> 평화가 깃든 이슬람 혁명은 역사가 흘러도 계속 살아가고 작가들에게 활력과 영감을 주는 소재가 되고 있다. 시간이 흘렀음에도 불구하고, 그것은 혁명가들과 진실을 선언하고 지지하며 거짓의 상징에 저항하고 반대하는 사람들을 인도하는 혁명적인 횃불이다. 13세기 이상 동안, 다른 집단과 성향을 가진 생각의 작가들은 이 혁명에 대한 책과 연구를 계속 써 왔다. 그러나 그 샘이 고갈되거나 그 샘에서 흘러나오는 물줄기가 마르지 않았다. 그것은 의미적 중요성에 있어 축복받았던 시기에 일어났던 것과 같다. (Shams al-Dīn 1985: xiii).

영어 단어 '혁명'(아랍어, thawra)의 사용은 여기서 중요하며 번역 내내 계속 사용되었다. 또한, 저자는 근대와의 관련성을 시사하고 있다.

> 무아위야 이븐 아비 수프얀(Mu'āwiya ibn Abī Sufyān) 시대부터, 시아파 무슬림들은 여러 종류의 박해, 괴롭힘, 테러를 견뎌 냈다. 그는 당국의 추격을 받아 좀처럼 안심할 수 없었다. … 시아파의 비극적 상황은 오랫동안 계속되었다. 세대와 세대가 지나간 이 상황에서 슬픔과 혁명 정신을 가슴 깊이 품은 사람이 나타났고, 특히 이맘 알후세인(al-Ḥusayn)의 혁명은 그가 역사적 상징이자 또한 이맘들의 역사에 중요하게 남을 수 있도록 만들었다
> (Shams al-Dīn 1985: 23)

무함마드 등 종교적 영웅들의 전기 자료에 대한 끝이 없어 보인다. 여기에도 타당한 이유가 있다. 권위에 대한 호소는 필요한 것으로 보이는데, 무함마드의 삶은 개혁 문제를 다루는 데 있어서 분명한 초점이 되기 때문이다. 무함마드의 인생 이야기(전기 내용)들은 권위 있는 지위를 가지고 있지 않다. 비록 그것들이 무함마드의 행동과 꾸란의 맥락을 이해하는 데 있어서 분명히 관련이 있지만, 그것들은 순나의 실제 근원은 아니다. 그러므로 그의 전기를 교묘하게 다시 재구성하거나(위의 예에 표시된 대로) 전통적인 그림의 유지조차도 적어도 표면적으로는 이슬람 신앙의 기초에 대한 상당한 의심을 불러일으키지 않는다. 그러나 주목할 점은 많은 전기, 특히 최근의 전기들에 포함된 것들이 순나와 꾸란의 가치에 대한 훨씬 더 급진적인 견해들이라는 점이다.

14. 권위의 문제

무함마드의 모든 전기 내용에서 가정되고 추정하는 것은 무함마드가 근대 무슬림에게 적절한 영향력을 줄 것이란 믿음이다. 분명히, 모든 무슬림은 무함마드 이야기가 교훈적인 가치를 가지고 있다는 것에 동의할 것이다. 즉, 인생 이야기 자체에서 배울 수 있는 교훈과 지혜가 있다. 게다가, 이 종교의 창시자의 이야기, 그의 시련과 어려움, 그의 승리와 패배로부터 얻을 수 있는 근본적인 종교적 영감이 있다. 그러나 이 모든 전기 내용의 근간이 되는 의문은 여전히 남아 있다.

즉, 무함마드의 삶은 어느 정도까지 그가 살아오면서 실제로 무슬림에게 의미적 구속력을 줄 수 있었는가? 무함마드의 삶에서 배워야 할 일반적인 원칙이 있는가? 아니면 바로 그 삶의 구체적 사례들 자체가 모방될 요소이며, 모방해야 한단 말인가? 한 이슬람 학자인 자이라즈푸리(Aslam Jayrājpūrī), 곧 파르베즈(Ghulām Ahmad Parvēz)의 교사(이 장에서 나중에 논의될)는 다음과 같은 방식으로 이에 대한 그의 견해를 설명했다.

> 예언자에게 순종하는 데 있어서 그 예언자의 자질에 대한 순종과 그를 공동체의 지도자 곧 아미르(amir)로서 인정하여 순종하는 것에는 차이가 있다. 그의 자질은 항상 존재하기 때문에 부활의 날까지 순종해야 한다. 하지만 아미르 곧 지도자로서는 그가 살아 있을 평생 동안만 순종하는 것이다. 그의 지도자로서 위치는 상황에 따라 변하기 때문에 일시적인 것이다 (Baljon 1958: 225).

위에 대해 다른 관점을 나타내는 반박하는 입장은 사실 두 역할이 구별될 수 없다는 입장이다. 무함마드의 삶의 예시인 그의 순나는 두 가지 측면을 모두 다룬다. 그 순나를 따라야만 구원이 보장된다.

여러 번 위에도 언급했듯이 종교는 전통적이다. 그것은 과거로부터 현재를 바라보도록 하며, 권위가 과거로부터 유래된 것으로 본다. 순나의 근원인 하디스의 내용에 집착하는 이유는 일반적으로 문화적 연속성을 유지하는 것으로 묘사되어 왔다. 그러나 동시에, 하디스에 수집된 자료들은 종종 이슬람을 새 시대에 적응하려는 시도들을 방해한다. 따라서 질문이 발생하고 있다. 하디스는 이슬람의 필수적인 부분인가? 필수적이긴 하지만 전체적인 재평가를 받아야 할 필요가 있는가? 완전히 근대에 적용 가능한가? 아니면 출처로서 전혀 관련성도 적법성도 없는 것인가? 그러나 꾸란은 제14장에서 볼 수 있듯이 사실상 의문의 여지가 없다는 것이 주목할 만하다. 그것을 다른 방법으로 해석하는 것이 시도되고 있으며, 그것의 지위에 있어서도 의문 제기를 받는 데도 말이다.

15. 오늘의 순나

그렇다면 여기에서 제기될 전반적인 질문은 오늘날 순나의 권위가 무엇인가 하는 것이다. 그것이 근대 생활 패턴, 사회 및 윤리 규범에 정당성을 부여한다고 느껴지는가?

두 개의 상반된 경로를 예로 들 수 있는데, 두 경로 모두 전기에 대한 논의를 상기시킨다. 한편, 무함마드는 꾸란의 메시지를 완벽하게 구현한 '완전한 자'이다. 따라서 그의 선례는 권위적인 것이 분명하지만, 근대의 토론에서는 이것이 고전 시대의 실제 계시라 생각되는 것만큼 흔한 일이 아니다.

반면에, 무함마드는 단지 인간일 뿐이며, 따라서 실수를 할 수 있고 그의 시간과 환경에 의해 이해된다. 그 결과 근대인에게 지나치게 관련성이 없거나 근대에는 별로 매력적이지 않은 인물이 된다. 모더니스트의 입장에서, 근대 적합지 않은 무함마드에 대한 내용을 제거하는 것은 이슬람의 진화나 진보를 위한 여지를 제공한다.

그러나 왜 순나가 꾸란이 아닌 이런 종류의 토론의 초점이 되었는지 물어야 한다. 이 논의의 요점은 무엇인가? 순나에 대한 광범위한 질문을 수반하는 입장을 표명하는 사람들의 목표는 이슬람을 본질적인 면만 걸러내어 근대적 이상에 보다 쉽게 통합시키려는 것이다. 이 입장에서 말하는 사람들은 분명히 이슬람이 근대적 타당성을 보유하기 원한다. 이는 반대자들이 이슬람 종교를 파괴하려고 시도한다고 은근히 비난하지만 사실이다. 게다가, 모든 이슬람 정당은 이슬람의 강화를 원한다고도 말할 수 있다. 모든 정당은 이슬람 율법의 개념, 즉 종교가 법적인 문제에 대해 할 말이 있어야 한다는 것에는 동의하지만 법적인 문제, 즉 과거의 결정이 현재에 얼마나 구속력을 갖는지에 대해서는 동의하지 않는다. 이슬람 율법의 성격에 대해서 우리는 누구의 이슬람인가 어떤 이슬람인가에 따라 다양한 그룹이 파편화된다.

근대주의자들이 가진 비전은 변화를 더 쉽게 반영할 이슬람의 한 부분이며 따라서 순나는 비판의 대상이 되었고 포부를 향한 길을 놓게 되었다. 순나에 대한 개정을 목표로 삼은 이유 중 하나는 많은 개혁가에 의해 이슬람 세계의 근대화를 하려는 시도를 막으려고 율법학자들이 과거 이슬람법을 고집하여 개정하려 하지 않으려 최선을 다하기 때문이다. 많은 비평가는 평신도 출신이며 그들은 이슬람의 전통적인 법률에 대해 충분히 훈련받지 않았고 그러한 교육 방법에 대해 크게 관여하지 않는다. 여기에 일부 개혁가들은 오리엔탈리즘적 관념을 더하기도 했다.

무함마드가 일생 동안 무엇을 하고 말했는지에 대한 보고서는 유럽인들에 의해 비판적인 역사적 분석을 받았고, 특히 19세기 말에 골드지허(Ignaz Goldziher)에 의해 그들은 이 자료에 대한 전통적 무슬림이 내린 평가의 약점을 강조했고, 게다가 더 나아가 순나 자체가 가진 많은 가혹한 성격을 주목했다. 몇몇 무슬림은 이것을 알아차리고 순나의 권위를 공격하기 위해 순나 출처의 진위에 대해 의구심을 던졌는데 이는 이집트에서 주로 일어난 현상이었다. 그러나 순나 전체에 대한 비판은 훨씬 더 일찍 뿌리를 내렸으며, 특히 인도에서는 이 문제가 역사적 문제라기보다는 신학적 방식으로 공격받았다.

16. 인도에서의 논의

순나의 지위에 관한 많은 논의가 인도에서 일어났고 아랍 국가에서도 멀리 떨어진 지역에서 계속 논의가 진행되고 있다는 사실은 중요하다. 순나가 매우 문자 그대로 아랍 지역 나라들에서는 체화되면서 아랍은 순나에 반영된 것처럼 정체성의 안정감을 느낄지 모르지만 지구촌의 다른 일부에 사는 사람들에게는 예상치 못했던 반응으로 이어지기도 한다. 인도인들과 유럽인들의 직접적인 접촉에서 적어도 유럽의 방법을 채택해야 한다는 압력이 일부 사람들에게 더 강하게 느껴졌다는 점은 이 운동에 대한 영향력을 설명한다. 또한, 순나에 대한 논의의 역사는 인도에서 오래된 전통을 가진다. 18세기에 샤 왈리 알라(Shāh Walī Allāh)는 예를 들어 하디스에 대한 비판적인 태도를 격려한 것으로 유명하다.

근대의 두 인도-파키스탄 사이의 논쟁은 무슬림들이 과거의 권위에 대해 받아들이는 입장의 차이점을 정확히 보여 준다. 파르베즈(Ghulām Ahmad Parvēz)는 순나에서 무함마드의 선례들이 가진 제한점들이 근대에 적절하지 못하다는 입장에서 소수의 입장을 대변하고 있다. 아부 알아알라 마우두디(Abū al-ʿAlā' al-Mawdūdī)는 파키스탄 정치에서 훨씬 더 중요한 인물이며 또한 세계적으로 근대 이슬람의 부활을 촉진시킨 인물이다. 그는 순나에 근간을 이루는 하디스에 대해 개념 자체의 권위를 인정하면서도 재평가를 촉구하는 입장인데 파르베즈의 사상보다 훨씬 더 광범위하게 수용된다. 두 사람 사이의 논의는 근대 이슬람 내부의 서로 다른 개혁적 입장들 사이의 긴장을 보여 준다. 이러한 논쟁은 인도에서 파르베즈와 마우두디와 함께 시작된 것이 아니다. 사실, 인도 무슬림은 유럽의 지배와 이슬람의 상대적 권력 싸움에 끼여 역사적으로 이러한 기본적 문제를 논의해 왔다. 사이드 아흐마드 칸(Sayyid Ahmad Khan)은 19세기 근대주의자 사상의 한 대표적인 예가 되며, 이 점에 있어서는 분명히 20세기 논의의 전조를 놓았다.

이 세 명의 작가들 곧 아흐마드 칸, 파르베즈 그리고 마우두디 모두 전통적 종교 계층인 울라마의 권위에 도전한다. 그들 중 어느 누구도 종교학자 곧 울라마와 같은 엘리트 계층에 속하지 않았다. 따라서 이러한 사상을 공포하는 세 사람들은 종교계에서 추방될 대상이 아니기 때문에 그들의 견해가 이단으로 선언될 방법이 없었다. 그러나 동시에, "그들 중 누구도 모든 무슬림이 그가 원하는 대로 믿을 수 있는 상황 논리에 대해서는 옹호하지 않는다"(McDonough 1970: 3). 과거 권위에 대한 한계를 받아들이는 것과 마찬가지로 이슬람 내 공동체 의식은 여전히 남아 있다.

17. 아흐마드 칸(Ahmad Khan)

사이드 아흐마드 칸은 1817년에 델리의 귀족 가문에서 태어났다. 그는 1898년에 생을 마감했는데 1839년에 동인도 회사에 입사해서 1857-1858년의 봉기가 일어날 동안 영국에 충성했다. 그는 인도에 모든 무슬림이 필요로 한 것은 종교의식을 수행하는 자유라며 이를 촉구했다. 영국은 무슬림들을 억제하기보다 보호하는 지원을 해야 한다는 주장을 펼쳤다. 궁극적으로 그는 인도가 무슬림 생존을 허용하는 유일한 방법이 힌두교의 대다수로부터 무슬림을 분리하여 독립하는 것으로 보았다. 그 목표가 달성될 때까지, 자비로운 외국인들에 의해 통치되는 것이 더 나은 해결책이었다. 그는 1888년에 기사 작위를 받았다.

아흐마드 칸은 이성주의자로 분류되기도 한다. 그는 절대적으로 "종교가 인간의 본성에 부합되어야 함"을 명제로서 제시했다. 기적을 포함하여 초자연주의 모든 요소는 거짓으로 선언되어야 한다고 믿었고, 따라서 윤리와 관습은 이성에 기반을 두어야 한다고 주장했다. 따라서 이슬람의 법률은 이에 더 많은 지침을 참고적으로 제공하는 것이다. 자연 곧 과학 세계에 대한 교육은 필수적이라 믿었다. 그의 생은 주로 이슬람 교육에 관여돼 있었고 그는 1876년 은퇴하면서 알리가르에 있는 영국식 무함마드 동양 대학의 설립과 발전에 헌신했다. 교육은 무슬림들이 그들의 적절한 사회적 지위를 다시 찾을 수 있는 유일한 방법이었다. 알리가르(Aligarh)의 학교는 이슬람 신학 대학이라는 의미에서 중요했지만 모든 순니와 시아파 그리고 힌두교 학생들도 입학을 허용했다. 그리고 "이념의 자유화, 광범위한 인문주의, 과학 세계관, 정치에 대한 실용적인 접근을 목표로 했다"(Ahmad 1967: 37). 그것의 목표는 졸업생들이 공무원 생활을 하게 하여 새로운 리더십 아래에 인도의 이슬람 분리주의를 위한 길을 여는 것이었다.

18. 아흐마드 칸과 과거의 권위

아흐마드 칸은 역사와 변화에 대한 유럽의 생각에 깊은 영향을 받아 인도와 이슬람 역사가 서구 방법론의 관점에서 연구되어야 한다는 개념을 수용했다. 그는 런던에서 발견된 출처들을 사용하여 무함마드(1870)의 삶에 대한 연구를 기록했다. 과거의 재검토를 위한 이 개방성은 또한 그것의 권위의 근간에 대해 의문을 제기할 가능성도 제기했다. 그의 접근법은 또한 이슬람의 매우 근본적인 생각에 대한 논의를 다시 열 필요가 있는 그의 신학적 태도에 의해 지지되었다. 이러한 사상은 반 전통주의와 19세기 근대주의로 특징되었다. 이슬람 종교에 대한 과거 해석은 사소한 세부 사항에 너무 얽혀서 신앙의 본질을 잃었다. 사실 무슬림들은 1세기부터 무슬림의 근원이 아닌 그들의 생각과 태도에 근거하여 법의 구조를 구축했다. 무슬림들의 생각과 태도는 하디스에 구현되었다.

아흐마드 칸은 이 문제가 전체적으로 샤리아법의 재평가를 위한 기초를 마련하기 위해 개별적인 추론인, 이즈티하드(ijtihād)로 다시 논의되어야 한다고 느꼈다. 이 주장은 맥도너(Sheila McDonough)가 제안한 것처럼 19세기 사람들이 이슬람 사회의 규범들을 결정하기 위해 이미 9세기 공동체가 이슬람 사회 내 기준을 세워가는 것처럼 시간을 여전히 많이 보내고 있다는 주장을 한 것과 동일한 입장이다. 권위성 자체에 대한 의문점은 제기할 수 없으며, 단지 권위에 대한 공식화만이 있을 뿐이다. 유일하게 유효한 하디스 서술은 꾸란의 진술과 동의하는 것으로 꾸란의 금지 명령을 설명하며, 꾸란에 언급되지 않는 기본적인 문제들을 다루고 있다.

아흐마드 칸은 샤리아를 유지해 온 그 기관 자체와 기관 자체의 개념들에 대해서 비판한다. 외부 영향력은 샤리아 법이 부패한 이유 가운데 하나의 문제점으로 지적된다. 그의 목표는 현재 시대적 요구에 비추어 이슬람법을 자유화하고, 필수적이라고 여겨지는 요소들은 적법하게 합리화하는 것이었다.

아흐마드 칸의 생각은 진정한 종교는 변하지 않는다는 원칙이지만, 세계의 문제들이 변화하기 때문에 종교와 세상의 두 가지의 분리는 이뤄져야 한다는 입장이다. "이는 그의 관점이었다"라고 맥도너는 말한다.

> 진정한 종교는 항상 세계의 문제들과는 신중히 구별되어야 한다. 진정한 신뢰는 변하지 않지만, 세계는 항상 변화한다고 그는 이야기한다. 원래 위대한 울라마는 세상에서 일어난 일에 대한 판단을 내리기 위해 개인적인 의견을 사용했다. 이것은 그들이 시대적으로 행한 유효한 일이다. 그러나 나중에 임시적으로 발생하는 문제들에 대한 그들 의견은 변하지 않는 진실인양 고정화되어 버렸다. 이것은 울라마가 꾸란과 같은 의미에서 법적 근거인 양 간주된 것이라고 그는 말한다. 그들의 인간적 견해는 신의 뜻인 것처럼 동일시되었다(McDonough 1970: 14).

여기에서 그러나 세계에 일어난 일과 꾸란이 일치되지 않더라도 그 지위에 있어서는 도전받지 않는다는 것을 주목하는 것이 중요하다. 이슬람의 법적 구조만이 변화에 순응할 필요가 있다.

19. 파르베즈(Ghulām Ahmad Parvēz)

굴람 아흐마드 파르베즈(영어로 때로는 Parwez로 쓰임)는 인도 동부 편잡에서 1903년 태어났고 1985년 사망했다. 그는 종교적인 집안에서 자랐고, 그의 인생 이야기에 따르면 무함마드 이끄발에 의해 깊은 영향을 받았는데, 그는 몇 세기 동안 외국의 영향을 받지 않은 순수한 이슬람의 사상을 지녔다. 그는 공무원으로 인도에서 일하면서 그가 이슬람의 미래를 위한 명확한 계획과 가르침의 필요성을 인식하도록 사상적 바탕을 갖게 한 직업적 배경이 되었다. 그의 첫 번째 책은 소련에 반대한 정치적인 소책자인데, 1926년 혹은 1927년에 출판되었고 이 책은 익명으로 바뀌었다. 이는 그의 정부 직책이 정치적 개입을 허용하지 않았기 때문이다.

그는 또한 아부 알아알라 마우두디(Abū'l Aʿlāʾ Mawdūdī)의 타르주만 알꾸란(Tarjumān al-Qurʾān)과 다른 잡지들에 글을 실었다. 1938년에 그는 잡지 「이슬람의 새벽」(Tulūʿ-i Islām)을 발행하기 시작했고, 그 이후로 그의 아이디어의 주요 매개체로 남아 지금은 카라치에서 출판되고 있다. 그는 1948년에 파키스탄으로 이주했고 퇴직할 때까지 공무원 신분으로 그곳에서 일했다. 그는 파키스탄의 진정한 이슬람과 참된 이슬람이 아닌 엘리트 이익의 보호자 역할을 하는 종교 계급에 대해 열렬한 반대자였다. 그의 청중들은 주로 교육을 잘 받은 젊은이들이었고 그들은 서양으로부터 깊은 영향을 받았으나 그들 고유의 전통 내에 의미를 찾고 있었던 사람들이었다.

파르베즈는 하디스가 과거부터 종교 계급에 의해 계시의 원천으로 취급되었다고 보았다. 이것은 그에게 적법하지 않았다. 무슬림들이 따르는 삶의 길인 샤리아는 드러난 지식의 원천인 순나에 의해 주어진 지위의 결과로서 근본적으로 순서가 잘못된 것이었다. 무함마드 시대와 첫 번째로부터 네 번째 이르는 "올바른 길로 안내하는 칼리프"(역자 주: 순니파의 4대 칼리프)를 제외한 이슬람의 과거는 모두 거부되고 진정한 부패로 간주되어야 한다고 믿었다. 이슬람은 외국의 영향, 특히 비잔틴과 페르시아 시대를 지나면서 샤리아 안에 섞여 내재되 있었기 때문이다. 파르베즈에게 있어서, 꾸란만은 사람들을 게을러지고 파괴적인 본성에서 온전한 사람이 되도록 하는 기능을 할 수 있다고 믿었다. 이성은 인간의 기본적 본능이며, 그것을 완성하기 위해서는 계시가 필요했다. 무함마드 시대에는 모든 것이 알라 앞에 있었으며 절대적인 권위가 지도자에게 주어지는 이상적인 정치 상황이었다. 사회를 순수한 꾸란의 토대들로 재구성하는 것이 파르베즈의 목표였다. 이런 식으로, 이슬람 문명의 쇠퇴는 (그 힘과 여건 면에서) 중단될 것이었다.

20. 하디스에 대한 파르베즈의 생각

파르베즈의 주장은 여러 가지 측면이 있다. 꾸란은 개인이 필요로 하는 모든 것을 설명하며, 더 이상의 출처는 필요하지 않다. 꾸란에는 하디스를 따라야 한다는 어떠한 규정도 없다. 전통주의자들은 "그들에게 책과 지혜(호크마)를 가르치라"는 단어가 무함마드의 순나를 지칭한다고 주장하지만, 파르베즈는 이 단어가 '지혜'의 일반적인 의미라고 주장한다. 마찬가지로, 수라 59:7, "사신이 너희에게 주시는 것은 무엇을 주던지 가져가고, 그가 너희에게 금하는 것은 무엇이든지 포기하라"는 것이 무함마드가 선언한 일반적인 것이 아니라 파르베즈는 전투 이후의 전리품 분배에만 관련된 것으로 해석되었다.

무함마드 자신은, 하디스를 자체로 근거 삼는 것에 관해 "꾸란 말고는 나에게서 아무것도 적지 말라"며 그의 인격이 계속되어 화자되는 것에 반대하는 주장을 펼쳤다. 이 하디스의 역사적 배경은, 의심할 여지없이, 수 세기 초 무슬림들도 이에 대한 파르베즈의 입장을 취했고, 꾸란을 유일한 합법적 출처로 본 사람들 사이에서 발견되어야 한다. 파르베즈에 따르면, 하디스와 그의 권위에 대한 주장은 통치자들과 꾸란을 홀로 받들기를 원하는 사람들 사이에 절충해서 받아들인 결과였다.

하디스의 내용은 때로 꾸란과 모순된다. 예를 들어, 간통죄에 대한 처벌은 꾸란에서는 100대의 채찍이지만 하디스에서는 돌팔매질이다. 따라서 파르베즈의 경우, 하디스는 신뢰할 수 있는 것으로 간주할 수 없다. 하디스 전승의 신뢰성 또한 그것의 유효성을 약화시킨다. 즉, 어떤 원천도 시간이 지남에 따라 변질될 것이기 때문이다(일률적으로 널리 전송되었던 꾸란은 예외이다). 과거에 하디스 전달자에 의해 주관적인 판단이 내려졌다. 파르베즈에 따르면, 무함마드의 동료들조차도 전송에 오류가 있었을 수 있다. 이것은 사건에 대한 전달되는 그들만의 관점에 의해서만 제한되고, 무함마드의 동료들이 자료를 완벽하게 전승했다고 주장하는 모든 전통적 신학적 진술에 반대하는 입장이다.

게다가, 무함마드는 꾸란 18:110에 따르면 평범한 사람이었고, 그는 실수할 수도 있었다. 하디스 내용은 윤리적이고 교리적인 문제들을 혼합한 혐오스런 자료들도 자주 포함하고 있다. 또한, 꾸란에 의해 지배되지 않는 지역에서 많은 사회적 요소를 틀에 박힌 방식으로 고정시킨 결과이다. 예를 들어, 꾸란에서는 '기부'의 원칙을 제정하기 위해 보이는 '자선'을 주라고 한 반면에, 하디스에서는 그와 같은 양이 주어져야 한다고 규정되어 있다. 파르베즈는 말하길, "만약 부활의 날까지 자카트의 비율이 2.5퍼센트여야만 한다는 것이 신의 뜻이었다면, 그는 그것을 꾸란에 명시했을 것이다"(Parvēz, 1958: 224 Baljon에 인용)에 언급했을 것이다.

21. 중요성

파르베즈의 입장은 다른 근대주의자들의 입장과 비슷한 방식으로 존재를 두 부분으로 분리하는 경향이 있다. 파르베즈에 있어서, 아랍인들의 손에 의한 군사적 패배에 대한 복수로 시행된 민족적 (원리적으로는 이란인들의) 요소인 (그리고 현재는 사회와 동일시되는) 마드합(madhab)과 딘(dīn) 곧 '종교'를 구별해 볼 수 있는 기준은 꾸란이다. 그의 전체적인 원칙은 사람들이 경전의 권위에 대해서는 전통적 이해에 머무르면서 변화를 위해서는 가장 큰 가능성을 열어 두려는 것이다. 꾸란은 결국 중세 이슬람에서야 정교하게 묘사된 순나보다 훨씬 덜 정밀하고 상세하다. 따라서 적응이 훨씬 쉽고, 법제화가 쉽다.

파르베즈의 주장에서 강조된 많은 부분은 방법론적이고 신학적이다. 무함마드가 그러한 것을 했는지 여부에 대한 역사적 질문들, 즉 하디스에 대한 많은 학술적 연구를 자극하는 그런 질문은 부수적인 것이다. 이러한 우려는 서구의 영향력이 다양한 논의를 이끌어 내는 원동력의 일부로 역할을 할 가능성이 있음에도 여전히 내부자 무슬림들의 질문들이다. 파르베즈에게 이러한 주장으로 인한 전체적인 영향력은 곧 하디스를 기초로 한 과거의 결정 모두를 문제 삼을 여지가 있다는 것이다.

라흐만(Fazlur Rahman, 1955: 873)은 이럴 경우 꾸란의 권위에 대한 한 가지 위험성을 지적한다. 즉, 전통에 근거한 입장에서는 "꾸란의 역사적 타당성은 전통에 의해서만 보장된다"라는 점이다. 예를 들어, 어떤 사람들은 꾸란이 사회에서 얻은 결과에 따라 주어진 경전의 권위를 보는 것을 선호하여, 꾸란이 다른 이슬람 전통에 의존한다는 것에 동의하지 않을 수도 있다. 그러나 요점은 그러한 입장을 표명하는 사람들이 이슬람에 대한 완전한 신학적 이상을 정교하게 설명하기 위한 잠재적 필요성도 보여 준다.

22. 마우두디(Mawdūdī)

파르베즈는 그의 적수를 마울라나 아부 알알라 마우두디(Abū al-ʿAlā Mawdūdī, 1903-79)에게서 발견했다. 마우두디는 전문적이고 종교적인 가정에서 자랐으며 인도 하이드라바드(Hyderabad)의 가정 환경에서 교육을 받았다. 그는 공식적인 종교 교육을 받지는 않았지만 그의 교육은 전통적인 이슬람 지식에 기반을 두고 있었다. 그는 모국어 우르두어 외에도 아랍어와 페르시아어를 배웠고, 후에 그는 영어를 배웠고 근대 사상과 과학을 폭넓게 읽었다.

그는 어린 나이에 기자가 되었고 1921년까지 델리 신문 「Muslim」의 편집장이었다. 1925년부터 1928년까지 그는 「알자므이야트」(al-Jamʿiyyat)의 편집장으로 지냈다. 이 두 신문 모두 자므이야트 울라마-이 힌드(Jamʿiyyat ʿulamāʾ-i Hind)로 알려진 이슬람 학자들의 후원을 받았다. 그는 이 시기에 자신의 글을 쓰고, 번역을 하고, 정치 활동에 참여하기 시작했다. 1933년 하이드라바드에서, 그는 자신의 견해를 표현하는 주요 수단이 된 월간지인 「타르주만 알꾸란」(Tarjumān al-Qurʾān)의 편집장이 되었다. 이 시기의 그의 초기 저술은 이슬람과 서구 세계관 사이의 갈등에 집중되었고, 모두 꾸란과 순나에 근거하여 사건들을 평가했다.

1930년대 중반까지, 마우두디는 정치적인 문제에 더 많이 관여하게 되었다. 그는 민족주의를 외국의 발명품이자 반이슬람주의라고 강하게 주장했고, 인도 내에서 그러한 민족주의는 이슬람 정체성의 파괴로 이어질 것이라고 느꼈다. 1941년 그는 "이슬람 사회", 자마아트-이이슬라미(Jamāʿat-i Islāmī)를 설립했고 1972년까지 그 회장으로 남아 있었다.

이 기구의 목표는 인도 사회의 삶을 변화시키고, 보다 제대로 된 이슬람 사회로 만드는 것이었다. 하지만 1947년에 일어난 사건들은 최근에 수립된 파키스탄이란 나라로 마우두디가 이주하도록 했고 그는 파키스탄에 진정한 이슬람 국가를 세우는 것을 돕겠다고 맹세했다. 그는 만약 무슬림을 위한 이 국가가 존재한다면, 그것은 이슬람 국가가 되어야 한다고 주장했다. 이 결성을 촉구하는 그의 방법들은 파키스탄 정치에 자마아트 이슬라미를 개입하고 정치 세력에 대한 끊임없는 비판과 행동을 부추기는 것이었고, 이슬람적 삶의 방식을 설명하는 것을 목표로 한 일련의 글들이었다. 이러한 정치적 선동은 마우두디가 징역형을 선고받고, 1953년에는 "사회적 파장을 일으킨" 팜플렛에 의해 사형 선고까지 받도록 했다(결국 징역 2년형으로 감형). 그는 1960년대 내내 파키스탄 정치에서 적극적으로 활동했다.

23. 마우두디의 이슬람 비전

많은 마우두디의 작품은 이슬람에 대한 그의 기본적인 관점을 분명히 보여 주고 그를 무슬림으로 묘사한다. 그의 가장 큰 작품인 *Tafhim al-Qur'ān*은 우르두어 꾸란을 번역하고 설명한 것이다. 이것의 목적은 꾸란의 메시지가 근대인의 관심사와 어떻게 관련이 있는지를 보여 주기 위해 해설을 사용하여 오늘날 사람들을 위해 명확한 스타일로 꾸란을 제시하는 것이다.

이슬람의 기본 구조는 모두 우주를 완전히 지배하고 모든 충성을 신에게 다하여 유일신 알라를 중심으로 돌아간다. 자연 질서는 사람들이 '복종'하고 무슬림이 될 것을 요구한다. 그것을 용이하게 하기 위해, 알라는 모든 인간이 그들 삶의 모든 측면을 다스리는 데 필요한 지침을 제공하는 예언자들을 보내 왔다. 이 지침은 신에 대한 완전한 충성심에 바탕을 두고 있다. 신이 아닌 다른 것, 즉 민족주의, 근대주의 등에 대한 충성은 반이슬람주의이다. 신이 아닌 사람이 충성을 요구하는 것은 비이슬람 정신을 의미하는 꾸란에서 사용되는 용어인 자힐리야에 속한다. 가장 완전하고 순수하며 신에게 충성을 다하도록 인도하는 신의 인도적 형태인 이슬람의 비전이 무함마드의 꾸란과 순나에 구현되어 있다. 이러한 경전에 대한 이해와 해석은 종교 계급이 아니라 모든 사람이 개인적 판단에 따라 할 수 있는 것이다. 그러한 판단은 많은 근대주의자가 하는 것처럼 '이슬람적인가?'가 아니라 '이성적인가?'라는 잣대에 의해 이루어질 것이다.

24. 마우두디와 과거의 권위

마우두디는 꾸란에 근거해, 무함마드가 모든 무슬림들에게 항상 좋은 본보기가 되어야 한다고 주장한다. 예언자로서의 무함마드는 그가 완전한 모범이 되는 것과 불가분의 관계에 있다. 계시하는 바로 그 목적은 사람을 이용하여 메시지를 전하는 것이다. 그렇지 않았다면, 알라는 천사와 함께 책을 보내서 그것을 가지고 행하셨을 것이다. 그러나 마우두디는 무함마드를 모범 삼는 것이 곧 무함마드가 한 모든 일에 노예적인 집착증을 갖고 증명하는 것은 아니라고 주장한다. 예를 들어, 모든 사람이 아랍 여자와 결혼해야 하는 것은 아니다! 이 시점에서 마우두디를 언급할 가치가 있는 것은, 그가 무엇을 뒤따라야 하고 무엇을 하지 말아야 하는 것인지 어떻게 구별해 내야 하는가 고민이 근대인에게 유용하기 때문이다. 파르베즈는 이 문제를 확실히 인식했다.

발존(J. M. S. Baljon, 1958: 225-226)은 파르베즈가 '전통을 부인하는' 마우두디를 비난하는 것은 이는 그의 수염의 길이가 반드시 무함마드 수염의 길이와 동일하지는 않지만, 다른 사람들도 이 같은 일을 한다고 비난하기 때문이다. 파르베즈가 이를 비난하는 이유는 하디스의 어떤 요소를 따라야 하는지, 어떤 요소들은 무시해야 하는지를 결정할 수 있다고 주장하는 사람들은 실제로 자신 스스로가 마치 예언자의 지위를 주장하는 것과 마찬가지이기 때문이다. 이는 파키스탄의 아흐마디야(16장에서 논의됨)의 미르자 굴람 아흐마드(Mīrzā Ghulām Ahmad)와 관련된 문제를 은근히 언급한 것이기도 하다. 이러한 논쟁의 방향에 대한 궁극적인 해답은 보다 일반적인 전통 관념으로 구현된 이슬람 공동체의 합의인 이즈마(ijmāʻ)의 개념에 있어야 한다. 그렇다면 20세기 무슬림들이 근대 이슬람의 정체성을 찾는 과정에서 과거의 기본적인 요소들을 어느 정도까지 유지할 것인가 하는 것이 진정 의문이 될 수밖에 없다.

마우두디는 파르베즈처럼 변화를 합법화하고 이슬람이 근대적 맥락에서 삶과 계속 관련될 수 있도록 하는 이슬람의 유연성을 찾고 싶어 했다. 그러나 그는 파르베즈가 특히 역사적 가치에 관한 문제를 제기하는 하디스와 비교하며 주장했던 입장이 결국 꾸란에 적용되고 결과적으로 이슬람가 붕괴될 것을 우려했다. 무함마드의 예가 항상 모방되어야 하는가에 대한 문제에 대해, 그는 꾸란의 증거가 반드시 그래야 한다고 주장한다. 예언자의 예화는 계시라는 의미를 보증하는 것이며, 꾸란을 계시로서 받아들이기에는 불가능하다. 하디스는 아랍인들 사이에 암기가 고도로 발달된 기술이었기 때문에 텍스트로서 신뢰할 수 있는 보고서이고, 무함마드는 사람들이 기억할 만한 말과 행동을 한 중요한 인물이었다. 확실히 하디스 내용의 조작은 과거에 일어났지만, 이것이 전체적으로 권위 있는 경전에서 뺄 이유는 되지 않는다. 하디스 전승을 평가하는 데 사용된 과거의 과학적 방법론은 좋았지만 오류가 발생하기 쉬우며 확률에 기초했을 뿐이다.

마우두디의 전형적인 이성주의 주장에서, 모든 생명은 확률에 기초하고 있으며, 우리 모두는 무엇을 믿어야 할지를 결정하기 위해 신이 내린 판단을 사용해야 한다는 지적이 나온다. '맹목적인 모방'(taqlīd)은 누구나 얻을 수 있는 최선이라는 전통적인 관점에서 볼 때, 더 이상 충분하지 않다. 과거의 학식 있는 사람들을 신뢰하고 그들의 해석을 따르는 것은 전통적인 관점에서 볼 때 개인적인 욕망과 지식의 부족 때문에, 확실히 영향을 받을 수 있는 자신의 통찰을 따르는 것보다는 적절한 행동 양식이다. 그러나 마우두디는 이를 거부한다. 학습된 계층들은 진정한 이슬람을 보존하는 데 실패했고 단지 그들 자신의 사리사욕을 보존하기 위해 행동했기 때문이다.

아담스(Charles Adams)의 말에 따르면,

> 마우두디는 정보라는 것은 조각이 개연성을 가질 뿐, 사실이 그것을 반드시 틀리거나 신뢰할 수 없게 만들지는 않는다고 말하면서 정보의 개연성을 더 강조한다. 진중한 이들을 위한 적절한 선택은 모든 가능한 잔니 하디스(ẓannī hadīth: 텍스트가 다른 의미를 가져올 수 있는 하디스)를 거부하거나 일일이 사실 조사하는 것도 이를 모두 수용하는 것도 아니다. 하디스의 대부분은 아크바르-이-아하드(akhbār-i-āhād: 한 가지 이스나드를 통하여 전수된 전승)이고 잔니 하디스의 범주에 속한다. 신뢰할 수 있는 사람들은 받아들이며, 증명할 수 없다는 이들을 거부하게 된다. 증거가 불충분한 중립적 상태에 있는 것들에 대한 그의 판단을 유보해야 한다. 이슬람은 합리적이기 때문에 이 같은 합리적인 입장을 고수해야 한다는 원칙이다(Adams1976: 35).

종교의 근대성에 대한 마우두디의 대답은 엄격한 규율과 자족하는 원칙이 이슬람을 지지하지 않는 이슬람 통치자들에 대한 반란들을 수반할 것이란 것도 의미한다. 그는 진정한 이슬람이 존재하며 진실한 해석이 가능했던 무함마드의 완벽한 정치적 시기인 메디나 때로 돌아가는 것이다. 이 시기에 이슬람 공동체의 충직한 집단성은 현 시대에 있어 마지막 목표가 된다. 그러나 이것은 메카에 전시된 것처럼 조용한 전환을 통해 이슬람 혁명으로의 초기로의 복귀에 의해서만 이루어질 것이다. 반면에 파르베즈의 이상은 메카와 연관성이 있다. 이슬람은 내적인 종교였고 메카는 시간과 장소에 있어서 이슬람을 제한했던 메디나 이전의 순수한 신앙의 시대를 의미한다.

25. 권한

인도와 파키스탄뿐만 아니라 이슬람 세계 전역에서 순나를 둘러싼 논란은 근대 이슬람에 대한 관점의 핵심을 직접적으로 가리킨다. 미래 세대들에게 유지되고 전해져야 하는 이슬람의 본질적인 부분은 무엇이며, 과거의 한 조각으로 무시될 수 있는 것은 무엇인가? 이것은 오늘날 모든 종교의 보편적 문제이다.

이러한 논의의 모든 당사자는 이슬람이 근대 생활과의 관련성이 개인 신자들에게 쉽게 인식되고 느껴질 수 있도록 활성화될 필요가 있다는 것에 동의한다. 그러나 과거의 권위에 대한 기본적인 문제를 결정하는 적절한 이슬람 방법은 무엇인가? 사실 순나는 이슬람의 틀 안에서 어떤 권위를 가지고 있는 것일까? 아니면 파르베즈가 시사하는 바와 같이 단순히 과거에 정치적 편의성을 위해 만들어진 구조이었을까? 순나는 단순히 과거의 분석에서 빠져버린 이슬람의 필수적인 부분이었던가?

이것들은 이슬람의 구조적인 기반에 대한 매우 근본적인 질문들이며, 이에 대한 대답은 이슬람이 미래에 어떤 존재가 될지에 대해 근본적으로 다른 견해를 만들어 낸다. 대부분의 대답은, 실제로 생산되었을 때, 이미 이슬람 사회의 일부인 관행과 함께 심각한 분열은 일으키지 않을 것이지만 과거에 대한 점진적인 재평가를 촉구하는 것처럼 보인다. 어떤 사람들에게는 이것은 너무 느린 해결책이며, 좀 더 급진적 접근이 필요하다. 다른 이들은 이 문제를 회피하고 대신 이슬람 정체성의 합의된 근거이자 출처인 꾸란에 눈을 돌리며, 꾸란을 근거로 이슬람의 공식화를 시도하려고도 한다. 제14장은 꾸란과 관련된 이러한 논의의 함축적 의미에 따라서 주목한다.

부록: 영화 속의 무함마드

무슬림들 사이에 무함마드가 대표자의 형태로 묘사되어서는 안된다는 광범위한 감정 때문에, 영화 제작자들은 실제로 그가 영화에 출연하게 하지 않고도 예언자의 삶에 대한 이야기를 들려줄 수 있는 방법을 찾기 위해 고군분투해 왔다.

1976년에 만들어진 최초의 시도인 <The Message>는 앤서니 퀸(Anthony Quinn)이 무함마드의 삼촌인 함자를 연기한 실사 영화로, 무함마드 자신은 항상 카메라 밖에서 촬영했다. 이 영화는 아랍어와 영어를 사용하는 관객들에게 호평을 받았다(두 언어로 된 버전으로 영화가 제작되었는데, 아랍어 영화 출연 배우들은 달랐으며, *al-Risāla*라는 제목으로 출간되었다). 제작자겸 감독인 악카드(Moustapha Akkad, 1930-2005)는 1978년부터 할로윈 시리즈를 제작하기 위해 이집트 수니파, 레바논 시아파 종교 당국과 협력했다. 기본 원칙은 명백했다. 무함마드와 그의 아내들, 그의 자녀들, 그리고 그의 사위인 알리는 영화에서 묘사될 수 없었다. (2004년, 이집트 아즈하르 당국은 영화가 무함마드의 동료들도 묘사해서는 안된다고 결정했고, 악카드의 노력은 검열의 대상이 되었다.)

영화 속의 무함마드의 초상화는 전형적으로 근대주의의 초상화이고 근대 세계에서 일어나는 문제들에 민감하게 반응한다. 무함마드는 거의 평화주의자로 묘사되며 폭력을 혐오하며 상대편 적과 대조적으로 항상 용서할 준비가 되어 있다. 다소 아이러니하게도, 그것은 그의 아내를 묘사하지 않아야 하는 제한된 결과 때문에, 무함마드는 또한 가까운 친구나 아내가 없는 독신주의자로 묘사된다. (지적된 바와 같이, 기독교, 힌두교, 불교 관객들에게 더욱 매력적으로 보일 수 있는 신성한 사람에게 적합한 이미지로 그려진다.) 악카드는 다음과 같이 말했다고 한다.

그 영화는 나에게 개인적인 것이기 때문에 나는 그 영화를 찍었다. 영화로서의 제작 가치 외에도 스토리, 흥미롭고 드라마적 요소가 있다. 이 모든 것 외에도 개인적인 무언가가 있다고 생각한다. 서구에 사는 무슬림인 나 자신이 이슬람에 대해 진실을 말하는 것이 나의 의무라고 느꼈다. 이 종교는 7억 명의 추종자를 가지고 있으나 이 종교에 대해서 서구에 알려지지 않은 것이 나를 놀라게 했다. 서구와의 간격에서 다리를 놓아 줄 수 있는 이야기를 영화에서 보여 주어야겠다고 생각했다(www.imdb.com/name/nm0002160/bio#quotes).

시리아가 후원하는 또 다른 최근 노력은 총 196,000개의 그림을 사용한 애니메이션으로 표현된 <Muhammad, the Last Prophet>의 제작이었다. 리차드 리치(Richard Rich)가 감독, 제작하고 2004년에 개봉한 이 영화는 14세기에서 16세기까지 미니어처들로 거슬러 올라가서 무함마드의 얼굴을 (신을 묘사하듯 같은 방법으로) 시각장애인이 불빛으로 무함마드의 존재를 묘사하듯 그렇게 표현했다. 그때도 무함마드는 영화에서 말을 하지 않고, 그의 계시는 박해받는 중에도 충실한 추종자에 의해 전해진다. 이 영화 진행에도 어려움이 없지는 않았지만, 종교 당국의 최종 승인을 받았고, 이집트의 최고 검열관은 무슬림이 파라오 동상처럼 보이는 이슬람 이전의 우상들을 파괴하는 장면에 화가 났다고 보도가 되었다. 민족주의는 종교적 감수성만큼이나 영화에 민감히 반응하는 강력한 동기가 될 수 있다.

이란 영화 <Soheil Star>(카노푸스의 별)는 2007년 제작되었고 감독은 가비델(Amir Ghavidel)이다. 이 영화는 예멘에서 이슬람으로 개종한 그러나 무함마드는 직접 만난 적이 없는 초기 무슬림인 알까라니(Oways al-Qaranī)에 대한 전기를 그리고 있다. 무함마드는 아주 잠깐 동안 강렬한 빛의 모습으로 등장하며 그의 (페르시아) 대변인 살만 알 파리시(Salmān al-Fārisī; ʿAlī ibn abī Ṭālib)를 통해 말이 전달되지만 그의 얼굴은 결코 보이지 않는다. 2015년, 또 다른 이란 작품은 비평가들의 호평을 받으며 개봉되었다. 마지디(Majid Majidi) 감독이 연출한 <Muhammad: The Messenger of God>이란 영화이다.

4천만 달러짜리 이 영화는 현재까지 이란 영화계에서 가장 많은 예산을 들여 제작되었으며, 특히 촬영을 위해 세트 시티가 건설되었다(그림 13.2).

[그림 13.2] 이란 영화를 선전하는 간판 2015년 이란 영화 <Muhammad: The Messenger of God>를 홍보하는 테헤란 간판. 기존의 대규모 예산 제작과는 달리 알라의 예언자인 예언자 무함마드를 뒤에서나 아기처럼 부분적으로 묘사했다[출처: Newscom/ Alamy].

다른 영화들은 무함마드에 대해 제작되었지만, 대부분은 다큐멘터리 교육형 영화로 제작되었다(일반적으로 학술원 혹은 개인과의 인터뷰를 포함). 한 예로 PBS의 <Islam: Empire of Faith>(2000)가 있는데, 이 영화는 첫 50분 동안 무함마드의 삶을 조명한다.

악카드의 영화에 대한 자세한 내용은 Freek L. Bakker (2006) "The Image of Muhammad in The Message, the First and Only Feature Film about the Prophet of Islam," *Islam and Christian-Muslim Relations*, 17: 77-92를 보라.

추천 도서

Brown, Daniel W. (1996) *Rethinking Tradition in Modern Islamic Thought*, Cambridge: Cambridge University Press.

Juynboll, G. H. A. (1969) *The Authenticity of the Tradition Literature: Discussions in Modern Egypt*, Leiden, The Netherlands: Brill.

Kendall, Elisabeth and Khan, Ahmad (eds.) (2016) *Reclaiming Islamic Tradition: Modern Interpretations of the Classical Heritage*, Edinburgh: Edinburgh University Press.

Musa, Aisha Y. (2008) *Hadīth as Scripture: Discussions on the Authority of Prophetic Traditions in Islam*, New York: Palgrave Macmillan.

Nasr Sayyid Vali Reza (1996) *Mawdudi and the Making of Islamic Revivalism*, New York: Oxford University Press.

Safi, Omid (2009) *Memories of Muhammad: Why the Prophet Matters*, New York: HarperOne.

제14장

꾸란과 근대성

　현대 세계 종교계에서는 매우 예외적인 것으로서, 무슬림 세계 전역에 꾸란 주석을 쓰는 여러 활동이 일어나고 있다. 이런 활동에 대한 이유를 밝혀 볼 필요가 있다.
　이슬람 정체성 탐색과 근대 세계의 문제들에 대한 이슬람의 답변은 많은 이슬람 사상가가 이슬람의 본래 출처를 더 의존하도록 했고, 다시 꾸란으로 돌아가도록 했다. 이러한 경향은 생각보다 널리 퍼져 있어 별로 놀랄 일이 아니다. 이슬람은 항상 경전 중심적 신앙이었으며, 꾸란의 기본적인 사항에 대해 의문을 제기하는 사람은 거의 없다. 이에 더하여 꾸란 경전에 대한 주석을 쓰는 일의 중요성과 탁월함에 대해서는 설명이 더 필요하다.
　"해석 혹은 주석"의 아랍어인 타프시르(tafsīr)는 이슬람에서 전통적인 학문으로 알려진다. 타프시르를 하는 행위는 주석가 개인의 경외심을 드러내지만, 또한 이슬람에 대한 작가들의 특정 견해와 그/그녀의 시대와의 관련성을 명확히 드러내기도 한다. 따라서 주석가는 새로운 난관에 직면하게 되었을 때 (각자가 이전 세대에 언급했던 것에 기초해서 주석을 쓰지만) 주석가는 그/그녀가 사는 시대와 문화적인 틀 안에서 완전히 꾸란 본문이 의미 있게 소통될 수 있도록 하는 방법을 찾아야 한다. 분명히 21세기 말레이시아인들에게 꾸란 본문을 설명하는 것은 10세기의 아라비아에서의 접근법과 달라야 한다.
　주석을 쓰는 방식은 이슬람의 고전 시기부터 등장한 이후로 크게 바뀌지 않았다. 다만 잡지, 신문 등에 주석을 소개하는 등 특정한 근대 형식에 따라 사용되는 것이 주목할 만한 특징이다. 근대 꾸란 주석은 세 가지 상호 관련된 원리적 특징들을 가진다.

(1) 과학적 이유와 방법론에 비추어 꾸란을 주석하려고 한다. 꾸란을 꾸란으로(역자 주: 꾸란을 주석할 때 꾸란 본문을 사용하여) 주석한다. 자주 이런 표현을 무슬림들이 사용하는 이유는 초기 주석들과 하디스 전언의 형태로 내려온 전승에 의한 외부 자료 모두를 거절한다는 것을 의미한다.
(2) 첫째 원리에 근거하지만 모든 전설적으로 내려오는 특성, 원시 사상들, 환상적 이야기, 주술과 우화, 미신 등을 꾸란으로부터 배제시키려고 주석을 활용한다. 이런 내용을 상징적으로 해석하는 것이 배제하려는 노력의 주된 수단이 된다.
(3) 꾸란에서 교리를 찾거나 정당화함으로써 교리를 지지하려는 시도가 이뤄진다.

전반적으로, 근대 주석에서 꾸란의 숨은 의미나 꾸란에 의해 인도를 받는 것에 중점을 두는 것은 흔한 일이다. 근대주의적 접근은 적어도 본문에 대해 언급하면서 글자 그대로 하늘에서 내려온 것(전통적으로는 이렇게 믿어졌고, 여전히 많은 학자가 이렇게 받아들이지만)으로 받아들이지 않고, 꾸란을 무함마드의 생각에서 나온 작품으로 보는 태도를 지닌 것이 특징이다. 계시의 본질로서 무함마드의 생각을 통해 여과된 것으로 여기기 때문에 그의 지적 능력과 언어 능력의 한계 내에서 표현되었다고 한다. 그러나 라흐만(Fazlur Rahman, 1955: 872)이 언급했듯이 이는 "과학적 측면에서 꾸란 계시를 역사적 연구로서 다가서도록 한 것이 아니라 인간으로서의 무함마드 개인에 대한 감정적인 강렬함을 증진시킨 것"이라 할 수 있다. 그러한 결과에 대해서는 이 책 제13장에 개략적으로 설명된 부분을 참고하면 된다(그림 14.1).

1. 근대적 꾸란 주석의 시작

근대주의 주석 활동의 초기 중심은 인도였다. 사이드 아흐마드 칸(Sayyid Ahmad Khān, 1817-1898)은 *Tafsīr al-Qurʾān*(『꾸란 주석』)이라는 간단한 제목으로 명백하게 근대주의적 주석 작업을 최초로 했다.

[그림 14.1] 근대 꾸란 서체 토론토 이스마일센터의 쿠파체로 쓴 꾸란 구절의 서예. 2014년 아가 칸(Agha Khan)에 의해 문을 열었으며, 건축과 장식으로 이슬람 전통 예술 형태와 무늬를 근대적으로 주석하여 전 세계 무슬림들에게 시각 예술의 지속적인 활력을 보여 주고 있다[출처: Philipus/Alamy].

그의 책은 모든 무슬림이 이슬람을 실제로 실천하고 믿는 데 있어서 근대적 진보 사상과 과학적 발전으로 심각한 위협을 받을 수 있다고 여겼다. 그는 서구의 영향력이 세계에 미치는 영향력 때문에 이슬람에도 시대에 따른 새로운 비전이 필요하다는 사실을 모든 무슬림이 인식하도록 알리려 했다. 이슬람의 진정한 핵심 가르침은 어디에 있는가? 그 가르침의 중심 내용은 어떻게 정의되는가? 아흐마드 칸은 이러한 질문이 꾸란의 내용을 통해 대답되어야 하고, 꾸란이 이성의 힘을 통해 제대로 이해될 수 있다면 시대에 필요한 답이 제공될 것이라 믿었다. 예를 들어, 그는 시대에 요구되는 사회 및 교육 개혁의 기초를 꾸란에서 찾을 수 있다고 믿었다. 이슬람의 근원으로 돌아가면 종교가 다시 활성화되고 적절한 미래가 보장될 것이다.

2. 무함마드 압두흐(Muhammad ʿAbduh)

일반적으로 19세기에 중대한 발전을 이룬 이집트에서 가장 중요한 근대주의 인물로 여겨지는 무함마드 압두흐는 1849년부터 1905년까지 살았다. 그는 하이집트 지역(역자 주: 이집트의 북부 지역)에서 태어나 카이로 알 아즈하르에서 이슬람 순니파 교육을 받았다. 그는 자말 알딘 알아프가니(Jamāl al-Dīn al-Afghānī)의 철학을 공부했고 많은 면에서 알아프가니(al-Afghānī)의 관점을 반영하여 사회와 정치적 문제에 대해 글을 쓰기 시작했다.

1877년에 그는 알아즈하르(al-Azhar)에서 가르치기 시작했고 그 직후 카이로에 있는 다르 알울룸(Dār al-ʿUlūm, 역자 주: 현재 카이로대학교 캠퍼스 안에 위치)에서 가르치기 시작했다. 1882년 영국이 이집트를 침공했을 때 (이집트 군대가 통치자 이스마일로부터 이집트 통치권을 인계받은 후) 이스마일(Ismāʿīl)에 반대하는 민간 단체의 지도자로 떠오른 압두흐는 알아프가니와 함께 한 동안 프랑스로 망명했다. 그는 베이루트에서 일정 기간 동안 가르쳤으며, 그의 강의는 그의 저서 *Risālat al-Tawhīd*(역자 주: 『타우히드[일신론]의 신학』)로 편집되었다. 이것은 근대주의 이슬람 신학에 대한 몇 안 되는 명백한 시도 가운데 하나로 평가된다. 1888년 그는 이집트로 돌아와 그의 근대주의적 입장을 구체화한 파트와(fatwās)를 결정하는 법학자(무프티: muftī)로서 그의 남은 인생을 보냈다. 그는 1897년에 이집트의 대무프티(역자 주: 이집트 전체를 총괄하는 무프티)가 되었다.

압두흐가 직면해야 했던 가장 중요한 문제는 이슬람 사회의 쇠퇴였다. 이슬람 공동체는 무함마드가 예상하지 못했던 시대적 상황의 변화로 인해 공동체 내에서 종교로서 지위가 심하게 약화되는 결과를 낳았다. 새로운 법령들이 시행되고 있었는데, 일부에서는 이러한 법령이 근대 경제 및 사회 현실과 더욱 양립될 수 있다고 주장했다. 사회 전반에 걸쳐 새로운 학교와 기관들이 생겨나고 있었다. 이러한 변화로 인해 무슬림들이 직면해야 할 기본적 문제들이 대두되었다. 무엇이 실제로 무슬림 사회를 진정 무슬림과 같이 되도록 하는가? 압두흐는 이러한 변화는 불가피하며 유익하다고도 보았으나 근대 이성에 의해 통제되는 영역과 이슬람의 영향력이 서로 분리되는 위험성이 증가한다고 보았다. 이 둘을 함께 모아 결합하는 것이 근대주의의 핵심 플랫폼이 되었다. 예를 들어, 유럽 법의 단순한 이식 수준은 이슬람 사회에 실행 가능한 기반을 제공하지 못했다. 전통적 이슬람 학교들은 침체되어 있었고, 근대 학교들은 종교적 기풍이 없었다. 이것은 이집트 사회를 전통적 영역과 유럽의 영향을 받는 영역으로 더욱 분열시키는 결과를 가져왔다.

  이 딜레마에 대한 압두흐의 대답은 변화의 원칙을 이슬람과 연결하는 것이었다. 이슬람은 근대 생활에 필요한 좋은 것을 선별하는 기준을 제공하면서 변화를 통제할 수 있을 것이다. 그의 목표는 전통적인 학자 계층에게 변화의 필요성을 납득시키는 것이 아니라, 근대에도 종교성이 강한 것이 가능하다는 것을 세속화에 영향을 많이 받은 집단에게 증명하는 것이었다. 이렇게 해서 그는 새롭고, 활성화된 이성에 입각한 이슬람을 표현할 수 있는 새로운 학풍이 나타나기를 희망했다. 그의 책 *Theology of Unity*(『타우히드[일신론]의 신학』)는 그가 이러한 입장을 수행했던 방법의 한 좋은 예이다. 이 책은 인식론에서 시작해서 신, 예언자, 와히(역자 주: 알라가 무함마드에게 내려 준 메시지), 이슬람의 주제를 다루면서 고전적 신학의 형태로 구성되어 있다. 이 책 전반에 걸쳐 강조되는 것은 논리적 논쟁이며, 따라서 이슬람이 유일한 종교라는 결론은 이성적인 모든 사람에 의해 받아들여져야 한다. 그러나 이 논리적인 논쟁이 사색적이며 '소득 없는' 문제들을 조사하는 것과 관련된 '과도함'을 피하려고 했다.

이슬람을 부활시키기 위해서 근대 사상들과 일치하는 전통적 이슬람의 요소들을 식별하는 것이 기본 작업이었다. 이슬람은 '문명'과 삶의 활동으로 간주되었다. 법적 합의의 원칙인 '이즈마아'(Ijmāʻ)는 여론과 함께 확정되었다. 원로들의 자문으로 이루어진 슈라(Shūrā)는 이런 관점에서, 의회 민주주의였다. 공익의 이상을 반영하는 법적인 원리인 마쓸라하(Maslaha)는 공리주의와 동일시될 수 있는데, 공리주의는 항상 최대의 이익에 도달할 입장을 대변하는 것을 목표로 한다.

이를 달성하기 위해, 압두흐는 근대의 곤경에 비추어 인간의 이성의 도움을 받아 그것들을 재평가하기 위해 '이슬람의 출처(역자주: 꾸란, 하디스 등)로의 회귀'를 촉구했다. 이 과제는 그의 꾸란 주석에 반영되어 있으며 그는 많은 모더니스트 작가와 그의 꾸란 중심적 관점을 강조하는 이슬람주의자 단체들에게도 영향을 미쳤다.

3. 압두흐(ʻAbduh)와 꾸란(Qurʼān)

압두흐는 꾸란 주석의 변화를 주도하면서 전통적인 타프시르(tafsīr) 작업에 대항하기 위해 고군분투했다. 그는 꾸란의 주석을 국민 전체가 이용할 수 있도록 할 필요성이 있다고 주장했다. 과거의 지적 노력은 본문을 '읽을 수 없는 것'으로 만들었다. 무엇이 중요한지 그리고 무엇을 잃지 말아야 할지 구별하는 감각이 없어지게 하고, 또한 과거의 노력들은 시대의 필요와 질문에 반응하지 않았다. 따라서 압두흐는 과거 주석들의 특징인 신학적인 사색, 상세한 문법적 논의, 모호한 학문적 성취를 개편하는 일에 착수했다. 유럽의 개신교 개혁과 같이 충동과 방향의 유사성이 주목된다. 한 예로, 루터의 성서 번역은 성직자들의 손아귀에서 성서를 빼내어 일반

대중들에게 쥐어 준 작업이었다. 또한, 1820년대에 설립된 최초의 언론사와 인쇄기의 영향이 이집트의 발전에 중요한 요소가 되었다는 것이 주목된다.

압두흐의 꾸란 주석은 *Tafsīr al-Manār*라는 제목으로 그의 제자 라쉬드 리다(Rashīd Ridā)에 의해 출판되고 완성되었다. 그의 강의와 그의 법적 결정의 본문에 바탕을 둔 주석은 꾸란의 종교적인 안내가 제공한 근대 세계에 대한 도덕적 방향성을 제시할 수 있다고 강조함과 동시에 온건한 이성주의 정신을 더했다는 특징을 지닌다. 꾸란은 지식 추구와 이성의 사용, 교육의 필요성 그리고 정치적 독립을 위한 전제 조건을 제공하며 이를 정당화하는 데 사용될 수 있다. 전통적인 민간 설화와 같이 잘 알려지지 않은 것은 설명을 시도하기보다 알려지지 않은 채로 남겨두어야 한다. 이를 통해 꾸란에 존재하는 모호한 부분들을 주석하는 데 물질세계보다는 정신적 세계로의 초점을 맞추기 위해서이다. 그가 "더 많은 세부 사항이 필요했다면, 신이 계시했을 것이다"라고 말한 것은 꾸란에서 근대의 과학적 증거를 발견하려는 주석적 접근을 거부하려는 그의 뚜렷한 태도이기도 하다. 이러한 경향은 그의 사후 압두흐의 주석을 완성한 라쉬드 리다의 책에서 더욱 두드러진다. 압두흐는 꾸란이 분명히 과학적 입증을 용인하지만, 과학이 꾸란의 진정한 의미를 드러내는 것으로 보지 않았다. 압두흐에 따르면 전화와 우주선을 경전 본문에서 끌어내려는 시도는 상상력에 달린 일이며, 이번 장 후반부에서 논의된 몇몇 저명한 작가의 의견과는 달리 그는 그러한 주석의 원리들에 근거하지 않았다.

압두흐는 꾸란을 통해 도덕적 가르침을 주고자 하는 것을 본문의 가장 궁극적 목적으로 보았다. 무함마드와 다수의 아내의 결혼을 다루는 꾸란 구절에 대한 그의 해설은 이를 잘 나타낸다.

> 알라는 불의와 가장 거리가 먼 방향으로 법을 제정하였다(결혼에 대해서). 정의가 하나의 조건으로 규정되어 있다면 그것의 의무는 정의를 위해 노력하

는 데 있다는 사실을 보여 준다.

일부다처제는 신뢰성을 갖고 공정하게 행동하고 불의에서 자유롭도록 한 규정 내에서 허용된 필요로 고안된 제도였다. … 이러한 제한점에 비추어 보아 근대 사회에서 일부다처제로 비롯되는 부패를 고려할 때, 한 사람이 … 두 명의 아내가 있는 것이 덕이 되는 상황도 아니며, 가정의 질서도 없는 가운데 일부다처제가 마치 해결책인 마냥 그들에게 필수적인 것처럼 될 수는 없다는 것을 확실히 알아야 한다('Abduh, as translated in Gätje 1976: 249).

4. 아불 칼람 아자드(Abūl-Kalām Āzād)

1888년부터 1958년까지 살았던 아자드(Āzād)는 인도 정치인으로서 아흐마드 칸과 그의 근대주의에 영향을 받았고 그의 교육 사상을 높이 평가했다. 아자드는 또한 1900년대 초반에 중동 지역을 여행했을 때 무함마드 압두흐의 생각을 처음 접했다고 알려진다. 그는 저널리스트로 경력을 시작했고 평생 동안 저널리즘을 통해 정치적 목적을 위해 일했다. 그는 1923년과 1940년 인도 의회당의 의장을 지냈고 1947년부터 1958년까지 독립한 인도에서는 교육부 장관을 지냈다. 저널리즘은 그의 주요 활동이었지만, 그가 쓴 모든 저술에서, 그는 인도라는 나라가 지녀야 할 비전을 보여주었다. 그는 인도에 별도의 이슬람 국가 창설을 반대했고 1937년부터 간디(Gandhi)의 이슬람 사안에 대한 고문으로 일했다. 그는 인도를 영국으로부터 독립하기 위한 투쟁에서 인도 내 힌두-이슬람 협력 관계의 필요성을 역설했다.

아자드는 인도-파키스탄 분리에 반대하면서 근대 인도 다원주의의 입장을 견지했기에 그에게 진정한 종교는 포용적임을 의미했다. 인도와 파키스탄의 단절을 인정하는 것이 곧 인류의 단절을 인정하는 것이라 믿었다. 종교 간의 적대감은 사람들이 자신의 신앙 안에서 진리를 독점하고 있다고 생각하면서 나타난다고 보았다. 사실, 모든 종교는 진리를 공유한다. 모든 종교인은 그들 종교의 본래의 형태로 돌아가야 한다. 이것이 꾸란이 가르치는 것이다. 모든 사람은 신에게 복종하고 자신의 종교에 따라 올바른 행동을 하는 삶을 살아야 한다. 이러한 협력에 대한 종교적 정신은 인도 정치 상황에 관한 아자드의 이상을 반영한다. 모든 무슬림은 꾸란과 순나로 돌아가 모든 외국의 영향력으로부터 그들의 종교적 전통을 정화해야 한다. 어느 종교의 의식과 법의 중요성을 지나치게 강조하지 않도록 주의해야 한다. 이것이 과거에 종교들 사이에 갈등을 야기한 것이기 때문이다.

아자드는 1920년대 말에 그의 책 *Tarjumān al-Qurʾān*(역자 주: 『꾸란의 번역』)을 설명하여 번역했지만, 수라 1장에 대한 그의 주석 내용은 이슬람의 모든 기본 개념을 제시하는 완전한 주석이기도 했다. 딘(Dīn)은 모든 예언자에게 주어진 것이고, 이것이 곧 이슬람이다. 이슬람의 길을 지칭하기 위해 아자드가 사용하는 샤리아 혹은 민하즈(Sharīa or minhaj)란 개념은 모든 종교가 절대적으로 필요하고 추구하는 부분이지만 시간과 조건에 따라 다양할 수 있다.

꾸란은 진실, 정의, 의에 근거한 하나의 메시지라고 표현된다. 그리고 이를 표현하는 방법 또한 똑같이 중요하게 여겨진다.

> 꾸란에 있어서 가장 중요하며 주요한 전달 방법의 특성은 이성에 호소하는 것이다. 그것은 진리의 탐구와 이성 및 통찰력 발휘의 필요성을 의미하며 삶의 외적 경험에 대해 성찰하고 타당한 결론을 도출하는 것을 거듭 강조한다. 사실 꾸란에는 우리가 모든 것을 성찰하라고 간곡히 호소하지 않은 장이 없다(Āzād, as quoted in Faruqi 1982: 73).

꾸란 수라 1:4에는 "[알라는] 심판의 날의 주인이다"에 대한 아자드(Āzād)의 주석은 어떻게 그가 본문에서 주제를 발견하는지를 보여 준다.

현재의 종교적 믿음은 신에게 절대적인 이미지의 성난 군주의 모습을 부여했는데, 군주는 그가 기뻐할 때, 그의 사람들에게 상을 내리거나, 기분이 언짢을 때 끔찍한 처벌을 가하는 정도였다. 그래서 신의 노여움을 달래고 그의 호의를 얻기 위해 제물을 바치는 풍습이 생겨났다. 그러나 꾸란의 신 개념은 그의 기분과 변덕에 따라 통치하는 독단적인 통치자의 것이 아니다. 반대로 신의 보상과 응보의 법칙은 보편적으로 적용되고 있는 자연적 인과응보의 법칙이다. 우리는 이러한 작동의 원리를 항상 우리 주변의 물리적 세계에서 보고 있기 때문에 우리의 정신적 행동과 관련된 그것의 운동을 이해하는 데 어려움이 없다. … 그러므로, 마치 인간이 보존자 신의 보호와 자비로운 신의 은총과 보상이 필요하듯이 (꾸란 앞 구절에 제시된 바처럼) 그는 신의 정의적 성품에 반하는 행위를 할 수 없으며, 원리대로 풍요로운 삶을 가져오도록 하며, 적어도 해로운 요소들은 제거하거나 최소화한다(Āzād, as quoted in Husain 1960: 68, 69).

5. 사이드 꾸뜹(Sayyid Qutb)

1906년에 태어나 1966년 압둘 나세르(Abdul Nasser) 이집트 대통령의 통치에 반대하는 음모로 처형된 사이드 꾸뜹은 무슬림형제단(al-Ikhwān al-Muslimṣn)의 급진적 운동의 대변인이었으며, 그는 지금까지 무슬림형제단운동의 순교자적인 강력한 소리가 되고 있다. 그러므로 그는 압두흐의 근대주의를 반영하는 게 아니라, 1928년 알하산 알반나(Hasan al-Bannā')에 의해 시작한 활동가이면서 1940년대와 1950년대 이집트의 주요 세력인 이슬람 전체주의(totalism)를 대변하는 인물이다. 무슬림형제단의 배후에는 이슬람을 통해 서구의 도덕과 사회적 영향력 전반에 대한 부패를 척결하고 정화하려는 욕구가 있었다. 이것은 이집트에서 이슬람 정책을 행동으로 옮기면서 혁명적인 사회 활동을 통해 이뤄졌다. 이슬람은 당시의 병폐와 절망적 상황에 대한 유일한 해답을 가지고 있는 포괄적인 이념으로 주장되었다. 이슬람은 삶을 완전히 규제할 것이고 또 규제해야 하며, 공공생활에서 샤리아를 완전히 받아들이면 사회 정의와 정치적 자유가 뒤따를 것이라고 믿었다. 삶에서 이성과 공공복리는 사회적으로 작동하는 원리이지만, 이슬람 자체의 도덕적 원칙 내에서 이뤄져야 했다. 이슬람 질서는 세 가지 기본 원칙에 달려 있다. 통치자의 정의, 피지배 계급의 복종 그리고 통치자 계급의 의회 곧 슈라(shūrā) 협의이다. 이를 통해 통치자가 선출되고, 사회가 통제되며, 필요하다면 지배 계급도 물러나야 한다. 따라서 모든 정당을 불법화시킬 수도 있고, 현재의 법이 샤리아로 개혁될 수 있고, 종교 교육을 받은 사람들에게 행정직을 줄 수 있는 정치적 플랫폼이다. 이러한 종류의 이슬람주의는 이슬람 세계의 많은 곳에서 대중적 인기를 모았는데 전통 이슬람 근본주의(종교적 엘리트주의)에 대한 전통적인 접근이나 서구적 근대주의 모두를 거부하는 잘 교육받은 젊은이들 사이에서 더욱 인기가 있었다. 사상적으로 검증받은 알마우두디(Abū ʾl-ʿAlā al-Mawdūdī)와 사이드 꾸뜹은 이슬람주의 성향을 가장 잘 표현한 것이다.

사이드 꾸뜹은 그의 인생 초기에 서구화를 받아들였지만 미국을 방문한 이후에 환멸을 느꼈다. 기록에 의하면 이스라엘 국가가 성립된 이후 1949-1951년 미국에 머무르는 동안 미국 내에서 반 아랍 정서를 직접 경험했다고 알려지며 서양식 생활 방식에 대해서 더 이상 동조하지 않았다.

> 나는 위대한 생산과 극도의 부와 관대한 즐거움의 나라인 미국에서 사람들이 어떻게 살고 있는지 알고 있다. … 나는 그들이 가진 부와 풍부함 그리고 기계 문명의 발전의 모든 증거를 보았지만 그들은 긴장감으로 삶을 누리지 못하는 것을 보았다. 그들의 즐거움은 긴장감이 동반된 그리고 동물적 즐거움이다. 사람들은 마치 그들을 쫓는 유령들로부터 끊임없이 도망치는 것처럼 살고 있는 모습이다. 그들은 광기와 빠른 속도로 멈추지 않는 움직이는 기계들 같다. 여러 번 나는 마치 사람들이 밤낮으로, 아침저녁으

로 멈추지 않는 분쇄기 안에 살고 있는 것 같다고 생각했다. 그것은 그들의 삶을 잠시도 쉬지 못하도록 분주하게 만든다. 그들은 그들 자신이나 그들 주변의 삶에 대한 믿음이 없다(Qutb,as quoted in Haddad 1982: 90).

서양과 물질주의적인 사회에 대한 그의 태도는 *Fī Zilālal-Qur'ān*(『꾸란의 그림자에서』)이라는 사이드 꾸뜹의 타프시르에 반영되어 있다. 이슬람은 "최종적이고, 포괄적이며, 완벽하고, 성취된 메시지"이다. 이슬람은 단지 근대주의자들의 종교적 원칙이 아니라 자유, 평등, 사회 정의의 통합에 있어 완벽한 삶의 전체 제도이며, 우주 질서와 일치한다. 그의 생각은 다음과 같은 방법으로 주석에 표현되어 있다.

"믿는 자와 선한 행위를 하는 자는 모든 피조물 중에서 가장 나은 자이다"(꾸란 98:7). 이것은 논쟁의 여지가 없는 절대적인 판단이다. 그 상태는 또한 명확하며 모호함이나 속임수가 없다. 이 조건이란 것은 믿음이며, 단순히 이슬람 국가라 주장하는 나라에서 태어나거나 이슬람에 속한다는 무슬림 가정에서 태어나는 것만이 아니다. 말로써 확증할 수 있는 것이 아니라 진실로 믿음을 가진 이는 실제 삶에서 영향력을 갖고, "의무를 다해 올바른 행위"를 하는 것이다. 그것은 입에서 말로만 주장하는 것과는 전혀 다르다. "의무를 다하는 올바른 행위"를 하는 것은 알라가 예배, 행위, 행동, 일상 거래에 이르기까지 삶의 전반에 미치는 것이다. 이러한 "의무를 다하는 올바른 행위" 가운데 첫 번째이자 가장 중요한 것은 이 지구상에 알라의 법을 제정하는 것과 이에 따라 국민의 정부를 세우는 것이다(Qutb 1979: 249).

알마우두디는 이슬람 외부에서 온 모든 것은 야만족의 정신세계에서 파생된 자힐리야(jāhiliyya)이며 이슬람이 상징하는 모든 것과 반대된다. 통제되지 않는 개인주의와 타락 현상은 근대 세계의 특징이며, 이는 도덕적,

사회적 쇠퇴로 귀결된다. 이슬람 사회는 단순히 타락한 것이 아니다. 사실, 이슬람을 떠나 신의 주권을 부정하고 물질주의로 대체함으로써 비무슬림과 같이 되었다. 근대 사회와 그 발전은 물질적, 도덕적, 문화적 방식으로 이슬람 세계 전체를 식민지화하기 위한 음모이다. 이슬람으로의 재귀와 자힐리야에 대한 규탄은 이 위협에 맞서기 위한 방법이다. 타협은 있을 수 없다. 이슬람은 샤리아에 따라 완전히 시행되어야 한다. 진정한 무슬림의 모범이 될 세대를 만들어 낼 대안적인 반사회 체제를 만들기 위해서는 무슬림형제단과 같은 단체가 존재해야 한다. 그러한 사회는 인간 통치를 신적 통치로 대신할 것이다. 왜냐하면, 신적 통치는 자힐리야의 입장의 핵심 지표가 된다.

사이드 꾸뜹의 주석에 대한 연구는 이슬람과 사회에 대한 그의 비전이 본문에 어떻게 조심스럽게 반영되었는지를 보여 준다. 예를 들어, 존스(A. H. Johns 1990: 143-170)는 꾸뜹이 꾸란에서 무싸의 이야기를 다루는 방식을 예를 들었다. 무싸는 '도덕과 사회 해방의 위대한 인물'이라고 보았던 꾸뜹에게 그의 사상에 적합한 수단을 제공한다. 피르아운(pharaoh)은 종교를 파괴하고자 하는 모든 시대의 폭군 통치자이다. 무싸는 신의 말씀의 승리를 선언하고자 하는 모든 사람의 본보기이다. 존스가 지적하듯이 꾸뜹이 이슬람 공동체 전체를 강조했음에도 불구하고 이집트는 세계의 '요람'이며, 삶의 모든 필수품을 제공하는 푸르고 비옥한 토지였다. 폭군이 신에게 헌신하는 자들에게 가하는 감옥살이 같은 위협은 자제력을 잃지 않고 오직 신의 능력으로 인도되는 현자의 모습을 보여 준다. 그리고 이 메시지는 폭군의 손에서 당한 굴욕 때문에 믿음을 잃은 사람들의 가슴에 울려 퍼질 것이다. 그들의 마음속에 남아 있는 믿음의 잔재는 재건될 것이다. 물론 이 모든 것은 꾸란에서 말한 무싸의 이야기를 생생하게 주석하는 과정에서 꾸뜹 자신의 삶 그 자체를 반영하는 것이다. 꾸뜹의 투쟁은, 세계의 위선적인 힘들에 대항하는 그의 투쟁이며, 급진 이슬람주의자들이 오늘날까지 계속하고 있는 투쟁의 정신을 보여 준다.

사이드 꾸뜹은 또한 꾸란의 유익에 대한 논리를 자신의 입장을 기초로 그의 주석을 달았으며, 그의 사상은 시대 충돌적인 의견들을 반영한다. 무슬림의 입장에서 본문에 대한 예술적 감상이 부족한 것은 본문 전체를 포괄적으로 보는 시각을 놓쳤다는 것을 의미한다. 이것은 특히 본문에 단순 접근을 한 전통적인 주석의 잘못이다. 예술성에 반영되었듯이 꾸란의 책으로서의 포괄성은 신적 단일성의 거울이며 이슬람의 응집력을 자아내는 통합이며, 종교와 사회 질서를 총괄하는 이미지를 보여 준다. 꾸란의 극적 요소들은 인간 삶의 극적 요소를 반영하고 있기 때문에 의미를 살리기 위해서는 본문 내용을 생생히 살려야 한다. 꾸뜹은 젊은 날 문학가(belletrist)로서의 그의 직업적 특성을 이 주석에서 반영했다.

6. 딴따위 자우하리(Tantāwī Jawharī)

이미 언급된 바와 같이, 아흐마드 칸과 무함마드 압두흐는 근대 세계의 진보에 걸음을 함께하기 위해 그들의 동료들이 서양의 과학적인 관점을 수용하도록 열심히 격려했다. 종종 이러한 노력은 단순히 꾸란에서 독자들이 이성적인 지식을 찾고 사용하도록 고무하는 것에 그치는 정도이다. 하지만 역사의 한 시기에는, 이슬람 세계가 처음에 과학을 발전시켜 유럽의 발전적 태동을 주었다는 역사적 주장에 기반하여 현 시대에 무슬림들은 단지 예전의 진정한 이슬람을 되찾고 있을 뿐이라는 주장을 했다. 타프시르의 더 독특한 경향도 나타나는데, 이집트 중등학교 교사였던 딴따위 자우하리(1862-1940)는 1923-1925년에 26권에 걸쳐 쓴 *Al-Jawāhir fī Tafsīr al-Qur'ān*(『꾸란 주석의 보고들』)이란 꾸란 주석서에서 이를 보여 준다.

자우하리의 글에는 두 가지 주요 주제가 담겨져 있는데, 20세기 초부터 많은 근대주의 작가의 글에 나타난 아래의 공통점을 보인다. 첫째, 이슬람은 인간의 본성과 완벽하게 조화되며, 둘째, 꾸란에서 발견되는 이슬람은 세계의 과학적 활동에 대한 설명을 담고 있다. 사람들이 알아야 할 모든 것이 꾸란에 포함되지 않았더라면 알라는 꾸란을 내려 주지 않았을 것이다. 과학은 근대 세계에서 분명히 필요하다. 따라서 꾸란을 통해 모든 과학이 제대로 이해되더라도 놀랄 만한 것은 아니다.

자우하리는 전통적으로 꾸란의 기적적인 성격 즉, 모방할 수 없는 꾸란의 고전적인 개념을 사용하였고 또 그는 이제서야 인류에게 명백해지고 있는 문제에 관한 지식으로 본문의 내용을 다루었다. 본문에 포함된 과학적 지식은 기적적인 성격을 보여 주는 것이기 때문에, 꾸란에서 수많은 근대 발명품(예시: 전기)과 과학적 발견(지구가 태양 주위를 돈다는 사실)에 대한 참고 자료들이 발견된다는 것이다. 자우하리는 항상 그의 해설이 본문에 대한 전통적인 접근보다 덜 억지스럽다고 주장했다. 과학적인 설명은 꾸란과 순나가 사람들에게 필요한 모든 지식을 제공한다는 관점으로부터 유래한다. 그러므로 꾸란은 근대 과학을 예견하고 있다고 주장한다. 더욱이, 주석의 경향으로서, 이런 주석적 접근법은 전통적 선례가 있으며 훌륭한 전통과 전승들이 있다. 예를 들어, 알무르시(al-Mursī, 1257년 사망)는 천문학, 의학, 직조, 방적, 농업, 진주 캐기 등의 내용이 꾸란에 언급되어 있음을 발견했다.

과학적인 주석의 경향은 널리 퍼졌고, 종종 비무슬림들에게 꾸란과 이슬람의 신성한 본질을 설득하기 위한 수단으로 널리 사용되었다(비록 당시 자우하리가 사용한 과학적 근거는 지금은 낡아 빠져 소용이 없을 지라도). 튀르키예에서는 영어 정기 간행물이 발행되었는데(이것은 관광객/비이슬람권 사람들을 겨냥해서 발간된 것으로 추정됨) 이러한 놀라운 예는 꾸란 66:6에 나오는 "불의 연료가 인간과 돌"이라는 말을 다음과 같은 방식으로 논평한다.

> 엄청난 양의 에너지가 물질의 핵에 갇혀있다. 아인슈타인의 방정식 $E = MC^2$에 따르면, 1그램의 물질이 에너지로 변환되려면 2500톤의 석탄에 포함된 것과 동등한 에너지를 생산해야 한다고 알려져 있다. 만약 사람과 돌

의 원자가 에너지로 바로 전환될 수 있다면, 우리는 엄청난 양의 연료를 생산할 수 있을 것이다(Nurbaki 1986: 44).

그렇다면 꾸란 구절의 진정한 목적은 이러한 사실에 우리의 주의를 집중시키는 것이다. 즉, 물질의 본질에 숨겨진 진실을 우리에게 가르쳐 주려는 것이다.

그러나 변증법만이 과학적 해법의 유일한 성과는 아니다. 무슬림들은 이런 종류의 주장을 드러냄으로써 그들의 믿음이 강화되고 새로워진 것을 발견했다. 대표적인 것이 1991년 세계 종교 교과서에 실린 한 이집트 약학 박사의 다음과 같은 증언이다.

> 1400년 전 꾸란에 적힌 일부 문장은 당시에는 의미가 없었지만 지금은 의미가 있다. 예를 들어, "우리는 이 우주를 창조했고 팽창시켰다", "우리는 지구를 달걀처럼 보이게 만들었다." 1400년 전 평범한 사람으로부터 나온 말이 아니다. 고대 이집트인들과 고대 시리아인들 사이에서 우리는 이 정보를 찾을 수 없다. 나는 누군가가 무함마드에게 지식을 주고 있다고 믿기 시작했다. 내가 그렇게 신앙이 깊은 사람이 아니기에 경전이 있다고 이를 믿으라 강조할 수는 없다. 그러나 이러한 과학적 정보는 하나의 출처 외에는 어떤 곳에서도 가져올 수 없다는 결론에 이르게 한다(Fisher and Luyster 1991: 277).

과학에 기반을 둔 많은 다른 증거는 근대 무슬림들에게 개연성이 있다. 예를 들어, 매우 인기 있는 증거 중 하나는 꾸란이 특정 숫자들을 기반으로 한 배열들을 가지고 있다는 것인데 이러한 배합은 글자들, 단어들과 시구들, 장들이나 그리고 기타 여러 내용에서 예상하지 못한 형태로 발견된다. 본질적으로 그러한 접근법은 컴퓨터 분석에 의해 밝혀지는 고대의 기원에 대한 근대적 변형 형태인 '숫자들의 과학'이다. 숫자 19는 이러한 수적 추리에 있어서 전통적으로 유래를 가지고 있으며 최근의 연구는 숫자 7을 사용하여 같은 것을 이루어 냈다. 이러한 주장을 하는 데 있어 계속되는 자료를 통해 확실히 선택적인 배열이 있음을 밝혔다. 또한, 적은 범위의 숫자와 상당히 큰 텍스트 기반의 통계적 확률을 고려할 때, 유사하지만 두드러진 배열로 임의의 숫자를 사용한 분석을 통해 꾸란의 기원도 고려해 볼 수 있다(사실 아랍어에서 "단어"란 말이 어떻게 정의되는지 고려해 보면 개연성이 더 있다).

그러나 이러한 과학적 접근법을 반대하는 자들의 주장에 따르면, 이 접근법은 본문의 언어가 무함마드와 그의 시대의 언어가 아니었다는 것을 제안한다는 것이다. 그것은 그러나 비평가에 따르면 그것은 건전하지 않은 접근법이다. 예를 들어, 앞의 인용구에서 "하늘들"로 번역된 "samawāt"(사마와트)라는 단어가 오늘날 "우주"라는 단어이지만 당시에는 무함마드와 그의 추종자들에게 상당히 다른 어떤 의미를 전달했을 것이다. 물론 그러한 주석은 꾸란의 가치가 그것의 정신적이며 일반적인 안내를 준다는 보통 모더니스트의 생각에 반대하며, 꾸란 자체가 이러한 사실의 출처가 되지 않는다. 많은 반대론자는 19세기와 20세기의 끊임없이 변화하는 과학 사상이 꾸란의 변하지 않는 가치와 동일시되어서는 안된다고 말한다. 샵비르 아크타르(Shabbir Akhtar)는 "만약 그것이 그들에게 적절한 용어라면, 신자들만이 확신을 가질 수 있다"라고 이러한 주장의 한계를 지적한다. 아크타르(Akhtar)에 의하면 본문 전체에 적용되는 과학적 일관성의 기준은 본문 모두에는 적용되기 어렵다.

꾸란 주장이 과학적인 견해와 일치한다면, 그것은 종교계에서나 축하할 일이다. 그렇지 않고 현재 과학계에 만연해 있는 믿음들을 보면 편의상 무슬림들에게 충분하거나, 틀리더라도 별로 개의치 않고 이러한 세속적인 과학적 진실성은 전혀 꾸란의 가치 판단 기준과는 무관하게 선언된다. 따라서 그 기준을 일관되게 꾸란에 적용해 보려는 것은 종교인 스스로가 막연히 사실상 종교적 계시를 놓고 과학에 준해 매우 엄격한 요구를 하는 것이다. 그렇다면 꾸란의 권위는 현재의 과학 분야에 부합할 수 있느냐에 달려 있는 것인가?(Akhtar 1990: 54).

꾸란에 대한 과학적인 주석은 매우 근대적 가정을 반영하기 때문에 꾸란에 대한 근대적인 접근 방식이라고 할 수 있다. 과학은 하나의 객관적인 진리를 가지고 있고, 꾸란이 유효하려면, 그 진리에 부합한지 확인해야 한다. 이것은 꾸란의 절대성을 의심하지 않고, 과학으로 세계를 묘사하기 위한 다양한 노력을 시도했던 중세 시대의 가치 체계라고 할 수 있다.

7. 이슬람 세계의 여타 지역에서 타프시르(Tafsīr)

꾸란 주석을 쓰는 것은 인도와 이집트뿐만 아니라 이슬람 세계 전역에서 행해지고 있다. 이븐 바디스(Ibn Bādis, 1889-1940)는 근대 정치 문제에 대한 그의 생각을 전달하기 위해 타프시르로 전향한 유명한 알제리의 근대주의 개혁가였다. 이란에서, 사이드 무함마드 후세인 알따바따바이(Sayyid Muhammad Husayn al-Tabātabā'ī, 1903-1982)가 아랍어 책 *al-Mīzān*(『천칭』)을 출판했는데, 그들 중 일부는 신전통주의(Neo-Traditionalist) 성격을 가진 이슬람에 대한 전체주의적 비전을 보여 주는 영어 번역서의 특징을 가진다. 인도네시아에서는 아흐마드 수르카티(Ahmad Soorkatie) 같은 사람들이 아랍어 강의에 포함된 꾸란 주석의 형태로 무함마드 압두흐의 근대주의 사상을 발표했다.

위의 논의에서 알 수 있듯이, 꾸란 주석 책들은 이슬람 세계에 다양한 사상을 전파하는 수단이 되었다(그림 14.2). 이슬람에 대한 다양한 개념에 대한 지지가 꾸란 본문에서 발견되는데, 이 구절들은 무슬림들이 직면한 딜레마와 근대 세계에 대한 그들의 믿음에 대한 해답을 가지고 있는 것으로 여겨진다. 이러한 모든 주석은 오늘날까지 이슬람의 시대적 개연성을 촉구하는 가운데에도 꾸란에 대한 이해에 따라 접근법들 사이의 차이점이 나타나기 시작한 부분이다. 각각의 접근법은 이슬람의 가르침에서 필수적인 내용에서 자신들만의 정의를 내리고 있다. 지금까지 설명한 토론이나 설명들이 근대 사회에서 꾸란의 본질에 대해서 이를 어떻게 이해할 것인가에 대한 근본적인 의문을 제기하지 않았다는 것은 주목할 만하다.

[그림 14.2] 말리의 꾸란 학교 꾸란을 가르치기 위한 말리에서의 수업 [출처: Ullstein bild/Contributor/Getty].

8. 비평적 접근법의 유형들

꾸란의 본문을 살펴본 실제적인 예는 꾸란(Qur'ān)에 대한 무슬림의 비평적 접근의 유형인데 그들이 제기하는 문제 및 주석들이 도달하는 한계를 논의하는 데 중요한 관점들을 제공하며, 근대 꾸란 토론에 있어 어려움에 대한 가장 좋은 예시를 제공한다. 아래 꾸란 주석은 독자들을 위해 실전으로 꾸란 해석을 해 볼 주석 유형의 사례이다. 꾸란의 다음 세 부분을 읽고 근대적 맥락 안에서 문제가 되는 측면을 고려하라. 근대주의 무슬림의 입장을 가정해 보라. 무엇이 문제라고 생각하는가? 무슬림의 입장을 취하라. 이 문맥들에서 서양적 인식이 갖는 어려움에 대한 당신의 반응은 무엇인가? 전통주의자(traditionalist)의 입장을 가정해 보자. 그 구절을 어떻게 주석할 수 있겠는가?

첫 번째 주석 유형 사례:

수라 56:11-24

이들은 신과 가까이 있어
축복의 극락 가운데 있고
그곳에는 옛 선조들도 있으나
후세의 사람들은 소수더라
그들은 금으로 장식된 침대에 앉아
서로가 서로에게 얼굴을 마주보며 기대니
영원히 사는 시종들이 그들에게 시중을 들며
술잔과 주전자와 샘에서 흐르는 포도주와 함께
그것으로 인해 그들은 두통을 앓거나 의식을 잃지 않으며
그들은 취향에 따라 과일을 선택하고
그들이 원하는 조류의 고기를 즐기며
후르 아인(역자 주: 눈이 크고 아름다운 여성)이 있으니
숨겨진 진주와 같다.
이것들은 그들이 행한 것에 대한 보상이다.

이 관능적인 극락의 보상은 다양한 반응을 불러일으킬 수 있다. 근대주

의자에게 그러한 극락의 이미지는 그들이 성별의 관계에서 암시하는 것과 향후 보상을 다루는 데 있어서 물질적인 이미지 때문에 잠재적으로는 불쾌할 수 있다. 게다가, 근대주의자들은 이 사후 세계의 이미지가 어찌 되었든 영적이지 않다는 오리엔탈리스트의 제안에 반응할 것이다. 그러한 입장은 이러한 극락의 이미지는 신화로서 이해되어야 한다고 제안하고 싶을지 모른다. 이것은 현실을 묘사하는 것이 아니라, 무함마드 당시의 사람들을 설득하여 그들이 신의 뜻에 따라 개종하고 '복종'하도록 동기를 부여할 수 있는 언어 형태로 표현되었다. 이미 인식하고 있는 문제에 대한 해결책은 역사상 꾸란 메시지의 일부분이 특정 세대와 직접 관련될 수 있다는 것을 시사한다.

무슬림들은 그 구절이 현실을 반영하지만 현실을 은유와 이와 유사한 수사법으로 표현한 것이라 주장할 것이다. 종종 "눈이 크고 살결이 흰 처녀"로 번역되는 "후르"(hūr)는 전혀 처녀들이 아니라, 예를 들어 모두에게 봉사할 사제들이다. 따라서 텍스트의 정확성은 상대화되는 것이 아니라 근대적인 정신에 맞는 방식으로 재해석되어야 하지만 현실은 여전히 텍스트와 따로 뗄 수가 없다.

전통주의자들은 그러한 구절을 어려워하지 않는다. 꾸란에서 알라가 내려 준 문자 그대로의 설명과 최소한 실제 극락은 다를 것이라고 말할 이유는 없다. 사후 세계의 실제 모습에 대해 우리가 가진 유일한 증거는 경전에 있으며, 알라는 그것을 정확하게 묘사하셨을 것이며, 알라와 인간을 기쁘게 하는 방식으로 그것을 설계하셨을 것이라 믿기 때문이다.

두 번째 주석 유형 사례:

수라 23:12-18

우리는 인간을 흙으로 창조했다.

그를 한 방울의 정액으로 보호받는 장소 안에 두었으며

그런 다음 그 정액을 응혈로 만들었고

그 응혈로써 살을 만들고 그 살로써 뼈를 만들었으며

살로써 그 뼈를 감싸게 한 후 다른 피조물을 만들었다.

가장 나은 창조주, 알라가 복을 주었다.

그런 다음에 너희들이 죽게 되고

부활의 날에 너희가 부활할 것이고

우리가 너희들 위에 7개의 하늘을 만들었다.

우리는 창조에 결코 무관심하지 않다.

우리는 하늘로부터 제한된 양의 물을 내려 주고

땅 속에 머물게 하다가 우리는 그것을 고갈시킬 수 있다.

앞의 첫 번째 꾸란 구절에서는 인간에게 꾸란 말고는 다른 증거가 없다는 내용이다. 바로 위 꾸란 구절에서 우리는 자연 세계에 대한 우리의 지식과 관련된 문제들을 다루고 있다. 출생, 7개의 하늘에 대한 개념 그리고 비에 대한 것이다. 어떤 관점에서는 이 정보가 옳거나 그르거나 해야 한다. 무슬림의 경우 이 모든 정보가 과학적 지식과 일치해야 하며, 이 두 가지 지식은 모두 적절히 이해되어야 한다. 예를 들어, 출생과 관련된 단어를 바로 직역하게 되면 이미 태아의 발달 단계에 대한 근대 시대 관념을 반영해 반쯤은 이미 과학적인 방식으로 그 단어가 이해되었다는 가정을 반영한다. 아마도, 더 문제가 되는 것은 "7개의 하늘" 혹은 "극락"이다. 하지만, 심지어 그곳에서도, 지구 대기의 다양한 층들을 일곱 개로 추측해 볼 수도 있다. 이 관점에 따르면, 이 구절들에 대한 직절한 주식은 20세기 후반 무슬림들에게 분명해졌을 것이라는 의미를 여기서 주목할 필요가 있다.

무슬림들에게 꾸란은 일부 (더 급진적인) 근대주의자들의 입장이 그렇듯이 무함마드 당시의 세계와 그 지식 상태를 반영하고 있다고 말할 정도로 상대적일 수 없다. 근대주의자들이 제안하는 이 구절들은 우리에게 새 시대적 사실을 말하려는 게 아닐 것이다. 오히려, 그것들은 모두 알라의 영광과 능력을 암시하는 기본적인 생각들을 반영하는 본문이다. 본문의 중요성은 그것이 말하는 문자 자체에 있는 것이 아니라 그것이 가리키고자 하는 것과 관련되어 있다.

전통적인 사상가의 입장에서는 그러한 구절과 근대 과학 사이의 명백한 충돌은 과학 지식이 시대에 변화하는 성질을 보여 준다는 것이다. 세상의 현실은 신이 주신 정확한 묘사 속에 있다. 세상에 대한 관찰이 제대로 이루어지면(이러한 관찰적 접근이 권장된다) 꾸란이 사실인지 아닌지 밝혀질 것이다.

세 번째 주석 유형 사례:

수라 4:34

남자들은 여자들의 보호자이고
알라가 한쪽을 다른 쪽보다 더 많은 힘을 주었으므로
그들의 돈을 지불하므로
그러므로 의무를 행하는 올바른 여성들(쌀리하트)은 순종적이고
알라가 지키라고 하는 그녀들이 지키고
순종적이지 않다고 너희들이 의심되는 여성들에게는
(먼저) 충고를 하고
그들의 침대에서 그녀들을 홀로 놔두고
그리고 나서 그녀들을 때려라
만일 그녀들이 순종하면 그녀들을 해롭게 하려고 다른 수단을 사용하지 말라.
알라는 지극히 높으시고 위대하다.

꾸란의 어떤 다른 구절도 근대에서 이보다 더 많은 분노를 불러일으킬 것 같지는 않다. 가장 초점이 되는 부분은 "wa-dribūhunna"라는 단어로, "(마지막에) 그들을 (가볍게) 두들겨라"라고 번역한다. 다른 번역가들은 "혼내 주다"나 다른 비슷한 감정의 어조를 더 부드럽게 한다. 아랍어는 보통 "때리다"를 의미하는 데 사용되며, 전통적인 무슬림들이 그러한 신체적 의미에서 그 단어를 이해했다는 것에는 의심의 여지가 없다. 무슬림들에게는 사회관과 가족의 가치에 따라 두 가지 선택이 있다. 첫째, 그 구절은 문자 그대로 받아들여질 수 있지만, 그 구절과 관련된 법적 요구 사항에 중점을 둔다. 예를 들어, 여성들이 불복종하는 것을 매우 심각하게 받아들어야 했을 것이다. 그 구절의 엄격한 적용은 "여성의 이익을 위한 것"이라고 주장될 수 있다. 이 구절들이 암시적으로 전해 주는 것은 순종을 확보하려고 신체적인 힘을 사용하는 것을 잘못이라고 말하는 서구 가족 규범과 서구의 남녀 관계를 고려하는 것을 거부한다는 것이다. 어떤 사람들은 이런 주석에 따라 이 구절에 의해 적용된 윤리적 규범이 실제로 적용되어야 한다고 할 수도 있다. 이슬람의 가족 구조를 포용하지 못했을 때 "매를 아끼면, 아이/여성을 망친다"는 결과를 초래할 수 있다고 주장할 것이다.

그러나 이 구절에 대한 또 다른 무슬림들의 입장은 "그들을 때려라"라는 단어를 재해석하는 것이다. "그들을 혼내 주라"와 같은 문구들은 경전의 본문을 그대로 두고 오히려 이슬람이 남녀 간의 책임을 존중하므로 서구에서 권하는 어떤 기준보다는 이슬람이 더 나은 자체 기준을 갖고 있다고 주장할 수도 있다.

이 구절을 다루는 데 있어서 가장 큰 문제에 봉착한 것은 근대주의자들이다. 사람들이 도덕적으로 여전히 진보하는 시기에 적절하게 법을 선포해야 하는데, 그것은 사실 꾸란의 법적 내용조차도 역사적 상황에 따라야 한다는 것이다. 꾸란의 기본적인 종교적 신념인 알라의 존재하심과 그의 전지전능함 그리고 위엄이 경전의 영원한 메시지로 남아 있어야 한다.

꾸란의 법적 절대성은 일반적으로 이슬람의 정체성에서 중심적인 역할을 하기 때문에 이것을 근대 법적 입장에 비추어 판단하는 이슬람의 대중적 입장을 대변한다고 보기는 어렵다. 왜냐하면, 많은 무슬림은 꾸란을 오늘날의 기준과 연관시켜 설득하려는 것이 (남녀 간의 불평등으로 이어져) '부도덕적'이거나 이와 유사한 죄악으로 이어질 것으로 생각되기 때문에 결국 이슬람을 포기하여 그들의 신앙이 '미끄러질까 봐' 염려하기 때문이다.

9. 위태로운 문제들

꾸란에 대한 근대적 논의에서 발생하는 두 가지 주요 질문이 있는데, 꾸란 구절에서 확실하게 예측할 수 없는 미래 사건을 다룰 때 어떤 한계성을 보여 준다는 것이다. 첫 번째는 꾸란의 기적성에 대한 질문에서 시작해서 꾸란의 합리성에 대한 일반적인 질문으로 이동하고, 두 번째는 법적 규정과 도덕적 규정 간의 차이에 대한 문제를 제기한다. 이 두 가지 모두가 서로 연결되어 있고, 적어도 몇몇 사람의 생각에서는 다음으로 이어진다.

10. 꾸란의 불모방성

고전적으로, 꾸란의 이으자즈(iʻjāz; 불모방성)는 본문 내용이 완전히 시대적 초월성을 갖는다고 주장해 왔다. 꾸란은 완전히 신성하고 꾸란의 언어는 그 자체로 알라의 말씀이다. 따라서 무슬림은 꾸란을 알라의 말씀 그 자체라 받아들인다. 그것은 그 형식에서 역사적 시간의 경과와는 아무런 관계가 없다. 그것은 문자 그대로 하늘에서 내려온 것으로, 선재하는 알라의 서판에 쓰여진 것으로 믿고 있다. 꾸란의 궁극적인 권위에 대한 야기된 모든 갈등은 항상 인간 지식의 한계를 지적함으로써 해결되었다. 우리는 완전히 이해하지 못한다는 것이다.

일부 무슬림들은 꾸란의 불모방성에 대해 다소 수정된 이해를 요구했다. 일반적으로, 이러한 신념은 무함마드의 전기에 대한 토론에서 이미 언급된 초자연주의를 반대하고, 합리주의를 지지하는 측면을 볼 수 있다. 초자연주의에 대한 반대 입장이 이슬람 종교를 해하지 않는 범위에서 꾸란을 어느 정도까지 수용할 수 있을지는 의문이다. 꾸란의 초자연주의적 특성을 반대하는 입장에서 제기된 질문이 항상 우선되는 것은 아니다. 그렇다면 이슬람이란 무엇인가?

알리 다쉬트('Alī Dashtī)의 경우처럼 꾸란의 기적에 대해서 자주 듣게 되는 답변은 꾸란의 기적이 그 형식에 있는 것이 아니라 (그 문제에 관한 고전적인 발언에 중요성을 두지만) 꾸란이 제공하는 신적인 안내와 그 안내가 가져다주는 성공에 관심을 둔다는 것이다. 따라서 꾸란의 권위 있고 신성한 위치는 유지되지만, 각각의 교리에 대한 전통적인 주석은 사라지게 된다는 것이다. 그러면, 이러한 답변은 어떠한 사람들에게는 두 가지를 더 생각할 수 있게 한다. 꾸란 내의 다른 모든 초자연적인 요소를 제거할 것인가 하는 문제와 본문의 비일관성에 대한 정확한 이해가 무엇인가에 대한 질문이다.

또 다른 일반적 경향은 문자 그대로 내려온 것이 아니라 무함마드의 마음속에 자리잡은 것을 예언자의 인간 능력을 통해 말한 것이다. 그러므로 꾸란의 언어는 무함마드의 언어이다. 비록 이것이 궁극적으로 알라의 말씀이라고 여전히 주장할 수 있지만.

이러한 논의의 배후에는 이슬람의 근대화, 개혁, 갱신의 필요성 등 근대주의 운동이라는 기본적 추진력이 있다. 이 목표를 달성하기 위해서는 근대 사회와 맞지 않는 규범과 반이성주의적 발상과 같은 걸림돌로 생각되는 것은 제거한다.

또한, 유럽에서 발전된 역사 비평 방법의 영향도 있다. 이 방법의 기본은 역사가 인과 관계에 의해 움직이고 그 원인이 결정되고 연구될 수 있다는 것(모두 과학의 이성적 충동을 중심으로)이다. 역사는 이성의 법칙에 따라 연구되어야 한다. 그것이 세상이 돌아가는 방식이기 때문이다. 그런 점에서 종교는 특별한 것이 아니다. 종교는 여느 철학이나 문학이나 자연 그 자체와 같다. 그것은 논리 정연하고, 일관적이어야 하며, 인류 역사에 대한 이해에 통합될 수 있어야 한다. 18세기의 성서학자는 이러한 입장을 꽤 분명하게 밝혔다. 예를 들어 1771년에서 1775년 사이에 성경에 대한 연구물을 출판한 세믈러(Johann Salamo Semler)의 경우, 다양한 책의 기원을 둘러싼 환경에 비추어 순전히 성경에 대한 역사적-철학적 주석을 요구했다(Krentz 1975: 19). 슐라이어마흐(Schleiermacher)의 영향으로 19세기 신학과 철학적 속박에서 벗어나, 20세기 초 성경 연구는 공정하고 객관적인 연구를 이상적으로 보게 되었다. 이에 대한 최종 결과는 다음과 같이 요약된다.

> 유일하게 과학적으로 책임성 있는 주석은 현재의 기법에서 역사적 저술을 방법론적으로 일관되게 사용하고 또 이 책들이 초기 기독교의 전통 역사의 맥락에서 가졌던 의미를 인식하고 기술하려고 재구성을 통한 성경 본문에 대한 체계적인 연구이다(Krentz 1975: 33).

대부분의 경우, 역사 비평적 방법의 영향은 적어도 꾸란에 관한 연구에서 무슬림 세계가 천천히 느끼고 있었다. 이에 대한 이유는 방금 언급된 꾸란의 성격에 관한 전통적인 논의 안에 있다. 왜냐하면, 무슬림들이 이런 새로운 것을 받아들일 때 얼마나 위태롭다고 생각하는지 기억해야 한다. 이슬람의 존재는 고전적으로 꾸란의 불모방성에 달려 있다. 따라서 이것이 따라야 할 개혁의 경로라고 결정한 사람이라면 그에게 지속적인 "주의"가 필요하다. 꾸란의 기본적 성격과 이에 대한 평가가 먼저 이뤄져야 하며, 이는 본문의 합리성과 역사적 사실과의 관계에 대한 질문을 의미한다. 다음 사례에서 알 수 있듯이 이 문제는 무슬림들이 이슬람 안에 있으면서 이러한 질문을 추구하는 데 얼마나 멀리 갈 수 있을지 이 문제는 여전히 그들에게 남아 있다.

11. 무함마드 칼라프 알라(Muhammad Khalaf Allāh)와 역사적 특수성

이성주의 혹은 반초자연주의는 주석의 한계에 부딪힌 분야 중 하나이다. 꾸란을 이성과 완전히 일치된 것으로 보려는 소원은 이슬람에 대한 보다 전통적인 관점을 견지하는 사람들이 이의를 제기하기 전까지만 허용될 수 있었다. 이러한 한계에 직면한 또 다른 영역은 '진리'와 '현실' 사이의 충돌이라는 측면에서 종종 텍스트와 역사적 현실 사이의 관계가 언급되는 것을 말한다.

1947년 카이로대학에 제출된 논문에서 무함마드 아흐마드 칼라프 알라(Muhammad Ahmad Khalaf Allāh, 1916-1997)는 이슬람 세계에 이 문제를 부각시켰다. 그 문제가 그 이전의 다른 학자들, 특히 그의 선생인 아민 알쿨리(Amīn al-Khūlī, 1895-1966)와 같은 이에 의해 제기되었지만, 칼라프 알라(Khalaf Allāh)의 경우 대중의 반응은 상당히 빨랐다. 그는 꾸란의 예언적 이야기는 역사적이 아니라 포교적인 것이라고 썼다. 예언적 이야기들은 도덕적/종교적 목적을 위해 반복되었고 주어진 상황에서 무함마드의 필요에 따라 다른 형태로 반복되었다. 그러므로 예언적 이야기들은 목적에 있어서도 역사에 의존했다. 이것은 "진리"(인간의 혼과 관련된 의미)와 "현실"(역사적 사실에 반영된) 사이의 구별이다.

칼라프 알라는 "무신론과 무지"로 비난을 받았고 여러 번 논문을 다시 써낸 후에야 논문이 받아들여졌다. 1950-1951년에 그의 논문은 출판되었지만, 그 후 그는 그의 대학 교수직에서 쫓겨났다. 전통적으로, 꾸란의 모든 이야기는 동일한 가치가 있고 역사적인 성격을 갖는 것으로 여겨졌지만 그의 입장은 근대 사회에서 많은 질문을 제기했다. 초기의 다른 출처와 일치하지 않는 것처럼 보이는 이야기는 무엇인가? 예를 들어, 꾸란의 하만(Hāmān)은 피르아운의 장관으로 추대되는 반면, 성경에 따르면 그는 훨씬 더 후대의 페르시아 왕의 총리이다. 근대 무슬림들이 믿는 것은 무엇인가? 꾸란의 사실들은 역사적으로 모두 사실이고 다른 모든 출처는 거짓인가? 이러한 태도가 새로운 출처보다는 오래된 출처를 분명히 중시하는 역사 비평 방법과 어떻게 연결되어 이해될 것인가? 칼라프 알라가 우려하는 것 중 하나는 변증이었다.

꾸란 본문 내에서 이런 모든 문제를 계속 인용한 오리엔탈리스트들의 공격으로부터 꾸란을 어떻게 구할 것인가 하는 것이 그의 관심이었다. 이런 문제에 대한 칼라프 알라의 해결책은 꾸란의 관심은 심리적 및 종교적 진리가 표현된 문학적 표현들을 사용하는 것이라고 대답하는 것이었다. 꾸란이 중점으로 두는 것은 반드시 역사적 혹은 물리적인 사실(즉, '현실')에 관한 것은 아니다. 문학 장르, 특히 역사 문학, 우화, 알레고리(풍유)는 이러한 정신적 진리를 구현하기 위해 꾸란 내에서 사용되어 왔다. 꾸란의 목적은 역사대로 가르치는 것이 아니라 훈계와 권면하는 것이 중심이었다. 그러므로, 시간과 장소에 대한 정보는 일반적으로 꾸란의 내러티브들에서 누락된다.

이런 논란은 오늘까지도 계속 반복되고 있다. 알쿨리를 이어받은 또 다른 학자 나쓰르 아부 자이드(Nasr Abū Zayd, 1943-2010)는 1995년 이집트 가정 법원에서 카피르(역자 주: 알라를 믿지 않는 자)의 혐의로 기소됐다. 법원은 다음과 같은 이유로 그를 유죄로 판결했다.

(1) 그는 꾸란에 언급된 천사와 악마의 존재를 부인했다고 한다.
(2) 그는 꾸란에서 극락과 지옥을 묘사한 특정 이미지를 신화라고 설명했다.
(3) 그는 꾸란의 텍스트를 인간이 만든 작품이라고 설명했다(그것은 역사적으로 결정된 것이고 문화적으로 텍스트를 구성한 것이므로).

(4) 그는 특히 상속, 여성, 기독교인과 유대인과 여성 노예와 관련된 문제에 관해, 문자 그대로 꾸란의 본문에서 파생된 개념을 대체하기 위해 이성을 사용할 것을 주장했다.

이러한 글 때문에, 나쓰르 아부 자이드(Nasr Abū Zayd)는 카피르(역자 주: 알라를 믿지 않는 자)로 수용되었고 그의 결혼은 무효화되었다. 그 결과 그와 그의 아내는 그 나라를 떠났다. 아부 자이드의 이런 생각들은 그러한 아이디어가 이슬람 내에서 오랜 전통을 가지고 있다는 것에 주목한 것이었다. 그것들은 이슬람 형성기 동안 무으타질라파가 가졌던 핵심 개념이었으나 그러한 아이디어는 이슬람 안에서는 다시 받아들여질 수는 없었다. 그러나 꾸란을 문학적으로 연구하는 것을 받아들일 수 있는 이슬람의 새로운 근대 신학이 필요했다. 아부 자이드는 그의 최근 글에서 꾸란을 '담화'라고 말하는데, 이것은 고전적으로 꾸란을 텍스트라고 했던 것 그 이상의 것이라고 한 것이다. 다양한 목소리와 대화와 협상의 스타일로 특징지어지는 꾸란은 문자 그대로 읽거나 심지어 은유적으로만 읽을 수 있는 것이 아니라 개방성과 의사소통과 관계성의 정신으로 접근해야 한다. 아부 자이드는 이 문제가, 근대주의자들이 누구도 반대할 수 없는 인권과 존엄성의 기본적 원칙을 강조함으로써 딜레마를 해결하는 것같이, 꾸란의 담화와 동일시할 수 있는 보편적 원리의 성격을 결정하는 것이 문제라고 한다.

칼라프 알라와 아부 자이드의 예는 무슬림들이 얼마나 꾸란을 재해석할 준비가 되어 있는지 그 한계성에 대한 이슈를 제기한다. 역사 비평적 방법의 기본 원리인 이성주의는 일반적인 모더니스트 경향 내에서 인식되는 문제들을 해결하기 위해 적용된다. 그 어떤 주석가들도 실제로 경전 본문의 진위를 의심하지는 않지만, 단지 그 단어 자체가 그들이 말하는 전통적인 생각을 정확히 전달하려는 의도대로 받아들여져야 하는지의 여부를 묻는 것이다.

12. 동시대의 반응

출판 당시 칼라프 알라의 글에 대한 반응 중 상당 부분은 저자가 역사를 꾸란보다 더 높은 진리의 기준으로 삼고 있다고 비판했고 이것은 어떤 무슬림도 받아들일 수 없는 것이다. 이러한 연유는 꾸란 본문에 궁극적 진리가 선험적으로 존재한다고 믿었기 때문이다. 좀 더 미묘한 논쟁은 샵비르 아크타르(Shabbir Akhtar)에 의해 이루어지는데, 그는 칼라프 알라(Khalaf Allāh)의 예를 구체적으로 들지는 않았지만, 아크타르의 저서 *A Faith for All Seasons*에서 그러한 원리를 다룬다. 그는 마치 이러한 연구 방법이 기독교인들의 경전 연구에 영향을 미쳤다는 투로 시작하여 접근한다. 그는 무슬림들이 이미 이런 질문을 제기한 것을 알지 못했을 수도 있다.

그럼에도 불구하고 경전에 대한 철학적 접근 방식에 따라 믿음을 유지하기를 원하는 아크타르에 따르면, "경험과 지식이 뛰어난 기독교인"(그가 Richard Swinburne을 인용한 예)의 사례는 무슬림에게 경고성 메시지를 준다. 아크타르는 기독교인들이 다윈으로부터 비종교적인 거짓이란 껍질과 진정한 종교의 알맹이를 구분할 필요를 느끼기 시작했다고 지적한다(Akhtar 1990: 69). 기독교인들은 성경이 과거의 무지한 사람들을 위해 진리를 표현한 문화적 함정까지도 기꺼이 이야기한다. 이 견해에 의하면 성경의 일부 진술들이나 경전인 꾸란은 "비경험적 혹은 거짓"으로 받아들여질 수 있다.

아크타르는 이 거짓 진술로 구체화된 근본적인 종교적 주장이 반드시 사실임을 어떻게 확신할 수 있는지 문제 삼았다. 그는 "진실된 것으로 추정되는 종교적 메시지와 거짓으로 추정되는 문화적인 성육신 사건을 아무 의심 없이 구별할 방법이 없다"라고 주장한다. 신이 우리를 경계시키려고 경전에 오류를 포함시켰거나 또는 명백한 오류는 인간 이성을 뛰어 넘는 문제라고 그럴듯한 답변을 찾아본 후에 그는 경전에 거짓 진술이 있다는 생각에 절대로 양보해서는 안된다고 말했다.

(비록) 오늘날 우리는 사실적으로 잘못되었다고 여기는 것을 부인하고 있지만, 아마도 내일은 여성의 상대적으로 낮은 지위나 일탈적인 성적 행동의 부적절함에 대한 경전의 주장과 같은 명백한 이슬람의 시대착오적 윤리적 주장을 거부할 것이며, 신의 본질이나 활동에 대해 가끔 의심스러울 수 있는 교리는 말할 것도 없다(Akhtar 1990: 74).

아크타르에게 계시는 전부가 아니면 전무이다. 그것이 철학적으로 변증이 가능한 이슬람을 건설할 수 있는 유일한 방법이다. 본문의 일정하지 않은 성격의 교리에 지나치게 중점을 주는 것은 종교 전체 기반이 거짓일 수 있다는 주장에 대한 변론으로 이어지지는 않을 것이다.

13. 꾸란 법의 의존성

칼라프 알라는 법의 성격에 대한 질문에 직면하지 않았다. 사실, 그는 문제를 제기하는 것을 피했다. 그는 꾸란의 신적 성격에는 의문을 제기하지 않았다. 그의 관점에서, 알라의 말씀으로서 꾸란의 지위에 대해 의문을 제기할 필요는 없다는 것을 알아야 한다. 신은 역사적 사실을 제공할 의도가 없는 말을 계시할 수 있는데 이것마저도 신의 말씀으로 생각될 수 있다. 그러나 이런 식의 접근법이 꾸란의 법적인 부분들에 직면하게 되면, 더 많은 문제가 발생한다. 법들은 다른 사건이나 사실에 의존적인가? 다시 말해서, 무함마드 시대에만 적용되는가? 그것들은 초기 이슬람 공동체의 역사에 내재되어 있는 것인가 아니면 영원한 신적 의지의 표현인가?

14. 파즐룰 라흐만(Fazlur Rahman)

파즐룰 라흐만(1919-1988)은 1962년부터 1968년까지 파키스탄의 중앙 이슬람 연구소의 소장이었으나, 파키스탄의 보수파 분자들의 압력으로 인해 강제로 떠나게 되었다. 그는 미국 시카고대학의 이슬람 사상 교수가 되었고, 그 분야의 위대한 학자 중 한 사람으로 명성을 얻었다. 라흐만은 열정적인 근대주의자였다. 꾸란 본문에 접근할 때, 그는 법적인 규정을 도덕적 규범과 구별하기를 원했고 전자는 사건에 의존적이라고 보았고 후자는 사건에 의존성이 없다고 보았다. 법적 판결은 문자 그대로는 받아들일 수 없더라도 도덕적 의미에서 여전히 이 시대에도 구속력이 있는 것으로 간주되어야 한다.

이 관점에 따르면, 고전 이슬람 율법의 많은 부분이 잘못 만들어졌는데, 그 이유는 법학자들은 본문 뒤에 숨겨진 도덕적 이상을 무시하고 단어들을 문자 그대로 법률을 제정했기 때문이다. 근대주의 영향으로 더 이상 유효하게 받아들여지지 않는 노예 제도에 대한 꾸란의 수용에 대해 라흐만은 다음과 같이 표현한다.

> 꾸란은 당대 해결책으로 법적 관점에서 노예 제도를 받아들였다. 노예 제도가 사회 구조에 뿌리 박혀 있기 때문에 다른 대안은 없었고, 하룻밤 사이에 대대적으로 노예제를 폐지하는 것은 결코 불가능했을 것이다. 오직 몽상가들만이 그러한 선견지명을 제시할 수 있었을 것이다. 그러나 동시에 노예들을 해방시키고 노예 제도가 사라져야 할 환경을 조성하기 위해 모든 법적, 도덕적 노력이 이루어졌다. 우리는 다시금 무슬림들에 의해 꾸란의 태도의 명확한 논리가 실제 역사에서 실현되지 못한 상황에 직면해 있다. 따라서 이러한 예는 (여성이나 포도주 문제도 포함하여) 꾸란 법률의 정신은 새로운 법률에서 자유와 책임의 기본적인 인간 가치를 점진적으로 구현하기 위한 분명한 방향을 보여 주는 반면에 당시의 사회적 상황에서 참

고할 만한 꾸란의 실제 법률에는 부분적으로만 기여했던 셈이다. 이것은 분명히 꾸란의 실제 입법이 꾸란 자체에 의해 문자 그대로 영원할 수 없다는 것을 의미한다(Rahman 1979b: 38-39).

라흐만이 꾸란을 이런 식으로 접근한 것은 법적인 주제뿐만 아니라 모든 신화적 요소를 제거하는 경우에서 가장 명확해지는 분야이기도 하다. 기술적 의미와 달리 텍스트의 심리적 의도는 그의 책 *Major Themes of the Qur'ān*(1980)에서 자주 하나의 원리로 사용되었다. 신의 능력, 인간의 운명, 사후 세계에서의 중재, 인간에 대한 신의 처벌 그리고 진(Jinn, 역자 주: 악령)의 존재는 모두 문자 그대로의 의미가 아니라 신, 생명, 창조에 대한 적절한 태도를 갖도록 인간에게 동기를 부여하기 위한 것으로 주석된다.

라흐만에 따르면, 이러한 입장은 전반적인 신근대주의자 입장에 들어맞으며 라흐만은 모든 것이 "단순하다"는 이슬람주의자의 사상이 아니라 삶의 복잡성을 인식한다. 다시 한번, 무슬림들을 꾸란에 대한 적절한 이해에서 멀어지게 한 것은 곧 이슬람의 역사이다. 경전의 본문 자체는 제대로 이해된다면, 표준의 완벽한 반영이라고 할 수 있다. 라흐만은 꾸란의 진정한 중요성을 인식하지 못한 이슬람 초 몇 세기 동안 발전된 교육 기관들을 비난한다. 교육 시스템은 사회의 법률 구조와 함께 소위 꾸란학이라고 불리는 학문을 만들었다. 그것은 종교 과학들을 이성 과학이나 세속 과학으로부터 분리시켰고 (라흐만은 이런 분리를 알가잘리[al-Ghazālī]까지 거슬러 올라간다) 꾸란학 연구에 대한 낮은 평가를 받으면서 이슬람 문명은 침체에 빠졌다. 이것의 최악의 결과는 이슬람 철학의 거부였다. 더구나 이슬람의 기초를 탐구하는 데 열린 태도를 가졌지만 이슬람 문명이 침체에 빠지고 있었다.

꾸란은 더 이상 "활력 있고 개혁적인 문서"로 취급되지 않았다. 종종 고전적인 학습 과정에서 꾸란을 이해하기 위해 어떠한 노력도 할애되지 않았다고 지적된다. 꾸란 연구는 "문법과 수사학의 잔해 속에 묻혔다." 이것은 오직 피상적 의견들과 주석서들만 나타나게 된 시기에 정점에 달했다 (Rahman 1982: 1장). 이슬람이 과거의 부담에서 벗어날 수 있는 방법은 과거 꾸란을 도전했던 사상들이 어떻게 무슬림들에게 받아들여졌으며 그것과 어떻게 상호 작용했는지 이해하기 위해 역사를 비판적으로 연구하는 것이다. 따라서, 신앙의 본질은 단순히 불필요하게 덧붙인 내용들과는 구별되어야 한다.

15. '한계'를 밀어내기

일부 무슬림들은 한 단계 더 나아가거나 심지어 역사적 비평 방법의 전제에 의문을 제기하고 완전히 다른 방식으로 이 문제에 접근할 것이다. 예를 들어, 우리는 제13장에서 메르니시(Fatima Mernissi)가 여성에 대한 꾸란의 태도를 어떻게 인식하는지 보았다. 전통적으로 꾸란은 남성 신(God)의 입에 담긴 남성적 생각을 반영해 왔다. 꾸란의 법은 언어를 통해 문화적으로 처음부터 끝까지 문화적으로 조절된다.

무함마드 아르쿤(Mohammed Arkoun, 1928-2010)의 글에서도 동일하게 이러한 의도가 나타난다. 특히, 꾸란을 다루는 데 있어서, 아르쿤은 꾸란이 이슬람 컨텍스트에서 어떻게 의미를 사용하게 되었는지를 규명하는 과정인 경전 주석의 역사적 발전에 주목한다. 그는 근대 컨텍스트에서 무슬림들이 마치 근대 이성이 꾸란과 무함마드의 인식론적 환경과 모든 면에서 동일한 것처럼 꾸란을 읽으려고 시도했음을 관찰했다. 그러나 아르쿤의 관점에서 꾸란의 논리는 이성적인 논리라기보다는 시적인 논리이다. 역설적으로 꾸란이 시적 논리로 쓰여졌기 때문에 꾸란을 근대적 합리성이 반영된 것처럼 읽힐 수 있다. 아르쿤은 꾸란이 역사적 담론보다는 신화적 담론을 전달한다고 했으며, 바로 그 사실 때문에 꾸란은 또한 역사적 주석을 허용하기도 한다.

오늘날 아르쿤이 필요하다고 지적한 것은 인문학의 전체로 구성된 오늘날의 범주로 꾸란에 접근하는 것이다. 그의 평론가들 중 한 명에 의하면 인종학, 인류학, 종교의 역사, 정신분석학, 기호학과 인간 의식은 신화적으로, 역사적으로, 사회적으로, 경제적으로, 정치적으로, 철학적으로, 도덕적으로, 미학적으로, 종교적으로 살펴볼 수 있다. 이러한 학문의 목적은 문화의 모든 요소가 이념적으로 역사와 결부되어 있는 방식을 발견하는 것이다. 모든 인간의 존재는 역사에 기초하고 역사에 의해 창조되며, 이를 실현해야만 과거, 현재, 미래가 명확해질 수 있다. 이것이 극단적인 탈신화의 작업이다.

실용적인 의미에서 이것이 무엇을 의미할지를 보여 주는 예로서, 법률 문제는 유용하다. 아르쿤은 다음과 같이 말한다.

> 꾸란과 샤리아의 기본적인 차이점은 첫 번째는 신과 인간 사이의 관계를 강조하고 사건, 가치, 규범, 소유의 세계를 넘어서는 세계가 있다는 의식으로 인간의 마음을 채우기 위해 사건 의존적인 데이터를 사용하는 것이다. 이 모든 것은 문제를 배제하기보다는 문제에 이르는 길을 열어 주는 신화적 언어와 구조들로 이루어져 있다. 두 번째는 초기에 채택된 실용적인 방안들을 법적 틀 안에서 체계화하는 것이다. 그렇게 되면 종교적 규범에 포함되어 융통성 없는 가르침 때문에 영속화되었던 규범을 가지고 이슬람이라고 부르는 것이 왜 잘못된 것인지 이해할 수 있다(Arkoun 1979: 78).

그렇다면 꾸란은 해답을 제공하는 것이 아니라 인간의 삶 속에서 고군분투해야 하는 문제들을 제공한다고 볼 수 있다.

그것은 아르쿤의 방법의 목표는 역사주의자의 용어로 세계에 대한 이해를 다루려는 근대 토론의 이중성을 "밖"으로 이끌어 내는 것이다. 20세기 후반의 무슬림 의식의 필요성을 감안할 때 역사 비평 방법은 답이 아니다. 이 접근법은 꾸란 내에서 라흐만이 말한 도덕적 이상에 대한 생각조차

만족시키지 못한다. 메르니시와 아르쿤이 꾸란 텍스트 자체의 권위에 도전하는 지경에 이르렀다고도 말할 수 있을까요? '텍스트'와 '권위'에 대한 전통적인 이해에서, 그들은 분명히 그렇게 한다. 그들의 이해는 무슬림의 인간성 안에서 꾸란의 재 표현을 요구하는 것 같다. 예를 들어, 메르니시는 여성들에게 자유를 주는 이슬람을 진정 이슬람이라고 불릴 수 있는지 궁금해 한다. 그것은 포스트 이슬람이라고 불릴 수도 있다.

이러한 입장이 급진적인 이유 중 하나는 두 경우에 그 이유가 다를 수 있지만 두 주석가 모두 현재의 전통적인 역사 비평 방법 안에 있지 않기 때문이다. 메르니시의 페미니스트 주석의 사용은 역사적 문제와 대면하게 하지만 불가피한 결론에서 한발 물러나는 경향이 있다. 반면에 아르쿤은 토론의 용어를 변경하고 사건 의존성과 비의존성 사이에서 토론의 이중성을 제거하기를 원한다. 예를 들어, 그러한 용어는 역사와 언어의 틀 밖에 있는 인간의 지식이 있을 수 있음을 암시하기 때문이다. 이러한 관점에서 비평적 접근에 대한 '한계성'은 거의 의미가 없다. 한계는 언어 구조에 의해 부과된 한계이기 때문이다. 그러한 한계 해체가 근대주의 주석의 전체 목적이다.

부록: 한 시리아 엔지니어가 꾸란을 연구하다

무함마드 샤흐루르(Muhammad Shahrūr)는 1938년 다마스쿠스에서 태어나 다마스쿠스대학교의 토목공학 명예교수이다. 그는 시리아, 소련, 아일랜드에서 그의 직업 훈련을 받았다. 그는 종교가 자연과학에 대한 이성적인 세계관뿐만 아니라 근대 철학에도 부합해야 한다고 주장하며 이슬람에 대해 폭넓게 글을 썼다. 그의 첫 번째 책인 *Al-Kitāb wa'l-Qur'ān: Qirā'a Mu'āsira*(『책과 꾸란: 근대적 주석』)는 1990년에 출판되었는데 "인간과 우주적이면서 동시에 이슬람의 종교 이론을 형성하는" 목표를 갖고 썼다. 그는 이 책을 통해 여러 곳에서 비난을 받았고, 이 책이 여러 나라에서 금지되었지만 이 책이 베스트셀러가 되는 것을 막지는 못했다. 이 책은 정치, 신앙, 법치주의, 테러에 관한 일련의 추가 글들에 이어 그의 첫 번째 책에서 제시된 아이디어를 발전시켰다.

샤흐루르는 중세의 꾸란의 해석이 본문의 의미를 모호하게 했고, 경전을 법적으로 해석한 것이 무슬림들을 오도하여 그들을 진정한 믿음으로부터 멀어지게 만들었다는 근대주의자들의 공통적 주장을 상기시켰다. 그러나 그의 이론과 그가 주장해 온 근거는 그를 다른 많은 모더니스트 학자와 구분되게 한다. 그는 이 분야에서 전통적이거나 학문적인 교육을 받지 않은 채 개인적으로 꾸란을 집중적으로 읽은 그의 사상의 독창성은 기득권층인 종교 당국에 표현된 저항에서 측정될 수 있다. 수십 권의 책, 평론, 설교들이 그를 비난하는 글이었다.

샤흐루르의 전반적인 주장은 시민 사회에 대한 이슬람 개념 내에서 민주주의, 개인의 자유 그리고 인권의 양립을 촉구한다. 그의 책의 주요 정치적 포인트는 야당과 표현의 자유를 포함한 정치적 다원주의를 강조하면서 민주주의를 주장하는 것이다. 그렇게 해야만 "옳은 것은 명령하고 잘못된 것을 금지한다"라는 이슬람 원칙이 진정으로 이행될 수 있다고 그는 말한다. 이 주장의 근저에는 다음과 같이 주석자의 역사적 상황에 근거하고 동시에 주석하는 도구로서 이성을 우선시하는 꾸란 해석법에 있다.

꾸란의 입법 구절들은 항상 주석되어야 하며, 이런 주석은 역사적인 조건하에 있어야 하므로 어떤 기존의 법적 주석이 언제나 유효한 것은 아니라고 했다.

꾸란 구절에서 전달되는 알라와 인간 간의 기본적인 계약이 있으므로 그 꾸란 구절들은 알라가 알려 주고 과학에 의해 발견될 수 있는 사실이거나 사실의 반영이다. 그러나 꾸란의 법적 윤리적인 부분은 무함마드가 그 조항을 설명하고 법 규정을 제정한 방식에서 알 수 있듯이 항상 인간의 선택에 종속된다.

샤흐루르(Shaḥrūr)의 이슬람과 꾸란에 대한 상세한 분석은 엄격한 철학적 과학적인 태도에 기초한다. 크리스트만(Andreas Christmann, 2009: xlvii)의 말에 따르면, "라흐만(Fazlur Rahman)을 제외하고, 그 어떤 근대 무슬림 주석가도 이론적 비판과 이슬람법의 광범위한 영역을 담고 있는 꾸란의 텍스트에 대한 구체적인 분석을 결합하지 못했다."

샤흐루르에 대한 분석과 그의 작품 일부를 번역한 내용은 Andreas Christmann (2009) *The Qurʾan, Morality and Critical Reason: The Essential Muhammad Shahrur*, Leiden, The Netherlands: Brill을 참조할 수 있다. 파즐룰 라흐만에 관해서는 Omar Anchassi (2017) *Fazlur Rahman: The Reformulation of the Religious Sciences of Islam*, PhD thesis, Queen Mary, University London을 보라.

추천 도서

Baljon (1961) *Modern Muslim Koran Interpretation (1880-1960)*, Leiden, The Nether-lands: Brill.

Bauer, Karen (2009) *The Male Is Not Like the Female* (Q 3:36): "The Question of Gender Egalitarianism in the Qurʾān," Religion Compass 3/4: 637-654.

Campanini, Massimo (2011) *The Qurʾan: Modern Muslim Interpretation*, London: Routledge.

Cragg, Kenneth (1985) *The Pen and the Faith: Eight Modern Muslim Writers and the Qurʾan*, London: George Allen and Unwin.

Jansen, J. J. G. (1974) *The Interpretation of the Koran in Modern Egypt*, Leiden, The Netherlands: Brill.

Kermani, Navid (2015) *God Is Beautiful: The Aesthetic Experience of the Quran*. Malden, MA: Polity Press.

Rahman, Fazlur (1970) "Islamic Modernism: Its Scope, Method and Alternatives," *International Journal of Middle East Studies* 1/4: 317-333.

Taji-Farouki Suha (ed.) (2004) *Modern Muslim Intellectuals and the Qurʾān*, Oxford: Oxford University Press.

제15장

정체성의 이슈: 종교의식과 정치

　7-10세기 이슬람의 출현에 대한 논의에서 이슬람 정체성의 핵심 요소를 제공한 세 가지 문제를 빼놓을 수 없다. 신학, 법률 그리고 종교의식은 이슬람을 다른 종교(주로 유대교와 기독교)와 구별할 정체성을 부여하고 무슬림들에게 서로에 대한 공통 의식을 제공하는 데 중요한 역할을 한다. 비록 그 정체성을 규정해야 하는 시대적 배경이 이전 세기에 비해 훨씬 더 다양하긴 하지만, 이 모티브는 이슬람 역사를 통틀어 현재까지 변함이 없다. 비록 신학이 현재 주로 정치의 영역과 종교 영역 안에서 이슬람의 역할을 분리해 드러내는 방향으로 상당히 후퇴된 경향이 있지만, 여전히 중요한 이 세 가지 요소로 분리해 살펴볼 수 있겠다. 종교의식은 이슬람 내부에서나 외부로부터 이슬람의 자기 정체성 형성에 매우 중요한 요소로 남아 있다.

　각 시대는 이 정체성의 상징들과 상호 작용하는 그들만의 방식이 있다. 이슬람의 기본적 의식 활동이 미묘하게 변화된 양태는 현대 이슬람 신앙에서도 일어나는 변화의 일부를 설명해 준다. 다시 한번, 이러한 변화된 이해와 해석은 이슬람의 근본이며 원천인 꾸란과 순나에 대한 태도의 변화에서 비롯된다. 그러나 대부분의 경우, 무슬림들이 근대적 맥락 안에서 그들의 기본적 종교적 관행을 개념화할 때 이슬람 종교의 원천에 관한 추상적이며 지적인 논의를 드러내진 않는다. 우리는 꾸란과 순나를 사용할 때의 문제나 접근 방식들에 지속적 관심을 갖고 의식적 실천의 역할과 기능을 가지도록 다양한 이슈의 접근법을 강구해야 할 것이다.

1. 이슬람의 기둥들

　이슬람 신앙의 전통적 요소들, 즉 믿음에 대한 것과 종교의식의 '5가지 기둥'은 근대적 맥락에서도 사실상 그대로 남아 있다. 예를 들어 아랍어가 아닌 모국어로 기도를 하려는 움직임이나 더 '편리한' 달에 라마단 금식을 수행할 수 있도록 하려는 움직임은 성공을 거두지 못했다. 그러나 무슬림들이 종교의식을 행하는 데 있어서 근대 세계는 영향력도 미치지 못했다는 의미는 아니다. 이슬람 의식 활동과 그들의 관습에 대한 관심을 관찰해 보면 무슬림들이 그들의 종교를 표현하려고 시도한 방법이 이에 전반적으로 드러나는 것을 알 수 있다. 이슬람의 종교 의례적 측면에 관하여 근대 여러 요인이 이슬람의 근대적 표현에 대한 질문과 중요하게 연관되어 있다.

　무슬림의 정치화라고 부를 수 있는 이슬람의 전 세계적인 현상으로 특히 북미와 유럽의 디아스포라 인구에서 만연한 현상은 독특한 이슬람 관습을 통해 무슬림으로서 정체성을 더욱 고조시키는 것으로 드러났다. 이것을 표현하는 다른 방법은 '자신을 이슬람화'하는 것으로 개인적 수준에서 이슬람의 정체성을 제공하기 위해 이슬람의 상징을 사용하는 것이다. 이러한 경향은 시골에서 도시 사회로의 개인의 이동과도 연관성이 있고, '무슬림' 사회에서 '비이슬람' 사회로의 이동과도 관련이 있다. 마을 사회에서는 항상 "마을에서의 삶은 마을의 종교"와 연관되어 특징지어졌다. 공동체의 삶의 리듬은 이슬람 방식을 반영하며 각 구성원의 삶에 필수적이다. 근대 비이슬람 국가에서 종교적 삶과 세속적 삶 사이의 분리는 확연하기에 꾸란에 나타난 의례적 활동을 하거나 꾸란을 연구하는 것은 무슬림 정체성을 강하게 드러낸다. 이러한 경우에 이슬람에 기반한 정체성은 개인적인 것이지 지역 사회에 기반을 둔 마을 생활에서처럼 집단적이지 않다. 여성의 베일에 싸인 '히잡'이 개인적이고 가정 교육에 중심되었다는 생각은 이러한 방향 전환의 구체적인 예를 보여 준다.

이러한 믿음의 개인화 경향은 세계 공동체 내에서 이슬람에 미친 세계화의 결과이기도 하다. 이슬람이 이전 세기에 널리 전파된 것은 분명하지만, 오늘날 세계 인구의 유동성과 함께 많은 나라 내 다양한 집단의 거대한 이주는 상당한 결과를 가져왔다. 전 세계의 이슬람 소수 민족들의 지위는 아마도 디아스포라 중심의 유대교가 형성되었을 때와 같은 방식으로 이슬람 내의 자기 정체성에 영향을 주는 것뿐만 아니라 미래에 훨씬 더 큰 영향력을 미칠지도 모른다.

이슬람은 항상 의식적으로 '다섯 기둥'에 초점을 맞춰 종교의식을 정의해 왔다. 각 의식과 관련하여, 근대 세계의 영향은 의식을 실행하는 그 자체가 아니라 그러한 활동에 제기되는 해석에서 찾아볼 수 있다. 그러므로 이것은 근대적 맥락에서 활동 자체를 정당화하는 것이 아니라 이슬람의 틀 안에서 어떻게 그것을 근대화시킬 것인가 그리고 이슬람의 정체성을 내면적으로 개념화시킬 것인가에 대한 문제이다. 앞 장에서 논의한 바와 같이 꾸란과 순나의 재해석을 위한 접근 방식이 파급되는 효과가 큰 것은 이 원칙들이 매우 실용적이란 것을 설명한다.

2. 신앙 고백(shahāda, 샤하다)

샤하다, 혹은 "신앙의 증언"은 아랍어로 "알라 이외에 다른 신은 없다"와 "무함마드는 알라의 메신저이다"라는 두 문구를 반복하는 전통 이슬람의 다섯 기둥 중 첫 번째 기둥이다. 근대 미국 사회에서 샤하다의 문맥화의 예는 결혼식의 다음 진술에서 볼 수 있다.

이슬람으로 개종하려는 신부에게;

> "이슬람에는 사제라는 것이 없다. 결혼 (예식)은 누구나 할 수 있으며, 심지어 당신 자신이나 신랑 신부의 신뢰할 수 있는 대리인이라도 집행할 수 있

다. 나는 개종이라는 용어를 좋아하지 않는다. 이것은 개종하는 게 아니라 개혁하는 것이다. 이슬람은 무함마드의 종교일 뿐만 아니라 무싸와 이싸의 종교이기도 하다. 기독교라는 용어는 예수가 사용한 것이 아니라 그의 가르침을 수정한 후대에 의해서만 사용되었다. 자매여, 당신은 이슬람으로 개종할 의무가 없다. 원한다면 종교를 그대로 유지해도 된다. 수(Sue)는 그녀에게 "개혁"이 필요함을 나타낸다. 나심(Nasem)은 "그렇다면 놔두라"고 말한다. 그는 이슬람의 세 가지 기초, 즉 알라의 하나됨, 예언자, 부활을 설명한다. …

그런 다음 두 가지 증언이 따라온다. "자매여, 내 말을 반복해야 한다. 알라 외에는 신이 없음을 증언한다. 무함마드는 그의 종이며 그의 메신저이다." 그런 다음 참석한 모든 사람이 손을 들고 그녀가 훌륭한 무슬림이 되어 행복하고 번영하는 삶을 살기를 기도한다. 이어 결혼 예식(Fisher and Abedi 1990: 303).

이슬람주의자(Islamists)들은 종종 샤하다에서 표현되듯이 신의 단일성인 타우히드의 개념을 강조함으로써, 신앙의 증인된 관점에서 이슬람의 성격을 정의하려고 시도해 왔다. 이것은 무함마드가 샤하다보다 더 중요한 것은 가져오지 않았다는 취지를 밝힌 하디스의 자료에서 설명된다. 이슬람주의자들에게 타우히드의 개념은 이슬람이 상징하는 모든 것을 표현하면서 이슬람 사상의 기초가 된다. 그러한 사상은 이슬람이 '단순한' 종교임을 보여 주는 중요한 부분이다. 신의 단일성에 대해 진실로 확증된 전제에서 이슬람의 다른 모든 것은 타우히드로부터 흘러나오게 된다.

따라서 당신이 샤하다의 단어들을 낭독할 때, 당신은 온 세상을 당신의 증인으로 두고, 당신이 신에게 얼마나 중요한 약속을 하고 있는지 그리고 당신이 헌신한 결과로서 얼마나 큰 책임을 져야 하는지 깨달아야 한다. 일단 당신이 의식적으로 선언하고 나면, 칼리마(문자 그대로 '단어'-샤하다의 단어들)는 여러분의 모든 생각을 알고, 당신 삶의 전체를 지배하는 자리를 차지하게 된다. 이에 반대되는 생각이 당신의 정신세계의 일부가 되어서는 안 된다. 칼리마에 반하는 것은 무엇이든 항상 거짓이라고 생각해야 하고 칼리마만이 진실이라고 생각해야 한다. 이런 식으로 칼리마를 암송하면 진정한 무슬림이 될 수 있고, 그래야만 사람과 사람 사이(역자 주: 믿는 자와 믿지 않는 자)의 엄청난 차이가 생겨날 수 있다(al-Mawdūdi 1985: 71).

샤하다 진술 내용은 이슬람주의자의 전체주의에 있어서도 핵심이 되며, 이슬람의 나아갈 방향성이기도 하다.

3. 기도(salāt, 쌀라트)

이슬람에서는 하루에 다섯 번의 특정한 기도 기간이 의식적으로 요구된다. 무슬림 인구가 세계화되면서 이슬람이 근대적 맥락의 현실과 맞닥뜨려 모순적인 상황을 보여 주는 사례들이 있다. 수리남에서는 1873-1916년 동안 네덜란드에 의해 그 나라로 끌려온 인디언들이(1982년에는 5만 명의 인구) 이슬람법학파 가운데 하나피야 무슬림 공동체의 일원이었다. 그들은 금요일 정오 시간에 우르두어로 기도했는데 설교(쿠뜨바: khutba)를 하고, 모두가 기도하는 동안 동쪽을 향했다(끼블라: qibla). 반면에 수리남에 있는 자바인들은 그들의 법학파에 따라 샤피이파에 속해 있었고 서쪽으로 끼블라를 했다. 이 사람들은 1850년부터 1931년까지 네덜란드에 의해 끌려온 계약식 노동자로 1982년에는 9만 명이 있었다. 이 문제를 연구한 라이허트(Rolf Reichert, 1981: 123)는 "메카는 동쪽 수리남에서 동쪽으로 위치해 있지만 자바에서는 이 방향이기 때문에 서쪽을 향하고 있다"라고 말했다. 물론 이것이 이슬람에서는 "문제"가 아니다. 어떤 특정 장소에서든 그들의 전통적인 기도 방향을 계속 따르는 것이 무슬림의 자기 신앙적 정체성의 중요한 요인을 침해하지 않는다. 그러나 세계화 과정이 계속됨에 따라 그러한 요소가 계속 커질 수 있으며 무슬림들 스스로도 이에 대한 의문을 불러일으킬 수 있다는 것을 보여 준다.

이와 비슷하게 본질에서 사소한 요인들이 기도의 방향과 시간을 찾는 무슬림들의 사례에서도 발견된다. 후자는 또한 태양의 위치와 관련하여 시간에 맞춰 적절한 간격을 유지하며 기도하려는 극지방의 무슬림에게도 적용된다. 대부분의 경우, 사람들은 메카에서의 기도 시간을 지켜야 한다는 것에 동의한다. 여기서 요점은 근대적 맥락은 이슬람의 의식 활동의 기본 원칙들이 직면해야 하는 상황을 유발한다는 것이다. 그 해결책들은 법률적 근거에 의해 논의되며, 필요한 상황에 대해 추론하여 확립된 상황에 맞는 법적 원칙을 채택한다.

기도와 관련된 더 실질적인 문제들이 분명히 존재하며, 그것들은 무슬림들이 그들이 살고 있는 사회적 맥락에 기꺼이 적응해 온 정도를 반영한다. 금요일이 아닌 일요일을 신도들의 기도의 날(jumʿa)로 시행한 것이 그러한 이슈 중 하나였다. 1935년 튀르키예의 지도자 아타튀르크(Atatürk)는 일요일을 사무실, 공장 등을 위한 주간 휴무일로 정했다. 그러한 '휴식의 날'은 이슬람 사회의 산업화 이전 시대에는 제정되지 않았고 종교에 기반을 둔 필수적인 요인으로 여겨진 적이 없었다. 아타튀르크의 행위는 현대 생활에 대한 실질적 관심의 측면에서 그가 정당화한 것이다. 그러나 이러한 조치는 공동 기도를 위해 금요일 정오에 초점을 맞추고 있는 이슬람 예배를 변화시키지 않았다. 그러나 다른 나라들, 특히 주로 기독교적인 맥락 안에서 살고 있는 이슬람 공동체의 무슬림들은 일요일로 예배를 옮겨 이슬람 공동체 모임의 날로 완전히 바꿔 놓았다. 유럽 (기독교) 사회의 맥락 안에서 토요일이 아닌 일요일에 안식일 예배를 시도했던 개혁 유대교 내의 유사한 운동들처럼, 이것은 그들 주변 사회에 비교적 짧은 기간 동안 있으며 적응되었다.

무슬림들에게 금요일은 아주 기본적으로 이슬람 정체성 형성에 연결되어 있기에, 다시 한번 주장되었다. 일요일을 이슬람 사원 중심 활동과 함께 '가족의 날'로 삼는 것은 아직도 근대적 과제로 남아 있다(예를 들어, '일요 학교'를 아이들을 위한 종교 훈련으로 삼는 것과 같은 예). 금요일 공동 기도의 수행을 위해서는 예배 인도자인 이맘이 필요하다. 그의 역할은 공동체를 기도로 이끌고, 행동을 일치되게 유지하는 것이고, 그는 종종 (항상 그렇지는 않지만) 쿠뜨바(khutba) 곧 설교를 하도록 요청받는다. 이것은 오늘날 무슬림들이 인구의 대다수가 아닌 나라들에서 광범위하게 흩어지는 것과 관련되어 또 다른 문제를 제기했다. 많은 경우에, 이맘은 나라 밖에서 모집된다. 이것은 종종 소수 집단의 정체성을 유지하는 것을 돕는 방법으로 행해지지만, 어떤 상황에서는 소수 집단의 이질성만을 강조한다. 게다가, 이렇게 들어온 이맘들(imāms)은 종종 그들이 살고 있는 새로운 나라의 삶의 현실과 동떨어져 느낀다. 루쓰벤(Malise Ruthven)은 이것을 영국에서 "루시디(Rushdie) 사건"같이 상황을 악화시킨 요인으로 지적했다. 이맘들을 파키스탄에서 영국 브래드포드로 데려와서,

> 과거에 대한 정체성에 닻을 내리게 하고, 고국과의 연대를 강화시켜 고립을 초래하게 한다. 소수의 무슬림들이 영어를 알고 있다. 사회의 복잡성과 다양한 정신적 유산에 대한 교육을 통해 새로운 자신의 환경인 영국에서 지식을 갖게 된 사람은 여전히 아주 극소수이다. 지도자들은 이미 과거에 바라보았던 옛 사회의 비전에 종교적 권위를 더하고, 믿음이란 통로를 통해 시각이 왜곡되었다. 예언자 시대의 자힐리야에 해당하는 사회, 세속적인 부와 관능적인 쾌락을 추구하는 데 전적으로 헌신하는 무신론적이고 물질주의적인 사회로만 영국을 바라볼 뿐이다(Ruthven 1990: 72).

그러나 이와 관련하여 동일하게 주목해 볼 것은 이러한 기도를 인도하는 지도자들이 과거와 같이 오늘날도 대부분의 이슬람 국가에서 자신의

직책과는 이질적인 일반 상담, 목회자 역할까지 도맡아서 해야 하는 상황에 처해 있다는 것이다. 무슬림들을 위한 새로운 기관들이 북미와 유럽의 맥락에서 근본적으로 생겨났다.

전반적으로, 현대 무슬림들의 담론에서 기도에 대한 해석은 종종 제7장의 결론처럼 의식의 성격에 대한 일반적 논평과 비교해 볼 때, 영적 해석들을 취하여 유용히 사용해 왔다. 기도가 단순히 신에 의해 수행되어야 할 의무로 제시된 경우는 드물다. 오히려, 기도는 무슬림들이 세속적인 관심사에 대항하는 주된 방어 수단으로 묘사되는데, 기도는 "개인이 신과 직접적 교감을 할 기회를 제공함으로써 모든 종류의 혐오와 악행으로부터 보호하는 것"이다. 이란의 정신적 지도자 아야톨라 알리 호메이니(Ayatollah Ali Khamenei)는 다음과 같은 제안을 했다.

> 다른 어떤 경로도 전능하신 알라와 소통하는 데 더 좋은 수단이 아니며 … 그 깊은 의미를 충분히 인식하고 충만한 마음으로 말하는 "쌀라트"는 불합리하고 도덕적 악함에 굴복하려는 인간의 경향성에 대항할 수 있는 최선의 보호 수단이다(*Hong Kong Muslim Herald* 1991: 2–2).

4. 금식(씨얌, siyām; 싸움, sawm)

낮에는 성관계를 피할 뿐 아니라 모든 음식과 음료를 금하는 것은 라마단 동안 행해진 이슬람의 30일 금식(Ramadān)의 방법이다. 라마단은 대부분의 무슬림에 의해 항상 의식적인 의무 중 가장 중요한 것으로 여겨져 왔다. 비록 한 사람이 하루에 다섯 번 기도해야 하는 의식을 따르지 않더라도, 금식을 여전히 지키고 행하는 것이 당연하다. 그러나 현대 무슬림의 금식 참여자들은 그들의 행동에 대한 해석에서 미묘한 변화를 보인다. 예전에는 금식이 회개하는 데 가치가 있기에 의식을 행했으나, 이것은 최근 수십 년간 해석에서 중요시되지 않았다. 많은 근대주의자와 무슬림에게 금식이란 미래에 개인적 운명을 고려해서 어떠한 이익이 생길 것을 믿어서가 아니라 신에 의해 명령되었다고 믿기에 행한다. 그러나 지금 이 순간에도 도덕적 유익은 강조되고 있다. 금식은 사회적 평등과 사회적 책임의 개념을 강화하는 수단이 된다. 부자들조차도 배가 고픈데, 가난한 사람들의 운명은 당연히 어려운 여건이다. 따라서 이러한 논쟁은 계속된다. 게다가, 금식을 하는 동안, 특히 라마단의 야간 축제 기간에는, 전반적으로 무슬림들은 하나된 의식을 갖고 있다.

특히, 정부의 추진으로 이슬람의 이 분야를 수정하려는 다양한 시도가 있었다. 예를 들어 튀니지의 부르기바(Bourguiba) 대통령은 1960년 2월에 공무원들이 라마단에 감시를 자제할 것을 촉구했다. 종교는 삶을 더 어렵게 만들 것이 아니라, 개선시키는 역할을 해야 한다는 것이 그의 주장이다. 독립 국가로서 번창하려는 튀니지의 현 상태에서, 금식은 경제 상황을 악화시킬 뿐이며, 금식의 달의 고통은 이슬람에서는 낯선 일종의 참회를 야기했다. 일부 종교학자들은 나라를 경제적으로 건설하기 위해 '지하드'가 필요하고, 지하드 시대에 싸우는 사람들을 위한 금식은 이슬람 율법에 따라 필요하지 않다는 이유로 이러한 입장을 지지했다. 1950년대 중반에는 비슷한 제안들이 이집트에서 보고되었다. 그러나 이러한 '개혁'은 (자본주의) 사회의 효율성을 높이기 위한 추진력에 바탕을 두고 있으므로 심지어 금식에 참여하지 않은 사람들 사이에서도 극도로 인기가 없는 것으로 드러났다. 라마단 기간의 요구 사항 변경에 반대했던 사람들은 신이 부과한 법률을 미개한 인간의 의견으로 바꿀 수는 없다고 말했다. 변화에 반대하는 주장에 따르면, 금식하는 것은 고난과 밀접한 관련이 있다. 그것이 사실 그 본질이다. (이들은 "금식에서 어려움을 겪지 않고 금식하는 사람이 어디에 있는가"라고 질문한다.) 경제적인 어려움이 금식에서 비롯된다고 해서 금식하지 말아야 할 이유가 되지는 않는다. 그렇다면 금식을 하려고 하는 사람은 아무도 없을 것이다. 사실, 금식에서 전제되는 논리는, 그렇지 않았다면 결코 금식을 경험하지 못할 사람들에게 고난의 경험을 제공하는 것이다. 이슬람 의식에 있어 합리성에 대한 주장은 주목할 만하다. 전반적으로 이러한 논쟁과 민심의 흐름은 정부들로 하여금 한 달 동안 관공서와 공장의 노동 시간을 제한하는 타협적인 입장을 취하게 했다.

일부 사람들에 의하면 이 라마단 준수 문제에 대해 무슬림들이 표현한 우려는 그 당시 무슬림 세계에서 일어나고 있던 다른 많은 변화에 대해 표현된 것보다 훨씬 더 심각했다. 예를 들어, 일부다처제는 이 기간 동안 몇몇 나라에서 금지되었다. 그러므로 라마단 문제는 법을 바꾸는 것이 아니라 이슬람 정체성에 대한 공격 중 하나로 인식되었다.

> 라마단은 이슬람 통합의 위대한 재현의 모습으로 현대에 나타났다. 무슬림들에게는 그들이 믿거나 믿지 않더라도 과거에 대한 의식을 갖고 조상들과의 관계를 재확인하는 달이었고, 라마단의 관습에 대한 비판은 아마도 샤리아에 반했기 때문이 아니라 오히려 이슬람 공동체에 대한 위협으로 보았기 때문일 것이다(Hourani 1983: 350).

종교적 요구 사항보다는 사회적 요구 사항으로서 라마단의 역할도 최근에 명백해졌는데, 일부 젊은이들은 라마단 기간 금식을 하는 것이 무슬림이 아니더라도 분명히 '해야 할 일'이라고 주장하고 있다.

오늘날 금식이 무슬림 정체성의 중요한 요소라고 하는 이유는 무슬림들이 소수 집단으로 살아가는 상황에서 종종 이슬람 정체성과 연관성을 설명하는 맥락에서 강조된다. 무슬림들이 현 시대 종교를 공적 영역에 표현하는 한 가지 흥미로운 예는 나의 대학 한 사건을 통해서도 설명될 수 있다. 1991년 봄과 1999년 겨울 동안, 학생들을 위한 최종 시험 기간은 라마단 기간으로 정해졌다. 물론, 라마단이 매년 태양력을 약 11일 앞당겨서 이런 일이 처음은 아닐 것이다. 그러나 최근 몇 년 동안 대학 행정부는 분명히 새로운 현상을 목격했는데, 그것은 낮에 금식을 해야 한다는 종교적 요구 사항을 이유로 무슬림들로부터 "기말고사 연기"를 요청하는 것이 마치 타당하다는 듯, 시험을 치르는 것이 어렵다는 주장이 제기된 것이다. 라마단을 무척 중요하게 생각하는 것이 요지이다. 결국, 북미 사회는 이슬람 절기 달력에 있어 이러한 모든 측면을 무시한다. 학생들은 기도 시간(금요일도 아님)에 수업을 하지 말라는 요구나 메카순례에 가려는 사람들에게 학문적인 책임에서 면제해 줄 것을 요구하지는 않았다. (그러나 크리스마스와 부활절은 대학생활 일정 중에 잡혀 있다.) 라마단은 북미의 일반적인 종교적 상황에서 순응해 볼 수 있는 개인적인 종교 행동이다. 따라서, 절기 일정의 중요성에 대한 학생들의 주장은 현대 사회에서 이슬람 공동체가 상황화해 가려는 모습으로도 보일 수 있다.

라마단이 언제 시작해야 하는지 또한 주어진 날에 정확한 금식 시간을 어떻게 결정해야 할지에 관한 것은 현대 기술과 사회적 감각에 따라 점점 더 서구 사회에서도 적응되고 있다. 전통적으로, 종교적인 달력은 달을 보면서 매달 세워져 왔다. 몇몇 사람에게 이것은 이슬람 안에서 과학의 역할에 대한 의문을 제기한다. 과학은 이제 라마단의 달이 언제 시작하고 언제 끝나는지 우리에게 아주 정확히 알려 줄 수 있다. 무함마드 시대에는 한 달을 측정할 수 있는 유일한 실용적인 방법은 달을 관측하는 것이었다. 오늘날 무슬림들이 이용할 수 있는 과학적 정확성을 받아들여야 한다는 주장은 일리가 있다.

라마단의 밤에 꾸란을 암송하는 전통적 관습은 그 달 동안 꾸란이 무함마드에게 계시를 한 것을 기념하며 계속된다. 근대 사회 미디어는 이 라마단 행사를 기념하며, 라디오 방송국에서는 꾸란 낭송을 재생한다. 공식적으로 세속적인 튀르키예에서도 매일 튀르키예어 번역본으로 꾸란의 30분의 1(역자 주: 78장부터 114장까지)을 매일 신문에 발행하는 것은 매년 진행된다.

5. 자선(자카트, zakāt; 싸다카, sadaqa)

자카트(zakāt)를 내는 것은, 고대 이슬람의 법체계 내에서, 완전히 규제된 체계였다. 현대 사용되는 용어와 원칙은 특히 경제 시스템이 특정 형태의 자선 참여를 전제로 하는 이슬람 심장부 같은 국가들 외의 나라들에서도 적용되었다. 따라서 '자카트로 사회적 반환'을 하는 것이 곧 '소득세 신고'와 같은 것으로 볼 수 있다. 여기서 순 자산 명세서는 납부해야 할 세금 계산의 대상이 된다. 이러한 '반환 시스템'은 종종 현대 유럽계 미국인의 삶과 수집 가능한 전통적 항목의 범주 사이에서 불편한 타협을 드러내기도 한다. 그들은 또한 일부 이슬람주의자들이 제안하고 부분적으로 제정한 '이슬람 경제' 시스템과 완전히 일치하지 않는 것으로 보이는 특징도 있다(예: 모기지 및 대출에 대한 이자를 고려).

자카트 지불과 관련된 유사한 문제는 이슬람에 더 중심을 둔 이슬람 국가에서도 직면해야 한다. 고전 이슬람 시대에 알려지지 않은 유형의 재산에 자카트를 지불해야 하는가? 주식이나 증권은 무엇을 의미하는가? 세금은 주식 증서 혹은 현금으로 납부해야 하는가? 몇 퍼센트로 내야 하는가?

마찬가지로 가난한 사람, 새로운 개종자, 여행자, 포교자, 세금을 징수하는 사람, 노예(자유를 사기 위해), 공공 서비스로 인해 빚을 지고 있는 사람이라는 전통적인 목록 가운데 자카트를 수여받아야 하는 사람을 선정하는 문제가 발생한다. 이러한 문제는 일반적으로 유추에 의한 추론과 같은 이슬람법의 과정을 통해 해결되지만 당연히 직면해야 하는 중요한 문제로 여겨진다.

자카트와 정치는 파키스탄에서 광범위하게 혼합되어 왔으며, 파키스탄에서는 자선세와 소득세가 종종 동일시되어 왔다. 현대 생활의 복잡성을 고려할 때, 오직 현대 국가 기구만이 실제로 이러한 자금의 공정한 분배를 처리할 수 있다는 주장이 제기된다. 마찬가지로, 자카트와 사회주의 강령에 어울리는 평등주의 사상은 1960년대 이집트의 압둘 나세르(Abdul

Nasser)하에서 특히 두드러졌다. 이슬람의 자선은 이슬람 사회 구조와 사회적 기본 가정하에 근본적으로 사회적 책임 체계로서 동일시된다. 부의 공유는 물질적 재화의 소유를 정당화하고 이슬람에서 공동 소유의 측면을 강조한다.

> 자카트에 돈을 지불하는 것은 부와 소유자를 위한 정화의 과정이다. 신은 앞으로 더 많은 수익을 낼 수 있도록 기업에게 보상을 약속할 뿐만 아니라 축복도 준다(Badawi 1999: 32).

마침내, 근대 세계에서 자카트가 어떻게 이해되어야 하는지에 대한 문제를 해결하기 위해 또 다른 방법이 생겼다. 법적 맥락에서 자카트를 완전히 없애고 단순히 자유 의지로 내려는 경향이 생겼다. 이것은 이슬람 집단들 사이에서 흔히 개인화된 이슬람의 출현의 또 다른 측면이다. 그러나 이슬람 경제 사상과 유일한 합법적 과세 체계인 자카트는 팽팽히 맞서고 있다. (그리고 과세는 이슬람이든 아니든 간에 현대 국민 국가에 필수적으로 보일 것이다.) 자카트는 내야 할지 여부와 상관없이 순나에 정해진 비율로 무조건 내야 한다는 주장도 있다. 그러나 세속 정부의 세금 제도의 근간은 정부의 요구에 따라 '내야 하는' 금액이 달라진다는 것이다. 그렇게 되면 근본적으로 이것은 자선을 독실한 사람들을 위해 정화하는 의식으로 볼 수 있는지 여부의 문제가 있다. 정부가 자카트를 강제로 내라고 요구하게 되면 이것은 영혼의 정화에 필수적인 것으로 보이는 자선 의식의 본질이 바뀌어 버린다. 무슬림이 자신의 봉급에 따라 정해져 공제되어 버린 의무적인 세금을 종교적인 헌금으로 볼 수 있는가?

동시에, 이슬람의 공동체적 성격과 무함마드의 모델을 통한 종교적 정치적 측면의 합법화는 세금 징수에 대한 국가의 책임을 더 강하게 주장하도록 한다. 말레이시아에서 자카트 납세에 대해 1991년 정부는 제안된 대로 최대 3년의 징역, 1,800달러의 벌금 및 미납에 대해 지팡이를 여섯 번

내리치는 것을 입법화했는데, 1990년에 비해 1991년에 이슬람 재무부에 대한 기부금이 75퍼센트 증가한 것을 목격한 당국에 따르면 이러한 입법적 강제성이 자카트를 거두는 데 유효해 보인다. 디아스포라 무슬림을 위한 다른 자카트에 대한 접근 방식도 제안된다.

> 조직화된 자카트 징수 시스템 부과는 사회 평화와 종교적 성취를 위해 모든 이슬람 국가의 목표가 되어야 한다. 이것은 무슬림이 비무슬림과 나란히 사는 문제를 야기할 수 있다. 비무슬림 이웃들이 세금만 내는 동안 무슬림들에게 시민세와 종교세까지 모두 부과하는 것은 정당하지 않다. 과거에는 비무슬림이 자카트에 상응하는 지즈야를 지불했다. 그러나 이것은 더 이상 관행이 아니다. 따라서 해결책은 세금을 내는 것에서 자카트를 공제하는 것이다. 자카트 또한 사실은 모든 시민에게 서비스를 제공하고자 사회적 혜택을 위해 지정되었기 때문이다(Badawi 1999: 33).

6. 메카순례(핫즈, hajj)

최대 7일 동안 지속되는 순례는 메카와 그 주변 지역에 초점을 맞춘다. 순례는 의식적, 법적, 사회적, 행정적, 상징적, 윤리적 측면을 제시하며, 이 모든 것이 현대 시대에 특별하고 독특한 의미를 가지고 있다. 순례 의식에 대해서도 이성주의 접근을 통해 변증을 하고 있다. 예를 들어, 순례자들이 성전을 돌면서 만지려고 하는 카아바(Ka'ba)에 놓여 있는 검정 돌과 관련하여, 상징적 지위만 가지고 있는 경우가 많다. 무슬림 작가들이 이슬람 이전 고대 시대와 석조 숭배에 대해 카아바의 흑석을 연결하려던 것은 무시된다. 이집트의 종교학자 마흐무드 샬투트(Mahmūd Shaltūt)에 따르면 이 돌은 메카에서 온 자연석일 뿐이다. 그러나 이런 해석은 돌의 힘을 강조하여 이슬람 이전의 중요성을 확인해 해석하려는 다른 입장과는 긴장 관계에 있다. 이러한 문제는 주로 근대의 역사적 질문과 전통적 종교적 개념의 대립으로 인해 발생했다. 일부 측면은 "비합리적인" 문제와도 관련이 있다. 검은 돌은 정말 과거로부터 전해진 대로 하늘에서 내려온 바위인가? 어떻게 그것이 가능한가?

보다 일반적으로, 현대의 대중 종교 문학 연구에 따르면, 많은 작가가 순례와 같은 이슬람 의식에서 이슬람 시대 이전의 행위의 지속을 인정하기를 꺼려한다고 한다. 이교도 의식을 "이슬람화"한 것은 무시되기 때문인데 고대 이슬람에도 옛 종교들과 연관성이 발견되며 널리 퍼졌음에도 불구하고, 분명히, 그러한 역사적 연구가 이슬람에 파괴적일 수도 있다고 느끼기 때문이다. 오늘날 선호되는 견해는 이슬람의 모든 요소가 신에 의해 계시되었다고 보는 것이며, 때로는 이슬람 이전에도 순례가 있었다는 생각마저 들지 않을 만큼 강조한다. 그런데 흥미롭게도, 사이드 꾸뜹은 반대 의견을 제공하고 있다.

> 이 (꾸란의) 구절에서 우리는 이슬람에서 핫즈(hajj)가 어떻게 이슬람의 기둥으로 설정되었는지, 이교도의 뿌리를 제거하고 이슬람의 다섯 가지 기둥 중 하나가 되었는지, 이것을 이슬람 사상으로 장식하고, 흠집과 찌꺼기를 닦아 냈는지 보게 된다. 실제로, 이것을 유지하는 것이 옳다고 여겨질 때 이슬람에서 관습과 의식으로 유지된다(Qutb, quoted in Lazarus-Yafeh 1981: 111).

모든 순례 의식을 이해하는 가장 인기 있는 방법은 그들의 상징적, 정신적 가치를 강조하는 것이다. 예를 들어, 기둥에 돌을 던지는 것은 외적인 사탄이 아니라 개인의 마음속에 있는 내면의 사탄을 나타낸다. 일반적으로, 순례의 행위는 "비이성적"으로 보일 수 있지만, 그들의 수행은 신에 대한 헌신을 보여 줄 수 있는 방법이 된다. 그러므로 굳이 의식의 의미를 찾아 내고, 역사적 상징적 요소들을 과거와 연관시키는 것이 불필요하다.

메카순례는 출신이나 사회적 지위에 상관없이 모든 무슬림이 알라의 권력과 위대함을 경험할 수 있는 의식적 행사로 묘사된다. 이란 학자 알리 샤리야티('Alī Sharī'ātī)의 해석과 같은 상상력이 풍부한 상징적 해석을 통해 메카순례의 다양한 측면은 이슬람 생활의 상징이 됨을 볼 수 있다. 역사적으로 하갈이 물을 찾아 왔다 갔다 하는 사이(sa'y) 행위는 "이슬람의 행동주의" 양식이 된다. 일상생활과 경제적 및 정치적 억압에 대한 투쟁이 따와프(Tawāf) 곧 카아바 둘레를 순례하는 행위를 통해서 "투지의 노력"을 상징한다면, 이것은 바르고 신성한 헌신적인 삶을 위한 노력에 있어 더욱 그러하다.

성지 순례 활동에 대한 해석과 더불어 순례를 참여하는 정도와 관련된 다양한 쟁점도 있다. 최근 수십 년간 매년 약 1백만에서 2백만 명의 사람들이 참여해 왔다. 사우디아라비아 정부는 2009년 메카순례(hajj)에서 2,521,000명의 사람이 왔다고 보고했는데, 여기에는 외국에서 도착한 1,613,000명의 순례자들과 사우디아라비아 내에서 온 154,000명의 순례자가 포함되었으며, 그들 중 대다수는 사우디 사람이 아니었다. (공식 보도 자료에 따르면 유효한) 메카순례 허가를 받지 못한 753,000명의 순례자들이 있었다. 국외에서 입국하는 참가자 중, 일반적으로 50퍼센트 이상이 남성이다.

매년 순례자의 총 숫자는 정치적 상황에 따라 달라질 수 있다. 예를 들어 1989년의 총 숫자는 774,560이었다. 이것은 1987년의 960,386명에 비해 상당히 감소한 숫자로 이란에서 온 순례자들(이들은 1987년에 157,395명에 해당되었다)이 부재했기 때문으로 설명된다. 이러한 숫자 변화의 이면에는 사실 무슬림들을 엄청나게 괴롭히는 또 다른 근대적 이슈가 있다. 메카순례는 건강하여 순례가 가능하다면 개인적인 의례로 지키는 게 아니라 사우디아라비아에 가서 모든 무슬림이 하도록 요구되는 의식이다. 그러므로 그것은 국가의 통제하에 있을 뿐만 아니라 국가의 책임이기도 하다. 이에 따라 순례 기간에 한해 입국할 수 있는 복잡한 비자 규정이 생겨나고 있다. 1987년에는 주로 이란인 순례자 400여 명이 폭력 시위 도중 사망했다. 그 결과 사우디 정부는 이란과의 관계를 끊고 이란 순례자의 수를 4만 5000명으로 제한했다. 이란은 여기에 대해 메카순례에 대해 전혀 참여를 허용하지 않음을 통해 사우디에 보복했다. 1991년 이란 사람들이 다시 참여하기 전까지도 이런 상황이 지속되었다.

마찬가지로, 1991년 쿠웨이트 전쟁 이후 이라크와 사우디아라비아의 국경이 폐쇄되어 육로로 오기를 원했던 이라크 사람들도 문제에 직면했다. 1999년까지 이것은 누가 이 문제에 책임이 있는지에 대한 양국 간의 설전으로 이어졌다. 사우디아라비아 정부는 "어떤 상황에서도 종교적 의무의 수행을 어떠한 정치적 목적으로도 사용하지 않을 것"(「사우디아라비아 대사관 신문」 1999년 3월 20일자)이라고 선언하면서 이 문제에 대한 무슬림들의 양심을 강조했다. 종교의 근본적 의식에 대한 참여가 정치와 정권에 의해 통제되어야 한다는 생각은 몇몇의 무슬림에게 상당한 어려움을 야기했다. 그 결과로 메카의 국제화를 요구하는 목소리가 종종 나온다. 사우디와 미국 간의 동맹이 많은 의혹의 초점이 되고 있는 이 문제의 정치적 측면은 종종 순례 여행이 현대 국가 간의 투쟁에서 상징적 요소가 되는 결과를 낳기도 한다. 예를 들어 이란의 아야톨라 호메이니(Ayatollah Khomeini)는 이 메카순례를 무슬림들이 단합의 모습과 제국주의에 대한 거부감을 보여 주는 가장 중요한 시기로 묘사했다.

> 해결책은 무엇이고, 힘이 없다는, 억압받고 있다는 환상을 떨쳐버리기 위해 무슬림들은 무엇을 책임지고 가야 하는가? 이러한 문제의 뿌리를 잘라내어 부패를 적결하기 위한 다른 모든 해결책 가운데 가장 중요한 해결책은 전 세계의 억압받고 노예화된 모든 이를 통합하기보다는 무슬림들부터 통합을 하는 것이다. 이러한 통합은 포교(tabligh)와 이슬람에의 초대를 통해 이루어진다. 그리고 이 초대와 포교 식탁 장소의 중심지는 무슬림들이 성지 순례를 하기 위해 모인 성스러운 도시 메카(Mecca)가 있다. 이것은 이브라힘에

의해 시작되었고, 무함마드가 이어 왔으며, 하드라트 마흐디(Hadrat Mahdi, 마지막 때에 올 자라고 시아파에서 믿음)가 그 뒤를 이을 것이다. 이브라힘은 사람들에게 사회의 정치, 사회, 경제, 문화 문제 등 사람들의 필요에 관심을 기울여 알라의 예언자가 어떻게 신을 위해 제단에서 그의 삶의 결실을 보았는지 직접 목격할 수 있도록 하기 위해 성지 순례로 초대했다. … 우리는 메카 순례 절기 동안 이교도들은 신경 쓰지 않는다. 이것은 평화를 수호하는 예언자 무함마드가 지킨 정치적 종교적 보복이기도 하다(Khomeini1985: 98–99).

메카순례의 정치화는 최근 다양한 다른 방식으로 나타났다. 예를 들어 2004년 이라크 전쟁의 여파로 사우디 정부는 33,000명의 예상되는 파견군을 준비하면서 이라크로부터 순례자를 받는 것에 각별히 신경을 썼다. 또한, 미국 무슬림들은 그들이 미국에서 순례(hajj)를 왔다는 이유만으로 그들이 미국 출신이라는 것으로 취급한 것에 대해 유감을 표명했다. (2004년 메카순례로 여행하기 위해 미국에서 10,000개 이상의 비자가 발급되었다.) 그러나 이로 인한 치명적인 위험이나 실질적인 신체적 접촉에 대한 보고가 있지는 않았다.

정치적 접근 통제 문제 외에도, 순례에 참여할 때 시대적 편리함을 고려하여 다른 방안들도 등장했다. 대부분의 순례자는 이제 메카로 떠나기 전에 사우디아라비아의 제다로 바로 날아간다. 2012년에 기록적인 3,200,000명의 외국인 순례자들이 메카순례를 위해 사우디아라비아를 방문했는데, 2,400명 이상의 순례자들이 사망한 2015년 이후부터 여행 제한 숫자로 인해 그 수는 약간 줄어들었다. 하지만 전반적으로, 그 수는 엄청나게 증가했다(1869년에는 약 110,000명의 외국인이 참가했고, 1907년에는 250,000명, 2017년에는 2,000,000명 정도). 메카순례의 의미는 이슬람 세계 전역에서도 느껴지는데, 특히 순례에 참여함으로써 비롯되는 사회적 중요성에 있다. 안톤(Richard Antoun 1989: 165)은 요르단 마을의 연간 소득의 일반적 증가를 연구했는데 (사우디아라비아 석유 산업에 종사한 결과), 현대적이고 안전하며 신속한 운송 방법 그리고 현지 순례자 가이드로서 정부가 장려한 것이 모두 거주자 소득 비율의 현저한 증가를 가져왔다고 보고한다. 그는 1959년과 1986년 사이에 순례 여행을 수행했다. 그는 이 순례 수행을 다녀오면서 시대적 변화를 감지할 수 있었다. 안톤에 따르면, 순례 수행이 지역 사회 내에서의 지위와 적절한 순례자의 경건성 요구 조건을 모두 필요로 하기 때문에 그러한 책임의 짐을 짊어질 수 있는 지역 사회의 나이든 남성들이 주축이 되었으나 오늘날에는 훨씬 더 많은 수의 젊은 남성들이 종교적 정체성 규명을 위한 수단(40세 미만이며 일반적으로 교육 수준이 높음)으로 순례 여행을 떠난다.

순례를 시작하기 위해 제다(Jedda)로 날아가는 것은 몇 가지 의식에서 직접적인 의미가 있다. 전통적으로, 이흐람(ihrām)으로 알려진 의복으로 갈아입어 이에 대표되는 신성함을 갖추고, 제다가 자리한 마와끼트(mawāqit: 이흐람을 할 장소) 지역을 통과하기 전에 입게 된다. 따라서 비행기를 타고 오는 순례자들은 일반적으로 비행기에 탑승하기 전에 모국에서 순례복을 입는 것이 원칙이지만, 성지 방문(ziyāra)를 수행할 의도로 출발하는 경우 제다에서부터 하는 것이 가능하다. 따라서 비행기에 타기 전에 그들은 모국에서 순례 의상을 입는다. 먼저 성지에 가서 메카순례를 수행한다. 새로생겨난 의례 순서상의 논의는 모든 순례자가 한꺼번에 모든 것을 수행하기보다 여러 날에 걸쳐 행할 가능성이 높아진 것이다. 이 사실은 1998년 미나에서 일어난 사고로 118명의 순례자들이 사탄의 돌을 던지는 의식을 치르는 장소로 향하다가 참가자들이 압사를 당해 사망하면서 다시 한번 일어나게 된 문제이다. 1999년 메카순례를 위해 21개 병원(병상 7,103개 수용)이 응급 상황에 내저할 수 있도록 조징에 많은 노력을 기울였다. 2009년 H1N1 돼지 독감의 공포로 인해 사우디아라비아에서 메카순례 관련 직업에 종사하는 모든 사람에게 예방 접종이 제공되었으며, 메카순례 허가를 받으려면 방문자가 예방 접종을 받았다는 증명서를 제출해야 했다. 일부 사망을 포함하여 68명의 확인된 독감 사례가 보고되었다. 또한, 물리적 안전이 강조된다.

> 하템 카디 순례 담당 차관은 미나(Minā)의 자므라트(jamrat) 지역에 인구 과밀을 피하기 위해 따와프(Tawāf)와 지정된 시간에 순례자들이 단체로 돌팔매질을 할 준비를 했다고 발표했다. 그는 올해 시행될 단체 시스템의 성공은 모든 순례자와 메카순례 포교자들의 협력에 달려 있다고 말했다. 자므라트 다리에는 순례자들에게 현지 상황을 알리는 전자 안내판이 설치되며, 순례객들은 붐비면 잠시 기다렸다가 돌팔매질을 하지 말 것을 당부했다 (*Embassy of Saudi Arabia press*, February 14, 1999).

이런 예방책에도 불구하고 2015년 메카순례는 미나에서 2,400명의 순례자들이 몰려들면서 다시 한번 곤경에 처했다. 이전의 치명적인 사건들과 마찬가지로, 문제의 원인은 상당수의 '무면허' 순례자들이 정해진 시간 없이 돌팔매질을 하려고 했기 때문이다. 제안된 해결책은 기존의 2층 구조물을 대체할 9층 테라스를 짓는 것이다. 이 구조물이 완성되면, 돌팔매질 의식을 하루에 900만 명도 해낼 것으로 예상된다. 장애인들을 위한 에스컬레이터와 승강기도 설치가 결정되었다.

참석자들이 압사당하는 것 때문에 메카 모스크에 추가 층수를 올리는 것에 대해 추가적인 담화가 오갔는데, 이것은 법적 측면에서 무척 혁신적이지만 사실 필요한 것이다. 몇몇 사람은 모든 사람이 수용될 수 있도록 순례의 기간을 더 길게 잡아야 한다고 주장해 왔다. 의식에서 필수적인 부분인 동물 도살 대체물이 제안되었고, 이브라힘이 그의 아들을 기꺼이 포기한 것처럼, 그 희생의 행동이 주는 의미는 사람은 '무척 아끼는' 무언가를 포기해야 한다는 것이다. 지금 상태로는 희생 제물 의식은 중앙집권화되어 있다. 이슬람개발은행의 희생제 고기 프로젝트는 매년 열리는 제물의식과 그 이후의 유통을 조정하는 일을 담당하고 있다. 양(이중 587,723마리가 2004년에 사용되었으며, 5,076 마리의 낙타와 소도 도살됨)은 순례자를 대신하여 4개의 현대적인 도축장(1억 2,830만 달러에 건설되었고, 관리 및 수행을 위해 20,000명 고용되어 양들을 도살)에서 규정된 이슬람 의식 도축 방법에 따라 수행되었다. 이 고기는 급속 냉동되어 나중에 이슬람 세계 27개국의 난민들에게 배급되었다. 위생에 관해 현재 제기되는 문제들은 메카의 야외 환경에서는 50만 마리 이상의 동물을 도살할 수 없다고 분명히 규정하고 있다. 이러한 위생 및 안전에 대한 우려는 주택 및 대규모 순례자 유입과 관련하여 또한 제기된다. 1999년 사고 때문에 화재 방지 재료로서 필수 텐트 도시를 건설하는 것에 대해 많은 홍보가 이루어졌다.

7. 사이버 공간의 꾸란과 정체성

물론 이슬람의 의식이 현대적 맥락에서 영향을 받는 무슬림 정체성의 유일한 측면은 아니다. 현대 세계의 빠른 변화는 많은 사람이 경험하는 몇 안 되는 삶의 상수 중 하나이며, 그것은 존재의 모든 영역에서 일어나고 있다. 앞서 언급한 바와 같이 이슬람에 대한 근대주의자들의 비전이 반영된 많은 목소리의 우려와 대응들이 빠르게 변화하는 근대 생활 방식을 직면하면서 적절하지 않고 낡은 것이 되기도 한다. 인터넷과 뉴미디어의 영향으로 이슬람 경전이 겪고 있는 변화와 이것이 이슬람 사회에 미치는 영향들보다 시대 변화를 더 잘 설명할 수 없다. 꾸란이 새로운 사이버 공간으로 이동되면서 그 영향력에 대해 언급하는 것이 이제 이슬람 학자들 사이에서 이미 진부한 말이 되어 버렸다. 실제로 아직도 이것은 과정 중에 있고, 드리날 만큼 현재 시점에서는 확신한 연구가 없더라도 말이다.

사이버 꾸란이 여러 지식에 미치는 영향력과 사회적, 정치적, 지적 권력 구조의 변화로 인해 발생할 수 있는 모든 결과적 변화에 중심적인 역할을 하여 법률 분야에서는 영향이 있는 것으로 이미 기정사실이 되었다. 인터넷 사회 안에서 법학자의 영향력은 무슬림들이 이슬람 의식을 이 시대에 실천하는 가운데 삶에서 발생하는 일상적 질문에 대해 답을 해 주기 위해 이전에 경험했던 지리적 경계를 훨씬 넘도록 확장될 수 있다. 더욱이, 누구에게나 인터넷의 이론적 접근(주로 경제적 자원에 의해 제한됨)은 주제에 대한 법적 의견을 제공할 수 있는 사람들의 사회적 구성에 있어서 변화를 초래했다.

인터넷의 익명성은 누구나 자신의 (혹은 성별에 대해서도) 무프티로서의 자격을 주장할 수 있다는 것을 의미하며, 적절한 출처 인용은 더 이상 종교 과학 교육을 받은 사람들 혹은 심지어 물리적 도서관을 이용할 수 있는 사람들에게만 국한되지 않는다. 과거로부터 유래된 출처 인용을 통해 권위가 여전히 자주 주장되고 있고 바로 그 사실이 상당한 수준의 학습을 의미하지만(고전적인 법률 작업이나 꾸란 해설은 단순히 인터넷에서 구할 수 있다는 이유만으로 이해하기 쉽지 않음) 무슬림 학계 흐름의 구성은 바뀌고 있다. 이것은 또한 종교의 개인화, 확립된 권력 구조에 대한 불신, 지식 생산의 세계적 맥락과 같은 다른 힘과 결합하여 무슬림 인구의 문장 이해력 수준에서 근본적인 변화를 가져오기도 했다. 그 결과 중 하나는 많은 사람이 그들의 종교적 유산과 관계를 맺는 방식에 있어서 하디스 문학의 방대한 분량을 소화해 내는 것인데 이와 관련된 실용적 어려움을 이유로 무슬림들은 관습에서 꾸란 중심으로의 전환을 보여 주고 있다. 동시에 대부분의 무슬림은 읽고 쓰는 능력을 습득하여 꾸란과 친밀하고 지적인 접촉이 가능해졌다.

꾸란 암송에 미치는 영향도 사이버 무슬림 공동체의 출현으로 관찰될 수 있다. 낭송을 녹음한 다음 카세트를 사용하던 과정은 거의 한 세기 동안 진행되어 왔으며 당초 불거졌던 논란은 거의 가라앉은 것 같다. 따라서 현재 인터넷에서 낭독되는 꾸란을 더욱 활성화하기 위해 노력하는 것은 특정 낭송 스타일과 목소리를 국제화하는 작업이다. 일부 관찰자들은 이러한 종류의 기술의 영향으로 꾸란이 상품화되고 있다는 인식이 증가한다고도 말한다. 이제 인터넷에서 꾸란이 디지털화되면서 인간 행동의 세련되지 못한 측면도 발견된다. 이것은 도서관뿐만 아니라 통제 가능하지 않은 사이버 상황에서 디지털 변화가 감지된다. 꾸란을 누구나 무료로 사용할 수 있게 되면서 적은 노력으로도 신성시되던 텍스트에 영향을 줄 수 있을 뿐 아니라 미묘하게 보이지만 상당한 변화가 일어난 것처럼 무슬림들은 변화를 인식하게 되었다. 아직은 미묘하지만 실질적인 해석적 변화들도 일어나고 있다. 디지털 형태의 꾸란의 권위와 무슬림들에게 미치는 영향력, 독자가 꾸란을 독경할 때의 순결성, 꾸란 텍스트가 화면에서 영구히 남지 못하는 문제로 인해 낭독된 형태나 기억된 대로 보존될 때의 문제들도 제기되고 있다. 온라인 파트와(fatwās)는 종종 그러한 질문에 답을 주고 있다.

예를 들어, <Islamicity.com>에서 제공되는 판결 중 인터넷에서 (혹은 CD에서) 꾸란을 읽을 때 독자는 의식적으로 대신 순수한 상태에 있어야 하는지 여부에 특별한 주의를 기울이도록 한다. 디지털 형태는 유형의 물리적 텍스트와 동일하지 않기 때문에(역자 주: 신체적 접촉을 하는 것이 필요하지 않지만) 형식에 관계없이 텍스트와 상호 작용하면서 순수성을 유지하는 것이 바람직하기 때문이다. 그러나 화장실을 사용할 때에도 꾸란 테이프, CD 및 컴퓨터 버전의 꾸란을 욕실에 넣고 있다. 웹사이트에서 배경 트랙으로 재생되는 것을 들으면서 암송된 꾸란을 접하는 것 또한 의문이 제기되었다. 웹사이트에서 배경 트랙으로 재생되는 것을 들으면서 낭독된 꾸란을 접하는 것 또한 의문이 제기되었다. 웹 디자인이 낭독된 꾸란이 나오도록 설정되었을 때 이 사이트를 접하는 사람들의 웹 방문 목적은 다를 수 있다는 점을 감안해서 방문자가 꾸란 낭독에 적절한 주의를 기울이지 않을 수 있고 이것은 다른 결과를 초래할 수도 있다는 의견이다.

디지털 형식으로의 이동으로 인해 고전 종교 텍스트와의 상호 작용에 있어 상당한 변화가 있음을 주목할 필요가 있다. 이러한 텍스트는 이제 인터넷으로 완전히 검색할 수 있다. 예를 들어, 꾸란 단어나 개념이 주석 작업을 한다고 해서 과거에는 쉽게 자료들을 찾아질 수 없었다는 사실을 고려해 본다면, 개별 단어로 검색할 수 있는 전체 텍스트를 디지털로 갖는 것은 꾸란 연구 방법에 있어 큰 변화를 가져온 것이다. 우리는 기술의 이러한 사용에서 이미 글로벌하게 지식의 근본적 변화가 생겨난 것을 인식하고 있지만, 여전히 이러한 맥락에서 구체적으로 언급하는 것도 필요하다. 앞서 관찰한 바와 같이, 고전적인 이슬람 주석의 전반적인 기획 방법은 지식의 누적 과정에 참여하는 사람들이 꾸란 자체뿐만 아니라 문법이나 사전 편찬 등에서 타프시르 문학 세계나 사전적 의미 등 그 외 지식들을 갖고 있어야 했다. 그들이 권위적인 해설이나 비교 및 참조를 통해 정보와 문법 규칙 및 의견들을 인용할 수 있는 능력이 여기에 밀접하게 관련되어 있었고, 그러한 능력에는 해석을 위한 훈련, 헌신, 지성 및 통찰력이 필요했다. 그러나 이제 기계들을 통한 액세스 및 검색 가능성을 통해 진정으로 변화를 맞이하게 된 것이다.

잘 알려진 바와 같이, 인터넷은 또한 현대 논쟁의 매우 활발한 장소이다. '이슬람 종교 의식'과 '이슬람에 대한 답변'을 제시하는 사이트에는 각각 이슬람과 기독교의 관점에서 꾸란에 관한 문서들을 제공하는 정보가 가득하다. 이러한 사이트들은 비전문가들의 의견을 잘 어필하여 사람들을 설득시키는 매력이 있다. 그러나 이러한 사이트가 매우 정교하게 잘 만들어져 있어서 기존 종교학자들의 권위에 반해 자신들의 정당성을 더 주장하면서 중요한 질문에 대한 답변을 자기식의 해석으로 답하는 위험성을 내포한다는 것이 문제이기도 하다.

인터넷은 또한 이슬람 내부의 논쟁을 조장하는데, 이란 웹사이트들이 12이맘파(Ithnā ʿAsharī Imāmī)의 해석을 제공하여 사우디아라비아와 꾸란에 대한 사이트에 보수적 살라피(Salafī) 관점을 장려하는 것과 같은 예이다. 미국에 본부를 두고 있고 꾸란과 관련하여 라샤드 칼리파(Rashad Khalifa)가 발표한 개념을 따르는 '복종하는 자들'(The Submitters)로 알려진 이 단체는, 인터넷에서 그들의 존재감으로 인해 훨씬 더 많은 대중들의 관심을 끌었다. 그러므로 인터넷은 동일한 생각을 가진 공동체를 만드는 장소가 될 수 있을 뿐만 아니라 현대의 논쟁, 분쟁, 의견 차이를 더 악화시키는 장소가 될 수 있다.

8. 이슬람의 정체성과 정치

현대 무슬림의 삶에서 전반적으로 이슬람의 이상을 구현하려는 시도에 많은 관심을 기울이고 있다. 이것은 일반적으로 이슬람이 정치에 미치는 영향이라고 요약할 수 있지만, 이슬람의 근간은 법률 분야이다. 주로 이슬람주의자들의 전체주의 비전과 관련하여, 이슬람이 '모든 삶 전반을 통합한다'는 정치적 열망을 통해 사상적 중심축이 되었다. 이슬람 또한 많은 정치 지도자가 단순히 변화를 정당화하고 대중을 침묵하도록 하기 위해 화살을 맞아야 하는 것처럼 종교라는 틀을 갖고 정치적 도구가 된다. 이것은 개인적으로 이슬람을 상징적으로 사용하기보다 사회적인 사용을 하는 것이다. 그렇다면 현대 세계에서 이슬람은 개인적 믿음을 통해 끊임없이 탐구해 나가지만 동시에 제도적이면서 확고하고 제국주의적인 유연성을 지닌 두 얼굴을 가지고 있다는 것을 인정해야 하는 것이다.

이슬람의 대중적이고 정치적인 얼굴을 찾기 위해 탐구를 하게 된 배경에는 세속주의의 성장과의 연관성이 많다. 특히, 다수의 무슬림 인구로 구성된 국가 정부가 공식적으로 선포한 내용의 영향력이 있다. 세속주의는 이들 국가에서 다양한 형태로 존재하며 현대 세계에서 이슬람을 정치적 힘이 없는 순전히 종교적인 현상으로 주장하는 사람들 사이에 항상 나타난다. 이것의 극단적인 형태는 20세기 중반 알바니아에서 발견된 급진적 세속주의로, 그 목표는 이슬람 전체를 대체하는 것이었다. 따라서 관련된 사람들이 전통적으로 무슬림이었으며 현대 세계에서 살 방법을 찾고 있었지만 이것은 그 자체로 이슬람 정부들을 대표하는 예시가 될 수는 없다. 더 일반적인 것은 튀르키예에서 볼 수 있는 세속주의 유형으로, 적어도 상징적으로는 종교와 정치 및 공적 생활 전체가 완전히 분리되어 있다. 무스타파 케말 아타튀르크(Mustafa Kemal Atatürk, 1881-1938)는 오늘날과 같이 그 나라의 성격을 상당 부분 담당한 튀르키예 민족주의 지도자였다. 제1차 세계대전 후 그리스인들을 튀르키예에서 추방하려는 운동을 이끈 후, 그는 튀르키예어 표기 방식의 변화를 상징적으로 보여 주면서 튀르키예를 공식적으로 세속주의 나라로 바꾸었다.

오스만이 통치하던 5세기 동안 사용되어 왔던 아랍어 문자는 버려지고 라틴 알파벳으로 대체되었고, 튀르키예어의 특정한 특징을 설명하기 위해서 아랍어가 약간 수정되었다. 이슬람법률 및 교육 기관의 탄압과 신비로운 수피 집단을 불법화시킨 것은 국가 기구에서 종교를 제거하기 위한 또 다른 조치였다. 최근 몇 년간 집권 정당의 오락가락 움직임과 군대의 중요한 역할에 따라 이러한 입장의 특정 요소가 수정되었지만, 튀르키예는 특정 이슬람 상징이 더욱 두드러지는 동안에도 확고한 세속주의를 고수하고 있다. 그러나 여성 베일에 대한 튀르키예의 현대판 논쟁인 '히잡'(hijāb)은 세속주의와 이슬람 사이의 선이 얼마나 좁고 가변적일 수 있는지를 보여 준다.

공식적인 세속 국가에서 이슬람은 이념적 차원, 즉 사회 내에서 개인의 삶을 지향하고 해석하는 사상 체계로서 민족주의, 자본주의 혹은 사회주의로 대체된다. 다른 인용된 세속주의의 예들은 1970년대 이집트에서와 같이 인도네시아와 이슬람 세속주의에서 발견되는 다종교 체계에서 볼 수 있다. 이집트는 종교가 정치적 역할과 입지를 가지고 있었지만 사회의 완전한 기반을 차지한 것은 아니다. 이에 대한 증거는 법률이 시행되고 채택된 방식으로 볼 수 있다.

이슬람 종교 법전인 샤리아가 세속적인 국가들에서 다른 법전으로 대체되었지만, 각각의 경우 종교와 세속 사이의 구분 선은 특히 이혼과 결혼에 대한 종교적 통제에서 같이 유럽계 미국인의 세속주의 모델과 비교했을 때 다양하다. 세속주의를 특징으로 하는 또 다른 방법은 모든 종교에 대한 국가의 통제이다. 세속주의는 진보를 옹호하고, 특히 비이슬람 소수 민족이 있는 나라들의 통합을 증진시키는 데 사용되어 왔다. 이집트와 인도네시아 같은 나라들을 공식적인 세속주의로 몰아가기 위해 이것이 가장 중요한 요소였다고 한다.

이러한 배경에서 이슬람주의가 정치적 세력으로서 이슬람에 나타나는 출현이나 부활하는 현상을 주의해 보아야 한다. 1970년대부터 이슬람은 이란 혁명, 안와르 사다트(Anwar Sadat) 암살, 알제리에 있었던 살해들, 아프가니스탄의 탈레반, 이라크의 쿠웨이트 침공, 2001년 9.11사건과 알카에다(al-Qaeda. 역자 주: 아랍어로는 알까이다), 이라크와 아프가니스탄에서의 전쟁들로 세계 헤드라인을 장식했다. 이 부활의 유산은 물론 훨씬 더 거슬러 올라가지만, 현대 운동은 정치적 정체성으로서의 이슬람의 존재에 특히 초점을 맞추었고 오늘날의 상황에 적합한 자체 이데올로기를 만들었다.

무슬림들의 계속되는 압력은 많은 국가에서 불안정한 균형을 가져왔다. 정부는 이슬람 단체의 보다 급진적인 측면을 탄압하면서 이슬람을 더 많이 사용하고 있다. 최근 몇 년 동안 일부 사람은 이슬람이 기성 정당에서 중요한 요소로 다시 등장하여 이슬람 의제에 있어 보다 온건한 (그리고 일반적으로 받아들여지는) 정당의 필요성을 약화시켰기 때문에 많은 사람 사이에서 나타나는 '탈이슬람주의' 분위기에 대해 이야기한다. 이는 이슬람 율법이 시행될 영역을 신중하게 제한하면서 동시에 법적 법령의 사회적 기반으로서 이슬람에 대해 정부가 호소를 함을 통해 이루어졌다. 총기 규제, 수입 관세, 산업 독점 등과 같은 현안에 대한 지침을 어떻게 제공할 수 있는지를 결정하는 어려움은 잘 알려져 있기 때문에, 권력을 가진 사람들에게 이것은 종종 실용적인 의미가 있다. 이슬람주의자들에 의한 그러한 문제들에 대한 논의는, 예를 들어, 샤리아가 수단의 '최소한' 정부를 위해 고안되었거나 (수단의 하산 알투라비[Hasan al-Turābī]의 강령에서와 같이, 이란의 아야톨라 호메이니의 강령에서처럼) 국가의 더 큰 이익에 반대하는 샤리아의 판결이 중요하다는 많은 반응을 낳았다.

이슬람 정치의식의 고양과 그 결과 일반 이슬람 대중의 상당수가 정치체제에 참여하고자 하는 열망은 나름대로 파급 효과를 가져왔다. 그러한 정치 운동은 수적으로 미미한 집단에서 시작되었을지 모르지만, 대중 고등 교육의 부상과 저렴한 대중 커뮤니케이션 수단의 출현은 더 많은 사람이 참여하고자 하는 열망과 기회를 낳았다. 이러한 참여의 증가는 이슬람 운동 내에서 상당히 분열된 목소리를 내는 효과를 가져왔다. 관련된 사람들의 수가 많을수록 의견의 수도 많아진다. 이 때문에 그러한 '운동'이 실제로 어떤 의미로 존재한다고 말하는 것은 불가능하지는 않지만 어려워졌다. 그 결과, 정부는 이슬람의 부족한 단합의 결핍을 메우기 위해 그들의 권한을 사용할 수 있었다.

9. 다양성의 도전

현대 기술의 영향과 오늘날 세계에서 커뮤니케이션의 방법이 달라지면서 21세기의 무슬림 정체성에 대한 훨씬 더 큰 도전이 왔다. 이는 탈레반(Taliban), 알카에다(al-Qaeda), ISIS(이슬람 국가 조직), 지하드(jihād), 9월 11일, 이슬람 테러라는 키워드를 간단히 고려해 요약해 볼 수 있다. 현대 세계의 이러한 모든 측면에서 중요성은 이슬람 자체 성격에 대해 말하는 것이 아니라, 운동 자체가 이슬람적이라 주장하는 모든 것이 오히려 주변부에 있으며, 오히려 이들이 무슬림들에게 정체성의 위기를 가져오게 한다.

이러한 21세기의 사건들은 20세기를 지나면서 이슬람 공동체 내에서 너무나 명백했던 균열을 악화시켰다. 이슬람의 정체성과 자의식에 대한 테러리즘의 압력과 이라크와 아프가니스탄의 전쟁은 무슬림 집단 간의 경계를 더욱 악화시켰고, 다양한 무슬림 '공동체들'에 대한 이야기가 훨씬 더 현실 상황을 여실히 보여 주게 되었다.

과거의 도덕적 딜레마는 현재에서 어느 때보다 여전히 중요하다. 누가 무슬림이고 누가 아닌지에 대한 형성기의 논의는 여전히 시급하다. 이슬람 공동체와 세계 각국에 대한 무슬림들의 책임감은 오늘날 카와리즈(Khawārij), 13세기의 이븐 타이미야, 18세기의 무함마드 이븐 압드 알와합(Ibn ʿAbd al-Wahhāb)과 마찬가지로 압도적이다. 이것은 제11장에서 논의된 무함마드 이븐 압드 알와합과 관련된 "이슬람을 무효화하는 것들"의 버전을 보면서 설명될 수 있고, 현재 사우디 쉐이크 압드 알아지즈 이븐 압드 알라 이븐 바즈(Shaykh ʿAbd al ʿAzīz ibn ʿAbd Allāh ibn Bāz)에 의해 "이슬람을 무효화하는 10가지 것들"이라는 제목으로 영어와 아랍어로 널리 유포되었다. 이븐 바즈(Ibn Bāz)는 1912년 사우디아라비아 리야드(Riyadh)에서 태어나 20세부터 시각 장애인이 되었다. 그는 1961년 메디나이슬람대학교 부총장, 1970년 메디나대학 총장으로 임명되었다. 1992년, 그는 사우디아라비아의 공식 무프티(muftī)로 임명되었고, 이슬람 율법을 설명하고 필요할 때 '법적 의견'(fatwās)을 제공하는 책임을 맡았다. 이븐 바즈는 또한 사우디 고위 학자 위원회의 회장직과 과학적 연구와 법적 판결을 위한 행정부의 회장직에도 임명되었다. 그는 1999년 사망할 때까지 다른 직책을 계속 맡았다.

18세기 무함마드 이븐 압드 알와합에 의해 작성된 문서와 20세기 말의 문서를 비교해 보면 종교적 원칙을 고수하는 데 있어서 과거와 동일한 도덕적 행동 기준을 고수하면서도 동료 무슬림의 성과를 판단할 수 있다는 주장을 하기 때문에 이슬람의 변화된 관심을 알 수 있다. 이러한 입장은 확고하면서 활발히 진행되어 자칭 무슬림들이란 이들이 불신자라는 것을 분명히 주장함으로써 이슬람 공동체 내에서 분열의 가능성도 일으킨다.

인터넷에서 쉽게 접할 수 있는 아래 문서의 시작 부분에서, 이븐 바즈는 좀 더 종말론적인 어조로 증명되는 구절을 선택하고 동물 희생에 대한 강조점을 없애기 위해 예제를 바꾸어서, 무함마드 이븐 압드 알와합이 했던 것과는 다르게 아래처럼 기술했다.

알라와 함께 다른 동등자를 세우는 자에게 알라는 잔나(극락)을 금하였고 지옥(자하남)이 그의 거처이다. 잘리문(행악자)은 협력자를 갖지 못할 것이다(꾸란 5:72). 죽은 자를 부르는 것, 도움을 청하는 것, 혹은 그들에게 선물이나 희생을 바치는 것은 모든 형태의 shirk(알라의 자리에 다른 것을 올려놓음)이다(http://www.fawa-online.com/FATAAWA/CREED/SHIRK/9991120_1.HTM).

다신교도를 불신자로 간주하지 않는 무슬림에 대해 언급하면서 이븐 바즈는 이러한 범주에 유대인과 기독교인이 포함될 수 있음을 명시한다. 그는 또한 무슬림들이 그러한 사람들이 낙원에 들어갈 가능성이 있다고 믿으면 안된다고 덧붙임으로써 전통적인 이슬람 토론의 요점을 확고히 했다. 그런 다음 텍스트는 무함마드에 대한 불신으로 인한 유대인과 기독교인의 지위에 대한 확장된 논의로 들어가고, 꾸란 5:73의 명백한 진술과 반대되는 것으로 인용된 삼위일체 교리에 대한 가톨릭과 개신교의 견해를 제공한다. "알라가 셋 중의 세 번째라고 말한 사람은 카피르(알라를 믿지 않는 자)이다. 한 분 신 이외에 다른 신은 없다"(꾸란 5:73). 그리고 5:72에 반대되는 것으로 간주되는 예수의 신성에 대한 정통적 견해("마리아의 아들 메시아가 신이라고 말하는 사람들을 믿지 말라"). 꾸란 3:52에 반영된 것처럼 유대인들은 이미 예수님을 거부함으로써 그들의 불신앙을 선언했다.

이싸가 그들 중에 쿠프르(알라를 믿지 않음)를 느꼈을 때 그가 말했다.

"누가 나를 알라에 대한 (나의 초대에) 나의 협력자들인가?"

제자들이 말했다.

"우리가 알라의 협력자들입니다. 우리가 알라에게 복종하는 자들임을 증언한다"(꾸란 3:52).

이븐 바즈는 이븐 압드 알와합보다 유럽-미국-이스라엘의 이슬람 위협에 필연적으로 훨씬 더 관심이 있다. 샤리아의 완전성 개념에 대한 도전을 다루면서 이븐 바즈는 세 가지 예(아래 1, 2, 3으로 나열됨)를 인용함으로써 문제를 광범위하게 확장했다.

다음의 항목은 모두 이슬람을 위반하는 방법으로 간주될 수 있겠다.

1. 인간이 만든 제도와 법이 이슬람의 샤리아(sharī'a)보다 낫다고 믿는 것으로 예를 들어 이슬람 시스템은 20세기에 적합하지 않다고 말한다. 혹은 이슬람이 무슬림을 후진하도록 한 원인이라는 것 혹은 이슬람은 삶의 다른 측면에는 간섭해서는 안 되는 종교적인 신과 무슬림 사이의 관계라고 주장한다. 위와 같이 열거된 구체적인 예들은 모두 19세기 이후 이슬람의 근대주의자들이 흔히 사용하는 관용구들이다. 특히, 근대적 경향과 시민사회 내 논쟁으로 인해 기독교의 개신교마냥 이슬람 신앙을 사적인 방식으로 믿거나 시아파(Shī'ī) 이슬람과 관련된 교리인 따끼야(taqiyya)의 유산으로 억압적 상황에 직면하여 자신의 종교를 외적으로 표현하는 것을 거부하는 것이다.
2. 도적의 손을 베거나 간음한 자를 돌로 치는 것과 같이 신이 정하신 형벌을 집행하는 것은 이 시대에 적합하지 않다고 말하는 것이다.
3. 상거래나 법률, 처벌 혹은 다른 문제를 다룰 때 신이 밝히지 않은 것에 근거한 규칙을 주는 것이 허용된다고 믿는 것. 비록 사람들은 그러한 것이 샤리아보다 우월하다고 믿지 않을 수도 있지만, 사실상 그러한 입장은 신이 간음, 음주 혹은 고리대금업과 같이 금지하신 것을 허용하도록 선언함으로써 그들의 불신앙을 확증한다. 무슬림들의 공감대에 따르면, 그러한 것이 허용될 수 있다고 선언하는 사람은 불신자이다.

이슬람을 비하하는 내용을 다룰 때, 이븐 바즈는 이슬람의 독특한 특징으로 간주될 수 있는 법의 모든 측면(수염, 의복, 성관계의 측면, 시왁[siwāk]을 칫솔로 사용하는 측면을 포함하여 무함마드를 조롱하는 것), 혹은 이슬람의 전통을 지지하는 사람들을 조롱하는 것도 포함한다.

이븐 바즈는 무함마드 이븐 압드 알와합의 주장을 현대화했다. 20세기 후반 등장한 이슬람의 우려는 일리가 있다. 예를 들어, 살만 루시디의 유령이 많은 숨겨진 진술에 있듯 특히 배교의 가능성에 대한 문제가 제기될 수 있다. 이븐 바즈는 누군가가 이슬람을 떠날 수 있다고 믿는 모든 무슬림은 그 자신이 불신자라고 선언한 것과 마찬가지이다. 이스라엘의 존재는 유대인에 대한 새로운 강조를 하면서 반영되고, 중세에서 부활된 기독교인들과의 신학적 논쟁은 삼위일체 교리를 둘러싼 논의에서 분명하다고 본다. 종교를 내면화하려는 근대적 관념에 대한 거부와 함께 특정 종교적 상징에 대해 현대 사회의 적대감을 분명히 보여 준다. 또한, 문서가 아랍어 독자층에서 영어로 번역되면서 전세계적으로 영향력을 미친 것을 고려해 볼 때, 이븐 바즈의 진술의 일부 측면을 부드럽게 만든 번역적인 효과가 있었음에도 (컴퓨터로 흔히 공유되는 영어식 번역에서도 엄격한 어조를 띤 공식 영어 표현으로 옮겨졌다) 강한 어조였다.

그러한 신학적인 논쟁을 검토해 보는 것은 현 상황의 복잡성에 대해 우리에게 통찰력을 요한다. 이슬람 역사상 위기의 시대는 무슬림들 사이의 공동체 구성원 자격에 관한 긴장의 역사로 특징지을 수 있다. 이슬람 정체성의 경계를 엄격히 구분하는 쪽으로 기울어진 이슬람 쇄신에 대한 정신은 넓고 깊게 공동체를 받아들여 통합과 안정으로 나아가려는 방향성에 대한 위협이 된다. 와하비(Wahhābī)운동이 그러한 경향 중 하나였으며, 이는 오늘날 사우디의 살라피(Salafi)운동에서도 계속되고 있다. 특히, 주변 세계에 대한 유혹 때문에 사람들이 이슬람을 떠날 것이라는 위협이 있고 친구와 적으로 구분지으려고 하는 경향들도 무시할 수 없다. 이러한 종교적 엄격성에는 분명히 권위주의적 측면이 있고, 이를 지지하는 사람들은 그들의 판단이 옳다는 확고한 믿음을 갖고 있다. 그러한 상황에서 폭력이 발생할 수 있다는 것은 불행히도 현실이다. 사우디 정부에 대한 비판은 신랄하게 해댔지만 이슬람의 도덕적 순수성을 지켜 아라비아 이슬람의 보수적 성향을 고수하려 했던 오사마 빈 라덴(Osama bin Laden)의 경력에서도 이는 분명히 나타난다. 물론 이러한 권위주의적 억압 상황에서 나타나는 권세 있는 이들의 맞대응은 특별히 이슬람식으로 표현된 적이 없다.

이슬람에 대한 이러한 접근의 성격을 나타내는 것은 그러한 문서와 태도에 포함된 절대성이다. 2003년 노벨 평화상(Nobel Peace Prize) 수상자인 시린 에바디(Shirin Ebadi)가 말했듯이 이슬람과 국가의 관계를 정의하고 이슬람 문화와 정신을 유지하기 위한 국가의 책임을 확립하기 위한 투쟁은 '종교 국가'가 아닌 '국가 종교'의 세계로서 이슬람 세계 전역에 등장하게 되었다. 이슬람의 수호는 인구 탄압의 수단이 되며 이슬람과 인권은 양립할 수 없다는 개념(적어도 유럽-미국 언론에서 대중적)이 출현하게 된다.

예를 들어 이란에서는 '자경단'이 테헤란의 기숙사와 가정에 침입하여 VCR과 위성 TV 수신기를 부수고, 거리에서 손을 잡고 있는 커플을 공격하고, 영화관을 불태웠다는 이야기가 나온다. 그들은 너무 헐렁한 스카프를 두른 여성을 찾아 식당으로 뛰어다닌다. 이러한 보도에 따르면 이슬람의 사회적 가치를 집행하라는 명령을 맹렬히 집행하고 있는 이들 집단은 '내가 내 아우를 지키는 사람인가'라는 질문에 의심의 여지가 없는 이들이다. 옳은 것을 강요하고 그름을 금지하는 것에 대한 오랜 논쟁이 열띤 채로 계속되어 왔기 때문이다.

10. 근대적 맥락에서의 정체성

이슬람의 의례나 정치 활동을 해석하는 것은 오늘날 이슬람을 개념화하는 데 긴장성을 보여 준다. 이해가 충돌하는 급변하는 세계에서 개인과 기관에 따른 이익적 충돌이 생겨나서 논의가 빗나가기 시작하면 그들은 종종 '이슬람 경제'나 '이슬람에서의 지적 방식'이란 대안으로 비현실적인 태도를 앞장세우기도 한다. 이 모든 것의 기저에는 무함마드와 꾸란의 위치에 대한 논의에서 이미 발견된 기본 주제인 반-초자연주의, 과학과의 조화, 법적 규정 대 도덕적 명령에 대한 논쟁이 있다. 이슬람식 표현은 종종 방어적인 것처럼 보인다. 이슬람 활동은 현대성에 대항하는 개인의 최종 보루로 간주된다. 따라서 많은 무슬림에게 의례를 지키는것은 무슬림으로서 자아 정체성의 핵심이다. 그러나 이러한 이슬람의 의례를 강조하거나 새로 부활시키는 많은 경우는 이슬람의 뿌리에서 소외된 사람들의 특징이기도 하다는 사실을 잊어서는 안된다. 더 시골 지역에서부터 무슬림의 생활을 통합하려는 움직임은 지금까지 그래왔듯이 계속되고 있으며 앞으로도 많은 세대에 걸쳐 그런 방식으로 계속될 것이다.

부록: 기도를 인도하는 여성들

2005년 3월 18일 미국 학자인 아미나 와두드(Amina Wadud) 박사는 금요일 정오 기도회에서 기도 인도자로 섬겼다. 남성과 여성 측 신자들이 와두드(Wadud)가 이끄는 성공회 성 요한 대성당의 뉴욕 종교회의에서 함께 기도했다. 여성이 이맘 역할을 맡은 것은 이번이 처음은 아니지만 이 사건은 많은 언론 보도와 아랍 세계와 미국의 종교 당국에서 비난을 받았다.

이 행사의 후원자 중 하나인 Progressive Muslim Union의 목표는 모스크에서 여성의 권리 박탈이 계속되고 있다는 점을 주목하여 전통적인 이슬람 국가가 아닌 나라들에서도 남성에게만 특권을 주는 것이 계속되고 있음을 지적했다. 이슬람법학 과정(Law School)은 만장일치(일부 사소한 예외적 상황은 허용됨)로 여성은 규정된 매일의 의식 기도에서 다른 여성 그룹만을 인도할 수 있다고 결정했다. 가정 내에서만 여성이 두 성별을 이끌도록 허용된다. 알나와(al-Nawa, 1278년 사망, 샤피이 법학자)는 남자가 여자 뒤에서 기도하면 그의 기도가 무효라는 분명한 판결을 내놓은 것으로 자주 인용된다. 전통적인 이슬람 관습에서 여성은 남성 뒤에 줄을 서거나 사원의 완전히 다른 쪽에서만 기도해야 한다.

인터뷰에서 와두드 박사는 다음과 같이 말했다.

가부장제가 인간의 발전을 장악해 왔다는 생각은 이슬람에만 있는 것이 아니다. 그리고 확실히 이 손아귀가 남용된 방식, 즉 가부장적 남용을 정당화하기 위해 악용된 방식은 이슬람과 가부장제 사이의 연결에 대한 아이디어가 이슬람 자체에 내재된 것이 아니라 이슬람이 발생했던 상황적 기원에 있다고 생각한다. 따라서 이슬람의 역사나 전통, 심지어 [이슬람의] 지적 발전으로 돌아가서 가부장제를 유지하고 이슬람 성향을 부여했던 과거 명분을 찾아내는 것은 매우 쉽다.

진보적 이슬람식 사상이란 관점에서 우리 앞에 놓인 가장 중요한 과제는 상황적 기반을 두고 영속되어 온 이슬람 시스템에 대해 지속적인 고군분투를 해가는 것이다. 그리고 그 토대는 시공간적 현실이 되야 한다. 이슬람은 세속적인 세계에 존재해야 하지만 전 우주적인 것은 아니다. 우주적인 것을 다양성이란 관점에서 바라볼 수 있기 위해서는 다원성을 가장하는 데 그치지 말고 가부장적인 한계성을 버려서 진정한 자유를 찾아야 할 것이다(www.pbs.org/wgbh/pages/frontline/shows/muslims/interviews/wadud.html).

Amina Wadud (2006) *Inside the Gender Jihad: Women's Reform in Islam* (Oxford: Oneworld)은 그녀의 관점을 충분히 표현하고 있다. 이 문제에 대한 보수적인 반응, 예를 들어 "the ruling of Yūsuf al-āwī"은 www.iio.org/article.php/20050417005930119에서 확인할 수 있다.

추천 도서

Ayoob, Mohammed (2008) *The Many Faces of Political Islam: Religion and Politics in the Muslim World*, Ann Arbor, MI: University of Michigan Press.

Bianchi, Robert R. (2004) *Guests of God: Pilgrimage and Politics in the Islamic World*, New

York: Oxford University Press.

Buitelaar, Marjo (1993) *Fasting and Feasting in Morocco: Women's Participation in Ramadan*, Oxford; Providence, RI: Berg.

Bunt, Gary R. (2009) *iMuslims: Rewiring the House of Islam*, Chapel Hill, NC: University of North Carolina Press.

Gräf, Bettina and Skovgaard-Petersen, Jakob (eds.) (2009) *The Global Mufti. The Phenomenon of Yusuf al-Qaradawi*, London; New York: Hurst/Columbia University Press.

Mandaville, Peter (2007) *Global Political Islam*, London: Routledge.

제6부

이슬람의 새로운 비전

제16장

여성, 지성 그리고 도전들

    21세기로 접어들면서, 새로운 천년의 이슬람(혹은 일반적으로 종교)은 어떻게 되는가 하는 의문이 제기될 것이다. 이슬람이 계속 존재할 것이라는 것을 의심하는 사람은 거의 없다. 오히려 관심을 두는 것은 이슬람 형태의 다양성에 있다. 그래서 의심할 여지없이, 앞 장에서 이미 그려진 주요 이슬람의 트렌드가 가장 중요하다. 그러나 이슬람은 다양한 측면에서 도전에 직면하게 되고, 이 도전이 현재 진행 중인 인류 역사의 진보에 맞춰 이슬람을 변화시키고 계속 발전을 가져올 것이다. 어떠한 도전들은 내부로부터 올 것이고, 다른 도전들은 내부 변화와 상관없이 올 것이다.

    메르니시(Fatima Mernissi), 아르쿤(Mohammad Arkoun), 아크타르(Shabbir Akhtar)와 같은 이슬람 현대 사상가들 중 일부는 이미 앞장에서 이슬람 권위의 원천에 대한 논의 중 언급되었다. 전통적인 이슬람 관습에 얽매이지 않고, 자신의 무슬림 정체성 의식에서 인간의 문제를 직시하려는 파리드 이스학(Farid Esack)과 같은 사람들은 영향을 막 미치기 시작하고 있다. 그런데도, 어떤 이들은 현존하는 사회 구조를 무너뜨릴 혁명적 이슬람을 제시하고 있다. 외부에서는 세속주의적 힘이 경쟁하는 종교 단체와 함께 인본주의와 페미니스트의 공격적 목소리들을 통해 새로운 도전을 제기하면서 이슬람에 영향을 주고 있다. 이슬람 배경의 집단들이 특히 중요한 이유는 그들은 이슬람식 주장과 활동에 익숙한 사람들이기 때문이다. 힌두교와 특히 기독교를 포함한 다른 종교들도 물론 이슬람에 도전을 주고 있고, 그들의 영향력도 주목받을 만큼 중요하지만 여기서는 다루지 않겠다.

지난 두 세기 동안 이슬람권에서 행해졌던 지적 논의는 이슬람의 근간을 근대적 맥락에서 이해하려는 시도다. 확실히, 모든 무슬림이 앞서 다룬 이 문제들에 실제적으로 토론에 참여한 것은 아니지만, 사실 그들의 목소리를 내고 안 내고와 상관없이 이슬람의 근대적 적용에 대한 입장을 가지고 있다. 꾸란과 무함마드가 시대적으로 어떻게 이해되고, 가르쳐져야 하는지는 이슬람에서 해석학적 기초이며, 이러한 주제에 대해 '항상' 전해져 온 것을 단순히 전승하려는 사람들도 논의에서 한 부분을 차지하고 있다. 게다가, 오늘날 일어나는 논의들 중 일부는 의식(儀式) 활동과 정치를 둘러싼 시대적 논의에서 볼 수 있듯 이슬람의 지적, 이념적 형식뿐만 아니라 그것의 실제적인 영향력에 대해서도 깊은 영향을 전체적으로 끼친 것이 분명하다.

의심할 바 없이, 한 개인으로서 무슬림들은 그들 신앙의 기초에 대한 이론적 이해보다 그들 삶의 필수적인 부분으로서 종교성을 실현하는 것에 훨씬 더 관심이 많다. 이슬람은 '단순한' 종교이며, 이슬람에서는 이러한 지적 논의가 필요하지 않다고 말한다. 그러나 중요한 것은 이슬람의 근본이 되는 꾸란과 무함마드를 이슬람의 기본 신앙적 원칙으로 지적인 개념화를 할 뿐 아니라 현대 이슬람의 일상생활 측면에 반영한다는 것이다. 이것이 입증되는 한 영역은 근대 이슬람에서 여성의 위치를 다루는 논의 중에서 나타나 이슬람 사회의 전체 구조에 관한 더 많은 문제를 반영하기도 한다. 사실, 많은 사상가가 이슬람의 전통적 측면이 근대 사회 가장 큰 도전에 직면할 것이라고 믿고 있고, 이슬람의 미래를 걱정하며 새로운 비전이 나타나야 한다고 믿는 것은 이런 우려와 연관되어 있다.

확실히, 여성은 전체 무슬림의 약 50퍼센트를 차지한다. 남성과 여성, 모든 무슬림은 그들의 성별에 관계없이 이슬람을 하나의 종교로서 열망하는 데 동의하는 반면, 사회학적으로 밝혀진 바는 사실 그렇지 않다. 이슬람 사회는 종교의 전반적인 틀 안에서 특히 여성의 종교성을 장려하고 허용했다. 이것은 긍정적이고 부정적인 여러 요인의 결과이다. 여성을 제도화된 이슬람의 권력 구조에서 배제하고 여성에게 특정한 종교적 요구를 한 것은 여성 중심적 파급 효과를 동시에 불러왔다. 이슬람 율법은 꾸란에 뿌리를 두고 있으며, 가부장제 내에서 확장된 가족 집단을 가정하여 사회 제도를 도입했다. 이것은 무슬림의 움마라는 개념 속에서 창조적인 긴장 관계 안에 성공적으로 존재해 왔고, 그 안에서 모든 것이 신과 그들의 관계를 통해 하나 되는 공동체였다. 여성에 대한 지정된 역할이 그 전반적인 사회 제도 안에서, 특정한 이성 중심의 종교 활동으로 나타나게 된 것이다. 페미니스트는 여성들이 배제된 세상을 대체할 새 유토피아를 건설하려고 노력했다고 말할 것이다.

근대 시대는 이미 여러 번 언급했듯이 이슬람의 사회 제도에 심각한 영향을 끼쳤다. 동시에, 그 사회 시스템 내에서 가족의 위치는 이슬람의 정체성 형성에 있어서 중심이 된다. 그러므로 놀랄 것도 없이, 가족적 맥락에서 여성의 문제는 현 시대 상황의 이슬람 논의에서 덜 중요하게 다뤄졌다. 여성 문제에 대한 이러한 초점은 오늘날의 사회적 압력에 대한 변증적인 반응도 아니며, 때때로 이것에 초점을 맞추는 것이 누군가 말하는 것처럼 반드시 '반이슬람적'인 것도 아니다.

가족의 역할은 항상 이슬람 정체성의 근본적 요소였고, 따라서 여성 문제가 중심이 되었다. 게다가, 사회에서 여성의 역할에 대한 문제는 현재 여러 가지 이유로 인해 엄청난 문제가 된다. 가정생활이 구조화됨에 따라 전통적 가정은 단순히 지식인이나 서구의 교육을 받은 사람들뿐 아니라 도시 대중들에 의해서도 매일 의문이 제기된다. 농촌에서 도시 사회로의 이행, 그 결과 도시 과밀화와 대중교통, 빈곤, 실업 그리고 현대 생활의 다른 모든 특성은 가족 내에서 정당했던 역할 분담에 심각한 지장을 초래했다. 교육은 또한 지식이 힘이라는 것을 인식하는 성찰적인 집단(교육에도 불구하고 중요한 사회적 힘을 성취하지 못함으로써 종종 무의미하게 되는 통찰력)을 만들었을 뿐만 아니라, 사회 구조를 급격히 변화시키면서 문제가 과장되기도 했다. 남녀 모두 최근 들어 교육이 진행되는 동안 결혼을 미루는 경향이 있었다. 이것은 전통적 이슬람 사회 체계에서 생각조차 해 보지 못했던 층의 사람들 곧 미혼 청소년의 출현을 초래했다. 전통적 법학자의 사회 제도의 주요 초점은 여성 자녀와 기혼 여성이었다.

그러므로 모든 설득이 필요한 과제들이 무슬림들에게 문제시된다. 이슬람을 이 새로운 상황에 적합하고 심지어 도움이 되도록 하기 위해 무엇을 해야 하는가? 변화의 필요성을 자극하는 것은 현대와 전통적 종교 형태 사이의 불협화음이다. 이슬람이 여러 측면에서 '잘못했다'는 비난을 하려는 것이 아니라, 오늘날에 대한 해답을 찾기 위해 전통적 종교 자원을 끌어들이려는 시도가 이뤄지고 있는 것이다. 이슬람은 신성한 권한을 부여받았다. 믿는 사회 시스템을 통해 다른 구성원들과 관계에서 개인 존재의 사회적 경계를 그어서 구성원들에게 정체성을 제공하는 기능을 해 왔다. 오늘날 사회적 압박 가운데 제공되는 정체성은 더 이상 여성으로서 일부 사람들의 열망에 부응하지 않거나, 적어도 과거에 맞던 대답들도 더 이상 현대의 질문들에 응답하는 데는 충분치 않다는 것을 보여 준다. 그렇다면 여성 문제는 앞서 논의된 지적 토론이 함축된 채로 잘 보여 주고 있으며, 일부 의견에서 이슬람이 사회 시스템으로서 심지어 '종교' 형태로서 미래에는 어떤 것이 될지에 대한 새로운 비전을 제시하고 있다.

1. 여성들의 종교에 대한 전통적인 패턴

실제로 여성들은 이슬람 종교 의례의 상당한 영역에서 배제되어 왔다. 월경은 이슬람의 의례 행위에 전염될 만한 것은 아니지만 (이슬람의 사고에서 "오염"은 한 사람에게서 다른 사람에게로 전염되는 것을 의미하지 않는다) 관련된 여성의 종교 의례 수행에는 장벽으로 작용한다. 그러므로 남성들은 여성이 기도에 출석하는 것에 대해 꺼릴 것이 없지만, 예를 들어, 여성이 종교의식을 행하는데 있어서 생리 기간이 아닌 상태만 부정하지 않기에 대중적 예배에 여성이 참석해야 한다면 여성의 의례 참석이 가능한 상태인지 공동체가 허용해야 한다. 그러므로 이슬람은, 일반적으로 여성들이 그들의 사생활을 위해 매일 기도하는 것을 공적 수행에서 배제하면서, 친족주의라고 불릴 수 있는 것을 제도화했다. 이러한 배제의 다른 이유들도 자주 제시되는데, 특히 이슬람에서 사죄 표현에서 그렇다. 일부 사람들은 기도할 때 여성들이 남성들의 주의를 산만하게 한다고 주장하는데, 신자들이 신에게 완전히 집중하지 못하게 한다는 것이다. 따라서 따로 기도하는 것은 양쪽 성별 모두에게 유리하다 주장한다. 게다가, 여성들은 정기적으로 예정된 행사에 참여할 수 없도록 가족 구조 내에서 다른 책임들을 가지고 있다. 신자의 성별에 따른 다른 의례적 요구들에 대한 이 설명은 유대인의 변론 가운데에도 흔히 찾아볼 수 있다.

　이러한 분리의 결과는 여성이 따로 예배를 드릴 수 있는 공식적인 여성 전담 기관을 설립하려는 이유에서가 아니었다. 오히려 이슬람 세계의 많은 곳에서 수피즘과 왈리(성자) 숭배(많은 이슬람 개혁자가 왈리 숭배를 '비이슬람적'이라고 함)와 관련된 비공식적인 대중적 종교 관행이 등장하면서 남성 중심의 제도화된 형태의 이슬람 바깥에 존재하는 활동들이 나타났다. 이런 컬트(숭배 예식)들은 여성들 사이 연대감과 남성들로부터 독립심을 제공한 것으로 보인다. 이 예배의 주술적인 측면, 황홀 체험, 서약들과 맹세를 나타내는 것들이 남자와 여자 사이의 관계에 있어 강력한 도구로 여겨졌다. 이러한 왈리 숭배에서 아내의 활동을 통해, 남성의 첫 경험과 다산성에 대한 권력 유지가 가능하다고 믿었기 때문에, 두려움은 남성들에게 영향을 미쳤다.

　정결 의식의 법적 제도와 사회의 실용성에 따라 대중화되었던 또 다른 이슬람 제도는 대중목욕탕이었다. 여기서 여성들은 같은 성별로 친밀감을 형성하면서 자신의 친족 그룹을 넘어 사교계에 참여할 수 있었다. 관찰자들은 여성이 이러한 맥락에서 남성 중심적인 상황에서 남성이 할 수 있는 것보다 훨씬 더 큰 범위로 가족 그룹 사이를 이동했기 때문에 이 구조에서 상당한 형태의 권력을 갖게 되었다는 점에 주목했다. 사회적, 정치적, 경제적으로 안으로 운영되는 "내부 살림"은 여성들 몫이었는데, 종종 가정 내 남편과 이를 공유할 수 있었으며, 이는 가정 내의 권력으로 여성들을 배치하는 것을 가치 있게 받아들였기 때문이다.

2. 여성들의 분리

여성들의 분리는 서구 사회의 대중들의 상상 속에서 이슬람 사회라고 하면 가장 확고하게 떠오르는 이미지가 되었다. 지리적 위치에 따라 (드러나지 않게는 문화적 차이) 사회적 지위 및 기타 다양한 요인에 따라 정확히 형태가 다르게 나타나지만, 그것은 이슬람 사회 시스템의 현실과 기본 원리를 반영하는 이미지이다. 가족의 명예라는 것은 전통적으로 위태롭게 보여지는데 결국 여성의 독립 성향과 통제되지 않는 성을 절제한다는 전제로 여성을 보호하고 통제하여 남성들의 명예를 유지하기 위해서라고 지적되어 왔다.

이 분리를 가리키는 단어는 다양한데 히잡과 푸르다는 둘 다 여성의 옷에서 자주 드러나게 되는 원리를 가리키며, 현대어로 알지이 알이슬라아미(al-ziyy al-Islāmi, 이슬람식 복장), 이슬람에서는 수수한 옷차림으로 더 정확하게 표현되며, 머리카락을 가리고 몸매를 가리는 것을 의미한다. 여성을 완전히 분리하려는 열망은 이상적이지만 경제적으로 항상 여건이 제공될 수 있는 것은 아니다. 완전히 격리되어 사는 여성들에게는 심부름을 하기 위해 하인이 필요하다. 이것은 대부분의 가정이 할 수 있는 일이 아니다. 또한, 근대 사회에서는 교육을 받지 않은 남자가 직업을 찾는 것보다 여성이 돈을 벌어 그녀의 가족에게 수입원을 제공하는 직업을 찾는 것이 종종 더 쉽다. 이것은 여성이, 필연적으로, 가정 밖의 사회에 내몰릴 수밖에 없음을 말한다. 농촌 사회에서 여성의 이동에는 제한이 많지 않았다.

즉, 여성이 아무런 제약을 받지 않는 가정은 마을 전체로 활동하는 것도 허락이 되었고, 이동의 자유(여성이 농업 과제 등에 참여하도록 요구됨)는 어떠한 어려움도 일으키지 않았다.

여성을 분리하는 전통은 이슬람에서 많은 논쟁을 불러일으켰는데, 어떤 이들은 분리가 종교의 일부가 아니라고 말하고, 다른 이들은 분리가 이슬람 종교에서 기원되었다고 말한다. 종종 그렇듯이, 이것은 다른 어떤 것 못지않게 단어를 정의하는 문제이다. 모든 여성의 베일이 ― '이동성 분리' 목적을 구현하기 위한 방법으로서 ― 꾸란에서 요구된다고 생각하면 안된다. 이것은 단순히 문화적 특징으로 나타날 뿐 이슬람의 한 부분은 아니다. 그러나 베일을 쓰는 외적인 형식만 놓고 본다면 그것은 사실이다. 그러나 베일은 사실 꾸란에 등장하는 여성 제약에 대한 다양한 진술의 논리에서 나온 셈이다(비록 엄밀히 따져보면 필요하지 않지만). 전체를 베일로 가리는 행위는 남성과 여성 사이의 사회적 상호 작용에 대한 이슬람 방식을 잘 드러내 보여 주는데 이를 어기는 것이 극도로 어렵다는 것을 보여 주기 위해 분리화가 제도화된 것이다. 물론 이슬람 율법의 다른 측면들에 비해 여성을 분리시키는 이 특정 문제를 이슬람법학자들이 극단적인 형태로 받아들인 이유에는 의문이 제기될 수 있다. 그러나 전체적으로 분리가 시사하는 상징성의 함축적 의미 중 하나는 여성이 권력을 가지면서도 동시에 절제될 필요가 있다고 생각하는 것이다.

이슬람 체제에서 여성의 지위는 논리적으로 볼 때 사회 구조에 전제된 논리들을 반영한다. 결국, 그렇게 될 수밖에 없다. 만약 한 시스템 내의 한계들로 인해 그 집단 내 사람들이 조직 체계에서 부여하는 지위에 마땅한 권리를 주장할 수 없다면, 사회 시스템이란 잘 기능하지 않을 것이다. 따라서 꾸란은 두 여성의 증언이 한 남성(꾸란 2:282)의 증언과 같은 무게로 인정된다는 것을 입증하고 있다. 여성의 유산은 남성의 유산(꾸란 4:11)보다 적다. 여성은 정해진 몇 가지 이유로만 이혼을 먼저 신청 가능하는 것이 허용되지만, 남자는 특별한 구실이 전혀 필요 없다. 이혼 후에 남성은 자유롭게 재혼할 수 있는 반면에 여성은 임신 여부를 보기 위해서 기다려야 한다. 남자는 모든 문제에 있어서 집안을 지배한다. 남성의 종교는 온 가족의 종교로 추정되기 때문에 무슬림 남성은 유대인 혹은 기독교 여성과도 결혼할 수 있지만, 무슬림 여성은 다른 무슬림과만 결혼할 수 있다(꾸란 5:6). 남자는 한 번에 네 명의 아내까지 결혼할 수 있지만, 여자는 한 명의 남편과만 결혼할 수 있다. 여성에 대한 남자의 징계 규율(꾸란 4:34)과 성(꾸란 2:223)은 여성을 지배할 수 있는 남성이 가진 특권에 대한 설명들이다.

꾸란은 여성들이 사회에 협력하는 사회 구성원이 아니라, 사회가 요구하는 것에 따라야 하는 구성원으로서 수동적 여성에 대해서 진술하고 있다. 예를 들어, 여성이 이혼 후 혹은 임신 중일 경우에는 과부가 된 후 일정 기간을 기다려야 한다는 것은 여성이 자신의 성적 관계에 대한 관련 정보를 숨기기를 원한다는 가정을 이미 두고서 친부를 확실히 가릴 수 있도록 사회적으로 정한 것이다. 메르니시(Fatima Mernissi 1987: 82)는 이슬람이 서구 사회를 특징짓는 여성 혐오에 대한 형태가 아니라 이성애에 대한 두려움에 바탕을 두고 이러한 제도를 마련한다고 주장해 왔다.

메르니시의 견해는 리파아트(Alifa Rifaat)의 소설(1985)과 같은 다른 작가들에 의해 반영된다. *Distant View of a Minaret*이라는 이름 없는 여성에 의해 아주 실랄하게 묘사한 이 단편 소설에 등장하는 여성들은 처음에는 더 많은 사랑과 삶을 갈망하는 것처럼 보이지만, 그런데도 남성 동료들에 의해 끊임없이 실망하게 된다. 그 결과, 그들은 여성 종교 관행의 맥락에서 신을 숭배하는 것을 통해 유일한 위안을 찾는다.

메르니시의 주장에 반하여 성에 대한 이슬람식의 조심스러운 태도는 오히려 적절한 것이라고 말할 수 있을지도 모른다. 이슬람 사회 체제는 여성들이 남성들에게 예배를 흐트러뜨리지 않게 해야 하고, 그다음에는 그들 스스로 자신의 편안함을 위해 따로 예배하도록 되어 있다. 그러나 이 문제는 여성이 고분히 따라온 대가로 이루어졌기 때문에 여전히 이의를 제기할 수 있다. 일반적으로 종교의 목적이 인간성의 성취를 위한 것이라 생각한다면 이슬람의 분리는 문제점으로서 지목될 수 있다.

3. 근대적 요구

'평등'은 여성 문제에 대해 말할 때 세계적으로 핵심 논쟁의 단어가 되었다. 그러나 이 개념은 쉽게 잡히지 않기 때문에 분석하기 위해 정의를 명확히 해 두고 시작해야 한다. 신중한 페미니스트들의 논의에서, 평등이란 '동등성'을 의미하지 않았는데, 이는 일부 반대자들이 문제를 사소한 것으로 만들려고 제안할 수 있기 때문이었다. '평등'이란 '생명 선택권'에 대한 자기 결정 권한으로서 인간성의 잠재력을 가리킨다. 이것은 기회의 문제이지 역할이 아니다. 젠더에 대한 경험이 그 쟁점 논의에서 가장 두드러진 측면이다. 성별의 내면화 과정은 인간이 성취할 수 있는 한계를 사회 내에서 결정짓도록 하며, 이것은 일반적이다. 유대교-기독교-무슬림 사회에는 권력과 성별 그리고 성 내재화가 가부장제의 이점을 위해 통제될 수 있는 수단이다. 성 역할과 이에 수반되는 통제는 사회에서 이미 확립된 남성의 특권을 이롭게 하는 역할을 한다.

메르니시(Mernissi 1987: xv)는 여성이라는 문제의 이러한 측면을 요약한다.

> 왜 나는 메디나의 골목길을 평화롭게 거닐 수 없을까?

즉, 사회에서 여성이라는 사실 때문에 남자들은 그들의 삶에서 당연하게 여기는 활동들도 그녀가 하고 싶어하더라도 제한되기 마련이다.

여성에 대한 토론에서 자주 사용되는 또 다른 용어는 '지위'이지만, 이 역시 개념적으로 다소 애매하다. '지위'란 것은 종종 사회적 역할이 제한될 수 있고 사회적 기능을 비교하는 데에도 주어진 범위가 있음을 암시한다. 그러나 이것은 다른 사회 시스템에는 또 다른 기존 전제들이 반영된다는 사실을 무시한 것이다. 따라서 '지위'를 이해한다고 했을 때에는 그 사회 체계의 피상적 표현만을 본 것이지 그 사회 내에 이해되어야 할 더 중요한 기본 구조를 보지는 못한 것이다.

특히, 젠더 구조에 대한 분석의 상당 부분은 이슬람 그 자체가 아니라 전 세계적인 현상인 가부장제 전반에 관련되어 있다. 그리고 이슬람 사회는 확실히 사회 내의 가부장제를 기정화된 사실로 반영하고 있다. 따라서 어떤 관점에서 이슬람은 남성을 위한 가능성을 여전히 여성에게 허용하지 않고 있다. 이슬람의 사회 체계가 모두를 위한 최선의 해결책을 반영한다면, 왜 메르니시의 말이 되풀이 되어야 하며 '여성은 여전히 메디나 주변을 산책할 수 없는가'라고 질문해 볼 일이다. 여성이 자신의 지위에 대한 논의와 관련해서 자신들의 불만을 말할 때, 여성들의 불평하는 이유가 '열등감' 때문이라고 대중이 이해한다면 그것은 요점을 놓친 것이다. 메르니시는 그 문제는 정말로 종속과 관련된 문제라고 주장한다. 이슬람 사회는 여성의 사회적 기능에 필요한 이념적 입장을 반영하지 않고 오히려 권력 구조를 반영하고 있다.

성별의 상호 보완성에 대한 생각은 종종 사회에서 남성과 여성의 역할에 대한 이슬람의 이해를 논의하는 데 사용된다. 이 개념은 특히 이슬람주의자들에게 대중적이다. 여성들은 엄마로서 그리고 가정주부로서 사회에서 그들의 역할을 하는 반면, 남자들은 재정적인 면에서 가족의 유지에 대한 책임을 짊어진다. 이 입장에서의 질문은 '종속'이나 '열등'이란 입장이 아니라 '같지만 다르다'라는 개념에 반영된 남녀가 가진 '자연적 질서'라고 본다.

상호 보완성 개념은 여성들이 사회에서 고립되고, 사회 전반에서 더 적극적인 역할을 하는 것은 기대하지 않는다는 것을 시사하고 있다. 이 이론은 '자연적'이란 뉘앙스를 내포한다.

남편과 아내의 기능은 확실히 구별되며, 각자는 자신의 본성에 가장 적합한 기능을 맡는다. 꾸란에서는 신이 특정한 면에서 남자와 여자를 각각 뛰어나게 만들었다고 말한다. 남자는 체격과 체력에 있어서 여성보다 더 큰 어려움을 견디고 큰 위험에 직면할 수 있어 여성보다 뛰어나다. 반면에, 여성은 사랑과 애정의 자질에서 남성을 능가한다. 자연은 피조물의 자체 성장을 돕기 위해 하등 동물 가운데에도 암컷을, 인간에게도 여성들에게 돌보는 본능을 남성들보다 훨씬 더 높게 부여했다. 그러므로 인류의 진보적 차원에서 남자와 여자 사이에 자연적 구분이 있었다. 남자는 그의 더 튼튼한 체격 때문에 삶의 힘든 투쟁에 직면하는 것이 적합하고, 여자는 내재적으로 가진 사랑의 질이 우월하기 때문에 아이들을 키우기에 적합하다. 따라서 가정 부양의 책임은 남자에게 맡기고, 아이들을 양육하는 의무는 여성에게 맡겨졌다. 그리고 각자는 자신들에게 맡겨진 기능에 적합한 권한을 부여받았다. 현대 문명은 궁극적으로 인류의 진정한 진보는 분업을 요구하고 있으며, 생계를 책임지는 의무는 일반적으로 남자에게 맡겨져야 하지만, 가정 관리와 자녀 양육의 의무는 여성의 몫이라는 의견에 도달하고 있다. 그러므로 남자는 여자를 다스리는 사람으로, 여자는 집안과 아이들을 다스리는 사람이라고 언급되고 있다(Ali 1950: 646-647).

이 같은 성적 역할 판단과 평가에서 여성을 제한하는 관점은 여성 그 자체의 이익을 위한 것이라고 주장하며, 남성과 여성 사이의 자연적 성향 차이를 근거로 한 것은 결국 남녀의 상호 보완적 역할에 대한 주장을 전제로 한 것이다.

아름다움을 소유하는 사람들은 상대적으로 수가 적으며, 삶의 자연스러운 과정은 가정적이게 만든다. 베일을 벗은 여성들이 남성과 어울릴 때, 남성들의 호의적인 관심은 아름다운 여성과 매력적인 어린 소녀들에게만 쏠릴 것이다. 자연적으로 매력적이지 않은 여성은 바람직하지 않은 것으로 여겨질 것이고, 이것은 그들이 사회와 동료애로부터 단절되는 결과를 초래할 것이다. 이것은 한편으로 인구의 감소를 의미할 것이며 다른 한편으로는 남자들이 항상 아름다운 아내를 얻을 수 있는 것이 아니기 때문에, 그들의 관심사는 잘 생긴 아이들을 생산하는 데에만 쏠리게 된다는 것을 의미한다. 그러므로 이성과 정의적 관점에서 이 질문을 본다면, 베일이 이러한 부조리를 예방한다는 것을 알게 될 것이다(Yusuf 1943: 209).

상보성 이론에 반대하는 사람들은 남성과 여성이 적대적 의지를 갖고 있다는 생각에 기초하고 있으므로 두 성별은 서로 다른 역량 영역으로 분리되어야한다는 생각에 기초하고 있다. 그러나 이러한 가정은 페미니스트 비판에 따르면 문화적 구성물이다. 그것은 남성의 권력을 보존하고 여성의 권력을 통제하기 위해 고안된 사상이며, 이것은 암묵적으로 꾸란과 순나에 포함되어 있다.

흥미롭게도, 이러한 상호 보완성에 대한 이슬람의 사회관은 억제되어야 하는 여성의 힘에 대한 강한 개념에 기반을 두고 있다. 따라서 이슬람 사회―그리고 아마도 일반적으로―에서 젠더 구성에 만연한 이중 관념의 일부이기도 하다. 여성은 지배를 받아야 하는 만큼 강력하다. 여기에는 또 다른 아이러니와 모순이 있다. 여성은 자신의 존재(특히 섹슈얼리티)에 대한 억압적인 통제를 통해 자신의 성 정체성을 가지도록 강요당하며 제한당한다. 이렇게 억제된 통제를 통해 여성을 여성으로 인식하도록 하여 성을 구별하려는 결과가 초래된다.

4. 이슬람의 대답

이슬람에서 여성의 '문제'에 대한 무슬림 여성의 대부분의 글은 그 문제가 사실 종교적 문제가 아니라는 것을 강조하고 있다. 종교는 문제나 근원이 아니라 해답을 제공한다는 것이다. 종교는 꾸란과 순나에서 발견되는 것처럼 사물의 '자연적 질서'에 대한 정의를 제공하며, 이를 적절히 이행하면 모든 사람, 즉 남녀가 사회에서 만족하게 될 것이다.

기독교의 전통적인 표현에 대한 매우 인기 있는 표현 중 하나는 남편이 가족과 관계를 맺는 것을 신과 인간 사이 관계의 거울로 보는 것이다. 이것은 자연적인 사물 질서에 대한 우주적 반영이기도 하다. 남성과 여성의 생물학적 차이에도 이것은 반영된다. 양육자로서의 여성, 공격자로서의 남성으로 나누는 것이다. 물론, 이것의 기초는 두 개의 성별, 즉 하나가 아니라 두 개의 성별이 생성되었다는 신의 확신에서 찾을 수 있다. 만약 신이 각 인간이 삶의 모든 차원을 다 할 수 있도록 의도하고 지었다면, 오직 하나의 성별만 창조해도 되었을 것이다. 게다가 이슬람을 변론하는 이들은 꾸란의 아담과 이브의 이야기는 성서에서 이브에게 지워진 여성이 악의 근원이라는 이미지에 영향을 받지 않는다고 지적하기도 한다. 마찬가지로, 신의 '성별'은 문제가 되지 않는다. 아랍어는 두 개의 문법적 성(남성과 여성)만 가지고 있고 그들의 구분은 대체로 자의적이다. 아랍어에서 신(알라)이라는 명사가 문법적으로 남성적이라는 사실이 남성의 우월성을 반영한다는 의미는 아니다.

이런 종류의 변증적 경향이 토론을 지배하고 있으며 이슬람의 페미니스트 신학적인 비전으로 다가서려는 증거는 거의 없다. 미래의 어느 시점에서 질문이 제기될 수 있을지 모른다. 예를 들어, 남성과 여성으로 구성된 모든 사람을 아랍어 무슬리문(Muslimūn: 남성 복수형)보다 무슬리마트(Muslimāt: 여성 복수형)의 공동체 회원이라고 한다면 이는 무엇을 의미하는가?

하산(Riffat Hassan)과 같은 작가들은 이러한 문제 제기에 가장 두드러지게 하고 있으며, 이러한 질문은 학문적 진영에서나 일반적으로 일어나지 여성신학을 변증할 목적으로 야기되는 것은 없다. 그러나 이슬람에 대한 서구적 오해에 도전할 필요성은 느끼지 않지만 아랍어나 페르시아어나 우르두어로 글을 쓰는 여성 작가들 가운데 여성신학의 비전을 정의하려는 시도들을 하고 있는지도 모른다.

5. 과거의 사용

가장 빈번하게 관찰되는 것은 꾸란에서 주어진 '여성의 지위'가 이슬람 이전 시대에 비해 크게 향상되었다는 것이다. 무함마드 이전에는, 여자 아이들이 유아 살해의 대상이 되었고, 여자는 아무런 권리도 없는 남자들의 소유였다.

> 무지의 시대에는 공공장소에서 자유롭게 어울리는 것이 여성들 사이에 흔했다. 그들은 세인의 시선에 아무렇게나 몸을 노출했다. 그것은 외설적이거나 부도덕한 것으로 여겨지지 않았다(Alam 1990: 82).

이슬람의 도래는 아주 최근까지도 여성의 법적 권리가 유럽 여성의 법적 권리를 능가할 정도로 여성에게 힘을 실어 주었다. 그러나, 이러한 견해는 이슬람 이전 시대에 여성들이 가졌던 힘과 위신을 주장하는 글들과 반대가 된다. 그것은 남성들이 꾸란을 (잘못) 해석한 것인데, 점차적으로 여성들의 힘은 전통에서 제거되었다. 하디스의 권위에 대한 출처로 기록되는 이슬람 초기 반란의 지도자로 유명했던 무함마드의 아내 아이샤는 이러한 관점에서 볼 때 중심적인 롤 모델이기도 하다. 이 자료에 대한 훨씬 더 급진적인 접근은 이슬람 자체가 여성의 권력(때로는 모계 제도와 연결되기도 함)에서 벗어나 현재의 남성에 대한 예속 상태로 이동한 데에 책임이 있음을 드러내기도 한다.

역사학자의 관점에서, 이 모든 견해는 증거의 선별적인 인용에 기초하고 있다고 지적될 수 있다. 이슬람 이전 아라비아의 여성들은 권력적이고 활동적이었으며, 혹은 어떤 사실에 의하면 권력은 없으나 독재적인 모습도 있었다고 묘사된다. 그러나 언급해야 할 것은 이 모든 접근이 보다 이슬람을 발전해 나갈 비전을 가지고 이슬람 사회를 부각하려는 시도라는 것이다. 그 비전은 관련된 집단의 이상을 수용하기 위한 것이다. 즉, 이슬람주의자들에게는 이슬람을 통한 여성 권력을 '확장'하겠다는 비전이며, 페미니스트들은 남성들에 의해 점차 제거된 여성의 잠재력을 '확장'하는 것을 비전으로 표현된다(이슬람에서 구현되거나 이슬람을 '잘못 해석한' 것을 통해). 문제는 이러한 설정된 신화들은 해체되기가 쉽다.

전통적 이슬람은 제1장에서 지적한 바와 같이 이슬람 이전 사회에 대한 신화적 모습을 제공한다. 이슬람의 정의에 따르면 이슬람은 무지의 시대였던 자힐리야를 모두 제거하게 되었다. 따라서, 고전 문헌에서 발견된 여성들은 모계 사회의 모습으로서 활발한 여성의 역할이 있었고, 이는 이슬람에서 신화적 역할을 했다. 그것이 9세기와 10세기의 이슬람 남성들이 도덕적으로나 사회적으로 미개하다 여겨지는 사회로 여성들이 통제하던 사회(역자 주: 자힐리야)를 묘사한 모습이다. 이러한 신화는 이슬람이 이전 시대의 다른 사회적 면들과는 긴장 관계에서 이슬람 이전 시기에 도덕적 성장을 제공하여 여성의 권리가 향상되었다는 단지 이야기의 단면만을 제공하고 있다. 오히려, 이 신화는 이슬람의 전반적 법적 성취에 대한 평가를 제공한다. 꾸란 법의 각 요소는 이슬람에 의해 이 변형된 증거로서 이야기의 서술적 디테일에 내재되어 있다. 구조적으로 전형적인 신화의 발전 단계에서 두 측면은 나란히 존재하며, 사회를 통제하고 현재의 관행을 정당화하기 위해 역할을 하고 있다. 각각의 측면은 아마도 특정한 역사적 상황에 그것의 기원을 가지고 있고 특정한 기간의 포부나 좌절들을 반영한다. 신화의 지속적 존재는 역사적 기록에서 일관성을 창조하려는 동기에서 이전의 요소들을 서술적 구조로부터 분리하려는 경향이 있는 현대 역사학자들과 신화를 재탄생시키려는 사람들에게 문제를 제기한다.

6. 근대적 상황에서 히잡

이슬람 생활의 중심으로서 가정을 보존하는 것은 근대 세계, 특히 이슬람이 우세하지 않은 지리적 지역에서 이슬람 생활의 많은 부분을 보호하는 중심적인 수단이 되었다. 사방에서 세속 사회가 침투하면서 가정은 이슬람의 극락으로 상징되고, 이슬람이 거부하는 모든 것으로 가득 찬 시대 속에 신성한 제도로서 존재하는 사회의 오아시스가 된다. 이 행동 양식에서 히잡 착용은 가정 지향적인 활동이 된다. 다시 한번, 이러한 종교의 개인화는 무슬림이 되는 이 특정한 해석과 방식의 결과이자 원인으로 제시될 수 있다. 종교적 행동은 이슬람의 공동체적 표현이 아니라 이슬람 실천에서 가장 중요한 측면이 되며, 이슬람의 수행을 자신의 가정(적어도 종교의 사회적 의미에서)으로 제한하는 것으로 보는 것은 종교적 방어선 역할을 하는 것과 같다. 이슬람의 개인화를 최대한 이유로 들어 이슬람에서 여성을 분리하는 히잡이란 특정한 경우 마치 심적인 필요성이며 유일한 요구 조건으로 언급하기도 한다. 그러한 이러한 해석은 확실히 이슬람 신비주의의 유산을 가지고 있지만, 세속화된 사회에서 개인의 행동을 정당화하는 데 있어서 그들의 역할은 과소평가되어서는 안된다.

필연적으로 그러한 문제는 현대에서 고도로 정치화되었고, 여성들의 히잡을 사회 전체적인 맥락에서 그 상징적 의미를 명확히 추출해 내는 것은 더 어려워졌다. 이것은 2004년 초 프랑스에서 논의된 것보다 더 명백하고, 그 이후의 더 일반적인 법제에서 얼굴을 숨기는 것에 대해 더욱 명백해졌다(니깝[niqāb]과 부르카[burka]로 알려진 베일의 형태에서 발생하는 것처럼). 그렇게 해서 프랑스의 공립학교에서 종교의 상징을 금지하는 것이 (따라서 어린 소녀들에 의한 히잡 착용을 포함하여) 추가되었다. 이슬람의 정체성과 현대 이슬람의 해석에 대해 더 복잡성이 더해졌다. 종교와 국가의 분리를 빙자한 이슬람 외부 인사들의 주장으로 인해 반이슬람주라는 세속주의가 무슬림들 틈에 들어와 이러한 이념을 강화시키게 되었다는 주장도 나왔다. 히잡 자체는 중요한 문제가 아니었던 무슬림들은 이제 히잡 자체에 대한 사회적 의견이 외부로부터의 압력의 결과라 본다.

[그림 16.1] **프랑스 무슬림 여성** 히잡의 전통을 보여 주는 이슬람 여성들이 파리 외곽 몽트뢰유(Montreuil)에서 이맘 알리 알무자히드(Ali El Moujahed)와 만나는 동안 이야기를 나누고 있다. 동시에 2010년 5월 프랑스 의회는 공공장소에서 얼굴 가림의 착용을 만장일치로 금지했다[출처: FRED DUFER/Guetty].

종교 외부의 사람들에게는 이원론적 반대론이 유일한 가능성으로 제시되는 상황에서, 히잡을 착용하는 것은 세속주의보다는 이슬람을 중시하는 표시가 된다. 그 메시지는 어느 한쪽이 히잡에 대하여 위험한 근본주의자 성향을 드러내거나 다른 한쪽은 프랑스에 관한 모든 것을 사랑하는 것으로 나뉘도록 만든다. 프랑스에 만연한 자유주의 라이시테(laïcite, 역자 주: 프랑스식 세속주의, 정교분리 사상)의 성향으로는 종교란 국가에 의해 규제되지 않기 때문에 세속주의에도 이슬람이 위협이 된다고 보는 것이다. 그러한 상황에 처한 무슬림들에게, 사람들의 종교에 의한 외적인 차이를 보고 싶어 하지 않는 사회(그림 16.1)에서 히잡은 외부 사람들이 말하듯 '근본주의의 횡포'라는 상징을 가진 것이 아니라 자신의 무슬림 정체성을 주장하기 위해 선택할 수 있는 유일한 대응책이 되어 버렸다. 여성의 경우, 히잡을 쓰는 데 있어서 선택적인 요소가 제거되면서 여성 자유에 관한 상황은 악화되었다. 이전에는 이것이 토론의 문제가 될 수 있었던 프랑스 법은 이제 눈살을 찌푸리게 하거나 불법적인 요소라는 것을 드러내면서, 이슬람 여성들에게는 히잡의 착용이 의무화되었음을 은근히 암시할 뿐이다.

7. 이슬람 움마의 여성들

이집트인 페미니스트 나왈 알사으다위(Nawāl al-Saʿdāwī)가 이슬람주의자들이 여성은 자연히 가정에서 자기 자리를 찾아야 하며 여성들이 가정 밖에서 일자리를 구하도록 장려한다면 사회적 타락이 일어날 것이라고 한 발언에 반대했던 주장을 우리는 되짚어 볼 필요가 있다.

> (이 주장을 하는) 이 남성들은 이집트 여성의 대다수(80퍼센트 이상)가 농민이고 베일을 착용한 적이 없다는 사실을 무시한다. 그들은 매일 아침 밭에서 괭이로 일하거나 많은 양의 똥이나 물통을 머리에 짊어지기 위해 집을 나간다. 이것은 수백만의 이집트 여성들이 자연이 그들에게 준 여성성을 버리고 도덕적 부패에 노출되어 그들의 종교와 명예를 지킬 줄 모른 채 사회적 기준들을 다 버렸다고 사회 남성들이 생각한다는 뜻인가? 그렇다면 이 사람들은 왜 침묵을 지키고 있는 것인가? 농민 여성을 집 안에서 보호하고 들판에 일하러 가지 않도록 요구하지 않는 것은 또 왜인가?

> 우리는 그들 중 누구도 그러한 요구를 하는 것을 들어 본 적이 없는데, 그것은 그들이 수백만의 이집트 여성들을 도덕적으로 타락했거나 여성성이

부족하거나 명예와 종교와는 거의 상관없다고 생각한다는 의미인가? 아니면 소수의 이집트 여성들만이 누리는 여성스러움과 명예로운 특성만을 믿고 주장하는 건가?(Sa'dāwī, Hoffman-Ladd 1987: 35에서 인용.)

사으다위의 주장은 두 가지 논점을 갖고 있다. 미디어를 통해 비판받을 수 있는 반대되는 주장에도 불구하고, 강력한 페미니스트 목소리는 이슬람 세계에서 존재감을 가지고 있다. 두 번째로 사으다위는 방대한 무슬림 여성들의 인구 비율을 고려할 때 근대성의 '위기'가 무시할 수 없는 영향력을 오늘날 미쳤다는 것을 상기시켜 준다. 이슬람주의적 논쟁은 대체로 도시 중심부의 현상인데, 사회와 경제적 요인들이 사회에서의 여성의 위치에 관한 페미니스트 논쟁을 거부하는 이면의 동기가 된다. 농촌 지역의 여성들에게 이슬람 사회 시스템은 온전하고 일관성 있게 유지되며, 남성과 여성은 그들 자신의 특정한 통제 영역 내에서 중요한 사회적 역할을 갖게 한다. 이러한 통제된 분야는 각 성별뿐만 아니라 그들 사이의 관계도 규제된다. 남성과 여성은 서로에 대한 권력 구조를 확립하고 그들 자신은 같은 성별 집단 사이에서 권력 구조를 확립한다.

그러나 도시 상황의 현실은 부정할 수가 없다. 이러한 사태의 실상은 부정할 수 없다. 여성에 대한 남성 권위의 (재)주장, 이슬람주의의 특징 그리고 많은 경우 여성의 활동을 통제하는 국가 권력의 주장은 이슬람 세계의 많은 영역에서 일어나는 사회의 급진적인 구조 조정에서 비롯되는 경제적, 사회적 압력의 증상이다. 사회에서 여성의 경제적 역할은 크게 달라졌고, 여성이 가정에 속한다는 이슬람주의자들의 선언은 남성의 경제적·사회적 역할이 확고하게 자리 잡은 꾸란과 순나대로 과거의 안전한 가치 체제로 돌아가자는 애도의 외침일 뿐이다. 이러한 태도는 일부다처제를 근절하고 법적 결혼 연령을 15세에서 18세로 올리려는 최근 모로코에서의 움직임에서 잘 드러난다. 한 무슬림은 2004년 1월 21일자 *The [Toronto] Globe and Mail*, January 21에서 보도된 바와 같이, "신체적인 이유로 오직 한 명의 아내만을 만족시킬 수 없는 남성들이 있다"라고 말했고, 정부 관계자는 "그럴 경우 치료를 받아야 한다"라고 반박을 했다. 물론, 이것은 이슬람 세계에만 국한되지 않는 현상이다. 그것은 단지 남성의 관심사만이 아니다. 만약 여성이 규정된 역할 외에 사회에서 할 역할(전통적)이 거의 없다면, 이슬람 복장을 [다시] 채택하거나 페미니스트 이데올로기를 거부하는 것은 여성 자신의 사회적, 경제적 조건에 대한 좌절의 표현으로 받아들여질 수 있다. 이슬람의 새로운 비전이 나올지도 모른다는 것은 좌절과 재고에서 비롯된 것이다.

그러나 모든 움직임이 천편일률적 형태로 나타나는 것은 아니다. 마흐무드(Saba Mahmood)가 자신의 영향력 있는 저서 *Politics of Piety: The Islamic Revival and the Feminist Subject*에서 연구해 온 "여성 전용 이슬람 사원 운동"은 매우 다른 접근법을 취해 왔다. 이 운동은 1970년대 이집트에서 주로 이슬람 부흥과 경외(다아와: da'wa)운동의 일환으로 나타나기 시작했다. 여성 참가자들은 이슬람이 규정하는 경외에 도전하거나 남성 신봉자들과 함께 "평등"을 성취하기 위해서 모인 것이 아니라, 여성 설교자들(dā'iyāt)과 함께 종교 교과서를 연구하기 위해 지역 모스크에 모인다. 마흐무드는 그런데도 여성의 포교운동(da'wa movement)은 페미니스트운동이지만, 세속주의적인 모델이 일반적으로 하는 것과는 다른 형태의 운동이라고 주장한다.

8. 이슬람 세계 바깥의 움직임

페미니즘이 어떤 형태로 나타나듯 이 움직임은 이슬람의 방향을 바꾸는 중요한 경로를 제시한다. 다만 근대 시대의 변화를 수용하거나 보상할 수 있는 욕망에서 과거의 권위에 대한 의문 제기가 받아들여진다면 새로운 권위의 원천이 필요하다는 점에서 흔히 종교계에서 볼 수 있는 현상이다.

이것은 각 종교의 형성기에 출현하는 현상이기도 하다. 그러므로 근대성이란 이러한 운동의 출현의 근본 원인이 아닐 수도 있고, 인간 존재에 대한 매우 기본적인 이탈에서 비롯될 수도 있다. 이러한 이해는 근대주의적인 입장과 새로운 권위 의식을 갖고 있는 근대 이슬람의 다양한 분파운동을 특징짓는 데 사용할 수 있다.

아흐마디야(Ahmadmadiya)는 미르자 굴람 아흐마드(Mīrzā Ghulām Ahmad, 1835-1908년)가 설립한 단체로, 현재 400만 명의 회원으로 구성되어 있다. 굴람 아흐마드는 영국 통치하에서 법이나 정부 서비스를 제공하기 위해 교육받았으나, 1877년 이슬람을 위해 헌신하기 시작했다. 그의 초기 저술은 근대화에 맞춘 이슬람의 재건을 목표로 하고 있다. 1882년, 그는 자신을 가리켜 이슬람의 "갱생자"(무잣디드, renewer)라고 주장했고, 1891년까지 그는 이슬람 공동체의 약속된 메시아라는 선언을 발표했다. 나중에, 그는 또한 크리슈나의 아바타이며, 지구로 돌아온 예수이며, 자신을 무함마드의 표현이라 했다. 그는 계시를 받은 예언자라고 주장했지만, 경전이나 새로운 종교 없이 보내진 예언자라고 주장했다. (그래서 그는 항상 무함마드 밑에 있는 자라고 주장했다.)

그의 역할은 이슬람에 자신이 메시아로서 종말론적 시대에 와서 예언자이자 혁명론자의 권위를 갖고 이슬람을 본래대로 돌리는 역할을 하는 것이다. 그의 주장의 정도와 타당성 그리고 무함마드가 했던 예언과 계시, 그것이 전통적으로 정의되었던 내용을 비교하여 이슬람의 중심적인 것으로 여겨지던 교리인 무함마드의 예언과 계시와 관련하여, 그의 추종자들과 무슬림 공동체 전체를 나누는 토론이 뒤따랐다. 그러나 우리는 아흐마디야파들이 굴람 아흐마드에게 종교를 갱신하는 무잣디드에게 부여하는 권한을 넘어 더 많은 권위를 그에게 부여하는 것을 충분히 알게 된다. 이것은 과학과 계몽주의와 관련된 많은 도덕적 이상을 수용하고자 하는 근대주의적 입장을 지지하면서 꾸란에서 드러난 이슬람의 본질로 회귀하고자 하는 굴람 아흐마드의 가르침을 따르면서 이루어졌다. 아흐마디야파들에게 이슬람에 대한 올바른 해석은 아흐마드의 계시적 권위에 부여된 것이다.

아흐마디야파들은 스스로를 무슬림이라고 선언하지만 파키스탄과 같은 나라에서는 이슬람 공동체 밖(이단)의 집단으로 선언되었고, 많은 곳에서는 그들의 선교 활동에 대한 심각한 우려가 제기되어 왔는데, 이것은 인도에서의 기독교 선교 활동에 대항하기 위해 초기부터 많은 노력을 반영했기에 아흐마디야운동은 다와(이슬람식 선교)에 매우 강한 강조를 두는 것으로 알려져 있다. 선교 활동은 또한 보다 전통적인 사회에서 일반적으로 장려되지 않는 활동인 꾸란 번역 프로그램과 관련이 있다. 스스로를 무슬림이라고 여기지 않고 오히려 이슬람을 대체하는 새로운 '세계 신앙'의 일원으로 선언하는 바하이들과는 또 상황이 사뭇 다르다.

바하이(Bahaʾis) 종교의 기원은 이란의 알리 무함마드 시라지(ʿAlī Muhammad Shīrāzī, 1819-1850)로 추정되는데, 그는 자신을 '문' 곧 '밥'(Bāb)이라고 불렀고, 시아파가 갈망하는 숨겨진 이맘이 자신이라고 선언했고, 자신은 곧 신의 예언자이기도 했다. 그의 출현은 이슬람의 폐기와 새로운 종교적 분쟁의 시작을 암시하는 것으로 받아들여지고 있다. 밥이 죽은 후, 바하울라(Bahaʾuʾllah)라는 이름을 가진 미르자 후세인 알리 누리(Mīrzā Husayn ʿAlī Nūrī, 1817-1892)는 "신이 자신을 드러내시고자 하는 분"이라는 말로 밥이 약속했던 메시아를 자칭하였다. 바하울라의 강령은 이슬람의 관점에서 볼 때 강력한 근대주의자였으며, 그의 신앙은 여전히 그런 방식으로 남아 있다. 여성과 가족의 권리와 같은 문제에 대한 법적인 개혁이 실행되었다. 군을 축소하고, 세계 정부 그리고 종교 간 화합을 통해 19세기 유럽의 특정 이상으로(당시 기독교와 유대교 운동과 병행) 핵심 선언을 했다. 종교 역사의 관점에서, 이것은 이슬람을 문화적으로 구속된 형태에서 벗어나 근대적 맥락으로 다시 보편화하려는 시도였다.

아흐마디야와 마찬가지로 바하이파들은 이슬람의 문맥에서 근대화의 프로그램을 지지하지만, 이 경우에는 과거 근원으로의 회귀나 갱신에 의해서가 아니라, 다른 모든 경전처럼 '신의 말씀'인 권위의 근원을 아예 대체함으로써 일어난다. 물론 과거와의 이러한 급진적인 분열은 사회의 보다 보수적인 요소들을 두려워하는 모든 유형의 근대주의자가 실제로 지향하는 바이다.

9. 이슬람에서 지성주의 역할

외부보다는 내부에서 들려오는 근대주의의 많은 목소리들은 이슬람 상황에서 적어도 한 가지 공통적인 요소를 가지고 있는데 이것은 그들이 지성적 차원에서 말한다는 것이다. 이것은 근대 이슬람 성향에 대한 조사(및 범주)에서 종종 무시되는 이슬람 사상의 한 가지 원천이다. 예를 들어, 한스 큉을 고려하지 않고는 근대 기독교에 대해 공부하는 것이 불가능하기에 이를 무시한 행위는 다른 종교를 가진 학생들에게 이상히 여겨진다. 또한, 파켄하임(Emil Fackenheim)이 없이는 근대 유대교를 생각할 수도 없다. 이 사람들 중 어느 누구도 자신의 종교 내 신자들을 대신할 대변자라고 주장할 수는 없겠지만, 그들이 없었다면 현대 세계 종교의 그림은 이보다 불완전했을 것이다.

사실, 유대교와 기독교의 경우, 나는 근대 사상의 조사에 이러한 인물을 포함시키는 것에 큰 어려움은 있다고 생각하지 않는다. 사실, 그 두 종교의 보수적 측면들을 논의되어야 할 만큼의 뚜렷한 근거가 없다고 치부될 수도 있다. 그러나 근대 이슬람에 대한 미래를 연구할 때는 다르다고 생각된다. 지적 측면에 대한 관심은 때때로 슬프게도 너무 미미한 것처럼 보인다. 이에 대한 많은 이유가 제시될 수 있다. 종종 지성적 성향은 이슬람 내에서 수적으로 유의미하게 보이지 않는다고 핑계거리를 댈 수도 있겠다. (특히 근대 유대교와 기독교와는 비교된다.)

그런 사람의 영향을 찾기 위해 우리는 어디로 눈을 돌려야 하는가? 그러나 에드워드 사이드(Edward Said)와 같은 사람들이 오리엔탈리즘을 공격한 파장이 있는 이 시대에 이슬람의 지적 경향성을 무시하고 이슬람이 마치 필연적으로 타락할 운명인 듯 여긴다면, 이는 지나치게 편집증적으로 보이기 쉬울 것이다. 그러한 사람이 존재할 가능성을 가지고 이슬람을 믿는 것은 이슬람을 구속적이고 반동적인 세력으로 묘사하는 오리엔탈리즘의 기본 태도에 반하는 것처럼 보이기도 한다.

파리에서 살면서 주로 프랑스어로 글을 썼던 알제리인 아르쿤(Mohammed Arkoun, 1928-2010)은 근대 이슬람 그 자체와 관련해서는 어떠한 대표자로 여겨지지 않고 무시당하는 지식인 중 한 명이다. 아르쿤과 같은 인물에 대해 일부 사람들이 받는 첫 인상은 서구에 '매진했던' 한 사람 중 하나이며, 유럽 지적 전통을 너무 많이 채택하여 어떤 의미에서는 이슬람의 뿌리가 남아 있지 않은 사람이다. 물론, 일반적으로, 현대 종교에서 발견되는 많은 지식인이 대학의 배경에서 살아서 일하고, 학문을 통해 그들 자신의 업무 수행을 목적으로 논문이나 다작의 책 생산 등에 종사하기 때문에 이러한 사람을 종교적 대표로 고려할 필요가 없다는 입장은 어느 정도 신빙성이 있다. 이들은 주어진 종교의 지적 구조의 일부로 살아가고 있다. 이것은 이슬람에 아르쿤과 같은 사람들이 많지 않을 것이란 생각의 이면을 현실 속에 반영하고 있다. 많은 학자가 아마도 대학들 안에 숨어 있을 것이며 그들 자신을 노골적인 방법으로 의도적으로 밝히지 않은 채 잠복해 있을 것이다.

아르쿤 자신도 근대 이슬람 사상의 지적, 과학적 방향성에 대해 말할 때 "현재의 이슬람 사상의 비판적 경향"이라는 용어를 사용하고 싶어한다. 중요한 것은, 그의 위치가 전체적인 그림에 어떻게 들어맞는가를 이해하는 측면에서, 그는 분명히 현대 이론적 입장을 수용하려고 시도했고(단순히 근대와 달리, 역사주의적 관점과 동일시된다), 이것이 그의 작품의 기초이기도 했다. 아르쿤은 "오늘을 어떻게 읽어야 하는가?"라는 생각에 중점을 두고 꾸란의 번역을 소개한 후 『꾸란 강의』(du Coran)에 재인쇄된 에세이에 질문을 던진다. 이것은 이슬람의 틀에서 흔히 제기되는 질문이 아니며 아르쿤의 우려를 잘 드러낸다. 요점은 단순히 책을 읽는 방법 중 하나가 아니라 근대 지적 사상에 비추어 책을 이해하는 방법이다. 문제에 대해 기독교 포스트모더니즘 신학자 테일러(Mark C. Taylor)는 다음과 같이 표현한다.

> 이전 세대를 안내하며 전통에 기초를 둔 "텍스트"는 종종 근대와 포스트모던 세계에서 읽기 어려운 것처럼 보인다. 하나의 이야기나 일관된 줄거리를 표현하는 대신에, 인간의 삶은 여러 가지 종종 모순되는 텍스트로 여겨졌다. 어떤 상황에서 이치에 맞고 의미가 있는 것은 종종 의미가 없는 것처럼 보인다. 그로 인한 갈등은 책장을 훨씬 넘어서는 혼란을 야기한다 (Mark C. Taylor 1984: 3).

그렇다면, 어떻게 하면 학문의 산더미 같은 철학적 지식과 많은 근대 이슬람 운동의 문자주의 경향으로부터 꾸란을 되찾고, 근대적이고 지적인 개인에게 말할 수 있는 방법을 찾을 것인가? 아르쿤이 제안하듯이, 이 과제는 유대교와 기독교에서 이미 진행되고 있지만 이슬람의 맥락에서 여전히 직면해야 할 과제이다. 그것은 언어를 포함한 모든 인간 존재의 사회적, 역사적 조건에 대한 이해를 통해 과거 장소와 시대에 의해 부과된 사고의 범주로부터 해방되는 것을 의미한다. 이것은 단순히 역사에 대한 연구가 아니다. 왜냐하면, 오리엔탈리즘적인 표현에서 옛 규율은 19세기 개념인 절대적이고 본질적인 것을 찾는 것에 아직도 깊이 뿌리박고 있기 때문이다. 오히려, 아르쿤에 따르면, 지식의 역사성은 사회과학의 방법의 통전성에 의해 발견될 수 있다. 아르쿤에 따르면, "진짜 무슨 일이 일어났는가"가 아니라, 어떻게 특정 사상이 사회적 상상력의 일부가 되었는가와 사회를 위해 현실을 건설하는 데 과거 사상들의 역할이 무엇이었는지에 대한 질문이 필요하다.

아르쿤은 자신이 해야 할 일이 대학의 학문적 전통뿐만 아니라 이슬람 신앙과도 관련이 있다고 열정적으로 믿었다. 그가 말하는 것이 학문적 틀 뿐만 아니라 신앙적 관점에서도 근대 사회에 대한 신앙의 기본적 이해와 그 신앙이 어떻게 표현되고 이해되어야 하는가에 어느 정도 관련이 있어야 한다는 주장이다. 그의 입장은 지적, 신학적 의미에서 이슬람 근대주의의 실마리를 나타내기도 하지만, 21세기 초와 매우 밀접한 관련이 있다. 평신도 출신 다른 근대주의자들은 학문을 추구했지만 신학적 자유주의는 따라가기엔 너무 위험한 과정이라는 것을 자주 발견했다. 그것이 미래에 바뀔지 아닐지, 우리는 좀 더 지켜봐야 한다.

이러한 질문의 맥락에서, 아르쿤은 포스트모더니즘에 도전하는 이슬람주의자로, 혹은 포스트모더니즘이 모더니즘과 밀접하게 연관되어 있는 것과 같은 방식에서 본다면 포스트 이슬람주의자로 분류된다. 그러나 그러한 입장이 다른 이슬람의 근대 비전의 발현자들 사이에서 역 반응을 과대평가할 필요는 없다. 이슬람의 역사는 종교와 사회의 이원론에서 벗어나려는 아르쿤과 그와 같은 다른 사람들에 의해 거부되었다. 근대 기독교 사상에서의 유사한 제안과 같이, 그러한 견해는 종종 사람들이 종교에서 소중히 여기는 모든 것을 파괴하도록 했다.

10. 전통주의자의 틀에서 새로운 목소리

보다 보수적인 논의의 틀을 제시하는 이슬람 내부의 신학적인 성찰의 예는 이미 이 책에서 여러 번 인용된 샤비르 아크타르의 작품에서 볼 수 있다. 아크타르는 루시디(Salman Rushdie)의 *The Satanic Verses*(『사탄의 구절들』)에 대한 소란 중에 유명해졌다. 그는 이슬람 공동체, 특히 논란의 많은 부분이 집중된 영국 브래드포드에서 매우 웅변가였다. 아크타르는 종교철학 박사 학위를 가지고 있으며 현재 미국 대학에서 철학을 가르치고 있다. 그는 근대 철학적 용어로 표현되는, 이슬람에 대한 신학적 재평가가 이슬람의 근대적 표현에서 놓치고 있는 부분이라고 했다.

> 점점 더 종교가 없는 이 시대에 신의 침묵은 확실히 신앙적 관점을 깊이 손상시키고 있다. 그것은 무신론적인 입장에 대해 인상적으로 그럴 듯한 사례를 제공할 가능성을 열어 주는 것처럼 보인다. 실제로 그것은 과거에 신의 기적적인 행적에 대해서도 심각한 의심을 불러일으킨다. 문화가 변화함에 따라서 기적을 우리식으로 더 잘 설명할 수 있게 되었다고 하는 다양한 이의 주장은 논쟁의 여지가 있지만, 신이 최근에 와서야 자신의 방식을 기본적으로 바꾸어서 변화를 초래했다고 주장하는 것보다 훨씬 더 나은 전제라고 생각하지 않는가?
> 초기 인간은 쉽게 믿어 속이기도 수월했고, 자연의 날씨 변화에 대해 무식했으며, 이교도들이 하는 주술과 환상을 믿음으로 보잘것없는 위로를 받기도 했다. 따라서 무신론자의 입장은 확실히 완전히 타당성이 없지는 않다. 현재 알라의 침묵은 이슬람 신앙에 위기를 초래할 수 있다. 자연은 애매한 것처럼 드러나므로 물론 애당초 신성한 언어로 계시될 필요가 있었다. 이슬람의 신은 자연과 공동체로부터 모습을 숨긴 거 같은데, 무슬림들에 따르면, 이 두 방법으로 신은 전형적으로 자신을 드러내곤 했었다(Akhtar 1990: 84).

아크타르(Akhtar)의 요지는 종교 신앙의 지속 가능성에 대한 근대 철학의 도전은 무슬림들에 의해 무시되어 왔지만, 신앙 자체의 생존을 위해 계속 무시될 수밖에 없다는 것이다. 아크타르에게 기독교는 [개신교] 신학자들이 그들의 신앙에 근대 세속주의 이론에 맞추기 위해 자신들의 의견을 굽히는 노력을 통해 후퇴하는 듯 보였는데 이는 사실상 자멸한 것과 마찬가지였다. 기독교의 선례를 주의 깊게 연구하지 않고 그 분야에서 이루어진 오류를 이슬람에 적용하려 한다면 이슬람에도 이러한 어려움이 있을 것이다.

아크타르의 신학적 입장은 이슬람주의의 온건한 측면을 지지하는 경향이 있다. 이것에 있어서 가장 중요한 것은 이슬람의 모든 것을 포괄하는 본질이다. (기독교가 카이사르에게 굴복한 데는 카이사르의 것을 카이사르 것["render unto Caesar what is Caesar's"])으로 구분한 이유이다. 그것을 아크타르는 최근 몇 세기 동안 교회와 국가의 분리를 지지하기 위해 오용된 것으로 받아들였다.

그러나 아크타르가 자신에 대해 말하듯이 새로운 지평을 여는 것은 전통적 이슬람 교리 즉, 꾸란의 무오류성(the inerrancy of the Qur'ān), 경전의 영원한 메시지, 한 분 신의 개념에 대한 철학적 주장을 재구성해 가는 데 있다. 단지 미래가 이 발전에 어떤 영향을 미칠지는 확실히 불분명하다. 많은 무슬림에게 있어서, 그러한 질문이나 토론의 시작조차 너무 이르다고 볼 수 있다. 그러나 아크타르에게는 그러한 질문을 공공연히 정직하게 다루지 못하는 것은 곧 이슬람을 근대적이고 세속적인 맥락에서 실행 가능한 종교로 만들지 못하고 종말을 장식하는 것임을 의미한다. 아크타르의 미래적 연구는 "이슬람에서 지적 재능을 가진 아들들이 적진으로 유인된 길로 가지 않도록 해야 한다"(Ruthven 1990: 129)라는 명목으로 그의 입장을 대변했다.

아크타르는 다시 말하자면 아직 그 자신(그리고 그와 같은 사람들) 위해 철학적으로 통합된 이슬람의 입장을 만들어 내지 못했다. 그 지역에서 더 많은 일을 통해 루스벤(Malise Ruthven)이 지적한 바와 같이, 이슬람 철학, 신학, 역사의 고전에 대한 더 많은 경험을 통해 새로운 비전을 만들어 낼 수 있을 것으로 예상했다. 실제로 시간이 흐를수록 아크타르 자신도 그 가능성에 낙담하는 듯 보였고, 1997년 말레이시아에서 철학과 비교 종교에 대한 3년간의 대학 강의 끝에 그는 사임했다. 그는 동료 이슬람 지식인들이 완전히 '역사 의식'이 결여되어 있다는 것을 알았고 "믿는 자들…"이라는 말을 들었을 때 섬뜩해 했다. 서양식 무료한 질문에서 그는 삶의 목적을 발견할 수 없었고, 새삼스럽게 배울 것이 없었다. 신이 우리에게 모든 진실을 이미 밝히셨다면, 자유로운 심문이 무슨 소용이 있겠는가? 그는 "자유는 비범함의 전제 조건이다. 철학이 무슬림의 문화 생활에 설 자리가 없는 것은 당연하다"(Akhtar 1997: 15)라는 지적 자유 부족에 완전히 실망을 했다. 아크타르의 사상적 노선에서 이슬람의 '개혁' 가능성은 가득하지만, 새로운 세대의 이슬람 지식인들이 이슬람을 바꿀 가능성은 불투명했다.

아크타르의 입장에 대한 도전은, 정확히 그 자신이 보는 방식에도 존재한다. 이븐 와라끄(Ibn Warraq)는 이슬람 사상에서 자유의 실패는 기본적 인권에 대한 우려였고 이를 암울한 표현으로 나타내면서 이슬람을 버릴 만한 사유로서 이를 제시한 작가들 중 한 명이다.

이븐 와라끄는 "무슬림은 니체, 프로이트, 마르크스, 포이에르바하, 헤넬(Hennell), 스트라우스(Strauss), 바우어(Bauer), 브레데(Wrede), 웰스(Wells), 르낭(Renan)의 철학적 통찰로부터 영원히 숨을 수 없다"(Ibn Warraq 1995: 33)라고 말했다. 그러나 그에게는 근대 사상에 비추어 볼 때 종교는 불가능하게 되고, 그는 기꺼이 자신을 변절자이자 '세속적인 휴머니스트'라고 선언한다. 이슬람은 근본적으로 결함이 있기 때문에 어떤 식으로든 진보될 수 없다.

> 아마도 무함마드가 남긴 가장 나쁜 유산은 꾸란이 신의 문자 그대로의 단어/말씀이라는 그의 주장일 것이고, 그 때문에 이슬람 세계가 21세기까지 진보할 유일한 방법인 새로운 지적 사상과 사상의 자유라는 가능성을 완전히 닫아버린 것일 것이다(Ibn Warraq 1995: 350).

이 책에서 논의된 사람들의 증거에 대해, 모든 무슬림이 이븐 와라끄의 결론을 설득력이 있다고 생각하는 것은 결코 아니다. 어떤 이들은 이슬람의 미래 역할과 구조에 대해 신중히 숙고해야 할 필요성을 다른 사람들보다 확실히 인식하고 있다. 하지만 이슬람의 정체성의 원천, 삶의 터전, 존재를 이해하는 방법 그리고 신과 관계를 맺는 방법으로써의 이슬람의 가치는 오늘날의 도전에 직면을 회피할 수 없고 여전히 유효하다.

11. 새로운 시각에 맞추다

이슬람에 대한 도전과 이슬람이 취할 수 있는 미래적 방향성은 명백하다. 특히, 그 문제들이 신문의 헤드라인이 아닌 개인의 삶 속에 놓일 때 말이다. 이러한 모든 논의의 밑바탕에는 권위에 대한 종교적 출처의 해석과 지위에 관련된 주제들이 있다. 비록 그것이 접근하기 쉽지 않은 질문이지만, 이 모든 것이 이슬람 종교의 관점에서 무엇을 의미할 수 있는지를 간단히 되돌아볼 필요가 있다.

앤툰(Richard Antoun)은 다음과 같이 잘 표현했다.

> 예를 들어, 우리는 어떻게 새로운 모스크를 건설할 것인가, 정부가 후원하는 종교 출판사의 설립이나 기도를 위한 의회의 특별한 장소의 설치, 종교 정당들이 설립되는 것이나 꾸란을 보호하기 위한 국가 관료의 설립 등이 종교에 관련된 표시인지 혹은 엘리트들의 태도 변화로서 단순히 이슬람의 이름으로 정치적 행동을 증가한 것인지 판단해야 한다. 아랍어 사용을 증가하고 베일을 쓰도록 더 권장하고, 금요일 집회 기도 참석이 부흥되도록 하거나 혹은 순례를 늘리는 것이 경건함, 종교의식과 연관되었는지 혹은 위선의 증가로 인한 것인지 되물어야 한다(Antoun 1989: 248).

사실은 근대 이슬람의 종교는 근대 무슬림의 종교성의 범위만큼이나 엄청나게 다양하다. 이러한 이유 중 하나는 사람들이 다양한 방법으로 종교를 이해하고 '사용'하기 때문이다. 그것은 우리가 이슬람이든 기독교든 다른 종교를 믿든 간에 사실이다. 근대 인류학 연구에서 다음과 같은 요약은 이슬람이 자신을 드러내는 방식에 대한 흥미로운 인식을 제공한다.

> 이 마을에서, 이슬람은 무미건조한 율법주의나 공익을 위한 엄청난 헌신적 대상으로 표현되며, 확립된 지위와 권력을 정당화하는 이념을 제공한

다. 바로 이러한 지위와 권력에 도전하는 비판적 신학과 기만적인 정적주의 혹은 열렬한 열성주의, 역동적인 정치의 행동주의 혹은 자아가 흡수되는 신비주의, 거대한 종교주의나 혹은 신의 연민에 대한 자기 검손으로도 표현될 수 있으며, 엄격한 근본주의 혹은 개혁주의적 근대주의, 민속과 주술에 심취한 의식주의 혹은 경전에 바탕을 둔 순결주의 형태로도 이슬람이 표현된다(Loeffler 1988: 246).

이렇게 이슬람이 변형될 수 있는 기초는 매우 다양한 요인에 따라 달라진다(어린 시절의 경험, 개인의 성격, 교육, 일반적 사회적 맥락 등). 그러나 모든 변형은 종종 그것의 외형적인 통일성으로 특징지어지는 사회 내에서조차 가능한 사고의 독립성을 강조한다. 분명히 이슬람은 세계와 종교에 대한 많은 다른 관점을 포괄할 수 있는 다면적인 현상이다.

무슬림들의 목소리 내기는 계속해서 다양화될 것이다. 공동체의 지적 진화는 계속될 것이다. 서로 다른 무늬의 강력한 목소리는 지역 사회를 자기 성찰과 건강한 토론으로 계속 몰아갈 것이라 예상된다. 그러나 근대 정세는 기회라기보다는 위기(필요에서)로 보는 경우가 많다. 사우디 정부, 미국의 이익, 이스라엘에 대항해 지하드 투쟁을 하지 않는 무슬림이라면 누구든 불신자나 이교도라고 선언하는 알카에다(Al-Qaeda)와 같은 단체들은 당면한 문제들을 해결하기보다는 공동체 내에서 더 깊은 분열을 일으키는 기능을 한다. 이러한 집단과 강령에 대한 반응은 단순히 이러한 '과격파'가 참되고 평화를 사랑하는 건 이슬람의 일부가 아니라고 선언하는 것뿐 아니라, 마찬가지로 무슬림 자신에게도 초래된 정체성의 혼란 문제를 해결해야 한다. 이슬람의 정체성을 선언하지만 이슬람에 어울리지 않는 방식으로 행동하는 사람들에게 어떻게 대응할 것인가? 그러한 문제가 처음부터 이슬람과 무슬림들에게 있어 왔다는 것은 반복할 필요가 없다.

알카에다는 자신의 행동이 이슬람의 정당한 표현이라고 단언한다. 그 입장 아래에는 무함마드에 의해 행해진 단일한 순수한 이슬람과 그의 가장 가까운 추종자, 즉 살라프(salaf, 살라프를 추종하는 이들은 살라피들[Salafīs]이라고 불림)라고 알려진 것과 같은 것이 존재한다고 주장하는 근본적인 이유가 있다. 이슬람 전파를 목표로 폭력을 행사하는 것은 이슬람의 의무로 여겨진다. 이 입장을 주장하기 위해, 많은 독단적이고 수사적인 주장이 만들어진다. 이슬람으로 그들의 입장에 동의하지 않는 사람들을 치부하고 거부한다. 다음으로, 그들은 서방 세계가 이슬람에 전쟁을 선포했기 때문에 미국과 그 이익에 대항하는 방어적 지하드가 필요하다고 선언한다. 마지막으로, 이슬람 율법의 특정 조건하에서 민간인을 살해하는 것은 의도적으로 허용된다는 매우 논란이 많은 주장을 한다. 예를 들어 민간인에 대한 폭력적 행위는 상호 대응일 뿐이며, 민간인은 전투원과 구별될 수 없으며, 민간인은 민주적인 선거와 여론에 따라 부패한 세력을 지지하기 때문에 살해할 조건이 충족된다고 선언한다.

추종자들을 끌어들이는 데 있어서 알카에다와 같은 단체가 성공하거나 적어도 영향력에 있어서 개인의 권리와 같은 기본적 문제를 강조하는 공공 영역에서 정치적 이슬람에 대한 담론은 현실을 반영한다. 정치적 이슬람은 무슬림들 사이에 지배적이며, 무슬림 세계 사람들의 우려를 표명하는 유일한 수단이 되었다. 정치적 이슬람은 권위주의 정권과 외세, 억압에 대해서 문화적으로 '안전한' 방식으로 비판하는 역할을 하는데, 바로 이슬람 그 자체가 거의 의심의 여지가 없는 이데올로기로 남아 있기 때문이다. 정치적 이슬람의 광범위한 성공은 근대화가 가져다 준 그 기술과 홍보력 때문이다. 가능한 모든 수단을 통해 매스 커뮤니케이션은 근대 사건에 대한 지식을 전달하고 무슬림들 사이에 토론을 즉시 퍼트리는 수단이 된다. 팔레스티인이든 쿠르드인이든 아프간인이든 국민의 권리를 옹호하는 것은 인권 헌장이 성립되던 시기부터 시작된 담론이다. 민주주의의 개념과 정치, 경제, 사회적 권력의 정당한 분배의 필요성을 통해 권위주의 정부를 대항한다. 이러한 사회적 압력이 역효과를 일으킬 수도 있다는 점은 주목할 만하다.

아프가니스탄의 탈레반에서 볼 수 있듯이 이슬람에 대한 고도로 보수적 접근 방식은 똑같은 압력에 대해서 반응을 나타내지만 '권리'에 대한 자체적인 개념 재정립을 통해 오히려 모든 외부적 비판과 외부 영향력을 거부하는 특징으로 드러났다. 알카에다와 같은 다른 정치 그룹들도 마찬가지일 수 있지만, 그들의 실질적 사회경제적 기반은 일반적으로 매우 불분명한 상태로 남아 있기 때문에 그들이 정치적 권력을 획득하는 경우에만 자신들의 입장과 성격을 완전히 밝힐 것으로 보인다. 적어도 중동의 정치적 상황이 전반적으로 불안정하다는 점을 감안할 때, 정치적 이슬람이 실제로 아주 우세할 경우에는 어떤 일이 일어날지 예측하는 것 자체가 극단적으로 위험하다.

이라크 전쟁의 여파로 순니파와 시아파(Sunnī and Shīʿī) 진영 내에서 그들 사이에서 이슬람 파벌 간 투쟁이 있는 상황에서 정치적 동맹은 믿을 수 없을 정도로 유동성을 보였다. 적어도 일시적으로나마 힘의 균형을 잡기 위해서 종종 덜 이슬람적인 색채를 가진 강국들이 개입하여 더 어렵고 위험한 길을 걷도록 내버려 두어야 할 상황도 생겨난다. 따라서 이러한 상황을 놓고, 만주르(Parvez Manzoor)는 "이슬람 자체가 근대성의 허무주의에 삼켜진" 상황으로 설명했다. 만주르는 "이슬람 자체가 근대주의의 허무주의에 사로잡힌 것"이라고 설명했다.

> 이슬람의 보편성을 포기하게 하는 교파적 충돌, 자기 경건을 위해 법적인 이유들을 거부하거나 신정주의를 외치며 메시아적 테러를 하던 행위를 포기하게 되는 것 등은 여전히 여론의 주목을 받지 못하고 있다. 이슬람은 다른 어떤 것 못지않게 이러한 근대 사회 비극의 희생자이다 (Manzoor 2002: 5).

만주르의 대응은 인류가 직면한 보편적 문제를 다룰 이슬람의 '도덕적 비전'을 새롭게 발표할 수 있도록 추진하는 것이다. 이슬람이 그들의 입장을 밝히려고 노력하는 사람들의 편협하고 구체적인 상황에만 머물러 있다는 것은 만주르의 의견에는 이슬람의 실패이다. 그는 무슬림들이 "신앙과 폭력, 초월과 존재, 정치와 도덕"이라는 문제에 직면해야 한다고 말한다. 현대와 직면하여 이슬람을 재확인하기 위해서는 신학적 재고가 필요하다.

다른 사상가들은 문제를 다르게 표현하겠지만, 모든 사람은 해답이 이슬람 원리들을 통해 이루어져야 한다는 데 동의한다. 일부 사람들이 무슬림 세계 내에서 '시민 사회'라 부르는 것을 강화하는 이유는 이슬람 세계 각국에서 교육과 언론의 자유에 대한 중요성이 증가하고 있기 때문이다. 이러한 맥락에서 '민주주의'라는 단어를 무슬림이 노력해야 하는 핵심 목표로 대체하면서 시민 사회는 현대 민주주의 원칙이 저변에 깔렸음을 받아들인다. 그것은 사회 내 공적 영역에서 국가와 함께 행동하고 시민의 이익과 관심을 증진하고 보호하는 역할을 하는 평등한 사회적 제도가 이슬람 사회 내에 존재함을 시사한다. 이것은 아마도 고전 시대 학자들과 칼리프 세력 사이의 긴장감에서 알 수 있듯이 이슬람 역사에 강력한 기반을 가지고 있다고 주장한다.

오늘날, 우리는 이슬람 공동체가 온라인상에서 자신의 존재를 주장하면서 이것이 "디지털 움마"로 출현하는 것도 볼 수 있다. 시민 사회의 개념 자체는 쉽게 파악되고 개발된 개념이라기보다 학자들에게 더 중요한 도구이며 운동가들에게 동기부여의 슬로건일 수도 있다. 그 개념이 다시 한번 고려되는 이유는 무슬림들이 이슬람을 일상생활에 계속해서 관련되도록 그들의 헌신의 범위와 깊이를 보여 주고 있기 때문이다.

이슬람의 신앙은 다른 종교와 마찬가지로 복잡한 현실을 나타낸다. 이슬람 종교에는 두 가지 다른 얼굴이 있다고 제안할 수도 있다. 개별 무슬림들의 관습에 맞서는 신앙의 원칙에 대한 지적 논쟁도 여전히 있다. 여기서의 위험은 우리가 이분법을 과장해서 표현할 수 있다는 것이다. 이분법은 어떤 분석적 면에서 편의는 있지만, 이슬람 신앙의 표현에 왜곡을 일으킬 수 있다. 믿음을 연속적 체계로 보고 때로 자의식에 따라 정의를 내리고, 이것을 새롭게 하기 위해 종교적 경험의 차원에 도달하는 것이 믿음이란 개념이다. 이것이 이슬람의 뛰어남, 이슬람만이 가질 수 있는 차원으로 끌어올리는 길이다.

부록: 귤렌운동

페툴라 귤렌(Fethullah Glenlen, 1941)은 튀르키예의 근대주의 전통인 비디웃잠 사이드 누르시(Bediuzaman Side Nursi)와 누르출루크(Nurçuluk)운동의 대표적 계승자이다. 누르시의 글을 통해 전 세계로 확산된 이 운동은 일반적이고 대중적인 종교적 맥락에서 종교 간의 대화를 강조하고, 시골풍의 성격을 띠고, 수피즘의 깊은 영향을 받은 것으로 보인다. 이러한 믿음의 강조는 정치적 행동(사이드 누르시[Said Nursi]가 "나는 사탄과 정치로부터 신에게서 안식처를 찾는다"라고 외치는 것으로 유명함)에 거의 관심을 두지 않고, 합리적으로 이해되는 핵심 윤리적 종교적 가치를 둔 것으로 보인다. (누르시의 고유 튀르키예적 상황 안에 분명히 자리 잡은 한계가 있지만) 종교와 과학, 전통과 현대는 튀르키예 민족주의와 교육, 경제뿐만 아니라 이슬람과 조화를 이룬다. 개인의 영적 성장이 강조되며, 완전히 근대적인 정치-사회-경제 시스템 내에 통합된다.

페툴라 귤렌은 1959년부터 1981년까지 국가 이맘으로 일한 배경에서 자신의 전통적 교육과 확고한 종교적 훈련을 강조한다. 따라서 그는 세속적인 배경에서 온 전형적인 무슬림과는 자신을 구별했다. 다작 작가였던 귤렌은 발칸반도와 중앙아시아 전역에 걸쳐 학교 네트워크를 구축하는 데 깊이 관여해 왔다. 이 학교들은 세속적이고 근대적인 커리큘럼을 갖추고 있지만, 그의 종교 단체의 구성원들에 의해 가르침을 받았다. 또한, 보완적 활동으로서 종교 교육을 촉진했다. 이 접근의 목표는 튀르키예와 다른 곳에서 새로운 세대의 지도자들을 교육하는 것인데, 이들은 그 후 근대의 세속적인 튀르키예 국가 내에서 이슬람의 안전한 장소로서 유지할 수 있게 동기를 부여받았다.

일부 논평가들이 시사하는 바에 따르면 아타튀르크(Atatürk')의 세속적 성격의 튀르키예 정부와 이슬람을 공공 영역 복귀의 열쇠로 삼던 종교를 민영화하는 데 반대하는 상징적 역할이기도 했다. 귤렌의 진술에는 다음과 같은 의미가 있는데,

> 이슬람은 변하지 않는 어떤 형태의 정부를 제안하거나 그것을 형성하려고 시도하지 않는다. 그 대신, 이슬람은 정부의 일반적 성격을 좌우할 수 있는 기본 원칙 수립에 관여한다. 시간과 상황에 따라 정부의 유형과 형태를 선택하는 것은 국민들의 결정에 달려 있다(Gülen 2001).

종교적인 측면에서 귤렌운동은 보수적이지만, 정치적 입장 때문에 근본주의자 혹은 이슬람주의자로 정확하게 구분되지는 않는다. 종교의 외적인 수행은 '마음'의 내적 의도와 태도만큼 스트레스를 받아선 안된다. 무슬림 개인의 발전이 목표이다. 귤렌은 수피형식의 정신과 연관하여 이슬람의 핵심 가치로 금욕주의, 경건, 친절, 성실함이라고 말한다. (이러한 수피즘과의 연관성으로 튀르키예 내에서 새로운 질서를 만드는 것이 불법이기 때문에 튀르키예에서는 정치적으로 비난받고 있다.) 그는 이런 식으로 동기 부여를 받은 무슬림은 자연히 꾸란과 순나에서 파생된 종교적 법적 의무를 수행하게 된다고 믿었다.

귤렌운동의 좋은 개요는 Hakan Yavuz와 John L. Esposito (eds.) (2003) *Turkish Islam and the Secular State: The Gülen Movement*, Syracuse: Syracuse University Press에서 찾아볼 수 있다. 그리고 1995년 발행된 잡지 *The Muslim World* 95/3에서 "Islam in Contemporary Turkey: The Contribution of Fethullah Gülen"을 참조할 수 있다.

추천 도서

Abou El-Fadl, Khaled M. (2002) *And God Knows the Soldiers: The Authoritative and the Authoritarian in Islamic Discourse*, Lanham, MD: University Press of America.

Arkoun, Mohammed (2002) *The Unthought in Contemporary Islamic Thought*, London: Saqi Books.

Bauer, Karen (2015) *Gender Hierarchy in the Qurʾān. Medieval Interpretations, Modern Responses*, Cambridge: Cambridge University Press.

Lee, Robert D. (1997) *Overcoming Tradition and Modernity: The Search for Islamic Authenticity*, Boulder, CO: Westview Press. (An examination of the ideas of Iqbāl, Quṭb, Sharīʿatī, and Arkoun).

Mahmood, Saba (2012) *Politics of Piety: The Islamic Revival and the Feminist Subject,* Princeton: Princeton University Press, revised edition.

Meyer, Ann Elizabeth (2007) *Islam and Human Rights: Tradition and Politics,* 4th edition, Boulder, CO: Westview Press.

Rasmussen, Anne K. (2010) *Women, the Recited Qur'an and Islamic Music in Indonesia,* Berkeley, CA: University of California Press.

Tee, Caroline (2016) *The Gülen Movement in Turkey: The Politics of Islam and Modernity,* London: IB Tauris.

제17장

21세기 무슬림의 인식

　무슬림들은 이슬람 역사가 시작된 이래 무슬림의 정체성이 무엇을 의미하는지, 그리고 그것이 세상에 어떻게 드러나야 하는지에 대해 그들 안에 논쟁을 벌여 왔다. 이 책의 앞 장에 나는 그러한 노력의 많은 부분을 상세히 기록했다. 지난 시기 동안 위기를 가져다 준 외부로부터의 압력은 때때로 이슬람 종교 유산 안에서 내적 위안을 찾도록 자극했다. 이러한 사건은 지역화되는 경향이 있으며, 각 지역마다 자체적인 압박과 그에 대한 대응을 경험했다. 21세기는 다른 성격의 세계를 보여 주고 있다. 대중적이고 즉각적인 의사소통과 경제적 상호 의존성의 구성 요소를 갖춘 세계화의 현실은 이슬람의 이름으로 국경을 넘어서 더 큰 영향을 미치는 지역적 행동을 초래했다. 그것은 또한 이러한 행동이 전 세계의 비무슬림들에게 영향(때로는 실질적으로 혹은 때로는 단지 감정적으로만)을 미치는 상황을 만들어 냈다. 그 영향의 반향은 무슬림들이 자신들의 종교에 대해 다른 사람들이 어떻게 생각하는지, 그리고 어떤 경우에는 그들이 종종 그러한 인상과 편견에 따라 어떻게 행동하는지 고민할 때 무슬림 스스로의 정체성에 밀접한 영향을 미친다.

　확실히, 이슬람의 본질과 특징에 대한 이해와 관심이 높아짐에 따라 다른 사람들의 관심이 긍정적인 영향도 주고 있다. 이는 '테러와의 전쟁'과 9/11, 7/7, 마드리드, 신발 폭파, 속옷 폭파 등 이슬람의 이름으로 폭력의 시대를 알리는 사건들이 반복되면서 언론에서 너무나 자주 접하는 부정적인 장면이 이슬람의 전부인 것처럼 그려진다.

1. 이슬라모포비아

　무슬림들이 현대 세계에서 직면하는 현실의 실상은 종종 쓰이는 '이슬라모포비아'라는 단어에 내포되어 있다. 그 용어 자체에 오해의 소지가 있을 수 있는데, 문자 그대로의 의미인 '이슬람에 대한 공포'가 실제로 무슬림에 대한 경험을 정확하게 나타내지 못하기 때문이다. 이 용어가 의미하는 것은, 문자 그대로의 의미에 따라 정의가 확장됨에 따라, 상상 속의 이슬람에 대한 두려움과 그에 따른 행동이 더 명확해진다는 것이다. 이러한 두려움을 유발하는 가상의 이슬람이란 것은 실제 분석의 대상이 아닌 잘못된 일반화에 기초한 인식에서 비롯된 이슬람을 말한다. 이러한 방식으로 세계를 생각하는 사람은 종종 인종차별이라 부르는 것과 병행되는 무슬림들을 편견에 사로잡혀 대하는 두려움을 지닌다. 이슬람에 대한 이러한 두려움 뒤에는 매우 보수적인 정치적인 성향이 놓여 있고 이슬람이나 무슬림과 거의 관련 없는 태도이다. 그러나 그들은 권력과 영향력 그리고 확립된 질서의 안전성에 대하여 그들 주변의 세상이 변하는 것을 보고 자신의 불안을 감지할 뿐 아니라 심지어 두려워하는 사람들의 불안도 반영하게 된다.

　이슬람 공포증의 명료화는 그 단어와 개념이 광범위한 비판의 대상이 되었기 때문에 더 중요하다. 일부 사람들은 전체적 개념이 이러한 형태의 비판적 논의에도 부정적 영향을 미치며 '정치적 적절성'을 조장한다고 주장했다. 이슬람이나 심지어 무슬림에 대해 비판적인 것을 말하면 결과적으로 위험한 일이라고 느끼는 사람들도 있다. 그러나 이슬람 공포증의 개념은 이슬람과 무슬림에 대해 그렇게 말하는 것이 아니라 이 종교 밖의 사람들이 이슬람을 어떻게 생각하는지에 대한 그들의 생각하는 방식의 부정적 측면을 전달한다. 물론, '이슬람 공포증'이라는 단어 자체가 사람들을 두렵게 하는 어떤 단수적인 '이슬람'이 존재한다는 것을 암시하기 때문에 혼란스러울 수 있다. 하지만 이는 복잡하지만 유용한 단어로서 의도된 것에 대한 잘못된 해석일 수 있다.

   간단한 예를 들면 이해하는 데 더 도움이 될 수 있다. 나는 한 지방 신문에서 무슬림들이 이 책의 앞 장에서 다루어 온 것에 대해 간략하게 설명하면서, 꾸란에 관심을 갖고 생각하며 꾸란을 해석하는 과정을 계속하고 있다고 설명했다. 한 지역 독자는 그다음 주에 편집자에게 편지를 보내 내가 틀렸다고 말했다. 꾸란은 모든 무슬림을 항상 구속하고 있고 이것은 해석 대상이 아니다. (법학파들 사이의 차이를 넘어, 이 편지 작성자는 그 주제에 대한 그의 지식을 보여 주기 위해 의도한 듯했다.) 이 작가에게 만약 꾸란이(예로 "믿지 않는 사람들을 발견하는 곳이면 어디든지 처단하라"와 같은) 말을 한다면, 무슬림들은 [적어도] 그 구절의 맥락을 어떻게 이해하고 그러한 판결이 법적인 사고에 어떻게 적용될지 상관하지 않고, 주어진 모든 상황에서 그러한 일을 하도록 강요당한다고 믿는 것이다. 이것은 이 편지의 작성자가 모든 무슬림을 그들의 종교에 대해 변하지 않는 로봇과 노예로 취급한다는 점에서 이슬람 공포증의 전형적인 자세이다. 일부 무장 세력이 기독교의 이름으로 낙태 클리닉을 폭파하는 것을 정당화하는 것은 기독교 신앙에 내재된 폭력에 대한 일반화로 이어지지 않는다. 이처럼 기독교의 유사한 상황은 사람들에게 반향을 일으키지 않는 것 같다.

   1996년 영국의 러니미드 트러스트(the Runnymede Trust)는 "다민족 영국을 위한 인텔리전스"를 표방하는 위원회를 설립했다. 이는 1994년 영국에서 발표된 반유대주의에 대한 그들의 초기 연구에 따른 후속 조치이다. 그들의 보고서 *Islamophobia: A Challenge for Us All*은 1997년 11월에 출판되었는데, 특히 뉴욕의 쌍둥이빌딩 파괴나 런던의 버스 폭파에 대한 관심이 집중되기 훨씬 전에 출판되었다. 이 보고서에서 이슬라모포비아(Islamophobia)는 "무슬림에 대한 근거 없는 두려움과 반감을 수반하는 전망이나 세계관"으로 정의되었으며, 이것은 배척과 차별의 관행을 초래한다고 보았다. 이 보고서는 이슬람 공포증이라는 단어 자체가 가지고 있는 문제의 본질을 인정했지만, 비록 그 단어가 비교적 최근에 만들어진 단어로 보여서 대체될 수 있었음에도 불구하고, 그것의 사용을 계속하는 것이 최선이라고 주장했다. 이 보고서는 이슬람 공포증에 대한 모든 논의에 계속 영향을 끼쳐 왔으며, 특히 이슬람 혐오 태도의 핵심에서 이슬람에 대한 '폐쇄적' 개념의 8가지 특징에 대해서 이슬람의 삶과 신앙을 '개방적인' 관점에 대조하면서 더 정확하게 묘사했다.

(1) 이슬람은 내부의 차이, 토론, 의견 불일치가 있는 다양하고 진보적인 것으로 보이는 것과는 대조적으로, 단일의 집단으로 정적이며 새로운 현실에 반응하지 않는 것으로 보인다.
(2) 이슬람은 가치와 목적을 공유하는 상호 의존적 특성을 강조하는 것과는 반대로, 다른 문화와 공통되는 목적이나 가치를 공유하지 않으며 다른 문화에 영향을 받지 않는다는 점에서 분리되고 '다른' 것으로 여겨진다.
(3) 이슬람은 서양보다 열등하고, 야만적이고, 비이성적이며, 원시적이고, 성차별적이며, 뚜렷하게 다르지만 부족하지는 않으며, 동등하게 존경받을 가치가 있다고 간주되고 있다.
(4) 이슬람은 폭력적이고, 공격적이며, 테러리즘을 지원하고, 공동 협력 기업 및 공유된 문제 해결에서 실제 혹은 잠재적 파트너로 있는 것이 아니라 문명 충돌에 관여하는 것으로 보인다.
(5) 이슬람은 정치적 이데올로기로 간주되며, 정치적 혹은 군사적 이익을 위해 사용되며, 진정한 종교적 믿음으로 보이는 것이 아니라 추종자들에 의해 성실히 행해지고 있다.
(6) 무슬림들에 의한 '서구' 비판은 고려되거나 논쟁조차 되지 않고 즉각 거부된다.
(7) 이슬람에 대한 적개심은 이슬람에 대한 차별적 관행과 주류 사회에서 이슬람을 배제하는 것을 정당화하기 위해 사용된다. 이슬람 논쟁과 의견 대립이 차별과 배제를 위한 노력을 감소시키지는 않는다.
(8) 반이슬람 적개심은 정확성과 공정성에 대한 비판의 대상이 되는 이슬람

에 대한 부정적 견해와는 반대로 자연스럽고 정상적인 것으로 받아들여지고 있다.

이 설명에 대한 의문이 많이 발생했다는 것은 의심의 여지가 없다. 어떤 것이 '이슬람 공포증'이라고 선언되기 위해서는 이러한 모든 특징이 (그리고 어떤 비율로) 명백하게 존재해야 하는지에 대한 의문을 가질 수 있다. 이러한 종류의 비판은 일부 무슬림이 유럽과 북미 사회와 같은 곳에 만연한 차별적 태도의 결과로 경험하고 있는 매우 현실적 부분을 강조하지 않았다. 이슬라모포비아적 태도에서 대상은 이슬람 그 자체가 아니라 무슬림이란 인격체이며, 따라서 제안된 정의는 추상적 개념이 아니라 사람들을 중심으로 전개될 필요가 있다. 할리데이(Fred Halliday 1999: 898)는 "반-이슬람주의"(anti-Muslimism)라는 용어를 제안했다. 게다가 할리데이는 이 용어를 반성적으로 사용하지 않게 되면, 이슬람 공포증 그 자체의 핵심에 놓여 있는 왜곡된 면을 계속 지속하게 된다고 지적했는데, 그것은 공포증을 유도할 수 있는 하나의 이슬람이 전제된 생각이다. 이러한 왜곡은 이슬람의 다양성이란 현실을 모호하게 만들 뿐만 아니라 그 자체가 오직 하나이며 절대적이라는 이슬람에 대한 주장을 가진 무슬림들의 담론을 더 부채질한다. 다른 작가들은 보다 정교하게 이슬람에 대해 정의 내리게 된다면 이슬라모포비아라는 용어가 가진 현실을 감안할 때 계속해서 의미 있게 사용될 수 있도록 할 것이라고도 제안했다. 알렌(Chris Allen)은 이 문제에 대한 책을 통해 연구 끝에 다음과 같은 개념을 정의했다.

> 이슬라모포비아는 이론과 기능, 목적, 인종 차별과 다른 유사한 현상과 이념으로 인해 현대 사회에서 이슬람과 이에 대해 부정적으로 평가된 의미를 유지하고 영속시킨다. 무슬림과 이슬람을 타인으로 생각하고 이러한 사상을 건설하여 … 그 결과, 배제가 관행이 되어 사회, 경제, 정치적 영역에서 무슬림과 이슬람에 불이익을 주고, 편견을 주거나, 차별하는 관행 … 폭

력에 대한 예속까지 포함해서 증거가 된다. 그러나 이슬라모포비아가 되는 것은 그렇게 인식된 '무슬림' 혹은 '이슬람'이란 요소가 존재해야 한다 (Allen 2010: 190).

개념이 공식화되고 채택되는 방식에서 이러한 비판과 개선은 중요하며 주제에 대해 신중하게 질문할 필요성을 보여 준다. 용어에 관한 이 중요한 수준의 논의는 현상이 나타난 현실을 다 대체할 수가 없다. 하지만, 이 용어에 대한 반응에 이슬람 공포증 그 자체의 현실을 보여 주는 다른 사람들이 있다.

> 무슬림들은 이슬람 공포증이라는 불명예스런 용어를 버리고 대신 진지한 자기 성찰에 참여해야 한다. 잠재적인 희생자가 사형 집행자가 될 것을 두려워하기보다는 무슬림이 어떻게 그들의 신앙을 살인을 기념하는 이데올로기(알카에다. "당신은 삶을 사랑하고, 우리는 죽음을 사랑한다")로 변화시켰는지 곰곰이 생각해 보고, 이러한 병적인 전체주의와 싸워 그들의 종교를 회복하는 전략을 개발하는 것이 더 나을 것이다 (Pipes 2005).

우리가 이슬라모포비아라고 부르는 것의 가시적인 결과를 특징짓는 최근의 이슬람과 무슬림들에 대한 격렬한 반응은 언론의 관심을 끌었고 그 과정에서 과장된 이슬람 혐오 반응을 불러일으킨 사건들이 아래와 같이 나열된다. 와일더스(Geert Wilders)의 영화 <피트나>(Fitna), 덴마크 만화, 스위스 미나렛 논쟁, 플로리다에서 불에 탄 꾸란의 위협, 버락 오바마가 무슬림이라는 지속적인 믿음 그리고 프랑스의 니깝(niqāb)에 대한 결정 등 여러 가지 것이 있다.

이슬람과 무슬림들에 대한 이러한 도발적 반응은 다양한 방법으로 이해될 필요가 있다. 로이(Olivier Roy)는 다음과 같이 말한다.

> 위대한 문명들 사이의 영토 경계선이 사라지고 있는 이 시기에, 잃어버린 문명의 유령에게 제2의 생명을 주기 위해 정신적 경계선이 재창조되고 있다. 민족성과 종교는 정체성이 성과적 정의에 의존하는 집단들 사이에서 새로운 경계를 형성하기 위해 요구된다. 우리는 우리가 말하는 대로, 다른 사람들이 말하는 대로 된다. 이러한 새로운 인종과 종교의 경계는 어떤 지리적 영역이나 지역에도 해당되지 않는다. 그들은 마음, 태도 그리고 담론을 통해 일한다(Roy 2005: 7).

이슬라모포비아의 경우 종교적 정체성은 어떤 이유에서든 종교적인 용어로 설명되면서 틀에 박힌 전 세계의 시대적 행동들과 반응을 통해 현대 사회에 더 강화된다. 이슬람이 폭력의 이데올로기로 활용될 때, 공격받은 일부 구성원들은 자신들의 종교적 정체성을 포위당한 것으로 인식하고, 따라서 그들은 그 전투를 종교 간의 싸움으로 묘사한다. 그러나, 이러한 피상적인 불안의 표현 이면에는 근본적으로 혼란스럽고 정신적 표류를 일으키는 사람들에 대한 훨씬 깊은 우려가 있다. 더 이상 지리적 장소를 통해 문화가 의미하는 것을 찾는 것은 명확하지 않다. 그러나 그 장소에 대한 의식은―가장 분명한 것은 국가라는 개념에서―최근 역사의 결집점이며 정체성 형성이 시작된 것이다. 이것은 모든 면에서 적용되고 있다. 유럽에서 무슬림 사례를 보면, 유럽 연합의 등장으로 국경에 대한 확고한 의식을 잃은 문화 안에서 언어, 교육, 태도(예를 들어 신앙의 개인화에서 드러난다)에서 철저히 '유럽인'으로 자리 매김하려는 방법에 대한 일치된 의식들이 존재한다.

국가적인 불확실성과 가치 상실 가운데 정체성을 찾기에 불만족힌 무슬림들과 더불어 불안한 다른 집단들은 개인의 운명에 대한 소속감과 지배의식을 조성할 수 있는 상상 속의 과거로 돌아가 이를 되찾으려고 갈망한다. 그러한 사고의 결과로 이러한 영향은 무슬림들 사이 이슬람주의에 대한 매력과 상상된 미래를 위한 경고적 깃발인 "유라비아"(Eurabia)라는 용어의 발명과 관련된 공포감 조성 모두에서 명백히 드러난다. 유럽에서 비록 가장 큰 경종을 울리고 있는 것은 미국인의 목소리이지만, 유럽은 2001년 9월 11일 이후 많은 미국인의 세계관의 일부를 특징짓는 '문명의 충돌'의 최전선에 있는 것으로 보이고 있다. 미국의 한 논평자는 이것이 "공산주의의 확산에 취약한 유럽의 보수주의의 냉전적 비전에 대한 변화"(Vaïsse 2010: 86)라고 지적하고 있다. 유럽의 무슬림 인구가 표현할 수 있는 모든 불만(차별, 실업, 도시 소외)은 정치와 경제보다는 종교와 문화에 의해 설명된다. 이것은 무슬림들에게는 다르게 나타나며 그들의 정체성은 유럽과 북미인들이 생각하는 어떤 것이든 간에 양립할 수 없다는 이슬람 혐오적 관점에 의해 뒷받침된다.

2. 이슬라모포비아와 증오 발언

이슬라모포비아의 표명은 세계 많은 곳에서 몇몇 복잡한 법률 논의의 주제가 되어 왔다. 캐나다에서는 이슬람의 확산과 유럽 및 북미 사회에 대한 무슬림의 영향력에 대한 공포에 대해 저명한 스타인(Mark Steyn)의 작품 중 일부가 몇몇 이슬람 단체의 법적 항의 대상이 되었다. 이에 항의하는 이들은 캐나다 잡지인 「미래는 이슬람에 속한다」에 실린 이 인쇄물이 *Steyn's America Alone: The End of the World as We Know It*(2006년 처음 출간)에서 발췌한 것이라고 주장했다. 캐나다 인권법하에서 그 활동을 정의내린다면 "혐오 발언"이었다. 그들의 논리는 그 기사가 특정 그룹의 사람들을 잠재적으로 차별적인 행동의 대상으로 만들었다는 것이었다. 스타인은 무슬림와 비무슬림 사이에 현재 진행 중인 전쟁이 있고, 무슬림들은 서구 사회를 장악하려는 세계적인 음모를 가졌고, 서구에 사는 무슬림들을 이 렌즈를 통해 적으로 볼 필요가 있다고 주장했다. 이와 같이, 이 자료는 종교적 정체성과 신념이 인권법을 위반하는 위험하고 불명예스러운 방법으로 식별 가능한 집단을 겨냥하는 데 사용되고 있음을 시사했다. 결국, 2008년 최종 재판소의 결정에 따라 민원은 성공하지 못했는데, 주된 이유는 고소인들이 이 특정 출판물이 끼치는 실제적 영향을 보여 주지 못했기 때문에 법률에서 요구하는 증오와 경멸의 수준까지 올라갔다는 것을 보여 줄 수 없었다. 그러나 이러한 불만은 이슬람 혐오적 관점의 오류와 언론의 자유에 대한 적절한 한계에 대해 많은 논의를 불러일으켰다.

그의 책과 잡지 발췌문에서 스타인의 주장은 이슬람의 본질과 종교에 대한 잘못된 인식에 기초하고 있다. 그는 "그러나 이슬람은 심각한 국제적 야망을 가지고 있으며, 중동, 남아시아 그리고 다른 지역에서 대부분의 추종자들의 기본적인 핵심 정체성을 형성하고 있다"(Steyn 2008: xxxv)라고 말한다. 이러한 '원초적' 성격의 개념은 그가 '인간의 원시적 본능, 생존 본능'을 발동할 때 책의 다음 페이지(p. xxxvi)에서 되풀이된다. 그 함축적인 의미는, 무슬림들에게 있어서 이슬람은 인간의 원초적인 본능과 함께 자리들을 차지하는 것으로 보인다. 여기 논의의 관점에서, 이것은 무슬림들이 권위주의적인 이슬람의 상상을 초월해서는 행동을 할 수 없다고 간주한다는 점에서, 이슬라모포비아의 특징들 중 하나로 인식되어야만 한다.

이슬람에 대한 이러한 접근은 전체적으로 무슬림들에 대한 사상의 투사에 기반을 두고 있다. 그러한 관점에서, 방금 인용한 문장들이 보여 주듯이, 이슬람은 변하지 않는, 본능적인 문제로서 묘사되는 반면, 인간의 행동 수준에서는, 현실에서, 이슬람의 믿음과 행동은 항상 정치, 경제 그리고 사회 상황에 대응하여 변화하고 있다. 이슬람이 '원초적 핵심 정체성'이라고 주장하는 배경에는 변하지 않는 꾸란 문자에 의해 통제되고 고정된 의미 이외의 행동을 할 수 없다는 생각이 깔려 있다. 이러한 종류의 이해에서는 논쟁적 목적을 염두에 두고, 경전의 텍스트는 본래의 맥락과 해석의 역사에 관계없이 꾸란에서 추출되어 사용된다. 왜냐하면, 경전은 그것과 동일시하는 사람들을 위한 '원초적'이며 '핵심적'인 것이기 때문이다. 이러한 주장을 하는 스타인과 같은 사람들은 그들의 꾸란 본문이 특정한 것들을 '말'하고 '분명히' 무슬림들은 '반드시' 그런 것을 따라야 하기 때문에 무슬림들은 특정한 방식으로 행동해야 한다고 요구하는 것 같다. 그러나 이슬람 문화의 역사는 꾸란 본문이 이슬람 사회에서 어떻게 기능해 왔는지, 어떻게 해석되어 왔는지 그리고 그 조항들이 어떻게 제정되었는지를 끊임없이 변화하는 성격을 가지므로, 이런 식의 관점은 명백한 허위성을 보여 준다. 스타인과 같은 극성주의자들은 가장 광적인 근본주의자보다 종교적 신봉자들에게 까다롭게 구는 듯하다.

스타인의 글에서 이슬람과 무슬림에 대한 비난이 어떻게 구조화되는지 보여 주는 간단한 예시는 그의 접근법이 많은 반이슬람 작가의 전형이라는 것이다. 그는 '진실'이라는 것에 동의해야 할 간단한 역사적 사실을 받아들인 다음 그것을 그의 반이슬람적인 입장에 맞는 이론으로 구성했다.

예를 들어, 그는 무함마드 시대 이후 고전 이슬람 사회의 주된 자금 부담이 비무슬림들에게 떨어졌음을 언급하기 위해 비무슬림들에 대한 무슬림 인두세인 지즈야(jizya)에 대해 말한다. 확실히, 인두세는 역사상 특정 시점(특히 지출이 많았던 시기)에 정부에게 중요한 수입원이었으며, 그 결과 이슬람 역사 동안 이슬람으로의 개종을 적극적으로 거부하는 시기에 있었던 것 같다. 비록 그 이유는 단순한 재정적인 이유보다 훨씬 복잡하지만 말이다. 때때로 개인의 개종이 전반적 과세 수준을 바꾸지 못했다. 왜냐하면, 세금은 개인 수준이 아니라 공동 수준에서 부과되었기 때문이다. 사람들이 더 자주 시골 땅에서 도시 환경으로 이동을 했는데 이는 세금액을 크게 감소시켰다. 그러나 더 큰 수익원을 제공하는 토지세(특히 시장세, 관세, 정부 서비스 등)와 같이 (자카트[zakāt]는 목적대로 사용될 수 있고 항상 정부의 통제를 받지 않는) 다른 수익원이 있었다(스타인이 원하는 "경제 혁신"을 확실히 보여 준다). 이슬람 사회가 분명히 드러내지 않았지만 지즈야가 분명 수입원을 제공했을 것이다.

물론, 스타인이 그랬던 것처럼, 이 모든 것을 무함마드에게 연결시키는 것은 역사적으로 매우 시대착오적이다. 왜냐하면 무함마드 시대에는 정부 관료주의의 구조가 전혀 존재하지 않았기 때문이다. 오히려, 과세 체계는 이슬람 이전의 지역 관행에 따라 발전되었다. 인두세(여론 조사세)와 개종의 관계에 대한 견해를 재검해 볼 필요가 있는 사실과는 상관없이, 스타인이 이런 식으로 시나리오를 만든 것은 이슬람이 건국 이래 그것의 중심 사상이 '변절되었음'을 그의 목적대로 주장하게 한다. 이슬람 역사에 대한 명확한 이해가 없고 자신의 주장을 뒷받침할 사실이 없음에도 불구하고, 그가 주제를 제기한 이면의 요점이 명확하고 반이슬람적 입장이 발현되기 때문에, 이 부분에 대한 그의 결론은 이슬람에 대한 공격에 있어서 가장 명백한 측면을 갖는다. 모든 주장은 단순히 비무슬림들에 대한 인두세의 존재 개념에서 시작되어 결론이 내려진다.

> 추종자들은 이슬람과 그 전성기의 위대한 혁신과 풍요로운 문화를 이야기할 때, 심지어 전성기 때조차도 무슬림이 결코 소수 이상을 이루지 못한 작은 집단이었고, 그들은 대부분 다른 이에게서 취한 힘으로 살아가고 있었다는 것을 잊는 것 같다. 만약 당신이 최악보다 나은 이슬람 사회 하나를 선택해서 그들 사회의 역동성의 이유를 찾으려 하면, 이유는 종종 그들이 어떤 집단과 함께 공동생활 영역을 해 왔는가에 따라 결정된다. 예를 들어, 말레이시아의 중국인들이다(Steyn 2008: 164).

그러나 이슬람에 대한 모든 논쟁의 밑바닥에 놓여 있는 것은 그가 이상적이라 보는 사회에 대한 스타인의 견해인데 이것이 곧 그의 미사여구의 핵심이다. 스타인은 "무슬림의 서구에 대한 비판에서 마치 우리가 퇴폐적인 소돔인들이며, 니크시스트리는 비판에는 사실 부인할 수 없는 진실이 담겼다"(Steyn 2008: 16)라고 말한다. 스타인은 어떤 도덕적, 사회적, 정치적 목표를 달성하기 위해, '타자'를 횡포적 존재로 두고 비판적 설정을 한다. 물론, 그렇게 하는 과정에서, 공동체로 갈 때에도 명백히 편견에 치우친 방법으로 사람들을 배제하고 포함시켜 버린다. 스타인은 현재 자신이 살고 있는 사회를 "포스트 페미니스트 서구 여성의 음란한 이미지" (Steyn 2008: 67-68)와 함께 "문화 상대주의의 흔들리는 블랑망지"(Steyn 2008: xxi)로 특성화시킨다. 근대 '사회주의' 정부의 '빅 브라더스' 성격이 개인의 독립성, 회복력, 의지를 제거했다고 주장할 때 큰 정부는 궁극적으로 스타인의 표적이 된다. 그에게 '자유'란 것은 제한된 정부이며 개인 책임 및 자유 기업을 의미한다.

> 사회 민주주의 국가의 구조적 약점과 세계화된 이슬람의 부상 사이에는 상관관계가 있다. 국가는 성인에 대한 모든 책임, 즉 건강 관리, 보육, 노인 돌봄을 점차적으로 통합하여 시민들을 생존 본능이 아닌 인류의 원시 본능으로부터 효과적으로 단절시키고 있다. 큰 정부는 국가 안보 위협이다. 그것은 이슬람주의와 같은 위협에 대한 당신의 취약성을 증가시키고, 당신이 그것을 거부하려는 의지를 내려놓도록 만들 것이다(Steyn 2008: xxxvi).

그래서 전형적인 '희생양'(Scapegoat)을 자청하여, 유럽-미국 사회 내에서 무슬림들이 중요한 (인구학적으로 아직 작은) 소수 민족으로 부상하는 것은 신보수주의 정치적 의제에 대한 요구 과정에서 위협적 요소가 된다. 스타인의 소환장은 자유주의 정신으로 '복귀'하기 위한 것이고, 만약 우리가 그렇게 하지 않는다면, 무슨 일이 일어날지 보자고 제안한다. 그리고 그는 우리가 그렇게 하지 않는다면 무슨 일이 일어날지 생각해 보도록 한다. 우리 모두가 무슬림이 될 것이며, 샤리아(sharīʻa) 밑에서 살게 될 것이다!

스타인 식의 해석이 이 시대에 주는 위험은 그의 독자들 가운데 많은 사람이 현대 미국 및 유럽 사회에 대한 비판적 관점에서 그가 말하는 것에 대해 고민하기를 거부하고 오히려 반이슬람적인 표면적 독서에서 머물면서 단지 해결책을 무슬림을 증오하는 것으로 보고 말 것인가에 달려 있다.

3. 샤리아에 대한 공포

무슬림이 현대 유럽-미국 국가에 미치는 영향에 대한 많은 논의에서 샤리아는 중요한 용어이다. 이러한 맥락에서 샤리아는 비무슬림(그러나 많은 무슬림들도 마찬가지)들이 근대적 가치를 침해하는 법률, 특히 여성과 종교적 소수 민족에 관련된 '인권'이라는 명목하에 된 법률이 부과한 의무에 대해 말하는 "코드 언어"(역자 주: 특정한 코드의 규칙들이 독특한 의미를 갖는)가 되었다. 이러한 우려의 전형적인 이슬람 혐오적 측면은 이러한 태도가 이슬람 현대 사회의 현실 속에서 샤리아가 인식되는 방식과 비교할 때 나타난다. 무슬림이 지배하는 국가에서 근대 국가가 등장하면서 지난 세기 동안 벌어진 타협은 샤리아가 단일 실체가 아니라 종교 당국이 어떤 것에 대한 권력을 부여받으면 정치적 충성심이 샤리아에 편입되는 등 협상된 권력을 분담하는 범위를 갖고 있음을 보여 준다. 상호 허용 가능한 영역 곧 일반적으로 사적 도덕 규범이 반영되는 가족법과 공공 도덕의 측면에 초점을 맞춘다. 이러한 현실과 무관하게 샤리아는 서구(특히 미국) 스타일의 정부와는 완전히 반대되는 '전체주의'(totalitarian) 체계로 알려져 있다. 그리고 특히 호로위츠(David Horowitz)나 겔러(Pamela Geller) 같은 반이슬람 대변인들 사이에서, 무슬림들의 지하드 의식을 더 불러일으키는 것은, 유럽이나 미국에서 샤리아가 시행되는 것이 어떤 의미인지를 설명하려는 의도에서 사용된다. 이러한 혐의는 무슬림들이 샤리아가 도입될 수도 있으며, 혹은 도입되어야 한다는 주장에 맞서 싸우면서 이슬람에 대한 미국의 불신과 반감을 불러일으키는 것과 맞닿아 있다.

예를 들어, 영국과 캐나다의 경우 샤리아에 대한 합리적인 논의의 맥락에서 강조되는 점은 항상 국가의 모든 시민에게 적용되는 일반적인 법 원칙과 집단의 권리와 민족 문화 차이의 균형을 맞추는 방법에 있다. 구별될 만한 무슬림 공동체의 자율 규제적 특정 측면이 집단 사회의 위치 및 사회 전체의 통합을 향상시킬 수 있는가? 샤리아 규제의 타당성에 대한 그러한 수용은 무슬림들이 거주하는 국가에서 자신이 누구인지를 존중받고 무슬림의 정체성이 전체 안에 통합되어 그 자리를 찾을 수 있다는 의식을 강화할 수 있는가? 혹은 그러한 공유 영역의 적용 가능성의 수용이 집단의 일부 구성원에 의해서 바람직하지 않고 사회 전체의 원칙에 긴장을 주는 방법으로 판명되어서 특정 집단의 의지를 다른 사람들에게 부과하는 결과들을 초래할 것인가? 이러한 우려 대상에서 여성의 권리는 가장 우려가 된다. 캐나다 온타리오에서는 2003-2006년 기간 동안, 무슬림 샤리아 법원이 주의 중재법에 따라 기능할 수 있다는 제안과 이에 따라 당사자들이 이 문제를 기꺼이 해결하고자 하는 상황에서 계약, 상속, 이혼과 관련된 분쟁을 처리할 수 있다는 제안이 논의되었다. 반응은 극도로 엇갈리다가 종종 가열되었다.

일각에서는 이슬람 율법을 주법 원칙에 따라 통합한다는 것은 이슬람 율법이 캐나다 법 안에 공존할 수 있기에 전반적인 통합론자 관점에서 무슬림들이 법을 적용할 수 있다는 것을 의미한다는 주장도 나왔다. 다른 이들은 지방법이 제공하는 보호가 이슬람 사회에서, 특히 힘이 없는 여성들에게 이익이 되지 않을 것이라 주장했다. 즉, 이슬람식의 중재는 자신들의 지역 사회 내에서 자신들의 위치를 유지하기 위해서는 이익이 없더라도 그 상황에서도 어쩔 수 없이 복종해야 한다고 느낄 것이며 압박감이 엄청날 것이라고 주장했다. 이러한 종류의 논의가 합리적이고 냉정하게 진행되었을 때, 다문화적 상황에서 무슬림의 사회적 위치를 정의하는 데 도움은 되었지만, 어떤 경우에는 이슬라모포비아적 발화에 기름을 더 부은 격이 되기도 했다. 일부 사람들이 그러한 논의에서 나온 추론은 이슬람과 무슬림들은 '타자들'이며 가장 기본적인 공통의 가치 또한 공유하지 않는다고 했다.

4. 두려움과 의심

완전히 이슬람 혐오주의적 관점을 갖지 않는 사람들 사이에서도 종종 표현되는 것을 보면, 무슬림의 진실성과 정직성에 대해서는 의심이 가시지 않는 것 같다. 이것의 일부는 스타인(Mark Steyn)과 같은 사람들의 태도로 거슬러 올라간다. 무슬림이란 스타인에게 특정한 방식을 가진 것으로 인식된다(예를 들어 반민주주의적). 왜냐하면, 꾸란은 그들이 그렇게 되기를 요구하기 때문이다. 이러한 입장은 반드시 무고한 사람들을 속이고 부주의한 사람들을 속이기 위한 속임수임에 틀림없기 때문에 이 견해에서는 '온건한 무슬림'이 있을 수 없다. 하지만, 무슬림들에 대한 이러한 의혹은 훨씬 더 많이 적용되어 나타나기도 한다.

최근 미국에서 실시된 여론 조사에 따르면 미국인 5명 중 1명꼴로 버락 오바마 전 대통령이 정말 무슬림이라고 생각하는 것으로 나타났다. 이 생각과 오바마의 행동에 대한 거부감 사이의 밀접한 연관성도 있다. 오바마가 무슬림이라고 생각하는 사람들의 많은 비율이 대통령으로서 그의 행동에 대해 불만족스럽다고 생각했고, 나아가 그의 행동이 종교적 신념에 의해 영향을 받았다고 생각하는 사람들도 많다. 이러한 정서에 대한 명백한, 그러나 좀처럼 언급되지 않았던 반격은 부시(George W. Bush) 대통령 시절 미국의 전 국무장관이었던 콜린 파월 장군이 한 인터뷰에서 다음과 같이 드러났다.

> 나는 … 공화당 당원들이 말하는 것 때문에 고민하고 있다. "오바마 대통령이 무슬림이라는 것을 아시잖아요"와 같은 말이 허용되고 있다. 자, 정답은, 그는 무슬림이 아니라 기독교인이란 사실이다. 그는 항상 기독교 신자였다. 하지만 정말 옳은 대답은, 만약 그가 무슬림이라면 이 나라에서 그가 무슬림이 되는 것이 뭐가 잘못된 건가? 대답은 아니오, 미국에서는 안 된다는 사실이다. 일곱 살짜리 무슬림 미국 어린이가 자신이 대통령이 될

수 있다고 믿는 것이 잘못된 것일까? 그렇다. 제 당의 중진들이 제안을 취하는 걸 들었다. 그는 무슬림이며 테러리스트들과 연관되어 있을 수 있다. 미국에서 우리가 마땅히 취할 방식은 이런 게 결코 아니다(Powell 2008).

그러나 그러한 종류의 이성적인 반응은 지난 10년 동안만 증가했던 편견에 필적할 수 없다. 미국의 경우 2016년 FBI가 무슬림에 대한 증오 범죄 증가율을 5퍼센트로 기록해 9·11 테러가 발생한 해인 2001년 수준을 넘어섰다. 영국과 유럽에서도 비슷하게 폭행에 대한 기록이 증가했다. 예를 들어, 맨체스터에서는 경찰이 2016년에 무슬림에 대한 폭력 공격이 500퍼센트 증가했다. 게다가 무슬림 국가들에서 유럽으로 건너온 많은 무슬림과 난민에 대한 언사가 뚜렷하게 날카로워졌다. 2017년 선거에서 독일의 AfD나 오스트리아의 FPÖ(영국의 2016년 유럽 연합 탈퇴 "브렉시트" 결정)와 같은 극우 정당들의 성공은 적어도 부분적으로 무슬림과 난민에 대한 그들의 발언에 기초했다.

아르자나(Sophia Rose Arjana)가 *Muslims in the Western Imagination*란 그의 책에서 보여 준 것처럼, 한 가지 중심 모티브는 무슬림들은 믿을 수 없다는 것이다. 순니파 다수가 시아파에게 가하는 위험에 직면해서 시아파의 지위를 부정할 수 있는 형식적인 시아파의 개념인 '따끼야'에 대해 일반 대중이 알고 있는 것은 아닌지 의심스럽다. 그러나 이 단어는 특히 대중들이 모든 이슬람 신앙의 밑바탕에는 어떤 시점에는 반드시 드러내야 하는 비밀스럽게 지켜진 교리, 즉 지하드의 교리가 있다는 생각을 전달하고자 할 때 종종 발언된다.

많은 무슬림 중에서도 스위스 시민이며 이슬람 학자이며 온건파 이슬람을 옹호하는 따리끄 라마단(Tariq Ramadan)은 많은 극단적 무슬림의 과격 대상이 되어 왔다. 이집트 무슬림형제단 창립자 하산 알반나(Hasan al-Bannā', 1906-1949)의 손자인 라마단은 그가 형제단의 추정 목표를 공유하며 유럽에 무슬림 공동체를 설립하여 칼리프 제국의 반환과 이슬람 샤리아의 강제성을 옹호하고 있다는 비난을 받아 왔다. 이러한 혐의들은 모두 속임수라는 기본 전제에서 비롯된 것이다. 라마단 같은 '온건한' 무슬림들이 유럽과 북미(그리고 호주와 뉴질랜드 등 점점 더 많은 곳)의 가치에 가장 큰 위협이 되고 있다는 제안이 나오는 것은 그들이 무슬림의 포부를 지지하기 위해 '자유주의자들'을 유인했다고 여겨지기 때문이다.

이러한 수사적 논법은 보통 우파/좌파의 이분법에 빠져들게 한다. 그런 비난이 빗나가는 것은 라마단이 유럽 등지의 무슬림들로 구성된 실용주의자로서 감각을 갖고 있으며, 종교적 정체성을 유지하면서도 유럽 시민권의 혜택을 누릴 수 있는 긍정적인 미래를 보장하기 위해 고군분투하고 있다는 점이다. 타리끄 라마단은 무슬림들이 직면한 가장 큰 위협이 두 가지라는 것을 알고 있다. 그가 느끼는 세속주의 세력과 시민 사회에 대한 어떠한 참여도 거부하고자 하는 이슬람주의적 종교의 힘이다.

5. 이슬람에 대한 무슬림의 개념

이 시점에서 전면에 내세워야 할 문제는 이슬람에 대한 외부 인식의 이 맥락이 무슬림들과 그들 자신의 이슬람 개념에 미치는 영향 중 하나이다. 유럽과 북미의 많은 무슬림이 21세기 초 대중 앞에서 그들의 믿음을 나타내기 어려운 시기로 여겼다는 것은 의심의 여지가 없다. 그러나, 동시에, 수염이나 베일처럼 전형적으로 틀에 박힌 종교적 방식으로 신앙의 가시적인 표현에 대한 강조 또한 증가하고 있다. 특히, 1980년대 중반 미국의 조사에 따르면 젊은 이슬람 여성들이 히잡을 착용하는 경우는 거의 없었지만 1990년대 초반부터 베일이 여성 무슬림들 사이에서 훨씬 더 눈에 띄는 표식이 되었다. 왜 이런 일이 일어났는지에 대해 많은 요소가 고려되었다. 다문화주의의 성공은 개인들이 그들 자신의 정체성을 드러내는 것을 가능하게 만들었다. 무슬림들 사이에서 그 사실에 대한 인식이 증가했고, 이것은 정체성의 주장을 허용하고 심지어 장려하는 정치적 태도도 허용했다. 그러나 특히 본 장의 맥락에서 가장 통찰력 있는 것은 2001년 9월 11일 이후의 미국 상황을 말하는 사이드 알리(Syed Ali)의 분석으로 다음과 같다.

> 이러한 사건의 결과 중 하나는 미국의 무슬림들에 대한 자기 평가였다. 그들은 스스로에게 무슬림이 된다는 것이 무엇을 의미하는지 묻고 있다. 만약 그들이 어떤 의미 있는 방식으로든 무슬림이라면 말이다. 1999년에 내가 인터뷰했던 뉴욕 교외의 이맘은 이렇게 말했다. "위기의 시기에, 여러분은 자신을 규명할 필요가 있다. 휴면기 때는 현실에 안주할 수 있다." 그는 제1차 걸프전은 미국 내 무슬림들에게 부정적인 영향을 미쳤지만 전반적으로 미국 내 무슬림들에게 나쁜 영향만을 끼친 것은 아니라며 걸프전이 미국인들을 이슬람에 노출했다. 사람들은 이슬람에 대해 묻기 시작했고, 무슬림들은 스스로 이슬람을 정의하려고 시도했다(Ali 2005: 524).

이러한 관찰로부터 우리는 한 가지 추가되는 결론을 도출할 수 있다. 사회학자들이 자주 언급했듯이, 사회 집단에서 느끼는 배척과 반목은 종종 그러한 사람 사이에서는 내부 공동체적 정체성의 증가된다(그림 17.1). 그러한 반목은 더 깊어질수록, 자신의 사회적 집단 내에서 확고한 정체성을 찾아야 한다는 인식이 깊어진다. 일부 사람들에게는 이것이 극단주의로 몰아갈 정도로 깊다. IS와 같은 극단주의 단체에 가입하는 것의 매력은 그러한 용어로 설명되었다. 비록 그 신앙의 표현 방식과 방식을 찾는 것이 무슬림 논쟁의 중요한 화두가 되고 있지만, 대부분의 다른 사람에게는, 그것은 새로운 신앙 표현으로 이어진다. 서구의 무슬림들이 어떻게 인식되고 대우받고 있으며, 그들의 신앙에 대한 무슬림의 관념이 역사적, 근대적으로 그들의 환경에 의해 어떻게 형성되어 왔는가에 대해서는 앞으로 의심의 여지없이 연구 주제가 될 것이다.

[그림 17.1] 뉴욕 무슬림 지도자들 이슬람 단체의 지역 및 국가 지도자들은 2010년 9월에 2001년 9월 11일 파괴 현장 근처의 뉴욕 도심에 있는 파크51공동체센터(그 안에 모스크를 포함할 예정)의 제안된 부지 앞에서 기자 회견을 연다. 이 단체는 건설 프로젝트에 대한 지지를 표명하며 "우리는 모든 신앙의 무슬림과 미국인들이 지역 법과 규정이 허용하는 한 우리나라 어디에서든 모스크를 지을 수 있는 헌법상의 권리를 지지한다"라고 밝혔다[출처: Robert Nickelsberg/Getty].

부록: 할랄(halāl) 식품 논란

2010년 9월, 런던 「데일리 메일」(Daily Mail)은 이슬람의 의식 관행에 따라 도살된 고기가 "영국에서 가장 인기 있는 스포츠 장소, 술집, 학교, 병원"에서 배식되고 있는 것을 폭로하는 기사를 실었다. 이것이 '국민 모르게' 행해지고 있다는 반론이 제기되었다. 후속 기사들은 또한 슈퍼마켓들이 도살을 표시하지 않고, 그러한 고기를 팔고 있다는 것을 지적했다. 이는 동물을 죽이는 의식 관행에 대한 의구심이 여전하기 때문에 쟁점으로 제시되었는데, 2017년 이후 영국에서는 이러한 할랄 고기를 사용하는 것이 금지된다. 이는 동물 복지에 대한 일반적 우려처럼 소비자들의 입장에서는 일관되지 않을 수 있어 논란이 계속 있다. 종교적인 이유 때문에 종교적 관행을 따를 이유가 없는 한에는 동물을 기절시키는 것이 원칙이다. (따라서 코셔 및 할랄 절차를 허용하지 않는 도살장에서는 동물을 기절시키는 필요하다.) 인간의 소비를 위해 사육되는 동물의 사육 상태에 대해 우려하는 문제로 이러한 사항들이 언급되는 빈도는 상대적으로 낮다. 전반적인 맥락에서 볼 때, 도살 절차는 길고 잔인한 공장 사육 과정에서 마지막 단계에 불과하다.

이 문제는 슬며시 다가오는 유럽의 '이슬람화'에 대한 이슬라모포비아식 우려와 관련이 있는 것으로 보인다. 그러나 일부에서는 이러한 우려를 식품 원천에 대한 지식에 대한 보다 일반화된 우려의 맥락에서 보아야 한다고 제안했다. 1996년 이후에 발생한 광우병 공포 이후 많은 사람에게 음식의 원천에 대한 모호함은 매우 현실적인 심각한 걱정거리이다. 이슬람의 의식 관행에 따라 이용 가능한 육류가 많이 도살된다는 사실은 오늘날 세계화된 식품 시장의 반영이다.

일반적으로 육류의 주요 수출 시장이 이슬람권이기 때문에 영국에 수입되는 뉴질랜드산 양고기의 70퍼센트, 캐나다산 쇠고기 전체 수출의 20퍼센트가 할랄 방식으로 도축되는 것으로 알려졌다. 그러므로 그것은 일차적으로 사실상 경제적인가 하는 문제이다. 할랄 식으로 생산되는 고기의 양을 고려하면, 그것은 단순히 더 싸진다. 도살 관행에 대한 이러한 '노출'(expose)은 유럽과 북아메리카에 무슬림들이 존재하기 때문에 계속되는 공개 토론에서 등장하는 하나의 요소에 불과하다. 프랑스에서는 2009년 인기 햄버거 체인점 퀵(Quick)에 할랄 쇠고기와 칠면조 고기를 사용한 것에 대한 논란이 일었다. 루베(Roubaix) 시장은 비이슬람계 고객에 대한 차별 제공이라며 '종교 음식 제공'에 대한 법적 불만을 제기한 것으로 알려졌다. 영국에서도 2009년 한 해 동안 KFC의 일부 매장은 할랄 제품만을 판매한다고 선언했다. 2010년 3월 (*Daily Mail*)에 등장한 한 언론 기사는 치킨버거에 베이컨을 먹지 못해 화가 난 한 남성에 대해 말했다. 그는 특정 식습관을 강요받고 싶지 않았기 때문에 이 사실을 "매우 불공평하다"라고 말했다.

이슬람 음식 관행의 확산에 대한 우려는 미국에서도 감지됐다. 반 이슬람 작품의 열렬한 작가인 스펜서(Robert Spencer)는 캠벨 수프(Campbell Soups)가 할랄 수프를 생산한다는 소식을 독자들에게 알리기 위해 <jihad-watch.org> 웹사이트를 이용했다. 스펜서는 하마스와 무슬림형제단(미국에서 자주 논쟁에서 모티브가 되는 것)과 관계를 맺고 있다고 북미이슬람협회가 제공하는 할랄 인증서에 초점을 맞추어 비난했다. 이로 인해 페이스북 그룹은 캠벨 수프에 대한 보이콧을 요구하는 결과를 낳았다. 2주 안에 3천 명이 등록했다.

음식(히잡처럼)은 이슬람 정체성의 상징이자 이슬람에 대한 두려움을 표현하는 사람들에게 비 이슬람 세계에 대한 샤리아 법의 부과라는 측면에서 표적이 된다.

> Jyte Klausen (2005) *The Islamic Challenge: Politics and Religion in Western Europe*, Oxford: Oxford University Press는 전반적으로 이러한 이슈에 도움이 되는 배경을 제공한다. 경제 및 정치 문제에 대한 넓은 시각을 보려면 Florence Bergeaud-Blackler (2007) "New Challenges for Islamic Ritual Slaughter: A European Perspective," *Journal of Ethnic & Migration Studies*, 33: 965–980을 참조하라.

추천 도서

Afsaruddin, Asma (2015) *Contemporary Issues in Islam*, Edinburgh: Edinburgh University Press.

Allen, Chris (2010) *Islamophobia*, Farnham: Ashgate Publishing.

Arjana, Sophia Rose (2015) *Muslims in the Western Imagination*, Oxford: Oxford University Press.

Esposito, John L. and Kalim, Ibrahim (eds.) (2011) *Islamophobia: The Challenge of Pluralism in the 21st Century*, Oxford; New York: Oxford University Press.

Geaves, Ron, Gabriel, Theodore, Haddad, Yvonne and Smith, Jane Idleman (eds.) (2004) *Islam & the West* Post 9/11, Aldershot, UK: Ashgate.

Klausen, Jytte (2005) *The Islamic Challenge: Politics and Religion in Western Europe*, Oxford: Oxford University Press.

Tariq, Ramadan (2004) *Western Muslims and the Future of Islam*, Oxford: Oxford University Press.

용어 해설

가이바(ghayba) – 시아 전통에서 마지막 이맘이 자취를 감추는 것을 의미한다.

구슬(ghusl) – 온 몸을 세정하는 것을 칭한다.

근대주의자(Modernist) – 근대에 맞춰 이슬람을 개혁할 필요성을 강조하는 근대주의 운동의 무슬림.

까다르(qadar) – 알라의 운명론.

까디(qādī) – 이슬람 종교법에 근거해 결정을 내리는 판사를 가리킴.

까다리야(Qādiriyya) – 신학적 논쟁에서 자유 의지를 주장한 초기 이슬람의 그룹, 무으타질라파가 채택한 교리.

끼블라(qibla) – 모스크에서 미흐랍이 가리키는, 메카를 향한 기도 방향을 뜻한다.

끼야스(qiyās) – 끼야스(유추)는 순니 이슬람에서 네 가지 법의 원천 중 하나이며 나머지는 꾸란, 순나, 이즈마아이다.

나흐다(nahda) – 근대 시대에 발생한 문화적 쇄신의 결과로 개혁자들에 따르면 이는 이슬람 세계의 르네상스를 의미한다.

두아(duʿāʾ) – 쌀라트(역자 주: 무슬림들이 하는 공식적인 예배 기도)와 비교하여 비공식적 기도와 간구를 뜻하며 알라에게 호소하는 의미를 갖는다.

디크르(dhikr) – "되뇌임" 혹은 "반복하는 기도문" 또는 수피들이 수행에서 사용하는 반복되는 문구를 의미한다.

딘(dīn) – 종교로 흔히 번역되는 이 단어는 꾸란에서 사람들의 신앙과 실천을 가리키는 데 사용된다.[1]

딤미(dhimmī) – 무슬림 통치하에 살고 있는 유대인과 나싸라(이싸를 믿는 사람들)

---

[1] 역자 주: 서구의 종교보다는 더 총체적 의미를 갖는다.

를 지칭하는 보호받는 공동체의 일원이란 뜻으로, 자신의 종교를 실천할 권리를 보장받기 위해 특별 인두세인 "지즈야"를 지불하였다.

따리까(tarīqa) - 수피들의 수행 방식이나 수피의 종단이나 혹은 형제애를 칭한다.

따와프(tawāf) - 메카순례 중 카아바 주위를 도는 것을 가리킨다.

라크아(rakʿa) - 무슬림들이 쌀라트(ṣalāt)를 수행하면서 수행하는 한 주기로 서기-절하기-엎드림-구부르기-바로서기-엎드리기-앉기-바로서기를 포함한다.

라시둔(rashidūn) - 이슬람의 처음 네 칼리파 아부 바크르, 우마르, 우스만, 알리를 지칭하며 순니파에서는 "올바른 인도를 받은" 사람들로 순니파에 알려져 있다.

마드합(madhhab) - 순니 법학파 논쟁 가운데 중요한 네 명의 초기 인물들인 아부 하니파(Abū Ḥanīfa), 말리크 이븐 아나스(Mālik ibn Anas), 알샤피이(al-Shāfiʿī), 이븐 한발(Ibn Ḥanbal)이 형성한 법학파를 가리킨다. 복수 형태는 마다히브(madhāhib)이다.

마쓸라하(maslaha) - 법적인 결정에 있어 판단의 기초로 사용되는 "공공의 선" 혹은 "공익"을 가리킨다.

마울리드(mawlid) - 생일을 뜻하며, 특별히 무함마드의 생일을 말한다.

마으리파(maʿrifa) - 수피적 지식, 체험에 바탕을 둔 직접적인 지식.

마튼(matn) - 하디스의 본문이다. 전승고리에 해당하는 이스나드와 대별된다.

말리키파(Mālikiyya) - 말리크 이븐 아나스(795년에 서거)의 이름을 따른 한 법학파의 추종자들을 가리킨다.

무르지아(Murjiʿa) - 중죄를 지은 신자에게 심판이 연기된다고 믿는 교파이다.

무슬림(Muslim) - 꾸란에서 알라의 뜻에 자신을 복종시키는 자 또는 무함마드의 메시지를 사실로 받아들이고 그 메시지에 복종을 드러내는 자를 일컫는다.

무으타질라(Muʿtazila) - 8, 9세기에 꽃을 피운 신학 사상의 한 학파로서 인간의 자유 의지와 알라의 단일성을 강조했으며, 그리스 철학의 이성주의적 논리를 받아들였다. 무함마드 압두흐(Muḥammad ʿAbduh)와 같은 특정 사상가는 이러한 사상 가운데 일부를 현대에 다시 도입했기 때문에 때때로 "신 무으타질라"(neo-Muʿtazilī)로 간주된다.

무즈타히드(mujtahid) - 이즈티하드를 행할 수 있는 자격을 가진 법학자, 또는 꾸란이나 순나에서 명시적인 텍스트가 안 나오는 문제에 대하여 법적인 결정을 하는 데 개인적인 노력을 다하는 자이다.

무잣디드(mujaddid) - 타즈디드 곧 "갱신"이라는 과정을 통해서 이슬람의 참된 정신을 되살리기 위해 무슬림 공동체에 100년마다 등장한다고 하디스 전승에 기록된 이슬람 신앙의 갱신자를 말한다.

무프티(muftī) - 종교적 문제에 관해 법적 결정을 내릴 권한이 있는 법학자.

미으라즈(miʿrāj) - 무함마드의 "하늘로 올라감"을 말한다. 이슬람력 6년경에 일어난 것으로 기록되는데 그가 과거 예언자들을 만났고, 극락과 지옥에 대한 환상을 받았으며, 알라를 대면하여 모든 무슬림을 위한 하루의 다섯 번 기도 명령을 받았다고 전해진다.

미흐나(mihna) - "종교 재판"을 뜻하는데, 주로 압바시야조 칼리파 알마으문(Abbāsid caliph al-Maʾmūn, 813-833년에 통치) 시절부터 알무타왁킬 이전 시기까지 무으타질라의 교리를 따르지 않은 종교학자들을 처벌하거나 처형했다.

미흐랍(mihrāb) - 모스크 벽의 가운데에 세워진 구조물로 메카를 향한 기도의 방향 곧 끼블라(qibla)를 표시한다.

민바르(minbar) - 무슬림 설교자 카띱(khatīb)이 설교(khutba)를 하는 "강단"을 말한다.

바스말라(basmala) - 꾸란의 각 수라(수라 9장은 제외)의 시작 부분에 있는 "자비로우시고 자애로운 알라의 이름으로"라는 말의 첫 글자를 따서 붙여진 명칭이고 무슬림들이 기도를 시작할 때 사용한다.

바까(baqāʾ) - 수피들이 사용하는 알라의 지속적 현존을 지칭한다.

부라끄(Burāq) - 메카에서 예루살렘까지 "밤 여행"(isrāʾ)에서 무함마드를 태운 날개 달린 동물을 말한다.

부와이흐왕조(Buwayhids) – 945년 압바시야왕조 다음으로 통치했으며 1055년 순니 셀주크 투르크의 통치자가 점령할 때까지 시아파 페르시아 군 통치자들로 이뤄진 왕조였다.

살라프(salaf) – 이슬람 시작 후 처음 3세대를 살라프(선조)라고 하며, 살라피는 일부 현대 이슬람주의자들의 이상적인 모습을 체화하여 보여 주는 전형을 가리킨다.

샤리아(ʿsharīʿa) – 순니 이슬람의 네 가지 법원(법의 원천)으로 꾸란, 순나, 끼야스, 이즈마아에서 파생된 종교법이다.

샤피이파(Shāfiʿiyya) – 알 샤피이(820년 서거)의 이름을 따라 지은 이슬람법학파 가운데 하나이다.

샤하다(shahāda) – 아랍어로 "신앙 증언"을 말하며 "알라 외에는 신이 없고 무함마드는 그의 메신저이다"라고 고백한다. 이는 모든 무슬림에게 요구되는 "다섯 기둥" 중의 하나로서 샤하다는 곧 이슬람으로의 개종을 나타내며 쌀라트(ṣalāt)의 일부이기도 하다.

수라(sūra) – 꾸란의 장을 뜻한다.

수피(Ṣūfī) – 이슬람에서 수피의 방식을 따르는 이들을 가리키며, 수피즘은 아랍어로 타싸우우프라고 한다. 수피를 아랍어 발음대로 쓰면 "쑤피"이다.

쉐이크(shaykh) – 단어대로 의미는 "나이든 사람"을 뜻하며 이슬람을 가르치는 교사에 대한 존경의 용어로 사용되었고, 수피(Ṣūfī) 스승에게도 사용된다.

슈라(shūrā) – "협의"를 뜻하며, 이슬람주의자들이 정부를 구성하는 이슬람주의 방식을 말할 때 자주 강조하는 개념이다.

순나(sunna) – "관습"을 뜻하며, 무함마드의 행동 방식은 무슬림들에 의해 모방된다. 순나(sunna)에 대한 출처는 하디스(ḥadīth) 전승에서 찾을 수 있으며, 순나는 꾸란, 끼야스, 이즈마아와 함께 순니 이슬람의 네 가지 법원(법의 원천) 중 하나이다.

순니파(Sunnīs) – 이슬람의 대다수를 이루는 종파로, 순나를 따르는 사람들(아흘 알순나라고 불림), 시아파 이맘의 권위를 인정하지 않는 사람들이다.

시라(Sīra) - 글로 기록된 무함마드의 전기를 말한다.

시아(Shīʻa) - 알리 이븐 아비 딸립(Alī ibn abī Ṭālib)과 그의 상속자에게 공동체의 정당한 지도력과 이맘(Imāms)으로서의 지위가 있다고 주장하는 종교 및 정치적 종파이다. 16세기 초부터 시아(Shīʻī)파가 이란의 공식 국교였고, 대부분의 추종자은 그곳에 살고 있다. 이들은 전 세계 무슬림 인구의 약 10퍼센트를 차지하고 있다.

실실라(silsila) - 수피(Ṣūfī) 종단의 계보의 연결 고리를 가리킨다.

싸다까(sadaqa) - 흔히 자카트와 같은 의미로 사용되지만 의무로 내는 자카트보다는 자유 의지로 내는 것을 지칭한다.

싸움(sawm) - 무슬림들에게 요구되는 다섯 기둥의 하나로 씨얌(ṣiyām)이라고도 하며 라마단(Ramaḍān) 달에 수행하는 금식을 말한다.

쌀라트(ṣalāt) - 하루에 정해진 다섯 번의 의무적인 기도로 모든 무슬림에게 요구되는 "다섯 기둥의 하나."

아단(adhān) - 기도의 부름을 의미한다.

아답(adab) - "도덕" 혹은 "예절"을 뜻하며 사회적 기준에 따라 습관적으로 행동하는 방식이다.

아미르(amīr) - 사령관이나 왕자, 공동체를 이끄는 사람과 관련하여 자주 사용된다.

아야(āya) - 꾸란의 구절들을 말하거나 알라로부터의 "징표"을 가리킨다.

알라(Allāh) - 무슬림이 경배하는 신을 지칭한다.

압바시야조(ʻAbbāsids) - 압바시야왕조는 750년부터 이슬람이 개화하는 시기를 거쳐 1258년에 막을 내린 왕조다. 그러나 부와이흐왕조의 부상 몇 세기 전에 실질적인 권력을 잃었다.

오리엔탈리스트(Orientalist) - 기본적으로 오리엔트를 공부하는 이들을 가리키는 말로 특히 최근에는 이슬람을 공부한 유럽인이나 북미인을 지칭한다. 오리엔탈리스트들이 기독교 선교 및 식민지 지배 세력과 연결되면서 부정적인 개념을 갖는 용어가 되었다. 특별히 에드워드 사이드(1978)가 『오리엔탈리즘』(뉴

욕: Pantheon Books)이란 책의 분석을 통해 오리엔탈리스트들의 이슬람 인식은 이슬람 세계와 식민 통치자들 사이의 근본적인 역학 관계에 의해 형성되었다고 주장하였다.

와하비운동(Wahhābiyya) – 무함마드 븐 압드 알와합(Muhammad ibn ʿAbd al-Wahhāb: 1787년 서거)의 가르침에서 시작되어 후에는 사우디아라비아의 공식적인 종교 정책이 되었고 현재는 살라피야라 불리고, 아라비아의 정화운동으로 불리기도 한다.

우두으(wudūʾ) – 이슬람의 기도 의식 이전에 필수적으로 행해야 하는 약식으로 하는 세정 의식이다.

우마이야왕조(Umayyads) – 661년부터 750년까지이고 압바시야왕조가 점령할 때까지 칼리프들이 다마스쿠스에서 통치했던 첫 번째 아랍 왕조이다.

우므라(ʿumra) – 무슬림들이 메카순례하는 핫즈보다 기간이 짧고, 연중 언제든 "방문"이 가능하나 겹칠 수 있다.

울라마(ʿulamāʾ) – 이슬람에 대해 학문을 한 학자로서 주로 종교적 문제에 대해서 말할 수 있는 학자들이다. 단수는 알림(ʿālim)이다.

움마(umma) – 공동체이며, 무슬림들을 하나로 묶는 몸이다.

윌라야(wilāya) – 알리를 알라의 "왈리"(대리인)로 불린다.

이흐람(ihrām) – 순례자가 핫즈(메카순례) 혹은 우므라를 수행하기 위해 곧 순례에 들어간다고 작정한 상태.

이으자즈(ʾiʿjāz) – 꾸란은 모방되어질 수 없다는 교리로서 꾸란의 "모방 불가능성"을 뜻한다.

이즈마아(ʾijmāʾ) – "합의"를 뜻하며, 순니 이슬람의 네 가지 법원 중 하나로서 나머지 셋은 꾸란과 순나, 끼야스를 말한다.

이즈티하드(ijtihād) – 꾸란 또는 순나에 의해 명시적으로 다루어지지 않는 법률에 대한 결정을 내리기 위해 법학자가 "개인적 노력"을 사용하는 것으로서 이를 수행할 권한이 있는 사람을 무즈타히드(mujtahid)라고 한다.

이맘(imām) – 문자 그대로 "모범"을 뜻하며, 일반적으로 예배자들의 줄 앞에 서서 기도하는 동안 그들의 행동을 일치하도록 유지시키는 즉, 기도 때 기도(ṣalāt)의 인도자를 지칭한다. 이 단어는 다른 문맥에서도 사용되기도 하는데, 시아파의 초기 지도자들 가운데 공동체에서 존경받는 이들에 대한 칭호로 사용되어 알리 이븐 아비 딸립(Alī ibn abī Ṭālib)과 그 후손들 가운데 이맘의 지위를 맡은 것으로 지정된 그의 후손들을 지칭한다. 이 단어는 또한 일반적으로 순니 법학파들의 설립자들을 지칭하기도 하는데 아부 하니파(Abū Ḥanīfa), 말리크 이븐 아나스(Mālik ibn Anas), 알샤피이(al-Shāfiʿī) 그리고 이븐 한발리(Ibn Ḥanbal)와 함께 유사한 다른 중요한 종교 인물들을 지칭할 때에도 비슷하게 사용되기도 한다.

열두 이맘파(Imāmī) - 시아파 중에서 가장 큰 분파 가운데 하나인 열두 이맘파 (Ithnā ʿAshariyyah)를 칭한다.

이만(īmān) - 믿음을 칭하며 믿는 자는 "무으민"이라 부른다.

이스나드(isnād) - 하디스를 전승해 온 권위자들의 전달자 계보를 보여 주며, 이 전승의 연결 고리는 하디스의 첫번째 부분을 형성하고 있으며, 그 뒤의 본문은 마튼이라고 한다.

이스라(isrāʾ) - 무함마드가 예루살렘으로 간 "밤 여행"이고, 하늘로 간 여행 (miʿrāj)과 관련된다.

이슬람(Islam) - 알라가 무함마드에게 내려 준 종교를 지칭하며, 꾸란에서 이름이 붙여졌다. 어휘적 의미로 "복종"을 의미한다.

이슬람주의자(Islamist) - 생활의 모든 측면에서 알라의 법대로 행해야 한다고 생각하는 무슬림이다. 그리고 현대 무슬림의 운동 가운데 하나로, 사회의 정치적 기초로서 이슬람을 강조한다.

이쓰마(ʿisma) - 예언자들, 특히 무함마드가 생애 동안 죄로부터 보호받았다는 교리로서 시아 이맘들에게도 적용된다.

이쓸라흐(iṣlāḥ) - 무함마드 압두흐과 같은 사람들이 제안한 19세기 이슬람 세계에서의 "개혁주의"를 뜻한다.

자카트(zakāt) - 모든 무슬림에게 "다섯 가지 기둥" 중의 한 의무로 부과되어 구빈

세로 내는 세금이다.

자힐리야(jāhiliyya) – "무지의 시대"는 역사적으로 무함마드 이전에 있었던 것으로 여겨지나 종교적 의미에서는 이슬람에 대해 무지한 것을 가리킨다. 특히, 도덕적인 함의를 함께 지닌다.

전통주의자들(Traditionalists) – 이븐 한발(Ibn Ḥanbal, 855년 서거)의 추종자들을 지칭하는데 특히 초기 신학 토론에서 이성주의의 주장을 거부한 이븐 한발의 추종자들에게 주로 사용되는 용어이다. 근대에는 이런 입장을 계승하는 이들이 여러 법학파를 따를 수 있지만 과거의 법적 (및 종교적) 결정을 고수하는 태도를 유지하는 특징이 있다.

주므아(jumʻa) – 금요 기도, 이슬람의 기도와 관련하여 꾸란에 명시된 대로 공동체의 금요일 정오 모임을 말하며 자미아나 마스지드(모스크)에서 금요 기도가 열린다.

지하드(jihād) – "신앙을 위한 고군분투" 때로는 이슬람의 6번째 기둥으로도 간주된다.

진(jinn) – 지니(genies)라고도 하고, 지구상에 있는 살아 있는 보이지 않는 존재를 의미한다.

카아바(Kaʻba) – 메카의 모스크 중앙에 있는 검은 정사각형의 입방체 모양의 건물을 말한다. 무슬림은 의식적인 기도(ṣalāt)를 수행할 때 카아바(Kaʻba)의 방향을 향하고, 메카순례(핫즈나 우므라)를 수행할 때 카아바를 돈다.

카와리즈(Khawārij) – 진정한 무슬림의 표식으로서 절대적 헌신이 있어야 된다고 믿었던 초기 이슬람 집단으로 자신들을 제외한 다른 모든 이는 카피르(알라를 믿지 않는자)로 간주했다(단수는 카리즈, 복수는 카와리즈라고도 함).

카띱(khatīb) – 금요 정오 기도에서 설교(쿠뜨바)하는 사람.

칼람(kalām) – 낱말 그대로의 의미는 "말"(스피치)이고, 변증적 관점에서 틀을 마련한 신학적 토론의 방식을 말하며, 이로부터 변증신학을 지칭하기도 한다.

칼리파(khalīfa) – 무함마드의 "후계자"인 순니 공동체의 지도자들을 아랍어로 칼리파(영어로는 칼리프)라 지칭한다.

쿠뜨바(khutba) - 카띱에 의해 금요일 정오에 하는 설교를 말한다.

타왁쿨(tawakkul) - 수피들이 알라에 대한 신뢰를 말할 때 사용하는 단어이다.

타우히드(tawhīd) - 알라의 단일성을 선포하는 이슬람의 기본 교리이다.

타프시르(tafsīr) - 꾸란에 대한 주석 및 해석을 가리킨다.

타끌리드(taqlīd) - 샤리아에서 근거를 묻지 않고 과거에 내린 결정을 따르는 것으로서 이 단어는 이즈티하드(ijtihād) "개인적인 노력"과 반대되는 단어이고, 현대적인 맥락에서 종종 부정적인 의미를 가진다.

타끼야(taqiyya) - 자신의 생명을 보호하기 위해 자기 신앙을 겉으로 드러내지 않고 시아파에 대한 충성을 부인하는 것을 가리키는데 "숨김 혹은 위장함"을 뜻한다.

타싸우우프(tasawwuf) - 이슬람의 수피적인 방식을 말한다.

파나(fanāʾ) - 수피들이 쓰는 용어로 개인을 알라께로 흡수시켜 "자아의 소멸"을 뜻한다.

파트와(fatwā) - 이슬람의 종교 영역에서 결정을 내릴 자격이 있는 법학자인 무프티(mufti)가 내린 법적인 결정을 말한다.

파티하(fātiha) - 꾸란의 첫 수라(장)인 "개경장"으로 쌀라트(예배 기도)에 사용된다.

푸르다(purdah) - 여성의 고립과 여성들의 베일을 가리키는 인도권에서 사용하는 단어로 히잡(ḥijāb)과 같은 의미로 사용된다.

피끄흐(fiqh) - 이슬람의 법학, 종교적인 법에 대한 학문으로 법학자들에 의해 정해진다. 법학자는 파끼흐(faqīh)라 한다.

하니프(hanīf) - 이브라힘을 말할 때 사용되는 속성으로, 특별히 꾸란에서 이브라힘이 알라를 신실하게 믿었던 것에 근거하는데 알라를 향한 일신교의 의미로 사용되었고, 당시 유행하던 종교를 버리고 이브라힘의 종교로 기울어진 신자를 가리킨다.[2]

---

2 역자 주: 단일 신을 추종한다는 의미도 담겨 있다.

하디스(hadīth) - 이슬람의 전승이며, 무함마드의 순나의 출처 자료이고, 순니 이슬람에서는 여섯 권의 권위 있는 하디스 책을 받아들이고 있다.

하나피파(Hanafiyya) - "하나피파"인 아부 하니파(767년 서거)의 이름을 딴 순니 법학파이다.

한발리파(Hanābila) - 아흐마드 이븐 한발리(855년 서거)의 이름을 따라 한발리파로 불리며, 순니 법학파 가운데 하나이다.

핫드(hadd) - 꾸란에 명시된 바와 같이 알라가 모든 인간이 행한 위반에 대해서 형벌을 받도록 법령을 제시한 것을 의미한다.

핫즈(hajj) - 이슬람의 "다섯 기둥" 중 하나이고, 이슬람력 12월인 둘힛자(Dhū'l-ḥijja) 월에 메카에서 수행하는 순례를 말하며 가능하다면 모든 무슬림은 평생에 한 번은 메카순례를 하고자 한다.

히자즈(Hijāz) - 무함마드가 출생한 고향이 포함된 지역이며, 아라비아의 중심에서 서쪽인 지역을 지칭한다.

히잡(hijāb) - 무슬림 여성이 몸을 가리는 것으로서, 흔히 차단용 가리개나 베일을 의미하며, 다양한 스타일이 있지만 대부분은 머리카락을 가리고 몸매를 숨기는 것을 강조한다.

히즈라(hijra) - 기원후 622년 무함마드가 메카에서 메디나로 이주한 것이 히즈라이고 이날부터 이슬람력이 시작되었다.

색인

ㄱ

가부장제(patriarchy) 304, 436, 441, 447, 448
갓산(Ghassan) 37
개신교(Protestant) 309, 310, 315, 368, 431, 432, 465
고리대금업(usury) 432
굴람 아흐마드, 미르자(Ghulām Aḥmad, Mīrzā) 283, 349, 355, 459
귈렌, 페툴라(Gülen, Fethullah) 473, 474
근대성(modernity) 284, 287, 288, 289, 290, 291, 292, 298, 300, 301, 305, 306, 313, 316, 319, 357, 363, 457, 459, 471
근대주의(modernism) 145, 275, 279, 283, 288, 291, 295, 303, 306, 307, 309, 310, 311, 313, 314, 315, 344, 346, 347, 352, 354, 355, 359, 364, 365, 366, 367, 370, 372, 373, 374, 376, 380, 382, 383, 384, 385, 386, 388, 392, 395, 396, 399, 400, 410, 422, 432, 459, 460, 461, 464, 469, 471, 473, 498

근본주의(fundamentalism) 275, 296, 304, 306, 308, 309, 310, 313, 373, 455, 456, 469, 474, 485
근본주의자들(fundamentalists, 기독교) 309, 310
금식 63, 68, 95, 176, 177, 189, 190, 191, 195, 217, 403, 409, 410, 411, 412, 502
금욕주의(asceticism) 224, 227, 228, 229, 271, 474
기어츠, 클리포트(Geertz, Clifford) 299
까디리야(Qādiriyya) 235, 236, 237, 270
꾸뜹, 사이드(Quṭb, Sayyid) 283, 309, 372, 373, 374, 375, 376, 416
꾸라이쉬(Quraysh) 88, 91, 115, 330
끼야스(qiyās, 유추) 161, 162, 163, 164, 498, 501, 503

ㄴ

나끄쉬반디야(Naqshbandiyya) 235, 270
나즈란(Najrān) 40
누르시 비디웃자만 사이드(Nursi, Bediüzzaman Said) 473
누흐(Noah) 57
니하반드 전투(Nihavand, Battle of) 112

ㄷ

다마스쿠스(Damascus) 36, 105, 111, 112, 128, 157, 185, 194, 238, 264, 265, 268, 399, 503
다쉬티, 알리(Dashti, Ali) 338, 339
다신교(polytheism) 38, 39, 41, 54, 89, 274, 431
다윈, 찰스(Darwin, Charles) 302, 393
단성론자(Monophysite) 35, 40, 59
동인도 회사(East India Company) 346
드루즈(Druze) 219
디크르(dhikr) 67, 225, 229, 237, 271, 277, 498
딤미(dhimmī) 26, 171, 314, 498
따리까(tarīqa) 234, 235, 236, 237, 499
딸하(Ṭalha) 113

ㄹ

라마단(Ramaḍān / 금식) 189, 190, 191, 195, 217, 253, 403, 409, 410, 411, 412, 491, 492, 502
라큼 조(Lakhmids) 37
라흐만, 파즐룰(Rahman, Fazlur) 94, 97, 116, 275, 283, 288, 329, 331, 352, 364, 395, 396, 398, 401
러니미드 트러스트(Runnymede Trust) 478
루끄만(Luqmān) 57
루뜨(Lot) 57
루미(Rūmī) 240, 241, 242
루스벤 마리세(Ruthven, Malise) 466

루시디, 살만(Rushdie, Salman) 334, 408, 433, 464
리다, 라시드(Riḍā, Rashīd) 207, 283, 311, 369, 386, 481, 489
리파아트, 알리파(Rifaat, Alifa) 446

ㅁ

마니교(Manichaeism) 143, 224, 246
마르얌(Mary) 54, 59, 60, 79
마르와(Marwa) 44, 45, 191, 192, 193
마르완 2세(Marwan II) 115
마울리드(mawlid) 193, 276, 278, 499
마튼(matn) 94, 499, 504
마흐디(Mahdī) 97, 200, 207, 209, 210, 220, 340, 419
마흐푸즈 나집(Maḥfūz. Najīb) 283, 332, 333, 334
만주르, 파르베즈(Manzoor, Parvēz) 471, 472
말레이시아(Malaysia) 363, 414, 466, 486
말키 파(Melkite) 151
메디나(Medina) 32, 35, 89, 90, 91, 115, 157, 160, 192, 196, 294, 357, 430, 447, 448, 507
메르니시, 파띠마(Mernissi, Fatima) 334, 335, 336, 337, 397, 399, 439, 446, 447, 448
메카(Mecca) 35, 41, 45, 46, 47, 63, 64, 68, 88, 89, 90, 91, 95, 102, 103, 115, 119, 120, 160, 176, 177,

181, 186, 190, 191, 192, 193,
195, 196, 197, 203, 217, 253,
261, 294, 330, 338, 357, 406,
407, 412, 415, 417, 418, 419,
420, 421, 422, 498, 499, 500,
503, 505, 507
메카순례(pilgrimage) 47, 63, 64, 68, 95,
176, 177, 190, 191, 192, 195,
196, 197, 217, 412, 415, 417,
418, 419, 420, 421, 499, 503,
505, 507
모로코(Morocco) 285, 334, 335, 457
모스크(mosque) 63, 70, 82, 102, 105,
119, 120, 121, 181, 182, 184,
185, 186, 191, 194, 253, 267,
276, 280, 294, 421, 435, 458,
468, 494, 498, 500, 505
무르지아(Murji'a) 135, 136, 137, 138,
139, 149, 499
무슬림 형제단(Muslim Brotherhood)
309
무싸 알카짐(Mūsā al-Kāzim) 56, 57, 66,
67, 102, 207, 208, 226, 375, 405
무아위야(Muʿāwiya) 113, 114, 133, 202,
341
무엣진(muezzin) 181, 186
무으타질라(Muʿtazila) 110, 140, 141,
142, 143, 144, 145, 146, 148,
158, 166, 212, 214, 215, 216,
246, 249, 261, 392, 498, 499, 500
무잣디드(mujaddid) 275, 459, 500

무즈달리파(Muzdalifa) 47, 191
무하람(Muḥarram) 219
물라 싸드라(Mullā Ṣadra) 271
미국 25, 116, 296, 298, 309, 326, 373,
395, 404, 413, 418, 419, 425,
427, 431, 434, 435, 464, 469,
470, 483, 487, 488, 490, 491,
492, 493, 494, 496
미나(Minā) 184, 185, 186, 191, 192, 364,
420, 421, 435, 481
미흐나(miḥna) 126, 142, 143, 144, 500
미흐랍(miḥrāb) 185, 498, 500
민바르(minbar) 186, 267, 500
민족주의(nationalism) 172, 292, 293,
295, 296, 299, 315, 324, 331,
353, 354, 360, 427, 473

ㅂ

바그다드(Baghdad) 110, 115, 116, 145,
157, 197, 200, 209, 213, 230,
236, 244, 249, 254, 261
바다위, 자키(Badawi, Zaki) 235
바드르 전투(Badr, battle of) 90
바르자크(barzakh) 239
바하울라, 미르자 후세인 알리 누리(Baha'u'llah, Mīrzā Ḥusayn ʿAlī Nūrī) 460
밤 여행(night journey) 101, 102, 106,
226, 500, 504
버거, 피터(Berger, Peter) 289, 495
법학/법학자(jurisprudence/jurist) 32,

45, 75, 109, 110, 144, 149, 150, 154, 155, 156, 157, 158, 159, 160, 161, 162, 163, 164, 165, 166, 167, 168, 169, 170, 171, 181, 187, 189, 200, 201, 217, 227, 228, 229, 239, 244, 257, 258, 265, 269, 275, 276, 280, 301, 325, 344, 366, 395, 406, 422, 435, 442, 445, 478, 499, 500, 501, 503, 504, 505, 506, 507
베일(veiling) 106, 337, 403, 427, 445, 449, 450, 454, 456, 468, 492, 506, 507
복음서(Gospels) 49, 60
부르기바 하비브(Bourguiba, Habib) 410
부와이흐 조(Buwayhids) 110, 116, 145, 200, 211, 213, 244, 500, 502
부하라(Bukhara) 114, 261
불교 48, 230, 359
비잔틴(Byzantine) 35, 36, 37, 40, 112, 113, 123, 128, 129, 184, 350

ㅅ

사다트, 안와르(Sadat, Anwar) 428
사마르칸트(Samarqand) 114, 149
사우디아라비아(Saudi Arabia) 297, 298, 338, 417, 418, 419, 420, 425, 430, 503
사이드, 에드워드(Said, Edward) 283, 309, 311, 346, 365, 372, 373, 374, 375, 376, 380, 416, 462, 473, 493, 502
사회주의(socialism) 290, 293, 295, 315, 330, 413, 427, 487
살라프(salaf) 266, 470, 501
살라피(Salafi) 425, 433, 470, 501, 503
샤리아(sharīʻa) 155, 160, 169, 255, 274, 301, 310, 348, 349, 350, 371, 373, 375, 398, 411, 427, 428, 431, 432, 487, 488, 489, 491, 496, 501, 506
샤 왈리 알라(Shāh Walī Allāh) 244, 272, 275, 345
샤이딴(Shaytān, Satan) 55, 56, 67, 71
샤하다(shahāda) 128, 176, 178, 179, 180, 218, 404, 405, 406, 501
샤흐루르, 무함마드(Shaḥrūr, Muḥammad) 399, 400, 401
샤흐트, 요셉(Schacht, Joseph) 159
샬투트 마흐무드(Shaltūt, Maḥmūd) 415
샴스 알딘, 쉐이크 무함마드 마흐디(Shams al-Dīn, Shaykh Muḥammad Mahdī) 340
서구화(Westernization) 315, 373
성경 30, 50, 53, 56, 57, 58, 59, 66, 67, 80, 102, 152, 229, 291, 305, 309, 310, 389, 391, 393
세속주의(secularism) 298, 300, 310, 314, 315, 426, 427, 428, 439, 454, 455, 458, 465, 492
속죄(atonement) 190
속죄일(Day of Atonement) 190

솔론(Solon) 133
수단(Sudan) 64, 101, 113, 123, 156, 162,
　197, 221, 239, 252, 263, 290,
　301, 316, 320, 323, 337, 353,
　364, 375, 377, 380, 385, 409,
　410, 420, 428, 429, 434, 447,
　454, 470
수르카티, 아흐마드(Soorkatie, Ahmad) 380
수리남(Surinam) 406
수피/수피즘(Sufi/Sufism) 32, 104, 174,
　200, 223, 224, 225, 226, 227,
　228, 229, 230, 231, 232, 233,
　234, 235, 236, 237, 238, 239,
　240, 241, 244, 269, 270, 271,
　272, 275, 276, 277, 278, 307,
　427, 443, 473, 474, 498, 499,
　500, 501, 502, 505, 506
순나(sunna) 86, 93, 98, 99, 100, 126,
　132, 134, 135, 137, 154, 155,
　156, 158, 159, 160, 161, 162,
　167, 172, 221, 245, 258, 265,
　266, 272, 276, 280, 307, 308,
　309, 314, 319, 320, 341, 342,
　343, 344, 345, 349, 350, 352,
　353, 355, 358, 371, 377, 402,
　404, 414, 450, 451, 457, 474,
　498, 500, 501, 503, 506
순니(Sunnī) 32, 109, 145, 148, 154, 155,
　161, 162, 200, 201, 202, 204,
　205, 210, 211, 212, 213, 214,

215, 216, 217, 218, 219, 220,
221, 227, 233, 244, 262, 347,
350, 366, 471, 491, 498, 499,
500, 501, 503, 504, 505, 506, 507
쉐이크(shaykh) 200, 214, 235, 236, 237,
　266, 269, 270, 278, 304, 340,
　430, 501
쉬라지, 알리 무함마드(Shīrāzī, ʿAlī Muḥammad) 271
슈아입(Shuʿayb) 57
시리아(Syria) 112, 113, 115, 123, 129,
　157, 182, 194, 237, 246, 267,
　269, 360, 378, 399
시반, 엠마누엘(Sivan, Emmanuel) 298
시아(Shīʿa, Shīʿī) 28, 32, 33, 36, 37, 40,
　49, 69, 78, 89, 109, 112, 114, 115,
　116, 122, 125, 128, 136, 145,
　148, 149, 154, 157, 194, 200,
　201, 202, 203, 204, 205, 206,
　207, 208, 209, 210, 211, 212,
　213, 214, 215, 216, 217, 218,
　219, 220, 221, 222, 235, 236,
　240, 251, 261, 267, 271, 272,
　285, 304, 305, 338, 339, 340,
　341, 347, 350, 353, 359, 360,
　363, 380, 391, 414, 419, 427,
　428, 431, 432, 451, 459, 460,
　466, 471, 473, 484, 486, 491,
　498, 501, 502, 503, 504, 506
시온주의(Zionism) 296
신드(Sind) 114

신전통주의(neo-Traditionalism) 380
신플라톤주의(neoplatonism) 231, 255
심판 53, 54, 60, 61, 71, 104, 128, 132, 134, 141, 210, 371, 499
싸다까(ṣadaqa) 186, 187, 502
싸움(ṣawm) 176, 189, 328, 346, 409, 482, 502
쌀라트(ṣālat) 24, 176, 178, 180, 183, 406, 409
쌀리흐(Ṣālih) 57, 266
씨얌(siyām) 189, 409, 502
씹핀(Ṣiffīn) 113

ㅇ

아가서 29, 100, 231, 236, 245, 436
아나톨리아(Anatolia) 114
아담(Adam) 55, 67, 102, 334, 357, 451
아담스(Adams, Charles J.) 357
아라비아(Arabia) 28, 29, 33, 35, 36, 37, 38, 39, 40, 41, 46, 49, 51, 57, 85, 87, 88, 89, 91, 104, 111, 112, 173, 272, 297, 298, 322, 338, 363, 417, 418, 419, 420, 425, 430, 433, 452, 503, 507
아라파트(ʿArafāt) 47, 191
아르메니아(Armenia) 114
아르자나, 소피아 로즈(Arjana, Sophia Rose) 192, 491
아르쿤, 무함마드(Arkoun, Mohammed) 283, 397, 398, 399, 439, 462, 463, 464
아부 다우드(Abū Dāwūd) 32, 94

아부 라이따, 하빕 이븐 키드마(Abū Rāʾita, Ḥabīb ibn Khidma) 151
아부 라합(Abū Lahab) 142
아부 바크르(Abū Bakr) 32, 96, 109, 112, 164, 167, 499
아부 사우르(Abū Thawr) 164
아부 우바이다(Abū ʿUbayda) 32, 77
아부 우바이드(Abū ʿUbayd) 109, 137
아부 유수프(Abū Yūsuf) 109, 157, 159, 160
아부 하니파(Abū Ḥanīfa) 109, 136, 149, 157, 159, 164, 200, 499, 504, 506
아브라하(Abraha) 88
아비시니아(Abyssinia) 35, 40, 89
아슈라(ʿĀshūrāʾ) 209, 219
아야 소피야 (하기아 소피아, Ayasofya see Haghia Sophia) 184
아이샤(ʿĀʾisha) 45, 113, 226, 452
아크타르(Akhtar, Shabbir) 379, 393, 394, 439, 464, 465, 466, 467
아타튀르크, 무쓰따파 케말(Atatürk, Mustafa Kemal) 283, 407, 427
아프가니스탄(Afghanistan) 25, 114, 298, 428, 429, 471
아흐마드(Ahmad, Aziz) 109, 126, 137, 200, 283, 311, 339, 346, 347, 348, 349, 355, 365, 370, 376, 380, 390, 459, 460, 507
아흐마드 칸, 사이드(Aḥmad Khān, Sayyid) 283, 311, 339, 346, 347, 348, 365, 370, 376
아흐마디야(Aḥmadiyya) 355, 459, 460

악카드(Akkad, Moustapha) 359, 361
안디옥(Antioch) 36, 112
안톤, 리차드(Antoun, Richard) 419, 420
알가잘리 아부 하미드(Ghazālī, Abū Ḥamīd al-) 32, 104, 200, 223, 233, 234, 235, 244, 272, 396
알까디르(Qādir, al-) 145, 168, 236, 237
알꾸르뚜비, 무함마드 아흐마드(Qurṭubī, Muḥammad Aḥmad al-) 244, 262, 263, 267
알꾸샤이리(Qushayrī, al-) 200, 233
알나사이(Nasāʾī, al-) 32, 94
알나사피(Nasafī, al-) 110, 150
알나우바크티(Nawbakhtī, al-) 201
알따바따바이 사이드 무함마드 후세인 (Ṭabāṭabāʾī, Sayyid Muḥammad Ḥusayn al-) 380
알따바리, 아부 자아파르(Ṭabarī, Abū Jaʿfar al-) 32, 78, 265
알뚜시(Ṭūsī, al-) 200, 214, 216, 217
알라지, 아부 바크르(Rāzī, Abū Bakr al-) 244, 250, 253, 254, 255, 262
알렌(Allen, Chris) 480
알룸마니(Rummānī, al-) 32, 75, 76
알리 이븐 아비 딸립(ʿAlī ibn abī Ṭālib) 113, 202, 502, 504
알리 이븐 카이란(ʿAlī ibn Khayrān) 164
알마우두디, 아불 아알라(al-Mawdūdī, Abūʾl Aʿlā) 373, 374
알마으문(Maʾmūn, al-) 109, 118, 119, 126, 142, 244, 249, 500

알마투리디, 아부 만쑤르(Māturīdī, Abū Manṣūr al-) 110, 136, 148, 149
알마할리, 잘랄 알딘(Maḥallī, Jalāl al-Dīn al-) 244, 263
알말리크 알카밀(Malik al-Kāmil, al-) 188
알무르시(Mursī, al-) 377
알무르타다 알샤리프(Murtaḍā, al-Sharīf al-) 200, 214, 215
알무으타씸(Muʿtaṣim, al-) 126
알무타왁킬(Mutawakkil, al-) 126, 500
알무피드 알 쉐이크(Mufīd, al-Shaykh al-) 200, 214, 215
알무하시비(Muḥāsibī, al-) 200, 229, 231
알바그다디(Baghdādī, al-, 이슬람 법학자/ 신학자) 176, 178, 183, 201
알바니아(Albania) 426
알바스따미(Basṭāmī, al-) 200, 232, 235
알바쓰리, 암마르(Bas.r, Ammār al-) 109, 138, 139, 151, 200, 230
알바이다위(Baydāwī, al-) 244, 262
알반나 하산(Bannāʾ, Ḥasan al-) 372, 491
알발키, 잘랄 알딘 무함마드 루미 (Balkhī, Jalāl al-Dīn Muḥammad Rūmi, al-) 240
알부카리, 알싸히흐(Bukhārī, al-, al-Ṣaḥīḥ) 32, 94, 95, 109, 176
알사라즈(Sarrāj, al-) 200, 232, 233
알사라크시(Sarakhsī, al-) 110, 161
알사으다위 나왈(Saʿdāwī, Nawāl al-) 456

알샤르까위 압드 알라흐만(Sharqāwī, Abd al-Raḥmān al-) 329, 330
알샤이바니(Shaybānī, al-) 109, 157, 159, 160
알샤피이, 무함마드 이븐 이드리스(Shāfiʿī, Muḥammad ibn Idrīs al-) 109, 155, 157, 158, 159, 160, 161, 163, 164, 177, 499, 504
알샤흐라스타니(Shahrastānī, al-) 201
알수유띠, 잘랄 알딘(Suyūṭī, Jalāl al-Dīn al-) 244, 250, 263, 264, 267
알아쉬아리, 아불 하산(Ashʿarī, Abūʼl-Ḥasan al-) 110, 137, 145, 146, 147, 148, 149, 150, 213, 214, 215
알아우자이(Awzāʿī, al-) 157
알아프가니, 자말 알딘(Afghānī, Jamāl al-Dīn al-) 283, 311, 366
알와끼디(Wāqidī, al-) 32
알와시끄(Wāthiq, al-) 126
알왈리드(Walīd, al-) 115, 185
알이바나(Ibāna, al-) 145
알자르카시 아부 압드 알라 무함마드(Zarkashī, Abū ʿAbd Allāh Muḥammad al-) 244, 257, 258, 264
알자마크샤리, 아부 알까심 마흐무드 이븐 우마르(Zamakhsharī, Abūʼl-Qāsim Maḥmūd ibn ʿUmar al-) 244, 261, 262, 265
알잡바르, 압드(Jabbār, ʿAbd al-) 110, 144
알제리(Algeria) 280, 380, 428, 462

알주바이르 우르와 이븐(Zubayr, ʿUrwa ibn al-) 45, 113, 115, 119, 120
알질라니, 압드 알까디르(Jīlānī, ʿAbd al-Qādir al-) 168, 200, 236
알카에다(al-Qaeda) 316, 428, 429, 469, 470, 471, 481
알카이야뜨, 아부 알후세인 이븐 우스만(Khayyāṭ, Abūʼl-Ḥusayn b. ʿUthmān al-) 110, 141, 143, 144, 213
알칼랄, 아부 바크르(Khallāl, Abū Bakr al-) 167
알쿨라이니(Kulaynī, al-) 210, 216, 218
알쿨리, 아민(Khūlī, Amin al-) 390, 391
알키드르(Khiḍr, al-) 226, 274
알킨디(Kindī, al- / 철학자, 기독교인) 32, 74, 75, 140
알티르미디(Tirmidhī, al-) 32, 94, 196, 203
알티자니 아흐마드(Tijānī, Aḥmad al-) 270
알하라위, 아부 만쑤르(Harawī, Abū Manṣūr al-) 258
알하리스 이븐 칼라다(Ḥārith ibn Kalada, al-) 251
알하산 알바쓰리(Ḥasan al-Baṣrī, al-) 109, 138, 139, 200, 372
알할라즈(Ḥallāj, al-) 200, 232
암마르 알바쓰리(ʿAmmār al-Baṣrī) 151
압두흐, 무함마드(Abduh, Muḥammad) 283, 311, 366, 367, 368, 369,

370, 372, 376, 380, 499, 504
앗잠, 압드 알라흐만(Azzām, ʿAbd al-Raḥmān) 331
야스립(Yathrib) 89, 90
야즈다기르드(Yazdagird) 128
야지드(Yazīd) 115, 219, 340
영지주의(Gnostic) 59
예루살렘(Jerusalem) 36, 101, 102, 111, 112, 118, 120, 121, 122, 123, 193, 244, 267, 296, 322, 500, 504
예멘(Yemen) 36, 37, 40, 70, 360
오리엔탈리즘(Orientalism) 322, 323, 344, 462, 463, 502
오바마 대통령(Obama, Barak) 490
와두드, 아미나(Wadud, Amina) 305, 435
와트, W. 몽고메리(Watt, W. Montgomery) 379
왈리(saints) 115, 185, 218, 227, 237, 244, 270, 271, 272, 275, 276, 278, 345, 443, 503
우마르 이븐 알캇땁(ʿUmar ibn al-Khaṭṭāb) 112
우스만 알밧티(ʿUthmān al-Battī) 136
우스만 이븐 압판(ʿUthmān ibn ʿAffān) 113
우자이르(Ezra) 54
우후드 전투(Uḥud, battle of) 91
운명론(predestination) 97, 138, 139, 141, 144, 146, 214, 498
울라마(ʿulamāʾ) 211, 266, 346, 348, 353, 503

움마(umma) 30, 90, 117, 204, 220, 299, 309, 441, 456, 472, 503
웹, 피터(Webb, Peter) 48, 49, 241, 317, 321, 424, 425, 496
유대인/유대교(Jews/Judaism) 26, 29, 30, 33, 37, 39, 40, 41, 45, 48, 54, 58, 59, 60, 63, 67, 81, 89, 90, 93, 103, 124, 131, 134, 150, 152, 155, 157, 162, 171, 172, 177, 182, 189, 190, 195, 224, 228, 245, 300, 305, 330, 391, 402, 404, 407, 431, 433, 443, 446, 498
유수프 아스아르(Yūsuf Asʿar) 40
유수프, 핫지 쉐이크(Yusuf, Hajji Shaykh) 40, 58, 102, 109, 157, 159, 160
유스티니아누스(Justinian) 36, 121, 184, 186
유추(analogy) 161, 163, 167, 258, 280, 413, 498
이교도(pagan) 37, 39, 45, 46, 47, 48, 65, 177, 250, 416, 419, 465, 469
이끄발, 무함마드(Iqbāl, Muḥammad) 283, 311, 313, 349
이라크(Iraq) 25, 73, 112, 128, 157, 237, 246, 267, 279, 297, 298, 418, 419, 428, 429, 471
이란(Iran) 194, 338, 339, 340, 360, 361, 380, 409, 417, 418, 425, 428, 434, 460, 502
이바디, 쉬린(Ebadi, Shirin) 157
이브라힘(Abraham) 46, 47, 48, 57, 59,

색인　517

67, 71, 102, 192, 195, 418, 419, 421, 506
이븐 꾸타이바(Ibn Qutayba) 244, 256
이븐 마르주끄(Ibn Marzūq) 280
이븐 마자(Ibn Māja) 32, 94
이븐 바디스(Ibn Bādis) 380
이븐 바바와이흐(Ibn Bābawayh) 200, 213, 214, 216, 218
이븐 바즈(Ibn Bāz) 430, 431, 432, 433
이븐 사아드(Ibn Saʻd) 32, 86
이븐 시나(Ibn Sīnā) 140, 244, 250, 255
이븐 아나스, 말리크(Ibn Anas, Mālik) 109, 157, 177, 499, 504
이븐 알주바이르, 압드 알라(Ibn al-Zubayr, ʻAbd Allāh) 45, 115, 119, 120
이븐 알칼비, 히샴(Ibn al-Kalbī, Hishām) 32, 46
이븐 알핫자즈, 무슬림(Ibn al-Ḥajjāj, Muslim) 32, 94, 105, 109, 176, 180
이븐 압드 알와합(Ibn ʻAbd al-Wahhāb) 244, 272, 275, 308, 430, 431, 432
이븐 와라끄(Ibn Warraq) 467
이븐 이스학(Ibn Isḥāq) 32, 80, 86, 87, 92, 93, 94, 103, 109, 132, 200, 226, 266, 323, 324, 328
이븐 카시르, 이마드 알딘 이스마일 이븐 우마르 (Ibn Kathīr, ʻImād al-Dīn Ismāʻīl ibn ʻUmar) 244, 264, 265, 266, 267
이븐 칼둔(Ibn Khaldūn) 244, 251

이븐 칼라프, 다우드(Ibn Khalaf, Dāwūd) 109, 163
이븐 타이미야(Ibn Taymiyya) 168, 200, 239, 244, 264, 265, 266, 271, 272, 308, 430
이븐 하즘(Ibn Ḥazm) 110, 163
이븐 한발, 아흐마드(Ibn Ḥanbal, Aḥmad) 109, 126, 137, 142, 157, 163, 167, 168, 200, 226, 228, 499, 504, 505, 507
이븐 히샴(Ibn Hishām) 32, 86
이스나드(isnād) 95, 96, 97, 98, 158, 207, 235, 264, 357, 499, 504
이스라엘(Israel) 40, 210, 293, 296, 297, 315, 373, 431, 433, 469
이스마일(Ishmael) 46, 47, 58, 157, 192, 219, 220, 264, 365, 366
이스마일파(Ismāʻīlīs) 157, 219, 220
이스학(Isaac) 32, 58, 80, 86, 87, 92, 93, 94, 103, 109, 132, 200, 226, 266, 323, 324, 328, 439
이슬라모포비아(Islamophobia) 477, 478, 480, 481, 482, 483, 484, 489, 495
이슬람의 다섯 기둥(pillars: five of Islam) 404
이싸(Isa) 26, 29, 54, 57, 59, 60, 66, 67, 102, 103, 122, 323, 405, 431, 498
이즈마아(ijmāʻ / ijtihād 이즈티하드) 161, 162, 368, 498, 501, 503
이집트(인) 33, 36, 49, 113, 133, 160, 188, 257, 267, 270, 283, 284, 295, 309, 311, 324, 325, 329,

330, 334, 344, 359, 360, 366, 367, 369, 372, 375, 376, 378, 380, 391, 410, 413, 415, 427, 428, 456, 457, 458, 491
인도(India) 28, 53, 56, 66, 97, 99, 114, 123, 144, 150, 173, 182, 183, 206, 210, 216, 217, 224, 226, 234, 254, 256, 257, 266, 272, 273, 274, 284, 285, 311, 327, 339, 340, 345, 346, 347, 349, 353, 354, 358, 364, 365, 370, 371, 375, 380, 408, 427, 428, 435, 460, 499, 503, 506
인도네시아(Indonesia) 285, 339, 380, 427, 428
일부다처제(polygamy) 99, 223, 306, 333, 370, 411, 457
일신교(monotheism) 39, 40, 112, 250, 506

ㅈ

자선(charity) 63, 68, 95, 176, 177, 186, 187, 188, 227, 351, 413, 414, 502
자아파르 알싸디끄(Jaʿfar al-Ṣādiq) 207, 208, 214
자우하리, 딴따위(Jawharī, Ṭanṭāwī) 376, 377
자이드 이븐 사비트(Zayd ibn Thābit) 69
자카트(zakāt) 24, 176, 186, 187, 188, 189, 351, 413, 414, 415, 485
자히리(Ẓāhirī) 109, 110, 163, 164

자힐리야(jāhiliyya) 42, 43, 45, 47, 155, 309, 354, 374, 375, 408, 453, 504
잔나(극락, heaven) 30, 61, 136, 166, 431
전통주의(Traditionalism) 306, 307, 308, 314, 347, 350, 380, 382, 383, 464, 505
조로아스터교(Zoroastrianism) 33, 36, 37
존스(Johns, A. H.) 375
지브릴(Gabriel) 56, 88
지하드(jihād) 68, 99, 116, 117, 118, 134, 216, 217, 223, 252, 275, 317, 322, 332, 410, 429, 469, 470, 488, 491, 505
진(jinn) 23, 55, 248, 250, 273

ㅊ

창세기 58, 102
천사 55, 56, 62, 88, 103, 132, 182, 218, 279, 355, 391
천연두(smallpox) 254, 285
출애굽기 56

ㅋ

카디자(Khadīja) 88, 89
카르발라(Karbala) 194, 209, 219
카르타고(Carthage) 113, 114
카아바(Kaʿba) 45, 47, 63, 87, 89, 103, 119, 181, 191, 192, 193, 415, 417, 499, 505
카와리즈파(Khawārij) 114, 127, 128, 134, 135, 157

칼더, 노만(Calder, Norman) 263
칼라프 알라, 무함마드 아흐마드(Khalaf Allāh, Muḥammad Aḥmad) 390, 391, 392, 393, 394
칼람(kalām) 140, 146, 214, 370, 505
칼리프(caliph) 32, 68, 70, 89, 97, 98, 109, 112, 113, 116, 117, 118, 119, 124, 125, 126, 127, 128, 129, 131, 134, 139, 142, 145, 156, 168, 169, 200, 202, 205, 208, 209, 213, 244, 249, 266, 300, 350, 472, 491, 503, 505
콕스, 하비(Cox, Harvey) 290, 303
콘스탄티노플(Constantinople) 36, 110, 114, 184
콥트(Copts) 295, 330
쿠르드(Kurds) 267, 470
쿠스로 2세(Khusro II) 36
쿠웨이트(Kuwait) 297, 418, 428
큉, 한스(Küng, Hans) 461
크래그, 케네스(Cragg, Kenneth) 334
크레타(Crete) 113
크론, 패트리샤(Crone, Patricia) 51
크리스트만, 안드레아스(Christmann, Andreas) 401
크테시폰(Ctesiphon) 36, 111, 112
키프로스(Cyprus) 113

ㅌ

타끌리드(taqlīd) 506
타끼야(taqiyya) 506
타우라(Torah) 66
타프시르(tafsīr) 76, 77, 78, 260, 262, 265, 266, 363, 368, 374, 376, 380, 425, 506
탈레반(Taliban) 428, 429, 471
테러리즘 316, 317, 429, 479
테일러, 마크 C.(Taylor, Mark C.) 463
톨레도(Toledo) 114
투르 전투(Tours, battle of) 114
튀니지(Tunisia) 114, 410
트란스옥시아나(Transoxiana) 116, 148

ㅍ

파띠마(Fāṭima) 203, 218, 267, 334
파르베즈, 굴람 아흐마드(Parvēz, Ghulām Aḥmad) 283, 342, 345, 346, 349, 350, 351, 352, 353, 355, 356, 357, 358
파르스(Fars) 127
파켄하임, 에밀(Fackenheim, Emil) 461
파키스탄(Pakistan) 309, 321, 345, 349, 353, 354, 355, 358, 370, 395, 408, 413, 460
페르시아(Persia) 28, 33, 36, 37, 40, 49, 112, 128, 236, 240, 251, 261, 338, 350, 353, 360, 391, 451, 501
페미니즘 303, 304, 305, 458
푸까하(fuqahāʾ) 217
푸르다(purdah) 444, 506
프로이트, 지그문트(Freud, Sigmund) 302, 467

ㅎ

하갈리즘(Hagarism) 112
하기아 소피아(Haghia Sophia) 121, 184, 186
하나피(Ḥanafi) 149, 157, 160, 161, 163, 165, 166, 406, 506
하니프(ḥanīf) 39, 506
하디스(ḥadīth) 32, 68, 86, 93, 94, 95, 96, 97, 98, 105, 109, 135, 137, 146, 147, 155, 158, 159, 160, 162, 163, 164, 176, 177, 179, 180, 181, 187, 190, 196, 200, 203, 205, 207, 211, 216, 225, 226, 227, 244, 250, 253, 258, 261, 265, 305, 313, 343, 345, 347, 348, 349, 350, 351, 352, 355, 356, 357, 364, 368, 405, 423, 452, 499, 500, 501, 504, 506
하람(ḥarām) 63, 64, 65, 102, 120, 165, 219
하쉬쉬(hashish) 257, 258
하이칼, 무함마드 후세인(Haykal, Muḥammad Ḥusayn) 283, 325, 326, 327, 328, 329, 337

하프싸(Ḥafṣa) 69
한발리(Ḥanbali) 157, 163, 168, 226, 236, 265, 504, 507
할랄(ḥalāl) 63, 65, 165, 494, 495, 496
할리데이, 프레드(Halliday, Fred) 480
헤라클리우스(Heraclius) 36
호라산(Khurasan, 쿠라산) 115, 116
홍역(measles) 254
후다이비야(Ḥudaybiyya: Treaty of) 91
후드(Hūd) 57, 91
후세인 이븐 알리(Ḥusayn ibn ʿAlī) 219, 340
히라(Hira) 37, 44, 96, 112
히자즈(Ḥijāz) 29, 35, 70, 83, 88, 338, 507
히잡(ḥijāb) 302, 336, 337, 403, 427, 444, 454, 455, 456, 492, 496, 506, 507
히즈라(hijra) 32, 82, 89, 90, 196, 507
히즈리(hijrı) 129
힌두교(Hinduism) 173, 346, 347, 359, 439
힘야르(Himyar) 36, 37, 39